2019

CHINA CITY STATISTICAL YEARBOOK

中国城市统计年鉴

国家统计局城市社会经济调查司 编

中国统计出版社
China Statistics Press

图书在版编目（CIP）数据

中国城市统计年鉴. 2019：汉英对照 / 国家统计局城市社会经济调查司编. -- 北京 ：中国统计出版社，2020.1
ISBN 978-7-5037-9120-8

Ⅰ. ①中… Ⅱ. ①国… Ⅲ. ①城市－统计资料－中国－2019－年鉴－汉、英 Ⅳ. ①C832-54

中国版本图书馆 CIP 数据核字(2020)第 003909 号

中国城市统计年鉴—2019
China City Statistical Yearbook—2019

作　　者/国家统计局城市社会经济调查司
责任编辑/许立舫
封面设计/李雪燕
出版发行/中国统计出版社
通信地址/北京市丰台区西三环南路甲 6 号　邮政编码/100073
电　　话/邮购（010）63376909　书店（010）68783171
网　　址/ http://www.zgtjcbs.com/
印　　刷/河北鑫兆源印刷有限公司
经　　销/新华书店
开　　本/880mm×1230mm　1/16
字　　数/820 千字
印　　张/25.25
版　　别/2020 年 1 月第 1 版
版　　次/2020 年 1 月第 1 次印刷
定　　价/358.00 元

中国统计版图书，如有印装错误，本社发行部负责调换。

《中国城市统计年鉴—2019》

编委会与编辑部

China City Statistical Yearbook—2019

EDITORIAL BOARD AND EDITORIAL STAFF

编辑说明

《中国城市统计年鉴》是全面反映中国城市社会经济发展情况的资料性年刊。《中国城市统计年鉴—2019》收录了2018年全国城市社会经济发展等方面的主要统计数据。

本年鉴内容共分四个部分：第一部分是全国城市行政区划，列有不同区域、不同级别的城市分布情况；第二、三部分分别是地级以上城市统计资料和县级城市统计资料，具体包括人口、资源环境、经济发展、科技创新、人民生活、公共服务、基础设施等方面的数据；第四部分是附录，为主要统计指标解释。需要说明的是，从1997年开始，地级以上城市和县级城市分别采用不同的统计制度，有些指标在两类城市之间不具有可比性，故本年鉴将地级以上城市和县级城市统计资料分为独立的两部分。

本年鉴所涉及的全国或全部城市统计资料，均未包括香港特别行政区、澳门特别行政区和台湾省。年鉴表中所列“全市”为城市的全部行政区域，包括城区、辖县、辖市；“市辖区”包括所有城区，不包括辖县和辖市。

本年鉴各表中的空格表示该项统计指标数据不详或无该项数据。

本年鉴适用于各级政府管理部门、城市规划设计部门、城市社会经济研究机构、市政建设及房地产机构、各种中介服务及信息咨询机构等单位的工作者，也是大专院校师生、工商界人士、境外投资者以及关心中国城市发展的各界人士的重要参考资料。

本年鉴的编辑出版得到了国家统计局农村社会经济调查司、各省（区、市）统计局、各调查总队、各市统计局和调查队以及中国统计出版社的鼎力支持，在此表示衷心的感谢。

本年鉴编印工作量大，出版时间紧，难免有不当之处，诚恳欢迎广大读者批评指正。

国家统计局城市社会经济调查司

2019年12月

EDITOR'S NOTES

China City Statistical Yearbook is an annual statistical publication. *China City Statistical Yearbook 2019* reflects comprehensively the economic and social development of Cities in China. It covers the main socio-economic statistical data of cities for 2018.

The Yearbook contains four parts: Part Ⅰ is the administrative division of all cities, listing city distribution by region and level; Part Ⅱ and Part Ⅲ are the statistical data of cities at prefecture level and above, and county-level respectively on population, resources and environment, economy development, scientific and technological innovation, people's livelihood, public service, infrastructure; Part Ⅳ is appendix of explanatory notes on main statistical indicators. It is necessary to point out that cities at prefecture level and above and county-level have used different indicator systems of statistics since 1997, and some indicators in two categories of cities are not comparable. So the data of cities at prefecture level and above and the data of cities at county-level are divided into two independent parts in the yearbook.

The national data in this yearbook do not include those of Hong Kong Special Administrative Region, Macao Special Administrative Region and Taiwan Province. "Total City" listed in the data refers to all administrative regions of the city, including the city districts, counties and the city at lower level; "Districts under City" includes all the city districts, not including counties and the city at lower level. Some indicators of this yearbook are time-point data, the time of them is at the end of 2017.

The blank forms in the tables in this yearbook indicates that relevant statistical data are unknown or not available.

The Yearbook is compiled for the users working in government departments, city planning departments, institutes of urban socio-economic research, municipal construction and real estate agencies, intermediary services, information consulting agencies and other so on, and it is an important reference book for college teachers and students, businessmen, overseas investors as well as users paying close attention to the development of Chinese cities.

The editing and publishing of the yearbook have been fully supported by the Department of Rural Surveys of NBS, Bureaus of Statistics and Survey Offices of NBS at provincial prefecture and county level, and China Statistics Press. Here we would like to express our heartfelt thanks to them.

Department of Urban Surveys
National Bureau of Statistics of China
December, 2019

目　　录

CONTENTS

一、全国城市行政区划

Divisions of Administrative Areas of Cities in China

二、地级以上城市统计资料

Statistical Data of Cities at Prefecture Level and Above

三、县级城市统计资料

Statistical Data of County-level Cities

一、全国城市行政区划

Divisions of Administrative Areas of Cities in China

1-1 城市行政区划和区域分布
Administrative Division and Regional Distribution of Cities

单位：个 (unit)

地区	Region	城市合计 Total	按行政级别分组 Grouped by Administrative Levels: 直辖市 Municipality Directly under the Central Government	副省级市 Vice-provincial City	地级市 Prefecture-level City	县级市 County-level City
全国总计	**National Total**	**672**	**4**	**15**	**278**	**375**
北京	Beijing	1	1			
天津	Tianjin	1	1			
河北	Hebei	32			11	21
山西	Shanxi	22			11	11
内蒙	Inner Mongolia	20			9	11
辽宁	Liaoning	30		2	12	16
吉林	Jilin	28		1	7	20
黑龙江	Heilongjiang	32		1	11	20
上海	Shanghai	1	1			
江苏	Jiangsu	35		1	12	22
浙江	Zhejiang	30		2	9	19
安徽	Anhui	23			16	7
福建	Fujian	21		1	8	12
江西	Jiangxi	22			11	11
山东	Shandong	43		2	14	27
河南	Henan	38			17	21
湖北	Hubei	37		1	11	25
湖南	Hunan	30			13	17
广东	Guangdong	41		2	19	20
广西	Guangxi	22			14	8
海南	Hainan	9			4	5
重庆	Chongqing	1	1			
四川	Sichuan	35		1	17	17
贵州	Guizhou	15			6	9
云南	Yunnan	24			8	16
西藏	Tibet	6			6	
陕西	Shaanxi	15		1	9	5
甘肃	Gansu	17			12	5
青海	Qinghai	6			2	4
宁夏	Ningxia	7			5	2
新疆	Xinjiang	28			4	24

1–2 分地区城市情况一览表
List of City's Basic Conditions by Region

省级单位 Province	地级及以上城市 City at Prefecture Level and above	下辖的县级城市 County-level City	省级单位 Province	地级及以上城市 City at Prefecture Level and above	下辖的县级城市 County-level City
北京 Beijing					汾阳 Fenyang
天津 Tianjin			**内蒙古**	呼和浩特 Hohhot	
河北 Hebei	石家庄 Shijiazhuang	辛集 Xinji	**Inner Mongolia**	包头 Baotou	
		晋州 Jinzhou		乌海 Wuhai	
		新乐 Xinle		赤峰 Chifeng	
	唐山 Tangshan	遵化 Zunhua		通辽 Tongliao	霍林郭勒 Huolinguole
		迁安 Qian'an		呼伦贝尔 Hulunbuir	满洲里 Manzhouli
		滦州 Luanzhou			扎兰屯 Zhalantun
	秦皇岛 Qinhuangdao				牙克石 Yakeshi
	邯郸 Handan	武安 Wuan			根河 Genhe
	邢台 Xingtai	南宫 Nangong			额尔古纳 Eerguna
		沙河 Shahe		鄂尔多斯 Erdos	
	保定 Baoding	定州 Dingzhou		乌兰察布 Ulanqab	丰镇 Fengzhen
		涿州 Zhuozhou		巴彦淖尔 Bayannur	
		安国 Anguo			(二连浩特) Erlianhaote
		高碑店 Gaobeidian			(乌兰浩特) Wulanhaote
	张家口 Zhangjiakou				(锡林浩特) Xilinhaote
	承德 Chengde	平泉 Pingquan			(阿尔山) Aershan
	沧州 Cangzhou	任丘 Renqiu	**辽宁**	沈阳 Shenyang	新民 Xinmin
		泊头 Botou	**Liaoning**	大连 Dalian	瓦房店 Wafangdian
		黄骅 Huanghua			庄河 Zhuanghe
		河间 Hejian		鞍山 Anshan	海城 Haicheng
	廊坊 Langfang	霸州 Bazhou		抚顺 Fushun	
		三河 Sanhe		本溪 Benxi	
	衡水 Hengshui	深州 Shenzhou		丹东 Dandong	东港 Donggang
山西 Shanxi	太原 Taiyuan	古交 Gujiao			凤城 Fengcheng
	大同 Datong			锦州 Jinzhou	凌海 Linghai
	阳泉 Yangquan				北镇 Beizhen
	长治 Changzhi			营口 Yingkou	大石桥 Dashiqiao
	晋城 Jincheng	高平 Gaoping			盖州 Gaizhou
	朔州 Shuozhou	怀仁 Huairen		阜新 Fuxin	
	晋中 Jinzhong	介休 Jiexiu		辽阳 Liaoyang	灯塔 Dengta
	忻州 Xinzhou	原平 Yuanping		盘锦 Panjin	
	临汾 Linfen	侯马 Houma		铁岭 Tieling	调兵山 Diaobingshan
		霍州 Huozhou			开原 Kaiyuan
	运城 Yuncheng	永济 Yongji		朝阳 Chaoyang	北票 Beipiao
		河津 Hejin			凌源 Lingyuan
	吕梁 Lvliang	孝义 Xiaoyi			

注：加括号的城市为省（自治区）直辖县级市，或地区（自治州、盟）管辖的县级市。
a) The cities with brackets are county-level cities directly under provinces(autonomous regions) or under regions(autonomous prefectures,leagues).

1-2 续表 1 continued 1

省级单位 Province	地级及以上城市 City at Prefecture Level and above	下辖的县级城市 County-level City	省级单位 Province	地级及以上城市 City at Prefecture Level and above	下辖的县级城市 County-level City
	葫芦岛 Huludao	兴城 Xingcheng		黑河 Heihe	北安 Beian
吉林 Jilin	长春 Changchun	榆树 Yushu			五大连池 Wudalianchi
		德惠 Dehui		绥化 Suihua	安达 Anda
	吉林 Jilin	桦甸 Huadian			肇东 Zhaodong
		蛟河 Jiaohe			海伦 Hailun
		舒兰 Shulan			(抚远) Fuyuan
		磐石 Panshi			(漠河) Mohe
	四平 Siping	公主岭 Gongzhuling	**上海 Shanghai**		
		双辽 Shuangliao	**江苏 Jiangsu**	南京 Nanjing	
	辽源 Liaoyuan			无锡 Wuxi	江阴 Jiangyin
	通化 Tonghua	梅河口 Meihekou			宜兴 Yixing
		集安 Ji'an		徐州 Xuzhou	新沂 Xinyi
	白山 Baishan	临江 Linjiang			邳州 Pizhou
	白城 Baicheng	洮南 Taonan		常州 Changzhou	溧阳 Liyang
		大安 Daan		苏州 Suzhou	常熟 Changshu
	松原 Songyuan	扶余 Fuyu			张家港 Zhangjiagang
		(延吉) Yanji			昆山 Kunshan
		(图们) Tumen			太仓 Taicang
		(敦化) Dunhua		南通 Nantong	启东 Qidong
		(珲春) Hunchun			如皋 Rugao
		(龙井) Longjing			海门 Haimen
		(和龙) Helong			海安 Haian
黑龙江 Heilongjiang	哈尔滨 Harbin	尚志 Shangzhi		连云港 Lianyungang	
		五常 Wuchang		淮安 Huaian	
	齐齐哈尔 Qiqihar	讷河 Nehe		盐城 Yancheng	东台 Dongtai
	鸡西 Jixi	密山 Mishan		扬州 Yangzhou	仪征 Yizheng
		虎林 Hulin			高邮 Gaoyou
	鹤岗 Hegang			镇江 Zhenjiang	丹阳 Danyang
	双鸭山 Shuangyashan				扬中 Yangzhong
	大庆 Daqing				句容 Jurong
	伊春 Yichun	铁力 Tieli		泰州 Taizhou	兴化 Xinghua
	佳木斯 Jiamusi	同江 Tongjiang			泰兴 Taixing
		富锦 Fujin			靖江 Jingjiang
	七台河 Qitaihe			宿迁 Suqian	
	牡丹江 Mudanjiang	绥芬河 Suifenhe	**浙江 Zhejiang**	杭州 Hangzhou	建德 Jiande
		海林 Hailin		宁波 Ningbo	余姚 Yuyao
		宁安 Ning'an			慈溪 Cixi
		穆棱 Muling		温州 Wenzhou	瑞安 Ruian
		东宁 Dongning			乐清 Leqing
				嘉兴 Jiaxing	海宁 Haining
					平湖 Pinghu

1-2 续表 2 continued 2

省级单位 Province	地级及以上城市 City at Prefecture Level and above	下辖的县级城市 County-level City	省级单位 Province	地级及以上城市 City at Prefecture Level and above	下辖的县级城市 County-level City
		桐乡 Tongxiang		龙岩 Longyan	漳平 Zhangping
	湖州 Huzhou			宁德 Ningde	福安 Fu'an
	绍兴 Shaoxing	诸暨 Zhuji			福鼎 Fuding
		嵊州 Shengzhou	江西	南昌 Nanchang	
	金华 Jinhua	兰溪 Lanxi	Jiangxi	景德镇 Jingdezhen	乐平 Leping
		义乌 Yiwu		萍乡 Pingxiang	
		东阳 Dongyang		九江 Jiujiang	瑞昌 Ruichang
		永康 Yongkang			共青城 Gongqingcheng
	衢州 Quzhou	江山 Jiangshan		新余 Xinyu	
	舟山 Zhoushan			鹰潭 Yingtan	贵溪 Guixi
	台州 Taizhou	临海 Linhai		赣州 Ganzhou	瑞金 Ruijin
		温岭 Wenling		上饶 Shangrao	德兴 Dexing
		玉环 Yuhuan		抚州 Fuzhou	
	丽水 Lishui	龙泉 Longquan		吉安 Ji'an	井冈山 Jinggangshan
安徽	合肥 Hefei	巢湖 Chaohu		宜春 Yichun	樟树 Zhangshu
Anhui	芜湖 Wuhu				丰城 Fengcheng
	蚌埠 Bengbu				高安 Gaoan
	淮南 Huainan				(庐山) Lushan
	马鞍山 Maanshan		山东	济南 Jinan	
	淮北 Huaibei		Shandong	青岛 Qingdao	胶州 Jiaozhou
	铜陵 Tongling				平度 Pingdu
	安庆 Anqing	桐城 Tongcheng			莱西 Laixi
		潜山 Qianshan		淄博 Zibo	
	黄山 Huangshan			枣庄 Zaozhuang	滕州 Tengzhou
	阜阳 Fuyang	界首 Jieshou		东营 Dongying	
	亳州 Bozhou			烟台 Yantai	龙口 Longkou
	宿州 Suzhou				莱阳 Laiyang
	滁州 Chuzhou	天长 Tianchang			莱州 Laizhou
		明光 Mingguang			蓬莱 Penglai
	六安 Lu'an				招远 Zhaoyuan
	池州 Chizhou				栖霞 Qixia
	宣城 Xuancheng	宁国 Ningguo			海阳 Haiyang
福建	福州 Fuzhou	福清 Fuqing		潍坊 Weifang	青州 Qingzhou
Fujian	厦门 Xiamen				诸城 Zhucheng
	莆田 Putian				寿光 Shouguang
	三明 Sanming	永安 Yong'an			高密 Gaomi
	泉州 Quanzhou	石狮 Shishi			昌邑 Changyi
		晋江 Jinjiang			安丘 Anqiu
		南安 Nan'an		济宁 Jining	曲阜 Qufu
	漳州 Zhangzhou	龙海 Longhai			邹城 Zoucheng
	南平 Nanping	邵武 Shaowu			
		武夷山 Wuyishan			
		建瓯 Jian'ou			

1-2 续表 3 continued 3

省级单位 Province	地级及以上城市 City at Prefecture Level and above	下辖的县级城市 County-level City
	泰安 Tai'an	新泰 Xintai
		肥城 Feicheng
	德州 Dezhou	乐陵 Laoling
		禹城 Yucheng
	威海 Weihai	荣成 Rongcheng
		乳山 Rushan
	聊城 Liaocheng	临清 Linqing
	临沂 Linyi	
	日照 Rizhao	
	菏泽 Heze	
	滨州 Binzhou	邹平 Zouping
河南 Henan	郑州 Zhengzhou	巩义 Gongyi
		新密 Xinmi
		荥阳 Xingyang
		新郑 Xinzheng
		登封 Dengfeng
	开封 Kaifeng	
	洛阳 Luoyang	偃师 Yanshi
	平顶山 Pingdingshan	汝州 Ruzhou
		舞钢 Wugang
	安阳 Anyang	林州 Linzhou
	鹤壁 Hebi	
	新乡 Xinxiang	辉县 Huixian
		卫辉 Weihui
	焦作 Jiaozuo	沁阳 Qinyang
		孟州 Mengzhou
	濮阳 Puyang	
	许昌 Xuchang	禹州 Yuzhou
		长葛 Changge
	漯河 Luohe	
	三门峡 Sanmenxia	义马 Yima
		灵宝 Lingbao
	商丘 Shangqiu	永城 Yongcheng
	南阳 Nanyang	邓州 Dengzhou
	信阳 Xinyang	
	周口 Zhoukou	项城 Xiangcheng
	驻马店 Zhumadian	
		（济源）Jiyuan
湖北 Hubei	武汉 Wuhan	
	黄石 Huangshi	大冶 Daye

省级单位 Province	地级及以上城市 City at Prefecture Level and above	下辖的县级城市 County-level City
	十堰 Shiyan	丹江口 Danjiangkou
	荆州 Jingzhou	石首 Shishou
		洪湖 Honghu
		松滋 Songzi
	宜昌 Yichang	宜都 Yidu
		当阳 Dangyang
		枝江 Zhijiang
	襄阳 Xiangyang	老河口 Laohekou
		枣阳 Zaoyang
		宜城 Yicheng
	鄂州 Ezhou	
	荆门 Jingmen	钟祥 Zhongxiang
		京山 Jingshan
	孝感 Xiaogan	应城 Yingcheng
		安陆 Anlu
		汉川 Hanchuan
	黄冈 Huanggang	麻城 Macheng
		武穴 Wuxue
	咸宁 Xianning	赤壁 Chibi
	随州 Suizhou	广水 Guangshui
		（利川）Lichuan
		（恩施）Enshi
		（仙桃）Xiantao
		（天门）Tianmen
		（潜江）Qianjiang
湖南 Hunan	长沙 Changsha	浏阳 Liuyang
		宁乡 Ningxiang
	株洲 Zhuzhou	醴陵 Liling
	湘潭 Xiangtan	湘乡 Xiangxiang
		韶山 Shaoshan
	衡阳 Hengyang	耒阳 Leiyang
		常宁 Changning
	邵阳 Shaoyang	武冈 Wugang
	岳阳 Yueyang	汨罗 Miluo
		临湘 Linxiang
	益阳 Yiyang	沅江 Yuanjiang
	常德 Changde	津市 Jinshi
	郴州 Chenzhou	资兴 Zixing
	永州 Yongzhou	
	怀化 Huaihua	洪江 Hongjiang
	张家界 Zhangjiajie	
	娄底 Loudi	冷水江 Lengshuijiang

1-2 续表 4 continued 4

省级单位 Province	地级及以上城市 City at Prefecture Level and above	下辖的县级城市 County-level City	省级单位 Province	地级及以上城市 City at Prefecture Level and above	下辖的县级城市 County-level City
		涟　源 Lianyuan		百　色 Baise	靖　西 Jingxi
		(吉　首) Jishou		来　宾 Laibin	合　山 Heshan
广　东 Guangdong	广　州 Guangzhou			崇　左 Chongzuo	凭　祥 Pingxiang
	韶　关 Shaoguan	乐　昌 Lechang		贺　州 Hezhou	
		南　雄 Nanxiong		河　池 Hechi	
	深　圳 Shenzhen		**海　南 Hainan**	海　口 Haikou	
	珠　海 Zhuhai			三　亚 Sanya	
	汕　头 Shantou			三　沙 Sansha	
	佛　山 Foshan			儋　州 Danzhou	
	江　门 Jiangmen	台　山 Taishan			(五 指 山) Wuzhishan
		鹤　山 Heshan			(琼　海) Qionghai
		开　平 Kaiping			(文　昌) Wenchang
		恩　平 Enping			(万　宁) Wanning
	湛　江 Zhanjiang	廉　江 Lianjiang			(东　方) Dongfang
		雷　州 Leizhou	**重　庆 Chongqing**		
		吴　川 Wuchuan			
	惠　州 Huizhou		**四　川 Sichuan**	成　都 Chengdu	都 江 堰 Dujiangyan
	茂　名 Maoming	高　州 Gaozhou			彭　州 Pengzhou
		化　州 Huazhou			邛　崃 Qionglai
		信　宜 Xinyi			崇　州 Chongzhou
	肇　庆 Zhaoqing	四　会 Sihui		自　贡 Zigong	
	潮　州 Chaozhou			攀 枝 花 Panzhihua	
	梅　州 Meizhou	兴　宁 Xingning		泸　州 Luzhou	
	中　山 Zhongshan			德　阳 Deyang	广　汉 Guanghan
	东　莞 Dongguan				什　邡 Shifang
	汕　尾 Shanwei	陆　丰 Lufeng			绵　竹 Mianzhu
	河　源 Heyuan			绵　阳 Mianyang	江　油 Jiangyou
	阳　江 Yangjiang	阳　春 Yangchun		广　元 Guangyuan	
	清　远 Qingyuan	连　州 Lianzhou		遂　宁 Suining	
		英　德 Yingde		内　江 Neijiang	隆　昌 Longchang
	揭　阳 Jieyang	普　宁 Puning		资　阳 Ziyang	简　阳 Jianyang
	云　浮 Yunfu	罗　定 Luoding		乐　山 Leshan	峨 嵋 山 Emeishan
广　西 Guangxi	南　宁 Nanning			宜　宾 Yibin	
	柳　州 Liuzhou			南　充 Nanchong	阆　中 Langzhong
	桂　林 Guilin	荔　浦 Lipu		达　州 Dazhou	万　源 Wanyuan
	梧　州 Wuzhou	岑　溪 Cenxi		广　安 Guang'an	华　蓥 Huaying
	北　海 Beihai			雅　安 Yaan	
	防 城 港 Fangchenggang	东　兴 Dongxing		眉　山 Meishan	
	钦　州 Qinzhou			巴　中 Bazhong	
	玉　林 Yulin	北　流 Beiliu			(康　定) Kangding
	贵　港 Guigang	桂　平 Guiping			(马 尔 康) Maerkang
					(西　昌) Xichang

1–2 续表 5 continued 5

省级单位 Province	地级及以上城市 City at Prefecture Level and above	下辖的县级城市 County-level City	省级单位 Province	地级及以上城市 City at Prefecture Level and above	下辖的县级城市 County-level City
贵州 Guizhou	贵阳 Guiyang	清镇 Qingzhen		白银 Baiyin	
	六盘水 Liupanshui	盘州 Panzhou		天水 Tianshui	
	遵义 Zunyi	赤水 Chishui		武威 Wuwei	
		仁怀 Renhuai		张掖 Zhangye	
	安顺 Anshun			平凉 Pingliang	华亭 Huating
	铜仁 Tongren			酒泉 Jiuquan	玉门 Yumen
	毕节 Bijie				敦煌 Dunhuang
		(凯里) Kaili		庆阳 Qingyang	
		(兴义) Xingyi		定西 Dingxi	
		(福泉) Fuquan		陇南 Longnan	
		(都匀) Duyun			(临夏) Linxia
		(兴仁) Xingren			(合作) Hezuo
云南 Yunnan	昆明 Kunming	安宁 Anning	**青海 Qinghai**	西宁 Xining	
	玉溪 Yuxi			海东 Haidong	
	曲靖 Qujing	宣威 Xuanwei			(格尔木) Golmud
	昭通 Zhaotong	水富 Shuifu			(德令哈) Delingha
	丽江 Lijiang				(玉树) Yushu
	保山 Baoshan	腾冲 Tengchong			(茫崖) Mangya
	普洱 Puer		**宁夏 Ningxia**	银川 Yinchuan	灵武 Lingwu
	临沧 Lincang			石嘴山 Shizuishan	
		(大理) Dali		吴忠 Wuzhong	青铜峡 Qingtongxia
		(楚雄) Chuxiong		固原 Guyuan	
		(芒市) Mangshi		中卫 Zhongwei	
		(瑞丽) Ruili	**新疆 Xinjiang**	乌鲁木齐 Urumqi	
		(开远) Kaiyuan		克拉玛依 Karamay	
		(个旧) Gejiu		吐鲁番 Turpan	
		(景洪) Jinghong		哈密 Hami	
		(文山) Wenshan			(石河子) Shihezi
		(蒙自) Mengzi			(可克达拉) Cocodala
		(弥勒) Mile			(昌吉) Changji
		(香格里拉) Shangri-La			(奎屯) Kuitun
		(泸水) Lushui			(伊宁) Yining
西藏 Tibet	拉萨 Lasa				(塔城) Tacheng
	日喀则 Xigaze				(昆玉) Kunyu
	昌都 Qamdo				(阿勒泰) Aletai
	林芝 Linzhi				(博乐) Bole
	山南 Shannan				(库尔勒) Korla
	那曲 Naqu				(阿克苏) Akesu
陕西 Shaanxi	西安 Xi'an				(阿图什) Atus
	铜川 Tongchuan				(喀什) Kashi
	宝鸡 Baoji				(和田) Hetian
	咸阳 Xianyang	兴平 Xingping			(阜康) Fukang
		彬州 Binzhou			(乌苏) Wusu
	延安 Yan'an				(阿拉尔) Alar
	汉中 Hanzhong				(图木舒克) Tumushuke
	渭南 Weinan	韩城 Hancheng			(北屯) beitun
		华阴 Huayin			(阿拉山口) Alashankou
	榆林 Yulin	神木 Shenmu			(铁门关) Tiemenguan
	商洛 Shangluo				(霍尔果斯) Horgos
	安康 Ankang				(五家渠) Wujiaqu
甘肃 Gansu	兰州 Lanzhou				(双河) Shuanghe
	嘉峪关 Jiayuguan				
	金昌 Jinchang				

二、地级以上城市统计资料

Statistical Data of Cities at Prefecture Level and Above

(一)人口
Population

2-1 人口及户数
Population and Number of Households

城市	City	年末户籍人口(万人) Household Registered Population at Year-end (10 000 persons)		年平均人口(万人) Annual Average Population (10 000 persons)		年末总户数(万户) Number of Households at Year-end (10 000 households)	
		全市 Total City	市辖区 Districts under City	全市 Total City	市辖区 Districts under City	全市 Total City	市辖区 Districts under City
北京市	**Beijing**	**1376**	**1376**	**1368**	**1368**	**549**	**549**
天津市	**Tianjin**	**1082**	**1082**	**1066**	**1066**	**397**	**397**
河北省	**Hebei**						
石家庄市	Shijiazhuang	982	422	977	419	286	121
唐山市	Tangshan	758	335	757	334	230	106
秦皇岛市	Qinhuangdao	300	146	299	145	115	57
邯郸市	Handan	1058	365	1054	372	270	94
邢台市	Xingtai	797	91	793	90	246	29
保定市	Baoding	1208	288	1204	286	408	95
张家口市	Zhangjiakou	465	156	228	77	194	65
承德市	Chengde	382	60	381	60	141	23
沧州市	Cangzhou	783	58	780	57	242	18
廊坊市	Langfang	479	88	477	87	149	27
衡水市	Hengshui	456	99	455	98	158	34
山西省	**Shanxi**						
太原市	Taiyuan	377	293	373	290	122	89
大同市	Datong	318	177	318	177	128	69
阳泉市	Yangquan	132	70	132	70	53	26
长治市	Changzhi	339	75	339	75	119	23
晋城市	Jincheng	221	40	221	39	83	14
朔州市	Shuozhou	163	68	163	68	67	27
晋中市	Jinzhong	334	63	333	63	130	22
运城市	Yuncheng	513	70			170	24
忻州市	Xinzhou	308	55	308	55	132	23
临汾市	Linfen	433	82	433	82	153	27
吕梁市	Lvliang	394	29	388	34	148	11
内蒙古自治区	**Inner Mongolia**						
呼和浩特市	Hohhot	246	138	244	136	101	54
包头市	Baotou	224	156	224	156	90	59
乌海市	Wuhai	44	44	56	56	17	17
赤峰市	Chifeng	459	127	459	127	192	50
通辽市	Tongliao	316	84	318	84	124	33
鄂尔多斯市	Erdos	162	30	162	30	69	11
呼伦贝尔市	Hulunbuir	256	37	256	37	109	17
巴彦淖尔市	Bayannur	174	52	174	55	73	21
乌兰察布市	Ulanqab	271	31	272	31	127	12
辽宁省	**Liaoning**						
沈阳市	Shenyang	746	601	741	596	279	229
大连市	Dalian	595	400	595	400	215	150
鞍山市	Anshan	342	148	343	148	121	57
抚顺市	Fushun	209	136	210	137	84	58
本溪市	Benxi	146	89	147	90	56	36
丹东市	Dandong	234	78	235	78	84	31
锦州市	Jinzhou	295	95	296	95	103	36
营口市	Yingkou	231	94	232	93	89	38
阜新市	Fuxin	185	74	186	75	67	30
辽阳市	Liaoyang	175	85	176	86	68	34

2–1 续表 1 continued 1

城 市	City	年末户籍人口(万人) Household Registered Population at Year-end (10 000 persons)		年平均人口(万人) Annual Average Population (10 000 persons)		年末总户数(万户) Number of Households at Year-end (10 000 households)	
		全 市 Total City	市辖区 Districts under City	全 市 Total City	市辖区 Districts under City	全 市 Total City	市辖区 Districts under City
盘锦市	Panjin	130	103	130	102	47	38
铁岭市	Tieling	292	43	293	43	105	16
朝阳市	Chaoyang	336	61	336	61	112	20
葫芦岛市	Huludao	276	97	277	97	99	37
吉林省	**Jilin**						
长春市	Changchun	751	442			282	175
吉林市	Jilin	414	180	414	180	157	70
四平市	Siping	319	68	320	68	125	31
辽源市	Liaoyuan	117	45	118	45	45	20
通化市	Tonghua	216	43	217	43	86	18
白山市	Baishan	118	53	119	53	57	25
松原市	Songyuan	275	56	275	56	107	24
白城市	Baicheng	190	49	190	49	86	22
黑龙江省	**Heilongjiang**						
哈尔滨市	Harbin	952	551	953	551	391	231
齐齐哈尔市	Qiqihar	530	132	532	133	215	60
鸡西市	Jixi	173	78			77	37
鹤岗市	Hegang	100	61	100	61	46	30
双鸭山市	Shuangyashan	141	47	142	47	65	22
大庆市	Daqing	273	137	273	137	104	51
伊春市	Yichun	114	73	115	73	56	37
佳木斯市	Jiamusi	233	76	234	77	100	35
七台河市	Qitaihe	78	47	78	48	36	22
牡丹江市	Mudanjiang	252	87	254	87	105	36
黑河市	Heihe	159	18	159	19	72	8
绥化市	Suihua	524	84	520	83	213	32
上海市	**Shanghai**	**1462**	**1462**	**1459**	**1459**	**552**	**552**
江苏省	**Jiangsu**						
南京市	Nanjing	697	697	689	689	246	246
无锡市	Wuxi	497	263	495	261	169	94
徐州市	Xuzhou	1045	342	1042	340	281	100
常州市	Changzhou	382	303	381	301	135	108
苏州市	Suzhou	704	364	697	360	231	120
南通市	Nantong	763	215	763	215	285	85
连云港市	Lianyungang	534	224	533	223	146	68
淮安市	Huai'an	561	333	561	333	167	102
盐城市	Yancheng	825	244	825	244	270	85
扬州市	Yangzhou	459	233	459	233	148	77
镇江市	Zhenjiang	271	103	271	103	102	40
泰州市	Taizhou	503	164	504	164	166	55
宿迁市	Suqian	591	177	591	176	152	45
浙江省	**Zhejiang**						
杭州市	Hangzhou	774	635	764	625	242	195
宁波市	Ningbo	603	296	600	293	232	117
温州市	Wenzhou	829	172	827	171	239	53
嘉兴市	Jiaxing	360	92	358	91	111	31
湖州市	Huzhou	267	112	267	112	87	35

2-1 续表 2 continued 2

城 市	City	年末户籍人口(万人) Household Registered Population at Year-end (10 000 persons)		年平均人口(万人) Annual Average Population (10 000 persons)		年末总户数(万户) Number of Households at Year-end (10 000 households)	
		全 市 Total City	市辖区 Districts under City	全 市 Total City	市辖区 Districts under City	全 市 Total City	市辖区 Districts under City
绍兴市	Shaoxing	447	223	447	222	161	78
金华市	Jinhua	489	99	487	98	191	38
衢州市	Quzhou	258	85	258	85	95	34
舟山市	Zhoushan	97	71	97	71	37	27
台州市	Taizhou	605	163	604	162	192	50
丽水市	Lishui	270	41	270	41	107	19
安徽省	**Anhui**						
合肥市	Hefei	758	281	750	276	250	96
芜湖市	Wuhu	389	150	388	150	130	53
蚌埠市	Bengbu	384	116	383	115	113	39
淮南市	Huainan	390	182	390	182	124	59
马鞍山市	Maanshan	229	82	229	83	74	28
淮北市	Huaibei	218	105	217	105	72	36
铜陵市	Tongling	171	74	171	74	54	26
安庆市	Anqing	528	74	530	74	155	26
黄山市	Huangshan	149	46	149	46	51	16
滁州市	Chuzhou	454	56	454	56	140	20
阜阳市	Fuyang	1071	230	1070	229	281	58
宿州市	Suzhou	657	192	656	191	196	60
六安市	Lu'an	589	220	588	220	190	74
亳州市	Bozhou	657	168	654	168	176	53
池州市	Chizhou	162	67	162	67	52	22
宣城市	Xuancheng	279	86	280	87	99	31
福建省	**Fujian**						
福州市	Fuzhou	703	285	698	282	217	93
厦门市	Xiamen	243	243	237	237	78	78
莆田市	Putian	360	243	357	241	98	66
三明市	Sanming	289	28	288	28	78	10
泉州市	Quanzhou	755	116	749	114	209	34
漳州市	Zhangzhou	521	63	518	62	145	21
南平市	Nanping	320	86	320	86	94	25
龙岩市	Longyan	319	106	318	105	98	35
宁德市	Ningde	354	51	353	50	106	16
江西省	**Jiangxi**						
南昌市	Nanchang	532	311	528	306	168	101
景德镇市	Jingdezhen	170	48	170	48	54	18
萍乡市	Pingxiang	200	89	200	89	61	28
九江市	Jiujiang	523	100	522	100	163	36
新余市	Xinyu	125	90	118	87	41	30
鹰潭市	Yingtan	129	24	128	24	37	8
赣州市	Ganzhou	981	228	978	227	277	67
吉安市	Ji'an	539	60	538	59	167	18
宜春市	Yichun	605	116	603	116	191	34
抚州市	Fuzhou	432	171	431	170	137	56
上饶市	Shangrao	789	142	786		226	38
山东省	**Shandong**						
济南市	Jinan	656	554	650	548	217	183

2-1 续表 3 continued 3

城 市	City	年末户籍人口(万人) Household Registered Population at Year-end (10 000 persons)		年平均人口(万人) Annual Average Population (10 000 persons)		年末总户数(万户) Number of Households at Year-end (10 000 households)	
		全 市 Total City	市辖区 Districts under City	全 市 Total City	市辖区 Districts under City	全 市 Total City	市辖区 Districts under City
青岛市	Qingdao	818	518	811		270	
淄博市	Zibo	434	289	434	289	153	103
枣庄市	Zaozhuang	423	247	418	245	122	71
东营市	Dongying	197	113	196	112	69	41
烟台市	Yantai	654	192	654	191	237	70
潍坊市	Weifang	914	194	911	193	289	65
济宁市	Jining	891	189	885	188	276	59
泰安市	Tai'an	573	172	572	172	197	58
威海市	Weihai	257	136	256	135	94	49
日照市	Rizhao	307	139	305	138	111	50
莱芜市	Laiwu	129	129	129	129	47	47
临沂市	Linyi	1180	281	1171	278	378	89
德州市	Dezhou	598	125	597	125	195	42
聊城市	Liaocheng	645	128	642	127	206	39
滨州市	Binzhou	397	110	395	110	135	42
菏泽市	Heze	1025	236	1022	235	330	72
河南省	**Henan**						
郑州市	Zhengzhou	864	384	853	376	229	117
开封市	Kaifeng	560	171	559	171	165	53
洛阳市	Luoyang	740	207	739	206	217	66
平顶山市	Pingdingshan	570	111	569	111	160	33
安阳市	Anyang	627	118	626	117	184	38
鹤壁市	Hebi	171	65	170	65	49	21
新乡市	Xinxiang	656	109	652	108	183	35
焦作市	Jiaozuo	373	75	372	75	101	27
濮阳市	Puyang	435	75	433	73	120	23
许昌市	Xuchang	509	134	509	134	155	44
漯河市	Luohe	267	134	268	135	75	37
三门峡市	Sanmenxia	227	63	228	63	73	22
南阳市	Nanyang	1238	203	1236	202	366	66
商丘市	Shangqiu	999	188	993	187	301	56
信阳市	Xinyang	912	157	912	156	280	50
周口市	Zhoukou	1259	64	1258	64	339	20
驻马店市	Zhumadian	964	85	963	85	269	24
湖北省	**Hubei**						
武汉市	Wuhan	884	884	869	869	321	321
黄石市	Huangshi	273	135	273	135	78	27
十堰市	Shiyan	347	119	346	119	120	41
宜昌市	Yichang	392	127	392	127	153	48
襄阳市	Xiangyang	592	228	592	227	219	84
鄂州市	Ezhou	111	111	108	108	38	38
荆门市	Jingmen	293	65	294	61	100	26
孝感市	Xiaogan	518	96	528	96	166	32
荆州市	Jingzhou	641	111	642	110	200	40
黄冈市	Huanggang	741	35	743	35	251	15
咸宁市	Xianning	305	63	305	63	90	20
随州市	Suizhou	251	66	250	59	90	28

2-1 续表 4 continued 4

城　市	City	年末户籍人口(万人) Household Registered Population at Year-end (10 000 persons)		年平均人口(万人) Annual Average Population (10 000 persons)		年末总户数(万户) Number of Households at Year-end (10 000 households)	
		全　市 Total City	市辖区 Districts under City	全　市 Total City	市辖区 Districts under City	全　市 Total City	市辖区 Districts under City
湖南省	**Hunan**						
长沙市	Changsha	729	356	719	348	240	126
株洲市	Zhuzhou	403	132	403	130	120	44
湘潭市	Xiangtan	289	87	289	87	96	31
衡阳市	Hengyang	801	101	800	101	248	38
邵阳市	Shaoyang	828	70	827	70	249	24
岳阳市	Yueyang	569	110	568	110	195	46
常德市	Changde	605	141	606	141	210	47
张家界市	Zhangjiajie	170	53	170	53	62	21
益阳市	Yiyang	478	136	478	136	163	46
郴州市	Chenzhou	535	80	534	79	176	30
永州市	Yongzhou	645	118	643	118	203	40
怀化市	Huaihua	524	40	523	40	175	16
娄底市	Loudi	455	62	454	61	159	25
广东省	**Guangdong**						
广州市	Guangzhou	928	928	913	913	306	306
韶关市	Shaoguan	337	92	336	92	105	32
深圳市	Shenzhen	455	455	445	445	115	115
珠海市	Zhuhai	127	127	123	123	34	34
汕头市	Shantou	569	562	567	560	129	127
佛山市	Foshan	437	437	428	428	131	131
江门市	Jiangmen	399	145	398	144	120	46
湛江市	Zhanjiang	848	168	843	167	210	46
茂名市	Maoming	811	301	807	300	208	75
肇庆市	Zhaoqing	450	144	448	142	124	42
惠州市	Huizhou	381	164	375	159	106	51
梅州市	Meizhou	548	97	549	97	147	30
汕尾市	Shanwei	356	52	355	52	75	11
河源市	Heyuan	373	33	309	32	101	9
阳江市	Yangjiang	300	123	298	122	77	34
清远市	Qingyuan	443	147	437	144	113	37
东莞市	Dongguan	232		221		65	
中山市	Zhongshan	177		166		49	
潮州市	Chaozhou	276	169	276	169	65	40
揭阳市	Jieyang	705	212	704	211	156	48
云浮市	Yunfu	301	69	300	68	78	17
广西壮族自治区	**Guangxi**						
南宁市	Nanning	771	387	764	381	231	122
柳州市	Liuzhou	390	183	389	181	115	56
桂林市	Guilin	538	132	536	131	165	41
梧州市	Wuzhou	352	80	350	80	100	25
北海市	Beihai	178	69	178	68	45	19
防城港市	Fangchenggang	99	59	99	58	26	15
钦州市	Qinzhou	415	152	413	152	100	35
贵港市	Guigang	561	204	559	203	160	63

2-1 续表 5 continued 5

城 市	City	年末户籍人口(万人) Household Registered Population at Year-end (10 000 persons)		年平均人口(万人) Annual Average Population (10 000 persons)		年末总户数(万户) Number of Households at Year-end (10 000 households)	
		全 市 Total City	市辖区 Districts under City	全 市 Total City	市辖区 Districts under City	全 市 Total City	市辖区 Districts under City
玉林市	Yulin	733	112	728	113	209	31
百色市	Baise	421	37	419	37	111	10
贺州市	Hezhou	246	122	245	121	65	32
河池市	Hechi	433	102	431	101	125	32
来宾市	Laibin	269	114	269	114	79	31
崇左市	Chongzuo	252	38	251	38	71	11
海南省	**Hainan**						
海口市	Haikou	178	178	174	174	57	57
三亚市	Sanya	61	61	60	60	14	14
三沙市	Sansha						
儋州市	Danzhou	97		96		23	
重庆市	**Chongqing**	**3404**	**2465**	**3397**	**2458**	**1270**	**951**
四川省	**Sichuan**						
成都市	Chengdu	1476	851	1456	831	563	332
自贡市	Zigong	323	148	323	148	110	55
攀枝花市	Panzhihua	108	65	109	66	37	24
泸州市	Luzhou	510	152	510	152	157	52
德阳市	Deyang	387	94	387	94	158	32
绵阳市	Mianyang	536	174	537	174	206	69
广元市	Guangyuan	301	92	302	93	115	35
遂宁市	Suining	365	147	368	148	139	55
内江市	Neijiang	412	140	413	140	155	51
乐山市	Leshan	351	116	351	116	127	44
南充市	Nanchong	728	194	728	194	264	68
眉山市	Meishan	345	120	345	120	129	51
宜宾市	Yibin	552	230	554	230	170	75
广安市	Guang'an	462	127	463	127	155	40
达州市	Dazhou	666	177	669	178	241	69
雅安市	Ya'an	153	62	154	62	57	23
巴中市	Bazhong	368	136	372	136	130	48
资阳市	Ziyang	346	108	348	108	128	43
贵州省	**Guizhou**						
贵阳市	Guiyang	418	259	413	255	130	81
六盘水市	Liupanshui	349	49	345	44	105	14
遵义市	Zunyi						
安顺市	Anshun	304	131	302	130	90	40
毕节市	Bijie	930	167	926	166	254	42
铜仁市	Tongren	444	50	422	49	135	17
云南省	**Yunnan**						
昆明市	Kunming	572	320	567	316	206	123
曲靖市	Qujing	664	141	662	130	207	46
玉溪市	Yuxi	220	74	220	74	80	29
保山市	Baoshan	264	94	263	94	79	29
昭通市	Zhaotong	625	94	622	94	188	28
丽江市	Lijiang	123	16	123	16	41	5
普洱市	Pu'er	254	24	254	24	82	8
临沧市	Lincang	241	33	240	33	82	11

2-1 续表 6 continued 6

城市	City	年末户籍人口(万人) Household Registered Population at Year-end (10 000 persons) 全 市 Total City	市辖区 Districts under City	年平均人口(万人) Annual Average Population (10 000 persons) 全 市 Total City	市辖区 Districts under City	年末总户数(万户) Number of Households at Year-end (10 000 households) 全 市 Total City	市辖区 Districts under City
西藏自治区	**Tibet**						
拉萨市	Lasa	55	31	55	30	21	14
日喀则市	Xigaze	80	12	80	16	19	3
昌都市	Qamdo	77	12	76	12	16	3
林芝市	Linzhi	20	5	19	5	6	2
山南市	Shannan	36	6	37	8	12	3
那曲市	Naqu	54	11			12	3
陕西省	**Shaanxi**						
西安市	Xi'an	987	852	946	812	308	271
铜川市	Tongchuan	80	71	81	72	28	24
宝鸡市	Baoji	378	139	378	146	115	44
咸阳市	Xianyang	460	55	464	57	138	19
渭南市	Weinan	546	95	546	91	172	32
延安市	Yan'an	234	67	236	67	86	25
汉中市	Hanzhong	381	113	383	113	138	42
榆林市	Yulin	384	98	384	98	136	34
安康市	Ankang	304	101	304	101	106	35
商洛市	Shangluo	251	56	252	56	86	20
甘肃省	**Gansu**						
兰州市	Lanzhou	328	209	327	208	115	78
嘉峪关市	Jiayuguan	21		21		8	
金昌市	Jinchang	45	21	47	23	18	9
白银市	Baiyin	182	50	182	50	56	18
天水市	Tianshui	372	132	371	132	100	37
武威市	Wuwei	189	104	190	104	60	33
张掖市	Zhangye	131	51	131	51	46	18
平凉市	Pingliang	234	52	234	52	73	18
酒泉市	Jiuquan	99	41	99	41	33	14
庆阳市	Qingyang	270	39	270	39	83	12
定西市	Dingxi	304	47	304	47	87	15
陇南市	Longnan	288	57	288	57	84	14
青海省	**Qinghai**						
西宁市	Xining	207	100	236	131	70	37
海东市	Haidong	173	42	172	40	48	14
宁夏回族自治区	**Ningxia**						
银川市	Yinchuan	193	120	191	118	70	43
石嘴山市	Shizuishan	74	43	74	43	29	17
吴忠市	Wuzhong	144	41	144	41	50	15
固原市	Guyuan	151	47	151	47	46	16
中卫市	Zhongwei	122	42	122	41	40	15
新疆维吾尔自治区	**Xinjiang**						
乌鲁木齐市	Urumqi	222	217	222	217	85	83
克拉玛依市	Karamay	31	31	31	31	12	12
吐鲁番市	Turpan	63	29	64	29	20	8
哈密市	Hami	56	43	56	43	20	15

2-2 人口变动情况
Changes in Population

城市	city	出生人口(人) Birth Population (person)		死亡人口(人) Death Population (person)		自然增长率(‰) Natural Growth Rate (‰)	
		全市 Total City	市辖区 Districts under City	全市 Total City	市辖区 Districts under City	全市 Total City	市辖区 Districts under City
北京市	**Beijing**	**156625**	**156625**	**100698**	**100698**	**4.07**	**4.07**
天津市	**Tianjin**	**103906**	**103906**	**65096**	**65096**	**3.59**	**3.59**
河北省	**Hebei**						
石家庄市	Shijiazhuang	120162	58040	33091	12351	8.87	10.83
唐山市	Tangshan	76772	31503	30699	13337	6.08	5.42
秦皇岛市	Qinhuangdao	28167	14511	16511	6798	3.88	5.29
邯郸市	Handan	144759	47632	43563	19690	9.57	7.66
邢台市	Xingtai	110858	13044	24433	3116	10.85	10.97
保定市	Baoding	138432	33923	40553	7066	8.10	9.34
张家口市	Zhangjiakou	39294	13667	24935	8865	3.08	3.08
承德市	Chengde	37757	6165	15857	2531	5.74	6.07
沧州市	Cangzhou	92254	7926	22318	1891	8.93	10.48
廊坊市	Langfang	63623	12350	19800	3626	9.14	9.97
衡水市	Hengshui	45099	10847	13567	2427	6.92	8.49
山西省	**Shanxi**						
太原市	Taiyuan	47818	38059	10731	7906	9.84	10.27
大同市	Datong	29282	15819	15670	7793	4.28	4.54
阳泉市	Yangquan	12925	7113	7379	3698	4.19	4.91
长治市	Changzhi	38755	9549	15462	2140	6.86	9.89
晋城市	Jincheng	24539	6251	11393	964	5.94	13.32
朔州市	Shuozhou	19491	9848	7280	5530	7.47	6.35
晋中市	Jinzhong	38844	8038	13357	1935	7.63	9.68
运城市	Yuncheng	56450	8654	19459	2074	7.21	9.40
忻州市	Xinzhou	29894	5778	13962	2161	5.17	6.60
临汾市	Linfen	47343	10281	16298	2900	7.17	9.03
吕梁市	Lvliang	38045	4002	20398	1107	4.48	10.08
内蒙古自治区	**Inner Mongolia**						
呼和浩特市	Hohhot	25508	15750	16083	10363	3.83	3.91
包头市	Baotou	17636	12342	15947	10577	0.76	1.13
乌海市	Wuhai	4244	4244	2181	2181	4.67	4.67
赤峰市	Chifeng	42599	13035	30458	7513	2.64	4.35
通辽市	Tongliao	23955	6454	16363	4969	2.40	1.77
鄂尔多斯市	Erdos	20849	4422	8403	859	7.67	11.72
呼伦贝尔市	Hulunbuir	17670	2932	19079	2829	-0.55	0.28
巴彦淖尔市	Bayannur	15056	4618	7657	1912	4.25	5.20
乌兰察布市	Ulanqab	19377	2620	12258	1413	2.63	3.84
辽宁省	**Liaoning**						
沈阳市	Shenyang	59304	50725	63812	53870	-0.60	-0.52
大连市	Dalian	50181	35578	48267	33385	0.32	0.55
鞍山市	Anshan	21372	8138	28761	15517	-2.16	-5.00
抚顺市	Fushun	11407	6970	13796	10411	-1.14	-2.52
本溪市	Benxi	7681	3930	11791	8211	-2.81	-4.81
丹东市	Dandong	14715	5069	19542	7685	-2.06	-3.35
锦州市	Jinzhou	17102	6038	17877	5896	-0.26	0.15
营口市	Yingkou	16009	7313	14953	6146	0.46	1.25
阜新市	Fuxin	11564	4276	15184	7718	-1.96	-4.63
辽阳市	Liaoyang	10631	5099	11882	6536	-0.71	-1.68

注：本表出生人口与死亡人口数据由各城市公安部门提供。
Note: The data on birth population and death population in this table are provided by the city's public security departments.

2-2 续表 1 continued 1

城 市	city	出生人口(人) Birth Population (person)		死亡人口(人) Death Population (person)		自然增长率(‰) Natural Growth Rate (‰)	
		全市 Total City	市辖区 Districts under City	全市 Total City	市辖区 Districts under City	全 市 Total City	市辖区 Districts under City
盘锦市	Panjin	11301	8814	6677	4688	3.56	4.02
铁岭市	Tieling	17463	27	56001	5255	-13.22	-3.26
朝阳市	Chaoyang	27787	5085	17748	2790	2.99	3.74
葫芦岛市	Huludao	20070	6274	16308	3939	1.36	2.41
吉林省	**Jilin**						
长春市	Changchun	56284	39483	35561	25938	2.76	3.07
吉林市	Jilin	24274	11467	17498	8319	1.64	1.75
四平市	Siping	17884	3919	13721	2959	1.30	1.42
辽源市	Liaoyuan	6832	2586	7133	3907	-0.26	-2.93
通化市	Tonghua	13711	2655	11033	2166	1.24	1.13
白山市	Baishan	7057	2858	7739	2974	-0.58	-0.22
松原市	Songyuan	16162	3759	8385	1792	2.83	3.49
白城市	Baicheng	10314	2993	8965	2537	0.71	0.94
黑龙江省	**Heilongjiang**						
哈尔滨市	Harbin	58302	37604	54303	35837	0.42	0.32
齐齐哈尔市	Qiqihar	25992	6463	28824	11360	-0.53	-3.71
鸡西市	Jixi	7918	3371	10512	4521	-1.50	-1.47
鹤岗市	Hegang	4859	2878	6810	4443	-1.96	-2.59
双鸭山市	Shuangyashan	6923	1984	21975	1186	-10.69	1.72
大庆市	Daqing	17424	9815	40574	13285	-8.48	-2.54
伊春市	Yichun	4413	2617	9736	6381	-4.67	-5.19
佳木斯市	Jiamusi	12540	4018	13962	6198	-0.61	-2.85
七台河市	Qitaihe	4090	2648	4641	2816	-0.71	-0.36
牡丹江市	Mudanjiang	13827	5111	15700	7271	-0.74	-2.49
黑河市	Heihe	7612	1153	8934	1248	-0.83	-0.52
绥化市	Suihua	28670	3985	89119	13733	-11.54	-11.60
上海市	**Shanghai**	**98397**	**98397**	**125736**	**125736**	**-1.87**	**-1.87**
江苏省	**Jiangsu**						
南京市	Nanjing	78750	78750	41507	41507	5.34	5.34
无锡市	Wuxi	42117	23619	36939	18725	1.04	1.86
徐州市	Xuzhou	139514	43434	53436	14866	8.24	8.36
常州市	Changzhou	33964	27255	27437	21325	1.71	1.96
苏州市	Suzhou	68487	38438	49004	23770	2.77	4.03
南通市	Nantong	52870	16868	69915	18004	-2.24	-0.53
连云港市	Lianyungang	75031	31809	34690	14597	7.55	7.68
淮安市	Huai'an	50200	31400	36900	22800	2.37	9.89
盐城市	Yancheng	81607	23587	53253	16801	3.44	2.78
扬州市	Yangzhou	33665	17627	33886	15971	-0.05	0.71
镇江市	Zhenjiang	22326	7979	21966	8014	0.13	-0.03
泰州市	Taizhou	42299	13282	42578	14455	-0.06	-0.72
宿迁市	Suqian	75666	23339	47307	17209	4.80	3.47
浙江省	**Zhejiang**						
杭州市	Hangzhou	94713	80238	46525	36336	6.23	6.91
宁波市	Ningbo	51061	27223	40089	18760	1.82	2.86
温州市	Wenzhou	107475	22385	48802	10185	7.08	7.08
嘉兴市	Jiaxing	32005	9042	25735	6090	1.74	3.19
湖州市	Huzhou	24981	10189	19966	8775	1.88	1.26

2-2 续表 2 continued 2

城市	city	出生人口(人) Birth Population (person)		死亡人口(人) Death Population (person)		自然增长率(‰) Natural Growth Rate (‰)	
		全市 Total City	市辖区 Districts under City	全市 Total City	市辖区 Districts under City	全 市 Total City	市辖区 Districts under City
绍兴市	Shaoxing	37466	19068	32728	15625	1.06	1.55
金华市	Jinhua	60015	11650	32272	5711	5.67	6.01
衢州市	Quzhou	27000	9062	17829	5921	3.56	3.69
舟山市	Zhoushan	6011	4886	7532	5300	-1.57	-0.58
台州市	Taizhou	64769	17310	39193	10545	4.22	4.16
丽水市	Lishui	33002	5441	18474	2820	5.38	6.33
安徽省	**Anhui**						
合肥市	Hefei	127157	53300	35105	9902	12.14	15.43
芜湖市	Wuhu	43815	17676	26044	8593	4.57	6.04
蚌埠市	Bengbu	59195	14921	21977	6912	9.69	6.92
淮南市	Huainan	50635	22503	31320	13167	4.96	5.12
马鞍山市	Maanshan	26050	8017	18977	6436	3.09	1.92
淮北市	Huaibei	30945	12427	9140	5074	10.01	7.01
铜陵市	Tongling	18474	6956	13753	4755	2.76	2.98
安庆市	Anqing	65850	7811	58656	6812	1.36	1.35
黄山市	Huangshan	15963	5420	10825	3007	3.46	5.20
滁州市	Chuzhou	68606	7396	55622	8668	2.86	-2.28
阜阳市	Fuyang	161258	36667	133199	26595	2.62	4.38
宿州市	Suzhou	95251	27894	57261	11783	5.79	8.40
六安市	Lu'an	78083	31177	54138	25144	4.07	2.74
亳州市	Bozhou	104882	27908	37814	12584	10.21	9.10
池州市	Chizhou	16770	7318	10734	4762	3.72	3.81
宣城市	Xuancheng	26900	8797	32758	12089	-2.10	-3.81
福建省	**Fujian**						
福州市	Fuzhou	108255	43790	39114	15712	9.84	9.87
厦门市	Xiamen	46624	46624	9580	9580	15.27	15.27
莆田市	Putian	75051	51989	18891	12731	15.59	16.15
三明市	Sanming	48017	3705	11609	746	12.59	10.42
泉州市	Quanzhou	165498	27523	28973	4460	18.08	19.87
漳州市	Zhangzhou	91752	10529	22888	2759	13.21	12.29
南平市	Nanping	41881	10286	12790	3576	9.10	7.81
龙岩市	Longyan	56107	17030	12590	3552	13.65	12.75
宁德市	Ningde	64251	10073	15140	1511	13.86	16.82
江西省	**Jiangxi**						
南昌市	Nanchang	73408	43627	16777	8247	10.65	11.38
景德镇市	Jingdezhen	21123	5596	4513	1438	9.75	8.70
萍乡市	Pingxiang	23992	10016	8975	4334	7.50	6.41
九江市	Jiujiang	72866	13924	14318	2414	11.19	11.48
新余市	Xinyu	15471	11332	6972	5086	6.83	6.91
鹰潭市	Yingtan	16768	3172	3488	628	10.33	10.53
赣州市	Ganzhou	133416	31031	32308	7665	10.30	10.23
吉安市	Ji'an	75680	8419	20796	2165	10.18	10.50
宜春市	Yichun	78662	16973	21074	4541	9.52	10.69
抚州市	Fuzhou	53277	19704	19535	5140	7.81	8.53
上饶市	Shangrao	112820	20662	23108	4153	11.37	11.62
山东省	**Shandong**						
济南市	Jinan	94694	81063	45374	38357	7.52	7.71

2-2 续表 3 continued 3

城 市	city	出生人口(人) Birth Population (person)		死亡人口(人) Death Population (person)		自然增长率(‰) Natural Growth Rate (‰)	
		全市 Total City	市辖区 Districts under City	全市 Total City	市辖区 Districts under City	全 市 Total City	市辖区 Districts under City
青岛市	Qingdao						
淄博市	Zibo	48137	31398	28264	17278	4.58	4.89
枣庄市	Zaozhuang	76455	42906	20176	12458	13.32	12.31
东营市	Dongying	29631	17222	10506	5118	9.72	10.75
烟台市	Yantai	57816	20779	56692	13430	0.17	3.83
潍坊市	Weifang	136617	30700	62100	11061	8.15	10.11
济宁市	Jining	146725	28936	51599	9468	10.68	10.30
泰安市	Tai'an	78489	20432	41260	11626	6.50	5.12
威海市	Weihai	20928	13006	21098	9852	-0.07	2.32
日照市	Rizhao	49063	22261	18191	6792	10.07	11.11
莱芜市	Laiwu	14363	14363	9455	9455	3.79	3.79
临沂市	Linyi	250458	70926	71656	15882	15.16	19.58
德州市	Dezhou	80593	17270	37833	7679	7.15	7.66
聊城市	Liaocheng	103025	20887	35666	6881	10.45	10.93
滨州市	Binzhou	57632	16629	27660	7445	7.56	8.32
菏泽市	Heze	149972	37589	49355	10689	9.81	11.41
河南省	**Henan**						
郑州市	Zhengzhou	136858	65113	50225	20219	10.03	11.70
开封市	Kaifeng	70653	19285	29786	9866	7.29	5.50
洛阳市	Luoyang	95006	27066	45909	13083	6.63	6.76
平顶山市	Pingdingshan	74107	14260	26629	5028	8.33	8.30
安阳市	Anyang	74114	13971	25567	4907	7.74	7.67
鹤壁市	Hebi	18923	6993	4970	2265	8.18	7.25
新乡市	Xinxiang	83671	13317	39603	6379	6.72	6.38
焦作市	Jiaozuo	44432	14545	17191	3488	7.31	7.22
濮阳市	Puyang	56529	9740	10981	1925	10.48	10.49
许昌市	Xuchang	60512	18932	37025	15227	4.61	2.77
漯河市	Luohe	34673	17755	21994	10279	4.75	5.57
三门峡市	Sanmenxia	26742	7244	10339	2508	7.22	7.52
南阳市	Nanyang	133777	23482	33906	5201	8.07	9.02
商丘市	Shangqiu	141878	23927	46367	4865	9.56	10.16
信阳市	Xinyang	106285	18560	47431	8284	6.45	6.57
周口市	Zhoukou	170358	8588	73769	1978	7.67	10.29
驻马店市	Zhumadian	112050	10165	34441	7169	8.05	3.52
湖北省	**Hubei**						
武汉市	Wuhan	119430	119430	47919	47919	8.09	8.09
黄石市	Huangshi	44182	10002	10995	2834	12.16	5.32
十堰市	Shiyan	46016	15523	21840	4903	6.98	8.93
宜昌市	Yichang	31866	11666	26410	6167	1.39	4.33
襄阳市	Xiangyang	67514	26950	33410	10775	5.76	7.11
鄂州市	Ezhou	12147	12147	6311	6311	5.24	5.24
荆门市	Jingmen	26574	6049	18976	2668	2.59	5.18
孝感市	Xiaogan	56799	10820	24615	4239	6.22	6.87
荆州市	Jingzhou	72081	10067	26671	5992	7.08	3.66
黄冈市	Huanggang	103022	4112	34179	1633	9.30	7.08
咸宁市	Xianning	46092	8946	12162	1807	11.12	11.36
随州市	Suizhou	35487	9552	11737	4522	9.48	7.65

2-2 续表 4 continued 4

城 市	city	出生人口(人) Birth Population (person)		死亡人口(人) Death Population (person)		自然增长率(‰) Natural Growth Rate (‰)	
		全市 Total City	市辖区 Districts under City	全市 Total City	市辖区 Districts under City	全 市 Total City	市辖区 Districts under City
湖南省	**Hunan**						
长沙市	Changsha	98260	51724	48647	24976	6.81	7.52
株洲市	Zhuzhou	40578	14320	29499	8281	2.75	4.56
湘潭市	Xiangtan	29569	8337	16266	5114	4.61	3.72
衡阳市	Hengyang	76492	11395	38277	6280	4.77	5.04
邵阳市	Shaoyang	75242	6911	37536	8695	4.55	-2.55
岳阳市	Yueyang	67303	13410	31235	4364	6.34	8.19
常德市	Changde	52492	13144	36993	8070	2.56	3.61
张家界市	Zhangjiajie	15106	5688	10304	2309	2.82	6.33
益阳市	Yiyang	43592	13190	35362	9576	1.72	2.66
郴州市	Chenzhou	52789	8319	30885	2806	4.09	6.93
永州市	Yongzhou	61741	13059	29926	5067	4.94	6.78
怀化市	Huaihua	53094	5472	31635	1634	4.25	9.63
娄底市	Loudi	47933	7311	20960	2540	5.93	7.75
广东省	**Guangdong**						
广州市	Guangzhou	170997	170997	52293	52293	12.80	12.80
韶关市	Shaoguan	52911	12835	15202	4644	11.20	8.93
深圳市	Shenzhen	105864	105864	6333	6333	21.89	21.89
珠海市	Zhuhai	20750	20750	4472	4472	12.78	12.78
汕头市	Shantou	93408	92326	27395	26886	11.59	11.65
佛山市	Foshan	78611	78611	23554	23554	12.60	12.60
江门市	Jiangmen	56523	21203	28485	9467	7.03	8.09
湛江市	Zhanjiang	163430	32104	17933	4695	17.16	16.29
茂名市	Maoming	131421	52048	25295	11478	13.09	13.47
肇庆市	Zhaoqing	77372	24258	22185	7001	12.26	12.01
惠州市	Huizhou	65420	32268	12443	3788	13.91	17.36
梅州市	Meizhou	82943	13936	25668	6577	10.45	7.56
汕尾市	Shanwei	55989	6962	13707	885	11.88	11.68
河源市	Heyuan	57310	6286	21325	2214	9.65	12.51
阳江市	Yangjiang	49854	18998	9235	4570	13.55	11.74
清远市	Qingyuan	79838	25852	25439	7371	12.28	12.60
东莞市	Dongguan	41033		10286		13.28	
中山市	Zhongshan	33184		9944		13.14	
潮州市	Chaozhou	37318	23144	18675	11443	6.76	7.36
揭阳市	Jieyang	126493	36548	29925	11745	13.69	11.72
云浮市	Yunfu	48145	12793	15522	2522	10.84	14.93
广西壮族自治区	**Guangxi**						
南宁市	Nanning	127328	71247	31356	11190	12.45	15.51
柳州市	Liuzhou	55205	27473	21155	6940	8.72	11.24
桂林市	Guilin	73089	18671	29212	4811	8.15	10.47
梧州市	Wuzhou	57482	11264	18133	4251	11.18	8.75
北海市	Beihai	29723	11522	5328	1952	13.69	13.94
防城港市	Fangchenggang	18349	10790	3439	1770	15.01	15.34
钦州市	Qinzhou	74128	25920	15305	5510	14.16	13.39
贵港市	Guigang	91747	33480	17753	6700	13.18	13.13

2-2 续表 5 continued 5

城 市	city	出生人口(人) Birth Population (person)		死亡人口(人) Death Population (person)		自然增长率(‰) Natural Growth Rate (‰)	
		全市 Total City	市辖区 Districts under City	全市 Total City	市辖区 Districts under City	全 市 Total City	市辖区 Districts under City
玉林市	Yulin	144121	20736	38121	5134	14.47	13.95
百色市	Baise	65974	6220	27023	2172	9.25	11.00
贺州市	Hezhou	44165	22363	14825	6405	11.93	13.13
河池市	Hechi	70103	14122	26481	5744	10.08	8.25
来宾市	Laibin	37605	16366	15674	5161	8.14	9.82
崇左市	Chongzuo	36832	6211	12559	1458	9.64	12.60
海南省	**Hainan**						
海口市	Haikou	29446	29446	11281	11281	10.23	10.23
三亚市	Sanya	10018	10018	1753	1753	13.45	13.45
三沙市	Sansha	15		4		15.71	
儋州市	Danzhou	16522		2826		14.16	
重庆市	**Chongqing**	**359045**	**256351**	**244375**	**177563**	**3.37**	**3.20**
四川省	**Sichuan**						
成都市	Chengdu	182757	116473	136559	85474	3.13	3.64
自贡市	Zigong	30187	12804	22573	10397	2.36	1.63
攀枝花市	Panzhihua	10916	4961	6612	3633	3.97	2.03
泸州市	Luzhou	61709	16164	47302	13006	2.83	2.07
德阳市	Deyang	33086	7393	26126	6450	1.80	1.00
绵阳市	Mianyang	49827	15765	37377	10024	2.32	3.29
广元市	Guangyuan	28841	9826	27932	8442	0.30	1.50
遂宁市	Suining	39289	17094	54361	27118	-4.13	-6.81
内江市	Neijiang	38810	13665	37647	9922	0.28	2.68
乐山市	Leshan	32670	9735	32680	11005		-1.09
南充市	Nanchong	67738	18858	39529	10786	3.87	4.15
眉山市	Meishan	34880	12934	29677	8982	1.51	3.28
宜宾市	Yibin	63039	26366	34813	15792	5.11	4.61
广安市	Guang'an	49635	9798	40617	9839	1.95	-0.03
达州市	Dazhou	65913	16886	37029	9716	4.34	4.05
雅安市	Ya'an	16244	6070	14687	5235	1.02	1.35
巴中市	Bazhong	43418	16472	20856	7631	6.13	6.52
资阳市	Ziyang	31671	10149	29926	12314	0.50	-2.01
贵州省	**Guizhou**						
贵阳市	Guiyang	77097	46001	17308	9315	14.29	14.17
六盘水市	Liupanshui	85505	10114	18408	2114	19.25	16.40
遵义市	Zunyi						
安顺市	Anshun	57309	20712	12749	5247	14.64	11.81
毕节市	Bijie	146404	27641	44448	7426	10.96	12.12
铜仁市	Tongren	63602	7488	22193	2401	9.33	10.22
云南省	**Yunnan**						
昆明市	Kunming	73442	42819	29799	14421	7.63	8.88
曲靖市	Qujing	101510	21618	42580	9314	8.88	8.73
玉溪市	Yuxi	27470	9538	14410	4306	5.93	7.08
保山市	Baoshan	31903	11482	17658	6528	5.40	5.25
昭通市	Zhaotong	104676	18546	25849	3077	12.61	16.39
丽江市	Lijiang	16209	2244	9927	948	5.10	8.15
普洱市	Pu'er	35636	3605	19647	1061	6.29	10.69
临沧市	Lincang	35859	4549	18100	2432	7.38	6.45

2-2 续表 6 continued 6

城 市	city	出生人口(人) Birth Population (person)		死亡人口(人) Death Population (person)		自然增长率(‰) Natural Growth Rate (‰)	
		全市 Total City	市辖区 Districts under City	全市 Total City	市辖区 Districts under City	全 市 Total City	市辖区 Districts under City
西藏自治区	**Tibet**						
拉萨市	Lasa	8257	4309	3406	1588	8.75	8.83
日喀则市	Xigaze	13555	2346	4833	788	10.87	12.56
昌都市	Qamdo	21956	2455	6586	549	19.93	15.91
林芝市	Linzhi	3025	653	1208	124	9.25	11.11
山南市	Shannan	4509	830	1786	291	7.66	8.34
那曲市	Naqu	9776	1161	2392	330	13.80	7.40
陕西省	**Shaanxi**						
西安市	Xi'an	140037	123922	39750	30334	10.16	10.98
铜川市	Tongchuan	7819	6835	5903	5188	2.40	2.33
宝鸡市	Baoji	40213	14431	23536	6836	4.41	5.46
咸阳市	Xianyang	48585	5452	30980	2911	3.83	4.60
渭南市	Weinan	61134	13344	43433	5186	3.24	8.56
延安市	Yan'an	28009	8762	11078	2933	7.23	8.72
汉中市	Hanzhong	40954	11858	31897	8555	2.38	2.92
榆林市	Yulin	56212	16803	22531	4887	8.77	12.15
安康市	Ankang	37675	15425	25635	8759	3.96	6.59
商洛市	Shangluo	31047	6323	19125	3517	4.75	5.01
甘肃省	**Gansu**						
兰州市	Lanzhou	42349	25517	26649	17680	4.78	3.75
嘉峪关市	Jiayuguan	2652		657		9.58	
金昌市	Jinchang	4524	2094	2219	752	5.08	6.35
白银市	Baiyin	26387	6563	9226	1911	9.44	9.32
天水市	Tianshui	53981	16982	24069	7855	8.04	6.93
武威市	Wuwei	23353	13837	14522	8579	4.66	5.07
张掖市	Zhangye	15220	6323	8972	3685	4.77	5.13
平凉市	Pingliang	31000	7446	15000	5240	6.83	4.20
酒泉市	Jiuquan	11491	4057	6484	2445	5.05	3.89
庆阳市	Qingyang	38541	5855	16156	2516	8.29	8.51
定西市	Dingxi	47640	7132	22868	3177	8.14	8.45
陇南市	Longnan	43280	7479	23261	1972	6.95	9.65
青海省	**Qinghai**						
西宁市	Xining	29476	13592	14963	7133	7.00	6.49
海东市	Haidong	24977	3136	12916	2093	6.99	2.51
宁夏回族自治区	**Ningxia**						
银川市	Yinchuan	27753	17848	11189	6305	8.56	9.59
石嘴山市	Shizuishan	6717	3379	4850	2990	2.53	0.91
吴忠市	Wuzhong	21158	4866	9001	2322	8.46	6.13
固原市	Guyuan	23588	7830	8551	2589	9.97	11.19
中卫市	Zhongwei	20025	5331	11496	2433	7.00	6.97
新疆维吾尔自治区	**Xinjiang**						
乌鲁木齐市	Urumqi	26677	26346	19205	18972	3.36	3.40
克拉玛依市	Karamay	3705	3705	1928	1928	5.77	5.77
吐鲁番市	Turpan	8530	4043	7511	3605	1.61	1.51
哈密市	Hami	6295	5018	3108	2395	5.70	6.07

(二)资源环境
Resources and Environment

2–3 行政区域土地面积及水资源总量
Total Land Area and Total Water Resources

城市	City	行政区域土地面积(平方公里) Total Land Area of Administrative region (sq.km) 全市 Total City	市辖区 Districts under City	建成区面积 Built-up area 市辖区 Districts under City	水资源总量(万立方米) Total Water Resources (10 000 cu.m) 全市 Total City
北京市	**Beijing**	**16406**	**16406**	**1469**	**354573**
天津市	**Tianjin**	**11760**	**11760**	**1078**	**175800**
河北省	**Hebei**				
石家庄市	Shijiazhuang	15848	2240	309	160795
唐山市	Tangshan	14198	4181	249	215500
秦皇岛市	Qinhuangdao	7803	2132	138	145600
邯郸市	Handan	12065	2665	189	78500
邢台市	Xingtai	12433	135	106	124600
保定市	Baoding	22185	2565	215	254300
张家口市	Zhangjiakou	36797	4373	101	149100
承德市	Chengde	39490	1253	78	317400
沧州市	Cangzhou	14304	200	84	87000
廊坊市	Langfang	6419	292	69	80400
衡水市	Hengshui	8837	1520	76	48900
山西省	**Shanxi**				
太原市	Taiyuan	6988	1500	340	
大同市	Datong	14178	2080	125	106000
阳泉市	Yangquan	4559	654	62	50600
长治市	Changzhi	13955	344	59	139002
晋城市	Jincheng	9425	143	48	
朔州市	Shuozhou	10625	4094	36	
晋中市	Jinzhong	16444	1311	84	175667
运城市	Yuncheng	14183	1205	66	132286
忻州市	Xinzhou	25152	1987	37	220100
临汾市	Linfen	20275	1316	61	101556
吕梁市	Lvliang	21239	1339	33	187657
内蒙古自治区	**Inner Mongolia**				
呼和浩特市	Hohhot	17186	2065	260	114636
包头市	Baotou	27768	2965	211	72600
乌海市	Wuhai	1754	1754	62	
赤峰市	Chifeng	90021	7077	106	
通辽市	Tongliao	59629	3212	63	354854
鄂尔多斯市	Erdos	86882	2530	118	292200
呼伦贝尔市	Hulunbuir	261570	1794	93	3161937
巴彦淖尔市	Bayannur	65140	2333	51	561200
乌兰察布市	Ulanqab	54500	542	70	92488
辽宁省	**Liaoning**				
沈阳市	Shenyang	12860	5116	560	132000
大连市	Dalian	13244	5244	404	246800
鞍山市	Anshan	9263	792	174	195600
抚顺市	Fushun	11271	1368	141	176600
本溪市	Benxi	8414	1519	109	281700
丹东市	Dandong	15290	941	85	768000
锦州市	Jinzhou	10048	826	77	61445
营口市	Yingkou	5420	880	180	79400
阜新市	Fuxin	10355	490	77	51782
辽阳市	Liaoyang	4788	1111	107	63602

2-3 续表 1 continued 1

城 市	City	行政区域土地面积(平方公里) Total Land Area of Administrative region (sq.km)		建成区面积 Built-up area	水资源总量(万立方米) Total Water Resources (10 000 cu.m)
		全 市 Total City	市辖区 Districts under City	市辖区 Districts under City	全 市 Total City
盘锦市	Panjin	4103	2067	107	20110
铁岭市	Tieling	12985	652	66	129600
朝阳市	Chaoyang	19698	1138	59	108974
葫芦岛市	Huludao	10416	2347	90	81100
吉林省	**Jilin**				
长春市	Changchun	20594	6991	542	343000
吉林市	Jilin	27711	3774	192	966900
四平市	Siping	14382	1650	62	162100
辽源市	Liaoyuan	5140	432	46	71500
通化市	Tonghua	15612	746	58	524200
白山市	Baishan	17505	2729	48	1012000
松原市	Songyuan	21089	1250	52	112800
白城市	Baicheng	25759	2578	45	256000
黑龙江省	**Heilongjiang**				
哈尔滨市	Harbin	53076	10198	442	1847500
齐齐哈尔市	Qiqihar	42469	4365	140	632300
鸡西市	Jixi	22531	2300		
鹤岗市	Hegang	14665	4553	53	315400
双鸭山市	Shuangyashan	22682	1760	58	257700
大庆市	Daqing	21219	5107	248	236300
伊春市	Yichun	32800	19608	152	1075600
佳木斯市	Jiamusi	32704	1875	97	523500
七台河市	Qitaihe	6190	3800	68	88579
牡丹江市	Mudanjiang	38827	2696	82	1082300
黑河市	Heihe	69345	14446	20	1603900
绥化市	Suihua	34873	2754	45	
上海市	**Shanghai**	**6341**	**6341**	**1238**	**387000**
江苏省	**Jiangsu**				
南京市	Nanjing	6587	6587	817	320800
无锡市	Wuxi	4627	1644	343	277948
徐州市	Xuzhou	11765	3063	271	510400
常州市	Changzhou	4372	2838	268	204800
苏州市	Suzhou	8657	4653	476	385300
南通市	Nantong	10549	2140	233	402134
连云港市	Lianyungang	7615	3012	223	125000
淮安市	Huai'an	10030	4476	190	383280
盐城市	Yancheng	16931	5131	164	537150
扬州市	Yangzhou	6591	2306	172	215600
镇江市	Zhenjiang	3840	1088	143	123433
泰州市	Taizhou	5787	1567	129	204840
宿迁市	Suqian	8524	2153	94	273200
浙江省	**Zhejiang**				
杭州市	Hangzhou	16853	8292	615	1462357
宁波市	Ningbo	9816	3730	344	666000
温州市	Wenzhou	12110	1332	261	1284668
嘉兴市	Jiaxing	4223	987	129	365060
湖州市	Huzhou	5820	1565	124	522577

2-3 续表 2 continued 2

城 市	City	行政区域土地面积(平方公里) Total Land Area of Administrative region (sq.km)		建成区面积 Built-up area	水资源总量(万立方米) Total Water Resources (10 000 cu.m)
		全 市 Total City	市辖区 Districts under City	市辖区 Districts under City	全 市 Total City
绍兴市	Shaoxing	8279	2965	233	598192
金华市	Jinhua	10942	2049	106	588018
衢州市	Quzhou	8845	2354	74	806382
舟山市	Zhoushan	1459	1036	65	69328
台州市	Taizhou	10050	1680	142	779732
丽水市	Lishui	17275	1493	39	1332581
安徽省	**Anhui**				
合肥市	Hefei	11445	1337	466	543100
芜湖市	Wuhu	6026	1491	179	343000
蚌埠市	Bengbu	5951	969	149	315943
淮南市	Huainan	5532	1544	104	250100
马鞍山市	Maanshan	4049	704	100	213100
淮北市	Huaibei	2741	760	89	131523
铜陵市	Tongling	2991	1201	81	144100
安庆市	Anqing	13538	810	102	920300
黄山市	Huangshan	9678	2358	70	901200
滁州市	Chuzhou	13516	1406	90	625400
阜阳市	Fuyang	10118	1957	140	367885
宿州市	Suzhou	9939	2907	87	488055
六安市	Lu'an	15451	4150	79	1198500
亳州市	Bozhou	8521	2263	71	269775
池州市	Chizhou	8399	2539	39	668100
宣城市	Xuancheng	12313	2585	61	977700
福建省	**Fujian**				
福州市	Fuzhou	12255	1756	293	743900
厦门市	Xiamen	1701	1701	389	94220
莆田市	Putian	4131	2290	98	320500
三明市	Sanming	22965	1151	40	1445000
泉州市	Quanzhou	11015	855	244	785100
漳州市	Zhangzhou	12888	377	67	1042300
南平市	Nanping	26280	6036	49	1534100
龙岩市	Longyan	19039	4901	71	1035200
宁德市	Ningde	13433	1509	39	1183200
江西省	**Jiangxi**				
南昌市	Nanchang	7402	3095	339	631900
景德镇市	Jingdezhen	5262	431	61	498400
萍乡市	Pingxiang	3831	1070	51	242900
九江市	Jiujiang	19853	1641	151	1040000
新余市	Xinyu	3178	1789	80	191300
鹰潭市	Yingtan	3560	136	39	302900
赣州市	Ganzhou	39363	5324	180	2229200
吉安市	Ji'an	25372	1382	59	1570400
宜春市	Yichun	18669	2538	88	1410000
抚州市	Fuzhou	18799	3394	97	1258900
上饶市	Shangrao	22757	1770	81	2115000
山东省	**Shandong**				
济南市	Jinan	7998	6121	524	194500

2-3 续表 3 continued 3

城 市	City	行政区域土地面积(平方公里) Total Land Area of Administrative region (sq.km)		建成区面积 Built-up area	水资源总量(万立方米) Total Water Resources (10 000 cu.m)
		全 市 Total City	市辖区 Districts under City	市辖区 Districts under City	全 市 Total City
青岛市	Qingdao	11282	5225	715	
淄博市	Zibo	5965	2989	284	172234
枣庄市	Zaozhuang	4564	3069	155	106900
东营市	Dongying	8243	5777	153	185400
烟台市	Yantai	13865	2741	586	219657
潍坊市	Weifang	16143	2646	180	498455
济宁市	Jining	11187	1677	240	257557
泰安市	Tai'an	7762	2233	158	174799
威海市	Weihai	5800	2607	198	103000
日照市	Rizhao	5359	2043	111	197400
莱芜市	Laiwu	2246	2246	120	49600
临沂市	Linyi	17191	2293	227	430100
德州市	Dezhou	10358	1751	160	154389
聊城市	Liaocheng	8628	1443	111	130300
滨州市	Binzhou	9660	3258	142	
菏泽市	Heze	12155	2274	164	218400
河南省	**Henan**				
郑州市	Zhengzhou	7446	1010	544	72788
开封市	Kaifeng	6240	1816	164	92739
洛阳市	Luoyang	15236	879	218	188309
平顶山市	Pingdingshan	7882	443	74	163291
安阳市	Anyang	7385	534	87	119992
鹤壁市	Hebi	2182	679	64	26778
新乡市	Xinxiang	8291	432	125	117943
焦作市	Jiaozuo	4071	578	116	73065
濮阳市	Puyang	4188	263	63	56869
许昌市	Xuchang	4997	1099	118	55371
漯河市	Luohe	2692	1020	70	
三门峡市	Sanmenxia	10496	1927	61	110837
南阳市	Nanyang	26509	2135	160	585161
商丘市	Shangqiu	10704	1797	137	178733
信阳市	Xinyang	18787	3604	100	1142100
周口市	Zhoukou	11961	333	75	256310
驻马店市	Zhumadian	15065	1365	90	567698
湖北省	**Hubei**				
武汉市	Wuhan	8569	8569	724	351600
黄石市	Huangshi	4583	237	82	264400
十堰市	Shiyan	23666	5025	113	629652
宜昌市	Yichang	21230	4234	176	1098323
襄阳市	Xiangyang	19728	3671	199	454513
鄂州市	Ezhou	1596	1596	64	75507
荆门市	Jingmen	12404	2391	64	362800
孝感市	Xiaogan	8904	1018	90	239746
荆州市	Jingzhou	14242	1576	89	768177
黄冈市	Huanggang	17457	362	55	847045
咸宁市	Xianning	9752	1503	73	901200
随州市	Suizhou	9636	1459	77	152235

2-3 续表 4 continued 4

城市	City	行政区域土地面积(平方公里) Total Land Area of Administrative region (sq.km) 全市 Total City	市辖区 Districts under City	建成区面积 Built-up area 市辖区 Districts under City	水资源总量(万立方米) Total Water Resources (10 000 cu.m) 全市 Total City
湖南省	**Hunan**				
长沙市	Changsha	11816	2151	427	494800
株洲市	Zhuzhou	11248	863	146	737100
湘潭市	Xiangtan	5006	652	80	201500
衡阳市	Hengyang	15299	698	137	838700
邵阳市	Shaoyang	20830	436	78	1158000
岳阳市	Yueyang	14858	1413	110	765600
常德市	Changde	18177	2752	105	1181053
张家界市	Zhangjiajie	9534	2567	33	913700
益阳市	Yiyang	12320	1851	82	819310
郴州市	Chenzhou	19342	2246	79	1541000
永州市	Yongzhou	22260	3181	67	1771000
怀化市	Huaihua	27572	673	64	1478477
娄底市	Loudi	8109	429	51	410200
广东省	**Guangdong**				
广州市	Guangzhou	7434	7434	1300	747559
韶关市	Shaoguan	18413	2871	113	1756000
深圳市	Shenzhen	1997	1997	928	226396
珠海市	Zhuhai	1736	1736	141	201800
汕头市	Shantou	2199	2085	282	
佛山市	Foshan	3798	3798	161	367000
江门市	Jiangmen	9507	1786	158	1596000
湛江市	Zhanjiang	13263	1705	111	962900
茂名市	Maoming	11427	2716	119	1224353
肇庆市	Zhaoqing	14900	2989	124	1491900
惠州市	Huizhou	11347	2697	278	1255300
梅州市	Meizhou	15865	3047	64	1145900
汕尾市	Shanwei	4865	421	33	608000
河源市	Heyuan	15654	362	40	1256126
阳江市	Yangjiang	7956	2483	72	1418300
清远市	Qingyuan	19036	3650	80	2373900
东莞市	Dongguan	2460			238890
中山市	Zhongshan	1784			231100
潮州市	Chaozhou	3146	1414		270025
揭阳市	Jieyang	5265	1047	139	637091
云浮市	Yunfu	7787	1967	30	719000
广西壮族自治区	**Guangxi**				
南宁市	Nanning	22244	9947	317	1442000
柳州市	Liuzhou	18597	3554	232	1317000
桂林市	Guilin	27670	2806	109	2565600
梧州市	Wuzhou	12571	1793	61	1244000
北海市	Beihai	3989	1227	82	266000
防城港市	Fangchenggang	6238	2836	49	889800
钦州市	Qinzhou	12187	4839	91	838000
贵港市	Guigang	10602	3533	83	819100

2-3 续表 5 continued 5

城 市	City	行政区域土地面积（平方公里）Total Land Area of Administrative region (sq.km) 全 市 Total City	市辖区 Districts under City	建成区面积 Built-up area 市辖区 Districts under City	水资源总量（万立方米）Total Water Resources (10 000 cu.m) 全 市 Total City
玉林市	Yulin	12824	1265	75	1015900
百色市	Baise	36202	3718	53	2510000
贺州市	Hezhou	11753	5517	47	853000
河池市	Hechi	33476	6204	43	2442825
来宾市	Laibin	13411	4363	51	1060000
崇左市	Chongzuo	17332	2918	35	1170000
海南省	**Hainan**				
海口市	Haikou	2289	2289	183	264200
三亚市	Sanya	1922	1922	52	162200
三沙市	Sansha				
儋州市	Danzhou	3400			364400
重庆市	**Chongqing**	**82402**	**43263**	**1497**	**5242438**
四川省	**Sichuan**				
成都市	Chengdu	14335	3677	932	
自贡市	Zigong	4381	1434	124	154853
攀枝花市	Panzhihua	7401	2018	81	507280
泸州市	Luzhou	12232	2133	169	648704
德阳市	Deyang	5911	1096	89	447519
绵阳市	Mianyang	20248	2751	159	1381300
广元市	Guangyuan	16319	4581	64	995500
遂宁市	Suining	5322	1874	99	126820
内江市	Neijiang	5385	1566	85	146560
乐山市	Leshan	12723	2506	77	1527800
南充市	Nanchong	12477	2526	145	432300
眉山市	Meishan	7140	1798	66	628600
宜宾市	Yibin	13271	4775	134	736622
广安市	Guang'an	6339	1533	52	216456
达州市	Dazhou	16588	3135	115	
雅安市	Ya'an	15046	1681	38	1983600
巴中市	Bazhong	12293	2560	60	716800
资阳市	Ziyang	5748	1633	50	175000
贵州省	**Guizhou**				
贵阳市	Guiyang	8043	2526	369	480800
六盘水市	Liupanshui	9914	472	54	437700
遵义市	Zunyi				
安顺市	Anshun	9267	2703	69	633600
毕节市	Bijie	26849	3411		1285430
铜仁市	Tongren	18014	1848	52	1145300
云南省	**Yunnan**				
昆明市	Kunming	21013	5952	441	650600
曲靖市	Qujing	28935	5957	103	1203375
玉溪市	Yuxi	14942	1755	38	468557
保山市	Baoshan	19637	5011	37	1473300
昭通市	Zhaotong	22140	2163	45	1328000
丽江市	Lijiang	20554	1263	24	657100
普洱市	Pu'er	44266	3876	27	3449900
临沧市	Lincang	23620	2557	23	1562000

2-3 续表 6 continued 6

城　市	City	行政区域土地面积（平方公里）Total Land Area of Administrative region (sq.km) 全　市 Total City	市辖区 Districts under City	建成区面积 Built-up area 市辖区 Districts under City	水资源总量（万立方米）Total Water Resources (10 000 cu.m) 全　市 Total City
西藏自治区	**Tibet**				
拉萨市	Lasa	29654	4328	76	922200
日喀则市	Xigaze	182000	3738	31	
昌都市	Qamdo	109817	10794	9	
林芝市	Linzhi	117175	10238		
山南市	Shannan	79699	2185	26	
那曲市	Naqu	352192		16	
陕西省	**Shaanxi**				
西安市	Xi'an	10958	6007	702	219000
铜川市	Tongchuan	3882	2406		24600
宝鸡市	Baoji	18117	3625	95	1316400
咸阳市	Xianyang	9544	146	73	59100
渭南市	Weinan	13134	1264	78	81700
延安市	Yan'an	37037	6491	41	115000
汉中市	Hanzhong	27096	3358	56	1449200
榆林市	Yulin	42921	7053	69	243200
安康市	Ankang	23536	3646	45	880600
商洛市	Shangluo	19292	2672	26	292600
甘肃省	**Gansu**				
兰州市	Lanzhou	13192	1574	253	35272
嘉峪关市	Jiayuguan	2935			
金昌市	Jinchang	8896	3019	44	
白银市	Baiyin	20099	3361	67	23200
天水市	Tianshui	14277	5858	56	172328
武威市	Wuwei	32347	4907	34	149340
张掖市	Zhangye	38592	3661	45	
平凉市	Pingliang	11170	1936	42	
酒泉市	Jiuquan	168000	3386	54	
庆阳市	Qingyang	27117	996	30	
定西市	Dingxi	19609	3646	25	
陇南市	Longnan	27839	4642	14	
青海省	**Qinghai**				
西宁市	Xining	7607	477	95	
海东市	Haidong	10340	3269	28	
宁夏回族自治区	**Ningxia**				
银川市	Yinchuan	9025	2306	203	18280
石嘴山市	Shizuishan	5310	2262	103	17290
吴忠市	Wuzhong	16758	1107	55	15740
固原市	Guyuan	13047	4489	44	
中卫市	Zhongwei	17448	6877	32	
新疆维吾尔自治区	**Xinjiang**				
乌鲁木齐市	Urumqi	13788	9577	458	108816
克拉玛依市	Karamay	7735	7735	76	57705
吐鲁番市	Turpan	69759	13651	22	
哈密市	Hami	137222	80791	52	

2-4 城市建设用地状况(市辖区)
Land Used for Urban Construction(Districts under City)

城　　市	City	城市建设用地面积(平方公里) Area of Land Used for Urban Construction (sq.km)	居住用地面积 Area of Land Used for Living	城市建设用地占市区面积比重(%) Land Used for Urban Construction as Percentage to Urban Area (%)
北京市	**Beijing**	**1472**	**428**	**8.97**
天津市	**Tianjin**	**951**	**248**	**8.09**
河北省	**Hebei**			
石家庄市	Shijiazhuang			2.54
唐山市	Tangshan	238	67	5.69
秦皇岛市	Qinhuangdao	135	39	6.33
邯郸市	Handan	182	73	6.83
邢台市	Xingtai	106	42	
保定市	Baoding	207	73	8.07
张家口市	Zhangjiakou	96	26	2.20
承德市	Chengde	71	18	5.67
沧州市	Cangzhou	84	32	42.00
廊坊市	Langfang	69	24	23.63
衡水市	Hengshui	71	27	4.67
山西省	**Shanxi**			
太原市	Taiyuan	339	100	22.60
大同市	Datong			
阳泉市	Yangquan	51	18	7.80
长治市	Changzhi	155	18	45.06
晋城市	Jincheng	48	13	33.57
朔州市	Shuozhou	36	8	0.88
晋中市	Jinzhong	80	25	6.10
运城市	Yuncheng	42	14	3.49
忻州市	Xinzhou	36	11	1.81
临汾市	Linfen	56	17	4.26
吕梁市	Lvliang	32	11	2.39
内蒙古自治区	**Inner Mongolia**			
呼和浩特市	Hohhot	243	78	11.77
包头市	Baotou	196	59	6.61
乌海市	Wuhai	41	19	2.34
赤峰市	Chifeng	208	32	2.94
通辽市	Tongliao	63	14	1.96
鄂尔多斯市	Erdos	118	27	4.66
呼伦贝尔市	Hulunbuir	92	22	5.13
巴彦淖尔市	Bayannur	51	15	2.19
乌兰察布市	Ulanqab	53	16	9.78
辽宁省	**Liaoning**			
沈阳市	Shenyang	630	186	12.31
大连市	Dalian	421	120	8.03
鞍山市	Anshan	174	59	21.97
抚顺市	Fushun	141	35	10.31
本溪市	Benxi	92	28	6.06
丹东市	Dandong	96	30	10.20
锦州市	Jinzhou	107	42	12.95
营口市	Yingkou	173	38	19.66
阜新市	Fuxin	77	21	15.71
辽阳市	Liaoyang	107	38	9.63

2-4 续表 1 continued 1

城　市	City	城市建设用地面积 (平方公里) Area of Land Used for Urban Construction (sq.km)	居住用地面积 Area of Land Used for Living	城市建设用地占市区面积比重 (%) Land Used for Urban Construction as Percentage to Urban Area (%)
盘锦市	Panjin	103	38	4.98
铁岭市	Tieling	75	22	11.50
朝阳市	Chaoyang	59	18	5.18
葫芦岛市	Huludao	115	43	4.90
吉林省	**Jilin**			
长春市	Changchun	523	151	7.48
吉林市	Jilin	192	59	5.09
四平市	Siping	61	22	3.70
辽源市	Liaoyuan	46	28	10.65
通化市	Tonghua	57	18	7.64
白山市	Baishan	43	21	1.58
松原市	Songyuan	51	16	4.08
白城市	Baicheng	45	12	1.75
黑龙江省	**Heilongjiang**			
哈尔滨市	Harbin	434	138	4.26
齐齐哈尔市	Qiqihar	368		8.43
鸡西市	Jixi			
鹤岗市	Hegang	53	19	1.16
双鸭山市	Shuangyashan	58	16	3.30
大庆市	Daqing	323	78	6.32
伊春市	Yichun	152	66	0.78
佳木斯市	Jiamusi	90	30	4.80
七台河市	Qitaihe	68	39	1.79
牡丹江市	Mudanjiang	272	31	10.09
黑河市	Heihe	20	6	0.14
绥化市	Suihua	37	12	1.34
上海市	**Shanghai**	**1899**	**552**	**29.95**
江苏省	**Jiangsu**			
南京市	Nanjing	774	216	11.75
无锡市	Wuxi	296	90	18.00
徐州市	Xuzhou	274	78	8.95
常州市	Changzhou	268	49	9.44
苏州市	Suzhou	474	137	10.19
南通市	Nantong	227	70	10.61
连云港市	Lianyungang	223	80	7.40
淮安市	Huai'an	266	81	5.94
盐城市	Yancheng	163	45	3.18
扬州市	Yangzhou	171	47	7.42
镇江市	Zhenjiang	143	41	13.14
泰州市	Taizhou	129	30	8.23
宿迁市	Suqian	94	22	4.37
浙江省	**Zhejiang**			
杭州市	Hangzhou	571	150	6.89
宁波市	Ningbo	376	85	10.08
温州市	Wenzhou	192	54	14.41
嘉兴市	Jiaxing	129	35	13.07
湖州市	Huzhou	124	38	7.92

2-4 续表 2 continued 2

城 市	City	城市建设用地面积 (平方公里) Area of Land Used for Urban Construction (sq.km)	居住用地面积 Area of Land Used for Living	城市建设用地占市区面积比重 (%) Land Used for Urban Construction as Percentage to Urban Area (%)
绍兴市	Shaoxing	235	80	7.93
金华市	Jinhua	106	33	5.17
衢州市	Quzhou	77	17	3.27
舟山市	Zhoushan	59	21	5.69
台州市	Taizhou	134	43	7.98
丽水市	Lishui	40	12	2.68
安徽省	**Anhui**			
合肥市	Hefei	457	134	34.18
芜湖市	Wuhu	174	40	11.67
蚌埠市	Bengbu	148	50	15.27
淮南市	Huainan	104	46	6.74
马鞍山市	Maanshan	92	22	13.07
淮北市	Huaibei	95	34	12.50
铜陵市	Tongling	73	20	6.08
安庆市	Anqing	105	34	12.96
黄山市	Huangshan	56	21	2.37
滁州市	Chuzhou	90	26	6.40
阜阳市	Fuyang	139	61	7.10
宿州市	Suzhou	85	27	2.92
六安市	Lu'an	79	25	1.90
亳州市	Bozhou	71	20	3.14
池州市	Chizhou	40	14	1.58
宣城市	Xuancheng	60	15	2.32
福建省	**Fujian**			
福州市	Fuzhou	227	96	12.93
厦门市	Xiamen	389	104	22.87
莆田市	Putian	95	49	4.15
三明市	Sanming	34	10	2.95
泉州市	Quanzhou	268	88	31.35
漳州市	Zhangzhou	67	23	17.77
南平市	Nanping	49	17	0.81
龙岩市	Longyan	65	20	1.33
宁德市	Ningde	37	13	2.45
江西省	**Jiangxi**			
南昌市	Nanchang	318	96	10.27
景德镇市	Jingdezhen	60	20	13.92
萍乡市	Pingxiang	51	16	4.77
九江市	Jiujiang	129	41	7.86
新余市	Xinyu	72	21	4.02
鹰潭市	Yingtan	38	10	27.94
赣州市	Ganzhou	177	48	3.32
吉安市	Ji'an	60	15	4.34
宜春市	Yichun	88	22	3.47
抚州市	Fuzhou	96	32	2.83
上饶市	Shangrao	80	30	4.52
山东省	**Shandong**			
济南市	Jinan	524	142	8.56

2-4 续表 3 continued 3

城 市	City	城市建设用地面积（平方公里）Area of Land Used for Urban Construction (sq.km)	居住用地面积 Area of Land Used for Living	城市建设用地占市区面积比重(%) Land Used for Urban Construction as Percentage to Urban Area (%)
青岛市	Qingdao	587	163	11.23
淄博市	Zibo	280	98	9.37
枣庄市	Zaozhuang	148	57	4.82
东营市	Dongying	152	42	2.63
烟台市	Yantai	293	72	10.69
潍坊市	Weifang	202	70	7.63
济宁市	Jining	202	66	12.05
泰安市	Tai'an	158	51	7.08
威海市	Weihai	194	49	7.44
日照市	Rizhao	111	36	5.43
莱芜市	Laiwu	90	33	4.01
临沂市	Linyi	207	58	9.03
德州市	Dezhou	158	43	9.02
聊城市	Liaocheng	105	31	7.28
滨州市	Binzhou	140	38	4.30
菏泽市	Heze	163	56	7.17
河南省	**Henan**			
郑州市	Zhengzhou	529	132	52.38
开封市	Kaifeng	138	55	7.60
洛阳市	Luoyang	218	83	24.80
平顶山市	Pingdingshan	73	29	16.48
安阳市	Anyang	97	26	18.16
鹤壁市	Hebi	64	15	9.43
新乡市	Xinxiang	117	42	27.08
焦作市	Jiaozuo	116	40	20.07
濮阳市	Puyang	63	23	23.95
许昌市	Xuchang	115	43	10.46
漯河市	Luohe	77	18	7.55
三门峡市	Sanmenxia	49	13	2.54
南阳市	Nanyang	158	47	7.40
商丘市	Shangqiu	140	42	7.79
信阳市	Xinyang	91	28	2.52
周口市	Zhoukou	59	16	17.72
驻马店市	Zhumadian	77	25	5.64
湖北省	**Hubei**			
武汉市	Wuhan	865	270	10.09
黄石市	Huangshi	80	22	33.76
十堰市	Shiyan	113	33	2.25
宜昌市	Yichang	177	49	4.18
襄阳市	Xiangyang	192	49	5.23
鄂州市	Ezhou	35	9	2.19
荆门市	Jingmen	64	14	2.68
孝感市	Xiaogan	52	15	5.11
荆州市	Jingzhou	89	23	5.65
黄冈市	Huanggang	55	17	15.19
咸宁市	Xianning	56	25	3.73
随州市	Suizhou	77	29	5.28

2-4 续表 4 continued 4

城　　市	City	城市建设用地面积（平方公里）Area of Land Used for Urban Construction (sq.km)	居住用地面积 Area of Land Used for Living	城市建设用地占市区面积比重（%）Land Used for Urban Construction as Percentage to Urban Area (%)
湖南省	**Hunan**			
长沙市	Changsha	505	173	23.48
株洲市	Zhuzhou	136	55	15.76
湘潭市	Xiangtan	80	27	12.27
衡阳市	Hengyang	131	42	18.77
邵阳市	Shaoyang	77	29	17.66
岳阳市	Yueyang	97	27	6.86
常德市	Changde	105	28	3.82
张家界市	Zhangjiajie	33	10	1.29
益阳市	Yiyang	74	29	4.00
郴州市	Chenzhou	70	31	3.12
永州市	Yongzhou	66	16	2.07
怀化市	Huaihua	54	19	8.02
娄底市	Loudi	51	16	11.89
广东省	**Guangdong**			
广州市	Guangzhou			
韶关市	Shaoguan	113	42	3.94
深圳市	Shenzhen	940	213	47.07
珠海市	Zhuhai			
汕头市	Shantou	248	100	11.89
佛山市	Foshan	145	43	3.82
江门市	Jiangmen	158	49	8.85
湛江市	Zhanjiang	110	43	6.45
茂名市	Maoming	94	38	3.46
肇庆市	Zhaoqing	233	40	7.80
惠州市	Huizhou	270	86	10.01
梅州市	Meizhou	54	23	1.77
汕尾市	Shanwei	23	10	5.46
河源市	Heyuan			
阳江市	Yangjiang	72	30	2.90
清远市	Qingyuan			
东莞市	Dongguan			
中山市	Zhongshan			
潮州市	Chaozhou			
揭阳市	Jieyang			
云浮市	Yunfu	29	9	1.47
广西壮族自治区	**Guangxi**			
南宁市	Nanning	311	99	3.13
柳州市	Liuzhou	232	63	6.53
桂林市	Guilin	109	31	3.88
梧州市	Wuzhou	60	20	3.35
北海市	Beihai	82	24	6.68
防城港市	Fangchenggang	48	11	1.69
钦州市	Qinzhou	90	18	1.86
贵港市	Guigang	82	24	2.32

2-4 续表 5 continued 5

城 市	City	城市建设用地面积 (平方公里) Area of Land Used for Urban Construction (sq.km)	居住用地面积 Area of Land Used for Living	城市建设用地占市区面积比重 (%) Land Used for Urban Construction as Percentage to Urban Area (%)
玉林市	Yulin	74	27	5.85
百色市	Baise	49	16	1.32
贺州市	Hezhou	42	13	0.76
河池市	Hechi	43	9	0.69
来宾市	Laibin	51	12	1.17
崇左市	Chongzuo	26	7	0.89
海南省	**Hainan**			
海口市	Haikou	141	54	6.16
三亚市	Sanya	47	15	2.45
三沙市	Sansha			
儋州市	Danzhou			
重庆市	**Chongqing**	**1272**	**397**	**2.94**
四川省	**Sichuan**			
成都市	Chengdu	848	288	23.06
自贡市	Zigong	124	41	8.65
攀枝花市	Panzhihua	77	21	3.82
泸州市	Luzhou	166	38	7.78
德阳市	Deyang	89	26	8.12
绵阳市	Mianyang	158	44	5.74
广元市	Guangyuan	59	14	1.29
遂宁市	Suining	83	23	4.43
内江市	Neijiang	120	32	7.66
乐山市	Leshan	74	24	2.95
南充市	Nanchong	145	53	5.74
眉山市	Meishan	63	24	3.50
宜宾市	Yibin	121	24	2.53
广安市	Guang'an	52	23	3.39
达州市	Dazhou	114	26	3.64
雅安市	Ya'an	36	9	2.14
巴中市	Bazhong			
资阳市	Ziyang	47	10	2.88
贵州省	**Guizhou**			
贵阳市	Guiyang	345	96	13.66
六盘水市	Liupanshui	54	25	11.44
遵义市	Zunyi			
安顺市	Anshun	69	24	2.55
毕节市	Bijie			
铜仁市	Tongren	41	18	2.22
云南省	**Yunnan**			
昆明市	Kunming	454	188	7.63
曲靖市	Qujing	100	38	1.68
玉溪市	Yuxi	38	8	2.17
保山市	Baoshan	37	10	0.74
昭通市	Zhaotong	36	10	1.66
丽江市	Lijiang	24	5	1.90
普洱市	Pu'er	26	5	0.67
临沧市	Lincang	22	8	0.86

2-4 续表 6 continued 6

城　市	City	城市建设用地面积 (平方公里) Area of Land Used for Urban Construction (sq.km)	居住用地面积 Area of Land Used for Living	城市建设用地占市区面积比重 (%) Land Used for Urban Construction as Percentage to Urban Area (%)
西藏自治区	**Tibet**			
拉萨市	Lasa	77	25	1.78
日喀则市	Xigaze			
昌都市	Qamdo	8	1	0.07
林芝市	Linzhi	10	3	0.10
山南市	Shannan	9	3	0.41
那曲市	Naqu	16	6	
陕西省	**Shaanxi**			
西安市	Xi'an	658	154	10.95
铜川市	Tongchuan			
宝鸡市	Baoji	93	11	2.57
咸阳市	Xianyang	72	21	49.32
渭南市	Weinan	73	28	5.78
延安市	Yan'an	41	14	0.63
汉中市	Hanzhong	56	12	1.67
榆林市	Yulin	58	13	0.82
安康市	Ankang	45	13	1.23
商洛市	Shangluo	20	3	0.75
甘肃省	**Gansu**			
兰州市	Lanzhou	242	65	15.37
嘉峪关市	Jiayuguan			
金昌市	Jinchang	44	8	1.46
白银市	Baiyin	66	18	1.96
天水市	Tianshui	56	11	0.96
武威市	Wuwei	34	14	0.69
张掖市	Zhangye	22	8	0.60
平凉市	Pingliang	41	14	2.12
酒泉市	Jiuquan	48	11	1.42
庆阳市	Qingyang	25	5	2.51
定西市	Dingxi	25	6	0.69
陇南市	Longnan	13	7	0.28
青海省	**Qinghai**			
西宁市	Xining	118	29	24.74
海东市	Haidong	19	7	0.58
宁夏回族自治区	**Ningxia**			
银川市	Yinchuan	193	68	8.37
石嘴山市	Shizuishan	71	22	3.14
吴忠市	Wuzhong	55	18	4.97
固原市	Guyuan	39	10	0.87
中卫市	Zhongwei	29	9	0.42
新疆维吾尔自治区	**Xinjiang**			
乌鲁木齐市	Urumqi	448	126	4.68
克拉玛依市	Karamay	73	24	0.94
吐鲁番市	Turpan	22	9	0.16
哈密市	Hami	52	20	0.06

2–5 绿地面积及建成区绿化覆盖面积(市辖区)
Area of Green Land and Green Covered Area of Built-up Area (Districts under City)

城 市	City	绿地面积 (公顷) Area of Green Land (hectare)	公园绿地面积 Area of Parks Green Land	建成区绿化覆盖率 (%) Green Covered Area as % of Built-up Area (%)
北京市	**Beijing**	**85286**	**32619**	**48.44**
天津市	**Tianjin**	**46499**	**10928**	**38.03**
河北省	**Hebei**			
石家庄市	Shijiazhuang	14021	4888	41.16
唐山市	Tangshan	9518	3173	41.51
秦皇岛市	Qinhuangdao	6126	2395	41.29
邯郸市	Handan	8260	3211	42.76
邢台市	Xingtai	4310	1566	41.44
保定市	Baoding	8749	1956	42.20
张家口市	Zhangjiakou	3622	1051	39.98
承德市	Chengde	4973	1188	42.43
沧州市	Cangzhou	2788	758	37.74
廊坊市	Langfang	4766	847	47.70
衡水市	Hengshui	3740	790	40.33
山西省	**Shanxi**			
太原市	Taiyuan	13398	4493	44.67
大同市	Datong	4851	2001	42.87
阳泉市	Yangquan	2281	625	37.89
长治市	Changzhi	2940	815	47.31
晋城市	Jincheng		604	45.80
朔州市	Shuozhou	2508	515	40.16
晋中市	Jinzhong		917	37.21
运城市	Yuncheng	623	623	37.21
忻州市	Xinzhou	1240	437	38.03
临汾市	Linfen		661	38.68
吕梁市	Lvliang	1237	442	40.58
内蒙古自治区	**Inner Mongolia**			
呼和浩特市	Hohhot	15328	4000	40.31
包头市	Baotou	9651	2893	44.50
乌海市	Wuhai	2567	1095	43.00
赤峰市	Chifeng	4225	1813	42.58
通辽市	Tongliao	2489	960	42.16
鄂尔多斯市	Erdos	11828	1967	42.39
呼伦贝尔市	Hulunbuir	2021	470	36.05
巴彦淖尔市	Bayannur	1655	463	36.27
乌兰察布市	Ulanqab	5958	1236	40.10
辽宁省	**Liaoning**			
沈阳市	Shenyang	22533	7239	39.23
大连市	Dalian	19805	4094	46.67
鞍山市	Anshan	6325	1538	39.83
抚顺市	Fushun	5264		
本溪市	Benxi	23224	985	49.76
丹东市	Dandong		836	
锦州市	Jinzhou	3120	1421	38.55
营口市	Yingkou	6200	1262	37.57
阜新市	Fuxin	3175	918	41.14
辽阳市	Liaoyang	4260	925	42.72

2-5 续表 1 continued 1

城 市	City	绿地面积（公顷）Area of Green Land (hectare)	公园绿地面积 Area of Parks Green Land	建成区绿化覆盖率（%）Green Covered Area as % of Built-up Area (%)
盘锦市	Panjin	4202	1186	43.18
铁岭市	Tieling	2107	603	32.21
朝阳市	Chaoyang	1493	774	25.58
葫芦岛市	Huludao	3168	764	36.10
吉林省	**Jilin**			
长春市	Changchun	23928	6318	41.58
吉林市	Jilin	6734	1549	39.00
四平市	Siping	2082	547	36.59
辽源市	Liaoyuan	1541	488	37.27
通化市	Tonghua	1871	660	36.59
白山市	Baishan	10773	221	24.00
松原市	Songyuan	2073	862	36.50
白城市	Baicheng	1488	202	34.25
黑龙江省	**Heilongjiang**			
哈尔滨市	Harbin	15195	5074	35.37
齐齐哈尔市	Qiqihar	6097	1091	38.28
鸡西市	Jixi			
鹤岗市	Hegang	2870	793	41.30
双鸭山市	Shuangyashan	2319	558	43.63
大庆市	Daqing	13441	1801	43.68
伊春市	Yichun	4665	1845	31.80
佳木斯市	Jiamusi	3732	860	
七台河市	Qitaihe	2730	527	44.43
牡丹江市	Mudanjiang	5341	782	27.60
黑河市	Heihe	722	194	40.50
绥化市	Suihua	202		
上海市	**Shanghai**	**139427**	**20578**	**39.40**
江苏省	**Jiangsu**			
南京市	Nanjing	92202	10168	45.10
无锡市	Wuxi	19316	3859	43.00
徐州市	Xuzhou	16363	2954	44.00
常州市	Changzhou	11619	2853	43.00
苏州市	Suzhou	22518	4646	41.00
南通市	Nantong	10411	3103	44.00
连云港市	Lianyungang	22865	1583	41.00
淮安市	Huai'an	8620	2284	42.00
盐城市	Yancheng	7683	1872	43.00
扬州市	Yangzhou	8540	2318	44.00
镇江市	Zhenjiang	8885	1700	43.00
泰州市	Taizhou	6002	1446	43.00
宿迁市	Suqian	9638	1277	44.00
浙江省	**Zhejiang**			
杭州市	Hangzhou	46014	8976	40.63
宁波市	Ningbo	15308	4501	42.00
温州市	Wenzhou	9164	2858	38.69
嘉兴市	Jiaxing	5648	1280	38.29
湖州市	Huzhou	5391	1686	46.36

2-5 续表 2 continued 2

城 市	City	绿地面积（公顷） Area of Green Land (hectare)	公园绿地面积 Area of Parks Green Land	建成区绿化覆盖率（%） Green Covered Area as % of Built-up Area (%)
绍兴市	Shaoxing	8916	2311	42.94
金华市	Jinhua	4175	981	40.42
衢州市	Quzhou	2864	543	43.00
舟山市	Zhoushan	14046	1029	41.87
台州市	Taizhou	6543	1971	44.01
丽水市	Lishui	1607	422	44.46
安徽省	**Anhui**			
合肥市	Hefei	19399	5728	43.37
芜湖市	Wuhu	7297	1985	42.18
蚌埠市	Bengbu	5575	1303	41.78
淮南市	Huainan	5068	1549	45.35
马鞍山市	Maanshan	6026	1130	44.19
淮北市	Huaibei	4714	1329	45.82
铜陵市	Tongling	6917	952	44.95
安庆市	Anqing	4176	1028	41.04
黄山市	Huangshan	13410	618	47.15
滁州市	Chuzhou	4605	773	41.35
阜阳市	Fuyang	6280	1787	40.03
宿州市	Suzhou	3236	793	39.70
六安市	Lu'an	3299	908	42.43
亳州市	Bozhou	3708	578	37.10
池州市	Chizhou	1553	545	43.50
宣城市	Xuancheng	4053	552	41.60
福建省	**Fujian**			
福州市	Fuzhou	12334	4552	44.93
厦门市	Xiamen	22964	5197	45.12
莆田市	Putian	4069	1158	44.93
三明市	Sanming	1790	357	44.26
泉州市	Quanzhou	9564	2050	43.20
漳州市	Zhangzhou	2830	837	45.45
南平市	Nanping	1922	517	42.34
龙岩市	Longyan	2843	671	44.08
宁德市	Ningde	1489	424	40.23
江西省	**Jiangxi**			
南昌市	Nanchang	14806	3674	44.80
景德镇市	Jingdezhen	3270	841	51.61
萍乡市	Pingxiang	2300	743	46.82
九江市	Jiujiang	6655	1130	47.83
新余市	Xinyu	3888	936	51.00
鹰潭市	Yingtan	1464	350	38.92
赣州市	Ganzhou	9876	2337	49.84
吉安市	Ji'an	2598	826	45.81
宜春市	Yichun	3755	1074	44.96
抚州市	Fuzhou	4162	1340	46.76
上饶市	Shangrao	3633	1183	
山东省	**Shandong**			
济南市	Jinan	19220	5333	40.49

2-5 续表 3 continued 3

城 市	City	绿地面积（公顷）Area of Green Land (hectare)	公园绿地面积 Area of Parks Green Land	建成区绿化覆盖率(%) Green Covered Area as % of Built-up Area (%)
青岛市	Qingdao	39229	8587	39.20
淄博市	Zibo	19459	3603	45.22
枣庄市	Zaozhuang	7327	1505	41.52
东营市	Dongying	9590	2608	41.96
烟台市	Yantai	12290	3480	39.88
潍坊市	Weifang	11093	2760	41.91
济宁市	Jining	9359	2847	41.49
泰安市	Tai'an	7066	2288	45.05
威海市	Weihai	9461	2540	45.77
日照市	Rizhao	4710	1749	43.13
莱芜市	Laiwu	6735	1450	45.56
临沂市	Linyi	12190	4493	42.05
德州市	Dezhou	6505	2234	42.50
聊城市	Liaocheng	4089	1225	42.14
滨州市	Binzhou	6325	1785	44.15
菏泽市	Heze	6375	1182	40.53
河南省	**Henan**			
郑州市	Zhengzhou	21544	8928	40.83
开封市	Kaifeng	5331	1127	38.39
洛阳市	Luoyang		2594	43.76
平顶山市	Pingdingshan	2952	1136	40.75
安阳市	Anyang	3184	899	41.61
鹤壁市	Hebi	2388	696	41.95
新乡市	Xinxiang	4743	924	40.10
焦作市	Jiaozuo	4048	1123	41.02
濮阳市	Puyang	2485	905	40.59
许昌市	Xuchang	3965	835	41.28
漯河市	Luohe	2471	900	41.13
三门峡市	Sanmenxia	1986	608	39.85
南阳市	Nanyang	7524	1645	37.56
商丘市	Shangqiu	2711	992	43.46
信阳市	Xinyang	4901	862	43.80
周口市	Zhoukou	3201	574	38.57
驻马店市	Zhumadian	3561	730	44.98
湖北省	**Hubei**			
武汉市	Wuhan	25600	8858	39.46
黄石市	Huangshi	2989	1075	38.55
十堰市	Shiyan	4551	1098	40.13
宜昌市	Yichang	6517	1395	41.28
襄阳市	Xiangyang	6481	1902	38.74
鄂州市	Ezhou	1314	449	43.22
荆门市	Jingmen	2432	789	43.35
孝感市	Xiaogan	1756	524	37.95
荆州市	Jingzhou	2937	923	36.36
黄冈市	Huanggang	1203	390	41.54
咸宁市	Xianning	4227	607	41.27
随州市	Suizhou	4683	546	39.81

2-5 续表 4 continued 4

城　　市	City	绿地面积（公顷）Area of Green Land (hectare)	公园绿地面积 Area of Parks Green Land	建成区绿化覆盖率（%）Green Covered Area as % of Built-up Area (%)
湖南省	**Hunan**			
长沙市	Changsha	14704	4781	41.49
株洲市	Zhuzhou	5894	1646	42.67
湘潭市	Xiangtan	3363	888	45.81
衡阳市	Hengyang	7462	1937	41.25
邵阳市	Shaoyang	3123	950	41.82
岳阳市	Yueyang	5012	871	42.07
常德市	Changde	4124	1319	44.39
张家界市	Zhangjiajie	1435	220	40.53
益阳市	Yiyang	3199	656	40.03
郴州市	Chenzhou	3293	834	46.54
永州市	Yongzhou	2457	662	38.32
怀化市	Huaihua	2311	532	39.26
娄底市	Loudi	2148	497	41.02
广东省	**Guangdong**			
广州市	Guangzhou	147048	30189	45.13
韶关市	Shaoguan	4513	895	46.64
深圳市	Shenzhen	97901	19992	44.98
珠海市	Zhuhai	14146	5532	49.70
汕头市	Shantou		4239	44.27
佛山市	Foshan	7112	3231	44.25
江门市	Jiangmen	13196	2479	44.91
湛江市	Zhanjiang	4614	1557	43.73
茂名市	Maoming	4851	1487	42.71
肇庆市	Zhaoqing	13688	1639	33.71
惠州市	Huizhou	11042	4021	43.40
梅州市	Meizhou	2667	799	42.96
汕尾市	Shanwei	1136	470	36.00
河源市	Heyuan	1579	434	42.34
阳江市	Yangjiang	2888	821	41.80
清远市	Qingyuan	3032	755	40.72
东莞市	Dongguan			
中山市	Zhongshan			
潮州市	Chaozhou			
揭阳市	Jieyang	6335	1083	41.17
云浮市	Yunfu	1490	493	42.02
广西壮族自治区	**Guangxi**			
南宁市	Nanning	39999	4203	42.36
柳州市	Liuzhou	9581	2578	43.97
桂林市	Guilin	4186	1247	41.21
梧州市	Wuzhou	3474	642	43.61
北海市	Beihai	3009	546	40.56
防城港市	Fangchenggang	1688	521	36.21
钦州市	Qinzhou	11163	471	39.09
贵港市	Guigang	3082	723	41.32

2–5 续表 5 continued 5

城 市	City	绿地面积（公顷）Area of Green Land (hectare)	公园绿地面积 Area of Parks Green Land	建成区绿化覆盖率(%) Green Covered Area as % of Built-up Area (%)
玉林市	Yulin	3063	1065	39.41
百色市	Baise	2012	348	30.17
贺州市	Hezhou	1592	384	34.68
河池市	Hechi	1278	379	33.63
来宾市	Laibin	1629	320	34.00
崇左市	Chongzuo	1243	349	38.74
海南省	**Hainan**			
海口市	Haikou	6676	1958	41.00
三亚市	Sanya	2086	872	43.79
三沙市	Sansha			
儋州市	Danzhou			
重庆市	**Chongqing**	**64778**	**25844**	**40.35**
四川省	**Sichuan**			
成都市	Chengdu	34094	11173	41.33
自贡市	Zigong	4642	1513	42.50
攀枝花市	Panzhihua	2981	868	40.47
泸州市	Luzhou	6971	2025	41.27
德阳市	Deyang	3182	849	41.69
绵阳市	Mianyang	5839	1680	40.02
广元市	Guangyuan	2417	684	39.30
遂宁市	Suining	6351	795	34.13
内江市	Neijiang	2848	764	36.49
乐山市	Leshan	3727	805	40.37
南充市	Nanchong	5668	1755	44.28
眉山市	Meishan	2210	645	40.50
宜宾市	Yibin	4568	1596	39.30
广安市	Guang'an	2799	893	40.12
达州市	Dazhou	3124	1234	25.70
雅安市	Ya'an	1390	355	39.97
巴中市	Bazhong	639		
资阳市	Ziyang	1722	590	36.11
贵州省	**Guizhou**			
贵阳市	Guiyang	19679	5125	40.11
六盘水市	Liupanshui	5386	435	37.85
遵义市	Zunyi			
安顺市	Anshun	5177	1005	37.50
毕节市	Bijie			34.00
铜仁市	Tongren	2141	481	38.16
云南省	**Yunnan**			
昆明市	Kunming	17048	4423	41.93
曲靖市	Qujing	3474	982	36.80
玉溪市	Yuxi	1991	469	39.52
保山市	Baoshan	1330	375	37.23
昭通市	Zhaotong	1202	408	32.50
丽江市	Lijiang	870	389	93.81
普洱市	Pu'er	1142	274	40.49
临沧市	Lincang	820	220	41.00

2-5 续表 6 continued 6

城 市	City	绿地面积（公顷）Area of Green Land (hectare)	公园绿地面积 Area of Parks Green Land	建成区绿化覆盖率（%）Green Covered Area as % of Built-up Area (%)
西藏自治区	**Tibet**			
拉萨市	Lasa			
日喀则市	Xigaze			
昌都市	Qamdo	317	79	38.76
林芝市	Linzhi		97	
山南市	Shannan	311	63	38.00
那曲市	Naqu	440	167	26.10
陕西省	**Shaanxi**			
西安市	Xi'an	31088	5855	38.75
铜川市	Tongchuan	1922	491	39.47
宝鸡市	Baoji	4289	1105	41.10
咸阳市	Xianyang	2558	806	38.51
渭南市	Weinan	2302	741	39.15
延安市	Yan'an	1575	520	40.76
汉中市	Hanzhong	2212	742	38.43
榆林市	Yulin	2436	956	36.00
安康市	Ankang	1669	442	39.98
商洛市	Shangluo	1025	280	34.00
甘肃省	**Gansu**			
兰州市	Lanzhou	8282	2906	36.94
嘉峪关市	Jiayuguan			
金昌市	Jinchang	1466	475	37.62
白银市	Baiyin	2177	386	36.39
天水市	Tianshui	1960	693	38.95
武威市	Wuwei	931	287	31.00
张掖市	Zhangye	2198	1285	38.91
平凉市	Pingliang	1479	387	39.44
酒泉市	Jiuquan	1676	457	37.22
庆阳市	Qingyang	887	245	31.90
定西市	Dingxi	591	353	26.40
陇南市	Longnan	150	103	23.00
青海省	**Qinghai**			
西宁市	Xining	3854	1645	40.50
海东市	Haidong	804	185	25.00
宁夏回族自治区	**Ningxia**			
银川市	Yinchuan	10302	2419	42.02
石嘴山市	Shizuishan	5849	1185	40.76
吴忠市	Wuzhong	2892	467	41.04
固原市	Guyuan	1643	715	36.45
中卫市	Zhongwei	2116	439	40.10
新疆维吾尔自治区	**Xinjiang**			
乌鲁木齐市	Urumqi	30162	3638	41.90
克拉玛依市	Karamay	5454	501	43.29
吐鲁番市	Turpan	757	170	
哈密市	Hami	2233	332	39.55

2–6 工业废水排放量和二氧化硫及氮氧化物排放量(全市)

Industrial Waste，Water Sulphur Dioxide and Nitrogen Dioxide Emission (Total City)

城　市	City	工业废水排放量(万吨) Volume of Industrial Waste Water Discharged (10 000 tons)	工业二氧化硫排放量(吨) Volume of Industrial Sulphur Dioxide Emission (ton)	工业氮氧化物排放量(吨) Volume of Industrial Nitrogen Dioxide Emission (ton)
北京市	**Beijing**	**8422**	**1554**	**14988**
天津市	**Tianjin**	**17729**	**32937**	**62719**
河北省	**Hebei**			
石家庄市	Shijiazhuang	6660	28399	50438
唐山市	Tangshan	7877	88388	160683
秦皇岛市	Qinhuangdao	2023	18961	46028
邯郸市	Handan	2591	45278	67187
邢台市	Xingtai	4137	13624	24838
保定市	Baoding	6539	5281	19197
张家口市	Zhangjiakou	1827	12994	22521
承德市	Chengde	984	28649	31645
沧州市	Cangzhou	3366	11504	18969
廊坊市	Langfang	1036	8524	11330
衡水市	Hengshui	741	4238	6921
山西省	**Shanxi**			
太原市	Taiyuan			
大同市	Datong			
阳泉市	Yangquan			
长治市	Changzhi	4629	13639	25719
晋城市	Jincheng	3174	12208	18379
朔州市	Shuozhou			
晋中市	Jinzhong	879	8856	17072
运城市	Yuncheng			
忻州市	Xinzhou	822	17821	26189
临汾市	Linfen			
吕梁市	Lvliang			
内蒙古自治区	**Inner Mongolia**			
呼和浩特市	Hohhot	2435	23885	27294
包头市	Baotou	3263	43473	50844
乌海市	Wuhai	842	22029	18435
赤峰市	Chifeng	1337	22175	20056
通辽市	Tongliao	2031	39320	42795
鄂尔多斯市	Erdos	3174	42392	49510
呼伦贝尔市	Hulunbuir	3991	17026	27173
巴彦淖尔市	Bayannur	2036	12390	10667
乌兰察布市	Ulanqab	641	21979	25923
辽宁省	**Liaoning**			
沈阳市	Shenyang			
大连市	Dalian	12907	14893	26361
鞍山市	Anshan			
抚顺市	Fushun	1933	6874	10132
本溪市	Benxi	2893	16525	30380
丹东市	Dandong	713	6649	4269
锦州市	Jinzhou	2233	9834	9703
营口市	Yingkou	2004	32995	36315
阜新市	Fuxin	614	19740	7953
辽阳市	Liaoyang	2448	8655	13151

2-6 续表 1 continued 1

城　市	City	工业废水排放量 (万吨) Volume of Industrial Waste Water Discharged (10 000 tons)	工业二氧化硫排放量 (吨) Volume of Industrial Sulphur Dioxide Emission (ton)	工业氮氧化物排放量 (吨) Volume of Industrial Nitrogen Dioxide Emission (ton)
盘锦市	Panjin	2416	5632	8728
铁岭市	Tieling	1288	7495	10771
朝阳市	Chaoyang	485	10328	18752
葫芦岛市	Huludao	1738	6979	11012
吉林省	**Jilin**			
长春市	Changchun	2653	15234	35409
吉林市	Jilin	8735	23212	34182
四平市	Siping	1402	10015	16526
辽源市	Liaoyuan	650	4542	5807
通化市	Tonghua	1514	9821	12873
白山市	Baishan	447	2970	3215
松原市	Songyuan	705	2684	4165
白城市	Baicheng	426	3422	3658
黑龙江省	**Heilongjiang**			
哈尔滨市	Harbin			
齐齐哈尔市	Qiqihar			
鸡西市	Jixi			
鹤岗市	Hegang			
双鸭山市	Shuangyashan	2083	8635	8102
大庆市	Daqing	3683	13286	30844
伊春市	Yichun			
佳木斯市	Jiamusi	379	3521	5137
七台河市	Qitaihe	388	7076	14216
牡丹江市	Mudanjiang	539	6674	9430
黑河市	Heihe			
绥化市	Suihua			
上海市	**Shanghai**	**29144**	**9100**	**26714**
江苏省	**Jiangsu**			
南京市	Nanjing	15534	12375	35821
无锡市	Wuxi	20622	40242	61763
徐州市	Xuzhou	3062	18221	42034
常州市	Changzhou	12407	22888	45903
苏州市	Suzhou	39730	61674	92404
南通市	Nantong	13351	8299	13382
连云港市	Lianyungang	3770	9501	16027
淮安市	Huai'an	3207	11222	13692
盐城市	Yancheng	9174	11425	15920
扬州市	Yangzhou	7366	15588	27260
镇江市	Zhenjiang	5560	7095	12523
泰州市	Taizhou	4312	10580	15283
宿迁市	Suqian	5500	8486	6559
浙江省	**Zhejiang**			
杭州市	Hangzhou	23615	17166	24932
宁波市	Ningbo	15086	16100	31989
温州市	Wenzhou	4022	7046	8138
嘉兴市	Jiaxing	19104	18556	16895
湖州市	Huzhou	8280	18757	32234

2-6 续表 2 continued 2

城 市	City	工业废水排放量 (万吨) Volume of Industrial Waste Water Discharged (10 000 tons)	工业二氧化硫排放量 (吨) Volume of Industrial Sulphur Dioxide Emission (ton)	工业氮氧化物排放量 (吨) Volume of Industrial Nitrogen Dioxide Emission (ton)
绍兴市	Shaoxing	24758	11074	13991
金华市	Jinhua	6795	11871	12913
衢州市	Quzhou	9420	12322	21294
舟山市	Zhoushan			
台州市	Taizhou	5114	8004	9583
丽水市	Lishui	2603	6908	3520
安徽省	**Anhui**			
合肥市	Hefei			
芜湖市	Wuhu	3765	13128	36699
蚌埠市	Bengbu			
淮南市	Huainan			
马鞍山市	Maanshan			
淮北市	Huaibei	1484	11205	12480
铜陵市	Tongling	3126	8321	25462
安庆市	Anqing			
黄山市	Huangshan	726	2838	577
滁州市	Chuzhou			
阜阳市	Fuyang			
宿州市	Suzhou			
六安市	Lu'an			
亳州市	Bozhou	1333	13809	4359
池州市	Chizhou	528	8237	15584
宣城市	Xuancheng	1564	10000	11589
福建省	**Fujian**			
福州市	Fuzhou	4710	32441	30258
厦门市	Xiamen	23546	847	2765
莆田市	Putian	2911	2986	6060
三明市	Sanming	4625	13731	28993
泉州市	Quanzhou	9566	14826	46606
漳州市	Zhangzhou	93814	11421	16420
南平市	Nanping	3022	5416	4568
龙岩市	Longyan	3524	8552	19101
宁德市	Ningde	1204	9724	14418
江西省	**Jiangxi**			
南昌市	Nanchang	3740	6540	11119
景德镇市	Jingdezhen	2719	4963	9826
萍乡市	Pingxiang	666	11347	14310
九江市	Jiujiang	9045	15662	26661
新余市	Xinyu	2275	25984	21398
鹰潭市	Yingtan	1141	4212	1673
赣州市	Ganzhou	5327	21593	17189
吉安市	Ji'an	3237	15712	8821
宜春市	Yichun	3517	25284	58888
抚州市	Fuzhou	1875	6373	4176
上饶市	Shangrao	6014	13833	15591
山东省	**Shandong**			
济南市	Jinan			

2-6 续表 3 continued 3

城　市	City	工业废水排放量 (万吨) Volume of Industrial Waste Water Discharged (10 000 tons)	工业二氧化硫排放量 (吨) Volume of Industrial Sulphur Dioxide Emission (ton)	工业氮氧化物排放量 (吨) Volume of Industrial Nitrogen Dioxide Emission (ton)
青岛市	Qingdao	5536	4227	13200
淄博市	Zibo	15220	34127	49065
枣庄市	Zaozhuang	6660	8494	20923
东营市	Dongying	7732	20394	21086
烟台市	Yantai	7509	16458	24306
潍坊市	Weifang			
济宁市	Jining			
泰安市	Tai'an			
威海市	Weihai	1947	8369	12641
日照市	Rizhao	8306	13994	35930
莱芜市	Laiwu			
临沂市	Linyi	8093	52238	56514
德州市	Dezhou	8507	32793	27397
聊城市	Liaocheng	5424	28906	23305
滨州市	Binzhou	20944	56638	39152
菏泽市	Heze	7073	14226	14932
河南省	**Henan**			
郑州市	Zhengzhou	7766	17701	20251
开封市	Kaifeng	1999	1310	2209
洛阳市	Luoyang	4339	13353	14616
平顶山市	Pingdingshan	2579	14244	19496
安阳市	Anyang	2377	12077	27182
鹤壁市	Hebi	3021	2289	4072
新乡市	Xinxiang	8251	5088	14327
焦作市	Jiaozuo	5662	7428	9871
濮阳市	Puyang	2942	917	2288
许昌市	Xuchang	2391	7513	12337
漯河市	Luohe	1661	1752	2248
三门峡市	Sanmenxia	1389	7256	9175
南阳市	Nanyang	2922	4551	10428
商丘市	Shangqiu	4011	6931	7266
信阳市	Xinyang	731	4434	9307
周口市	Zhoukou	1387	1928	2010
驻马店市	Zhumadian	2016	2031	5032
湖北省	**Hubei**			
武汉市	Wuhan			
黄石市	Huangshi	3477	12627	23158
十堰市	Shiyan	707	2662	4539
宜昌市	Yichang	6079	16377	24752
襄阳市	Xiangyang	4071	5672	8179
鄂州市	Ezhou			
荆门市	Jingmen	1964	8478	11848
孝感市	Xiaogan	3918	9421	7788
荆州市	Jingzhou			
黄冈市	Huanggang			
咸宁市	Xianning			
随州市	Suizhou	325	212	200

2–6 续表 4 continued 4

城　　市	City	工业废水排放量（万吨） Volume of Industrial Waste Water Discharged (10 000 tons)	工业二氧化硫排放量（吨） Volume of Industrial Sulphur Dioxide Emission (ton)	工业氮氧化物排放量（吨） Volume of Industrial Nitrogen Dioxide Emission (ton)
湖南省	**Hunan**			
长沙市	Changsha	3475	2723	9165
株洲市	Zhuzhou	1978	15259	13054
湘潭市	Xiangtan	2568	14746	14526
衡阳市	Hengyang	3114	13700	13280
邵阳市	Shaoyang	1176	5028	6290
岳阳市	Yueyang			
常德市	Changde	3637	4002	11442
张家界市	Zhangjiajie	64	1358	2516
益阳市	Yiyang	2578	4858	7318
郴州市	Chenzhou	3166	8466	12214
永州市	Yongzhou	363	3832	8114
怀化市	Huaihua	1433	5527	4810
娄底市	Loudi			
广东省	**Guangdong**			
广州市	Guangzhou	14020	5052	16593
韶关市	Shaoguan	7313	10925	17222
深圳市	Shenzhen	7759	978	5586
珠海市	Zhuhai	4297	4266	7196
汕头市	Shantou	6631	10192	5866
佛山市	Foshan	15671	12653	31992
江门市	Jiangmen			
湛江市	Zhanjiang	4985	13243	17591
茂名市	Maoming	2384	3648	6922
肇庆市	Zhaoqing	6067	19274	40900
惠州市	Huizhou			
梅州市	Meizhou			
汕尾市	Shanwei	426	1608	3877
河源市	Heyuan	650	1966	
阳江市	Yangjiang	892	12683	21445
清远市	Qingyuan			
东莞市	Dongguan	19341	24132	29277
中山市	Zhongshan	7044	3233	9894
潮州市	Chaozhou			
揭阳市	Jieyang	1789	2821	3859
云浮市	Yunfu	1307	9396	21183
广西壮族自治区	**Guangxi**			
南宁市	Nanning	5178	8012	19695
柳州市	Liuzhou	4365	12406	28347
桂林市	Guilin	1429	9439	8394
梧州市	Wuzhou	2280	3224	5733
北海市	Beihai	1340	4728	5699
防城港市	Fangchenggang	849	7445	14084
钦州市	Qinzhou	2231	3235	4989
贵港市	Guigang	1560	4382	19072

2-6 续表 5 continued 5

城市	City	工业废水排放量（万吨）Volume of Industrial Waste Water Discharged (10 000 tons)	工业二氧化硫排放量（吨）Volume of Industrial Sulphur Dioxide Emission (ton)	工业氮氧化物排放量（吨）Volume of Industrial Nitrogen Dioxide Emission (ton)
玉林市	Yulin	2263	2549	9756
百色市	Baise	2315	26514	15256
贺州市	Hezhou	1084	2497	3795
河池市	Hechi	2727	7299	4583
来宾市	Laibin	4370	9396	7339
崇左市	Chongzuo	2264	3265	13681
海南省	**Hainan**			
海口市	Haikou	594	324	401
三亚市	Sanya	28	221	259
三沙市	Sansha			
儋州市	Danzhou	134	302	741
重庆市	**Chongqing**	**20780**	**132012**	**92904**
四川省	**Sichuan**			
成都市	Chengdu	7911	7741	15961
自贡市	Zigong	867	1832	2858
攀枝花市	Panzhihua	4668	44895	213
泸州市	Luzhou	3993	11033	8857
德阳市	Deyang	3494	6334	6611
绵阳市	Mianyang	1428	6970	10085
广元市	Guangyuan	511	3223	5999
遂宁市	Suining	1060	1404	2110
内江市	Neijiang	1127	33210	30483
乐山市	Leshan	4450	19971	27274
南充市	Nanchong	609	1092	1585
眉山市	Meishan			
宜宾市	Yibin	5900	22442	15021
广安市	Guang'an	786	6950	11425
达州市	Dazhou	884	15294	16560
雅安市	Ya'an	566	3955	3161
巴中市	Bazhong	113	2254	2342
资阳市	Ziyang	262	1379	725
贵州省	**Guizhou**			
贵阳市	Guiyang	5854	16758	17778
六盘水市	Liupanshui	5342	108918	56312
遵义市	Zunyi			
安顺市	Anshun	266		15849
毕节市	Bijie	2163	92882	50477
铜仁市	Tongren			
云南省	**Yunnan**			
昆明市	Kunming		48119	44768
曲靖市	Qujing	1423	96064	51671
玉溪市	Yuxi	1977	31911	17682
保山市	Baoshan	994	6720	5141
昭通市	Zhaotong	2137	9748	8016
丽江市	Lijiang	195	4476	4697
普洱市	Pu'er	2331	5534	7726
临沧市	Lincang	1030	2169	5037

2–6 续表 6 continued 6

城　　市	City	工业废水排放量 (万吨) Volume of Industrial Waste Water Discharged (10 000 tons)	工业二氧化硫排放量 (吨) Volume of Industrial Sulphur Dioxide Emission (ton)	工业氮氧化物排放量 (吨) Volume of Industrial Nitrogen Dioxide Emission (ton)
西藏自治区	**Tibet**			
拉萨市	Lasa	382	960	2638
日喀则市	Xigaze	7	122	439
昌都市	Qamdo	11	294	457
林芝市	Linzhi	3		
山南市	Shannan	27	154	553
那曲市	Naqu			
陕西省	**Shaanxi**			
西安市	Xi'an	4163	3064	5575
铜川市	Tongchuan	428	6601	15847
宝鸡市	Baoji	2013	3506	12157
咸阳市	Xianyang	3455	2119	9309
渭南市	Weinan	4301	95321	81425
延安市	Yan'an	1198	6301	4845
汉中市	Hanzhong	474	6006	9576
榆林市	Yulin	4786	61013	45845
安康市	Ankang	182	1664	1581
商洛市	Shangluo	763	4565	1648
甘肃省	**Gansu**			
兰州市	Lanzhou	3781	21377	29608
嘉峪关市	Jiayuguan	1095	23181	25172
金昌市	Jinchang	1548	40474	4929
白银市	Baiyin	441	10429	9680
天水市	Tianshui	328	2657	3197
武威市	Wuwei	244	3421	4398
张掖市	Zhangye	442	5438	4251
平凉市	Pingliang	844	10175	89
酒泉市	Jiuquan	360	4919	4956
庆阳市	Qingyang	177	3879	1985
定西市	Dingxi	144	8458	4805
陇南市	Longnan	333	2647	4217
青海省	**Qinghai**			
西宁市	Xining			
海东市	Haidong	130	7414	5086
宁夏回族自治区	**Ningxia**			
银川市	Yinchuan	4579	10248	17958
石嘴山市	Shizuishan	1320	66377	30543
吴忠市	Wuzhong	1456	19886	16746
固原市	Guyuan	106	5197	2278
中卫市	Zhongwei	1458	9585	11895
新疆维吾尔自治区	**Xinjiang**			
乌鲁木齐市	Urumqi	2739	17696	26575
克拉玛依市	Karamay	1747	5866	14028
吐鲁番市	Turpan	8	7984	11142
哈密市	Hami	261	29021	15932

2–7 工业烟(粉)尘排放量和工业固体废物综合利用率(全市)
Industrial Soot(dust) Discharged and Ratio of Industrial Solid Wastes Comprehensively Utilized(Total City)

城　　市	City	工业烟(粉)尘排放量 (吨) Volume of Industrial Soot(dust) Emission (ton)	一般工业固体废物综合利用率 (%) Ratio of Industrial Solid Wastes Comprehensively Utilized (%)
北京市	**Beijing**	**15343**	**68.93**
天津市	**Tianjin**	**34837**	**98.90**
河北省	**Hebei**		
石家庄市	Shijiazhuang	27420	84.00
唐山市	Tangshan	227824	74.41
秦皇岛市	Qinhuangdao	19289	77.46
邯郸市	Handan	61141	80.00
邢台市	Xingtai	36704	95.60
保定市	Baoding	9255	76.00
张家口市	Zhangjiakou	23701	48.09
承德市	Chengde	27287	23.12
沧州市	Cangzhou	19408	99.41
廊坊市	Langfang	10507	90.37
衡水市	Hengshui	3527	78.29
山西省	**Shanxi**		
太原市	Taiyuan		
大同市	Datong		
阳泉市	Yangquan		
长治市	Changzhi	27270	49.49
晋城市	Jincheng	19975	47.41
朔州市	Shuozhou		
晋中市	Jinzhong	5267	96.30
运城市	Yuncheng		
忻州市	Xinzhou	14056	63.70
临汾市	Linfen		
吕梁市	Lvliang		
内蒙古自治区	**Inner Mongolia**		
呼和浩特市	Hohhot	85267	23.37
包头市	Baotou	62764	40.94
乌海市	Wuhai	28969	
赤峰市	Chifeng	9239	38.16
通辽市	Tongliao	19778	54.35
鄂尔多斯市	Erdos	16450	43.02
呼伦贝尔市	Hulunbuir		16.07
巴彦淖尔市	Bayannur	17957	37.52
乌兰察布市	Ulanqab	20195	55.80
辽宁省	**Liaoning**		
沈阳市	Shenyang		
大连市	Dalian	17655	90.65
鞍山市	Anshan		
抚顺市	Fushun	13551	14.28
本溪市	Benxi	62437	46.20
丹东市	Dandong	5914	93.36
锦州市	Jinzhou	22724	83.69
营口市	Yingkou	76023	
阜新市	Fuxin	6605	31.77
辽阳市	Liaoyang	12717	26.87

2-7 续表 1 continued 1

城　市	City	工业烟(粉)尘排放量(吨) Volume of Industrial Soot(dust) Emission (ton)	一般工业固体废物综合利用率(%) Ratio of Industrial Solid Wastes Comprehensively Utilized (%)
盘锦市	Panjin	2376	79.53
铁岭市	Tieling	9896	60.76
朝阳市	Chaoyang	58051	46.18
葫芦岛市	Huludao	3839	79.70
吉林省	**Jilin**		
长春市	Changchun	15953	83.44
吉林市	Jilin	28768	35.39
四平市	Siping	9545	37.80
辽源市	Liaoyuan	6355	98.55
通化市	Tonghua	12893	72.53
白山市	Baishan	4246	58.23
松原市	Songyuan	3113	76.63
白城市	Baicheng	4600	77.94
黑龙江省	**Heilongjiang**		
哈尔滨市	Harbin		
齐齐哈尔市	Qiqihar		
鸡西市	Jixi		
鹤岗市	Hegang		
双鸭山市	Shuangyashan	17559	17.00
大庆市	Daqing	8638	61.58
伊春市	Yichun		
佳木斯市	Jiamusi	3995	57.06
七台河市	Qitaihe	6383	79.80
牡丹江市	Mudanjiang	5516	61.59
黑河市	Heihe		
绥化市	Suihua		
上海市	**Shanghai**	**16163**	**93.05**
江苏省	**Jiangsu**		
南京市	Nanjing	35914	88.40
无锡市	Wuxi	52929	91.00
徐州市	Xuzhou	21252	98.00
常州市	Changzhou	32258	100.00
苏州市	Suzhou	39669	94.00
南通市	Nantong	4518	95.25
连云港市	Lianyungang	13397	94.60
淮安市	Huai'an	6904	98.20
盐城市	Yancheng	13182	98.20
扬州市	Yangzhou	11899	96.00
镇江市	Zhenjiang	5755	96.00
泰州市	Taizhou	5929	91.00
宿迁市	Suqian	8642	66.20
浙江省	**Zhejiang**		
杭州市	Hangzhou	11629	87.03
宁波市	Ningbo	17865	95.00
温州市	Wenzhou	1585	98.49
嘉兴市	Jiaxing	7540	99.17
湖州市	Huzhou	14289	99.64

2-7 续表 2 continued 2

城市	City	工业烟(粉)尘排放量(吨) Volume of Industrial Soot(dust) Emission (ton)	一般工业固体废物综合利用率(%) Ratio of Industrial Solid Wastes Comprehensively Utilized (%)
绍兴市	Shaoxing	5597	93.39
金华市	Jinhua	13135	97.73
衢州市	Quzhou	16716	99.00
舟山市	Zhoushan		
台州市	Taizhou	8151	95.00
丽水市	Lishui	7219	98.75
安徽省	**Anhui**		
合肥市	Hefei		
芜湖市	Wuhu	26815	73.67
蚌埠市	Bengbu		
淮南市	Huainan		
马鞍山市	Maanshan		
淮北市	Huaibei	7289	94.55
铜陵市	Tongling	21106	85.44
安庆市	Anqing		
黄山市	Huangshan	2348	97.90
滁州市	Chuzhou		
阜阳市	Fuyang		
宿州市	Suzhou		
六安市	Lu'an		
亳州市	Bozhou	2033	98.00
池州市	Chizhou	13475	94.91
宣城市	Xuancheng	10832	94.60
福建省	**Fujian**		
福州市	Fuzhou	55301	96.53
厦门市	Xiamen	639	87.41
莆田市	Putian	965	84.57
三明市	Sanming	23045	93.74
泉州市	Quanzhou	25730	96.53
漳州市	Zhangzhou	8486	96.60
南平市	Nanping	6837	99.69
龙岩市	Longyan	25664	97.59
宁德市	Ningde	7972	57.54
江西省	**Jiangxi**		
南昌市	Nanchang	19229	91.35
景德镇市	Jingdezhen	3599	89.18
萍乡市	Pingxiang	16081	96.77
九江市	Jiujiang	27019	51.30
新余市	Xinyu	34634	84.75
鹰潭市	Yingtan	1739	84.23
赣州市	Ganzhou	23544	86.41
吉安市	Ji'an	9051	98.26
宜春市	Yichun	43129	99.60
抚州市	Fuzhou	6794	100.00
上饶市	Shangrao	24937	11.80
山东省	**Shandong**		
济南市	Jinan		

2-7 续表 3 continued 3

城 市	City	工业烟(粉)尘排放量 (吨) Volume of Industrial Soot(dust) Emission (ton)	一般工业固体废物综合利用率 (%) Ratio of Industrial Solid Wastes Comprehensively Utilized (%)
青岛市	Qingdao	4822	92.60
淄博市	Zibo	27312	69.93
枣庄市	Zaozhuang	7653	100.00
东营市	Dongying	3285	89.21
烟台市	Yantai	12125	68.90
潍坊市	Weifang		
济宁市	Jining		
泰安市	Tai'an		
威海市	Weihai	3717	
日照市	Rizhao	26995	88.82
莱芜市	Laiwu		
临沂市	Linyi	51444	95.15
德州市	Dezhou	13981	92.50
聊城市	Liaocheng	6368	58.50
滨州市	Binzhou	30481	
菏泽市	Heze	8862	96.25
河南省	**Henan**		
郑州市	Zhengzhou	12915	71.59
开封市	Kaifeng	808	90.02
洛阳市	Luoyang	8066	77.03
平顶山市	Pingdingshan	9333	77.85
安阳市	Anyang	27717	66.23
鹤壁市	Hebi	1292	92.15
新乡市	Xinxiang	8251	75.54
焦作市	Jiaozuo	3985	69.29
濮阳市	Puyang	775	96.07
许昌市	Xuchang	6357	97.67
漯河市	Luohe	590	99.30
三门峡市	Sanmenxia	5441	37.10
南阳市	Nanyang	8687	79.31
商丘市	Shangqiu	5157	94.65
信阳市	Xinyang	6994	56.96
周口市	Zhoukou	1739	99.00
驻马店市	Zhumadian	2125	84.07
湖北省	**Hubei**		
武汉市	Wuhan		
黄石市	Huangshi	29959	73.86
十堰市	Shiyan	2656	80.70
宜昌市	Yichang	12840	36.72
襄阳市	Xiangyang	5421	48.09
鄂州市	Ezhou		
荆门市	Jingmen	8898	34.67
孝感市	Xiaogan	4087	66.17
荆州市	Jingzhou		
黄冈市	Huanggang		
咸宁市	Xianning		
随州市	Suizhou	641	89.13

2-7 续表 4 continued 4

城 市	City	工业烟(粉)尘排放量 (吨) Volume of Industrial Soot(dust) Emission (ton)	一般工业固体废物综合利用率 (%) Ratio of Industrial Solid Wastes Comprehensively Utilized (%)
湖南省	**Hunan**		
长沙市	Changsha	5479	82.03
株洲市	Zhuzhou	10684	92.20
湘潭市	Xiangtan	36683	93.79
衡阳市	Hengyang	11664	72.65
邵阳市	Shaoyang	4440	83.80
岳阳市	Yueyang		
常德市	Changde	5976	98.93
张家界市	Zhangjiajie	1540	99.80
益阳市	Yiyang	3854	91.00
郴州市	Chenzhou	9758	76.21
永州市	Yongzhou	5343	78.72
怀化市	Huaihua	4212	99.30
娄底市	Loudi		
广东省	**Guangdong**		
广州市	Guangzhou	8118	81.10
韶关市	Shaoguan	19169	63.56
深圳市	Shenzhen	470	54.31
珠海市	Zhuhai	4506	91.57
汕头市	Shantou	2181	95.88
佛山市	Foshan	17144	82.87
江门市	Jiangmen		
湛江市	Zhanjiang	9569	96.89
茂名市	Maoming	3241	
肇庆市	Zhaoqing	25883	96.23
惠州市	Huizhou		
梅州市	Meizhou		99.00
汕尾市	Shanwei	1110	94.00
河源市	Heyuan	3600	80.99
阳江市	Yangjiang	10164	95.49
清远市	Qingyuan		
东莞市	Dongguan	20110	66.32
中山市	Zhongshan	5609	85.67
潮州市	Chaozhou		
揭阳市	Jieyang	287	43.47
云浮市	Yunfu	10021	95.56
广西壮族自治区	**Guangxi**		
南宁市	Nanning	10274	99.10
柳州市	Liuzhou	62041	93.66
桂林市	Guilin	5267	92.83
梧州市	Wuzhou	4055	70.36
北海市	Beihai	10074	96.66
防城港市	Fangchenggang	9059	93.69
钦州市	Qinzhou	2432	97.57
贵港市	Guigang	16119	99.00

2-7 续表 5 continued 5

城　　市	City	工业烟(粉)尘排放量(吨) Volume of Industrial Soot(dust) Emission (ton)	一般工业固体废物综合利用率(%) Ratio of Industrial Solid Wastes Comprehensively Utilized (%)
玉林市	Yulin	7470	29.02
百色市	Baise	7219	17.32
贺州市	Hezhou	2967	88.30
河池市	Hechi	6447	46.39
来宾市	Laibin	3767	78.78
崇左市	Chongzuo	10267	61.10
海南省	**Hainan**		
海口市	Haikou	72	87.20
三亚市	Sanya	1763	
三沙市	Sansha		
儋州市	Danzhou	1214	84.54
重庆市	**Chongqing**	**84075**	**60.98**
四川省	**Sichuan**		
成都市	Chengdu	8541	73.17
自贡市	Zigong	1321	97.56
攀枝花市	Panzhihua	35016	19.58
泸州市	Luzhou	5285	97.24
德阳市	Deyang	7185	36.20
绵阳市	Mianyang	12185	97.81
广元市	Guangyuan	3806	99.60
遂宁市	Suining	737	87.00
内江市	Neijiang	13211	96.70
乐山市	Leshan	21215	67.20
南充市	Nanchong	34690	52.50
眉山市	Meishan		
宜宾市	Yibin	9990	98.62
广安市	Guang'an	5686	63.45
达州市	Dazhou	11810	85.00
雅安市	Ya'an	3634	49.22
巴中市	Bazhong	1865	83.22
资阳市	Ziyang	1948	98.94
贵州省	**Guizhou**		
贵阳市	Guiyang	12271	47.67
六盘水市	Liupanshui	26212	63.96
遵义市	Zunyi		
安顺市	Anshun	488	80.41
毕节市	Bijie	24107	77.39
铜仁市	Tongren		
云南省	**Yunnan**		
昆明市	Kunming	38782	31.60
曲靖市	Qujing	33075	70.19
玉溪市	Yuxi	53589	58.14
保山市	Baoshan	5589	80.74
昭通市	Zhaotong	6833	61.47
丽江市	Lijiang	3852	
普洱市	Pu'er	10577	32.15
临沧市	Lincang	2008	73.27

2-7 续表 6 continued 6

城 市	City	工业烟(粉)尘排放量 (吨) Volume of Industrial Soot(dust) Emission (ton)	一般工业固体废物综合利用率 (%) Ratio of Industrial Solid Wastes Comprehensively Utilized (%)
西藏自治区	**Tibet**		
拉萨市	Lasa	11	1.17
日喀则市	Xigaze	807	0.21
昌都市	Qamdo	1138	0.48
林芝市	Linzhi		
山南市	Shannan	868	
那曲市	Naqu		
陕西省	**Shaanxi**		
西安市	Xi'an	2323	59.54
铜川市	Tongchuan	13147	58.40
宝鸡市	Baoji	7586	53.52
咸阳市	Xianyang	2048	36.60
渭南市	Weinan	9604	99.99
延安市	Yan'an	2233	44.14
汉中市	Hanzhong	19544	58.34
榆林市	Yulin	26229	29.48
安康市	Ankang	2619	52.81
商洛市	Shangluo	2552	0.34
甘肃省	**Gansu**		
兰州市	Lanzhou	19986	96.48
嘉峪关市	Jiayuguan	39873	64.19
金昌市	Jinchang	9112	13.99
白银市	Baiyin	10511	73.80
天水市	Tianshui	2038	58.61
武威市	Wuwei	27775	73.60
张掖市	Zhangye	2496	80.02
平凉市	Pingliang	56	92.14
酒泉市	Jiuquan	4398	28.15
庆阳市	Qingyang	1708	90.30
定西市	Dingxi	2468	99.42
陇南市	Longnan	7962	4.30
青海省	**Qinghai**		
西宁市	Xining		
海东市	Haidong	32314	62.00
宁夏回族自治区	**Ningxia**		
银川市	Yinchuan	9065	23.13
石嘴山市	Shizuishan	87165	27.97
吴忠市	Wuzhong	9699	61.70
固原市	Guyuan	1334	77.19
中卫市	Zhongwei	25261	34.50
新疆维吾尔自治区	**Xinjiang**		
乌鲁木齐市	Urumqi	29183	84.94
克拉玛依市	Karamay	2365	95.93
吐鲁番市	Turpan	9447	
哈密市	Hami	129179	21.11

2-8 可吸入细颗粒物年平均浓度和污水及生活垃圾处理率(全市)

Annual Mean Concentration of PM2.5,Ratio of Waste Water and Consumption (Total City)

城　市	City	可吸入细颗粒物年平均浓度(微克/立方米) Annual Mean Concentration of PM2.5 (ug/m^3)	污水处理厂集中处理率(%) Ratio of waste Water Centralized Treated of Sewage Work (%)	生活垃圾无害化处理率(%) Ratio of Consumption Wastes Treated (%)
北京市	**Beijing**	**51**	**93.40**	**99.94**
天津市	**Tianjin**	**52**		**98.37**
河北省	**Hebei**			
石家庄市	Shijiazhuang	76	99.66	100.00
唐山市	Tangshan	60	98.60	100.00
秦皇岛市	Qinhuangdao	38	97.01	100.00
邯郸市	Handan	68	98.41	100.00
邢台市	Xingtai	71	97.00	100.00
保定市	Baoding	68	97.81	99.21
张家口市	Zhangjiakou	31	96.92	98.95
承德市	Chengde	40	96.81	100.00
沧州市	Cangzhou	60	99.91	100.00
廊坊市	Langfang	53	96.67	97.98
衡水市	Hengshui	61	98.13	100.00
山西省	**Shanxi**			
太原市	Taiyuan			
大同市	Datong			
阳泉市	Yangquan	59	93.38	80.15
长治市	Changzhi		95.17	97.39
晋城市	Jincheng	60	100.00	100.00
朔州市	Shuozhou		95.14	100.00
晋中市	Jinzhong	110	96.30	100.00
运城市	Yuncheng	60		
忻州市	Xinzhou	53	95.69	100.00
临汾市	Linfen	69	97.27	97.27
吕梁市	Lvliang		89.11	88.04
内蒙古自治区	**Inner Mongolia**			
呼和浩特市	Hohhot	36	98.77	99.89
包头市	Baotou	39	95.88	99.70
乌海市	Wuhai	39	98.10	100.00
赤峰市	Chifeng	31	95.65	100.00
通辽市	Tongliao	33	98.24	99.66
鄂尔多斯市	Erdos	23	98.20	98.93
呼伦贝尔市	Hulunbuir	31	97.07	99.49
巴彦淖尔市	Bayannur	35	98.64	99.36
乌兰察布市	Ulanqab	28	95.16	92.56
辽宁省	**Liaoning**			
沈阳市	Shenyang		94.95	100.00
大连市	Dalian	30	90.16	100.00
鞍山市	Anshan		93.11	99.98
抚顺市	Fushun	44		100.00
本溪市	Benxi	34	96.59	100.00
丹东市	Dandong	29	64.77	100.00
锦州市	Jinzhou	46	96.90	94.46
营口市	Yingkou	40		
阜新市	Fuxin	37	99.83	100.00
辽阳市	Liaoyang	39	99.86	100.00

2-8 续表 1 continued 1

城 市	City	可吸入细颗粒物年平均浓度 (微克/立方米) Annual Mean Concentration of PM2.5 (ug/m^3)	污水处理厂集中处理率 (%) Ratio of waste Water Centralized Treated of Sewage Work (%)	生活垃圾无害化处理率 (%) Ratio of Consumption Wastes Treated (%)
盘锦市	Panjin	36	99.00	100.00
铁岭市	Tieling	40		
朝阳市	Chaoyang	39	95.00	100.00
葫芦岛市	Huludao	43	98.60	96.00
吉林省	**Jilin**			
长春市	Changchun		93.05	96.76
吉林市	Jilin		97.15	87.00
四平市	Siping		85.91	86.91
辽源市	Liaoyuan		86.85	100.00
通化市	Tonghua		95.12	91.03
白山市	Baishan		85.14	84.75
松原市	Songyuan		96.75	100.00
白城市	Baicheng		94.17	100.00
黑龙江省	**Heilongjiang**			
哈尔滨市	Harbin	39		
齐齐哈尔市	Qiqihar			
鸡西市	Jixi			
鹤岗市	Hegang		80.56	80.95
双鸭山市	Shuangyashan	28		
大庆市	Daqing	27	95.30	96.99
伊春市	Yichun		91.94	68.69
佳木斯市	Jiamusi	29	87.50	94.30
七台河市	Qitaihe	32	94.00	100.00
牡丹江市	Mudanjiang	28	67.00	96.88
黑河市	Heihe			
绥化市	Suihua			
上海市	**Shanghai**	**36**	**95.20**	**100.00**
江苏省	**Jiangsu**			
南京市	Nanjing	43	79.30	100.00
无锡市	Wuxi	43	97.30	100.00
徐州市	Xuzhou	62	93.00	100.00
常州市	Changzhou	50	89.80	100.00
苏州市	Suzhou	42	91.00	100.00
南通市	Nantong	41	89.39	
连云港市	Lianyungang	44	89.40	100.00
淮安市	Huai'an	45	82.30	100.00
盐城市	Yancheng	41	86.20	100.00
扬州市	Yangzhou		88.00	100.00
镇江市	Zhenjiang	51	90.00	99.00
泰州市	Taizhou	47	82.70	99.60
宿迁市	Suqian	53	87.90	100.00
浙江省	**Zhejiang**			
杭州市	Hangzhou		95.79	100.00
宁波市	Ningbo	32	82.99	100.00
温州市	Wenzhou	27	95.18	100.00
嘉兴市	Jiaxing	39	94.44	100.00
湖州市	Huzhou	36	96.91	100.00

2-8 续表 2 continued 2

城　市	City	可吸入细颗粒物年平均浓度（微克/立方米） Annual Mean Concentration of PM2.5 (ug/m^3)	污水处理厂集中处理率（%） Ratio of waste Water Centralized Treated of Sewage Work (%)	生活垃圾无害化处理率（%） Ratio of Consumption Wastes Treated (%)
绍兴市	Shaoxing	37	95.60	100.00
金华市	Jinhua	34	95.77	100.00
衢州市	Quzhou		95.68	100.00
舟山市	Zhoushan			
台州市	Taizhou	28	95.75	100.00
丽水市	Lishui	25	92.42	100.00
安徽省	**Anhui**			
合肥市	Hefei		94.67	100.00
芜湖市	Wuhu	49	93.43	100.00
蚌埠市	Bengbu			
淮南市	Huainan		95.09	100.00
马鞍山市	Maanshan		94.59	100.00
淮北市	Huaibei	57	94.39	99.76
铜陵市	Tongling	49	94.51	100.00
安庆市	Anqing		92.65	100.00
黄山市	Huangshan	24	96.20	100.00
滁州市	Chuzhou	50	96.49	99.43
阜阳市	Fuyang		96.30	100.00
宿州市	Suzhou		96.31	100.00
六安市	Lu'an		93.96	100.00
亳州市	Bozhou	56	95.98	99.09
池州市	Chizhou	44	95.24	100.00
宣城市	Xuancheng	44	94.82	100.00
福建省	**Fujian**			
福州市	Fuzhou		91.81	100.00
厦门市	Xiamen	25	94.35	100.00
莆田市	Putian	27	93.50	99.30
三明市	Sanming	19	90.11	99.63
泉州市	Quanzhou	27	91.66	100.00
漳州市	Zhangzhou	25	93.04	99.64
南平市	Nanping	24	90.60	99.29
龙岩市	Longyan	23	92.30	99.72
宁德市	Ningde	21	89.75	100.00
江西省	**Jiangxi**			
南昌市	Nanchang	30	99.82	100.00
景德镇市	Jingdezhen	31	94.99	100.00
萍乡市	Pingxiang	43	94.27	100.00
九江市	Jiujiang	43	89.94	100.00
新余市	Xinyu	39	96.33	100.00
鹰潭市	Yingtan	34	79.10	100.00
赣州市	Ganzhou	39	88.37	100.00
吉安市	Ji'an	37	83.50	100.00
宜春市	Yichun	40	93.47	100.00
抚州市	Fuzhou	37	95.07	100.00
上饶市	Shangrao	36	87.95	100.00
山东省	**Shandong**			
济南市	Jinan	51	96.59	100.00

2-8 续表 3 continued 3

城　市	City	可吸入细颗粒物年平均浓度（微克/立方米） Annual Mean Concentration of PM2.5 (ug/m³)	污水处理厂集中处理率 (%) Ratio of waste Water Centralized Treated of Sewage Work (%)	生活垃圾无害化处理率 (%) Ratio of Consumption Wastes Treated (%)
青岛市	Qingdao	34	97.27	100.00
淄博市	Zibo	55	97.51	100.00
枣庄市	Zaozhuang	59	97.00	100.00
东营市	Dongying	49	97.30	99.53
烟台市	Yantai		97.22	100.00
潍坊市	Weifang		97.22	100.00
济宁市	Jining	52	96.75	100.00
泰安市	Tai'an		97.03	100.00
威海市	Weihai	28	97.27	100.00
日照市	Rizhao	42	97.19	100.00
莱芜市	Laiwu	58	97.53	100.00
临沂市	Linyi		96.55	100.00
德州市	Dezhou	56	97.28	100.00
聊城市	Liaocheng	60	96.98	99.95
滨州市	Binzhou	54	97.50	100.00
菏泽市	Heze	58	96.81	99.74
河南省	**Henan**			
郑州市	Zhengzhou	63		
开封市	Kaifeng	64	96.10	96.10
洛阳市	Luoyang	59	98.80	100.00
平顶山市	Pingdingshan	65		
安阳市	Anyang	74	97.20	100.00
鹤壁市	Hebi	55	96.05	100.00
新乡市	Xinxiang	61	93.56	100.00
焦作市	Jiaozuo	67	97.50	100.00
濮阳市	Puyang	63	96.53	98.01
许昌市	Xuchang	63		
漯河市	Luohe	61	97.50	95.00
三门峡市	Sanmenxia	57	97.00	97.10
南阳市	Nanyang	60	97.70	97.10
商丘市	Shangqiu	62	94.03	98.00
信阳市	Xinyang	52	93.40	96.09
周口市	Zhoukou	58	92.99	96.01
驻马店市	Zhumadian	59	98.36	98.32
湖北省	**Hubei**			
武汉市	Wuhan	49	96.50	100.00
黄石市	Huangshi	43	92.88	100.00
十堰市	Shiyan	38	96.00	100.00
宜昌市	Yichang	44	96.30	100.00
襄阳市	Xiangyang		93.00	100.00
鄂州市	Ezhou		93.22	100.00
荆门市	Jingmen	57	95.12	100.00
孝感市	Xiaogan	44	96.03	100.00
荆州市	Jingzhou		95.15	99.94
黄冈市	Huanggang		79.15	96.87
咸宁市	Xianning		88.78	100.00
随州市	Suizhou	45	96.12	98.96

2-8 续表 4 continued 4

城　市	City	可吸入细颗粒物年平均浓度（微克/立方米） Annual Mean Concentration of PM2.5 (ug/m^3)	污水处理厂集中处理率 (%) Ratio of waste Water Centralized Treated of Sewage Work (%)	生活垃圾无害化处理率 (%) Ratio of Consumption Wastes Treated (%)
湖南省	**Hunan**			
长沙市	Changsha	48	96.61	99.68
株洲市	Zhuzhou	45	93.89	99.99
湘潭市	Xiangtan	49	96.14	100.00
衡阳市	Hengyang	37	80.45	99.51
邵阳市	Shaoyang	42	80.76	96.64
岳阳市	Yueyang		85.04	99.98
常德市	Changde	44	96.86	100.00
张家界市	Zhangjiajie	32	94.52	100.00
益阳市	Yiyang	35	95.61	100.00
郴州市	Chenzhou	31	81.28	98.22
永州市	Yongzhou	34	95.89	100.00
怀化市	Huaihua	31	92.36	100.00
娄底市	Loudi		95.62	100.00
广东省	**Guangdong**			
广州市	Guangzhou	35	95.53	100.00
韶关市	Shaoguan	30	91.72	100.00
深圳市	Shenzhen	26		100.00
珠海市	Zhuhai	27		100.00
汕头市	Shantou	27	96.44	98.00
佛山市	Foshan	35	95.33	100.00
江门市	Jiangmen	31	94.65	100.00
湛江市	Zhanjiang		85.60	100.00
茂名市	Maoming	26	89.46	100.00
肇庆市	Zhaoqing	33	92.88	99.87
惠州市	Huizhou	28		100.00
梅州市	Meizhou	30	100.00	100.00
汕尾市	Shanwei	23	92.58	98.64
河源市	Heyuan			100.00
阳江市	Yangjiang	31	95.24	100.00
清远市	Qingyuan		91.35	100.00
东莞市	Dongguan	36	94.50	100.00
中山市	Zhongshan	33		
潮州市	Chaozhou			
揭阳市	Jieyang	35	85.54	98.97
云浮市	Yunfu	33	76.56	100.00
广西壮族自治区	**Guangxi**			
南宁市	Nanning	34	82.95	98.86
柳州市	Liuzhou	41	72.84	99.89
桂林市	Guilin	38	97.87	100.00
梧州市	Wuzhou	37	67.19	97.10
北海市	Beihai	27	95.28	100.00
防城港市	Fangchenggang	30	50.64	100.00
钦州市	Qinzhou	32	85.00	99.26
贵港市	Guigang	40	76.35	100.00

2-8 续表 5 continued 5

城　　市	City	可吸入细颗粒物年平均浓度(微克/立方米) Annual Mean Concentration of PM2.5 (ug/m^3)	污水处理厂集中处理率(%) Ratio of waste Water Centralized Treated of Sewage Work (%)	生活垃圾无害化处理率(%) Ratio of Consumption Wastes Treated (%)
玉林市	Yulin	39	98.07	100.00
百色市	Baise	37	90.16	100.00
贺州市	Hezhou	38	89.71	100.00
河池市	Hechi	31	88.41	100.00
来宾市	Laibin	40	86.14	100.00
崇左市	Chongzuo	31	62.25	97.66
海南省	**Hainan**			
海口市	Haikou	18	96.90	100.00
三亚市	Sanya	15	77.35	100.00
三沙市	Sansha		100.00	92.20
儋州市	Danzhou	18	100.00	100.00
重庆市	**Chongqing**	**40**	**93.50**	**100.00**
四川省	**Sichuan**			
成都市	Chengdu	51		99.00
自贡市	Zigong	54	70.53	96.80
攀枝花市	Panzhihua	36	46.08	100.00
泸州市	Luzhou	39	79.82	100.00
德阳市	Deyang	42	89.55	100.00
绵阳市	Mianyang	45	94.66	100.00
广元市	Guangyuan	27	93.81	100.00
遂宁市	Suining	36	90.73	100.00
内江市	Neijiang	38	87.50	99.30
乐山市	Leshan	47	90.23	100.00
南充市	Nanchong			
眉山市	Meishan	39	100.00	
宜宾市	Yibin	52	89.67	100.00
广安市	Guang'an	38	95.00	100.00
达州市	Dazhou	38	91.40	91.20
雅安市	Ya'an	41	87.91	99.00
巴中市	Bazhong	33	73.20	78.30
资阳市	Ziyang	36	96.77	89.50
贵州省	**Guizhou**			
贵阳市	Guiyang	32		97.80
六盘水市	Liupanshui	32	87.22	93.84
遵义市	Zunyi			
安顺市	Anshun	28	92.52	85.72
毕节市	Bijie	29		89.82
铜仁市	Tongren		93.84	88.89
云南省	**Yunnan**			
昆明市	Kunming	28	93.39	99.68
曲靖市	Qujing	30	95.02	100.00
玉溪市	Yuxi	26	93.46	93.94
保山市	Baoshan	21	92.02	99.98
昭通市	Zhaotong	21	87.37	76.56
丽江市	Lijiang	17	93.97	100.00
普洱市	Pu'er		92.88	98.16
临沧市	Lincang	29	93.00	98.00

2–8 续表 6 continued 6

城　市	City	可吸入细颗粒物年平均浓度(微克/立方米) Annual Mean Concentration of PM2.5 (ug/m^3)	污水处理厂集中处理率(%) Ratio of waste Water Centralized Treated of Sewage Work (%)	生活垃圾无害化处理率(%) Ratio of Consumption Wastes Treated (%)
西藏自治区	**Tibet**			
拉萨市	Lasa	20	46.69	95.98
日喀则市	Xigaze	19		
昌都市	Qamdo	19	67.00	90.94
林芝市	Linzhi	11	100.00	
山南市	Shannan	19	100.00	100.00
那曲市	Naqu	36	72.00	96.00
陕西省	**Shaanxi**			
西安市	Xi'an	61	94.02	99.80
铜川市	Tongchuan	49	93.24	95.27
宝鸡市	Baoji	42	100.00	100.00
咸阳市	Xianyang	71	100.00	99.00
渭南市	Weinan	59	96.91	98.78
延安市	Yan'an	32	87.91	97.82
汉中市	Hanzhong	36	92.12	98.84
榆林市	Yulin	35	94.04	95.12
安康市	Ankang	39	90.75	99.28
商洛市	Shangluo	35	92.42	96.80
甘肃省	**Gansu**			
兰州市	Lanzhou	47	96.00	99.39
嘉峪关市	Jiayuguan	23	99.56	100.00
金昌市	Jinchang	27	95.56	100.00
白银市	Baiyin	34	92.90	100.00
天水市	Tianshui	40	93.34	100.00
武威市	Wuwei	36	98.59	99.51
张掖市	Zhangye	40	96.67	100.00
平凉市	Pingliang	37	96.00	100.00
酒泉市	Jiuquan	28	97.43	100.00
庆阳市	Qingyang	32	94.59	98.70
定西市	Dingxi	39	94.34	98.89
陇南市	Longnan	35		
青海省	**Qinghai**			
西宁市	Xining	45	76.80	95.10
海东市	Haidong	48		95.24
宁夏回族自治区	**Ningxia**			
银川市	Yinchuan	38	95.50	100.00
石嘴山市	Shizuishan	44	97.62	98.80
吴忠市	Wuzhong	40	91.30	98.00
固原市	Guyuan	33	91.82	87.95
中卫市	Zhongwei	42	97.98	96.54
新疆维吾尔自治区	**Xinjiang**			
乌鲁木齐市	Urumqi	55	98.73	99.97
克拉玛依市	Karamay	28	95.11	100.00
吐鲁番市	Turpan		95.48	100.00
哈密市	Hami	27	88.56	93.34

(三)经济发展
Economic Development

2-9 地区生产总值
Gross Regional Product

城　市	City	地区生产总值(当年价格)(万元) Gross Regional Product (Current Prices) (100 000 yuan)		人均地区生产总值(元) Per Capita GRP (yuan)		地区生产总值增长率(%) GRP Growth Rate (%)	
		全　市 Total City	市辖区 Districts under City	全　市 Total City	市辖区 Districts under City	全　市 Total City	市辖区 Districts under City
北京市	**Beijing**	**303199787**	**303199787**	**140211**	**140211**	**6.60**	**6.60**
天津市	**Tianjin**	**188096400**	**188096400**	**120711**	**120711**	**3.60**	**3.60**
河北省	**Hebei**						
石家庄市	Shijiazhuang	60826180	34177929	55723	69223	7.42	8.67
唐山市	Tangshan	69549700	35006953	87855	96597	7.30	7.40
秦皇岛市	Qinhuangdao	16355631	10875854	52380	65564	6.60	7.00
邯郸市	Handan	34545705	14053640	36289	39162	6.55	6.05
邢台市	Xingtai	21507611	3768126	29210	40589	7.00	5.40
保定市	Baoding	35897885	13388018	31057	44057	6.60	8.30
张家口市	Zhangjiakou	15366202	7354610	34661	42301	7.50	6.80
承德市	Chengde	14815102	3705943	41476	48677	6.44	6.43
沧州市	Cangzhou	36764121	9687831	48562	132783	6.40	9.00
廊坊市	Langfang	31082249	11096938	64906	112945	6.50	11.44
衡水市	Hengshui	15586909	5655215	34898	58169	6.90	6.80
山西省	**Shanxi**						
太原市	Taiyuan	38844778	36060931	88272	100219	9.20	9.00
大同市	Datong	12719598	6373785	36877	35306	6.80	5.82
阳泉市	Yangquan	7336944	5055506	51976	68071	6.70	9.50
长治市	Changzhi	16456336	4292234	47540	53021	7.40	7.50
晋城市	Jincheng	13518530	3254906	57819	65285	7.40	14.40
朔州市	Shuozhou	10656332	5213202	59914	76552	2.70	
晋中市	Jinzhong	14476039	2997849	42910	45026	7.09	7.70
运城市	Yuncheng	15096407	2768379	28229	39091	7.00	6.00
忻州市	Xinzhou	9891298	1668726	31209	29484	5.00	5.90
临汾市	Linfen	14400430	3089959	32066	31350	2.80	6.60
吕梁市	Lvliang	14203195	1004485	36585	29799	5.20	12.90
内蒙古自治区	**Inner Mongolia**						
呼和浩特市	Hohhot	29035000	22805839	93029	103348	3.90	3.73
包头市	Baotou	29517900	26002600	102379	112208	6.80	7.10
乌海市	Wuhai	4959360	4959360	88041	88041	13.00	13.00
赤峰市	Chifeng	15498400	6806521	35819	48528	6.01	6.02
通辽市	Tongliao	13016000	3240600	41573	40803	4.10	6.30
鄂尔多斯市	Erdos	37632100	7935600	181486	118398	5.00	4.65
呼伦贝尔市	Hulunbuir	12529000	3395896	49529	67460	5.60	11.40
巴彦淖尔市	Bayannur	8131300	2714000	48193	48945	5.30	6.70
乌兰察布市	Ulanqab	7645200	1692814	36418	41148	5.50	7.78
辽宁省	**Liaoning**						
沈阳市	Shenyang	62923981	56174840	75766	81095	5.41	5.51
大连市	Dalian	76684823	59367665	109550	120258	6.50	6.57
鞍山市	Anshan	17510580	9470107			5.15	5.71
抚顺市	Fushun	10488211	9056720	50951	64714	4.60	4.90
本溪市	Benxi	8230867	5862095	48920	53147	1.20	1.60
丹东市	Dandong	8167389	2387203	34193	30549	0.44	0.84
锦州市	Jinzhou	11924093	7005395	39211	66427	6.15	7.79
营口市	Yingkou	13467208	8502863	55295	77723	5.90	6.50
阜新市	Fuxin	4459906	2194649	25340	25683	6.30	6.20
辽阳市	Liaoyang	8697260	6003623	47422	64348	5.99	6.47

2-9 续表 1 continued 1

城 市	City	地区生产总值(当年价格)(万元) Gross Regional Product (Current Prices) (100 000 yuan)		人均地区生产总值(元) Per Capita GRP (yuan)		地区生产总值增长率(%) GRP Growth Rate (%)	
		全 市 Total City	市辖区 Districts under City	全 市 Total City	市辖区 Districts under City	全 市 Total City	市辖区 Districts under City
盘锦市	Panjin	12165782	7856871	84602	90393	5.90	3.30
铁岭市	Tieling	6166189	1336787	23517	31378	1.30	2.50
朝阳市	Chaoyang	8314297	2130557	28266	33473	4.00	5.93
葫芦岛市	Huludao	8127841	4092369	32012	45020	6.90	6.00
吉林省	**Jilin**						
长春市	Changchun	71757117	57082209	95663	134032	7.20	7.80
吉林市	Jilin	22102386	13649410	53452	75914	2.37	3.17
四平市	Siping	9443242	1809657	29556	26640	4.63	2.29
辽源市	Liaoyuan	6216011	3151594	52861	69615	0.30	-4.09
通化市	Tonghua	8293000	1540382	38297	35415	3.40	-15.07
白山市	Baishan	6617099	3125436	56031	58793	4.00	4.00
松原市	Songyuan	13736009	3872311	49912	59096	4.10	3.00
白城市	Baicheng	6065061	1637947	31849	33647	2.10	1.50
黑龙江省	**Heilongjiang**						
哈尔滨市	Harbin	63004794	47591980	66094	86382	5.10	6.20
齐齐哈尔市	Qiqihar	13401571	6494909	26271	49416	6.23	5.48
鸡西市	Jixi	5351782	1619691	30784	20475	5.00	3.10
鹤岗市	Hegang	2895770	1503841	28891	24616	4.70	4.80
双鸭山市	Shuangyashan	5070075		35527		5.20	
大庆市	Daqing	28011583	24604432	102639	179566	3.54	2.49
伊春市	Yichun	2741523	1697571	23837	23118	6.00	6.60
佳木斯市	Jiamusi	10120491		39344		4.30	
七台河市	Qitaihe	2503258	1932575	32028	40624	5.60	5.00
牡丹江市	Mudanjiang	13027111	3554427	48201	36971	1.30	3.00
黑河市	Heihe	5051299	358607	31592	35682	7.00	2.60
绥化市	Suihua	13595852	1778102	25841	22060	6.00	6.40
上海市	**Shanghai**	**326798700**	**326798700**	**134982**	**134982**	**6.60**	**6.60**
江苏省	**Jiangsu**						
南京市	Nanjing	128204000	128204000	152886	152886	8.00	8.00
无锡市	Wuxi	114386200	59191600	174270	161843	7.40	7.00
徐州市	Xuzhou	67552300	35272600	76915	105955	4.20	4.50
常州市	Changzhou	70502700	61239300	149277	154641	7.00	6.90
苏州市	Suzhou	185974700	87795900	173765	158309	6.80	6.90
南通市	Nantong	84270000	30489000	115320	94472	7.20	5.20
连云港市	Lianyungang	27717000	15492900	61332	73695	4.70	5.10
淮安市	Huai'an	36012500	23873500	73204	77483	6.50	6.40
盐城市	Yancheng	54870800	22020000	75987	92646	5.50	5.30
扬州市	Yangzhou	54661700	34759300	120944	142020	6.70	7.00
镇江市	Zhenjiang	40500000	19657900	126906	159276	3.10	3.80
泰州市	Taizhou	51076300	21501100	109988	131678	6.70	7.20
宿迁市	Suqian	27507200	9671100	55906	60112	6.80	6.60
浙江省	**Zhejiang**						
杭州市	Hangzhou	135091508	125060795	140180	148784	6.72	6.79
宁波市	Ningbo	107454632	67680658	132603	158558	7.00	6.00
温州市	Wenzhou	60061616	23922709	65055	79549	7.77	7.40
嘉兴市	Jiaxing	48719836	12464226	103858	97720	7.60	7.40
湖州市	Huzhou	27190675	11898100	90304	88371	8.05	8.14

2-9 续表 2 continued 2

城市	City	地区生产总值(当年价格)(万元) Gross Regional Product (Current Prices) (100 000 yuan)		人均地区生产总值(元) Per Capita GRP (yuan)		地区生产总值增长率(%) GRP Growth Rate (%)	
		全市 Total City	市辖区 Districts under City	全市 Total City	市辖区 Districts under City	全市 Total City	市辖区 Districts under City
绍兴市	Shaoxing	54168952	32045097	107853	116180	7.09	7.13
金华市	Jinhua	41002319	7692021	73428	66864	5.50	3.50
衢州市	Quzhou	14705816	6594703	66936	78851	7.20	6.90
舟山市	Zhoushan	13166986	9863821	112490	111123	6.66	6.67
台州市	Taizhou	48746696	18082012	79541	91717	7.57	8.32
丽水市	Lishui	13946650	3591071	63611	74713	8.17	6.15
安徽省	**Anhui**						
合肥市	Hefei	78229061	52655781	97470	135147	8.54	8.85
芜湖市	Wuhu	32785317	20246319	88085	120436	8.35	8.32
蚌埠市	Bengbu	17146560	9465408	50662	77588	8.50	9.40
淮南市	Huainan	11333064	6824181	32487	37159	4.31	2.94
马鞍山市	Maanshan	19181000	11605280	82695	140604	8.16	8.11
淮北市	Huaibei	9851902	6433091	43962	61275	3.60	1.90
铜陵市	Tongling	12223596	9628626	75524		3.86	3.26
安庆市	Anqing	19175850	5969239	41088	80697	7.80	7.30
黄山市	Huangshan	6779143	3184152	48579	65518	7.70	7.50
滁州市	Chuzhou	18017496	4976285	43999	84272	9.10	12.90
阜阳市	Fuyang	17595199	6041709	21589	26328	9.50	8.90
宿州市	Suzhou	16302217	6961398	28757	40089	8.50	8.40
六安市	Lu'an	12880538	5640928	26731	28318	7.64	7.81
亳州市	Bozhou	12771945	4527457	24547	29963	10.10	9.05
池州市	Chizhou	6849253	3674595	46865	54705	5.66	6.05
宣城市	Xuancheng	13172047	3587633	50065	41382	8.30	8.10
福建省	**Fujian**						
福州市	Fuzhou	78568123	47784761	102037	121947	8.60	8.50
厦门市	Xiamen	47914131	47914131	118015	118015	7.70	7.70
莆田市	Putian	22424134	18308380	77325	89879	8.27	8.23
三明市	Sanming	23537162	5032600	91406	129207	7.55	7.46
泉州市	Quanzhou	84679768	20414215	97614	129738	8.85	9.06
漳州市	Zhangzhou	39476347	8888972	77102	112150	8.70	9.40
南平市	Nanping	17925130	5676222	66760	71309	6.60	3.80
龙岩市	Longyan	23932951	11450549	90655	104381	7.60	7.50
宁德市	Ningde	19427951	4681355	66878	104263	8.15	13.57
江西省	**Jiangxi**						
南昌市	Nanchang	52746716	39801701	95825	108230	8.90	9.00
景德镇市	Jingdezhen	8465982	4176051	50723	83304	8.20	7.90
萍乡市	Pingxiang	10090505	6340714	52307	69932	8.70	9.10
九江市	Jiujiang	27001852	11425880	55274	111166	8.68	8.63
新余市	Xinyu	10273443	7920836	86789	91247	8.30	8.30
鹰潭市	Yingtan	8189787	2607256	69923	117552	8.70	8.70
赣州市	Ganzhou	28072372	8725322	32429	48832	9.31	9.83
吉安市	Ji'an	17422292	2767412	35202	49803	8.88	9.19
宜春市	Yichun	21808544	3007883	39199	27925	8.10	8.00
抚州市	Fuzhou	13824038	5862591	34226	37188	8.00	8.10
上饶市	Shangrao	22174758	6801981	32555	56320	9.00	9.50
山东省	**Shandong**						
济南市	Jinan	78565600	72705875	106302	112594	7.40	6.10

2-9 续表 3 continued 3

城市	City	地区生产总值(当年价格)(万元) Gross Regional Product (Current Prices) (100 000 yuan)		人均地区生产总值(元) Per Capita GRP (yuan)		地区生产总值增长率(%) GRP Growth Rate (%)	
		全市 Total City	市辖区 Districts under City	全市 Total City	市辖区 Districts under City	全市 Total City	市辖区 Districts under City
青岛市	Qingdao	120015200	93029800	128459	147608	7.40	8.60
淄博市	Zibo	50683500	38855547	107720	119919	6.06	5.77
枣庄市	Zaozhuang	24023800	12060500	61226	53748	4.30	3.70
东营市	Dongying	41524700	28935284	191942	217313	4.50	4.70
烟台市	Yantai	78325800	34619522	110231	142216	6.40	6.40
潍坊市	Weifang	61567800	18646300	65721	86980	6.50	7.10
济宁市	Jining	49305800	18707500	58972	88977	5.76	6.55
泰安市	Tai'an	36515300	11413700	64714	61256	5.67	6.47
威海市	Weihai	36414800	18642708	128774	119438	6.80	6.50
日照市	Rizhao	22021700	15759400	75329	110152	7.30	8.00
莱芜市	Laiwu	10056500	10056500	73005	73005	7.20	7.20
临沂市	Linyi	47178000	20148300	44534	71790	7.30	8.98
德州市	Dezhou	33803000	9650900	58252	73251	6.69	6.70
聊城市	Liaocheng	31521500	6035900	51935	45649	5.40	6.80
滨州市	Binzhou	26405200	8675732	67405	79905	1.51	5.75
菏泽市	Heze	30787800	8501440	35184	41644	7.90	8.40
河南省	**Henan**						
郑州市	Zhengzhou	101433173	60129272	101349	102590	8.30	6.80
开封市	Kaifeng	20022269	7430410	43936	45295	6.97	8.04
洛阳市	Luoyang	46407821	17835267	67707	80323	7.90	7.20
平顶山市	Pingdingshan	21352232	6447109	42587	57092	7.48	7.21
安阳市	Anyang	23932238	7261032	46450	48262	6.70	6.30
鹤壁市	Hebi	8619013	4000979	53063	60318	5.90	3.70
新乡市	Xinxiang	25265535	8850342	43700	75570	7.14	10.00
焦作市	Jiaozuo	23714983	5402327	66328	52115	6.31	4.96
濮阳市	Puyang	16544700	4697400	45644	61707	5.80	6.60
许昌市	Xuchang	28306218	8058986	63996	61568	8.57	7.84
漯河市	Luohe	12366633	7503889	46530	51980	8.30	8.30
三门峡市	Sanmenxia	15281244	4750721	67294	70358	8.00	10.10
南阳市	Nanyang	35667734	8085545	35519	42625	7.40	6.00
商丘市	Shangqiu	23890346	5277128	32673	28959	8.70	8.40
信阳市	Xinyang	23877965	6113726	36941	43033	8.30	8.50
周口市	Zhoukou	26872100	2543933	30817	35470	8.20	6.10
驻马店市	Zhumadian	23703300	3970634	33770	39302	8.50	7.90
湖北省	**Hubei**						
武汉市	Wuhan	148472900	148472900	135136	135136	8.00	8.00
黄石市	Huangshi	15873300	7892900	64249	90005	7.80	8.50
十堰市	Shiyan	17478200	11383951	51226	81650	7.20	6.50
宜昌市	Yichang	40641800	17556178	98269	118655	7.70	7.90
襄阳市	Xiangyang	43097900	21531270	76125	91951	7.75	7.55
鄂州市	Ezhou	10053000	10053000	93317	93317	8.20	8.20
荆门市	Jingmen	18478900	6273000	63742	90370	8.00	7.90
孝感市	Xiaogan	19129000	3511199	38900	37775	8.10	8.60
荆州市	Jingzhou	20821800	6982900	37247	55944	7.50	7.10
黄冈市	Huanggang	20352000	2354192	32124	59404	7.20	8.90
咸宁市	Xianning	13624200	3130200	53655	59122	8.50	8.20
随州市	Suizhou	10111900	4759400	45681	74669	7.80	8.10

2-9 续表 4 continued 4

城　市	City	地区生产总值(当年价格)(万元) Gross Regional Product (Current Prices) (100 000 yuan)		人均地区生产总值(元) Per Capita GRP (yuan)		地区生产总值增长率(%) GRP Growth Rate (%)	
		全　市 Total City	市辖区 Districts under City	全　市 Total City	市辖区 Districts under City	全　市 Total City	市辖区 Districts under City
湖南省	**Hunan**						
长沙市	Changsha	110034116	70708962	136920	162980	8.52	8.80
株洲市	Zhuzhou	26315423	14126191	65442	88638	7.80	8.06
湘潭市	Xiangtan	21613580	12122047	75609	112210	7.80	7.88
衡阳市	Hengyang	30460279	9524276	42163	73495	8.30	8.53
邵阳市	Shaoyang	17826481	3775197	24178	48984	7.60	7.61
岳阳市	Yueyang	34110068	14420630	59165	106650	8.30	7.96
常德市	Changde	33942030	17576102	58160	112000	8.20	7.30
张家界市	Zhangjiajie	5789155	2956625	37719	55838	7.50	7.63
益阳市	Yiyang	17583780	7434077	39937	56770	8.10	8.29
郴州市	Chenzhou	23918696	7426438	50482	85387	8.30	8.57
永州市	Yongzhou	18056499	5125707	33035	46119	7.80	7.90
怀化市	Huaihua	15132689	3852001	30449	62305	8.10	7.90
娄底市	Loudi	15404137	5033789	39249	81400	8.60	8.90
广东省	**Guangdong**						
广州市	Guangzhou	228593471	228593471	155491	155491	6.20	6.20
韶关市	Shaoguan	13439110	6790993	44971	64776	4.30	2.70
深圳市	Shenzhen	242219771	242219771	189568	189568	7.60	7.60
珠海市	Zhuhai	29147350	29147350	159428	159428	8.00	8.00
汕头市	Shantou	25120504	24873908	44672	44730	6.90	6.90
佛山市	Foshan	99358845	99358845	127691	127691	6.27	6.27
江门市	Jiangmen	29004073	15402590	63328	81124	7.80	8.30
湛江市	Zhanjiang	30083928	13382788	41107	79032	6.00	5.17
茂名市	Maoming	30921768	14955233	49406	58325	5.50	5.59
肇庆市	Zhaoqing	22018012	11463889	53267	73011	6.62	7.73
惠州市	Huizhou	41030532	26545518	85418	106939	6.00	6.70
梅州市	Meizhou	11102133	4236371	25367	43823	2.40	0.50
汕尾市	Shanwei	9203183	2362959	30825	44590	8.00	4.80
河源市	Heyuan	10060027	3953141	32530	77833	6.30	6.80
阳江市	Yangjiang	13503149	7235857	52969	60987	4.10	3.50
清远市	Qingyuan	15651949	8173547	40476	51736	3.95	2.22
东莞市	Dongguan	82785920		98939		7.42	
中山市	Zhongshan	36327013		110585		5.90	
潮州市	Chaozhou	10672790	8513558	40219	47872	5.30	5.80
揭阳市	Jieyang	21524681	10163258	35358	51540	5.34	5.45
云浮市	Yunfu	8491284	2700056	33747	40581	3.90	4.40
广西壮族自治区	**Guangxi**						
南宁市	Nanning	40269053	32897202	55901	75172	5.40	5.10
柳州市	Liuzhou	30536457	24864968	75945	110059	6.37	6.10
桂林市	Guilin	20036055	8334427	39507	46288	6.90	7.60
梧州市	Wuzhou	10298470	5026448	33774	61095	1.81	6.03
北海市	Beihai	12133010	9275172	72581	126532	8.29	8.22
防城港市	Fangchenggang	6968185	5388954	73601	94510	7.40	7.99
钦州市	Qinzhou	12919647	6116307	39243	47375	5.96	7.63
贵港市	Guigang	11698754	5114652	26635	32463	9.99	8.10

2–9 续表 5 continued 5

城 市	City	地区生产总值(当年价格)(万元) Gross Regional Product (Current Prices) (100 000 yuan)		人均地区生产总值(元) Per Capita GRP (yuan)		地区生产总值增长率(%) GRP Growth Rate (%)	
		全 市 Total City	市辖区 Districts under City	全 市 Total City	市辖区 Districts under City	全 市 Total City	市辖区 Districts under City
玉林市	Yulin	16154571	5199616	27708	45645	7.24	9.58
百色市	Baise	11767732	2768297	32170	68889	7.10	8.97
贺州市	Hezhou	6026288	3483029	29188	32677	8.87	10.76
河池市	Hechi	7882999	2792725	22302	29859	6.37	9.29
来宾市	Laibin	6924112	3225239	31102	33146	7.16	9.42
崇左市	Chongzuo	10164916	2219276	48564	64421	11.34	14.94
海南省	**Hainan**						
海口市	Haikou	15105130	15105130	66042	66042	7.60	7.60
三亚市	Sanya	5955057	5955057	77429	77429	7.20	7.20
三沙市	Sansha						
儋州市	Danzhou	3229693		35569		7.50	
重庆市	**Chongqing**	**203631900**	**177826000**	**65933**	**73180**	**6.00**	**5.20**
四川省	**Sichuan**						
成都市	Chengdu	153427716	123006301	94782	113818	8.00	8.30
自贡市	Zigong	14067131	8977967	48329	56617	8.70	8.50
攀枝花市	Panzhihua	11735238	8645536	94941			
泸州市	Luzhou	16949712	8987520	39230	61115	7.60	8.90
德阳市	Deyang	22138673	7571898	62569	69652	9.00	8.80
绵阳市	Mianyang	23038214	12804251	47538	69205	9.00	9.30
广元市	Guangyuan	8018500	3778177	30105	40586	8.40	8.40
遂宁市	Suining	12213914	5117557	37493	38711	8.81	8.86
内江市	Neijiang	14117521	5058201	37885	38331	7.80	8.30
乐山市	Leshan	16150949	7717981	49397	63216	8.69	8.93
南充市	Nanchong	20060333	7404234	31203	37908	9.00	9.50
眉山市	Meishan	12560214	5892082	42155	50429	7.50	8.00
宜宾市	Yibin	20263707	11349552	44604	56407	9.20	9.72
广安市	Guang'an	12502422	3750061	38520	42149	8.00	8.10
达州市	Dazhou	16901741	5159642	29627	29627	8.30	8.50
雅安市	Ya'an	6461049	2590225	41985	40862	8.10	8.10
巴中市	Bazhong	6458842	2329100	19458	19212	8.00	8.40
资阳市	Ziyang	10665332	5024758	42117	54873	7.80	8.10
贵州省	**Guizhou**						
贵阳市	Guiyang	37984538	28759285	78449	83545	9.90	10.40
六盘水市	Liupanshui	15256900	4709251	52059	77557	8.80	8.30
遵义市	Zunyi						
安顺市	Anshun	8494000	4632200	36164	41613	10.30	10.50
毕节市	Bijie	19214253	3800200	28794	32735	10.20	10.50
铜仁市	Tongren	10665200	2249000	33720	49537	9.60	10.80
云南省	**Yunnan**						
昆明市	Kunming	52068979	41256820	76387	94798	8.40	7.10
曲靖市	Qujing	20133556	9138088	32799	63974	8.50	8.10
玉溪市	Yuxi	14930383	7550569	62641	94147	8.90	7.10
保山市	Baoshan	7381448	2852559	28168	29166	9.50	9.50
昭通市	Zhaotong	8895404	2732644	15987	32143	8.50	8.00
丽江市	Lijiang	3507628	1298685	27128	59031	9.30	5.00
普洱市	Pu'er	6624768	1602173	25170	50638	8.50	10.50
临沧市	Lincang	6300199	1154358	24892	34102	9.30	9.00

2-9 续表 6 continued 6

城　市	City	地区生产总值(当年价格)(万元) Gross Regional Product (Current Prices) (100 000 yuan)		人均地区生产总值(元) Per Capita GRP (yuan)		地区生产总值增长率(%) GRP Growth Rate (%)	
		全　市 Total City	市辖区 Districts under City	全　市 Total City	市辖区 Districts under City	全　市 Total City	市辖区 Districts under City
西藏自治区	**Tibet**						
拉萨市	Lasa	5407800	4404900	77688		9.30	
日喀则市	Xigaze	2432049	832100	28498		9.70	
昌都市	Qamdo	1914200	635308	24122	43286	9.10	9.20
林芝市	Linzhi	1500100	729300	65053	114374	9.30	9.30
山南市	Shannan	1643200	550590	44207	68698	9.10	9.50
那曲市	Naqu	1356700	573996	25708	51605	9.10	9.40
陕西省	**Shaanxi**						
西安市	Xi'an	83498600	80146000	85114	104381	8.20	8.37
铜川市	Tongchuan	3279550	2973920	40065	40881	6.00	5.96
宝鸡市	Baoji	22651600	11297900	59988	77346	7.20	7.40
咸阳市	Xianyang	23764530	7615441	54368	134420	7.00	5.50
渭南市	Weinan	17677130	4196357	33009	46313	7.10	6.70
延安市	Yan'an	15589120	4361673	68940	65234	9.10	8.76
汉中市	Hanzhong	14718800	5393950	42754	52989	9.50	9.80
榆林市	Yulin	38486190	7772808	112845	115426	9.00	9.50
安康市	Ankang	11337700	3423611	42544	38812	10.20	8.80
商洛市	Shangluo	8247670	1632910	34674	30202	8.00	7.80
甘肃省	**Gansu**						
兰州市	Lanzhou	27329373	22408968	73042	83401	6.52	4.06
嘉峪关市	Jiayuguan	2996200		119418		7.40	
金昌市	Jinchang	2642405	1911394	56353	81736	8.90	9.40
白银市	Baiyin	5115968	3127116	29542	62555	6.10	6.95
天水市	Tianshui	6520542	4037164	19479	32790	6.40	6.70
武威市	Wuwei	4692653	2925414	25691	28758	4.80	5.60
张掖市	Zhangye	4077067	1813960	33105	35019	5.81	5.70
平凉市	Pingliang	3951651	1376700	17225	25871	2.10	5.30
酒泉市	Jiuquan	5968871	1770716	53043	39737	4.60	5.00
庆阳市	Qingyang	7081499	2314342	31312	61739	3.60	3.20
定西市	Dingxi	3562609	821187	12656	19031	6.30	6.90
陇南市	Longnan	3792273	1252637	14426	21960	5.80	7.10
青海省	**Qinghai**						
西宁市	Xining	12864137	10040834	54439	76534	8.95	10.25
海东市	Haidong	4514606	1706190	30597	102001	8.00	7.25
宁夏回族自治区	**Ningxia**						
银川市	Yinchuan	19014824	12558288	84964	87231	7.20	9.30
石嘴山市	Shizuishan	6059184	4235572	75391	82420	8.00	8.10
吴忠市	Wuzhong	5345336	1946934	37922	46745	6.60	6.10
固原市	Guyuan	3031944	1364359	24544	31648	6.60	8.72
中卫市	Zhongwei	4029947	1876910	34653	45593	6.00	6.40
新疆维吾尔自治区	**Xinjiang**						
乌鲁木齐市	Urumqi	30997659	30747259	87196	89278	7.80	7.80
克拉玛依市	Karamay	8981420	8981420	153647	153647	6.70	6.70
吐鲁番市	Turpan	3105938	931265	49279	32079	7.35	4.93
哈密市	Hami	5366085	3995091	86805	81393	5.53	3.61

2-10 地区生产总值构成
Composition of Gross Regional Product

单位：% (%)

城 市	City	第一产业占GDP的比重 Primary Industry as Percentage to GRP		第二产业占GDP的比重 Secondary Industry as Percentage to GRP		第三产业占GDP的比重 Tertiary Industry as Percentage to GRP	
		全 市 Total City	市辖区 Districts under City	全 市 Total City	市辖区 Districts under City	全 市 Total City	市辖区 Districts under City
北京市	**Beijing**	**0.39**	**0.39**	**18.63**	**18.63**	**80.98**	**80.98**
天津市	**Tianjin**	**0.92**	**0.92**	**40.46**	**40.46**	**58.62**	**58.62**
河北省	**Hebei**						
石家庄市	Shijiazhuang	6.91	2.26	37.57	35.34	55.51	62.40
唐山市	Tangshan	7.09	4.10	54.89	61.55	38.02	34.35
秦皇岛市	Qinhuangdao	12.43	6.20	33.14	33.64	54.43	60.17
邯郸市	Handan	9.07	6.20	45.10	41.19	45.83	52.61
邢台市	Xingtai	12.34	0.96	40.77	37.60	46.89	64.09
保定市	Baoding	11.54	5.83	42.19	48.59	46.27	45.58
张家口市	Zhangjiakou	14.75	7.41	33.74	36.29	51.51	56.30
承德市	Chengde	18.05	1.13	36.27	46.65	45.68	52.22
沧州市	Cangzhou	7.50	1.42	42.98	51.15	49.52	47.43
廊坊市	Langfang	6.33	1.70	36.61	34.77	57.06	63.52
衡水市	Hengshui	12.86	4.13	41.02	40.03	46.12	55.84
山西省	**Shanxi**						
太原市	Taiyuan	1.06	0.43	37.05	35.65	61.90	63.91
大同市	Datong	5.08	2.10	36.52	51.12	58.40	46.78
阳泉市	Yangquan	1.45	0.36	47.03	43.60	51.52	56.04
长治市	Changzhi	3.89	0.80	54.19	37.58	41.93	61.62
晋城市	Jincheng	3.64	0.20	53.10	31.50	43.26	68.30
朔州市	Shuozhou	5.43	2.86	38.25	36.43	56.33	60.71
晋中市	Jinzhong	7.87	7.29	47.53	32.14	44.60	60.57
运城市	Yuncheng	14.95	6.30	36.83	28.35	48.22	65.35
忻州市	Xinzhou	7.04	6.28	48.23	30.73	44.73	62.99
临汾市	Linfen	6.51	2.47	45.89	22.02	47.60	75.52
吕梁市	Lvliang	4.19	1.88	61.39	32.75	34.42	65.37
内蒙古自治区	**Inner Mongolia**						
呼和浩特市	Hohhot	3.73	1.00	27.60	24.03	68.67	74.97
包头市	Baotou	3.10	1.09	41.09	40.69	55.82	58.22
乌海市	Wuhai	1.01	1.01	61.94	61.94	37.05	37.05
赤峰市	Chifeng	19.74	10.71	30.76	33.31	49.50	55.98
通辽市	Tongliao	20.78	12.50	26.51	32.52	52.70	54.98
鄂尔多斯市	Erdos	3.13	0.20	52.33	31.83	44.55	67.97
呼伦贝尔市	Hulunbuir	21.48	3.16	29.25	46.97	49.27	49.87
巴彦淖尔市	Bayannur	22.67	18.21	38.07	35.70	39.27	46.09
乌兰察布市	Ulanqab	15.93	2.78	40.93	38.73	43.15	58.49
辽宁省	**Liaoning**						
沈阳市	Shenyang	4.13	2.21	37.77	38.90	58.10	58.89
大连市	Dalian	5.77	2.92	42.27	40.27	51.96	56.80
鞍山市	Anshan	5.53	0.71	41.28	51.40	53.19	47.89
抚顺市	Fushun	5.24	1.45	54.82	59.38	39.94	39.17
本溪市	Benxi	6.07	2.14	45.46	49.97	48.46	47.88
丹东市	Dandong	16.69	4.13	30.56	29.96	52.75	65.91
锦州市	Jinzhou	15.11	1.90	34.96	43.09	49.93	55.01
营口市	Yingkou	7.62	2.82	44.38	43.22	48.00	53.96
阜新市	Fuxin	21.37	1.38	27.58	37.56	51.05	61.06
辽阳市	Liaoyang	8.72	2.72	50.68	58.50	40.60	38.78

2-10 续表 1 continued 1

单位：% (%)

城 市	City	第一产业占GDP的比重 Primary Industry as Percentage to GRP 全 市 Total City	市辖区 Districts under City	第二产业占GDP的比重 Secondary Industry as Percentage to GRP 全 市 Total City	市辖区 Districts under City	第三产业占GDP的比重 Tertiary Industry as Percentage to GRP 全 市 Total City	市辖区 Districts under City
盘锦市	Panjin	7.95	7.24	50.65	44.64	41.39	48.12
铁岭市	Tieling	22.98	3.33	31.85	33.10	45.17	63.57
朝阳市	Chaoyang	21.22	7.08	28.39	31.13	50.39	61.78
葫芦岛市	Huludao	15.20	4.61	42.28	49.52	42.52	45.87
吉林省	**Jilin**						
长春市	Changchun	4.21	1.17	48.94	53.33	46.85	45.50
吉林市	Jilin	6.66	1.51	34.53	35.68	58.81	62.80
四平市	Siping	21.66	2.61	27.89	55.78	50.45	41.61
辽源市	Liaoyuan	5.80	0.66	48.68	44.93	45.52	54.40
通化市	Tonghua	8.53	2.14	38.73	37.03	52.74	60.83
白山市	Baishan	8.03	5.00	45.11	47.75	46.86	47.26
松原市	Songyuan	12.97	2.88	28.40	38.16	58.63	58.95
白城市	Baicheng	19.34	13.92	32.94	15.74	47.72	70.34
黑龙江省	**Heilongjiang**						
哈尔滨市	Harbin	8.34	4.04	26.81	28.17	64.85	67.79
齐齐哈尔市	Qiqihar	22.83	3.64	26.05	27.83	51.13	68.54
鸡西市	Jixi	35.37	4.65	24.09	46.45	40.55	48.90
鹤岗市	Hegang	30.03	5.18	32.53	51.36	37.44	43.46
双鸭山市	Shuangyashan	38.35		20.53		41.12	
大庆市	Daqing	7.13	2.19	53.95	58.75	38.92	39.07
伊春市	Yichun	37.85	29.54	21.64	22.71	40.51	47.75
佳木斯市	Jiamusi	35.29		19.96		44.76	
七台河市	Qitaihe	12.35	8.09	39.87	44.01	47.79	47.90
牡丹江市	Mudanjiang	12.61	4.05	34.26	34.79	53.14	61.15
黑河市	Heihe	44.19	4.07	15.75	31.59	40.06	64.34
绥化市	Suihua	35.23	43.28	26.02	27.71	38.76	29.01
上海市	**Shanghai**	**0.32**	**0.32**	**29.78**	**29.78**	**69.90**	**69.90**
江苏省	**Jiangsu**						
南京市	Nanjing	2.13	2.13	36.83	36.83	61.04	61.04
无锡市	Wuxi	1.09	0.63	47.77	42.27	51.14	57.10
徐州市	Xuzhou	9.35	3.54	41.63	43.20	49.03	53.26
常州市	Changzhou	2.22	1.73	46.29	46.06	51.50	52.22
苏州市	Suzhou	1.15	0.88	48.03	47.28	50.81	51.84
南通市	Nantong	4.72	2.00	46.85	45.66	48.43	52.34
连云港市	Lianyungang	11.75	8.11	43.56	43.79	44.69	48.10
淮安市	Huai'an	9.96	8.37	41.88	43.52	48.16	48.11
盐城市	Yancheng	10.45	7.78	44.40	48.44	45.15	43.78
扬州市	Yangzhou	5.00	2.88	47.99	46.91	47.01	50.21
镇江市	Zhenjiang	3.42	1.45	48.80	46.62	47.78	51.93
泰州市	Taizhou	5.48	3.27	47.65	51.67	46.86	45.06
宿迁市	Suqian	10.94	7.32	46.52	48.35	42.55	44.33
浙江省	**Zhejiang**						
杭州市	Hangzhou	2.26	1.70	33.84	33.13	63.90	65.17
宁波市	Ningbo	2.85	1.37	51.25	48.33	45.90	50.30
温州市	Wenzhou	2.36	0.69	39.62	40.49	58.02	58.82
嘉兴市	Jiaxing	2.36	1.98	53.87	47.09	43.77	50.93
湖州市	Huzhou	4.70	3.83	46.84	44.33	48.46	51.84

2-10 续表 2 continued 2

单位：% (%)

城市	City	第一产业占GDP的比重 Primary Industry as Percentage to GRP		第二产业占GDP的比重 Secondary Industry as Percentage to GRP		第三产业占GDP的比重 Tertiary Industry as Percentage to GRP	
		全市 Total City	市辖区 Districts under City	全市 Total City	市辖区 Districts under City	全市 Total City	市辖区 Districts under City
绍兴市	Shaoxing	3.62	2.91	48.22	47.39	48.16	49.70
金华市	Jinhua	3.31	4.05	42.57	35.16	54.12	60.79
衢州市	Quzhou	5.50	4.10	44.99	47.23	49.50	48.66
舟山市	Zhoushan	10.83	6.82	32.53	33.78	56.63	59.40
台州市	Taizhou	5.42	2.83	44.77	44.90	49.80	52.27
丽水市	Lishui	6.75	5.30	41.43	35.56	51.82	59.13
安徽省	**Anhui**						
合肥市	Hefei	3.55	0.27	46.18	43.24	50.28	56.49
芜湖市	Wuhu	4.06	1.38	52.18	51.37	43.77	47.25
蚌埠市	Bengbu	12.12	2.88	44.46	50.99	43.42	46.14
淮南市	Huainan	10.80	6.01	46.57	44.62	42.63	49.37
马鞍山市	Maanshan	4.53	1.05	53.59	52.48	41.88	46.46
淮北市	Huaibei	6.63	3.41	54.81	56.53	38.56	40.06
铜陵市	Tongling	4.09	1.67	58.25	60.81	37.66	37.52
安庆市	Anqing	10.43	3.77	49.87	45.05	39.70	51.19
黄山市	Huangshan	8.39	5.32	34.90	29.90	56.71	64.79
滁州市	Chuzhou	12.25	3.88	51.62	65.60	36.13	30.51
阜阳市	Fuyang	17.66	10.54	41.90	35.52	40.44	53.94
宿州市	Suzhou	15.56	8.99	36.84	36.63	47.60	54.38
六安市	Lu'an	15.27	14.14	40.61	38.30	44.12	47.56
亳州市	Bozhou	16.47	13.86	38.90	41.18	44.63	44.96
池州市	Chizhou	10.94	8.30	42.29	46.93	46.77	44.77
宣城市	Xuancheng	10.28	11.06	48.71	41.41	41.01	47.53
福建省	**Fujian**						
福州市	Fuzhou	6.30	1.37	40.79	35.74	52.91	62.90
厦门市	Xiamen	0.51	0.51	41.33	41.33	58.16	58.16
莆田市	Putian	5.18	5.32	52.62	53.43	42.20	41.25
三明市	Sanming	11.64	3.03	52.59	55.66	35.77	41.31
泉州市	Quanzhou	2.38	0.86	57.69	56.25	39.93	42.89
漳州市	Zhangzhou	11.11	1.81	47.81	45.64	41.08	52.55
南平市	Nanping	16.24	11.71	43.28	49.55	40.48	38.74
龙岩市	Longyan	10.20	6.17	47.94	52.80	41.86	41.03
宁德市	Ningde	15.18	8.63	49.87	55.02	34.94	36.35
江西省	**Jiangxi**						
南昌市	Nanchang	3.62	1.62	50.45	48.70	45.94	49.67
景德镇市	Jingdezhen	6.67	1.30	47.52	43.02	45.81	55.68
萍乡市	Pingxiang	5.88	2.92	46.51	47.65	47.61	49.43
九江市	Jiujiang	7.01	2.08	50.48	41.57	42.52	56.35
新余市	Xinyu	5.40	4.68	49.57	51.89	45.03	43.44
鹰潭市	Yingtan	6.88	3.29	55.04	42.41	38.08	54.30
赣州市	Ganzhou	12.12	5.87	42.54	43.48	45.34	50.64
吉安市	Ji'an	11.94	5.92	45.35	43.47	42.71	50.62
宜春市	Yichun	12.34	11.38	44.82	36.20	42.83	52.42
抚州市	Fuzhou	14.42	11.31	40.94	45.51	44.64	43.18
上饶市	Shangrao	11.41	4.49	46.51	39.12	42.08	56.39
山东省	**Shandong**						
济南市	Jinan	3.47	2.74	36.01	35.61	60.52	61.65

2−10 续表 3 continued 3

单位：% (%)

城　　市	City	第一产业占GDP的比重 Primary Industry as Percentage to GRP 全　市 Total City	市辖区 Districts under City	第二产业占GDP的比重 Secondary Industry as Percentage to GRP 全　市 Total City	市辖区 Districts under City	第三产业占GDP的比重 Tertiary Industry as Percentage to GRP 全　市 Total City	市辖区 Districts under City
青岛市	Qingdao	3.22	1.83	40.42	39.40	56.36	58.77
淄博市	Zibo	2.88	1.63	52.09	52.10	45.04	46.27
枣庄市	Zaozhuang	6.53	6.79	50.77	52.14	42.70	41.07
东营市	Dongying	3.53	2.42	62.21	62.66	34.26	34.91
烟台市	Yantai	6.51	2.64	49.08	48.84	44.41	48.52
潍坊市	Weifang	8.31	3.02	44.54	47.23	47.15	49.75
济宁市	Jining	9.96	3.97	45.31	49.22	44.72	46.81
泰安市	Tai'an	7.82	6.37	44.23	42.23	47.95	51.40
威海市	Weihai	7.72	5.99	43.97	46.56	48.31	47.45
日照市	Rizhao	7.56	6.01	48.33	49.75	44.12	44.24
莱芜市	Laiwu	6.00	6.00	56.29	56.29	37.71	37.71
临沂市	Linyi	7.84	1.75	43.00	50.34	49.16	47.90
德州市	Dezhou	9.47	4.00	47.71	50.10	42.82	45.91
聊城市	Liaocheng	9.86	7.10	49.09	46.09	41.04	46.81
滨州市	Binzhou	8.86	7.15	44.89	45.16	46.26	47.70
菏泽市	Heze	9.78	7.15	51.00	47.88	39.22	44.97
河南省	**Henan**						
郑州市	Zhengzhou	1.45	0.28	43.88	39.36	54.67	60.36
开封市	Kaifeng	13.64	8.46	38.92	33.98	47.44	57.56
洛阳市	Luoyang	5.11	0.71	44.55	34.93	50.34	64.36
平顶山市	Pingdingshan	7.53	1.21	47.74	52.10	44.73	46.69
安阳市	Anyang	8.15	2.12	46.15	44.19	45.70	53.70
鹤壁市	Hebi	6.97	3.17	63.31	57.75	29.72	39.07
新乡市	Xinxiang	8.96	0.83	47.85	42.63	43.19	56.54
焦作市	Jiaozuo	5.69	1.19	56.58	40.96	37.73	57.86
濮阳市	Puyang	9.91	4.20	50.62	41.57	39.47	54.23
许昌市	Xuchang	5.24	2.92	57.76	54.32	37.00	42.77
漯河市	Luohe	8.97	7.07	59.94	59.71	31.09	33.23
三门峡市	Sanmenxia	7.79	5.23	55.06	44.34	37.14	50.43
南阳市	Nanyang	14.69	6.60	41.36	31.67	43.95	61.73
商丘市	Shangqiu	15.98	12.88	41.34	43.67	42.68	43.44
信阳市	Xinyang	18.69	11.94	37.59	41.12	43.72	46.94
周口市	Zhoukou	16.71	3.40	45.13	48.80	38.17	47.80
驻马店市	Zhumadian	17.41	6.91	39.05	45.38	43.54	47.72
湖北省	**Hubei**						
武汉市	Wuhan	2.44	2.44	42.96	42.96	54.61	54.61
黄石市	Huangshi	6.03	0.49	58.56	59.55	35.41	39.96
十堰市	Shiyan	9.05	2.72	48.26	57.84	42.69	39.44
宜昌市	Yichang	9.51	4.05	52.46	53.82	38.03	42.13
襄阳市	Xiangyang	9.62	5.83	51.47	49.97	38.91	44.20
鄂州市	Ezhou	9.37	9.37	52.09	52.09	38.54	38.54
荆门市	Jingmen	12.24	4.29	51.08	52.63	36.68	43.09
孝感市	Xiaogan	15.01	9.48	48.39	46.82	36.60	43.70
荆州市	Jingzhou	19.44	8.28	43.63	49.89	36.93	41.83
黄冈市	Huanggang	18.48	6.03	40.88	43.17	40.64	50.80
咸宁市	Xianning	13.72	9.23	48.65	57.22	37.63	33.56
随州市	Suizhou	14.25	5.55	48.33	49.18	37.41	45.27

2-10 续表 4 continued 4

单位：% (%)

城市	City	第一产业占GDP的比重 Primary Industry as Percentage to GRP		第二产业占GDP的比重 Secondary Industry as Percentage to GRP		第三产业占GDP的比重 Tertiary Industry as Percentage to GRP	
		全市 Total City	市辖区 Districts under City	全市 Total City	市辖区 Districts under City	全市 Total City	市辖区 Districts under City
湖南省	**Hunan**						
长沙市	Changsha	2.90	0.83	42.35	32.86	54.75	66.31
株洲市	Zhuzhou	7.05	3.18	43.67	42.97	49.28	53.85
湘潭市	Xiangtan	5.79	1.54	48.21	48.21	46.00	50.25
衡阳市	Hengyang	11.06	1.91	33.60	41.64	55.33	56.45
邵阳市	Shaoyang	16.59	3.33	35.16	45.53	48.24	51.15
岳阳市	Yueyang	9.38	3.10	41.76	39.19	48.86	57.71
常德市	Changde	10.25	3.61	37.87	47.17	51.88	49.22
张家界市	Zhangjiajie	10.15	6.78	17.72	13.51	72.13	79.71
益阳市	Yiyang	13.98	8.17	38.08	45.57	47.94	46.25
郴州市	Chenzhou	8.46	3.37	45.02	40.63	46.52	56.00
永州市	Yongzhou	16.38	12.42	33.69	38.43	49.93	49.15
怀化市	Huaihua	12.49	2.39	30.47	19.81	57.04	77.80
娄底市	Loudi	9.86	3.52	45.33	51.77	44.81	44.71
广东省	**Guangdong**						
广州市	Guangzhou	0.98	0.98	27.27	27.27	71.75	71.75
韶关市	Shaoguan	11.61	3.93	33.51	36.76	54.89	59.32
深圳市	Shenzhen	0.09	0.09	41.13	41.13	58.78	58.78
珠海市	Zhuhai	1.72	1.72	49.19	49.19	49.09	49.09
汕头市	Shantou	4.40	4.09	50.80	51.04	44.80	44.87
佛山市	Foshan	1.45	1.45	56.50	56.50	42.04	42.04
江门市	Jiangmen	6.95	3.50	48.55	49.57	44.50	46.93
湛江市	Zhanjiang	17.74	5.16	36.12	42.47	46.14	52.37
茂名市	Maoming	16.02	10.36	38.12	46.19	45.86	43.45
肇庆市	Zhaoqing	15.80	8.21	35.18	43.43	49.02	48.35
惠州市	Huizhou	4.29	1.77	52.68	58.08	43.03	40.15
梅州市	Meizhou	17.67	12.83	32.13	42.87	50.20	44.30
汕尾市	Shanwei	14.56	12.60	44.18	41.86	41.26	45.53
河源市	Heyuan	10.71	0.73	38.33	53.07	50.96	46.21
阳江市	Yangjiang	16.24	13.95	34.36	38.07	49.40	47.98
清远市	Qingyuan	14.78	8.37	34.68	38.63	50.54	53.00
东莞市	Dongguan	0.30		48.65		51.05	
中山市	Zhongshan	1.70		49.01		49.30	
潮州市	Chaozhou	7.14	2.92	48.58	50.40	44.29	46.68
揭阳市	Jieyang	7.64	4.58	52.17	57.56	40.19	37.85
云浮市	Yunfu	18.23	9.54	37.78	50.39	43.99	40.06
广西壮族自治区	**Guangxi**						
南宁市	Nanning	10.46	6.85	30.44	30.17	59.10	62.98
柳州市	Liuzhou	6.39	2.37	52.68	55.61	40.93	42.02
桂林市	Guilin	19.64	6.20	31.04	28.80	49.32	64.99
梧州市	Wuzhou	13.91	3.64	40.47	39.97	45.62	56.39
北海市	Beihai	16.58	11.11	48.07	55.75	35.35	33.14
防城港市	Fangchenggang	13.90	9.90	49.34	54.26	36.76	35.83
钦州市	Qinzhou	18.99	21.12	41.27	29.38	39.75	49.51
贵港市	Guigang	16.94	14.18	42.23	41.01	40.83	44.81

2-10 续表 5 continued 5

单位：% (%)

城 市	City	第一产业占GDP的比重 Primary Industry as Percentage to GRP		第二产业占GDP的比重 Secondary Industry as Percentage to GRP		第三产业占GDP的比重 Tertiary Industry as Percentage to GRP	
		全 市 Total City	市辖区 Districts under City	全 市 Total City	市辖区 Districts under City	全 市 Total City	市辖区 Districts under City
玉林市	Yulin	17.11	8.11	34.50	32.93	48.38	58.96
百色市	Baise	16.59	10.68	47.88	41.10	35.53	48.22
贺州市	Hezhou	19.85	15.03	35.41	37.60	44.74	47.37
河池市	Hechi	20.41	19.79	31.69	23.20	47.90	57.01
来宾市	Laibin	23.81	20.58	34.55	35.35	41.64	44.07
崇左市	Chongzuo	18.62	13.21	44.24	47.45	37.13	39.34
海南省	**Hainan**						
海口市	Haikou	4.18	4.18	18.27	18.27	77.54	77.54
三亚市	Sanya	11.46	11.46	19.86	19.86	68.68	68.68
三沙市	Sansha						
儋州市	Danzhou	38.27		13.13		48.61	
重庆市	**Chongqing**	**6.77**	**5.66**	**40.90**	**42.19**	**52.33**	**52.16**
四川省	**Sichuan**						
成都市	Chengdu	3.41	1.41	42.47	43.15	54.12	55.45
自贡市	Zigong	10.77	5.97	46.47	50.23	42.76	43.80
攀枝花市	Panzhihua	3.39	1.56	62.30	62.54	34.31	35.90
泸州市	Luzhou	11.24	6.21	52.09	56.33	36.66	37.47
德阳市	Deyang	10.99	7.45	48.38	49.77	40.63	42.78
绵阳市	Mianyang	13.08	6.66	40.34	45.22	46.58	48.12
广元市	Guangyuan	14.73	8.37	44.72	51.48	40.56	40.14
遂宁市	Suining	13.56	12.35	46.28	44.37	40.16	43.28
内江市	Neijiang	15.53	13.71	43.27	37.07	41.20	49.22
乐山市	Leshan	10.27	5.99	44.69	50.04	45.04	43.97
南充市	Nanchong	19.04	12.20	41.08	44.39	39.89	43.41
眉山市	Meishan	14.85	11.25	44.14	45.72	41.01	43.03
宜宾市	Yibin	12.27	8.39	49.68	50.87	38.05	40.74
广安市	Guang'an	13.88	10.71	46.01	44.67	40.11	44.62
达州市	Dazhou	19.30	14.60	35.73	32.83	44.97	52.57
雅安市	Ya'an	13.28	14.70	46.90	37.07	39.82	48.23
巴中市	Bazhong	15.21	14.20	48.99	42.14	35.80	43.66
资阳市	Ziyang	15.64	10.22	47.59	55.65	36.77	34.13
贵州省	**Guizhou**						
贵阳市	Guiyang	4.03	1.71	37.22	33.63	58.75	64.66
六盘水市	Liupanshui	9.70	1.43	48.63	40.71	41.67	57.86
遵义市	Zunyi						
安顺市	Anshun	17.56	12.99	32.12	36.18	50.32	50.83
毕节市	Bijie	21.59	21.01	36.28	30.91	42.14	48.08
铜仁市	Tongren	22.74	10.89	28.27	40.65	48.99	48.46
云南省	**Yunnan**						
昆明市	Kunming	4.27	1.35	39.14	38.62	56.59	60.03
曲靖市	Qujing	17.89	8.46	38.61	47.99	43.50	43.55
玉溪市	Yuxi	10.01	4.43	51.33	62.88	38.66	32.70
保山市	Baoshan	22.83	19.49	38.09	37.78	39.09	42.73
昭通市	Zhaotong	18.28	10.66	44.72	49.99	37.00	39.35
丽江市	Lijiang	15.04	4.61	39.26	33.32	45.70	62.08
普洱市	Pu'er	24.70	9.56	36.86	41.56	38.44	48.88
临沧市	Lincang	27.32	15.06	32.60	34.75	40.08	50.18

2-10 续表 6 continued 6

单位：% (%)

城 市	City	第一产业占GDP的比重 Primary Industry as Percentage to GRP		第二产业占GDP的比重 Secondary Industry as Percentage to GRP		第三产业占GDP的比重 Tertiary Industry as Percentage to GRP	
		全 市 Total City	市辖区 Districts under City	全 市 Total City	市辖区 Districts under City	全 市 Total City	市辖区 Districts under City
西藏自治区	**Tibet**						
拉萨市	Lasa	3.38	1.19	42.47	38.14	54.15	60.67
日喀则市	Xigaze	16.00	6.99	39.12	41.00	44.88	52.00
昌都市	Qamdo	14.72	6.50	47.56	48.64	37.72	44.86
林芝市	Linzhi	7.48	2.18	40.68	39.78	51.84	58.04
山南市	Shannan	4.49	2.25	56.76	27.06	38.75	70.70
那曲市	Naqu	14.45	6.91	28.84	31.31	56.71	61.78
陕西省	**Shaanxi**						
西安市	Xi'an	3.10	2.48	35.04	35.49	61.86	62.03
铜川市	Tongchuan	7.54	6.31	43.19	43.24	49.26	50.45
宝鸡市	Baoji	7.21	2.58	63.31	64.70	29.48	32.72
咸阳市	Xianyang	11.99	0.86	56.93	71.06	31.08	28.09
渭南市	Weinan	16.79	11.37	41.99	45.50	41.22	43.14
延安市	Yan'an	8.86	6.47	59.40	42.43	31.74	51.10
汉中市	Hanzhong	13.96	8.27	47.70	51.05	38.34	40.68
榆林市	Yulin	6.00	4.71	62.82	57.83	31.18	37.45
安康市	Ankang	10.87	9.15	55.28	45.38	33.84	45.47
商洛市	Shangluo	11.47	8.52	53.55	44.13	34.98	47.35
甘肃省	**Gansu**						
兰州市	Lanzhou	1.57	0.59	34.32	31.45	64.11	67.96
嘉峪关市	Jiayuguan	1.33		61.13		37.54	
金昌市	Jinchang	7.23	2.45	54.47	65.31	38.31	32.24
白银市	Baiyin	13.54	2.84	41.77	53.36	44.69	43.79
天水市	Tianshui	13.97	6.15	30.68	38.86	55.36	54.99
武威市	Wuwei	25.69	22.24	28.07	30.45	46.25	47.31
张掖市	Zhangye	21.86	17.39	22.27	20.75	55.87	61.86
平凉市	Pingliang	22.24	5.74	26.29	24.45	51.47	69.81
酒泉市	Jiuquan	12.37	13.26	33.98	23.52	53.65	63.22
庆阳市	Qingyang	10.03	2.66	50.22	52.19	39.75	45.15
定西市	Dingxi	18.41	14.04	22.04	25.90	59.55	60.06
陇南市	Longnan	18.73	17.87	19.67	12.38	61.60	69.75
青海省	**Qinghai**						
西宁市	Xining	3.58	0.23	36.38	28.83	60.04	70.94
海东市	Haidong	14.03	10.81	43.71	42.62	42.26	46.57
宁夏回族自治区	**Ningxia**						
银川市	Yinchuan	3.54	1.58	45.61	33.43	50.85	64.99
石嘴山市	Shizuishan	5.19	1.89	60.48	62.68	34.33	35.42
吴忠市	Wuzhong	12.45	10.79	56.63	58.89	30.92	30.32
固原市	Guyuan	19.07	12.42	27.89	29.30	53.04	58.28
中卫市	Zhongwei	14.32	13.54	43.52	38.39	42.16	48.08
新疆维吾尔自治区	**Xinjiang**						
乌鲁木齐市	Urumqi	0.82	0.58	30.59	30.66	68.59	68.76
克拉玛依市	Karamay	0.56	0.56	72.90	72.90	26.54	26.54
吐鲁番市	Turpan	15.95	23.64	50.57	22.56	33.48	53.81
哈密市	Hami	7.56	6.53	60.07	57.14	32.36	36.34

2–11 地方一般公共预算收支状况(全市)
Local General public budget revenue and Expenditure (Total City)

单位：万元 (10 000 yuan)

城市	City	地方一般公共预算收入 Local General public budget revenue	地方一般公共预算支出 Local General public budget Expenditure	科学技术支出 Expenditure for Science and Technology	教育支出 Expenditure for Education
北京市	**Beijing**	**57859175**	**74675240**	**4258712**	**10255068**
天津市	**Tianjin**	**21061890**	**31045305**	**1057097**	**4466652**
河北省	**Hebei**				
石家庄市	Shijiazhuang	5196778	9916127	118720	1971155
唐山市	Tangshan	4324347	7492880	89057	1451959
秦皇岛市	Qinhuangdao	1334339	2912487	30638	556567
邯郸市	Handan	2433970	6259998	53089	1193602
邢台市	Xingtai	1490014	4948361	29004	974252
保定市	Baoding	2863602	10504715	43063	1654492
张家口市	Zhangjiakou	1568804	5602556	28555	783868
承德市	Chengde	1045531	3771658	25418	715657
沧州市	Cangzhou	2633942	6222522	57651	1306344
廊坊市	Langfang	3620321	6203506	56004	1079121
衡水市	Hengshui	1149935	3592082	45227	602075
山西省	**Shanxi**				
太原市	Taiyuan	3732275	5424589	250447	808097
大同市	Datong	1196911	3339906	21855	518619
阳泉市	Yangquan	576166	1239346	6539	200048
长治市	Changzhi	1506696	3237265	19628	541830
晋城市	Jincheng	1253028	2284586	15057	354831
朔州市	Shuozhou	904030	1738833	5616	268857
晋中市	Jinzhong	1508110	3226368	22871	530385
运城市	Yuncheng	807408	3378723	18367	617829
忻州市	Xinzhou	814638	3137790	13771	514854
临汾市	Linfen	1260193	3859235	11190	549494
吕梁市	Lvliang	1748028	4098472	17641	731960
内蒙古自治区	**Inner Mongolia**				
呼和浩特市	Hohhot	2047198	3567396	33397	510864
包头市	Baotou	1427491	3645197	48268	545061
乌海市	Wuhai	407958	1090389	10096	112997
赤峰市	Chifeng	1082357	5102175	19085	890257
通辽市	Tongliao	754852	3753581	11453	515796
鄂尔多斯市	Erdos	4334585	5864781	34890	629157
呼伦贝尔市	Hulunbuir	860403	4493423	15352	495770
巴彦淖尔市	Bayannur	555384	2667068	6865	280171
乌兰察布市	Ulanqab	462029	3498104	7360	387767
辽宁省	**Liaoning**				
沈阳市	Shenyang	7206425	9654417	181126	1152055
大连市	Dalian	7039857	10014898	356622	1107497
鞍山市	Anshan	1514388	2773957	9300	375045
抚顺市	Fushun	893973	2096170	3868	199602
本溪市	Benxi	626358	1514621	2700	161804
丹东市	Dandong	733899	2160928	9632	281796
锦州市	Jinzhou	1003417	2686027	14216	323757
营口市	Yingkou	1313302	2277647	4201	263934
阜新市	Fuxin	420137	1590218	2007	229208
辽阳市	Liaoyang	893890	1594229	5622	170585

2-11 续表 1 continued 1

单位：万元 (10 000 yuan)

城　市	City	地方一般公共预算收入 Local General public budget revenue	地方一般公共预算支出 Local General public budget Expenditure	科学技术支出 Expenditure for Science and Technology	教育支出 Expenditure for Education
盘锦市	Panjin	1356942	2055103	6528	198550
铁岭市	Tieling	522015	2120024	7834	271725
朝阳市	Chaoyang	704168	2680958	4106	401693
葫芦岛市	Huludao	822665	2381520	12405	304265
吉林省	**Jilin**				
长春市	Changchun	4780141	8943429	121743	1272697
吉林市	Jilin	1042758	4119428	20098	629735
四平市	Siping	428151	2904321	5216	372201
辽源市	Liaoyuan	178365	1212277	3396	169310
通化市	Tonghua	552514	2485978	40403	304060
白山市	Baishan	227240	1915758	5148	195476
松原市	Songyuan	450646	2676698	1966	353325
白城市	Baicheng	410891	2708541	12740	284414
黑龙江省	**Heilongjiang**				
哈尔滨市	Harbin	3843671	9621654	119777	1180131
齐齐哈尔市	Qiqihar	748969	4828943	11429	589425
鸡西市	Jixi	341463	1612540	4734	160099
鹤岗市	Hegang	252400	1156562	3576	147066
双鸭山市	Shuangyashan	265310	1501267	2533	152360
大庆市	Daqing	1508652	3006786	7125	445152
伊春市	Yichun	178857	1566785	1856	72629
佳木斯市	Jiamusi	412695	2727936	2682	262742
七台河市	Qitaihe	274750	942751	1526	85621
牡丹江市	Mudanjiang	594839	2487441	10647	253227
黑河市	Heihe	343899	2140881	5086	182009
绥化市	Suihua	609834	4235636	4235	604712
上海市	**Shanghai**	**71081480**	**83515363**	**4263655**	**9179869**
江苏省	**Jiangsu**				
南京市	Nanjing	14700152	15327156	805440	2530631
无锡市	Wuxi	10122782	10559376	496770	1667250
徐州市	Xuzhou	5262133	8808594	254531	1703868
常州市	Changzhou	5603316	5948173	253942	1036131
苏州市	Suzhou	21199931	19527090	1522777	3129530
南通市	Nantong	6061875	8771843	377790	1483343
连云港市	Lianyungang	2343089	4195660	99205	820080
淮安市	Huai'an	2472747	4867707	93497	798122
盐城市	Yancheng	3810000	8400801	284450	1386210
扬州市	Yangzhou	3400339	5633867	160500	933186
镇江市	Zhenjiang	3015010	4084115	165004	778968
泰州市	Taizhou	3571517	5323571	151232	748948
宿迁市	Suqian	2061999	4335422	117461	757369
浙江省	**Zhejiang**				
杭州市	Hangzhou	18250616	17170834	1182090	3154350
宁波市	Ningbo	13796865	15941000	782647	2235538
温州市	Wenzhou	5475765	8741367	182536	1889937
嘉兴市	Jiaxing	5185536	5888689	238688	1202026
湖州市	Huzhou	2870960	3975433	157795	699078

2-11 续表 2 continued 2

单位：万元 (10 000 yuan)

城市	City	地方一般公共预算收入 Local General public budget revenue	地方一般公共预算支出 Local General public budget Expenditure	科学技术支出 Expenditure for Science and Technology	教育支出 Expenditure for Education
绍兴市	Shaoxing	5013379	5566451	315725	1202789
金华市	Jinhua	3926214	5739988	211407	1144535
衢州市	Quzhou	1280960	3559423	110800	484551
舟山市	Zhoushan	1460243	3084897	67847	344129
台州市	Taizhou	4311768	6537506	169642	1345144
丽水市	Lishui	1300106	4320191	93193	689280
安徽省	**Anhui**				
合肥市	Hefei	7124862	10049099	919741	1635053
芜湖市	Wuhu	3181152	4570422	598199	743925
蚌埠市	Bengbu	1526523	2957943	106434	533913
淮南市	Huainan	1053791	2451702	41055	454734
马鞍山市	Maanshan	1510202	2265572	116137	372347
淮北市	Huaibei	703307	1667011	10531	299658
铜陵市	Tongling	737682	1543463	60856	262501
安庆市	Anqing	1331958	4201888	105295	780425
黄山市	Huangshan	776148	1856147	58540	200360
滁州市	Chuzhou	1992772	4059925	109182	714530
阜阳市	Fuyang	1871449	5746681	50120	1068215
宿州市	Suzhou	1115600	3965875	45939	752556
六安市	Lu'an	1224142	4129795	107316	773186
亳州市	Bozhou	1120003	3436073	52169	641005
池州市	Chizhou	644920	1544335	25808	220244
宣城市	Xuancheng	1530702	2893598	139447	428450
福建省	**Fujian**				
福州市	Fuzhou	6803797	9247552	290765	1659184
厦门市	Xiamen	7545412	8924985	285559	1363853
莆田市	Putian	1409651	2279854	32205	582966
三明市	Sanming	1076421	2970992	34507	605776
泉州市	Quanzhou	4741639	6323844	146891	1480850
漳州市	Zhangzhou	2187488	4298509	49913	835485
南平市	Nanping	945155	2964198	36957	555951
龙岩市	Longyan	1512732	3015305	89809	634350
宁德市	Ningde	1204181	2990393	68029	603494
江西省	**Jiangxi**				
南昌市	Nanchang	4617462	7524137	273821	1110034
景德镇市	Jingdezhen	898553	2040485	26667	300890
萍乡市	Pingxiang	997094	2452856	65288	383618
九江市	Jiujiang	2678944	5562830	116150	998466
新余市	Xinyu	763601	1402593	24593	223886
鹰潭市	Yingtan	806323	1401841	58214	241778
赣州市	Ganzhou	2652152	8575883	222623	1814857
吉安市	Ji'an	1683513	4845240	115177	936144
宜春市	Yichun	2364213	5233948	217359	997976
抚州市	Fuzhou	1290437	4036499	102978	682226
上饶市	Shangrao	2228315	6222704	92638	1142953
山东省	**Shandong**				
济南市	Jinan	7528162	10182539	210425	1530697

2-11 续表 3 continued 3

单位：万元 (10 000 yuan)

城市	City	地方一般公共预算收入 Local General public budget revenue	地方一般公共预算支出 Local General public budget Expenditure	科学技术支出 Expenditure for Science and Technology	教育支出 Expenditure for Education
青岛市	Qingdao	12319138	15597764	451472	2630041
淄博市	Zibo	3852322	4746250	110275	1006701
枣庄市	Zaozhuang	1487044	2597389	28093	560080
东营市	Dongying	2445857	3062955	47462	531598
烟台市	Yantai	6366225	7559881	289873	1229062
潍坊市	Weifang	5697988	7334934	201010	1782993
济宁市	Jining	4000166	6196247	74910	1413531
泰安市	Tai'an	2195269	3810385	32054	748958
威海市	Weihai	2844414	3638370	127487	826470
日照市	Rizhao	1597723	2595536	73908	538654
莱芜市	Laiwu	625687	1003535	11709	224678
临沂市	Linyi	3118367	6391287	43679	1547356
德州市	Dezhou	2025166	4141460	137460	729861
聊城市	Liaocheng	1942703	4092080	14272	794205
滨州市	Binzhou	2405395	3453716	101917	604230
菏泽市	Heze	2060321	5518422	19956	1046140
河南省	**Henan**				
郑州市	Zhengzhou	11520568	17633376	361748	2129214
开封市	Kaifeng	1406357	3684323	44454	600414
洛阳市	Luoyang	3426605	5974673	190121	1086694
平顶山市	Pingdingshan	1543770	3625534	51842	699613
安阳市	Anyang	1540520	3612316	46771	773766
鹤壁市	Hebi	645410	1305781	26432	221373
新乡市	Xinxiang	1726625	4038681	95049	794769
焦作市	Jiaozuo	1455042	2689631	42445	433019
濮阳市	Puyang	916555	3100622	20436	609463
许昌市	Xuchang	1661371	3187361	64666	640340
漯河市	Luohe	883570	1840610	46703	333534
三门峡市	Sanmenxia	1202017	2439183	37625	429933
南阳市	Nanyang	1818980	6486481	99620	1348463
商丘市	Shangqiu	1536592	5025683	70024	897283
信阳市	Xinyang	1106119	5227521	22911	1173793
周口市	Zhoukou	1293356	6186475	38983	1136803
驻马店市	Zhumadian	1392726	5481483	61273	1034003
湖北省	**Hubei**				
武汉市	Wuhan	15286984	19293075	1344072	2599758
黄石市	Huangshi	1170158	2464970	47287	391720
十堰市	Shiyan	1133047	3741417	46469	536673
宜昌市	Yichang	2372350	5035790	141661	698722
襄阳市	Xiangyang	2955197	6709664	302249	919990
鄂州市	Ezhou	579275	1225496	30040	195057
荆门市	Jingmen	1057579	2693071	71851	344446
孝感市	Xiaogan	1301877	3825169	105927	575321
荆州市	Jingzhou	1343147	4331818	98410	668325
黄冈市	Huanggang	1392448	4826328	94062	899889
咸宁市	Xianning	913186	2483444	52106	356018
随州市	Suizhou	473803	1541363	15081	237716

2-11 续表 4 continued 4

单位：万元 (10 000 yuan)

城 市	City	地方一般公共预算收入 Local General public budget revenue	地方一般公共预算支出 Local General public budget Expenditure	科学技术支出 Expenditure for Science and Technology	教育支出 Expenditure for Education
湖南省	**Hunan**				
长沙市	Changsha	8797072	13007895	361871	1946010
株洲市	Zhuzhou	1893222	4562770	176280	601984
湘潭市	Xiangtan	1262598	3074651	116084	388390
衡阳市	Hengyang	1613489	5314820	44286	888499
邵阳市	Shaoyang	942359	5481565	33806	889498
岳阳市	Yueyang	1438908	5317647	83226	686432
常德市	Changde	1743877	5481220	82578	709817
张家界市	Zhangjiajie	346563	1755791	8286	234031
益阳市	Yiyang	711540	3563421	38361	572620
郴州市	Chenzhou	1336412	4173001	78222	714452
永州市	Yongzhou	1181017	4608076	52193	840460
怀化市	Huaihua	897204	4622431	55654	767090
娄底市	Loudi	703006	3032858	25612	513325
广东省	**Guangdong**				
广州市	Guangzhou	16342242	25061818	1636655	4408209
韶关市	Shaoguan	947030	3392688	45974	567878
深圳市	Shenzhen	35384054	42825379	5549817	5844504
珠海市	Zhuhai	3314702	5725211	455217	764116
汕头市	Shantou	1315246	3271013	39795	830271
佛山市	Foshan	7031418	8065443	546769	1482310
江门市	Jiangmen	2440479	3778763	132816	796835
湛江市	Zhanjiang	1218393	4813650	29871	989654
茂名市	Maoming	1361361	4234738	33321	1238785
肇庆市	Zhaoqing	1060421	3157167	69917	635578
惠州市	Huizhou	3930058	5442151	221734	1069211
梅州市	Meizhou	970878	4451363	82364	773781
汕尾市	Shanwei	418320	2519210	59644	498080
河源市	Heyuan	769518	3349373	75356	664558
阳江市	Yangjiang	626165	2262148	27673	358617
清远市	Qingyuan	1118974	3420096	57419	690305
东莞市	Dongguan	6499110	7654053	393445	1554296
中山市	Zhongshan	3152264	4378919	410488	703493
潮州市	Chaozhou	473706	1851217	13359	382468
揭阳市	Jieyang	793394	3137361	37969	726410
云浮市	Yunfu	576435	2156139	31104	408868
广西壮族自治区	**Guangxi**				
南宁市	Nanning	3589560	6979853	78509	1295459
柳州市	Liuzhou	1937816	4244314	38768	733122
桂林市	Guilin	1508542	4558597	26620	728032
梧州市	Wuzhou	799575	2618176	21149	474705
北海市	Beihai	716832	1755302	45606	309437
防城港市	Fangchenggang	439765	1273399	3971	158653
钦州市	Qinzhou	541031	2227330	12985	535609
贵港市	Guigang	572227	2638065	5496	620543

2-11 续表 5 continued 5

单位：万元 (10 000 yuan)

城　市	City	地方一般公共预算收入 Local General public budget revenue	地方一般公共预算支出 Local General public budget Expenditure	科学技术支出 Expenditure for Science and Technology	教育支出 Expenditure for Education
玉林市	Yulin	1061270	3679579	18421	877476
百色市	Baise	847230	3937169	24424	708417
贺州市	Hezhou	324978	1927463	12010	337360
河池市	Hechi	399278	3522435	11294	607146
来宾市	Laibin	277889	1837638	2344	327919
崇左市	Chongzuo	310510	2575384	9632	338085
海南省	**Hainan**				
海口市	Haikou	1698793	2382473	24995	366352
三亚市	Sanya	1004248	1788124	31157	211224
三沙市	Sansha				
儋州市	Danzhou	212816	952253	918	195274
重庆市	**Chongqing**	**22655421**	**45409487**	**685887**	**6809942**
四川省	**Sichuan**				
成都市	Chengdu	14241550	18374238	730705	2658194
自贡市	Zigong	604091	2422700	35490	382716
攀枝花市	Panzhihua	615026	1379392	12494	253007
泸州市	Luzhou	1500905	4121544	30344	723746
德阳市	Deyang	1175813	2719508	21934	378021
绵阳市	Mianyang	1245419	4081461	255424	618810
广元市	Guangyuan	476907	2770144	8832	396617
遂宁市	Suining	638447	2522120	13268	424769
内江市	Neijiang	616958	2433876	16793	421747
乐山市	Leshan	1099199	3028632	10085	434526
南充市	Nanchong	1138963	4952197	19568	844105
眉山市	Meishan	1031964	2352957	9668	366476
宜宾市	Yibin	1608883	4160183	18981	805934
广安市	Guang'an	800524	2890322	6946	593733
达州市	Dazhou	1010246	4186791	15413	742887
雅安市	Ya'an	400289	1305375	15330	196974
巴中市	Bazhong	454404	3158814	4941	491921
资阳市	Ziyang	528490	1917986	20008	308590
贵州省	**Guizhou**				
贵阳市	Guiyang	4113402	6242193	247794	1210969
六盘水市	Liupanshui	1417256	3235131	61413	729453
遵义市	Zunyi				
安顺市	Anshun	773187	2732666	35399	498598
毕节市	Bijie	1301128	5783639	167912	1483088
铜仁市	Tongren	692171	4094263	45423	917485
云南省	**Yunnan**				
昆明市	Kunming	5956333	7568044	180075	1300493
曲靖市	Qujing	1418999	4772448	14754	1224509
玉溪市	Yuxi	1424888	2778124	39753	440205
保山市	Baoshan	661551	2613104	8522	491612
昭通市	Zhaotong	782079	4600158	9779	1159186
丽江市	Lijiang	428645	1673043	10720	278921
普洱市	Pu'er	543356	2932309	15083	485879
临沧市	Lincang	441661	2673037	6836	499120

2-11 续表 6 continued 6

单位：万元 (10 000 yuan)

城　市	City	地方一般公共预算收入 Local General public budget revenue	地方一般公共预算支出 Local General public budget Expenditure	科学技术支出 Expenditure for Science and Technology	教育支出 Expenditure for Education
西藏自治区	**Tibet**				
拉萨市	Lasa	1101030	3001179	29098	480775
日喀则市	Xigaze	175829	2874023	4271	440470
昌都市	Qamdo	175365	2312847	2587	336871
林芝市	Linzhi	138000	894183	2227	108881
山南市	Shannan	188776	1488796	1452	171562
那曲市	Naqu	88809	2108444	3682	325593
陕西省	**Shaanxi**				
西安市	Xi'an	6847035	11518741	482295	1571932
铜川市	Tongchuan	230991	1279670	6983	198714
宝鸡市	Baoji	877603	3302829	83817	624144
咸阳市	Xianyang	774747	3465492	29145	656749
渭南市	Weinan	839182	4459756	29547	821504
延安市	Yan'an	1483398	3976883	22528	627916
汉中市	Hanzhong	499635	3420165	19169	617950
榆林市	Yulin	3898436	6489649	61855	1103075
安康市	Ankang	275055	3196579	10952	587142
商洛市	Shangluo	218313	2429454	10120	403075
甘肃省	**Gansu**				
兰州市	Lanzhou	2533169	4656417	60572	799798
嘉峪关市	Jiayuguan	196810	325543	1231	49846
金昌市	Jinchang	230794	627625	2681	82430
白银市	Baiyin	310732	1622584	6239	313578
天水市	Tianshui	466327	2913421	11027	616002
武威市	Wuwei	304466	2011004	7213	327658
张掖市	Zhangye	278425	1610043	7319	230195
平凉市	Pingliang	304697	2127461	3785	415454
酒泉市	Jiuquan	365214	1372051	9924	218071
庆阳市	Qingyang	530859	2516875	10365	445427
定西市	Dingxi	240574	2509407	9637	494318
陇南市	Longnan	599194	2627855	9889	446358
青海省	**Qinghai**				
西宁市	Xining	929435	2974766	23608	528401
海东市	Haidong	187324	2160078	3625	380777
宁夏回族自治区	**Ningxia**				
银川市	Yinchuan	1732544	3632756	98630	384219
石嘴山市	Shizuishan	239190	1001534	18680	138168
吴忠市	Wuzhong	345724	2048878	24809	311272
固原市	Guyuan	172600	2405892	10375	350101
中卫市	Zhongwei	226246	1625528	17388	220198
新疆维吾尔自治区	**Xinjiang**				
乌鲁木齐市	Urumqi	4582753	6597858	102288	830981
克拉玛依市	Karamay	1004860	1319907	16272	237292
吐鲁番市	Turpan	419208	1098218	2043	184714
哈密市	Hami	466679	1070524	5196	174992

2–12 地方一般公共预算收支状况(市辖区)
Local General public budget revenue and Expenditure (Districts under City)

单位：万元 (10 000 yuan)

城 市	City	地方一般公共预算收入 Local General public budget revenue	地方一般公共预算支出 Local General public budget Expenditure	科学技术支出 Expenditure for Science and Technology	教育支出 Expenditure for Education
北京市	**Beijing**	**57859175**	**74675240**	**4258712**	**10255068**
天津市	**Tianjin**	**21061890**	**31045305**	**1057097**	**4466652**
河北省	**Hebei**				
石家庄市	Shijiazhuang	3811993	5363228	89905	1116951
唐山市	Tangshan	2816348	4553489	72250	788891
秦皇岛市	Qinhuangdao	1090409	2021250	29269	354471
邯郸市	Handan	1262860	2735805	23538	522672
邢台市	Xingtai	564027	1122814	6380	268205
保定市	Baoding	2787472	7290789	42005	1520817
张家口市	Zhangjiakou	978875	2556065	16897	358845
承德市	Chengde	463778	1073096	10792	208564
沧州市	Cangzhou	1199100	1876243	38717	331475
廊坊市	Langfang	1266616	1720476	33918	281884
衡水市	Hengshui	595906	1240733	28379	209071
山西省	**Shanxi**				
太原市	Taiyuan	1219493	1723040	17227	357086
大同市	Datong	1013748	1943080	17823	312960
阳泉市	Yangquan	444157	789668	4385	116083
长治市	Changzhi	564579	1001193	10214	152660
晋城市	Jincheng	521122	855481	3769	114244
朔州市	Shuozhou	570202	892578	2532	138579
晋中市	Jinzhong	129062	336451	2323	70290
运城市	Yuncheng	197217	611978	2189	64000
忻州市	Xinzhou	48857	199148	742	41931
临汾市	Linfen	171287	438960	875	71589
吕梁市	Lvliang	124802	217890	3780	49776
内蒙古自治区	**Inner Mongolia**				
呼和浩特市	Hohhot	1086871	882589	9266	238540
包头市	Baotou	1277355	2925185	45777	465212
乌海市	Wuhai	407958	1090389	10096	112997
赤峰市	Chifeng	581539	964564	9714	233689
通辽市	Tongliao	105930	440838	427	81622
鄂尔多斯市	Erdos	1981904	2135873	7436	218321
呼伦贝尔市	Hulunbuir	124277	371221	436	45794
巴彦淖尔市	Bayannur	162262	444051	521	68888
乌兰察布市	Ulanqab	119980	346084	174	43448
辽宁省	**Liaoning**				
沈阳市	Shenyang	5971244	4602511	57544	768852
大连市	Dalian	6008458	8327834	354167	850186
鞍山市	Anshan	1035834	1836904	7609	218780
抚顺市	Fushun	741674	1533199	3278	126914
本溪市	Benxi	493857	1076889	2339	98037
丹东市	Dandong	204511	24375	498	40638
锦州市	Jinzhou	738907	1380874	7297	142385
营口市	Yingkou	1001236	1476218	3964	156959
阜新市	Fuxin	298803	871027	1877	92612
辽阳市	Liaoyang	631684	1110636	5381	97975

2-12 续表 1 continued 1

单位：万元 (10 000 yuan)

城市	City	地方一般公共预算收入 Local General public budget revenue	地方一般公共预算支出 Local General public budget Expenditure	科学技术支出 Expenditure for Science and Technology	教育支出 Expenditure for Education
盘锦市	Panjin	1176634	1758530	6354	165921
铁岭市	Tieling	142507	170377	826	20202
朝阳市	Chaoyang	363128	834856	1866	99045
葫芦岛市	Huludao	432049	562434	10435	91292
吉林省	**Jilin**				
长春市	Changchun	4546731	6820978	120926	894933
吉林市	Jilin	805979	2159377	17419	297735
四平市	Siping	203310	674802	3827	85336
辽源市	Liaoyuan	113527	495271	1925	65809
通化市	Tonghua	190921	660802	18368	76001
白山市	Baishan	126491	740758	2179	70735
松原市	Songyuan	187571	714676	1123	87594
白城市	Baicheng	157250	770610	5038	70174
黑龙江省	**Heilongjiang**				
哈尔滨市	Harbin	3541904	6724561	107465	814498
齐齐哈尔市	Qiqihar	457393	1683579	9205	204226
鸡西市	Jixi	237327	779145	1262	64216
鹤岗市	Hegang	199856	750440	596	90270
双鸭山市	Shuangyashan	170343	676191	1449	55553
大庆市	Daqing	1389126	1983658	5946	297049
伊春市	Yichun	139726	1136135	1349	37883
佳木斯市	Jiamusi	234039	859249	1039	75857
七台河市	Qitaihe	242800	656360	1411	63046
牡丹江市	Mudanjiang	332715	945402	9042	100075
黑河市	Heihe	111654	247881	1199	14774
绥化市	Suihua	53502	433436	298	65449
上海市	**Shanghai**	**71081480**	**83515363**	**4263655**	**9179869**
江苏省	**Jiangsu**				
南京市	Nanjing	14700152	15327156	805440	2530631
无锡市	Wuxi	6382323	6847543	351601	1007505
徐州市	Xuzhou	2890133	4000651	152584	743896
常州市	Changzhou	4940398	5076465	213367	874974
苏州市	Suzhou	11325636	11065155	790959	1676496
南通市	Nantong	2736025	3398868	165650	514551
连云港市	Lianyungang	1664823	2428390	67299	461403
淮安市	Huai'an	454674	739015	14030	92012
盐城市	Yancheng	1876267	3232244	128355	448014
扬州市	Yangzhou	2247248	3515889	84169	541398
镇江市	Zhenjiang	1573289	2049302	97111	339718
泰州市	Taizhou	1870018	2493734	95178	333689
宿迁市	Suqian	1077087	1818330	50272	278260
浙江省	**Zhejiang**				
杭州市	Hangzhou	17466268	15573258	1128185	2872272
宁波市	Ningbo	9964245	11380865	519715	1382190
温州市	Wenzhou	2336655	2960257	102533	632481
嘉兴市	Jiaxing	1661555	2093405	61498	292311
湖州市	Huzhou	1216618	1844635	58303	295032

2-12 续表 2 continued 2

单位：万元 (10 000 yuan)

城 市	City	地方一般公共预算收入 Local General public budget revenue	地方一般公共预算支出 Local General public budget Expenditure	科学技术支出 Expenditure for Science and Technology	教育支出 Expenditure for Education
绍兴市	Shaoxing	3265992	3466330	172781	745088
金华市	Jinhua	935846	1396467	39357	238718
衢州市	Quzhou	708917	1413636	47082	188947
舟山市	Zhoushan	1146695	2261793	54459	270439
台州市	Taizhou	1751242	2317713	70964	478764
丽水市	Lishui	504132	984831	33206	153220
安徽省	**Anhui**				
合肥市	Hefei	5360776	6641114	785410	944613
芜湖市	Wuhu	2131478	2694315	550005	398645
蚌埠市	Bengbu	1098390	1539618	63684	191278
淮南市	Huainan	423498	572980	7560	146886
马鞍山市	Maanshan	888344	1115695	57782	157854
淮北市	Huaibei	519319	1040508	9350	158503
铜陵市	Tongling	645973	1115227	55596	182535
安庆市	Anqing	706213	1229613	47847	166205
黄山市	Huangshan	477648	958763	28682	84708
滁州市	Chuzhou	765210	1169496	41042	195291
阜阳市	Fuyang	887143	1948630	30399	321877
宿州市	Suzhou	595110	1662179	6873	257967
六安市	Lu'an	704170	2176182	85013	355143
亳州市	Bozhou	633428	1410648	37195	206259
池州市	Chizhou	380604	806726	15606	99928
宣城市	Xuancheng	267822	512039	12046	79348
福建省	**Fujian**				
福州市	Fuzhou	4072558	4767964	143073	884629
厦门市	Xiamen	7545412	8924985	285559	1363853
莆田市	Putian	1165046	1782377	30942	437025
三明市	Sanming	375154	658566	7844	116226
泉州市	Quanzhou	1471781	1847534	42974	381276
漳州市	Zhangzhou	808663	1200089	18282	213764
南平市	Nanping	409983	1037373	12563	177570
龙岩市	Longyan	853428	1308956	45592	242632
宁德市	Ningde	450866	854915	32484	152991
江西省	**Jiangxi**				
南昌市	Nanchang	3638061	5412013	239284	735147
景德镇市	Jingdezhen	532285	1134660	12721	110617
萍乡市	Pingxiang	672473	1526519	44830	199694
九江市	Jiujiang	1079465	1917237	46274	265688
新余市	Xinyu	619354	1119825	17022	175906
鹰潭市	Yingtan	294799	522151	11089	63396
赣州市	Ganzhou	839841	2078058	70050	380662
吉安市	Ji'an	166437	516852	10709	92271
宜春市	Yichun	202851	656002	13539	90811
抚州市	Fuzhou	450659	1204608	40077	219308
上饶市	Shangrao	803327	1729597	30635	294508
山东省	**Shandong**				
济南市	Jinan	7186636	9331586	208461	1386028

2-12 续表 3 continued 3

单位：万元 (10 000 yuan)

城 市	City	地方一般公共预算收入 Local General public budget revenue	地方一般公共预算支出 Local General public budget Expenditure	科学技术支出 Expenditure for Science and Technology	教育支出 Expenditure for Education
青岛市	Qingdao	10261393	12665878	424459	1982015
淄博市	Zibo	3092909	3633453	90596	748957
枣庄市	Zaozhuang	781028	1678862	22097	351342
东营市	Dongying	1852229	2224112	24643	352238
烟台市	Yantai	3035645	3487896	212241	538304
潍坊市	Weifang	2047853	2705080	134136	488120
济宁市	Jining	1868995	2428374	55545	522368
泰安市	Tai'an	1144368	1793920	16425	286153
威海市	Weihai	1765647	2195048	82440	413547
日照市	Rizhao	1242354	1683547	62769	290523
莱芜市	Laiwu	625687	1003535	11709	224678
临沂市	Linyi	1691947	2523317	23403	550500
德州市	Dezhou	666006	760105	43041	155983
聊城市	Liaocheng	780544	1737969	7371	235305
滨州市	Binzhou	810840	1362712	31192	200687
菏泽市	Heze	815987	1992902	12794	314789
河南省	**Henan**				
郑州市	Zhengzhou	8691618	12790989	282057	1329201
开封市	Kaifeng	731134	1607228	22574	223397
洛阳市	Luoyang	1932846	2868500	116380	403715
平顶山市	Pingdingshan	755483	1299740	16802	277215
安阳市	Anyang	879275	1442091	32976	319967
鹤壁市	Hebi	463721	786901	18661	135100
新乡市	Xinxiang	650678	1196847	54775	229386
焦作市	Jiaozuo	687464	1163285	16355	190349
濮阳市	Puyang	524027	943531	10634	213948
许昌市	Xuchang	852571	1391121	35180	260609
漯河市	Luohe	606565	1152427	33031	200209
三门峡市	Sanmenxia	512646	990604	15815	178004
南阳市	Nanyang	709694	1629297	32780	316870
商丘市	Shangqiu	619590	1496891	17059	261630
信阳市	Xinyang	512012	1358267	11129	264227
周口市	Zhoukou	353303	1076824	2942	128746
驻马店市	Zhumadian	538630	1217413	22701	231262
湖北省	**Hubei**				
武汉市	Wuhan	15286984	19293075	1344072	2599758
黄石市	Huangshi	554076	1072469	21254	144620
十堰市	Shiyan	579956	1624554	26438	260498
宜昌市	Yichang	1413879	2211476	109644	341641
襄阳市	Xiangyang	1970241	3545762	222145	469289
鄂州市	Ezhou	579275	1225496	30040	195057
荆门市	Jingmen	584201	1009131	31998	145613
孝感市	Xiaogan	435700	1105029	35345	157529
荆州市	Jingzhou	707030	1423613	49657	239165
黄冈市	Huanggang	73970	208320	4396	30563
咸宁市	Xianning	372805	818687	24200	116425
随州市	Suizhou	158573	369123	5209	53937

2-12 续表 4 continued 4

单位：万元 (10 000 yuan)

城 市	City	地方一般公共预算收入 Local General public budget revenue	地方一般公共预算支出 Local General public budget Expenditure	科学技术支出 Expenditure for Science and Technology	教育支出 Expenditure for Education
湖南省	**Hunan**				
长沙市	Changsha	6609947	9097509	279735	1303745
株洲市	Zhuzhou	659931	1424864	71083	123562
湘潭市	Xiangtan	616036	725539	57883	79083
衡阳市	Hengyang	954045	1901771	30942	238474
邵阳市	Shaoyang	352005	1099362	16816	126640
岳阳市	Yueyang	961236	2331201	61275	228902
常德市	Changde	1218287	2338999	63718	277741
张家界市	Zhangjiajie	232998	857681	6299	96415
益阳市	Yiyang	421873	1422608	22861	192819
郴州市	Chenzhou	128020	512283	13652	116781
永州市	Yongzhou	265016	802529	9388	151826
怀化市	Huaihua	72896	242303	1479	53466
娄底市	Loudi	373985	885249	11540	121800
广东省	**Guangdong**				
广州市	Guangzhou	16342242	25061818	1636655	4408209
韶关市	Shaoguan	578105	1333135	24380	192850
深圳市	Shenzhen	35384054	42825379	5549817	5844504
珠海市	Zhuhai	3314702	5725211	455217	764116
汕头市	Shantou	726802	2335597	26722	716987
佛山市	Foshan	7031418	8065443	546769	1482310
江门市	Jiangmen	1470789	2044206	51716	432923
湛江市	Zhanjiang	834289	1976271	19346	335569
茂名市	Maoming	957502	2178913	28557	639844
肇庆市	Zhaoqing	704811	1439220	53503	288922
惠州市	Huizhou	3026551	3520919	169535	642870
梅州市	Meizhou	455225	1451695	35340	240973
汕尾市	Shanwei	194084	787908	44554	124775
河源市	Heyuan	282974	710623	34027	127280
阳江市	Yangjiang	428795	1315494	19532	191710
清远市	Qingyuan	704819	1421742	39969	272894
东莞市	Dongguan				
中山市	Zhongshan				
潮州市	Chaozhou	392243	1296778	14627	249664
揭阳市	Jieyang	450601	1253034	24911	270019
云浮市	Yunfu	230534	733786	20979	127037
广西壮族自治区	**Guangxi**				
南宁市	Nanning	3260994	4997225	72109	876181
柳州市	Liuzhou	1702590	2754794	32725	464968
桂林市	Guilin	964101	1748480	18477	268703
梧州市	Wuzhou	552634	1285853	15352	143699
北海市	Beihai	639218	1229171	45163	186895
防城港市	Fangchenggang	357835	857336	2901	92831
钦州市	Qinzhou	418405	1224361	10377	272355
贵港市	Guigang	357234	1227144	4491	253453

2-12 续表 5 continued 5

单位：万元 (10 000 yuan)

城市	City	地方一般公共预算收入 Local General public budget revenue	地方一般公共预算支出 Local General public budget Expenditure	科学技术支出 Expenditure for Science and Technology	教育支出 Expenditure for Education
玉林市	Yulin	489500	1249038	10259	217661
百色市	Baise	195648	625210	3269	115605
贺州市	Hezhou	223047	1012404	3356	193047
河池市	Hechi	154442	807797	3552	141793
来宾市	Laibin	152288	774815	1345	136812
崇左市	Chongzuo	92032	911209	1671	82017
海南省	**Hainan**				
海口市	Haikou	1698793	2382473	24995	366352
三亚市	Sanya	1004248	1788124	31157	211224
三沙市	Sansha				
儋州市	Danzhou				
重庆市	**Chongqing**	**12499759**	**24574796**	**359341**	**4191869**
四川省	**Sichuan**				
成都市	Chengdu	10281278	10563184	507779	1629718
自贡市	Zigong	439550	1560577	34065	186925
攀枝花市	Panzhihua	454990	1039671	11870	181056
泸州市	Luzhou	1024979	2162577	23068	287434
德阳市	Deyang	487229	1162295	11758	136216
绵阳市	Mianyang	558425	1026633	75702	187263
广元市	Guangyuan	307911	1324107	4391	171419
遂宁市	Suining	406200	1365334	10085	192778
内江市	Neijiang	194293	709319	7359	115184
乐山市	Leshan	648505	1430625	7732	167185
南充市	Nanchong	631670	2109258	14436	304523
眉山市	Meishan	357267	671553	4308	119769
宜宾市	Yibin	1062929	2275402	9915	405932
广安市	Guang'an	134415	591457	739	122205
达州市	Dazhou	232602	945871	1856	177401
雅安市	Ya'an	48527	265815	729	53798
巴中市	Bazhong	140196	895664	1272	155984
资阳市	Ziyang	307273	1052379	15541	109720
贵州省	**Guizhou**				
贵阳市	Guiyang	2202067	3347598	192669	609199
六盘水市	Liupanshui	222438	408766	17453	115935
遵义市	Zunyi				
安顺市	Anshun	540714	1366005	7959	261757
毕节市	Bijie	265801	908258	27672	264529
铜仁市	Tongren	180792	561943	19804	134595
云南省	**Yunnan**				
昆明市	Kunming	5078377	5525236	154250	774095
曲靖市	Qujing	331324	959561	3210	244843
玉溪市	Yuxi	257371	551760	3721	100778
保山市	Baoshan	192547	661549	1232	129653
昭通市	Zhaotong	130930	623460	1617	162298
丽江市	Lijiang	102674	222879	2719	40303
普洱市	Pu'er	89130	248302	1582	44678
临沧市	Lincang	79479	328729	539	61377

2-12 续表 6 continued 6

单位：万元 (10 000 yuan)

城 市	City	地方一般公共预算收入 Local General public budget revenue	地方一般公共预算支出 Local General public budget Expenditure	科学技术支出 Expenditure for Science and Technology	教育支出 Expenditure for Education
西藏自治区	**Tibet**				
拉萨市	Lasa	317450	867334	1344	217421
日喀则市	Xigaze	28161	215852	540	27755
昌都市	Qamdo	23223	192872	301	25322
林芝市	Linzhi	27500	124179	107	16738
山南市	Shannan	15633	108483	80	17239
那曲市	Naqu	10009	233452	43	45187
陕西省	**Shaanxi**				
西安市	Xi'an	3416085	4826484	29678	1072455
铜川市	Tongchuan	103330	675729	4519	143819
宝鸡市	Baoji	611105	1660561	72617	243382
咸阳市	Xianyang	443290	1010585	18581	136384
渭南市	Weinan	90857	523865	15707	129570
延安市	Yan'an	230992	544680	2913	128597
汉中市	Hanzhong	204658	648322	3938	147989
榆林市	Yulin	427562	639406	7727	171953
安康市	Ankang	45230	620638	290	113945
商洛市	Shangluo	34085	373916	384	72912
甘肃省	**Gansu**				
兰州市	Lanzhou	2194896	3410789	39934	581717
嘉峪关市	Jiayuguan				
金昌市	Jinchang	49818	112269	227	12200
白银市	Baiyin	115921	356688	859	82890
天水市	Tianshui	360458	1356937	9327	252690
武威市	Wuwei	199417	828829	2696	161508
张掖市	Zhangye	94488	432610	635	69733
平凉市	Pingliang	63047	361299	274	74751
酒泉市	Jiuquan	79438	286151	1414	56685
庆阳市	Qingyang	89055	277141	1892	64172
定西市	Dingxi	40874	409468	652	73618
陇南市	Longnan	52463	438487	1777	81745
青海省	**Qinghai**				
西宁市	Xining	329129	713166	4440	155508
海东市	Haidong	44002	592619	1838	85352
宁夏回族自治区	**Ningxia**				
银川市	Yinchuan	1209451	2283431	76560	230210
石嘴山市	Shizuishan	156872	639939	16760	88393
吴忠市	Wuzhong	142554	572145	14948	79996
固原市	Guyuan	19625	420436	435	73102
中卫市	Zhongwei	110649	598806	11701	61498
新疆维吾尔自治区	**Xinjiang**				
乌鲁木齐市	Urumqi	4524810	6450242	98836	805099
克拉玛依市	Karamay	1004860	1319907	16272	237292
吐鲁番市	Turpan	95131	322071	415	59666
哈密市	Hami	291806	474747	688	90156

2–13 年末金融机构存贷款余额
Deposits and Loans of National Banking System at Year-end

单位：万元 (10 000 yuan)

城　市	City	年末金融机构人民币各项存款余额 Deposits of National Banking System at Year-end		住户存款余额 Household Saving Deposits at Year-end		年末金融机构人民币各项贷款余额 Loans of National Banking System at Year-end	
		全　市 Total City	市辖区 Districts under City	全　市 Total City	市辖区 Districts under City	全　市 Total City	市辖区 Districts under City
北京市	**Beijing**	**1570922324**	**1570922324**	**340189631**	**340189631**	**704836718**	**704836718**
天津市	**Tianjin**	**299105294**	**299105294**	**107461653**	**107461653**	**325394250**	**325394250**
河北省	**Hebei**						
石家庄市	Shijiazhuang	132251558	89359640	64732492	31881768	100950559	81293018
唐山市	Tangshan	93697719	62026307	59510741	34325148	55317926	41434563
秦皇岛市	Qinhuangdao	32219920	24134684	22061952	15338500	19345424	16421974
邯郸市	Handan	56536953	31688845	39474055	20432538	36613895	24173558
邢台市	Xingtai	41757544	13504989	29913571	7703327	27733005	11805863
保定市	Baoding	79978646	24584884	51065936	11551287	43012389	15046211
张家口市	Zhangjiakou	37840431	21906344	23784666	13230731	28917650	18438894
承德市	Chengde	26718862	10176417	18160231	6086698	22038129	9651450
沧州市	Cangzhou	50975704	13663581	36510230	7324658	29848006	11404437
廊坊市	Langfang	61432367	24427408	34130980	10498488	62384754	22145710
衡水市	Hengshui	31437628	10698583	23090921	6198392	19031347	8445182
山西省	**Shanxi**						
太原市	Taiyuan	120195000	114426027	47674600	43505493	124917400	121334745
大同市	Datong	28794674	22847785	20174655	16007158	13781531	11966817
阳泉市	Yangquan	15748802	11465874	9269623	5795619	10332550	7904938
长治市	Changzhi	26829651	14658700	17144312	7892343	15500447	9131082
晋城市	Jincheng	23018400	15111096	12393430	7087002	13756122	10631173
朔州市	Shuozhou	15294945	9099451	10795549	5853262	7383729	4989888
晋中市	Jinzhong	28107276	11322789	19537596	6214306	18456933	10611053
运城市	Yuncheng	22787948	7907819	16856830	4579830	11572100	5470679
忻州市	Xinzhou	21338487	6127715	16044977	3937195	9188783	3810891
临汾市	Linfen	25016117	10362185	17633573	6266767	14260976	7418084
吕梁市	Lvliang	22831038	5006964	16000894	2643107	11429111	3232552
内蒙古自治区	**Inner Mongolia**						
呼和浩特市	Hohhot	57708013		21740867		79562499	
包头市	Baotou	37734200	35382644	16229534	14592016	29983519	28075898
乌海市	Wuhai	8166617	8166617	4047839	4047839	5775876	5775876
赤峰市	Chifeng	23103800	13315383	14748700	7552586	18685400	11487140
通辽市	Tongliao	11323900	6145452	7425800	3801066	9818400	5837933
鄂尔多斯市	Erdos	37539750	22427997	19314550	9571351	32266929	23462895
呼伦贝尔市	Hulunbuir	16278024	5535460	9882260	2422999	11560652	4048975
巴彦淖尔市	Bayannur	10118437	5187100	7120969	3015000	8855054	5111000
乌兰察布市	Ulanqab	12081000	5054500	8396000	3046198	7352478	3397970
辽宁省	**Liaoning**						
沈阳市	Shenyang	175536199	170688350	72881388	68563934	147268394	144609887
大连市	Dalian	134850580	121732766	60399697	49647999	113459615	105246496
鞍山市	Anshan	35962595	23667239	26074541	15140976	24888680	19279399
抚顺市	Fushun	18456680	15319218	13930157	11304257	9697882	8278465
本溪市	Benxi	14901214	11971628	9225268	6825244	12787687	11361149
丹东市	Dandong	21356469	11367913	17360755	8545652	13275953	7921460
锦州市	Jinzhou	39498180	30855975	21760866	14107945	28401388	24117732
营口市	Yingkou	28893504	21158290	16660530	10304957	20009274	15486248
阜新市	Fuxin	11519554	8673522	8024440	5666712	9997633	8175366
辽阳市	Liaoyang	30671725	25457142	11496201	7572761	16775383	13588501

2-13 续表 1 continued 1

单位：万元 (10 000 yuan)

城市	City	年末金融机构人民币各项存款余额 Deposits of National Banking System at Year-end		住户存款余额 Household Saving Deposits at Year-end		年末金融机构人民币各项贷款余额 Loans of National Banking System at Year-end	
		全市 Total City	市辖区 Districts under City	全市 Total City	市辖区 Districts under City	全市 Total City	市辖区 Districts under City
盘锦市	Panjin	17726425	16298572	12040183	10784123	9514082	8954282
铁岭市	Tieling	13931962	6315984	11506562	4845231	8704451	3819501
朝阳市	Chaoyang	18442158	8911547	14443005	6483872	11199420	6730968
葫芦岛市	Huludao	19634369	11682569	13748105	7227437	13146644	7462105
吉林省	**Jilin**						
长春市	Changchun	114756661	105162687	49932387	41990711	114630491	107908473
吉林市	Jilin	26800216	18414540	19994033	13414192	20997949	14923689
四平市	Siping	14263499	5171267	10752973	3651829	9492838	3858619
辽源市	Liaoyuan	5577810	3163918	4532714	2506212	4433749	2526690
通化市	Tonghua	12691925	4072572	9502783	2808965	8475197	3320290
白山市	Baishan	7331280	3724977	5222504	2689328	4848436	2943421
松原市	Songyuan	12259577	4776047	8164490	3169047	8841236	2827045
白城市	Baicheng	8302250	3341803	5145989	1981917	7475034	2700596
黑龙江省	**Heilongjiang**						
哈尔滨市	Harbin	115040406	103152815	53942560	44391017	109211674	101966513
齐齐哈尔市	Qiqihar	19746613	11295645	14676132	7861579	14378182	9139415
鸡西市	Jixi	11168003	6302784	8438940	4541354	7957899	4327798
鹤岗市	Hegang	6878512	4298259	5269583	3330438	4972351	1369483
双鸭山市	Shuangyashan	8758661	4325554	6454380	2627112	9137070	6455839
大庆市	Daqing	24876037	21412805	16875795	14087006	10868568	7690362
伊春市	Yichun	7141539	5179673	4941571	3416279	1802087	1345627
佳木斯市	Jiamusi	13797262	6395935	10305423	4951594	18125253	2113372
七台河市	Qitaihe	4478191	3446402	3292127	2555918	2465707	1618223
牡丹江市	Mudanjiang	14897650	7239909	9235755	4037036	6682677	4217347
黑河市	Heihe	8094374	1595327	5944342		5577940	583959
绥化市	Suihua	15096268	3979184	12249056	2870012	9089320	2955538
上海市	**Shanghai**	**1126162300**	**1126162300**	**270717400**	**270717400**	**675679400**	**675679400**
江苏省	**Jiangsu**						
南京市	Nanjing	337406258	337406258	69148437	69148437	284023427	284023427
无锡市	Wuxi	155686821	99054800	55115946	31751000	119715488	73770800
徐州市	Xuzhou	71073928	44383247	36048424	19215559	49124733	32072275
常州市	Changzhou	97985477	86773028	38418969	32991754	75334196	66334949
苏州市	Suzhou	285604469	180701232	91684488	47639244	265462297	175791987
南通市	Nantong	120016119	54372340	62872595	22604097	88116936	42257205
连云港市	Lianyungang	32187921	22181353	14200168	8386316	29213559	21287275
淮安市	Huai'an	36380052	23320800	16052517	9000900	33034389	22964000
盐城市	Yancheng	61772819	35369661	31713279	12326051	48877382	29940212
扬州市	Yangzhou	59975530	41429234	28606486	18008475	46305054	33704578
镇江市	Zhenjiang	50429723	24885551	21610707	8449378	44506000	19855626
泰州市	Taizhou	61193781	31365162	28766277	12310189	47840384	25066974
宿迁市	Suqian	27466918	13636878	13447836	4633919	25636107	12216296
浙江省	**Zhejiang**						
杭州市	Hangzhou	388100493	375648269	99812364	92936361	358775598	347737475
宁波市	Ningbo	185325127	133104362	65612648	37581630	193411109	143886768
温州市	Wenzhou	117366643	63029075	66209185	30060286	99704995	53018277
嘉兴市	Jiaxing	81043226	26758800	37194671	10618053	67706905	23120752
湖州市	Huzhou	45140784	23357237	21213667	10845189	38715321	18609761

2-13 续表 2 continued 2

单位：万元 (10 000 yuan)

城市	City	年末金融机构人民币各项存款余额 Deposits of National Banking System at Year-end 全市 Total City	市辖区 Districts under City	住户存款余额 Household Saving Deposits at Year-end 全市 Total City	市辖区 Districts under City	年末金融机构人民币各项贷款余额 Loans of National Banking System at Year-end 全市 Total City	市辖区 Districts under City
绍兴市	Shaoxing	82269775	54673194	40828737	24913835	74683142	50431672
金华市	Jinhua	85334368	18391953	46008902	8164353	73451728	18949080
衢州市	Quzhou	24086302	11703279	11676679	4522242	22401141	12502165
舟山市	Zhoushan	19868645	16643439	8314222	6684406	20036760	18401311
台州市	Taizhou	83857431	38845673	45802900	19175259	72887742	32978216
丽水市	Lishui	24882259	7720392	15447659	3884018	19223737	7667600
安徽省	**Anhui**						
合肥市	Hefei	153384492	126838701	40034070	25798250	136466876	117705385
芜湖市	Wuhu	36919928	24963551	17426695	8739165	34081009	26100884
蚌埠市	Bengbu	21136038	13386849	10305037	5437561	18019510	12494059
淮南市	Huainan	20738687	14282099	11593926	7480695	14351958	7895371
马鞍山市	Maanshan	21828659	16844165	11575933	7932242	16204125	12766360
淮北市	Huaibei	14753983	10114178	7998018	4862617	9371155	6753709
铜陵市	Tongling	14495494	10497082	7731508	4585032	11040908	9593358
安庆市	Anqing	31490293	11445105	19412921	5175336	19690750	9077132
黄山市	Huangshan	12667445	6687289	7383167	3047942	8290946	4525036
滁州市	Chuzhou	25567155	9518627	13278860	3171453	20452784	8905230
阜阳市	Fuyang	40535558	17447611	23834800	8349205	26430850	14039613
宿州市	Suzhou	22919403	10861098	14182966	5789328	15522570	8431898
六安市	Lu'an	26807477	13958923	14803908	6815645	18469009	10581269
亳州市	Bozhou	21127208	9553566	12777275	4665728	16628385	8965407
池州市	Chizhou	10085120	5081624	6622261	3059410	6097439	3517843
宣城市	Xuancheng	18011969	7049823	10032074	3113382	13811523	5893175
福建省	**Fujian**						
福州市	Fuzhou	138273986	107419329	50532878	32695667	149173981	124377285
厦门市	Xiamen	104467952	104467952	26101770	26101770	97596068	97596068
莆田市	Putian	17858701	14182372	12038826	9177683	18475257	15791551
三明市	Sanming	17376566	5230721	9390280	1997677	13674751	5114696
泉州市	Quanzhou	68670403	22032250	37797349	8321620	63754626	22866398
漳州市	Zhangzhou	29454758	11412811	15799607	4644861	26109654	11320182
南平市	Nanping	18466750	7288257	10781043	3606719	13817403	7032499
龙岩市	Longyan	18950567	10850259	9549437	5004036	18317712	12061217
宁德市	Ningde	18080141	7253225	8674510	1895609	17383487	5685106
江西省	**Jiangxi**						
南昌市	Nanchang	106057802	92543892	31320450	24196371	119503221	108342998
景德镇市	Jingdezhen	11406525	7333781	6785037	3753213	8178053	5675210
萍乡市	Pingxiang	12037079	7984893	6218688	4003251	8478511	5887103
九江市	Jiujiang	33713750	16953766	16581751	6041034	25130978	13391567
新余市	Xinyu	11390134	9897630	5515857	4557518	8214875	6969249
鹰潭市	Yingtan	7760139	3726087	4511087	1790858	6782461	3425091
赣州市	Ganzhou	50625671	22912565	30487897	11637108	40471943	20195928
吉安市	Ji'an	28199082	7554621	17514052	3557162	18710249	5945152
宜春市	Yichun	32611300	9146990	18794700	3829078	23189000	6836747
抚州市	Fuzhou	20672674	10257091	13036929	5936711	16087785	8441722
上饶市	Shangrao	35735598	12105638	21062948	5353669	26733860	11086074
山东省	**Shandong**						
济南市	Jinan	165718671	161557947	50080833	47285361	147000678	144386184

2-13 续表 3 continued 3

单位：万元 (10 000 yuan)

城市	City	年末金融机构人民币各项存款余额 Deposits of National Banking System at Year-end 全市 Total City	市辖区 Districts under City	住户存款余额 Household Saving Deposits at Year-end 全市 Total City	市辖区 Districts under City	年末金融机构人民币各项贷款余额 Loans of National Banking System at Year-end 全市 Total City	市辖区 Districts under City
青岛市	Qingdao	155321863	136228504	59137089	47087079	151941934	136814388
淄博市	Zibo	45667444	37343551	27767735	22578311	31899908	24559762
枣庄市	Zaozhuang	20281851	13047878	12994168	7885424	13428508	8516369
东营市	Dongying	36413053	29097443	16124561	12209518	34725607	25330342
烟台市	Yantai	76953006	40212405	44465844	18291634	52098404	30368998
潍坊市	Weifang	78438404	32146437	46741294	14076630	57215640	22944817
济宁市	Jining	54446635	23756979	33551157	12018535	34884639	18444157
泰安市	Tai'an	36476838	17986627	23507500	9905733	23543232	12520594
威海市	Weihai	35743028	23960347	20355241	12544643	24947089	17542535
日照市	Rizhao	25112617	17442105	13900843	8080271	23432979	18475535
莱芜市	Laiwu	10282253	10282253	6302452	6302452	8152542	8152542
临沂市	Linyi	63476381	32452840	39455836	15764313	50883218	31292229
德州市	Dezhou	34363383	13554671	22695137	7668998	19531306	8494159
聊城市	Liaocheng	34891015	13460025	23401133	6861829	24452945	10974195
滨州市	Binzhou	28524784	12011952	15176953	5176203	25838185	10029531
菏泽市	Heze	39053026	13722714	28703580	8229234	22673899	10234238
河南省	**Henan**						
郑州市	Zhengzhou	217672027	189318926	71573151	52492345	212022385	193024148
开封市	Kaifeng	20594826	12174061	14147696	7348104	14987629	9987108
洛阳市	Luoyang	58240929	37755511	31360760	16452094	40724637	29107884
平顶山市	Pingdingshan	27963639	14589786	17974153	7629138	18686589	11322266
安阳市	Anyang	27011805	11151684	18740031	6240036	14636615	7545087
鹤壁市	Hebi	6697089	4067266	4695631	2562676	6100145	3506513
新乡市	Xinxiang	28077461	11367898	20092622	6402292	17269007	9242480
焦作市	Jiaozuo	18327605	9523344	12197710	5066809	13534457	7817410
濮阳市	Puyang	16856587	8285763	12068623	5393135	8628800	4708914
许昌市	Xuchang	23205870	11162862	15664132	6038715	17481535	9737714
漯河市	Luohe	11841126	8337447	7915861	5032341	7953545	5932341
三门峡市	Sanmenxia	12766275	5434510	8484858	3186999	8083543	4243968
南阳市	Nanyang	40982915	15106325	29196947	9136572	23442099	10216543
商丘市	Shangqiu	29222857	10387640	21811348	6952779	16203059	7585900
信阳市	Xinyang	31991442	10638248	23807603	6802884	17223443	7772836
周口市	Zhoukou	30396225	5322098	24601741	3321828	12374915	4118248
驻马店市	Zhumadian	31060453	8276210	23610932	4924490	16351705	6907017
湖北省	**Hubei**						
武汉市	Wuhan	257204643	257204643	77285037	77285037	268394400	268394400
黄石市	Huangshi	17320364	9748231	9698780	5000031	12137330	6737612
十堰市	Shiyan	23609112	13537644	14210640	7547400	14105123	8812142
宜昌市	Yichang	36907340	21684366	20022293	9563957	31049626	20335480
襄阳市	Xiangyang	35076013	19110341	23291947	11550078	22200959	13442155
鄂州市	Ezhou	7262900	7262900	3982600	3982600	5180400	5180400
荆门市	Jingmen	20137673	8471573	13067025	4692925	11074180	5866983
孝感市	Xiaogan	24439267	7902511	16499585	4486890	12570742	4680395
荆州市	Jingzhou	31492983	12903698	21253289	7333812	15991157	7825165
黄冈市	Huanggang	33228190	5006866	22634100	3494816	15853778	3264653
咸宁市	Xianning	14991000	5472400	8408700	2467300	9609600	4189200
随州市	Suizhou	13576568	6554374	9323944	3831030	6902511	4651147

2-13 续表 4 continued 4

单位：万元 (10 000 yuan)

城市	City	年末金融机构人民币各项存款余额 Deposits of National Banking System at Year-end		住户存款余额 Household Saving Deposits at Year-end		年末金融机构人民币各项贷款余额 Loans of National Banking System at Year-end	
		全市 Total City	市辖区 Districts under City	全市 Total City	市辖区 Districts under City	全市 Total City	市辖区 Districts under City
湖南省	**Hunan**						
长沙市	Changsha	186336032	152041238	56920847	37284044	183608931	156783179
株洲市	Zhuzhou	31565605	19023650	17929888	8562326	18346668	11655546
湘潭市	Xiangtan	21323919	12539580	13321212	6604907	17922163	12316179
衡阳市	Hengyang	36683466	15638643	24995382	8520351	18400771	9447221
邵阳市	Shaoyang	28537402	7447670	20474019	4019025	14191969	4955668
岳阳市	Yueyang	27155874	14039275	15117925	6467937	16338746	8648846
常德市	Changde	30802690	13433216	19781679	6692214	18074383	9917492
张家界市	Zhangjiajie	8542430	5125604	4896494	2397763	6617588	4696603
益阳市	Yiyang	19270500	8229183	13426670	5392468	10672284	5719705
郴州市	Chenzhou	24053066	9290401	15965234	5209833	13881697	5908763
永州市	Yongzhou	22657155	7711163	15710430	4553853	13530853	5739546
怀化市	Huaihua	20013024	7861900	14240641	3678856	11260958	5049400
娄底市	Loudi	19071248	7380396	12999707	4062729	9921602	4167496
广东省	**Guangdong**						
广州市	Guangzhou	526474721	526474721	160420619	160420619	397644356	397644356
韶关市	Shaoguan	18497562	9725614	11950810	5620889	9563329	5636243
深圳市	Shenzhen	686976400	686976400	134789400	134789400	482823800	482823800
珠海市	Zhuhai	71170833	71170833	17428008	17428008	51830202	51830202
汕头市	Shantou	35396673	35036723	23258002	23007032	19449999	19202628
佛山市	Foshan	149879650	149879650	75060093	75060093	103465441	103465441
江门市	Jiangmen	44011976	25135872	24758832	12467120	30842527	18619740
湛江市	Zhanjiang	33435910	18907258	21276584	9765504	21641623	15339549
茂名市	Maoming	27195163	14021422	18103924	8040633	13248494	7979915
肇庆市	Zhaoqing	24717382	15147427	15247818	8345584	18211947	11882062
惠州市	Huizhou	58396518	45601311	23611950	15506907	46508367	37938721
梅州市	Meizhou	21328742	9607901	13478880	5121171	11716989	6296739
汕尾市	Shanwei	9404610	3841808	5013578	1268564	4253982	2167067
河源市	Heyuan	13761916	5465336	7862580	2457010	11541687	6249785
阳江市	Yangjiang	13831404	8728429	8687432	5167069	10025183	7195089
清远市	Qingyuan	23179529	13499062	13767003	6914837	15441807	10365714
东莞市	Dongguan	134305611		56013557		79996011	
中山市	Zhongshan	59304923		26428979		40363878	
潮州市	Chaozhou	13697207	11057749	9192701	7284106	4174424	3325100
揭阳市	Jieyang	22646010	10070355	16031848	6709017	11427662	5799012
云浮市	Yunfu	11994960	4476624	7901800	2474415	7930689	3191913
广西壮族自治区	**Guangxi**						
南宁市	Nanning	100931251	92796707	35428272	28948666	120521342	115688520
柳州市	Liuzhou	37846557	31716087	16210051	11868984	29381593	25088695
桂林市	Guilin	34701180	21610705	20265311	9908408	24851354	14626155
梧州市	Wuzhou	12182105	6639103	8011148	3548520	8692904	4955377
北海市	Beihai	10920646	8205873	6537489	4255241	7537742	6033637
防城港市	Fangchenggang	7004423	4895100	3875308	2308501	6399223	5033618
钦州市	Qinzhou	10665089	6404951	7228164	3581735	7394919	5174376
贵港市	Guigang	13710571	6593513	10042384	4284653	9589291	5310428

2-13 续表 5 continued 5

单位：万元 (10 000 yuan)

城市	City	年末金融机构人民币各项存款余额 Deposits of National Banking System at Year-end		住户存款余额 Household Saving Deposits at Year-end		年末金融机构人民币各项贷款余额 Loans of National Banking System at Year-end	
		全市 Total City	市辖区 Districts under City	全市 Total City	市辖区 Districts under City	全市 Total City	市辖区 Districts under City
玉林市	Yulin	20595245	8151262	14943711	4465890	14121957	5986500
百色市	Baise	12732436	3964141	7989992	1790371	10133659	3061864
贺州市	Hezhou	7714302	4676703	4775557	2533533	5210654	3313180
河池市	Hechi	11700434	4423286	7757238	2863183	7220512	2824138
来宾市	Laibin	7241960	3381771	4273640	1668012	5342864	3086534
崇左市	Chongzuo	8254131	2114038	5482478	926091	5035823	1504252
海南省	**Hainan**						
海口市	Haikou	48425311	48425311	17064586	17064586	48582014	48582014
三亚市	Sanya	15240727	15240727	6383818	6383818	12630970	12630970
三沙市	Sansha	273192		6814		4146	
儋州市	Danzhou	3336030		2003673		1802301	
重庆市	**Chongqing**	**356515732**	**319750733**	**159072272**	**135384160**	**314258721**	**291410615**
四川省	**Sichuan**						
成都市	Chengdu	366561480		131414672		314229604	
自贡市	Zigong	17087609	11106392	11459004	6475543	10104035	7035279
攀枝花市	Panzhihua	10417926	6114805	6588985	5546541	8046962	6958043
泸州市	Luzhou	26347960	16610319	16318274	8757388	17141573	12001524
德阳市	Deyang	26943747	11419725	17038360	6033758	14423114	6980875
绵阳市	Mianyang	38487844	22134612	22426230	9949451	21672468	12934720
广元市	Guangyuan	14800560	7378467	9806641	4190322	8145356	4560041
遂宁市	Suining	15719762	8279631	11171039	5229921	10406701	6250240
内江市	Neijiang	16493625	7507482	12656667	4894929	9016885	4368469
乐山市	Leshan	22175478	11265847	15742955	6915130	15588829	8855246
南充市	Nanchong	32926564	15005738	23973681	9535549	19611715	11048680
眉山市	Meishan	20872363	10866739	14677188	6540263	10428919	5500928
宜宾市	Yibin	29761184	20871533	14240843	8091549	16369124	11304032
广安市	Guang'an	18682946	7419105	13990324	4848032	8095920	3342271
达州市	Dazhou	29270900	13896391	20550800	7628467	15029100	7788043
雅安市	Ya'an	11257326	6448348	6694719	3344854	6578159	3661824
巴中市	Bazhong	12475877	5717154	9139656	3719765	7164316	3715399
资阳市	Ziyang	14187511	7644068	9679725	3815099	7068914	4193513
贵州省	**Guizhou**						
贵阳市	Guiyang	113574421	106683827	28357390	24928517	124127535	117231277
六盘水市	Liupanshui	12951400	7489200	6879700	3472000	12090800	7078500
遵义市	Zunyi						
安顺市	Anshun	11100493	7070422	5658196	3629236	9287559	5523285
毕节市	Bijie	19120223	6521606	10581490	2734232	15814343	4792401
铜仁市	Tongren	13812978	4018824	7911607	1850187	12081201	3524546
云南省	**Yunnan**						
昆明市	Kunming	136187684	36629518	48825093	18325218	162680017	26460238
曲靖市	Qujing	22477412	11168418	13370879	5640566	14978384	7856848
玉溪市	Yuxi	18473708	11941150	8760224	4289263	11425444	6802226
保山市	Baoshan	10637487	4785512	6439283	2610940	7904757	3615820
昭通市	Zhaotong	15603847	5721841	8605143	2350552	8052401	2864686
丽江市	Lijiang	7302700	3786223	4192485	1701310	5140216	3093675
普洱市	Pu'er	8988355	3185784	5271639	1464225	7709618	3716200
临沧市	Lincang	6242746	2151377	3680816	925127	5043910	1934259

2–13 续表 6 continued 6

单位：万元 (10 000 yuan)

城 市	City	年末金融机构人民币各项存款余额 Deposits of National Banking System at Year-end		住户存款余额 Household Saving Deposits at Year-end		年末金融机构人民币各项贷款余额 Loans of National Banking System at Year-end	
		全 市 Total City	市辖区 Districts under City	全 市 Total City	市辖区 Districts under City	全 市 Total City	市辖区 Districts under City
西藏自治区	**Tibet**						
拉萨市	Lasa	27989025		4614153		31346205	
日喀则市	Xigaze	5917918	2739884	1217710	204348	2276027	143750
昌都市	Qamdo	3701703	317570	773312	111541	3522687	80819
林芝市	Linzhi	3434900	1261095	805940	363022	3509000	1682211
山南市	Shannan	3553311	1837623	917603	449029	3256241	1318922
那曲市	Naqu	2747504	993257			1250767	610080
陕西省	**Shaanxi**						
西安市	Xi'an	209481810	205475725	83603290	80775426	197298208	195585258
铜川市	Tongchuan	5418746	5079758	3718675	3515639	2358637	2218595
宝鸡市	Baoji	29134728	16817023	17284666	7851815	15449369	10789615
咸阳市	Xianyang	31340193	16461186	20200746	8532223	14891665	9167503
渭南市	Weinan	24357733	7052892	17928433	4336868	11631217	3130230
延安市	Yan'an	16091496	7758410	9486939	4037398	11871361	6657208
汉中市	Hanzhong	21093186	9571057	15026476	6255368	8469720	4354707
榆林市	Yulin	38497635	13779772	22022915	6130761	20787949	8321448
安康市	Ankang	14191300	6376627	9273500	3756245	7712800	3820903
商洛市	Shangluo	10605866	3836374	7286063	2234311	5100487	1998732
甘肃省	**Gansu**						
兰州市	Lanzhou	87164372	73849342	32440812	28433935	110105399	69099715
嘉峪关市	Jiayuguan	3465700		1737300		5324000	
金昌市	Jinchang	3686023	2695804	2366041	1597735	3410649	2410443
白银市	Baiyin	7382999	4430281	4780710	2589506	6551286	3711777
天水市	Tianshui	13356815	8170599	9420284	5305254	9577000	6761673
武威市	Wuwei	8523076	5660184	6141734	3946158	8293624	4925145
张掖市	Zhangye	6706402	3575301	4587064	2372915	6320404	3497403
平凉市	Pingliang	8439236	3324000	6094728	1995500	6269391	2606500
酒泉市	Jiuquan	9474973	4158084	5736656	2646158	7665289	3685749
庆阳市	Qingyang	10462403	4070940	7879647	2714168	6866711	3102706
定西市	Dingxi	8605583	2492273	5952125	1461396	7418227	1790247
陇南市	Longnan	8921352	2577100	5921022	1299200	6586961	2515500
青海省	**Qinghai**						
西宁市	Xining	37865199	34597170	14367707	12209056	54169000	52145670
海东市	Haidong	6615311	2918661	3433022	1348564	3604018	2118661
宁夏回族自治区	**Ningxia**						
银川市	Yinchuan	37045588	32251988	16647868	13243813	47978695	43698609
石嘴山市	Shizuishan	6005229	4513591	4392761	3253227	5507464	4340287
吴忠市	Wuzhong	6939418	3229488	4307453	2038122	6165888	2888222
固原市	Guyuan	4969699	2435639	2706183	1258122	3868021	2416378
中卫市	Zhongwei	5324099	2586047	2988146	1490757	4555097	2020789
新疆维吾尔自治区	**Xinjiang**						
乌鲁木齐市	Urumqi	84279113	84069113	28711134	28619134	69819977	69744977
克拉玛依市	Karamay	17529087	17529087	3400277	3400277	6131636	6131636
吐鲁番市	Turpan	3107733	1356077	1730524	694426	2232848	983828
哈密市	Hami	6387215	5807006	3613275	3326612	5905180	5543482

2-14 房地产投资情况
Basic Conditions of Investment in Real Estate Development

单位：万元 (10 000 yuan)

城 市	City	房地产开发投资完成额 Investment in Real Estate Development		住宅 Residential Buildings	
		全 市 Total City	市辖区 Districts under City	全 市 Total City	市辖区 Districts under City
北京市	**Beijing**	**38733513**	**38733513**	**20260619**	**20260619**
天津市	**Tianjin**	**24244892**	**24244892**	**18634979**	**18634979**
河北省	**Hebei**				
石家庄市	Shijiazhuang				
唐山市	Tangshan	3782273	2814544	3004575	2203021
秦皇岛市	Qinhuangdao				
邯郸市	Handan	4236240	3532637	3097995	2584569
邢台市	Xingtai	2319133	1139210	1896670	858779
保定市	Baoding	5994380	2470249		
张家口市	Zhangjiakou				
承德市	Chengde				
沧州市	Cangzhou				
廊坊市	Langfang				
衡水市	Hengshui				
山西省	**Shanxi**				
太原市	Taiyuan	5317602	5101923	3992414	3842129
大同市	Datong	1554488	1488293	1203553	1162319
阳泉市	Yangquan	311583	189251	244288	142703
长治市	Changzhi	1030736	529495	740622	352393
晋城市	Jincheng	725877	558940	561281	437763
朔州市	Shuozhou	274264	137396	231288	107530
晋中市	Jinzhong	1608919	949476	1153108	722887
运城市	Yuncheng	1039382	385339	822822	272288
忻州市	Xinzhou	309215	151751	211724	90497
临汾市	Linfen	1148168	663789	818234	423399
吕梁市	Lvliang	443651	108901	358307	89880
内蒙古自治区	**Inner Mongolia**				
呼和浩特市	Hohhot	1742500	1564650	1202943	1089003
包头市	Baotou	1844529	1752910	1374590	1323533
乌海市	Wuhai	296527	296527	251128	251128
赤峰市	Chifeng	1595137	1084880	1188281	810651
通辽市	Tongliao	634076	174439	490803	141399
鄂尔多斯市	Erdos				
呼伦贝尔市	Hulunbuir	896521	424359	641825	265876
巴彦淖尔市	Bayannur				
乌兰察布市	Ulanqab		123487		79364
辽宁省	**Liaoning**				
沈阳市	Shenyang	9967210	9711059	7750614	7578888
大连市	Dalian	6885138	6564480	5144580	4903774
鞍山市	Anshan	1356472	893058	960486	598239
抚顺市	Fushun	540043	503099	388781	358692
本溪市	Benxi	431205	239264	292888	166051
丹东市	Dandong	774528	455881	558018	323401
锦州市	Jinzhou	1082335	790744	725341	468182
营口市	Yingkou	1100058	810664	871080	632696
阜新市	Fuxin	298893	236710	206140	161039
辽阳市	Liaoyang	697006	528661	472059	356412

2–14 续表 1 continued 1

单位：万元 (10 000 yuan)

城市	City	房地产开发投资完成额 Investment in Real Estate Development 全市 Total City	市辖区 Districts under City	住宅 Residential Buildings 全市 Total City	市辖区 Districts under City
盘锦市	Panjin	684193	616323	463056	434003
铁岭市	Tieling	463147	213953	334913	134631
朝阳市	Chaoyang	763489	287484	523902	187521
葫芦岛市	Huludao	969146	433712	752730	350020
吉林省	**Jilin**				
长春市	Changchun	7786345	7397254	5295343	4982399
吉林市	Jilin	1119451	790995	908750	615665
四平市	Siping	526086	261865	401291	184003
辽源市	Liaoyuan	211163	64346	182119	49357
通化市	Tonghua	655178	136471	514605	115918
白山市	Baishan	75415	41210	54179	29316
松原市	Songyuan	473759	230177	365051	170589
白城市	Baicheng	308505	181017	240980	154172
黑龙江省	**Heilongjiang**				
哈尔滨市	Harbin				
齐齐哈尔市	Qiqihar	610446	327092	485338	255673
鸡西市	Jixi	107322	59768	81715	44594
鹤岗市	Hegang	72175	18914	63783	16014
双鸭山市	Shuangyashan	172403	9383	119350	6263
大庆市	Daqing	640645	513265	428874	315610
伊春市	Yichun	111353	78898	87532	63685
佳木斯市	Jiamusi				
七台河市	Qitaihe	35677	34777	17823	17153
牡丹江市	Mudanjiang	583108	392381	449760	314053
黑河市	Heihe	261512	28758	201813	21671
绥化市	Suihua	551178	117237	432591	97237
上海市	**Shanghai**	**40331832**	**40331832**	**22259170**	**22259170**
江苏省	**Jiangsu**				
南京市	Nanjing	23541664	23541664	15746437	15746437
无锡市	Wuxi	13148585	9907377	10045701	7257999
徐州市	Xuzhou	7164325	4554442	5853139	3727884
常州市	Changzhou	5958945	5350363	4600484	4067434
苏州市	Suzhou	25579102	15678211	21115951	12873663
南通市	Nantong	7595191	4697703	5400476	3319724
连云港市	Lianyungang	3415231	2730378	2836402	2250144
淮安市	Huai'an	3120188	2544152	2266857	1800995
盐城市	Yancheng	4549350	2678776	3605599	2118020
扬州市	Yangzhou	6209779	4444451	4558687	3214944
镇江市	Zhenjiang	3559948	1671843	2812199	1352605
泰州市	Taizhou	3450651	1502660	2753730	1190118
宿迁市	Suqian	2530410	1070752	2066147	810903
浙江省	**Zhejiang**				
杭州市	Hangzhou	30688988	29540151	19532993	18678215
宁波市	Ningbo	15851536	11106748	11019994	7440978
温州市	Wenzhou	11765738	5703463	9192170	4580971
嘉兴市	Jiaxing	9524709	2949149	7678919	2251801
湖州市	Huzhou	5232974	3162314	4018419	2514495

2-14 续表 2 continued 2

单位：万元 (10 000 yuan)

城市	City	房地产开发投资完成额 Investment in Real Estate Development 全市 Total City	市辖区 Districts under City	住宅 Residential Buildings 全市 Total City	市辖区 Districts under City
绍兴市	Shaoxing	7980641	5180518	6341382	4219379
金华市	Jinhua	5353074	1663447	4280736	1535593
衢州市	Quzhou	2534321	1306937	2138642	1144175
舟山市	Zhoushan	1875353	1689983	1484324	1315639
台州市	Taizhou	6595529	3088015	4513258	2130034
丽水市	Lishui	2023334	1038527	1373099	643023
安徽省	**Anhui**				
合肥市	Hefei	15271740	10412702	11658622	7895946
芜湖市	Wuhu	4932473	3404698	3623068	2354455
蚌埠市	Bengbu	5766422	3803287	4265605	2739313
淮南市	Huainan	2222377	1353292	1902340	1109803
马鞍山市	Maanshan	2303030	1291239	1966055	1061204
淮北市	Huaibei	1317395	1021504	1015812	750374
铜陵市	Tongling	1576242	1282491	1161838	890039
安庆市	Anqing		1013989		772631
黄山市	Huangshan	1511625	1081742	1045178	710705
滁州市	Chuzhou	4416354	1582393	3602468	1320859
阜阳市	Fuyang	5897215	3166553	4344969	2264464
宿州市	Suzhou	2972480	1745731	2197635	1250857
六安市	Lu'an	3297807	2090747	2610780	1650611
亳州市	Bozhou	3455914	2367765	1756636	1023113
池州市	Chizhou	747027	423355	610488	371328
宣城市	Xuancheng	1978551	698660	1690774	598386
福建省	**Fujian**				
福州市	Fuzhou	14396795	8472225	9664337	5673594
厦门市	Xiamen	8845759	8845759	5363167	5363167
莆田市	Putian	3582171	3022880	2681926	2288437
三明市	Sanming	1214582	359917	865436	288779
泉州市	Quanzhou	7914050	2359488	5696174	1500236
漳州市	Zhangzhou	7127237	2355082	5458727	1654287
南平市	Nanping	1906125	626622	1458454	504966
龙岩市	Longyan	2523074	1926018	1897958	1511596
宁德市	Ningde	1893587	691449	1482444	541902
江西省	**Jiangxi**				
南昌市	Nanchang	8904296	6725992	6127931	4487215
景德镇市	Jingdezhen				
萍乡市	Pingxiang	538567	370689	383455	241393
九江市	Jiujiang	1434906	679730	1149477	580340
新余市	Xinyu	258982	223459	197704	166210
鹰潭市	Yingtan	623017	451988	447514	308358
赣州市	Ganzhou	3184346	1730310	2305436	1152190
吉安市	Ji'an	985917	195145	756417	142075
宜春市	Yichun	1923890	721383	1568900	540720
抚州市	Fuzhou	1434602	747440	1151593	402424
上饶市	Shangrao	1803744	836950	1278425	577132
山东省	**Shandong**				
济南市	Jinan	13693456	13338178	9285419	8994305

2-14 续表 3 continued 3

单位：万元 (10 000 yuan)

城　市	City	房地产开发投资完成额 Investment in Real Estate Development 全　市 Total City	市辖区 Districts under City	住宅 Residential Buildings 全　市 Total City	市辖区 Districts under City
青岛市	Qingdao	14852089	12340928	10348412	8527446
淄博市	Zibo	2694898	2221489	2044808	1665098
枣庄市	Zaozhuang	2438241	1572713	1874170	1283852
东营市	Dongying	1671762	1247262	1273600	890797
烟台市	Yantai	5867279	4038029	4438804	3191489
潍坊市	Weifang	6502082	2871450	5369701	2312322
济宁市	Jining	4012727	1836849	3152889	1528802
泰安市	Tai'an	1777039	1126194	1457296	913001
威海市	Weihai	3452699	2597709	2751515	1958825
日照市	Rizhao	1865606	1527855	1503284	1190488
莱芜市	Laiwu	682127	682127	520391	520391
临沂市	Linyi	5356023	3514852	4230358	2627313
德州市	Dezhou	2992822	1162380	2482847	971543
聊城市	Liaocheng	3142608	1604962	2593341	1325719
滨州市	Binzhou	1658725	942497	1410592	798827
菏泽市	Heze	2869483	1282990	2437771	1118112
河南省	**Henan**				
郑州市	Zhengzhou				
开封市	Kaifeng				
洛阳市	Luoyang	3131271	2365564	2253647	1667687
平顶山市	Pingdingshan				
安阳市	Anyang	1629253	752631	1270331	577678
鹤壁市	Hebi	900014	571571	687879	401528
新乡市	Xinxiang	3433497	1739802	2820803	1548352
焦作市	Jiaozuo	1057587	502905	864858	432236
濮阳市	Puyang	1939492	993339	1610966	818393
许昌市	Xuchang	3032199	2176739	2496092	1782349
漯河市	Luohe	874296	737297	730513	641448
三门峡市	Sanmenxia				
南阳市	Nanyang	2201219	1294983	1740523	1043000
商丘市	Shangqiu	3399325	1169308	2736313	992441
信阳市	Xinyang	4238917	1374902	3505276	1177737
周口市	Zhoukou	2378914	550161	1988503	494608
驻马店市	Zhumadian	3464379	1036797	2794242	872409
湖北省	**Hubei**				
武汉市	Wuhan				
黄石市	Huangshi	1491294	794480	1078493	542093
十堰市	Shiyan	769497	523845	551189	359262
宜昌市	Yichang				
襄阳市	Xiangyang				
鄂州市	Ezhou	367145	367145	325559	325559
荆门市	Jingmen	1116351	682891	814955	481158
孝感市	Xiaogan	1817225	1172977	1455346	881922
荆州市	Jingzhou	1945116	889186	1556328	724925
黄冈市	Huanggang	2386614	458849	1836612	273552
咸宁市	Xianning	658659	196391	560263	162809
随州市	Suizhou	399534	356714	329490	290720

2-14 续表 4 continued 4

单位：万元 (10 000 yuan)

城　市	City	房地产开发投资完成额 Investment in Real Estate Development 全　市 Total City	市辖区 Districts under City	住宅 Residential Buildings 全　市 Total City	市辖区 Districts under City
湖南省	**Hunan**				
长沙市	Changsha	15007069	11587416	9066397	6921518
株洲市	Zhuzhou	4024858	3052238	2943063	2229993
湘潭市	Xiangtan	2399256	1740376	1892430	1386143
衡阳市	Hengyang	2531269	1651644	2040339	1340956
邵阳市	Shaoyang	1902461	923626	1465187	720989
岳阳市	Yueyang	2001627	1218179	1423476	790329
常德市	Changde	2790614	1642713	2094491	1207992
张家界市	Zhangjiajie	770400	517800	547300	411100
益阳市	Yiyang	1296502	724299	999549	538646
郴州市	Chenzhou	1577813	699001	1273042	558805
永州市	Yongzhou	1336800	535106	1003828	400115
怀化市	Huaihua	2005025	708135	1577721	513655
娄底市	Loudi	839293	426514	631428	342304
广东省	**Guangdong**				
广州市	Guangzhou	27019323	27019323	17466618	17466618
韶关市	Shaoguan	1989584	1091408	1565118	821902
深圳市	Shenzhen	26407142	26407142	13033282	13033282
珠海市	Zhuhai	7870920	7870920	4615793	4615793
汕头市	Shantou	4477490	4369191	2887895	2794369
佛山市	Foshan	20195098	20195098	14757281	14757281
江门市	Jiangmen	5750988	3285568	4610545	2525501
湛江市	Zhanjiang	4964059	2810365	3714663	1830134
茂名市	Maoming	3099021	2010959	2384973	1579832
肇庆市	Zhaoqing	3480321	2286365	2677605	1732320
惠州市	Huizhou	9839417	6826208	8098066	5410316
梅州市	Meizhou	2587470	1624027	1985517	1189518
汕尾市	Shanwei	1191062	600505	966880	449593
河源市	Heyuan	2213388	929112	1803215	728951
阳江市	Yangjiang	1416142	920331	1110985	682508
清远市	Qingyuan	3934350	3060026	3142253	2441262
东莞市	Dongguan	7367857		5258491	
中山市	Zhongshan	6972228		5081295	
潮州市	Chaozhou	896610	752486	627184	524111
揭阳市	Jieyang	1267479	657680	988245	577269
云浮市	Yunfu	1181984	437874	931753	338032
广西壮族自治区	**Guangxi**				
南宁市	Nanning	11063588	10519436	7720401	7253497
柳州市	Liuzhou	4400652	4021111	3098361	2776557
桂林市	Guilin	3258008	2342169	2386341	1710710
梧州市	Wuzhou	762866	463061	640113	384702
北海市	Beihai	2022789	1935229	1636810	1552428
防城港市	Fangchenggang	735848	615337	587162	506536
钦州市	Qinzhou	1059553	667794	796874	528061
贵港市	Guigang	1231041	670970	1069848	552474

2-14 续表 5 continued 5

单位：万元 (10 000 yuan)

城 市	City	房地产开发投资完成额 Investment in Real Estate Development 全 市 Total City	市辖区 Districts under City	住宅 Residential Buildings 全 市 Total City	市辖区 Districts under City
玉林市	Yulin	2537976	1319666	1964715	996986
百色市	Baise	908644	467243	669193	340031
贺州市	Hezhou	515322	313272	407724	260185
河池市	Hechi	399183	198636	306056	168111
来宾市	Laibin	548407	321835	404361	230113
崇左市	Chongzuo	597380	159152	487039	126425
海南省	**Hainan**				
海口市	Haikou	6094170	6094170	4193096	4193096
三亚市	Sanya	4031432	4031432	2971685	2971685
三沙市	Sansha				
儋州市	Danzhou	1389745		1243922	
重庆市	**Chongqing**	**42487612**	**39646546**	**30126477**	**28114740**
四川省	**Sichuan**				
成都市	Chengdu				
自贡市	Zigong	2093092	1295591	1582180	933242
攀枝花市	Panzhihua	1004099	751325	728896	525815
泸州市	Luzhou	3183872	2360287	2392122	1896160
德阳市	Deyang	1498114	791526	1061847	614416
绵阳市	Mianyang	2045406	1390108	1530158	1050049
广元市	Guangyuan	848933	649233	577387	471924
遂宁市	Suining	1722344	891067	1431653	735758
内江市	Neijiang	1555622	823335	1004576	556737
乐山市	Leshan	1949096	935594	1455110	720461
南充市	Nanchong	3100303	1177915	2383318	889676
眉山市	Meishan	2571151	997728	1742855	302038
宜宾市	Yibin	3120393	1863788	2290628	1079130
广安市	Guang'an	2380964	1460893	1813034	1178875
达州市	Dazhou	1567000	745300	1184600	534400
雅安市	Ya'an	852763	672246	550930	470052
巴中市	Bazhong	1569933	1101292	1061438	725815
资阳市	Ziyang	1324073	752062	1150719	706138
贵州省	**Guizhou**				
贵阳市	Guiyang				
六盘水市	Liupanshui				
遵义市	Zunyi	4449264	2040664	2983634	1269970
安顺市	Anshun				
毕节市	Bijie				
铜仁市	Tongren				
云南省	**Yunnan**				
昆明市	Kunming	18397925	16493642	11612412	10295239
曲靖市	Qujing	1226314	835100	934241	618000
玉溪市	Yuxi	1293698	682151	762540	495402
保山市	Baoshan				
昭通市	Zhaotong				
丽江市	Lijiang	329611	239400	148806	94982
普洱市	Pu'er	724185	576412	446848	351167
临沧市	Lincang	385054	103069	216942	41579

2–14 续表 6 continued 6

单位：万元 (10 000 yuan)

城 市	City	房地产开发投资完成额 Investment in Real Estate Development		住宅 Residential Buildings	
		全 市 Total City	市辖区 Districts under City	全 市 Total City	市辖区 Districts under City
西藏自治区	**Tibet**				
拉萨市	Lasa				
日喀则市	Xigaze	13958	3178	4862	2294
昌都市	Qamdo	8000		4830	
林芝市	Linzhi	58317	58317	29853	29853
山南市	Shannan	35478	29578	30093	25493
那曲市	Naqu				
陕西省	**Shaanxi**				
西安市	Xi'an	25180100	25038000	16553900	16489100
铜川市	Tongchuan	287710	278088	181404	180204
宝鸡市	Baoji	2018332	1860330	1729375	1611575
咸阳市	Xianyang	1186233	936600	1036698	829569
渭南市	Weinan	1541473	812366	800685	537664
延安市	Yan'an	1311682	1140390	781280	657155
汉中市	Hanzhong	1158499	820318	838108	587441
榆林市	Yulin	926186	558092	647589	378200
安康市	Ankang	1299244	1140956	921485	780026
商洛市	Shangluo	222400	93297	174951	93297
甘肃省	**Gansu**				
兰州市	Lanzhou	5866239	3519721	3077178	2021364
嘉峪关市	Jiayuguan	255092		157360	
金昌市	Jinchang	78106	54656	56498	40019
白银市	Baiyin	310518	192360	198219	118211
天水市	Tianshui	1026818	805063	770420	593746
武威市	Wuwei	438313	418821	204558	200071
张掖市	Zhangye	582419	420874	395497	268790
平凉市	Pingliang	616985	390630	458882	296991
酒泉市	Jiuquan	404066	179402	303758	126368
庆阳市	Qingyang	450242	247621	331063	165742
定西市	Dingxi	581828	229086	380596	154195
陇南市	Longnan	122003	87847	71059	49150
青海省	**Qinghai**				
西宁市	Xining	2922514	2754091	1753288	1700043
海东市	Haidong	489559	249155	323806	179026
宁夏回族自治区	**Ningxia**				
银川市	Yinchuan	2952457	2328033	1982009	1538093
石嘴山市	Shizuishan	82539	55231	39916	19720
吴忠市	Wuzhong	605702	413465	375280	269507
固原市	Guyuan	527012	355397	344663	234323
中卫市	Zhongwei	354678	249977	262184	191700
新疆维吾尔自治区	**Xinjiang**				
乌鲁木齐市	Urumqi				
克拉玛依市	Karamay	214088	214088	178422	178422
吐鲁番市	Turpan	179295	117773	111804	63384
哈密市	Hami	129180	129180	97210	97210

2–15 商品房销售面积
Sales Area of Commercial Residential Building

单位：万平方米 (10 000 m²)

城　市	City	商品房销售面积 Sales Area of Commercial Residential Building		住　宅 Residential Buildings		待售面积 Area for Sale	
		全　市 Total City	市辖区 Districts under City	全　市 Total City	市辖区 Districts under City	全　市 Total City	市辖区 Districts under City
北京市	**Beijing**	**696**	**696**	**527**	**527**	**2153**	**2153**
天津市	**Tianjin**	**1252**	**1252**	**1144**	**1144**	**671**	**671**
河北省	**Hebei**						
石家庄市	Shijiazhuang						
唐山市	Tangshan	648	428	572	378	161	110
秦皇岛市	Qinhuangdao	302	263	277	242	85	65
邯郸市	Handan	370	275	318	226	60	36
邢台市	Xingtai	331	88	301	76	18	
保定市	Baoding	371	123	356	119	59	3
张家口市	Zhangjiakou	263	118	248	114	111	55
承德市	Chengde	294	62	250	43	98	25
沧州市	Cangzhou	359	151	313	7	20	15
廊坊市	Langfang	843	61	782	53	160	17
衡水市	Hengshui	434	151	400	138	69	23
山西省	**Shanxi**						
太原市	Taiyuan	843	768	774	701	103	52
大同市	Datong	248	247	239	239	126	123
阳泉市	Yangquan	53	38	51	37	29	29
长治市	Changzhi	231	141	214	131	170	118
晋城市	Jincheng	88	52	81	46	57	32
朔州市	Shuozhou	81	75	74	68	98	83
晋中市	Jinzhong	197	117	193	115	38	6
运城市	Yuncheng	286	67	271	64	128	34
忻州市	Xinzhou	94	42	90	40	103	74
临汾市	Linfen	185	113	177	107	88	54
吕梁市	Lvliang	54	12	51	9	36	11
内蒙古自治区	**Inner Mongolia**						
呼和浩特市	Hohhot	397	336	343	285	233	160
包头市	Baotou	474	439	399	366	158	132
乌海市	Wuhai	44	44	38	38	34	34
赤峰市	Chifeng	293	193	251	167	101	19
通辽市	Tongliao	175	55	156	52	142	36
鄂尔多斯市	Erdos						
呼伦贝尔市	Hulunbuir	237	106	195	95	98	38
巴彦淖尔市	Bayannur	101	76	90	68	60	47
乌兰察布市	Ulanqab	34	15	30	13	86	60
辽宁省	**Liaoning**						
沈阳市	Shenyang	1355	1267	1203	1127	472	414
大连市	Dalian	776	666	702	625	675	521
鞍山市	Anshan	289	179	268	169	325	181
抚顺市	Fushun	118	101	109	94	151	118
本溪市	Benxi	72	34	65	31	90	87
丹东市	Dandong	232	132	212	118	209	41
锦州市	Jinzhou	124	60	110	53	197	111
营口市	Yingkou	228	159	200	144	77	52
阜新市	Fuxin	105	88	93	14	262	88
辽阳市	Liaoyang	93	58	86	54	55	37

2-15 续表 1 continued 1

单位：万平方米 (10 000 m²)

城 市	City	商品房销售面积 Sales Area of Commercial Residential Building 全 市 Total City	市辖区 Districts under City	住 宅 Residential Buildings 全 市 Total City	市辖区 Districts under City	待售面积 Area for Sale 全 市 Total City	市辖区 Districts under City
盘锦市	Panjin	97	80	89	74	127	125
铁岭市	Tieling	74	25	68	23	136	17
朝阳市	Chaoyang	135	39	127	37	128	53
葫芦岛市	Huludao	235	98	224	92	135	61
吉林省	**Jilin**						
长春市	Changchun	1288	1175	1116	1018	694	596
吉林市	Jilin	277	227	252	206	122	60
四平市	Siping	69	25	64	24	50	33
辽源市	Liaoyuan	18	16	17	15	33	30
通化市	Tonghua	164	43	143	39	99	49
白山市	Baishan	58	20	53	19	71	30
松原市	Songyuan	53	15	49	14	85	53
白城市	Baicheng	15	5	11	4	9	5
黑龙江省	**Heilongjiang**						
哈尔滨市	Harbin	1043	950	914	837	831	750
齐齐哈尔市	Qiqihar	140	73	125	65	220	166
鸡西市	Jixi	30	14	28	13	74	49
鹤岗市	Hegang	12	9	11	8	17	14
双鸭山市	Shuangyashan	48	10	43	8	29	
大庆市	Daqing	131	105	120	95	85	81
伊春市	Yichun	15	8	15	8	20	2
佳木斯市	Jiamusi	71	40	67	38	65	44
七台河市	Qitaihe	14	12	12	11	44	29
牡丹江市	Mudanjiang	178	103	154	89	193	80
黑河市	Heihe	59	17	47	11	30	9
绥化市	Suihua	161	6	121	5	106	16
上海市	**Shanghai**	**1767**	**1767**	**1333**	**1333**	**2197**	**2197**
江苏省	**Jiangsu**						
南京市	Nanjing	1221	1221	983	983	352	352
无锡市	Wuxi	1378	912	1256	846	758	436
徐州市	Xuzhou	1253	591	1161	552	135	80
常州市	Changzhou	815	698	673	561	413	366
苏州市	Suzhou	1994	1019	1788	920	789	448
南通市	Nantong	1732	849	1570	769	809	513
连云港市	Lianyungang	563	343	532	327	136	102
淮安市	Huai'an	937	651	831	585	254	195
盐城市	Yancheng	915	507	811	448	352	160
扬州市	Yangzhou	746	475	665	419	196	155
镇江市	Zhenjiang	513	200	472	187	295	97
泰州市	Taizhou	694	353	629	316	283	181
宿迁市	Suqian	723	278	669	260	227	88
浙江省	**Zhejiang**						
杭州市	Hangzhou	1676	1524	1329	1200	542	467
宁波市	Ningbo	1622	973	1298	724	471	248
温州市	Wenzhou	1166	338	976	306		
嘉兴市	Jiaxing	1159	332	1028	295	297	118
湖州市	Huzhou	809	328	723	296	184	40

2-15 续表 2 continued 2

单位：万平方米 (10 000 ㎡)

城　市	City	商品房销售面积 Sales Area of Commercial Residential Building 全市 Total City	市辖区 Districts under City	住宅 Residential Buildings 全市 Total City	市辖区 Districts under City	待售面积 Area for Sale 全市 Total City	市辖区 Districts under City
绍兴市	Shaoxing	1068	641	844	509	421	262
金华市	Jinhua	532	154	465	144	192	28
衢州市	Quzhou	271	122	235	107	98	58
舟山市	Zhoushan	201	170	180	150	81	76
台州市	Taizhou	933	442	612	267	144	49
丽水市	Lishui	317	134	244	100	48	9
安徽省	**Anhui**						
合肥市	Hefei	1390	885	1104	698	191	139
芜湖市	Wuhu	815	479	768	445	111	55
蚌埠市	Bengbu	895	490	784	433	71	38
淮南市	Huainan	373	166	360	160	77	43
马鞍山市	Maanshan	489	224	454	203	111	68
淮北市	Huaibei	173	117	146	93	59	48
铜陵市	Tongling	245	191	229	176	150	124
安庆市	Anqing	510	222	448	197	162	68
黄山市	Huangshan	213	128	183	109	95	46
滁州市	Chuzhou	1069	434	994	414	170	83
阜阳市	Fuyang	1047	521	919	433	43	15
宿州市	Suzhou	770	369	673	314	67	39
六安市	Lu'an	680	429	626	396	160	141
亳州市	Bozhou	614	312	535	247	39	23
池州市	Chizhou	181	109	163	98	80	44
宣城市	Xuancheng	563	233	503	214	95	70
福建省	**Fujian**						
福州市	Fuzhou	1711	773	1256	587	374	87
厦门市	Xiamen	529	529	171	171	257	257
莆田市	Putian	410	308	349	271	156	129
三明市	Sanming	267	70	244	69	79	13
泉州市	Quanzhou	1416	347	1187	290	379	115
漳州市	Zhangzhou	864	244	697	172	262	53
南平市	Nanping	366	153	313	134	111	71
龙岩市	Longyan	377	252	311	206	208	142
宁德市	Ningde	274	84	254	74	53	16
江西省	**Jiangxi**						
南昌市	Nanchang	1846	849	1537	643	181	116
景德镇市	Jingdezhen	160	78	152	76	42	4
萍乡市	Pingxiang	180	116	167	106	56	23
九江市	Jiujiang	677	309	619	293	125	52
新余市	Xinyu	210	183	198	173	59	57
鹰潭市	Yingtan	180	122	166	110	23	16
赣州市	Ganzhou	1058	415	908	353	136	82
吉安市	Ji'an	331	55	288	43	58	9
宜春市	Yichun	527	166	469	149	90	47
抚州市	Fuzhou	468	150	421	136	40	20
上饶市	Shangrao	564	180	464	156	140	24
山东省	**Shandong**						
济南市	Jinan	1235	1136	964	878	98	91

2-15 续表 3 continued 3

单位：万平方米 (10 000 ㎡)

城　市	City	商品房销售面积 Sales Area of Commercial Residential Building		住　宅 Residential Buildings		待售面积 Area for Sale	
		全　市 Total City	市辖区 Districts under City	全　市 Total City	市辖区 Districts under City	全　市 Total City	市辖区 Districts under City
青岛市	Qingdao	1808	1316	1578	1133	433	319
淄博市	Zibo	559	459	461	364	73	60
枣庄市	Zaozhuang	425	302	380	278	224	117
东营市	Dongying	304	214	282	193	39	36
烟台市	Yantai	1175	668	1078	630	211	103
潍坊市	Weifang	1400	583	1261	532	319	126
济宁市	Jining	957	408	805	337	185	50
泰安市	Tai'an	371	190	326	167	111	45
威海市	Weihai	1044	626	928	551	309	188
日照市	Rizhao	268	182	253	168	61	42
莱芜市	Laiwu	113	113	105	105	32	32
临沂市	Linyi	1358	737	1173	571	188	143
德州市	Dezhou	816	272	729	243	87	65
聊城市	Liaocheng	542	147	445	120	64	27
滨州市	Binzhou	298	129	283	123	55	34
菏泽市	Heze	785	280	704	250	150	71
河南省	**Henan**						
郑州市	Zhengzhou	3712	2473	3331	2061	571	393
开封市	Kaifeng						
洛阳市	Luoyang	812	513	661	403	121	86
平顶山市	Pingdingshan	508	225	473	215	189	111
安阳市	Anyang	612	309	554	273	104	5
鹤壁市	Hebi	236	134	207	108	56	51
新乡市	Xinxiang	837	312	804	294	110	25
焦作市	Jiaozuo	213	50	201	49	35	7
濮阳市	Puyang	432	226	417	222	53	18
许昌市	Xuchang	671	402	618	358	65	17
漯河市	Luohe	224	184	197	147	10	6
三门峡市	Sanmenxia	267	162	252	157	61	40
南阳市	Nanyang	728	280	641	250	126	13
商丘市	Shangqiu	1210	258	1050	232	253	48
信阳市	Xinyang	952	221	814	203	307	28
周口市	Zhoukou	693	83	612	77	283	57
驻马店市	Zhumadian	1305	292	1119	253	389	132
湖北省	**Hubei**						
武汉市	Wuhan					275	275
黄石市	Huangshi	344	174	323	167	45	11
十堰市	Shiyan	250	163	228	148	196	138
宜昌市	Yichang	463	333	457	331	256	215
襄阳市	Xiangyang	695	347	633	315	92	62
鄂州市	Ezhou	130	130	129	129	4	4
荆门市	Jingmen	405	196	353	185	159	64
孝感市	Xiaogan	359	155	340	143	79	18
荆州市	Jingzhou	418	178	394	166	68	24
黄冈市	Huanggang	649	74	604	74	226	10
咸宁市	Xianning	453	173	424	165	148	78
随州市	Suizhou	184	167	179	162	33	27

2-15 续表 4 continued 4

单位：万平方米 (10 000 ㎡)

城市	City	商品房销售面积 Sales Area of Commercial Residential Building 全市 Total City	市辖区 Districts under City	住宅 Residential Buildings 全市 Total City	市辖区 Districts under City	待售面积 Area for Sale 全市 Total City	市辖区 Districts under City
湖南省	**Hunan**						
长沙市	Changsha	2387	1649	1974	1399	677	420
株洲市	Zhuzhou	859	605	707	476	105	79
湘潭市	Xiangtan	436	246	386	222	62	43
衡阳市	Hengyang	534	246	514	236	189	86
邵阳市	Shaoyang	459	190	396	172	145	60
岳阳市	Yueyang	591	298	521	254	114	63
常德市	Changde	565	248	520	236	62	33
张家界市	Zhangjiajie	107	57	85	44	10	6
益阳市	Yiyang	414	181	367	162	76	37
郴州市	Chenzhou	754	399	670	361	53	16
永州市	Yongzhou	608	267	556	250	575	329
怀化市	Huaihua	883	349	802	310	82	39
娄底市	Loudi	325	157	241	118	38	14
广东省	**Guangdong**						
广州市	Guangzhou	1550	1550	1138	1138	823	823
韶关市	Shaoguan	458	213	427	197	174	82
深圳市	Shenzhen	722	722	573	573	277	277
珠海市	Zhuhai	302	302	221	221	188	188
汕头市	Shantou	478	458	433	413	315	307
佛山市	Foshan	2352	2352	1689	1689	408	408
江门市	Jiangmen	684	292	605	243	254	113
湛江市	Zhanjiang	547	229	511	204	90	53
茂名市	Maoming	522	275	471	237	69	41
肇庆市	Zhaoqing	658	337	595	292	177	107
惠州市	Huizhou	1663	1132	1576	1057	372	265
梅州市	Meizhou	410	171	377	153	176	109
汕尾市	Shanwei	238	80	227	79	26	
河源市	Heyuan	502	176	466	153	168	98
阳江市	Yangjiang	412	241	386	218	149	103
清远市	Qingyuan	653	462	570	403	359	267
东莞市	Dongguan	690		535		315	
中山市	Zhongshan	737		562		364	
潮州市	Chaozhou	154	139	145	130	77	72
揭阳市	Jieyang	272	123	259	116	116	34
云浮市	Yunfu	332	101	309	93	74	30
广西壮族自治区	**Guangxi**						
南宁市	Nanning	1745	1530	1438	1241	249	187
柳州市	Liuzhou	637	516	575	463	78	55
桂林市	Guilin	595	387	547	356	106	52
梧州市	Wuzhou	247	111	232	105	102	75
北海市	Beihai	410	350	398	340	170	123
防城港市	Fangchenggang	385	349	343	311	43	34
钦州市	Qinzhou	306	180	286	171	119	88
贵港市	Guigang	325	129	309	119	52	18

2–15 续表 5 continued 5

单位：万平方米 (10 000 m²)

城市	City	商品房销售面积 Sales Area of Commercial Residential Building 全市 Total City	市辖区 Districts under City	住宅 Residential Buildings 全市 Total City	市辖区 Districts under City	待售面积 Area for Sale 全市 Total City	市辖区 Districts under City
玉林市	Yulin	609	338	578	321	128	44
百色市	Baise	313	117	291	107	75	30
贺州市	Hezhou	155	87	144	82	48	31
河池市	Hechi	142	83	127	76	83	34
来宾市	Laibin	180	93	164	87	94	66
崇左市	Chongzuo	165	49	157	45	33	5
海南省	**Hainan**						
海口市	Haikou	393	393	331	331	170	170
三亚市	Sanya	245	245	213	213	94	94
三沙市	Sansha						
儋州市	Danzhou	124		118		36	
重庆市	**Chongqing**	**6536**	**5927**	**5425**	**4908**	**1751**	**1662**
四川省	**Sichuan**						
成都市	Chengdu	3682	2766	2659	1859	1019	912
自贡市	Zigong	388	197	331	168	74	16
攀枝花市	Panzhihua	158	125	130	101	48	47
泸州市	Luzhou	843	557	681	461	128	95
德阳市	Deyang	372	160	321	131	143	76
绵阳市	Mianyang	589	344	481	268	115	51
广元市	Guangyuan	214	140	172	107	111	65
遂宁市	Suining	681	288	610	244	46	14
内江市	Neijiang	435	170	336	13	14	11
乐山市	Leshan	478	230	390	193	90	11
南充市	Nanchong	935	426	828	366	124	67
眉山市	Meishan	481	213	410	172	118	107
宜宾市	Yibin	746	356	567	244	159	109
广安市	Guang'an	550	163	486	148	36	10
达州市	Dazhou	516	233	465	220	71	2
雅安市	Ya'an	138	116	120	102	10	6
巴中市	Bazhong	410	252	352	213	47	30
资阳市	Ziyang	431	273	400	269		
贵州省	**Guizhou**						
贵阳市	Guiyang	1119	910	948	752	148	136
六盘水市	Liupanshui	193	77	170	71	88	71
遵义市	Zunyi						
安顺市	Anshun	239	165	203	137	48	36
毕节市	Bijie	557	188	473	152	77	31
铜仁市	Tongren	353	124	296	105	92	20
云南省	**Yunnan**						
昆明市	Kunming	1910	1687	1430	1221	469	329
曲靖市	Qujing	240	133	211	133	69	49
玉溪市	Yuxi	173	100	154	96	92	63
保山市	Baoshan	175	63	161	59	61	4
昭通市	Zhaotong	171	107	136	81	87	48
丽江市	Lijiang	58	42	45	31	22	12
普洱市	Pu'er	100	63	84	56	30	13
临沧市	Lincang	98	40	61	23	21	1

2-15 续表 6 continued 6

单位：万平方米 (10 000 m²)

城市	City	商品房销售面积 Sales Area of Commercial Residential Building		住宅 Residential Buildings		待售面积 Area for Sale	
		全市 Total City	市辖区 Districts under City	全市 Total City	市辖区 Districts under City	全市 Total City	市辖区 Districts under City
西藏自治区	**Tibet**						
拉萨市	Lasa	53	52	46	46	7	7
日喀则市	Xigaze						
昌都市	Qamdo						
林芝市	Linzhi	14	14	9	9	15	15
山南市	Shannan	5	5	5	5	6371	6371
那曲市	Naqu						
陕西省	**Shaanxi**						
西安市	Xi'an	2713	2685	2221	2196	240	226
铜川市	Tongchuan	55	50	51	48	48	46
宝鸡市	Baoji	252	211	243	203	19	8
咸阳市	Xianyang	151	109	149	107	3	2
渭南市	Weinan	233	86	183	75	108	35
延安市	Yan'an	93	84	88	80	55	53
汉中市	Hanzhong	206	119	195	113	109	53
榆林市	Yulin	107	85	102	80	102	68
安康市	Ankang	152	92	146	89	30	1
商洛市	Shangluo	75	38	70	38	21	
甘肃省	**Gansu**						
兰州市	Lanzhou	669	352	590	300	176	132
嘉峪关市	Jiayuguan	79		68		48	
金昌市	Jinchang	22	17	18	14	27	14
白银市	Baiyin	57	34	53	32	76	42
天水市	Tianshui	134	75	108	72	80	41
武威市	Wuwei	44	42	34	32	39	39
张掖市	Zhangye	119	80	108	73	128	61
平凉市	Pingliang	114	46	112	45	6	2
酒泉市	Jiuquan	82	55	72	50	66	45
庆阳市	Qingyang	108	71	93	61	28	17
定西市	Dingxi	112	41	108	39	73	22
陇南市	Longnan	49	30	45	27	7	7
青海省	**Qinghai**						
西宁市	Xining	332	331	274	272	30	30
海东市	Haidong	88	53	79	48	98	
宁夏回族自治区	**Ningxia**						
银川市	Yinchuan	613	420	529	359	586	387
石嘴山市	Shizuishan	39	9	34	7	72	26
吴忠市	Wuzhong	163	78	142	70	123	71
固原市	Guyuan	13	9	11	8	60	50
中卫市	Zhongwei	77	46	70	42	92	54
新疆维吾尔自治区	**Xinjiang**						
乌鲁木齐市	Urumqi	615	603	518	466	337	337
克拉玛依市	Karamay	17	17	14	14	14	14
吐鲁番市	Turpan	23	16	20	14	39	30
哈密市	Hami	46	46	37	37	78	78

2–16 对外经济贸易
Foreign Trade and Economic Cooperation

城　市	City	货物进口额(万元) Import Volumeof goods (10 000yuan)	货物出口额(万元) Export Volumeof goods (10 000yuan)	外商直接投资合同项目(个) Number of Projects for Contracted Foreign Direct Investment (unit)		当年实际使用外资金额(万美元) Amount of Foreign Capital Actually Utilized (USD 10000)	
		全　市 Total City	市辖区 Districts under City	全　市 Total City	市辖区 Districts under City	全　市 Total City	市辖区 Districts under City
北京市	**Beijing**	**223039338**	**48785416**	**1639**	**1639**	**1731089**	**1731089**
天津市	**Tianjin**	**48698491**	**32071582**	**1088**	**1088**	**485104**	**485104**
河北省	**Hebei**						
石家庄市	Shijiazhuang	3439612	5715706	46	37	149993	149993
唐山市	Tangshan	2802690	3197773	23	17	170068	80525
秦皇岛市	Qinhuangdao	536466	359619	11	10	110865	102389
邯郸市	Handan	70088	148354	23	7	111460	40390
邢台市	Xingtai	35703	187749	23	3	63764	3707
保定市	Baoding	527154	2670462			98154	24573
张家口市	Zhangjiakou	35124	33018	15	14	43955	29704
承德市	Chengde	7911	205716	14	7	20238	2781
沧州市	Cangzhou	1194954	1978439	35		67250	45859
廊坊市	Langfang	2845672	1763416	23	6	104905	79056
衡水市	Hengshui	183545	1969287	9	4	29429	8402
山西省	**Shanxi**						
太原市	Taiyuan	4255974	6643016	13			
大同市	Datong	156749	218851	4	2	18194	8932
阳泉市	Yangquan	29225	41452	1	1		
长治市	Changzhi	44403	29904	2	1	39600	3909
晋城市	Jincheng	334339	126125			28442	21460
朔州市	Shuozhou	24700	31108	2			
晋中市	Jinzhong	30073	190400	8	1	34882	9096
运城市	Yuncheng	497703	272897	8	2		
忻州市	Xinzhou	14517	158055	2	1	4685	
临汾市	Linfen	40328	157588	4	3	18708	
吕梁市	Lvliang	192255	247193	2		88616	
内蒙古自治区	**Inner Mongolia**						
呼和浩特市	Hohhot	607300	559400	19		19928	
包头市	Baotou	687000	992000	10	7	17713	14835
乌海市	Wuhai	2800	71300			1317	1317
赤峰市	Chifeng	372000	225000	5	5	38916	22917
通辽市	Tongliao	23800	234700	3		315	
鄂尔多斯市	Erdos	243801	617269	12	2	211295	65486
呼伦贝尔市	Hulunbuir	1469600	416700	4		13416	
巴彦淖尔市	Bayannur	2103000	353000	2	2	25172	24600
乌兰察布市	Ulanqab	15000	103300	44		2160	520
辽宁省	**Liaoning**						
沈阳市	Shenyang	6421482	3421122	162	162	143097	115698
大连市	Dalian	28467948	19170135	219	211	267846	264650
鞍山市	Anshan	1366096	1390042	8	6	3959	2306
抚顺市	Fushun	75500	370198	6	6	1033	1033
本溪市	Benxi	795060	1683762	5	5	3587	3587
丹东市	Dandong	215179	1273488	19		1369	
锦州市	Jinzhou	1770395	564385	15	10	5815	4106
营口市	Yingkou	1811880	2510214	76	76	14646	14217
阜新市	Fuxin	23632	208309	7	6	4489	1404
辽阳市	Liaoyang	136497	345537			5460	4151

2-16 续表 1 continued 1

城　　市	City	货物进口额(万元) Import Volumeof goods (10 000yuan)	货物出口额(万元) Export Volumeof goods (10 000yuan)	外商直接投资合同项目(个) Number of Projects for Contracted Foreign Direct Investment (unit)		当年实际使用外资金额(万美元) Amount of Foreign Capital Actually Utilized (USD 10000)	
		全　市 Total City	市辖区 Districts under City	全　市 Total City	市辖区 Districts under City	全　市 Total City	市辖区 Districts under City
盘锦市	Panjin	1482000	205000	5	4	25923	25354
铁岭市	Tieling	262000	140000			3624	11
朝阳市	Chaoyang	103155	331406	2	1	5886	30
葫芦岛市	Huludao	453319	365361	8	4	3371	873
吉林省	**Jilin**						
长春市	Changchun	9020601	1525382	41		27340	
吉林市	Jilin	214964	585448	11	10	915	
四平市	Siping	32990	20185	1		1417	
辽源市	Liaoyuan	27396	131171	2	2	207	207
通化市	Tonghua	229216	116281	1		8850	
白山市	Baishan	43612	121775	1		17	
松原市	Songyuan	3455	115614	3	2	2365	1012
白城市	Baicheng	18165	50772	1		1000	
黑龙江省	**Heilongjiang**						
哈尔滨市	Harbin	1061935	1035103	76	73	365309	338009
齐齐哈尔市	Qiqihar	54349	204034	3	1	10214	
鸡西市	Jixi	39964	132642	1		16520	9620
鹤岗市	Hegang	70146	5654	1	1	101	101
双鸭山市	Shuangyashan	102100	36400	3	1	1297	601
大庆市	Daqing	9358995	392912	3	3	39551	39551
伊春市	Yichun	8166	43940	1		587	
佳木斯市	Jiamusi	160443	54599	1	1	217	217
七台河市	Qitaihe	3483	1398			511	511
牡丹江市	Mudanjiang	3031889	728114	18	12	60589	54310
黑河市	Heihe	328858	115887				
绥化市	Suihua	236275	117931	6	1	758	246
上海市	**Shanghai**	**203430786**	**136668505**	**5597**	**5597**	**1730009**	**1730009**
江苏省	**Jiangsu**						
南京市	Nanjing	18165160	25006800	627	627	385339	385338
无锡市	Wuxi	24181500	37436806	434	313	369133	230119
徐州市	Xuzhou	1353491	6383504	263	149	189848	165026
常州市	Changzhou	6134569	16529398	356	333	242189	231041
苏州市	Suzhou	97186820	136569141	1013	552	452498	247652
南通市	Nantong	8660234	16768790	294	147	258140	112869
连云港市	Lianyungang	3565327	2734073	72	50	60345	39971
淮安市	Huai'an	1081660	2221188	168	122	118213	8307
盐城市	Yancheng	2314734	3983134	144	73	91313	57617
扬州市	Yangzhou	2273880	5620543	135	99	122044	91764
镇江市	Zhenjiang	2534495	5256169	85	37	86774	49285
泰州市	Taizhou	3413402	6274065	54	40	150731	93651
宿迁市	Suqian	581566	1793210	94	62	37684	17315
浙江省	**Zhejiang**						
杭州市	Hangzhou	18281654	34171105	744	706	682658	648073
宁波市	Ningbo	30256460	55506483	623	479	432017	281387
温州市	Wenzhou	2047219	13024329	89	50	52307	24657
嘉兴市	Jiaxing	8038696	20173311	350	111	313980	120588
湖州市	Huzhou	1141488	7709825	218	60	127143	38801

2-16 续表 2 continued 2

城市	City	货物进口额（万元） Import Volumeof goods (10 000yuan)	货物出口额（万元） Export Volumeof goods (10 000yuan)	外商直接投资合同项目（个） Number of Projects for Contracted Foreign Direct Investment (unit)		当年实际使用外资金额（万美元） Amount of Foreign Capital Actually Utilized (USD 10000)	
		全市 Total City	市辖区 Districts under City	全市 Total City	市辖区 Districts under City	全市 Total City	市辖区 Districts under City
绍兴市	Shaoxing	1941853	20461031	230	182	135141	87015
金华市	Jinhua	1107600	36582800	1007	17	31854	8128
衢州市	Quzhou	1183004	2320520	13	6	7431	4906
舟山市	Zhoushan	7107307	4248153	271	266	41762	29218
台州市	Taizhou	2053953	15375961	44	18	28893	8311
丽水市	Lishui	212282	2259051	9	1	10691	1000
安徽省	**Anhui**						
合肥市	Hefei	8271521	12034571	140	121	323000	259300
芜湖市	Wuhu	1623727	2897596	30	22	291642	181845
蚌埠市	Bengbu	508096	467602	15	3	139845	107515
淮南市	Huainan	30000	287159	13	9	28525	21436
马鞍山市	Maanshan	1673000	1284000	34	28	248490	74392
淮北市	Huaibei	37656	435536	6	5	25697	15176
铜陵市	Tongling	3805198	302405	7	7	32806	28631
安庆市	Anqing	253030	705219	17	7	25494	19308
黄山市	Huangshan	122027	503020	12	7	20014	10375
滁州市	Chuzhou	528063	1520535	25	16	139230	53296
阜阳市	Fuyang	124879	786446	16	7	41213	28310
宿州市	Suzhou	60441	428838	10	8	91805	43843
六安市	Lu'an	61400	475200	13	7	50306	19060
亳州市	Bozhou	77534	476633	7	6	90108	38297
池州市	Chizhou	367085	137236	31	14	39588	22734
宣城市	Xuancheng	98309	1124684	18	5	112397	92386
福建省	**Fujian**						
福州市	Fuzhou	7946527	16586347	514	417	77897	58951
厦门市	Xiamen	26635376	33385124	1215	1215	172500	172500
莆田市	Putian	1463415	2249838	37	31	12630	12325
三明市	Sanming	78053	1649206	45	1	3978	671
泉州市	Quanzhou	6610568	11932679	280	50	59584	12744
漳州市	Zhangzhou	1600634	5338181	120	27	82305	8241
南平市	Nanping	54388	1069781	21	9	5807	668
龙岩市	Longyan	1133433	1678297	54	24	4482	883
宁德市	Ningde	1378188	2166827	24	8	1814	411
江西省	**Jiangxi**						
南昌市	Nanchang	3359129	4516685	53	44	348899	292904
景德镇市	Jingdezhen	15800	669700	15	9	22309	4581
萍乡市	Pingxiang	14817	1111896	50	25	40111	20896
九江市	Jiujiang	3577000	2936100	76	12	217223	72040
新余市	Xinyu	760559	855462	51	12	47508	36707
鹰潭市	Yingtan	2533621	696498	98	17	31589	11333
赣州市	Ganzhou	640801	2874354	60	18	184420	67759
吉安市	Ji'an	764288	3076495	110	24	117225	14690
宜春市	Yichun	295840	1640129	20	1	84471	6819
抚州市	Fuzhou	102488	1310787	35	7	38504	17722
上饶市	Shangrao	280177	2553106	26	5	124907	22719
山东省	**Shandong**						
济南市	Jinan	3057454	5647412	239	109	269218	258193

2-16 续表 3 continued 3

城市	City	货物进口额（万元）Import Volumeof goods (10 000yuan)	货物出口额（万元）Export Volumeof goods (10 000yuan)	外商直接投资合同项目（个）Number of Projects for Contracted Foreign Direct Investment (unit)		当年实际使用外资金额（万美元）Amount of Foreign Capital Actually Utilized (USD 10000)	
		全市 Total City	市辖区 Districts under City	全市 Total City	市辖区 Districts under City	全市 Total City	市辖区 Districts under City
青岛市	Qingdao	21490342	31670962	956	803	580374	423709
淄博市	Zibo	5338501	4168150	53	45	89445	67959
枣庄市	Zaozhuang	70480	984824	30	20	10760	7990
东营市	Dongying	12589660	3682195	13	11	15773	15385
烟台市	Yantai	12805974	17670319	282	178	266368	177248
潍坊市	Weifang	5871277	10362533	60	32	131917	46235
济宁市	Jining	2051908	2185594	52	25	22181	16265
泰安市	Tai'an	332145	1242445	72	33	69286	31035
威海市	Weihai	4781251	9116962	235	184	85620	52510
日照市	Rizhao	4892455	4056760	23	23	21202	19687
莱芜市	Laiwu	389886	719972	6	6	1077	1077
临沂市	Linyi	1414778	5323602	56	29	23373	6890
德州市	Dezhou	1050660	1877293	29	3	20774	5179
聊城市	Liaocheng	2437903	2432336	5	2	3220	185
滨州市	Binzhou	5144964	3038907	14	4	19419	2268
菏泽市	Heze	3609267	1515715	16	10	120766	79466
河南省	**Henan**						
郑州市	Zhengzhou	15278657	25771376	82	67	421080	313346
开封市	Kaifeng	70888	505353	15	9	71907	36421
洛阳市	Luoyang	102924	1333993	28	17	294089	156608
平顶山市	Pingdingshan	32740	360811	5		45901	17724
安阳市	Anyang	258990	332995	8	2	52723	27084
鹤壁市	Hebi	76300	164913	5	4	84408	59448
新乡市	Xinxiang	162239	636938	13	4	755317	302971
焦作市	Jiaozuo	443544	1178235	4	3	85439	17739
濮阳市	Puyang	127756	418253	2	2	66390	22250
许昌市	Xuchang	92429	1028690	7	5	75868	27239
漯河市	Luohe	52135	574172	4	2	83852	65529
三门峡市	Sanmenxia	849170	265966	5	3	111438	49510
南阳市	Nanyang	273700	1421700	4	3	62662	12305
商丘市	Shangqiu	39624	196552	7	2	38474	12573
信阳市	Xinyang	195093	273834	5		55419	2140
周口市	Zhoukou	160950	775933	10	4	56192	11060
驻马店市	Zhumadian	64716	285937	7	4	42211	11783
湖北省	**Hubei**						
武汉市	Wuhan	8732000	12752000	250	250	1092684	1092684
黄石市	Huangshi	1376795	1309124	18	12	18145	13418
十堰市	Shiyan	21178	437897	11	7	33059	25330
宜昌市	Yichang	274000	1748000	19	16	27696	14587
襄阳市	Xiangyang	291000	1592000	21	17	88015	52987
鄂州市	Ezhou	270000	162000	6	6	3857	3857
荆门市	Jingmen	397000	690000	12	5	46065	16096
孝感市	Xiaogan	298709	652382	20	7	34979	10560
荆州市	Jingzhou	163601	1040860	19	12	2901	939
黄冈市	Huanggang	12876	81295	9	4	5360	850
咸宁市	Xianning	63594	303636	14	6	4031	2216
随州市	Suizhou	39939	612199	3	1	15223	6705

2-16 续表 4 continued 4

城　市	City	货物进口额（万元） Import Volumeof goods (10 000yuan)	货物出口额（万元） Export Volumeof goods (10 000yuan)	外商直接投资合同项目（个） Number of Projects for Contracted Foreign Direct Investment (unit)		当年实际使用外资金额（万美元） Amount of Foreign Capital Actually Utilized (USD 10000)	
		全　市 Total City	市辖区 Districts under City	全　市 Total City	市辖区 Districts under City	全　市 Total City	市辖区 Districts under City
湖南省	**Hunan**						
长沙市	Changsha	4601922	8231473	329	230	577997	427190
株洲市	Zhuzhou	71839	202744	11	6	135412	82569
湘潭市	Xiangtan	643741	1616227	13		136051	106145
衡阳市	Hengyang	1288119	1496620	7	2	142547	24412
邵阳市	Shaoyang	66616	1446157	5	3	30235	6385
岳阳市	Yueyang	1043571	1021548	14	9	55872	27029
常德市	Changde	179874	830721	14	10	125001	49870
张家界市	Zhangjiajie	4665	68119	5	3	13062	9434
益阳市	Yiyang	98851	683703	5	3	31192	19511
郴州市	Chenzhou	1437829	1687510	72	25	190565	74268
永州市	Yongzhou	52918	1237318	15	2	121247	34306
怀化市	Huaihua	6604	47427	10	4	5640	919
娄底市	Loudi	620851	408499	10		53900	
广东省	**Guangdong**						
广州市	Guangzhou	42040898	56074987	5376	5376	661108	661108
韶关市	Shaoguan	840000	720000	376	66	7352	2443
深圳市	Shenzhen	137090471	162746899	14834	14834	820301	820301
珠海市	Zhuhai	13591488	18871304	3973	3973	239193	239193
汕头市	Shantou	1469627	4086712	105	103	9637	9637
佛山市	Foshan	10719056	35274262	751	751		
江门市	Jiangmen	3501560	11231001	467	346	73429	43654
湛江市	Zhanjiang	2050345	1719966	148	131	8529	4846
茂名市	Maoming	244180	1273271	429	69	2417	889
肇庆市	Zhaoqing	1082787	1469058	1165	996	94405	52755
惠州市	Huizhou	11258173	22088958	2006	964	634865	498569
梅州市	Meizhou	173198	1178997	2640		5026	
汕尾市	Shanwei	899937	877307			10278	4063
河源市	Heyuan	553500	2153000	636		66017	28921
阳江市	Yangjiang	305685	1072032	82	46	76349	76284
清远市	Qingyuan	2127226	2002515	411	217	12332	7270
东莞市	Dongguan	54630602	79556434	1400		127247	
中山市	Zhongshan	5399063	18019732	584		52716	
潮州市	Chaozhou	323750	1739595	67	18	5094	4050
揭阳市	Jieyang	211681	3202609	118	3	1611	750
云浮市	Yunfu	451984	626991	63	53	3864	2336
广西壮族自治区	**Guangxi**						
南宁市	Nanning	3836988	3550930	62	59	14074	13924
柳州市	Liuzhou	1127617	603310	18	15	80442	78095
桂林市	Guilin	101711	625844	17	14	5014	5014
梧州市	Wuzhou	31281	45678	9	5	1207	930
北海市	Beihai	1544131	1663231	24	20	5085	5085
防城港市	Fangchenggang	6032144	1182788	3	2	1551	1550
钦州市	Qinzhou	1684943	588146	8	8	8237	8182
贵港市	Guigang	143660	132355	9	4	4002	2401

2-16 续表 5 continued 5

城　市	City	货物进口额（万元）Import Volumeof goods (10 000yuan)	货物出口额（万元）Export Volumeof goods (10 000yuan)	外商直接投资合同项目（个）Number of Projects for Contracted Foreign Direct Investment (unit)		当年实际使用外资金额（万美元）Amount of Foreign Capital Actually Utilized (USD 10000)	
		全　市 Total City	市辖区 Districts under City	全　市 Total City	市辖区 Districts under City	全　市 Total City	市辖区 Districts under City
玉林市	Yulin	91472	257027	15	12	5059	1927
百色市	Baise	411597	1761086	2	1	146	40
贺州市	Hezhou	60660	38313	6	3	488	
河池市	Hechi	230579	49237	3	1	52	52
来宾市	Laibin	7527	76510	4	2	15	
崇左市	Chongzuo	3825351	10931551	15	8	3274	3227
海南省	**Hainan**						
海口市	Haikou	2739338	672379	93	93	25360	25360
三亚市	Sanya	590341	38737	17	17	10383	10383
三沙市	Sansha						
儋州市	Danzhou	9341	4790	3		4422	
重庆市	**Chongqing**	**18273370**	**33952757**	**232**	**222**	**1027344**	**863660**
四川省	**Sichuan**						
成都市	Chengdu	22362832	27468891	494		1227500	
自贡市	Zigong	108852	236353	8	4	1097	1097
攀枝花市	Panzhihua	180102	125988			13600	
泸州市	Luzhou	144277	1691477	13	7	15968	12849
德阳市	Deyang	340200	927700	18	9	8948	5080
绵阳市	Mianyang	1944370	654618			28975	16718
广元市	Guangyuan	17178	33320	2	1	2305	2155
遂宁市	Suining	113495	138961	7	7	4042	3299
内江市	Neijiang	25757	115742	2		4433	4433
乐山市	Leshan	157300	579400	4	1	5765	3305
南充市	Nanchong	32967	67537			8500	6676
眉山市	Meishan	267471	201912	10	5	10237	3803
宜宾市	Yibin	361100	607498	3	3	4010	4010
广安市	Guang'an	14513	264555			4836	1015
达州市	Dazhou	2614	54690	2		3095	
雅安市	Ya'an	10096	31869	2	1	1028	159
巴中市	Bazhong	8100	44600	1	1	500	500
资阳市	Ziyang	47072	81743	8	8	8200	8000
贵州省	**Guizhou**						
贵阳市	Guiyang	643545	1657683	52	52	158906	139293
六盘水市	Liupanshui	68398	66347	19	6	26135	247
遵义市	Zunyi						
安顺市	Anshun	29600	138602	25	17	9400	8630
毕节市	Bijie	37097	106421	11		3313	
铜仁市	Tongren	7264	63932	4	1	13579	12568
云南省	**Yunnan**						
昆明市	Kunming	6169230	2530308	111	71	85013	40084
曲靖市	Qujing	2687	760035	5	3	1454	795
玉溪市	Yuxi	27261	1200205	6	4	499	379
保山市	Baoshan	181985	94635	3	2	2367	1272
昭通市	Zhaotong	46	8218	1		424	
丽江市	Lijiang	185	27376			3964	3898
普洱市	Pu'er	598961	149653	4	2	9458	
临沧市	Lincang	359126	163145			492	

2-16 续表 6 continued 6

城市	City	货物进口额（万元）Import Volumeof goods (10 000yuan)	货物出口额（万元）Export Volumeof goods (10 000yuan)	外商直接投资合同项目（个）Number of Projects for Contracted Foreign Direct Investment (unit)		当年实际使用外资金额（万美元）Amount of Foreign Capital Actually Utilized (USD 10000)	
		全市 Total City	市辖区 Districts under City	全市 Total City	市辖区 Districts under City	全市 Total City	市辖区 Districts under City
西藏自治区	**Tibet**						
拉萨市	Lasa	137200	272400				
日喀则市	Xigaze						
昌都市	Qamdo						
林芝市	Linzhi						
山南市	Shannan	1897	27				
那曲市	Naqu						
陕西省	**Shaanxi**						
西安市	Xi'an	13460734	19571656	219	218	635370	632588
铜川市	Tongchuan		30039	6	2	2009	2009
宝鸡市	Baoji	297700	336600	7	3	9020	
咸阳市	Xianyang	39900	21800	16	11	9016	6858
渭南市	Weinan	16541	131734	3	1	852	138
延安市	Yan'an	11864	18043			2332	540
汉中市	Hanzhong	39139	69816	7	1	3066	2738
榆林市	Yulin	10126	63319	5		8762	
安康市	Ankang	2357	44487	7		3559	
商洛市	Shangluo	87811	125096			2007	308
甘肃省	**Gansu**						
兰州市	Lanzhou	575753	756022	4	2	17958	13619
嘉峪关市	Jiayuguan	104603	112630				
金昌市	Jinchang	1210139	100280				
白银市	Baiyin	405700	61900			4688	1746
天水市	Tianshui	181531	246682				
武威市	Wuwei	321	11990			20	
张掖市	Zhangye	133	18568	1	1	40	40
平凉市	Pingliang	54	47900				
酒泉市	Jiuquan	2162	49963	3		76	
庆阳市	Qingyang		16762				
定西市	Dingxi	7522	7622				
陇南市	Longnan		136203				
青海省	**Qinghai**						
西宁市	Xining	109768	203072	10		11144	
海东市	Haidong	5355	2536				
宁夏回族自治区	**Ningxia**						
银川市	Yinchuan	410388	1277900	24		7220	
石嘴山市	Shizuishan	15481	313225				
吴忠市	Wuzhong	2700	76300				
固原市	Guyuan						
中卫市	Zhongwei	17932	20855			10100	31
新疆维吾尔自治区	**Xinjiang**						
乌鲁木齐市	Urumqi	1521446	3613583	20	20	135	135
克拉玛依市	Karamay	21157	67293				
吐鲁番市	Turpan	15608	5677				
哈密市	Hami	81025	4044				

2–17 规模以上工业企业数
Number of Industrial Enterprises above Designated Size

单位：个 (unit)

城市	City	工业企业数 Number of Industrial Enterprises		内资企业 Domestic Funded		港、澳、台商投资企业 Enterprises with Funds from Hong Kong, Macao and Taiwan		外商投资企业 Foreign Funded Enterprises	
		全市 Total City	市辖区 Districts under City	全市 Total City	市辖区 Districts under City	全市 Total City	市辖区 Districts under City	全市 Total City	市辖区 Districts under City
北京市	**Beijing**	**3197**	**3197**	**2478**	**2478**	**176**	**176**	**543**	**543**
天津市	**Tianjin**	**4292**	**4292**	**3071**	**3071**	**254**	**254**	**967**	**967**
河北省	**Hebei**								
石家庄市	Shijiazhuang	2189	952	2118	902	27	18	44	32
唐山市	Tangshan	1712	858	1623	805	26	12	63	41
秦皇岛市	Qinhuangdao	375	290	311	232	16	14	48	44
邯郸市	Handan	1285	431	1262	423	15	4	8	4
邢台市	Xingtai	1338	88	1302	84	9	1	27	3
保定市	Baoding	1866	453	1532	430	22	8	57	19
张家口市	Zhangjiakou	371	180	345	167	9	3	17	10
承德市	Chengde	374	74	364	72	5	1	5	1
沧州市	Cangzhou	1956	204	1877	175	25	10	54	19
廊坊市	Langfang	1130	213	997	132	31	16	102	65
衡水市	Hengshui	1004	259	970	244	13	9	21	6
山西省	**Shanxi**								
太原市	Taiyuan	436	309	418	294	3	3	15	12
大同市	Datong	266	146	252	139	8	2	6	5
阳泉市	Yangquan	156	60	149	55	2	2	5	3
长治市	Changzhi	390	74	378	70	5	2	7	2
晋城市	Jincheng	284	41	269	35	4	3	11	3
朔州市	Shuozhou								
晋中市	Jinzhong	626	146	605	136	9	3	12	7
运城市	Yuncheng	498	57	485	56	1	1	12	
忻州市	Xinzhou	373	35	368	34	2		3	1
临汾市	Linfen	388	58	375	55	10	2	3	1
吕梁市	Lvliang	453	25	439	25	8		6	
内蒙古自治区	**Inner Mongolia**								
呼和浩特市	Hohhot	226	67	203	63	11	2	12	2
包头市	Baotou	385	292	369	278	4	3	12	11
乌海市	Wuhai	126	126	123	123	1	1	2	2
赤峰市	Chifeng	359	136	351	129	3	3	5	4
通辽市	Tongliao	205	31	196	28	3	1	6	2
鄂尔多斯市	Erdos	402	66						
呼伦贝尔市	Hulunbuir	142	34	130	32	5		7	2
巴彦淖尔市	Bayannur	232	52	221	49	4	2	7	1
乌兰察布市	Ulanqab	215	21	205	19	4	1	6	1
辽宁省	**Liaoning**								
沈阳市	Shenyang								
大连市	Dalian	1677	1355	1132	848	98	89	447	418
鞍山市	Anshan	624	243	580	222	18	10	26	11
抚顺市	Fushun	253	190	232	171	7	7	14	12
本溪市	Benxi	194	139	173	125	11	9	10	5
丹东市	Dandong								
锦州市	Jinzhou	299	147	258	112	17	13	24	22
营口市	Yingkou	606	299	516	240	29	22	61	37
阜新市	Fuxin	222	123	206	114	10	4	6	5
辽阳市	Liaoyang	209	121	194	110	7	4	8	7

2-17 续表 1 continued 1

单位：个 (unit)

城市	City	工业企业数 Number of Industrial Enterprises		内资企业 Domestic Funded		港、澳、台商投资企业 Enterprises with Funds from Hong Kong, Macao and Taiwan		外商投资企业 Foreign Funded Enterprises	
		全市 Total City	市辖区 Districts under City	全市 Total City	市辖区 Districts under City	全市 Total City	市辖区 Districts under City	全市 Total City	市辖区 Districts under City
盘锦市	Panjin								
铁岭市	Tieling								
朝阳市	Chaoyang	264	69	246	65	11	4	7	
葫芦岛市	Huludao	233	77	223	75	1	1	9	1
吉林省	**Jilin**								
长春市	Changchun	1632	1194	1466	1036	32	30	134	128
吉林市	Jilin	1077	475	1052	455	7	5	18	15
四平市	Siping	598	220	580	212	13	8	5	
辽源市	Liaoyuan	304	154	298	149	3	2	3	3
通化市	Tonghua	553	117	536	115	3		14	2
白山市	Baishan	360	129	345	127	6	1	9	1
松原市	Songyuan	593	163	584	158	4	1	5	4
白城市	Baicheng	349	104	333	97	6	3	10	4
黑龙江省	**Heilongjiang**								
哈尔滨市	Harbin	1048	710	978	648	22	19	48	43
齐齐哈尔市	Qiqihar	314	126	297	119	5	2	12	5
鸡西市	Jixi	177	61	171	60	2	1	4	
鹤岗市	Hegang	112	85	107	83	3	2	2	
双鸭山市	Shuangyashan	144	46	141	46	2		1	
大庆市	Daqing	418	230	404	220	5	2	9	8
伊春市	Yichun	64	47	60	43			4	4
佳木斯市	Jiamusi	246	92	231	81	5	3	10	8
七台河市	Qitaihe	78	65	77	64			1	1
牡丹江市	Mudanjiang	289	89	275	81	4	3	10	5
黑河市	Heihe	106	23	99	21	2		5	2
绥化市	Suihua	315	71	310	69	2	1	3	1
上海市	**Shanghai**	**8145**	**8145**	**4748**	**4748**	**924**	**924**	**2473**	**2473**
江苏省	**Jiangsu**								
南京市	Nanjing	2556	2556	2010	2010	169	169	377	377
无锡市	Wuxi	5846	3092	4680	2303	413	246	753	543
徐州市	Xuzhou	2461	735	2302	662	69	30	90	43
常州市	Changzhou	4248	3863	3507	3163	277	259	464	441
苏州市	Suzhou	10393	4721	6336	2770	1157	552	2900	1399
南通市	Nantong	5220	1450	4187	1072	406	107	627	271
连云港市	Lianyungang	1022	499	911	425	32	21	79	53
淮安市	Huai'an	1997	1137	1818	1013	97	67	82	57
盐城市	Yancheng	2925	1167	2580	956	125	66	220	145
扬州市	Yangzhou	2992	1520	2655	1304	164	101	173	115
镇江市	Zhenjiang	2020	728	1666	565	151	67	203	96
泰州市	Taizhou	2785	1118	2520	987	95	48	170	83
宿迁市	Suqian	1669	530	1577	486	43	17	49	27
浙江省	**Zhejiang**								
杭州市	Hangzhou	5431	4746	4652	4020	322	291	457	435
宁波市	Ningbo	7602	3843	6228	2972	727	438	647	433
温州市	Wenzhou	4618	1512	4484	1439	56	29	78	44
嘉兴市	Jiaxing	5822	1159	4829	914	439	93	554	152
湖州市	Huzhou	3049	1193	2667	1066	206	65	176	62

2-17 续表 2 continued 2

单位：个 (unit)

城　　市	City	工业企业数 Number of Industrial Enterprises		内资企业 Domestic Funded		港、澳、台商投资企业 Enterprises with Funds from Hong Kong, Macao and Taiwan		外商投资企业 Foreign Funded Enterprises	
		全　市 Total City	市辖区 Districts under City	全　市 Total City	市辖区 Districts under City	全　市 Total City	市辖区 Districts under City	全　市 Total City	市辖区 Districts under City
绍兴市	Shaoxing	4584	2467	3984	2096	379	243	221	128
金华市	Jinhua	3586	684	3422	619	87	37	77	28
衢州市	Quzhou	873	310	825	288	17	3	31	19
舟山市	Zhoushan	360	293	336	277	9	7	15	9
台州市	Taizhou	3801	1202	3648	1153	78	26	75	23
丽水市	Lishui	891	207	863	201	12	3	16	3
安徽省	**Anhui**								
合肥市	Hefei	2287	859	2111	726	62	45	114	88
芜湖市	Wuhu	1872	760	1765	679	46	33	61	48
蚌埠市	Bengbu	1103	477	1069	461	19	5	15	11
淮南市	Huainan	669	360	652	348	11	8	6	4
马鞍山市	Maanshan	1083	441	1021	397	31	25	31	19
淮北市	Huaibei	682	412	668	403	4	2	10	7
铜陵市	Tongling	567	365	545	346	11	8	11	11
安庆市	Anqing	1742	260	1706	245	15	3	21	12
黄山市	Huangshan	528	233	510	222	6	3	12	8
滁州市	Chuzhou	1598	411	1515	365	33	20	50	26
阜阳市	Fuyang	1872	495	1855	489	9	6	8	
宿州市	Suzhou	1323	567	1293	555	16	6	14	6
六安市	Lu'an	930	437	904	425	6	3	20	9
亳州市	Bozhou	905	333	899	331	3	1	3	1
池州市	Chizhou	565	257	550	249	5	3	10	5
宣城市	Xuancheng	1491	247	1457	242	13	2	21	3
福建省	**Fujian**								
福州市	Fuzhou	2240	1105	1710	875	288	133	242	97
厦门市	Xiamen	1985	1985	1294	1294	371	371	320	320
莆田市	Putian	1203	903	1049	766	108	98	46	39
三明市	Sanming	1686	264	1621	257	44	4	21	3
泉州市	Quanzhou	4769	681	3483	454	986	177	300	50
漳州市	Zhangzhou	2269	367	1789	290	334	49	146	28
南平市	Nanping	1054	247	1011	233	23	6	20	8
龙岩市	Longyan	1205	601	1103	562	71	23	31	16
宁德市	Ningde	1060	99	1037	92	15	5	8	2
江西省	**Jiangxi**								
南昌市	Nanchang	1196	700	1074	607	53	40	69	53
景德镇市	Jingdezhen	328	117	310	111	7	3	11	3
萍乡市	Pingxiang	600	314	579	299	17	12	4	3
九江市	Jiujiang	1753	419	1649	383	65	18	39	18
新余市	Xinyu	379	299	365	287	8	6	6	6
鹰潭市	Yingtan	293	91	279	86	8	3	6	2
赣州市	Ganzhou	1985	955	1797	903	130	31	58	21
吉安市	Ji'an	1469	186	1381	174	56	7	32	5
宜春市	Yichun	1664	268	1594	254	41	9	29	5
抚州市	Fuzhou	817	350	783	333	23	7	11	10
上饶市	Shangrao	1430	249	1402	244	20	4	8	1
山东省	**Shandong**								
济南市	Jinan	2044	1654	1900	1523	49	40	95	91

2-17 续表 3 continued 3

单位：个 (unit)

城市	City	工业企业数 Number of Industrial Enterprises		内资企业 Domestic Funded		港、澳、台商投资企业 Enterprises with Funds from Hong Kong, Macao and Taiwan		外商投资企业 Foreign Funded Enterprises	
		全市 Total City	市辖区 Districts under City	全市 Total City	市辖区 Districts under City	全市 Total City	市辖区 Districts under City	全市 Total City	市辖区 Districts under City
青岛市	Qingdao	3508	2111	2570	1505	187	117	751	489
淄博市	Zibo	2412	1933	2307	1849	49	38	56	46
枣庄市	Zaozhuang	1138	748	1100	721	23	14	15	13
东营市	Dongying	865	502	823	471	22	18	20	13
烟台市	Yantai	2378	797	1819	489	161	72	398	236
潍坊市	Weifang	3499	690	3243	620	89	25	167	45
济宁市	Jining	2869	834	2767	784	34	15	68	35
泰安市	Tai'an	1278	340	1215	316	19	5	44	19
威海市	Weihai	1843	958	1413	711	65	37	365	210
日照市	Rizhao	742	269	667	214	19	11	56	44
莱芜市	Laiwu	585	585	561	561	15	15	9	9
临沂市	Linyi	4376	1670	4207	1594	80	34	89	42
德州市	Dezhou	2922	507	2850	474	19	10	53	23
聊城市	Liaocheng	1975	318	1940	305	11	1	24	12
滨州市	Binzhou	1292	297	1255	281	18	8	19	8
菏泽市	Heze	3146	712	3093	693	23	9	30	10
河南省	**Henan**								
郑州市	Zhengzhou	2686	654	2601	614	38	28	47	12
开封市	Kaifeng	1164	291	1133	271	15	8	16	12
洛阳市	Luoyang	1888	509	1848	493	19	6	21	10
平顶山市	Pingdingshan	845	176	824	167	10	3	11	6
安阳市	Anyang	873	267	858	261	7	2	8	4
鹤壁市	Hebi	461	242	458	239	1	1	2	2
新乡市	Xinxiang	1227	298	1195	282	6	4	26	12
焦作市	Jiaozuo	1208	196	1183	185	11	4	14	7
濮阳市	Puyang	817	184	804	177	9	3	4	4
许昌市	Xuchang	1574	371	1559	362	8	4	7	5
漯河市	Luohe	560	328	543	317	10	6	7	5
三门峡市	Sanmenxia	418	154	407	146	3	2	8	6
南阳市	Nanyang	1966	286	1929	271	25	9	12	6
商丘市	Shangqiu	1368	364	1347	356	9	2	12	6
信阳市	Xinyang	1147	306	1133	296	2	2	12	8
周口市	Zhoukou	1305	67	1282	60	11	4	12	3
驻马店市	Zhumadian	1353	160	1329	149	12	4	12	7
湖北省	**Hubei**								
武汉市	Wuhan	2651	2651						
黄石市	Huangshi	779	311	736	285	25	13	18	13
十堰市	Shiyan	902	562	885	549	5	4	12	9
宜昌市	Yichang	1203	316	1153	290	29	13	21	13
襄阳市	Xiangyang	1571	648	1509	605	27	12	35	31
鄂州市	Ezhou	499	499	481	481	9	9	9	9
荆门市	Jingmen	1065	260	1042	249	12	7	11	4
孝感市	Xiaogan	1125	237	1078	217	23	8	24	12
荆州市	Jingzhou	1148	468	1125	452	13	9	10	7
黄冈市	Huanggang	1448	116	1402	102	32	9	14	5
咸宁市	Xianning	911	247	887	239	19	6	5	2
随州市	Suizhou	672	220	652	209	14	7	6	4

2-17 续表 4 continued 4

单位：个 (unit)

城 市	City	工业企业数 Number of Industrial Enterprises		内资企业 Domestic Funded		港、澳、台商投资企业 Enterprises with Funds from Hong Kong, Macao and Taiwan		外商投资企业 Foreign Funded Enterprises	
		全 市 Total City	市辖区 Districts under City	全 市 Total City	市辖区 Districts under City	全 市 Total City	市辖区 Districts under City	全 市 Total City	市辖区 Districts under City
湖南省	**Hunan**								
长沙市	Changsha	2934	988	2791	934	67	29	76	25
株洲市	Zhuzhou	1721	547	1681	522	23	18	17	7
湘潭市	Xiangtan	971	458	942	436	13	10	16	12
衡阳市	Hengyang	1024	224	998	210	16	6	10	8
邵阳市	Shaoyang	1410	213	1382	201	16	7	12	5
岳阳市	Yueyang	1301	347	1268	333	12	7	21	7
常德市	Changde	1264	427	1233	414	20	9	11	4
张家界市	Zhangjiajie	206	88	203	88	2		1	
益阳市	Yiyang	1132	526	1099	507	23	15	10	4
郴州市	Chenzhou	1119	236	1073	225	36	9	10	2
永州市	Yongzhou	1085	288	1023	272	49	11	13	5
怀化市	Huaihua	650	64	636	61	7	1	6	2
娄底市	Loudi	898	268						
广东省	**Guangdong**								
广州市	Guangzhou	4675	4675	3284	3284	751	751	640	640
韶关市	Shaoguan	446	156	385	132	45	15	16	9
深圳市	Shenzhen	7950	7950	5508	5508	1822	1822	620	620
珠海市	Zhuhai	1170	1170	676	676	296	296	198	198
汕头市	Shantou	1988	1984	1773	1772	142	141	73	71
佛山市	Foshan	6206	6206			711	711	428	428
江门市	Jiangmen	2300	1259	1637	911	491	264	172	84
湛江市	Zhanjiang	891	251	814	206	77	45		
茂名市	Maoming	1061	399	997	387	51	7	13	5
肇庆市	Zhaoqing	1175	662	925	493	161	102	89	67
惠州市	Huizhou	2376	1325	1477	742	668	409	231	174
梅州市	Meizhou	473	156	424	140	37	10	12	6
汕尾市	Shanwei	246	51	187	28	54	20	5	3
河源市	Heyuan	617	223	394	78				
阳江市	Yangjiang	546	360	468	305	57	39	21	16
清远市	Qingyuan	653	371	484	283	133	62	36	26
东莞市	Dongguan	7704		4561		2085		1058	
中山市	Zhongshan	3212		2301		577		334	
潮州市	Chaozhou	923	803	789	681	100	90	34	32
揭阳市	Jieyang	1955	1057	1796	974	126	65	33	18
云浮市	Yunfu	342	133	278	101	54	27	10	5
广西壮族自治区	**Guangxi**								
南宁市	Nanning	1005	757	922	685	44	38	39	34
柳州市	Liuzhou	876	664	837	629	14	13	25	22
桂林市	Guilin	648	190	619	172	11	5	18	13
梧州市	Wuzhou	410	196	368	162	28	24	14	10
北海市	Beihai	229	149	196	126	24	17	9	6
防城港市	Fangchenggang	157	99	140	83	8	7	9	9
钦州市	Qinzhou	343	157	317	140	20	12	6	5
贵港市	Guigang	567	337	535	321	21	10	11	6

2-17 续表 5 continued 5

单位：个 (unit)

城 市	City	工业企业数 Number of Industrial Enterprises 全 市 Total City	工业企业数 Number of Industrial Enterprises 市辖区 Districts under City	内资企业 Domestic Funded 全 市 Total City	内资企业 Domestic Funded 市辖区 Districts under City	港、澳、台商投资企业 Enterprises with Funds from Hong Kong, Macao and Taiwan 全 市 Total City	港、澳、台商投资企业 Enterprises with Funds from Hong Kong, Macao and Taiwan 市辖区 Districts under City	外商投资企业 Foreign Funded Enterprises 全 市 Total City	外商投资企业 Foreign Funded Enterprises 市辖区 Districts under City
玉林市	Yulin	584	123	527	114	44	4	13	5
百色市	Baise	368	46	355	43	12	3	1	
贺州市	Hezhou	220	136	202	126	13	6	5	4
河池市	Hechi	175	68	170	64	3	2	2	2
来宾市	Laibin	240	90	231	85	6	3	3	2
崇左市	Chongzuo	247	48	228	40	4	1	15	7
海南省	**Hainan**								
海口市	Haikou	147	147	115	115	14	14	18	18
三亚市	Sanya	22	22	18	18	1	1	3	3
三沙市	Sansha								
儋州市	Danzhou	18		15		1		2	
重庆市	**Chongqing**	**6438**	**5789**	**6021**	**5382**	**145**	**136**	**272**	**271**
四川省	**Sichuan**								
成都市	Chengdu	3438	2075	3155	1849	92	75	191	151
自贡市	Zigong	535	322	524	313	2	1	9	8
攀枝花市	Panzhihua	325	237	319					
泸州市	Luzhou	680	372	664	362	7	5	9	5
德阳市	Deyang	1340	491	1305	477	13	5	22	9
绵阳市	Mianyang	1003	522	972	498	16	11	15	13
广元市	Guangyuan	486	254	480	249	1	1	5	4
遂宁市	Suining	539	264	520	250	7	7	12	7
内江市	Neijiang	330	118	316	110	9	4	5	4
乐山市	Leshan	625	235	611	230	9	1	5	4
南充市	Nanchong	748	280	737	274	6	3	5	3
眉山市	Meishan	569	297	546	277	8	6	15	14
宜宾市	Yibin	766	330	757	325	6	3	3	2
广安市	Guang'an	552	154	540	145	7	5	5	4
达州市	Dazhou	634	189	630	186	2	2	2	1
雅安市	Ya'an	340	98	333	95	5	2	2	1
巴中市	Bazhong	307	132	305	131	1	1	1	
资阳市	Ziyang	325	144	313	135	5	3	7	6
贵州省	**Guizhou**								
贵阳市	Guiyang	772	474	733	445	19	12	20	17
六盘水市	Liupanshui	427	68	421	66	3		3	2
遵义市	Zunyi								
安顺市	Anshun	373	278	365	272	6	4	2	2
毕节市	Bijie	499	45	495	45	2		2	
铜仁市	Tongren	579	146	575	143	4	3		
云南省	**Yunnan**								
昆明市	Kunming	1015	582	945	534	35	26	35	22
曲靖市	Qujing	656	255	647	250	3	1	6	4
玉溪市	Yuxi	422	164	407	153	8	6	7	5
保山市	Baoshan	269	96	265	94	2	1	2	1
昭通市	Zhaotong	132	27	127	24	4	3	1	
丽江市	Lijiang	80	12	79	12	1			
普洱市	Pu'er	165	42	158	39	2		5	3
临沧市	Lincang	179	35	178	34			1	1

2−17 续表 6 continued 6

单位：个 (unit)

城市	City	工业企业数 Number of Industrial Enterprises		内资企业 Domestic Funded		港、澳、台商投资企业 Enterprises with Funds from Hong Kong, Macao and Taiwan		外商投资企业 Foreign Funded Enterprises	
		全市 Total City	市辖区 Districts under City	全市 Total City	市辖区 Districts under City	全市 Total City	市辖区 Districts under City	全市 Total City	市辖区 Districts under City
西藏自治区	**Tibet**								
拉萨市	Lasa	77	35	74	32	2	2	1	1
日喀则市	Xigaze	18	8	18	8				
昌都市	Qamdo	5	4	5	4				
林芝市	Linzhi	3	3	3	3				
山南市	Shannan	16	4	16	4				
那曲市	Naqu	3		3					
陕西省	**Shaanxi**								
西安市	Xi'an	1385	1292	1269	1178	26	26	90	88
铜川市	Tongchuan	235	216	232	213	1	1	2	2
宝鸡市	Baoji	767	321	754	314	5		8	7
咸阳市	Xianyang	720	141	697	135	10	4	13	2
渭南市	Weinan	591	121	579	116	2	1	10	4
延安市	Yan'an	202	46	199	45	1	1	2	
汉中市	Hanzhong	606	201	597	199	7	1	2	1
榆林市	Yulin	860	125	855	121	1	1	4	3
安康市	Ankang	708	167	704	166	1		3	1
商洛市	Shangluo	282	32	282	32				
甘肃省	**Gansu**								
兰州市	Lanzhou	322	166	310	160	6	2	6	4
嘉峪关市	Jiayuguan	51		51					
金昌市	Jinchang	103	51	103	51				
白银市	Baiyin	130	64	127	62	1		2	2
天水市	Tianshui	177	103	175	101			2	2
武威市	Wuwei	198	103	193	101	3	1	2	1
张掖市	Zhangye	204	71	200	69			4	2
平凉市	Pingliang	57	19	57	19				
酒泉市	Jiuquan	180	43	169	42	2		9	1
庆阳市	Qingyang	109	26	108	26			1	
定西市	Dingxi	147	50	146	50	1			
陇南市	Longnan	72	13	72	13				
青海省	**Qinghai**								
西宁市	Xining	252	150	243	143	3	2	6	5
海东市	Haidong	78	36	77	35	1	1		
宁夏回族自治区	**Ningxia**								
银川市	Yinchuan	467	137	443	121	12	6	12	10
石嘴山市	Shizuishan	240	137	230	131	3	2	7	4
吴忠市	Wuzhong	373	138	371	137			2	1
固原市	Guyuan	33	17	32	16			1	1
中卫市	Zhongwei	134	83	127	82	5		2	1
新疆维吾尔自治区	**Xinjiang**								
乌鲁木齐市	Urumqi	344	337	329	322	5	5	10	10
克拉玛依市	Karamay	88	88	87	87			1	1
吐鲁番市	Turpan	138	45	135	43	1	1	2	1
哈密市	Hami	203	171	198	166	3	3	2	2

2–18 规模以上工业企业资产状况
Assets of Industrial Enterprises above Designated Size

单位：万元 (10 000 yuan)

城　市	City	流动资产合计 Total Current Assets		固定资产合计 Total Fixed Assets	
		全　市 Total City	市辖区 Districts under City	全　市 Total City	市辖区 Districts under City
北京市	**Beijing**	**179385253**	**179385253**		
天津市	**Tianjin**	**107285190**	**107285190**		
河北省	**Hebei**				
石家庄市	Shijiazhuang	30967519	23821067	16207483	10592878
唐山市	Tangshan	39271971	25176211		
秦皇岛市	Qinhuangdao	10403161	8241552	5033928	3747536
邯郸市	Handan	24675547	6902412	32073684	17506181
邢台市	Xingtai	13099440	3660414	15552817	5626333
保定市	Baoding	21087403	12464371	17872813	10159577
张家口市	Zhangjiakou	8901429	5265019		
承德市	Chengde	9254500	3464900	11600400	4940300
沧州市	Cangzhou	17672861	8266349	20227090	9410491
廊坊市	Langfang	15260977	6022071	12360466	4994158
衡水市	Hengshui	8398508	4476809	6714922	3982308
山西省	**Shanxi**				
太原市	Taiyuan	25197875	22194444		
大同市	Datong	13122000	11597800	8388800	6115900
阳泉市	Yangquan	9516536	7888137	4714933	2395773
长治市	Changzhi	19133629	2227625	21254403	3745420
晋城市	Jincheng	17382948	2442674		
朔州市	Shuozhou				
晋中市	Jinzhong	11817096	2010875		2555068
运城市	Yuncheng	11927309	660001	12033075	701566
忻州市	Xinzhou	6591080	651088		
临汾市	Linfen	11414223	949357	9363105	1988673
吕梁市	Lvliang	21544148	1972610	26458462	1784516
内蒙古自治区	**Inner Mongolia**				
呼和浩特市	Hohhot	10684274	3358673		
包头市	Baotou	17434228	14143232	21595619	18739097
乌海市	Wuhai	6216431	6216431		
赤峰市	Chifeng	7613193	3515083		
通辽市	Tongliao	5192823	601228		
鄂尔多斯市	Erdos	34212209	6391724		
呼伦贝尔市	Hulunbuir	3592460	1156925	11668882	2855632
巴彦淖尔市	Bayannur	4268661	1006260	8022036	1904335
乌兰察布市	Ulanqab	3522107	348300	7321918	662790
辽宁省	**Liaoning**				
沈阳市	Shenyang				
大连市	Dalian	49105859	42338402	27284525	19245910
鞍山市	Anshan	15729952	10141046		
抚顺市	Fushun	5148653	4442956	5031965	4740120
本溪市	Benxi	10417978	9698405	9604658	8956347
丹东市	Dandong				
锦州市	Jinzhou	5147327	3218296		
营口市	Yingkou	15541022	11209882	12346839	9939698
阜新市	Fuxin	2946876	1783697	3871003	2574963
辽阳市	Liaoyang	9826622	7732582		

2-18 续表 1 continued 1

单位：万元 (10 000 yuan)

城市	City	流动资产合计 Total Current Assets		固定资产合计 Total Fixed Assets	
		全市 Total City	市辖区 Districts under City	全市 Total City	市辖区 Districts under City
盘锦市	Panjin				
铁岭市	Tieling				
朝阳市	Chaoyang	3555387	1090904		
葫芦岛市	Huludao	3958127	2102494		
吉林省	**Jilin**				
长春市	Changchun	51068000	49017700		
吉林市	Jilin	16032341	6164928	16032341	13065526
四平市	Siping	2892397	1247256		
辽源市	Liaoyuan				
通化市	Tonghua	5646151	1937429	6956032	3696216
白山市	Baishan				
松原市	Songyuan				
白城市	Baicheng				
黑龙江省	**Heilongjiang**				
哈尔滨市	Harbin	23992363	21494295	10993857	9335785
齐齐哈尔市	Qiqihar	7714671	4992438	5621346	3977520
鸡西市	Jixi	2826721	1425925		
鹤岗市	Hegang	1406512	1203246		
双鸭山市	Shuangyashan	2180280	1458674	2252304	1809820
大庆市	Daqing	18957133	17838347		
伊春市	Yichun	1239548	1052077		
佳木斯市	Jiamusi	2056004	1191064	3385234	1399462
七台河市	Qitaihe	2335488	1954752	1573398	1443135
牡丹江市	Mudanjiang	2000243	1169107		
黑河市	Heihe	1057468	218314	1134979	276424
绥化市	Suihua	2659634	259753	3613971	142611
上海市	**Shanghai**	**255868131**	**255868131**	**81072251**	**81072251**
江苏省	**Jiangsu**				
南京市	Nanjing	70165700	70165700	58363200	58363200
无锡市	Wuxi	104951100	47714308	36645157	18524252
徐州市	Xuzhou	30462800	23868838		
常州市	Changzhou	61100700	54472608		
苏州市	Suzhou	200444800	90513668	119939534	49224790
南通市	Nantong	47069000	16361369	51055305	15942834
连云港市	Lianyungang	14508900	11638919	13557348	11198599
淮安市	Huai'an	13343300	9507743	9123307	6955537
盐城市	Yancheng	24189200	11829916	27313016	11150784
扬州市	Yangzhou	27230000	16452275	22945099	12934363
镇江市	Zhenjiang	28920900	11107089	27515289	13499321
泰州市	Taizhou	34346000	15172926	23187868	9766950
宿迁市	Suqian	13253900	8562149	11450520	6635569
浙江省	**Zhejiang**				
杭州市	Hangzhou	98854167	93971447	29852451	27084668
宁波市	Ningbo	94912652	59780682	38548789	25826405
温州市	Wenzhou	28022270	8833719		
嘉兴市	Jiaxing	53416070	12948869	54554252	11647070
湖州市	Huzhou	24104877	9884351		

2-18 续表 2 continued 2

单位：万元 (10 000 yuan)

城 市	City	流动资产合计 Total Current Assets		固定资产合计 Total Fixed Assets	
		全 市 Total City	市辖区 Districts under City	全 市 Total City	市辖区 Districts under City
绍兴市	Shaoxing	44743727	26791897		
金华市	Jinhua	23816952	5282255	9641147	1806161
衢州市	Quzhou	9164845	5262764		
舟山市	Zhoushan	9456798	5201798		
台州市	Taizhou	32151428	10655502		
丽水市	Lishui	6958523	3026738		
安徽省	**Anhui**				
合肥市	Hefei	53619300	43368651		
芜湖市	Wuhu	28477677	22387575	12041825	9018951
蚌埠市	Bengbu	9220531	6829084	4522776	3290865
淮南市	Huainan	5854033	5021278	9118938	8364883
马鞍山市	Maanshan	13797359	10240789		
淮北市	Huaibei	6404626	4513909	6139530	5043156
铜陵市	Tongling	9203860	8856181	5570844	5285283
安庆市	Anqing	8018982	2506479	10882588	5240672
黄山市	Huangshan	2049676	1020401	960296	459322
滁州市	Chuzhou	12558618	4141277	7488291	2769689
阜阳市	Fuyang	7247875	2578227	5692005	2660560
宿州市	Suzhou	3589650	927041		
六安市	Lu'an	6598093	2391643	7748656	2507574
亳州市	Bozhou	5512476	3847146		
池州市	Chizhou	2720269	1615847	2643335	1909790
宣城市	Xuancheng	9387456	911742	7468577	834125
福建省	**Fujian**				
福州市	Fuzhou	35163195	17341678	25510366	9918984
厦门市	Xiamen	38576099	38576099	14731577	14731577
莆田市	Putian	9033355	7282867	11166149	9589764
三明市	Sanming	7343986	2273816	5959638	2201842
泉州市	Quanzhou	48299018	10608977	22866618	5109263
漳州市	Zhangzhou	18969238	3455281	10256564	2189985
南平市	Nanping	5078366	1848385	7547063	3044855
龙岩市	Longyan	10157422	5356550	5134161	2654302
宁德市	Ningde	16536497	8472597		
江西省	**Jiangxi**				
南昌市	Nanchang	33530461	28034940	17114094	14564266
景德镇市	Jingdezhen	3640062	2701314		
萍乡市	Pingxiang	2949298	1956665		
九江市	Jiujiang	10909141	3375646	13106056	4087431
新余市	Xinyu	6911627	6265651	5928697	5052018
鹰潭市	Yingtan	11959113	1078187	6978531	1692735
赣州市	Ganzhou	12399474	6504329	5925282	2136625
吉安市	Ji'an	6879222	847063		
宜春市	Yichun	11368098	2027824		
抚州市	Fuzhou	4131648	2623145	6516311	4719804
上饶市	Shangrao	10591312	1138901	8904953	1544233
山东省	**Shandong**				
济南市	Jinan	38250050	35705217		

2-18 续表 3 continued 3

单位：万元 (10 000 yuan)

城　市	City	流动资产合计 Total Current Assets		固定资产合计 Total Fixed Assets	
		全　市 Total City	市辖区 Districts under City	全　市 Total City	市辖区 Districts under City
青岛市	Qingdao	78607024	67111215	23334538	17529025
淄博市	Zibo	14220251	10352998	56347361	41460365
枣庄市	Zaozhuang	7148938	4244986	10348202	5822530
东营市	Dongying	41986280	25897295	15939317	10850022
烟台市	Yantai	51781147	29911545		
潍坊市	Weifang	46865745	15408684	21559305	6432255
济宁市	Jining	40413469	15112636	28865163	8851814
泰安市	Tai'an	19670519	6578024		
威海市	Weihai	21240354	15984408	19622620	10548216
日照市	Rizhao	17486701	13459593		
莱芜市	Laiwu	7675982	7675982		
临沂市	Linyi	25202318	11536189	27702567	9606573
德州市	Dezhou	16578061	5245888	23715183	5522163
聊城市	Liaocheng	21802910	3775439	11806605	2258385
滨州市	Binzhou	40560983	5125168	33243983	6823398
菏泽市	Heze	14713864	4510042	13535928	3235466
河南省	**Henan**				
郑州市	Zhengzhou				
开封市	Kaifeng	7455527	4902335	6855911	2957229
洛阳市	Luoyang	27617535	11675339	22892456	7039802
平顶山市	Pingdingshan				
安阳市	Anyang	9043861	5819734	8460229	6223927
鹤壁市	Hebi	3998500	1976500	4243300	1543500
新乡市	Xinxiang	13087300	5789700	7142200	2645000
焦作市	Jiaozuo	13926872	4832346	19815092	7427305
濮阳市	Puyang	4374263	2322643	3850663	2503089
许昌市	Xuchang	18261904	6392763	11800865	2953553
漯河市	Luohe	5600055	3386448	9479105	3648574
三门峡市	Sanmenxia	10878811	3281508	6669533	2020053
南阳市	Nanyang	12655891	3422760		
商丘市	Shangqiu	9432564	1372237	8040195	1476041
信阳市	Xinyang	5196593	2071375	10001982	3882257
周口市	Zhoukou	9617505	1285737		
驻马店市	Zhumadian	5763561	2444667		
湖北省	**Hubei**				
武汉市	Wuhan				
黄石市	Huangshi	11187537	5186788	9332928	5092800
十堰市	Shiyan	13892560	12094741	4735113	2589386
宜昌市	Yichang	12058202	5633554	19723326	13818462
襄阳市	Xiangyang	18189800	12286500	19710300	10509500
鄂州市	Ezhou	2940000	2940000	2808500	2808500
荆门市	Jingmen	7480000	3701600	7427700	2733800
孝感市	Xiaogan	6369638	1699923	24345948	1465954
荆州市	Jingzhou	10033802	4362071	5523528	2175536
黄冈市	Huanggang	6532677	892917	5677116	837404
咸宁市	Xianning	4396410	1880652	4128594	1120497
随州市	Suizhou	3291988	1995088	4302560	1717392

2-18 续表 4 continued 4

单位：万元 (10 000 yuan)

城　市	City	流动资产合计 Total Current Assets		固定资产合计 Total Fixed Assets	
		全　市 Total City	市辖区 Districts under City	全　市 Total City	市辖区 Districts under City
湖南省	**Hunan**				
长沙市	Changsha				
株洲市	Zhuzhou	15686893	12949485	14499276	3893422
湘潭市	Xiangtan	7841658	7164212	5149210	4231557
衡阳市	Hengyang	6590610	3983823	9414662	4176247
邵阳市	Shaoyang	2485971	906979	5923406	1140828
岳阳市	Yueyang	6786693	3946729	7156700	4735948
常德市	Changde	11241024	7922318	6556689	2479809
张家界市	Zhangjiajie	421616	223888	1023341	632797
益阳市	Yiyang	4554266	2508766	6635136	2691087
郴州市	Chenzhou	7019589	4491979	10096893	4231503
永州市	Yongzhou	2335086	1160005	3999319	874594
怀化市	Huaihua	1911306	259054	5823293	723824
娄底市	Loudi	4652348	2183869	7997178	4059064
广东省	**Guangdong**				
广州市	Guangzhou	99067099	99067099		
韶关市	Shaoguan	6176499	3478516	10327889	6241897
深圳市	Shenzhen	257132000	257132000		
珠海市	Zhuhai	47162970	47162970	22481779	22481779
汕头市	Shantou				
佛山市	Foshan	71652731	71652731		
江门市	Jiangmen	21012788	12985688		
湛江市	Zhanjiang	10097492	5947331		
茂名市	Maoming	4268084	3442014	6696191	4579054
肇庆市	Zhaoqing	8555845	5842301		
惠州市	Huizhou	36744179	30951090		
梅州市	Meizhou	4210185	2407699		
汕尾市	Shanwei	2676926	1302948		
河源市	Heyuan	4714853	2571457		
阳江市	Yangjiang	4211467	2745478		
清远市	Qingyuan	10396696	6003876		
东莞市	Dongguan	103009892			
中山市	Zhongshan	28726550		9122754	
潮州市	Chaozhou	3549933	3022344		
揭阳市	Jieyang	11912509	3454747	8294230	3463857
云浮市	Yunfu	2589608	1197371	3472062	2148639
广西壮族自治区	**Guangxi**				
南宁市	Nanning	14213943	12336133		
柳州市	Liuzhou	19248918	18083272		
桂林市	Guilin	5175415	3144836		
梧州市	Wuzhou	3252719	2264869		
北海市	Beihai	6021307	5395250		
防城港市	Fangchenggang	5630962	5174699		
钦州市	Qinzhou	4300326	3674200	5359771	5018910
贵港市	Guigang	4015876	2436374		

2-18 续表 5 continued 5

单位：万元 (10 000 yuan)

城市	City	流动资产合计 Total Current Assets 全市 Total City	流动资产合计 Total Current Assets 市辖区 Districts under City	固定资产合计 Total Fixed Assets 全市 Total City	固定资产合计 Total Fixed Assets 市辖区 Districts under City
玉林市	Yulin	4955096	2428845		
百色市	Baise	5971189	1367607	9137674	2227081
贺州市	Hezhou	2245181	1561074	1673280	671938
河池市	Hechi	2731270	1101780		
来宾市	Laibin	2495960	1568950		
崇左市	Chongzuo	3440777	632973		
海南省	**Hainan**				
海口市	Haikou	4393793	4393793	2121861	2121861
三亚市	Sanya	445735	445735	548434	548434
三沙市	Sansha				
儋州市	Danzhou	209540		205837	
重庆市	**Chongqing**	**94890957**	**91204841**	**69223773**	**63831839**
四川省	**Sichuan**				
成都市	Chengdu	79393066	65446330	27736491	19477557
自贡市	Zigong	5667900	4751900	3444600	2507200
攀枝花市	Panzhihua	7068944			
泸州市	Luzhou	6664232	4314303	6369024	3781965
德阳市	Deyang	17273079	8873515		
绵阳市	Mianyang	14660396	12191968	6326765	3249781
广元市	Guangyuan	2453980	1555112	3892723	1536595
遂宁市	Suining	3967228	1397552	5271219	2524883
内江市	Neijiang	3901145	968832	2693347	800832
乐山市	Leshan	6980126	3695903	11828835	6703945
南充市	Nanchong	5440797	3349423	9265052	5023436
眉山市	Meishan	4197608	2369923	3053284	2532812
宜宾市	Yibin	16801518	14155462	10263448	6068942
广安市	Guang'an	2498581	1131366	3403454	665974
达州市	Dazhou	4061500	1638700	8472200	3414200
雅安市	Ya'an	2577129	920931	8422198	1070447
巴中市	Bazhong	893293	422046	1227621	373951
资阳市	Ziyang	2579159	1977201	2323041	1549679
贵州省	**Guizhou**				
贵阳市	Guiyang	17994668	11370545		
六盘水市	Liupanshui	7423900	2399900	12450700	1804400
遵义市	Zunyi				
安顺市	Anshun	4693208	4134978	1967532	1043905
毕节市	Bijie	4148800	240320	6729400	318218
铜仁市	Tongren	2339640	904186	2224389	542480
云南省	**Yunnan**				
昆明市	Kunming	27725650	20708370		
曲靖市	Qujing	8293945	4465715	7689086	2885749
玉溪市	Yuxi	9507000	6751844	4245500	3013038
保山市	Baoshan	3020750	1529647	2952799	1520127
昭通市	Zhaotong	2908804	1135871	10735294	1432552
丽江市	Lijiang	2099335	611857	6286149	858469
普洱市	Pu'er	1651025	444863	6941734	1771795
临沧市	Lincang	1790721	202395	3546423	1141956

2-18 续表 6 continued 6

单位：万元 (10 000 yuan)

城 市	City	流动资产合计 Total Current Assets 全 市 Total City	流动资产合计 Total Current Assets 市辖区 Districts under City	固定资产合计 Total Fixed Assets 全 市 Total City	固定资产合计 Total Fixed Assets 市辖区 Districts under City
西藏自治区	**Tibet**				
拉萨市	Lasa	3502861	2809131	7735872	3970740
日喀则市	Xigaze	264306		375646	
昌都市	Qamdo	1303920	231204	1061215	265417
林芝市	Linzhi	144189	144189	272562	272562
山南市	Shannan	167905	27906	890808	23595
那曲市	Naqu	24832			
陕西省	**Shaanxi**				
西安市	Xi'an	40695000	40192000		
铜川市	Tongchuan	2150136	2069460	3555942	3485056
宝鸡市	Baoji	11278424	7241257	8243719	4280658
咸阳市	Xianyang	8899341	2641817		
渭南市	Weinan	9270910	1315584	9010589	885610
延安市	Yan'an	19673300	16375100	33103400	29350500
汉中市	Hanzhong	5964401	1612537	3984025	1250016
榆林市	Yulin	21398600	4123400		
安康市	Ankang	2722884	841564	2928733	509822
商洛市	Shangluo	3182000	865400	3461000	635600
甘肃省	**Gansu**				
兰州市	Lanzhou	11749200	6701200	7060600	4167900
嘉峪关市	Jiayuguan	6095000		1206900	
金昌市	Jinchang	6664678	5956784	10378425	9105942
白银市	Baiyin	4215016	3641674	5613734	4240344
天水市	Tianshui	2294277	1997990	2920651	2535017
武威市	Wuwei	2020060	1239830	3926027	1936686
张掖市	Zhangye	1405662	538288	2844938	939442
平凉市	Pingliang	1121354	293926	2210788	
酒泉市	Jiuquan	3559471	586079	7645108	652053
庆阳市	Qingyang	1228566	503973	6810970	421560
定西市	Dingxi	1233227	387495	1910443	646926
陇南市	Longnan	1484156	64024	2521035	353320
青海省	**Qinghai**				
西宁市	Xining	8329060	4311202	14303889	8620526
海东市	Haidong	1627590	472092	3167915	298727
宁夏回族自治区	**Ningxia**				
银川市	Yinchuan	13747009	4421873	18214524	2949520
石嘴山市	Shizuishan	5176110	3186478	6621921	4175975
吴忠市	Wuzhong	5240370	1676630		
固原市	Guyuan	371528	238936	1162764	669768
中卫市	Zhongwei	12766046	1929845		
新疆维吾尔自治区	**Xinjiang**				
乌鲁木齐市	Urumqi	15002712	14858138		
克拉玛依市	Karamay	7022273	7022273	12513700	12513700
吐鲁番市	Turpan	2603409	479558	3165239	541051
哈密市	Hami	4299025	3388686		

2-19 规模以上工业企业主要财务指标
Main Financial Indicators of Industrial Enterprises above Designated Size

单位：万元 (10 000 yuan)

城 市	City	主营业务税金及附加 Tax and Extra Charges from Principal Business		本年应交增值税 Value-added Tax Payable		利润总额 Total Profits	
		全 市 Total City	市辖区 Districts under City	全 市 Total City	市辖区 Districts under City	全 市 Total City	市辖区 Districts under City
北京市	**Beijing**	**3791392**	**3791392**	**5656365**	**5656365**	**15300110**	**15300110**
天津市	**Tianjin**	**3091792**	**3091792**	**4383260**	**4383260**	**12006814**	**12006814**
河北省	**Hebei**						
石家庄市	Shijiazhuang	1427861	1332285	1426055	1036497	2541849	1280168
唐山市	Tangshan	631656	400281	2391252	1268046	6510000	2421460
秦皇岛市	Qinhuangdao	110512	73424	371670	190599	1304589	661956
邯郸市	Handan	272014	95495	1275038	399166	3111483	567104
邢台市	Xingtai	137125	44317	501982	150268	1332590	154273
保定市	Baoding	606137	535117	763757	476489	1661731	733871
张家口市	Zhangjiakou	552750	501551	334113	247242	534010	141342
承德市	Chengde	152400	46300			787700	127500
沧州市	Cangzhou	1348374	701853	846631	386231	1793517	997442
廊坊市	Langfang	131731	51010	490649	232806	879314	323012
衡水市	Hengshui	98894	72943	260385	161158	715453	465433
山西省	**Shanxi**						
太原市	Taiyuan	574452	516324	950627	771559	899956	428751
大同市	Datong	335000	295900	588800	519200	703900	504300
阳泉市	Yangquan	178202	128518	307836	237832	74814	145138
长治市	Changzhi	669905	46659	940517	132958	2079099	245119
晋城市	Jincheng	376206	11218	938464	69897	1907431	163558
朔州市	Shuozhou						
晋中市	Jinzhong	418306	23792	805485	91008	2283509	240884
运城市	Yuncheng	134736	4886	464402	16370	1234044	-13915
忻州市	Xinzhou	219749	1665	417689	26066	688517	67288
临汾市	Linfen	360618	41637	762043	33562	1469480	-23025
吕梁市	Lvliang	860585	43724	1358412	60799	2529716	98434
内蒙古自治区	**Inner Mongolia**						
呼和浩特市	Hohhot	1135625	1017975	692533	190526	1793994	298231
包头市	Baotou	282413	248803	446775	381803	1350409	1275047
乌海市	Wuhai					765493	765493
赤峰市	Chifeng	180705	110927	255665	155193	629543	155194
通辽市	Tongliao					620679	77455
鄂尔多斯市	Erdos	1829900	193781	2081211	238576	7061498	470142
呼伦贝尔市	Hulunbuir	229740	40113	285199	8965	302032	-72952
巴彦淖尔市	Bayannur	108592	9959	202427	21063	352186	35151
乌兰察布市	Ulanqab	57267	3411	182245	6995	190815	-8807
辽宁省	**Liaoning**						
沈阳市	Shenyang						
大连市	Dalian	2044811	1991582	1306651	1082151	5033871	4569425
鞍山市	Anshan	298636	229731	638025	437357	1551682	952469
抚顺市	Fushun	800785	785880	434154	422045	604764	
本溪市	Benxi	95218	81631	258372	219472	246742	163588
丹东市	Dandong						
锦州市	Jinzhou	651698	641911	245383	208145	534787	444071
营口市	Yingkou	389744	333726	514296	375147	1485113	1236619
阜新市	Fuxin	28081	19337	89255	65064	149599	77148
辽阳市	Liaoyang	819870	781203	336300	253850	587796	392931

2–19 续表 1 continued 1

单位：万元 (10 000 yuan)

城　市	City	主营业务税金及附加 Tax and Extra Charges from Principal Business		本年应交增值税 Value-added Tax Payable		利润总额 Total Profits	
		全　市 Total City	市辖区 Districts under City	全　市 Total City	市辖区 Districts under City	全　市 Total City	市辖区 Districts under City
盘锦市	Panjin						
铁岭市	Tieling						
朝阳市	Chaoyang	78032	20887	235071	76854	446398	154030
葫芦岛市	Huludao	718980	701826	223023	167291	414606	309347
吉林省	**Jilin**						
长春市	Changchun	2523800	2469500	2484600	2459800	6724600	6603800
吉林市	Jilin	913022	885895	554505	458574	490439	544727
四平市	Siping	171247	152948	110065		93557	28227
辽源市	Liaoyuan						
通化市	Tonghua	100466	27578	270274	111245	714248	165473
白山市	Baishan						
松原市	Songyuan						
白城市	Baicheng						
黑龙江省	**Heilongjiang**						
哈尔滨市	Harbin	1154955	1128264	791976	715410	1007034	971499
齐齐哈尔市	Qiqihar	62871	42896	189534	97755	328079	37866
鸡西市	Jixi	38729	32759	130318	108809	196830	84438
鹤岗市	Hegang	36181	28677	81623	73910	149565	134779
双鸭山市	Shuangyashan	38253	33239	123334	108613	95715	68968
大庆市	Daqing	2455860	2430189	1735304	1721607	2568478	2314705
伊春市	Yichun	30352	5890	57682	32099	154988	88499
佳木斯市	Jiamusi	17468	12496	57187	45236	135932	72772
七台河市	Qitaihe	39931	36676	164922	143454	98096	66859
牡丹江市	Mudanjiang	26198	20816	64842	52290	91981	90500
黑河市	Heihe	21312	4174	36455	17618	208711	25026
绥化市	Suihua	26688	897	61779	1569	130104	7666
上海市	**Shanghai**	**10713018**	**10713018**	**9013317**	**9013317**	**33504429**	**33504429**
江苏省	**Jiangsu**						
南京市	Nanjing	4816400	4816400	3323500	3323500	8949600	8949600
无锡市	Wuxi	782845	413267	3919059	1809230	12049400	6323177
徐州市	Xuzhou	1846125	1728547	1778257	1212325	2927100	1889649
常州市	Changzhou	521554	453037	3365123	2923518	7262600	6384042
苏州市	Suzhou	1537245	631220	5709102	2374196	20340800	9483164
南通市	Nantong	772680	240760	4934313	1171702	11655500	2752010
连云港市	Lianyungang	320815	276021	1163099	1026656	2304700	2253031
淮安市	Huai'an	1262648	1120461	1081591	771098	2134000	1715900
盐城市	Yancheng	525596	278109	1712251	615915	2983100	786427
扬州市	Yangzhou	664240	361456	2474596	1460027	4248800	2706550
镇江市	Zhenjiang	228942	104734	1484852	590994	2333600	1425920
泰州市	Taizhou	474449	302488	2272855	1109365	4555100	2000921
宿迁市	Suqian	57971	37710	89635	25095	2718300	1916585
浙江省	**Zhejiang**						
杭州市	Hangzhou	2976718	2911928	4860306	4528800	10151571	9387351
宁波市	Ningbo	4033288	3486917	4513910	2706961	12594960	7921929
温州市	Wenzhou	244667	91286	1443435	484299	2553866	760610
嘉兴市	Jiaxing	471015	99712	2709306	490291	6097528	1243087
湖州市	Huzhou	291916	77347	1167039	362972	2577169	910163

2-19 续表 2 continued 2

单位：万元 (10 000 yuan)

城　市	City	主营业务税金及附加 Tax and Extra Charges from Principal Business		本年应交增值税 Value-added Tax Payable		利润总额 Total Profits	
		全　市 Total City	市辖区 Districts under City	全　市 Total City	市辖区 Districts under City	全　市 Total City	市辖区 Districts under City
绍兴市	Shaoxing	343183	217491	1727692	1085775	3965880	2701816
金华市	Jinhua	220845	55571	1289416	263537	1965120	318159
衢州市	Quzhou	98953	52203	403874	204294	1341776	868241
舟山市	Zhoushan	51110	43212	135299	113994	59488	130211
台州市	Taizhou	364462	100416	1441528	500892	3141669	921710
丽水市	Lishui	66079	19726	418161	123520	734683	242012
安徽省	**Anhui**						
合肥市	Hefei	868265	762443	1575736	1175911	3465052	2402497
芜湖市	Wuhu	932393	814551	1640867	950448	3490083	2219821
蚌埠市	Bengbu	667790	616245	369623	298520	1983804	597287
淮南市	Huainan	156446	143731	599061	539754	720212	554448
马鞍山市	Maanshan	223478	164084	866866	508407	2145347	1518097
淮北市	Huaibei	250083	135968	520270	399021	1091234	727934
铜陵市	Tongling	110190	90845	343202	292395	867876	681579
安庆市	Anqing	1119019	1000332	910285	334180	2594531	629938
黄山市	Huangshan	29050	12926	134652	55300	218368	117930
滁州市	Chuzhou	483884	336013	955950	447842	4071152	1353588
阜阳市	Fuyang	487521	257592	1051072	158910	1922225	361868
宿州市	Suzhou	102765	27995	223309	75924	936073	187892
六安市	Lu'an	132865	45630	203636	86411	530247	249272
亳州市	Bozhou	187403	143968	229310	170616	761633	418116
池州市	Chizhou	67201	32767	257101	197779	834564	539875
宣城市	Xuancheng	131191	30100	510318	62805	1377338	154890
福建省	**Fujian**						
福州市	Fuzhou	429520	189428	1674226	784559	5921525	2431905
厦门市	Xiamen	860991	860991	858391	858391	3376144	3376144
莆田市	Putian	220612	183637	573250	463058	2920662	2229275
三明市	Sanming	183633	60303	540289	238971	2076661	884885
泉州市	Quanzhou	1986863	1089840	3692131	738638	13582039	3313332
漳州市	Zhangzhou	221748	39118	1214589	243514	5404851	1164947
南平市	Nanping	109250	30459	384904	116756	1378042	351889
龙岩市	Longyan	983054	900468	704265	380295	1685653	685439
宁德市	Ningde	111603	38191	651324	210780	3470792	1088722
江西省	**Jiangxi**						
南昌市	Nanchang	1481221	1410876	1162360	1038949	3633715	2896825
景德镇市	Jingdezhen	60955	42130	128417	91321	343307	57069
萍乡市	Pingxiang	111911	67080	237214	159090	1014642	732846
九江市	Jiujiang	1277977	1123855	761266	329209	5000257	991211
新余市	Xinyu	82289	76230	313241	288957	1112262	1036541
鹰潭市	Yingtan	169945	21995	553682	105944	892068	308388
赣州市	Ganzhou	238856	83538	766025	294207	2113085	1030972
吉安市	Ji'an	140476	29476	444544	48448	2526928	304288
宜春市	Yichun	309894	26356	826274	85464	2797412	174788
抚州市	Fuzhou	129053	81127	362629	205783	930206	578347
上饶市	Shangrao	192543	56774	568799	124871	1898695	469214
山东省	**Shandong**						
济南市	Jinan	938595	905664	1167916	1072039	3039268	2738924

2-19 续表 3 continued 3

单位：万元 (10 000 yuan)

城 市	City	主营业务税金及附加 Tax and Extra Charges from Principal Business		本年应交增值税 Value-added Tax Payable		利润总额 Total Profits	
		全 市 Total City	市辖区 Districts under City	全 市 Total City	市辖区 Districts under City	全 市 Total City	市辖区 Districts under City
青岛市	Qingdao	1978901	1872981	2200059	1963411	5472206	4778301
淄博市	Zibo	1866216	1493542	1662786	1262458	3495401	2276057
枣庄市	Zaozhuang	159277	100243	438875	277070	995473	545811
东营市	Dongying	2243750	1546461	1563234	1366268	384801	29444
烟台市	Yantai	704840	416023	1476559	732802	6574507	3343848
潍坊市	Weifang	1181541	180757	1821308	508579	4112987	1653597
济宁市	Jining	629596	250738	1625882	653736	4329160	1858081
泰安市	Tai'an	179352	55631	456722	137017	1434140	588311
威海市	Weihai	285842	219293	678556	544356	2155679	1604380
日照市	Rizhao	201333	156909	454523	381840	1603001	1443719
莱芜市	Laiwu	130682	130682	448740	448740	903685	903685
临沂市	Linyi	651356	261023	1642566	778570	4870679	2263432
德州市	Dezhou	435514	65835	623297	210772	2137375	695764
聊城市	Liaocheng	147242	44486	782735	106867	1391009	383718
滨州市	Binzhou	959450	174837	1156455	217604	1919408	462978
菏泽市	Heze	926976	103305	1020463	246082	2989099	1023894
河南省	**Henan**						
郑州市	Zhengzhou						
开封市	Kaifeng	131457	67239	408293	142478	1840551	451939
洛阳市	Luoyang	1362153	987704	1059899	466473	3886474	760782
平顶山市	Pingdingshan						
安阳市	Anyang					956050	587023
鹤壁市	Hebi					1080200	431000
新乡市	Xinxiang						
焦作市	Jiaozuo					3778316	749092
濮阳市	Puyang					199897	-160126
许昌市	Xuchang	997333	612390	903273	308628	3967075	591075
漯河市	Luohe	300133	250631	294924	218191	1514007	809929
三门峡市	Sanmenxia					2253178	489471
南阳市	Nanyang	346941	251668	441408	164099	1138911	-2271
商丘市	Shangqiu					2641995	269080
信阳市	Xinyang	158908	37768	198061	104829	1482790	248491
周口市	Zhoukou					4337376	296870
驻马店市	Zhumadian					2135891	264901
湖北省	**Hubei**						
武汉市	Wuhan	6450000	6450000	4062000	4062000	7334000	7334000
黄石市	Huangshi	184798	57807	370391	157144	1149893	376074
十堰市	Shiyan	200133	141350	821608	514036	2170251	1539067
宜昌市	Yichang	367503	142554	1785676	750084	4446620	2571538
襄阳市	Xiangyang	458100	221800	1895900	716300	6110600	3257700
鄂州市	Ezhou	77525	77525	300919	300919	487997	487997
荆门市	Jingmen	1122500	706500	1453300	352600	2495600	611200
孝感市	Xiaogan	315100	18723	1107299	180967	1374923	220018
荆州市	Jingzhou	194970	44656	986878	283173	2911418	570814
黄冈市	Huanggang	104151	7846	201852	23967	766892	81293
咸宁市	Xianning	141183	37035	608985	119221	2224064	598560
随州市	Suizhou	85073	18841	158500	46582	880422	147827

2-19 续表 4 continued 4

单位：万元 (10 000 yuan)

城　市	City	主营业务税金及附加 Tax and Extra Charges from Principal Business		本年应交增值税 Value-added Tax Payable		利润总额 Total Profits	
		全　市 Total City	市辖区 Districts under City	全　市 Total City	市辖区 Districts under City	全　市 Total City	市辖区 Districts under City
湖南省	**Hunan**						
长沙市	Changsha						
株洲市	Zhuzhou	276554	94587	610057	436391	1241700	596193
湘潭市	Xiangtan	168058	93751	421131	346543	1771728	859040
衡阳市	Hengyang	161621	65575	398463	242056	1169710	406033
邵阳市	Shaoyang	144765	48376	133276	43381	893178	152160
岳阳市	Yueyang	2021155	1376000	610182	397939	1719912	715342
常德市	Changde	3406480	3307976	1032239	830092	1963628	1051887
张家界市	Zhangjiajie	7916	4403	23361	12533	60757	28648
益阳市	Yiyang	179099	92278	195574	93234	889715	338651
郴州市	Chenzhou	553963	331862	327836	176825	1460563	255749
永州市	Yongzhou	249283	204369	168762	80101	602345	150700
怀化市	Huaihua	79673	9116	322958	22159	545916	52577
娄底市	Loudi	156536	70199	375297	215162	1588483	724351
广东省	**Guangdong**						
广州市	Guangzhou	4297060	4297060	4549468	4549468	13994685	13994685
韶关市	Shaoguan	390810	357588	423192	282098	905454	553381
深圳市	Shenzhen	2054177	2054177	7290004	7290004	20221437	20221437
珠海市	Zhuhai	403031	403031	1321653	1321653	4287360	4287360
汕头市	Shantou					2366329	2360716
佛山市	Foshan	1128572	1128572	5252698	5252698	15282530	15282530
江门市	Jiangmen	244795	161452	1409073	895946	4047801	1494410
湛江市	Zhanjiang	1110385	1065972	784244	703776	2326002	2235986
茂名市	Maoming	1735905	1696386	641581	490785	1860512	1379055
肇庆市	Zhaoqing	167794	112606	661740	443669	1539817	986522
惠州市	Huizhou	1276113	1223628	1216175	996653	3373981	2856058
梅州市	Meizhou	423813	396650	268041	179387	435395	285060
汕尾市	Shanwei					207172	111976
河源市	Heyuan	78876	41185	239540	120001	504172	224491
阳江市	Yangjiang	58751	38678	346524	236298	1088733	725796
清远市	Qingyuan	90272	54364	436837	239053	1212715	551430
东莞市	Dongguan	741458		2661006		6119749	
中山市	Zhongshan	243012		1417843		2199510	
潮州市	Chaozhou	65061	55073	315785	257147	910165	762125
揭阳市	Jieyang	155967	75270	509642	279725	1673306	550296
云浮市	Yunfu	32724	16351	131277	68506	355348	156602
广西壮族自治区	**Guangxi**						
南宁市	Nanning	693848	670153	470188	396160	1254050	938717
柳州市	Liuzhou	1085015	1064689	1008472	917827	2303206	2211325
桂林市	Guilin	87034	58810	251893	120324	588771	389409
梧州市	Wuzhou	81583	51060	463570	322356	918034	550558
北海市	Beihai	1003187	985894	639695	626637	950866	912353
防城港市	Fangchenggang	35963	32512	160207	137859	668037	617279
钦州市	Qinzhou	657119	619034	195189	118670	448155	334958
贵港市	Guigang	61001	24444	222585	116423	816972	295518

2-19 续表 5 continued 5

单位：万元 (10 000 yuan)

城 市	City	主营业务税金及附加 Tax and Extra Charges from Principal Business		本年应交增值税 Value-added Tax Payable		利润总额 Total Profits	
		全 市 Total City	市辖区 Districts under City	全 市 Total City	市辖区 Districts under City	全 市 Total City	市辖区 Districts under City
玉林市	Yulin	59892	25125	259175	86492	675951	224509
百色市	Baise	78546	9389	237585	49961	502896	32070
贺州市	Hezhou	26738	17152	129112	92475	149911	41825
河池市	Hechi	28442	5223	192161	36139	347796	26834
来宾市	Laibin	22842	8636	114262	65588	52792	-27083
崇左市	Chongzuo	45712	8485	173092	33591	1237032	243616
海南省	**Hainan**						
海口市	Haikou	193572	193572	306303	306303	345573	345573
三亚市	Sanya	5523	5523	23156	23156	47686	47686
三沙市	Sansha						
儋州市	Danzhou	2070		6893		12162	
重庆市	**Chongqing**	**2632055**	**2547625**	**6207202**	**5811529**	**13333772**	**12453464**
四川省	**Sichuan**						
成都市	Chengdu	3237489	2432857	2923516	2077515	6719220	5200081
自贡市	Zigong	102100	62500	360000	268200	655027	302204
攀枝花市	Panzhihua	99492		623678		1510272	
泸州市	Luzhou	555125	357900	504821	330956	1394398	988530
德阳市	Deyang	358580	145622	989524	386283	3039033	578086
绵阳市	Mianyang	219536	147701	746231	508265	1187974	741838
广元市	Guangyuan	93451	48502	245972	110714	818044	484903
遂宁市	Suining	167897	39064	424569	195524	1383107	596150
内江市	Neijiang	54220	20035	209288	51024	534106	80556
乐山市	Leshan	117277	60974	367295	175400	1186277	611577
南充市	Nanchong	327262	151991	300303	121033	1956966	898963
眉山市	Meishan	70329	42051	321190	209143	735335	453764
宜宾市	Yibin	1017162	912133	1143207	945805	3810834	3150044
广安市	Guang'an	86705	27067	173374	43821	685897	163258
达州市	Dazhou	178000	46800	545600	163100	1057000	285900
雅安市	Ya'an	59336	14121	237682	68332	326382	77684
巴中市	Bazhong	79613	20907	145813	33959	315392	165852
资阳市	Ziyang	55717	36895	98993	63162	388429	99312
贵州省	**Guizhou**						
贵阳市	Guiyang	1239940	1164681	800849	572902	2061953	1727821
六盘水市	Liupanshui	232200	44000	530500	113600	561000	55400
遵义市	Zunyi						
安顺市	Anshun	60353	43182	253547	207518	564487	510163
毕节市	Bijie	192000	4969	156000	7546	409800	5834
铜仁市	Tongren	29772	9029	151166	55498	393461	186956
云南省	**Yunnan**						
昆明市	Kunming	3375010	1806442	1649894	1032206	2192838	1498546
曲靖市	Qujing	1154861	762406	929208	495024	1247602	686400
玉溪市	Yuxi	2542000	2494329	798000	666132	1124000	816151
保山市	Baoshan	39998	11940	203079	77381	570645	227230
昭通市	Zhaotong	444863	378607	418364	124135	871316	130552
丽江市	Lijiang	25695	2320	100129	17299	59193	28054
普洱市	Pu'er	29526	9329	158546	48556	314179	160009
临沧市	Lincang	191515	4053	85274	17476	221779	25780

2-19 续表 6 continued 6

单位：万元 (10 000 yuan)

城市	City	主营业务税金及附加 Tax and Extra Charges from Principal Business 全市 Total City	市辖区 Districts under City	本年应交增值税 Value-added Tax Payable 全市 Total City	市辖区 Districts under City	利润总额 Total Profits 全市 Total City	市辖区 Districts under City
西藏自治区	**Tibet**						
拉萨市	Lasa	24832	9475	19557	-1607	43369	-5868
日喀则市	Xigaze	3129		13953		37476	
昌都市	Qamdo	6930	733	16621	6615	51249	11764
林芝市	Linzhi	1018	1018	7032	7032	33469	33469
山南市	Shannan	2205	168	7109	131	15104	21
那曲市	Naqu	3008		7092		17302	
陕西省	**Shaanxi**						
西安市	Xi'an	351000	346000	1013000	997000	3524000	3455000
铜川市	Tongchuan	66995	63537	150931	146921	301295	280035
宝鸡市	Baoji	399811	87728	470981	176671	2749060	527101
咸阳市	Xianyang	1055104	734673	950952	286287	3020329	490793
渭南市	Weinan	163810	4996	377851	17468	1033144	101840
延安市	Yan'an	3127100	2965800	747000	458600	5190300	353000
汉中市	Hanzhong	408613	295781	325340	187425	749612	235691
榆林市	Yulin	1562500	286600	2570200	477600	12230900	1775600
安康市	Ankang	102963	18132	254315	56463	1675133	395079
商洛市	Shangluo	89000	6900	234000	8900	655000	178600
甘肃省	**Gansu**						
兰州市	Lanzhou	2101900	2077600	837800	806700	682100	973700
嘉峪关市	Jiayuguan	88600		232800		67700	
金昌市	Jinchang	77018	73141	159541	163791	329033	347501
白银市	Baiyin	35878	31847	143227	120881	20042	19183
天水市	Tianshui	15131	12569	55883	50285	106498	128072
武威市	Wuwei	15628	10201	-55239	7546	68880	33507
张掖市	Zhangye	20689	3600	42403	9759	59269	17221
平凉市	Pingliang	36560	6379	118994	25033	172532	9831
酒泉市	Jiuquan	303810	4081	94396	10005	-211715	-7448
庆阳市	Qingyang	690123	510699	321484	113478	881771	153037
定西市	Dingxi	6625	2140	22888	12021	33781	-5587
陇南市	Longnan	42360	963	86274	4202	211318	13883
青海省	**Qinghai**						
西宁市	Xining	59344	34617	183276	118438	-208770	-209526
海东市	Haidong	27817	2021	45677	15029	38191	15029
宁夏回族自治区	**Ningxia**						
银川市	Yinchuan	1039788	741741			888912	522716
石嘴山市	Shizuishan	94981	75312	177717	87179	674943	290735
吴忠市	Wuzhong	126132	96872	153632	50237	363359	138607
固原市	Guyuan	17347	1700	22586	2495	130036	32821
中卫市	Zhongwei	43663	13124	125549	77792	435633	83436
新疆维吾尔自治区	**Xinjiang**						
乌鲁木齐市	Urumqi	1215679	1214953	741522	735684	1310364	1293128
克拉玛依市	Karamay	1493015	1493015	777427	777427	1191932	1191932
吐鲁番市	Turpan	102130	4668	178731	19142	-114117	16139
哈密市	Hami	88066	56839	236477	163378	775847	472118

2–20 社会消费品零售总额及批发零售贸易业情况
Total Retail Sales of Consumer Goods and Basic Conditions of Wholesale and Retail Trades

城　市	City	社会消费品零售总额（万元）Total Retail Sales of Consumer Goods (10 000 yuan)		限额以上批发零售商贸企业数（法人数）（个）Number of Enterprises above Designated Size of Wholesale and Retail Trades (Number of Legal Entities) (unit)		限额以上批发零售业商品销售总额（万元）Total Sales of Commodities of Enterprises above Designated Size in Wholesale and Retail Trades (10 000 yuan)	
		全市 Total City	市辖区 Districts under City	全市 Total City	市辖区 Districts under City	全市 Total City	市辖区 Districts under City
北京市	**Beijing**	**117476796**	**117476796**	**6985**	**6985**	**694670758**	**694670758**
天津市	**Tianjin**	**55330440**	**55330440**	**4960**	**4960**	**281851318**	**281851318**
河北省	**Hebei**						
石家庄市	Shijiazhuang	32743989	261952	511	409	49134316	393074
唐山市	Tangshan	27435816	14504364	460	274	15779187	10257490
秦皇岛市	Qinhuangdao	8306408	6553234	246	218	9368944	8847184
邯郸市	Handan	16868433	8161473	354	182	7667156	6483571
邢台市	Xingtai	11481129	2870309	343	98	4132149	2739651
保定市	Baoding	21541507	8736751	495	207	17633113	801335
张家口市	Zhangjiakou	7950923	4611118	166	121	2220748	1994001
承德市	Chengde	6407414	1929786	154	66	3735866	3157873
沧州市	Cangzhou	14298762	2960191	426	164	7962718	5347172
廊坊市	Langfang	10430316	3086091	341	128	8810312	6407297
衡水市	Hengshui	7906007	2856501	353	172	4216872	3006289
山西省	**Shanxi**						
太原市	Taiyuan	18119042	15554015	752	580	40038560	25947793
大同市	Datong	7000265	5453279	194	156	17711906	15343008
阳泉市	Yangquan	3467222	2530321	135	111	9442152	9088817
长治市	Changzhi	6646313	4372076	369	177	9259692	3206204
晋城市	Jincheng	4528481	2406229	281	133	4120595	1675832
朔州市	Shuozhou						
晋中市	Jinzhong	6562701	2069134	250	91	5233555	2694336
运城市	Yuncheng	7922875	2017158	302	49	4628801	1433976
忻州市	Xinzhou	3901533	1179134	171	47	3780655	1315835
临汾市	Linfen	6870592	2635539	237	82	9932653	2699304
吕梁市	Lvliang	4985814	768024	179	41	3608369	1228708
内蒙古自治区	**Inner Mongolia**						
呼和浩特市	Hohhot	16032418	14289861	407	386	9343471	8748142
包头市	Baotou	15109784	14130764	238	225	6287199	6022563
乌海市	Wuhai	1550321	1550321	128	128	1240825	1240825
赤峰市	Chifeng	8107760	4023952	116	63	2437256	2009674
通辽市	Tongliao	5636511	2095697	172	41	1746448	1002900
鄂尔多斯市	Erdos	7024030	3133633	281	112	14316647	4104168
呼伦贝尔市	Hulunbuir	6785838	1742037	235	73	3485892	1265878
巴彦淖尔市	Bayannur	409917	138800	64	44	1512661	866161
乌兰察布市	Ulanqab	3654919	975800	52	33	736970	612064
辽宁省	**Liaoning**						
沈阳市	Shenyang	40512312	38440516	1606	1527	90072121	89171478
大连市	Dalian	38800542	33707478	1285	973	41877735	31077621
鞍山市	Anshan	9605316	4594457	395	257	7887991	6999659
抚顺市	Fushun	6275860	5365552	121	108	1966665	1865920
本溪市	Benxi	3652189	2568552	79	59	912865	858196
丹东市	Dandong	6011593	2673628	140	71	449842	280520
锦州市	Jinzhou	6313819	3886757	200	139	4450149	4081249
营口市	Yingkou	5807446	3309846	203	110	4634391	3065056
阜新市	Fuxin	3038587	2371437	111	81	1376867	1153520
辽阳市	Liaoyang	2991938	1870388	119	82	9628520	8701193

2-20 续表 1 continued 1

城 市	City	社会消费品零售总额(万元) Total Retail Sales of Consumer Goods (10 000 yuan)		限额以上批发零售商贸企业数(法人数)(个) Number of Enterprises above Designated Size of Wholesale and Retail Trades (Number of Legal Entities) (unit)		限额以上批发零售业商品销售总额(万元) Total Sales of Commodities of Enterprises above Designated Size in Wholesale and Retail Trades (10 000 yuan)	
		全市 Total City	市辖区 Districts under City	全市 Total City	市辖区 Districts under City	全市 Total City	市辖区 Districts under City
盘锦市	Panjin	4197858	3867018	183	156	8600058	3821503
铁岭市	Tieling	4602516	997276	85	37	1366988	945959
朝阳市	Chaoyang	4787932	1290775	103	44	5031114	1134004
葫芦岛市	Huludao	5130049	2866697	183	84	2843095	1160071
吉林省	**Jilin**						
长春市	Changchun	30035719	25001852	1389	1278	22988184	22495549
吉林市	Jilin	13671032	10012319	544	326	3787111	3295959
四平市	Siping	5853651	1739712	217	63	1896983	910466
辽源市	Liaoyuan	2397371	1553164	70	51	689946	384194
通化市	Tonghua	4324233	930263	226	85	2009857	1567075
白山市	Baishan	2943835	1587909	62	27	397278	363431
松原市	Songyuan	7143866	1802468	122	50	1311920	880106
白城市	Baicheng	3306511	1571474	68	21	883483	503146
黑龙江省	**Heilongjiang**						
哈尔滨市	Harbin	41251082	34438322	666	570	20010735	18579092
齐齐哈尔市	Qiqihar	8531565	5469648	173	108	2436649	1046209
鸡西市	Jixi	2888301	1759480	88	50	945240	701496
鹤岗市	Hegang	1465430	1240593	55	50	458983	367186
双鸭山市	Shuangyashan			48	18		
大庆市	Daqing	12477902	11463415	236	209	17963991	17793991
伊春市	Yichun	1416532	1027244	24	19	260775	218623
佳木斯市	Jiamusi			68	24		
七台河市	Qitaihe	1109230	805396	20	17	299852	294529
牡丹江市	Mudanjiang	6883368	3539084	213	53	3089786	958975
黑河市	Heihe			58	12		
绥化市	Suihua	6615985	1127986	81	20	1359608	297035
上海市	**Shanghai**	**126686893**	**126686893**	**7082**	**7082**	**1005170061**	**1005170061**
江苏省	**Jiangsu**						
南京市	Nanjing	58324550	58324550	3085	3085	160293108	160293108
无锡市	Wuxi	36726987	20561382	2542	1392	117681470	54071219
徐州市	Xuzhou	31020049	18983963	2430	1200	38221369	21929409
常州市	Changzhou	26131911	22563725	2554	1743	45916950	42424978
苏州市	Suzhou	57468970	29558995	3622	1645	155470287	50403461
南通市	Nantong	30887652	12055994	2415	1048	49061596	23013979
连云港市	Lianyungang	11213088	6538518	447	267	11284919	10346620
淮安市	Huai'an	12396580	8573233	930	643	8708583	6610487
盐城市	Yancheng	17787360	7981612	1261	539	13167287	8255643
扬州市	Yangzhou	15570299	10545929	927	533	13142594	7519106
镇江市	Zhenjiang	13609156	6681239	565	264	13119075	8587681
泰州市	Taizhou	12828741	6381293	1129	587	23811430	16669385
宿迁市	Suqian	8338163	3566016	395	188	9481297	6690243
浙江省	**Zhejiang**						
杭州市	Hangzhou	57153259	53108814	4459	4155	218001289	215494448
宁波市	Ningbo	41549262	26172655	4332	3419	208760574	188079638
温州市	Wenzhou	33371088	15499592	2235	1226	41170657	29826773
嘉兴市	Jiaxing	19385940	5259542	1596	439	29040181	12109566
湖州市	Huzhou	12972390	6594844	780	349	25934137	7101071

2-20 续表 2 continued 2

城市	City	社会消费品零售总额(万元) Total Retail Sales of Consumer Goods (10 000 yuan)		限额以上批发零售商贸企业数(法人数)(个) Number of Enterprises above Designated Size of Wholesale and Retail Trades (Number of Legal Entities) (unit)		限额以上批发零售业商品销售总额(万元) Total Sales of Commodities of Enterprises above Designated Size in Wholesale and Retail Trades (10 000 yuan)	
		全市 Total City	市辖区 Districts under City	全市 Total City	市辖区 Districts under City	全市 Total City	市辖区 Districts under City
绍兴市	Shaoxing	20076104	11550316	2335	1656	33061469	24127133
金华市	Jinhua						
衢州市	Quzhou	7174554	2691239	417	222	5295564	3537745
舟山市	Zhoushan	5368516	4169658	382	343	23732775	23272883
台州市	Taizhou	23668763	9350964	1164	491	21971277	12621810
丽水市	Lishui	6829087	2085979	306	96	6635001	3457171
安徽省	**Anhui**						
合肥市	Hefei	29767420	23278872	1347	1052	52111902	49072400
芜湖市	Wuhu	10282625	6950767	836	500	16507836	15056415
蚌埠市	Bengbu	8234556	5052022	445	255	5698274	4620046
淮南市	Huainan	6090160	4234936	359	239	3188975	2771036
马鞍山市	Maanshan	5899493	3583103	182	102	4982837	4050091
淮北市	Huaibei	3244805	2258181	207	121	2315892	2020427
铜陵市	Tongling	3649675	2785368	217	174	3249220	3097407
安庆市	Anqing	8148861	3488031	563	191	4230086	3063978
黄山市	Huangshan	3774406	2125903	184	125	1344596	1121150
滁州市	Chuzhou	6390567	1604573	440	105	5604856	3594328
阜阳市	Fuyang	9621987	3964061	683	237	13132974	7160346
宿州市	Suzhou	5543424	2598147	468	203	5917747	4344785
六安市	Lu'an	6684739	3304945	362	165	3799748	2940723
亳州市	Bozhou	5900454	2222750	509	170	4240832	2828189
池州市	Chizhou	2555016	1413917	206	122	1195613	983056
宣城市	Xuancheng	5212329	1801011	336	109	2973355	1903327
福建省	**Fujian**						
福州市	Fuzhou	46664607	34447228	2570	1982	81664178	69088478
厦门市	Xiamen	15424224	15424224	1960	1960	128067305	128067305
莆田市	Putian	7634220	6570883	1239	1121	15539907	14109768
三明市	Sanming	5884962	1420492	650	252	8448069	5151950
泉州市	Quanzhou	34078885	8921305	2827	574	59755216	17690672
漳州市	Zhangzhou	11116033	3778614	1166	326	14646898	8309243
南平市	Nanping	6750876	2147428	460	145	4029952	1935601
龙岩市	Longyan	9074193	4886390	1689	828	21384973	12629770
宁德市	Ningde	6111109	1493782	568	145	4539898	2090181
江西省	**Jiangxi**						
南昌市	Nanchang	21316307	18086894	1006	878	25688329	21153496
景德镇市	Jingdezhen	3406579	2072028	114	64	1151856	819616
萍乡市	Pingxiang	3848322	2526244	156	100	1175716	1024711
九江市	Jiujiang	7521037	3341047	442	151	4021247	2575172
新余市	Xinyu	2743622	2151524	130	108	1422109	1384357
鹰潭市	Yingtan	2207915	1046815	178	42	2310041	677793
赣州市	Ganzhou	9017126	4364593	531	215	4849221	3897759
吉安市	Ji'an	5141948	968938	540	112	3617711	2180113
宜春市	Yichun	6760270	2160929	487	168	6152300	2385134
抚州市	Fuzhou	5441371	2706749	253	93	2245879	1454096
上饶市	Shangrao	8259941	2221546	587	121	4560030	1686230
山东省	**Shandong**						
济南市	Jinan	44044640	41912309	1715	1491	36403579	35747759

2-20 续表 3 continued 3

城　市	City	社会消费品零售总额（万元）Total Retail Sales of Consumer Goods (10 000 yuan)		限额以上批发零售商贸企业数（法人数）（个）Number of Enterprises above Designated Size of Wholesale and Retail Trades (Number of Legal Entities) (unit)		限额以上批发零售业商品销售总额（万元）Total Sales of Commodities of Enterprises above Designated Size in Wholesale and Retail Trades (10 000 yuan)	
		全市 Total City	市辖区 Districts under City	全市 Total City	市辖区 Districts under City	全市 Total City	市辖区 Districts under City
青岛市	Qingdao	48424565	35702464	2063	1752	76342679	70604950
淄博市	Zibo	21167786		968	830	19342956	17927504
枣庄市	Zaozhuang	9503002	5387735	695	439	2918447	1796373
东营市	Dongying	8670055	6231167	486	304	16549895	9922041
烟台市	Yantai	30794058	13129543	1321	705	27659091	18486314
潍坊市	Weifang	27027356	8664517	1044	287	28442219	13285169
济宁市	Jining	22880748	8284291	1625	457	16414610	7418404
泰安市	Tai'an	15937858	5928945	929	374	11581795	6398098
威海市	Weihai	14656526	8094245	584	391	6547625	6048324
日照市	Rizhao	7741000	4713703	171	124	11948277	10147453
莱芜市	Laiwu	3731580	3731580	332	332	8318407	8318407
临沂市	Linyi	24821546	11725687	1357	737	21895063	16888003
德州市	Dezhou	15255078	4604390	966	225	5946850	3408381
聊城市	Liaocheng	13313471	4263371	676	199	12447222	3784096
滨州市	Binzhou	9936888	3667893	422	140	12135653	2359108
菏泽市	Heze	18113672	4760991	1082	329	8792525	2554038
河南省	**Henan**						
郑州市	Zhengzhou	42680900	23725317	1935	1308	57882020	49163743
开封市	Kaifeng	9805570	5305388				
洛阳市	Luoyang	21549186	11145513	806	508	12494195	9300910
平顶山市	Pingdingshan	8828619	4140324	640	138	6472041	4617392
安阳市	Anyang	8777124	4324798	357	127	5248068	4021569
鹤壁市	Hebi	2454222	1285623	113	57	2673158	1909474
新乡市	Xinxiang	10196384	4806994	505	214	4777669	3343352
焦作市	Jiaozuo	7885355	2695203	595	243	3011112	1766831
濮阳市	Puyang	6165328	1640532	454	136	3321679	1951779
许昌市	Xuchang	8737688	3448921	611	169	4388783	2535633
漯河市	Luohe	5801847	3658495	270	179	3911977	2860377
三门峡市	Sanmenxia	5337448	1869556	293	153	2970231	2130370
南阳市	Nanyang	20003003	5498226	1034	324	6200889	4233450
商丘市	Shangqiu	11214929	4629762	803	211	8056804	3760075
信阳市	Xinyang	11366088	3515574	644	164	4468289	2719108
周口市	Zhoukou	13225672	1861162	420	115	3975704	2140087
驻马店市	Zhumadian	10108157	2166168	693	144	4544939	2695095
湖北省	**Hubei**						
武汉市	Wuhan	68439017	68439017	2249	2249	133771130	133771130
黄石市	Huangshi	8032700	4007600	360	168	6829564	4531618
十堰市	Shiyan	9150173	5866418	329	187	3942975	3388685
宜昌市	Yichang	14840103	7944760	784	263	9787347	5407481
襄阳市	Xiangyang	16589570	8197363	791	341	8457928	6214453
鄂州市	Ezhou	3790408	3790408	52	52	2836203	2836203
荆门市	Jingmen	7725100	2951600	509	229	6692966	4575660
孝感市	Xiaogan	10854683	2030402	362	93	4102817	2326067
荆州市	Jingzhou	12986473	4650971	745	258	6288906	3917176
黄冈市	Huanggang	12050476	1589660	524	64	3656442	2032353
咸宁市	Xianning	5561773	1446467	290	68	3259269	1557092
随州市	Suizhou	5455812	2564974	269	105	3705644	2115097

2-20 续表 4 continued 4

城 市	City	社会消费品零售总额(万元) Total Retail Sales of Consumer Goods (10 000 yuan)		限额以上批发零售商贸企业数(法人数)(个) Number of Enterprises above Designated Size of Wholesale and Retail Trades (Number of Legal Entities) (unit)		限额以上批发零售业商品销售总额(万元) Total Sales of Commodities of Enterprises above Designated Size in Wholesale and Retail Trades (10 000 yuan)	
		全市 Total City	市辖区 Districts under City	全市 Total City	市辖区 Districts under City	全市 Total City	市辖区 Districts under City
湖南省	**Hunan**						
长沙市	Changsha	47650415	35361923	2085	1250	47993054	33815028
株洲市	Zhuzhou	10656206	5649875	668	242	6698727	5862356
湘潭市	Xiangtan	6679576	4342381	335	212	4631072	4259502
衡阳市	Hengyang	13272132	5516504	659	339	6278581	5352210
邵阳市	Shaoyang	9878703	2130893	905	126	5165215	2270801
岳阳市	Yueyang	13198656	6860570	544	248	6788422	3730118
常德市	Changde	12607581	4904230	613	197	5080015	3762837
张家界市	Zhangjiajie	2300732	1239533	78	39	821803	681828
益阳市	Yiyang	7162113	3034577	349	114	3061362	2077915
郴州市	Chenzhou	10370221	5137602	721	238	10697929	6084211
永州市	Yongzhou	7195457	2500772	461	136	3405397	1321055
怀化市	Huaihua	6651936	2185503	254	118	2827881	2270913
娄底市	Loudi	5682868		788		4196471	
广东省	**Guangdong**						
广州市	Guangzhou	92561873	92561873	6910	6910	312475473	312475473
韶关市	Shaoguan	7515875	4635298	508	207	5562406	2517831
深圳市	Shenzhen	61688671	61688671	6302	6302	267396273	267396273
珠海市	Zhuhai	11606397	11606397	807	807	33390667	33390667
汕头市	Shantou	17696265	17430052	903	896	15884342	15881376
佛山市	Foshan	32875411	32875411	3644	3644	79898791	79898791
江门市	Jiangmen	14075780	6329369	889	553	12051915	9309503
湛江市	Zhanjiang	16973037	9750229	703	410	35178855	25702300
茂名市	Maoming	15413709	8264377	1008	718	18892885	17904949
肇庆市	Zhaoqing	8666968	5256967	336	209	5130465	4243199
惠州市	Huizhou	14789690	9031978	699	361	9483150	7841517
梅州市	Meizhou	7264873	3133300	180	111	2805301	2124941
汕尾市	Shanwei	6093559	1350823	118	44	1095694	818587
河源市	Heyuan	6287201	1810104	272	107	2018047	1567494
阳江市	Yangjiang	7490080	4173219	229	150	2383497	1818518
清远市	Qingyuan	7388603	4252612	294	187	4341638	2509883
东莞市	Dongguan	29056119		3186		57454728	
中山市	Zhongshan	14907874		1143		16140050	
潮州市	Chaozhou	5880316	4616272	147	119	1882669	1677227
揭阳市	Jieyang	11184199	4639149	547	325	3252408	2509562
云浮市	Yunfu	3850732	1336772	217	91	2579588	1001375
广西壮族自治区	**Guangxi**						
南宁市	Nanning	22146937	18132019	1026	932	37524786	37056079
柳州市	Liuzhou	12665810	10829993	462	407	12877554	12653848
桂林市	Guilin	9955366	6054110	325	174	4964057	3981994
梧州市	Wuzhou	4847190	2474930	255	158	1806112	1669282
北海市	Beihai	2653866	1712696	161	131	2167497	1921124
防城港市	Fangchenggang	1349378	807004	86	50	2003323	1202308
钦州市	Qinzhou	4433385	2346375	192	122	2889272	2714227
贵港市	Guigang	5152380	2992324	166	107	1853609	1708172

2-20 续表 5 continued 5

城 市	City	社会消费品零售总额（万元） Total Retail Sales of Consumer Goods (10 000 yuan)		限额以上批发零售商贸企业数（法人数）（个） Number of Enterprises above Designated Size of Wholesale and Retail Trades (Number of Legal Entities) (unit)		限额以上批发零售业商品销售总额（万元） Total Sales of Commodities of Enterprises above Designated Size in Wholesale and Retail Trades (10 000 yuan)	
		全市 Total City	市辖区 Districts under City	全市 Total City	市辖区 Districts under City	全市 Total City	市辖区 Districts under City
玉林市	Yulin	3893555	2896498	290	152	3768837	2808118
百色市	Baise	2972708	934194	299	71	3108616	2174712
贺州市	Hezhou	1961812	1050591	82	62	1181939	1094764
河池市	Hechi	3302196	1434857	153	73	2076626	1210151
来宾市	Laibin	1975201	871687	86	48	862307	791097
崇左市	Chongzuo	1615700	339208	188	30	4092478	617808
海南省	**Hainan**						
海口市	Haikou	7575587	7575587	230	230	10572034	10572034
三亚市	Sanya	2417611	2417611	39	39	2661225	2661225
三沙市	Sansha						
儋州市	Danzhou	913778		8		280069	
重庆市	**Chongqing**	**79770105**	**68022297**	**5492**	**4366**	**130264422**	**122522988**
四川省	**Sichuan**						
成都市	Chengdu	68018100	58810495	1599	1353	85377983	77999083
自贡市	Zigong	6262553	4109972	205	122	3608243	3180021
攀枝花市	Panzhihua	3612644	3000782	164	139	3712988	3366300
泸州市	Luzhou	7639610	3968625	600	319	9956663	6803081
德阳市	Deyang	8205977	2663099	310	116	4024279	1715680
绵阳市	Mianyang	11494767	6533395	454	255	9003112	7569097
广元市	Guangyuan	4053316	2104015	162	119	1700741	1455802
遂宁市	Suining	5707262	2641517	259	138	2454318	1614795
内江市	Neijiang	5385158	2286604	243	113	1093279	836779
乐山市	Leshan	6672670	2877509	258	120	3367833	2074844
南充市	Nanchong	9599826	4110082	411	187	3907848	3007116
眉山市	Meishan	4964250	2123869	180	78	2370993	1687813
宜宾市	Yibin	9306732	5036619	445	181	4679650	3409487
广安市	Guang'an	5000091	1563770	290	121	1484753	1002268
达州市	Dazhou	8896991	3131940	340	112	5279401	2567239
雅安市	Ya'an	2429073	1041542	86	47	798651	676663
巴中市	Bazhong	3214471	1314936	325	144	2023420	1071018
资阳市	Ziyang	3789801	1399552	161	53	1713626	930208
贵州省	**Guizhou**						
贵阳市	Guiyang	12994714	12245925	605	497	21982042	20938129
六盘水市	Liupanshui			219	80	3179382	1459225
遵义市	Zunyi						
安顺市	Anshun	1929520	1078305	205	153	2166866	2055796
毕节市	Bijie	3845812	1080100	436	62	3584663	2009457
铜仁市	Tongren	2128007	613463	328	94	2221141	1680637
云南省	**Yunnan**						
昆明市	Kunming	27874053	24307770	813	650	61756622	53726045
曲靖市	Qujing	6561480	2456152	334	102	5954985	4345010
玉溪市	Yuxi	3924834	2046527	241	102	4907798	3084298
保山市	Baoshan	2318207	1278797	182	65	2123327	1722514
昭通市	Zhaotong	2840935	1095259	134	45	2265154	1932652
丽江市	Lijiang	1244281	607670	92	44	1099364	880211
普洱市	Pu'er	1994528	652124	125	55	1922765	1056016
临沧市	Lincang	2034023	650898	150	42	1960561	1116470

2-20 续表 6 continued 6

城市	City	社会消费品零售总额(万元) Total Retail Sales of Consumer Goods (10 000 yuan)		限额以上批发零售商贸企业数(法人数)(个) Number of Enterprises above Designated Size of Wholesale and Retail Trades (Number of Legal Entities) (unit)		限额以上批发零售业商品销售总额(万元) Total Sales of Commodities of Enterprises above Designated Size in Wholesale and Retail Trades (10 000 yuan)	
		全市 Total City	市辖区 Districts under City	全市 Total City	市辖区 Districts under City	全市 Total City	市辖区 Districts under City
西藏自治区	**Tibet**						
拉萨市	Lasa	2953918	2524811	66	44	1899525	
日喀则市	Xigaze	1112556	800705	23	4	352810	22721
昌都市	Qamdo	560348	221714	6	6	119875	119666
林芝市	Linzhi	415086	290100	10	10	152855	152855
山南市	Shannan	558409	410477	11	9	173566	168506
那曲市	Naqu	245555		6		157685	
陕西省	**Shaanxi**						
西安市	Xi'an	46587164	46266879	1292	1251	83047853	82938505
铜川市	Tongchuan	1535356	1447199	161	146	1215633	1161262
宝鸡市	Baoji	8646001	5698627	663	406	13901468	11515365
咸阳市	Xianyang	6741861	1838962	526	52	4748527	1851674
渭南市	Weinan	7198718	1949002	505	113	4017400	3070400
延安市	Yan'an	3149784	1547533	359	128	2889945	2036785
汉中市	Hanzhong	4692917	2287668	475	155	4658753	3415966
榆林市	Yulin	5141141	1399700	428	92	18575561	3945654
安康市	Ankang	3326771	1472834	631	178	3177663	1878251
商洛市	Shangluo	2149544	527531	154	47	1111481	761492
甘肃省	**Gansu**						
兰州市	Lanzhou	13520905	12169471	664	554	41083119	32704838
嘉峪关市	Jiayuguan	677724		64		1887176	
金昌市	Jinchang	950950	651776	48	34	368888	310945
白银市	Baiyin	2195125	1437843	93	37	761405	601078
天水市	Tianshui	2698140	1581802	171	110	1584980	1435107
武威市	Wuwei	2057177	1215131	84	47	3522824	1537984
张掖市	Zhangye	1760465	969797	123	65	955378	733893
平凉市	Pingliang	2081051	819153	65	36	3679042	504324
酒泉市	Jiuquan	1886384	851706	151	56	2428914	553799
庆阳市	Qingyang	2536303	790340	96	30	714973	654767
定西市	Dingxi	1310519	420126	69	17	790282	503019
陇南市	Longnan	1147781	455520	56	22	959649	472699
青海省	**Qinghai**						
西宁市	Xining	5643800	5074851	267	250	8828433	8326547
海东市	Haidong	1019718	380085	18	6	110881	73149
宁夏回族自治区	**Ningxia**						
银川市	Yinchuan	5527311	3659589	255	140	10166641	8051666
石嘴山市	Shizuishan	1159008	884467	43	33	265413	197562
吴忠市	Wuzhong	1191683	612305	77	58	397823	184018
固原市	Guyuan	737312	372726	23	14	462713	435265
中卫市	Zhongwei	742255	413241	55	30	4839233	949241
新疆维吾尔自治区	**Xinjiang**						
乌鲁木齐市	Urumqi	13539949	13436981	721	721	60172957	60172957
克拉玛依市	Karamay	704465	704465	87	87	1387458	1387458
吐鲁番市	Turpan	537817	298223	60	20	637873	497726
哈密市	Hami	1205367	874973	74	69	1809213	1451723

(四)科技创新
Scientific and Technological Innovation

2-21 科技创新情况(全市)
Scientific and Technological Innovation (Total City)

城　市	City	R&D人员(人) R&D Personnel (Person)	R&D内部经费支出(万元) R&D Internal Outlay (10 000 yuan)	专利申请数(件) Number of Patent Applications (piece)	专利授权数(件) Number of Patent Authorizations (piece)	
						发明(件) Invention (piece)
北京市	**Beijing**			**211212**	**123496**	**46978**
天津市	**Tianjin**	**160683**	**4923997**	**99038**	**54680**	**5626**
河北省	**Hebei**					
石家庄市	Shijiazhuang			19291	11450	1487
唐山市	Tangshan		1149000	9409	5308	723
秦皇岛市	Qinhuangdao	5554	165321	5438	2884	597
邯郸市	Handan	8820	338483	6537	3910	304
邢台市	Xingtai		827	6870	4603	201
保定市	Baoding		753649	12392	8102	853
张家口市	Zhangjiakou		43000	2396	1346	107
承德市	Chengde		90000	1951	1257	74
沧州市	Cangzhou			6943	4898	216
廊坊市	Langfang			8950	5547	433
衡水市	Hengshui		105000	3852	2587	131
山西省	**Shanxi**					
太原市	Taiyuan	12907	5193678			
大同市	Datong			2235	1181	843
阳泉市	Yangquan			922	436	43
长治市	Changzhi	5788	142952	1173	727	54
晋城市	Jincheng			1047	639	53
朔州市	Shuozhou					
晋中市	Jinzhong	2623	56437	293		91
运城市	Yuncheng	5902	160810	2392	1425	131
忻州市	Xinzhou	846	17115	806	479	48
临汾市	Linfen					
吕梁市	Lvliang			1251		
内蒙古自治区	**Inner Mongolia**					
呼和浩特市	Hohhot					
包头市	Baotou					
乌海市	Wuhai	1060	40614	319	233	17
赤峰市	Chifeng			1421	776	72
通辽市	Tongliao					
鄂尔多斯市	Erdos	5399	289256	2248	1456	81
呼伦贝尔市	Hulunbuir	647	8057	512	265	33
巴彦淖尔市	Bayannur	518	4238	780	541	25
乌兰察布市	Ulanqab					
辽宁省	**Liaoning**					
沈阳市	Shenyang	54179	1687755	23826	12582	2943
大连市	Dalian	60064	1666829	21605	10557	2614
鞍山市	Anshan					
抚顺市	Fushun	3268	110126	1981	958	140
本溪市	Benxi	2394	79827	882	403	60
丹东市	Dandong	3121	45702	1495	1012	150
锦州市	Jinzhou	5882	124597	2320	1436	619
营口市	Yingkou	4422	190319	1878	623	473
阜新市	Fuxin	1957	27295	1182	545	170
辽阳市	Liaoyang	2194	99538	1547	898	77

2-21 续表 1 continued 1

城市	City	R&D人员（人）R&D Personnel (Person)	R&D内部经费支出（万元）R&D Internal Outlay (10 000 yuan)	专利申请数（件）Number of Patent Applications (piece)	专利授权数（件）Number of Patent Authorizations (piece)	
						发明（件）Invention (piece)
盘锦市	Panjin	6130	326743	1610	1033	124
铁岭市	Tieling	3515	14630	231	419	56
朝阳市	Chaoyang	750	21823	803	560	35
葫芦岛市	Huludao	2098	76509	1627	881	23
吉林省	**Jilin**					
长春市	Changchun			19900	10268	2416
吉林市	Jilin	7273		2693	1237	235
四平市	Siping	1011	22108	1287	652	49
辽源市	Liaoyuan			358	205	14
通化市	Tonghua	2329	42347	682	347	54
白山市	Baishan			295	115	21
松原市	Songyuan			573	277	8
白城市	Baicheng			476	289	19
黑龙江省	**Heilongjiang**					
哈尔滨市	Harbin					
齐齐哈尔市	Qiqihar					
鸡西市	Jixi			589	307	19
鹤岗市	Hegang	26	476	325	172	11
双鸭山市	Shuangyashan		25350	30	9	6
大庆市	Daqing	9474	193000	3210	1875	283
伊春市	Yichun			421	166	7
佳木斯市	Jiamusi	158	1165	1258	744	205
七台河市	Qitaihe			289	238	13
牡丹江市	Mudanjiang	7651	23290	912	570	64
黑河市	Heihe					
绥化市	Suihua					
上海市	**Shanghai**	**271223**	**13592023**	**150233**	**92460**	**21331**
江苏省	**Jiangsu**					
南京市	Nanjing			99020	44081	11090
无锡市	Wuxi	85516	3322416	62681	35255	4963
徐州市	Xuzhou			25951	11247	2097
常州市	Changzhou			41858	23334	2759
苏州市	Suzhou			135862	75837	10845
南通市	Nantong			52799	24578	2240
连云港市	Lianyungang			9538	5790	472
淮安市	Huai'an			17644	9050	429
盐城市	Yancheng			34078	15932	1490
扬州市	Yangzhou			42792	22804	1346
镇江市	Zhenjiang			29635	15348	2790
泰州市	Taizhou			35131	15633	1268
宿迁市	Suqian			15531	8488	250
浙江省	**Zhejiang**					
杭州市	Hangzhou	92897		98396	55379	10267
宁波市	Ningbo			72954	44777	5302
温州市	Wenzhou	66444	1091257	53394	38181	3415
嘉兴市	Jiaxing	56637	1389345	47864	24589	2506
湖州市	Huzhou			37284	18672	1831

2-21 续表 2 continued 2

城 市	City	R&D人员(人) R&D Personnel (Person)	R&D内部经费支出(万元) R&D Internal Outlay (10 000 yuan)	专利申请数(件) Number of Patent Applications (piece)	专利授权数(件) Number of Patent Authorizations (piece)	发明(件) Invention (piece)
绍兴市	Shaoxing	53865	1280970	47094	37288	3254
金华市	Jinhua			38489	23711	1649
衢州市	Quzhou	9276	204805	7533	6125	667
舟山市	Zhoushan	4220	84828	3784	2216	508
台州市	Taizhou	44558	801595	35695	26288	2767
丽水市	Lishui	9548	200700	13980	7375	381
安徽省	**Anhui**					
合肥市	Hefei	86032	2566521	65814	28438	5597
芜湖市	Wuhu	31191	984942	36205	10781	2816
蚌埠市	Bengbu	15725	459611	9406	3290	659
淮南市	Huainan	7033	152446	5460	2313	426
马鞍山市	Maanshan	14289	487457	11338	5577	1126
淮北市	Huaibei	7639	136454	4827	1276	255
铜陵市	Tongling	9450	233610	4263	1567	214
安庆市	Anqing	9007	203682	9507	3304	452
黄山市	Huangshan	3131	58156	2185	1097	152
滁州市	Chuzhou	14984	421320	14399	4707	703
阜阳市	Fuyang	6020	179797	13065	4892	512
宿州市	Suzhou	3718	87991	3996	1503	320
六安市	Lu'an	5948	129502	8979	3944	254
亳州市	Bozhou	3917	82417	6154	2007	470
池州市	Chizhou	3659	73254	4617	1780	150
宣城市	Xuancheng	10900	232381	7213	3271	740
福建省	**Fujian**					
福州市	Fuzhou	69751	1806577	35275	18318	2912
厦门市	Xiamen	71163	1551482	32234	21393	2214
莆田市	Putian	7100	273615	6148	2912	158
三明市	Sanming	8336	247444	3844	2956	115
泉州市	Quanzhou	35769	947743	61803	39930	8658
漳州市	Zhangzhou	22771	577402	12565	8212	321
南平市	Nanping	8010	198066	3126	1776	146
龙岩市	Longyan	11211	405003	7178	4576	234
宁德市	Ningde	9269	420588	4385	2540	298
江西省	**Jiangxi**					
南昌市	Nanchang			22479	13040	1147
景德镇市	Jingdezhen	4684	149378	2613	1895	11
萍乡市	Pingxiang	4292	109214	3902	2535	93
九江市	Jiujiang			8137	5487	113
新余市	Xinyu			3025	1092	38
鹰潭市	Yingtan			2706	2803	43
赣州市	Ganzhou			15601	8982	379
吉安市	Ji'an			6277	4354	139
宜春市	Yichun	10084	1579	7450	3834	218
抚州市	Fuzhou	7276	139000	6911	4565	118
上饶市	Shangrao		185600	6995	4221	83
山东省	**Shandong**					
济南市	Jinan	87872	2085980	36027	20636	4887

2–21 续表 3 continued 3

城　市	City	R&D人员(人) R&D Personnel (Person)	R&D内部经费支出(万元) R&D Internal Outlay (10 000 yuan)	专利申请数(件) Number of Patent Applications (piece)	专利授权数(件) Number of Patent Authorizations (piece)	发明(件) Invention (piece)
青岛市	Qingdao	92011	2821989	22521	22521	6496
淄博市	Zibo	43029	1336844	12027	6218	1250
枣庄市	Zaozhuang	9992	331153	6911	3037	228
东营市	Dongying	9992	681857	6175	3641	401
烟台市	Yantai	45653	1870538	14039	7669	1364
潍坊市	Weifang	34231	1220245	23115	12765	1612
济宁市	Jining	27262	927696	14225	8425	621
泰安市	Tai'an	24779	760568	7715	4282	523
威海市	Weihai	21415	586955	7918	4974	642
日照市	Rizhao	11824	483594	3840	2357	300
莱芜市	Laiwu	8650	269792	3187	2118	238
临沂市	Linyi	26146	1006342	10837	6026	538
德州市	Dezhou	20173	667516	7487	3854	286
聊城市	Liaocheng	15990	590869	6031	3513	388
滨州市	Binzhou	17704	542640	6796	3366	330
菏泽市	Heze	8841	248721	8533	4517	234
河南省	**Henan**					
郑州市	Zhengzhou	78797	1852996	70128	31585	10654
开封市	Kaifeng	8213	200800	2980	1847	203
洛阳市	Luoyang	35025	993581	13884	8789	1543
平顶山市	Pingdingshan	11727	329561	4200	2580	390
安阳市	Anyang	6038	191226	4315	2141	199
鹤壁市	Hebi	3035	62371	1181	928	62
新乡市	Xinxiang			11524	7183	697
焦作市	Jiaozuo	18104	450774	5800	3552	400
濮阳市	Puyang	4910	133605	2186	1394	549
许昌市	Xuchang	11673	582153	11002	6394	546
漯河市	Luohe	4354	117403	1854	1270	391
三门峡市	Sanmenxia	5919	166112	1038	690	64
南阳市	Nanyang	13889	323204	7928	4713	397
商丘市	Shangqiu	9318	214827	4214	2377	132
信阳市	Xinyang			3344	1755	122
周口市	Zhoukou	5543	118247	2951	1677	79
驻马店市	Zhumadian	4434	107148	4109	2395	119
湖北省	**Hubei**					
武汉市	Wuhan	86000	3784174	60511	32397	8807
黄石市	Huangshi	9316	297504	6013	2702	149
十堰市	Shiyan	10619	364534	4783	1930	95
宜昌市	Yichang	23157	840720	12531	6662	585
襄阳市	Xiangyang		781454	9886	4140	391
鄂州市	Ezhou	3397	116203	1708	576	60
荆门市	Jingmen	13919	333334	5178	2178	332
孝感市	Xiaogan	15433	324231	6551	3174	329
荆州市	Jingzhou		171399	5259	3167	260
黄冈市	Huanggang	6575	130827	5553	2138	125
咸宁市	Xianning	16500	104580	3764	1886	92
随州市	Suizhou		84116	2026	776	30

2-21 续表 4 continued 4

城 市	City	R&D人员(人) R&D Personnel (Person)	R&D内部经费支出(万元) R&D Internal Outlay (10 000 yuan)	专利申请数(件) Number of Patent Applications (piece)	专利授权数(件) Number of Patent Authorizations (piece)	发明(件) Invention (piece)
湖南省	**Hunan**					
长沙市	Changsha	96345	2658635	41034	21188	4823
株洲市	Zhuzhou	25942	752329	8675	4983	1141
湘潭市	Xiangtan	15515	407076	5436	2972	647
衡阳市	Hengyang	11483	301166	6838	3330	344
邵阳市	Shaoyang	6526	212048	4940	2734	76
岳阳市	Yueyang	14819	552028	3831	2251	205
常德市	Changde	11793	362043	4949	2258	205
张家界市	Zhangjiajie	865	15164	937	363	25
益阳市	Yiyang	10715	280337	4088	2180	188
郴州市	Chenzhou	8086		3128	1646	195
永州市	Yongzhou	8169	245728	3605	1615	71
怀化市	Huaihua	6144	232500	3029	1224	106
娄底市	Loudi			2730	1679	110
广东省	**Guangdong**					
广州市	Guangzhou			173124	89826	10797
韶关市	Shaoguan	6967	157829	7340	3808	166
深圳市	Shenzhen			228608	140202	21309
珠海市	Zhuhai			31167	17090	3452
汕头市	Shantou			17949	12651	408
佛山市	Foshan			89388	51010	5058
江门市	Jiangmen			19748	12273	712
湛江市	Zhanjiang			6857	5012	177
茂名市	Maoming			5665	2591	121
肇庆市	Zhaoqing	14186	227220	7906	3901	294
惠州市	Huizhou			21643	14705	1445
梅州市	Meizhou		32388	3238	2018	338
汕尾市	Shanwei	2155	69164	3719	2485	69
河源市	Heyuan			5308	2530	101
阳江市	Yangjiang			4186	3274	51
清远市	Qingyuan		105650	5589	3284	202
东莞市	Dongguan	118059	2363205	97030	65985	6716
中山市	Zhongshan	45119	602720	49041	34114	8165
潮州市	Chaozhou			7492	5277	78
揭阳市	Jieyang	6915	173594	7012	4597	74
云浮市	Yunfu			1816	1340	62
广西壮族自治区	**Guangxi**					
南宁市	Nanning	26225	468428	12112	6156	1513
柳州市	Liuzhou	13827	381625	7693	3687	700
桂林市	Guilin	12390	156492	6373	3008	854
梧州市	Wuzhou	2004	28405	1999	977	155
北海市	Beihai	1418	63248	1536	544	212
防城港市	Fangchenggang	1137	73969	517	154	23
钦州市	Qinzhou	1619	57802	1479	909	96
贵港市	Guigang	439	6797	2193	926	46

2–21 续表 5 continued 5

城 市	City	R&D人员 (人) R&D Personnel (Person)	R&D内部经费支出 (万元) R&D Internal Outlay (10 000 yuan)	专利申请数 (件) Number of Patent Applications (piece)	专利授权数 (件) Number of Patent Authorizations (piece)	发明 (件) Invention (piece)
玉林市	Yulin	3522	78683	3905	1749	288
百色市	Baise	1897	28457	1421	645	131
贺州市	Hezhou	903	8745	1845	531	65
河池市	Hechi	908	33779	1387	560	103
来宾市	Laibin	641	4366	1039	373	65
崇左市	Chongzuo	1306	13644	721	326	77
海南省	**Hainan**					
海口市	Haikou	7445	143314	4260	2234	327
三亚市	Sanya	1870	47220	340	199	40
三沙市	Sansha					
儋州市	Danzhou	897	60604	366	214	48
重庆市	**Chongqing**	**151117**	**4102094**	**72121**	**45688**	**6570**
四川省	**Sichuan**					
成都市	Chengdu	143289	3923101	107801	57370	8304
自贡市	Zigong	5437	109506	2698	1458	193
攀枝花市	Panzhihua	3125	114630	2865	1219	280
泸州市	Luzhou	5212	122896	3333	1787	153
德阳市	Deyang	15005	572636	6577	3718	376
绵阳市	Mianyang	36944	1523706	10486	6651	1365
广元市	Guangyuan	2010	36176	1466	931	44
遂宁市	Suining	5547	82359	2293	1392	88
内江市	Neijiang			2364	1353	
乐山市	Leshan	4856	152034	2536	1401	118
南充市	Nanchong	18491		1776	1399	59
眉山市	Meishan			2103	1100	
宜宾市	Yibin	9706	244450	2817	1724	665
广安市	Guang'an			2119	746	43
达州市	Dazhou	3786	76000	2281	1350	98
雅安市	Ya'an	2657	63378	1678	1033	65
巴中市	Bazhong	729	16769	1502	599	24
资阳市	Ziyang	1066	19236	830	545	50
贵州省	**Guizhou**					
贵阳市	Guiyang	28784	579752	17850	9113	1160
六盘水市	Liupanshui		107456	1834	764	52
遵义市	Zunyi					
安顺市	Anshun	2255	50554	2580	1045	109
毕节市	Bijie		45810	1886	837	27
铜仁市	Tongren			2429	910	100
云南省	**Yunnan**					
昆明市	Kunming			23921	12401	1807
曲靖市	Qujing	6992	171047	2168	1308	82
玉溪市	Yuxi	5375	148080	2430	1473	83
保山市	Baoshan	1972	35547	370	318	13
昭通市	Zhaotong	185	2956	806	322	14
丽江市	Lijiang	289	10120	543	272	13
普洱市	Pu'er			463	359	30
临沧市	Lincang		14997	349	318	10

2-21 续表 6 continued 6

城 市	City	R&D人员(人) R&D Personnel (Person)	R&D内部经费支出(万元) R&D Internal Outlay (10 000 yuan)	专利申请数(件) Number of Patent Applications (piece)	专利授权数(件) Number of Patent Authorizations (piece)	发明(件) Invention (piece)
西藏自治区	**Tibet**					
拉萨市	Lasa					
日喀则市	Xigaze	16204	4271			
昌都市	Qamdo	11480	1000	2	2	2
林芝市	Linzhi	278	256	2	2	
山南市	Shannan	32	98			
那曲市	Naqu	3694	180	2	2	1
陕西省	**Shaanxi**					
西安市	Xi'an			56408	31640	8025
铜川市	Tongchuan	910	12193	332	117	6
宝鸡市	Baoji	17104	288074	3509	2206	236
咸阳市	Xianyang			4258	2079	179
渭南市	Weinan	13622	208343	2167	862	162
延安市	Yan'an			1143	669	43
汉中市	Hanzhong	4333	92920	2291	901	113
榆林市	Yulin			2238	1119	52
安康市	Ankang	1849	39254	857	527	25
商洛市	Shangluo			1668	695	25
甘肃省	**Gansu**					
兰州市	Lanzhou	22037	523714	10708	5206	893
嘉峪关市	Jiayuguan			738	450	34
金昌市	Jinchang	1438	45095	916	625	61
白银市	Baiyin	1601	52715	1239	802	49
天水市	Tianshui	3251	81410	1639	607	34
武威市	Wuwei	2026	21994	2066	1031	398
张掖市	Zhangye	2275	51461	4344	1802	247
平凉市	Pingliang	2608	2048	870	356	75
酒泉市	Jiuquan	1372	26872	1730	1296	31
庆阳市	Qingyang	1210	4837	1550	747	11
定西市	Dingxi	504	12278	816	327	24
陇南市	Longnan	454	5364	843	449	29
青海省	**Qinghai**					
西宁市	Xining			3313	1939	258
海东市	Haidong	164	8040	10		
宁夏回族自治区	**Ningxia**					
银川市	Yinchuan			5765	2105	457
石嘴山市	Shizuishan	3848	80180	1129	725	78
吴忠市	Wuzhong	1921	58128	1151	897	96
固原市	Guyuan	311	5482	366	118	8
中卫市	Zhongwei			1324	656	88
新疆维吾尔自治区	**Xinjiang**					
乌鲁木齐市	Urumqi			7003	4361	501
克拉玛依市	Karamay	1192	4225	779	597	68
吐鲁番市	Turpan	762	23732	193		
哈密市	Hami			410	327	17

（五）人民生活
People's Livelihood

2–22 劳动力就业状况
Labour Force and Employment

单位：人 (person)

城 市	City	城镇单位从业人员期末人数 Persons Employed in Urban Units at Year-end		城镇私营和个体从业人员 Persons Employed in Private Enterprises and Self-Employed Individuals in Urban Areas		城镇登记失业人员数 Registered Unemployed Persons in Urban Areas	
		全 市 Total City	市辖区 Districts under City	全 市 Total City	市辖区 Districts under City	全 市 Total City	市辖区 Districts under City
北京市	**Beijing**	**8193019**	**8193019**	**7503000**	**7503000**	**102400**	**102400**
天津市	**Tianjin**	**2599869**	**2599869**	**2058063**	**2058063**	**258100**	**258100**
河北省	**Hebei**						
石家庄市	Shijiazhuang	959653	712619	940079	594414	51303	42614
唐山市	Tangshan	786018	562826	459916	327782	36026	15229
秦皇岛市	Qinhuangdao	283544	233527	339122	286504	23654	19723
邯郸市	Handan	625059	361207	486782	243740	64123	6118
邢台市	Xingtai	373100	152362			20739	5734
保定市	Baoding	797026	378808	818041	302129	50509	
张家口市	Zhangjiakou	325875	195097	422901	208986	36492	13032
承德市	Chengde	266924	133646	281334	96119	23732	10457
沧州市	Cangzhou	455099	172105	350570	89429	22113	
廊坊市	Langfang	397931	210223	327014	79190	9402	3109
衡水市	Hengshui	233148	112896	377401	142627	23078	
山西省	**Shanxi**						
太原市	Taiyuan	1040361	979821	1013505		51429	
大同市	Datong	394612	334117				
阳泉市	Yangquan	242041	180753	210771	139608	8057	4198
长治市	Changzhi	431024	142325	464954	145066	14224	1013
晋城市	Jincheng	353285	161907	233894	105096	5219	3378
朔州市	Shuozhou	185029	103303	215569		5159	2299
晋中市	Jinzhong	349470	110042	541413	138460	12228	4951
运城市	Yuncheng	345590	112636	483499	100715		
忻州市	Xinzhou	234135	71875			6630	1970
临汾市	Linfen	360526	88441	318897		18788	3190
吕梁市	Lvliang	342274	59609			11467	501
内蒙古自治区	**Inner Mongolia**						
呼和浩特市	Hohhot	420666	319478	1045333	825755	42156	
包头市	Baotou	346910	318550	1064223	983462	54614	54614
乌海市	Wuhai	79880	79880	261100	261100	8625	8625
赤峰市	Chifeng	296860	140906	450580		26863	13187
通辽市	Tongliao	241785	83740	399878	139104	18009	5601
鄂尔多斯市	Erdos	300322	95738	504061	177324	19650	4484
呼伦贝尔市	Hulunbuir	335926	68777	431848	115698	32309	2151
巴彦淖尔市	Bayannur	157125	77315	321934		11383	10128
乌兰察布市	Ulanqab	151697	60697	243633	115511	5066	2095
辽宁省	**Liaoning**						
沈阳市	Shenyang	1182341	1129784	1988990		96465	91163
大连市	Dalian	986288	893383	1370029		66873	56113
鞍山市	Anshan	372444	275863	461653	237718	36632	28254
抚顺市	Fushun	215583	147928	250800	189776	21883	19102
本溪市	Benxi	200774	168601	283560	203492	20753	16093
丹东市	Dandong	175682	99865	212310		23251	
锦州市	Jinzhou	225713	159447	412048	235762	27015	20193
营口市	Yingkou	229517	180596	466919	341234	19796	
阜新市	Fuxin	156035	114614	231601		18887	
辽阳市	Liaoyang	167768	126647	167968	131161	16293	12905

2-22 续表 1 continued 1

单位：人 (person)

城市	City	城镇单位从业人员期末人数 Persons Employed in Urban Units at Year-end		城镇私营和个体从业人员 Persons Employed in Private Enterprises and Self-Employed Individuals in Urban Areas		城镇登记失业人员数 Registered Unemployed Persons in Urban Areas	
		全市 Total City	市辖区 Districts under City	全市 Total City	市辖区 Districts under City	全市 Total City	市辖区 Districts under City
盘锦市	Panjin	413376	353043	176303	147740	17400	15148
铁岭市	Tieling	189161	44086	353087		20198	4413
朝阳市	Chaoyang	218402	87253	416563	134904	22475	6515
葫芦岛市	Huludao	186658	52270	600346		30450	
吉林省	**Jilin**						
长春市	Changchun	1184062	1068682	1485549	1312107	69130	45944
吉林市	Jilin	341815	231607	520041	348644	34893	23013
四平市	Siping	163389	64579	274160	122144	8735	1594
辽源市	Liaoyuan	89039	59963	150866	98195	11787	7788
通化市	Tonghua	171021	66796	225367	112043	6650	1415
白山市	Baishan	144866	79329	288987	103930	11987	6864
松原市	Songyuan	208013	97449	622147	252221	12270	5569
白城市	Baicheng	181326	91563	234186	108184	12822	4538
黑龙江省	**Heilongjiang**						
哈尔滨市	Harbin	1209883	1045619			103000	85490
齐齐哈尔市	Qiqihar	349287	198861	485279		39629	
鸡西市	Jixi	192408	96662				
鹤岗市	Hegang	163914	88335			14505	11179
双鸭山市	Shuangyashan	225354	83066			14513	6799
大庆市	Daqing	491708	432245			38074	34440
伊春市	Yichun	166023	119627	107381	104016	18796	16273
佳木斯市	Jiamusi	240726	75697	236328	116728	21526	10322
七台河市	Qitaihe	88744	75491	160651	125868	10049	8122
牡丹江市	Mudanjiang	198707	92795	640647	380502	24267	14413
黑河市	Heihe	220679	34314	13579	3611	9731	2458
绥化市	Suihua	249994	28732	412502	4169	21125	1645
上海市	**Shanghai**	**6406657**	**6406657**	**7166584**	**7166584**	**194100**	**194100**
江苏省	**Jiangsu**						
南京市	Nanjing	2191563	2191563	4858270	4858270	61821	61821
无锡市	Wuxi	1123218	741173	3154591	1953618	38208	29532
徐州市	Xuzhou	873579	453227	1679634	909062	31105	18674
常州市	Changzhou	683224	618558	2442894	2160690	31653	27993
苏州市	Suzhou	2901253	1532824	5306621	2822743	37661	20078
南通市	Nantong	2100398	740678	1419653	805437	37233	18774
连云港市	Lianyungang	472791	329017	707909	473310	12066	7317
淮安市	Huai'an	471378	343704	1065066	699902	19181	13983
盐城市	Yancheng	804470	364280	1373484	682761	17513	7348
扬州市	Yangzhou	970636	671449	1051639	724739	23124	14114
镇江市	Zhenjiang	384320	195741	1320385	555595	13628	6211
泰州市	Taizhou	1139614	617020	779098	424500	16604	7709
宿迁市	Suqian	441158	246135	606400	266600	11200	4900
浙江省	**Zhejiang**						
杭州市	Hangzhou	2791875	2664436	4380227	3891481	42706	37962
宁波市	Ningbo	1508258	1001209			61357	39146
温州市	Wenzhou	1073555	395122	2478663	1152445	33188	11878
嘉兴市	Jiaxing	752581	245606			26580	9033
湖州市	Huzhou	473725	247069	1451606	521345	17118	10851

2–22 续表 2 continued 2

单位：人 (person)

城 市	City	城镇单位从业人员期末人数 Persons Employed in Urban Units at Year-end		城镇私营和个体从业人员 Persons Employed in Private Enterprises and Self-Employed Individuals in Urban Areas		城镇登记失业人员数 Registered Unemployed Persons in Urban Areas	
		全 市 Total City	市辖区 Districts under City	全 市 Total City	市辖区 Districts under City	全 市 Total City	市辖区 Districts under City
绍兴市	Shaoxing	1150603	792260	1365505	748817	38464	22160
金华市	Jinhua	869748	158136	2792544	314381	19671	4909
衢州市	Quzhou	193256	110639	621490	308051	11778	5186
舟山市	Zhoushan	181378	143971	189158	151198	11773	9650
台州市	Taizhou	949538	388353	1209265	503172	27309	13317
丽水市	Lishui	190119	68921			11503	4544
安徽省	**Anhui**						
合肥市	Hefei	1832891	1450939	1462900	776789	109453	
芜湖市	Wuhu	529334	354585	653429	316913	16745	10088
蚌埠市	Bengbu	276062	201641	391072	206378	18444	
淮南市	Huainan	279461	193060	288113	126060	21874	
马鞍山市	Maanshan	278964	190679	311823	140112	22036	10468
淮北市	Huaibei	201432	152452	323719	196405	16196	11211
铜陵市	Tongling	181009	151407	170865	111739	9125	8972
安庆市	Anqing	388547	158205	573140	156695	9887	
黄山市	Huangshan	120978	75503	307844	182517	4265	2163
滁州市	Chuzhou	313412	126920	545446	125898	7940	2321
阜阳市	Fuyang	395805	184479	814732	325535	18510	7553
宿州市	Suzhou	308625	154742	428523	136078	10132	9186
六安市	Lu'an	1292000	507400	790939	241584	8514	
亳州市	Bozhou	264803	111971	661673	167147	5211	
池州市	Chizhou	113349	69921	172829	95471	5641	2872
宣城市	Xuancheng	209141	52173	405595	87812	9136	1136
福建省	**Fujian**						
福州市	Fuzhou	1742288	1194053	1928158	1442053	34515	24685
厦门市	Xiamen	1555914	1555914	2687690	2687690	28400	28400
莆田市	Putian	564082	461490	1051284	796558	8496	6415
三明市	Sanming	250495	98037	607694	180213	11377	3484
泉州市	Quanzhou	1446869	375363	1721579	661798	22855	16007
漳州市	Zhangzhou	606373	202898	697080	237807	14066	4123
南平市	Nanping	244961	102424	610648	142947	22049	8920
龙岩市	Longyan	334982	149270	342161	190001	18080	9622
宁德市	Ningde	270380	92682	658838	166045	12116	2059
江西省	**Jiangxi**						
南昌市	Nanchang	1175259	983094	1320026		64200	54372
景德镇市	Jingdezhen	165131	118484	294646		17862	
萍乡市	Pingxiang	166676	123467	451103	283202	20300	11745
九江市	Jiujiang	398627	150105	759987	231559	24743	6282
新余市	Xinyu	115486	97675	195800	155945	13656	10329
鹰潭市	Yingtan	157069	53409	258226	189394	10344	2939
赣州市	Ganzhou	543530	213320	2019908	825109	39515	12018
吉安市	Ji'an	360389	81183	340800	76700	26653	6214
宜春市	Yichun	441388	95642	1495236	138514	30448	2899
抚州市	Fuzhou	326475	174686	594984	157357	29334	14394
上饶市	Shangrao	395695	128938	836590	186280	25433	
山东省	**Shandong**						
济南市	Jinan	1301723	1229679	2596451	2077160	34905	

2-22 续表 3 continued 3

单位：人 (person)

城　市	City	城镇单位从业人员期末人数 Persons Employed in Urban Units at Year-end		城镇私营和个体从业人员 Persons Employed in Private Enterprises and Self-Employed Individuals in Urban Areas		城镇登记失业人员数 Registered Unemployed Persons in Urban Areas	
		全　市 Total City	市辖区 Districts under City	全　市 Total City	市辖区 Districts under City	全　市 Total City	市辖区 Districts under City
青岛市	Qingdao	1449465	1160438			73805	64695
淄博市	Zibo	769674	505605	462774	396667	34276	27247
枣庄市	Zaozhuang	366337	219316	455650	276979	26099	18585
东营市	Dongying	373667	308308	223658	189052	13665	11446
烟台市	Yantai	954362	519947	1085727	741163	49559	21760
潍坊市	Weifang	870440	341172	652930	505740	39562	15993
济宁市	Jining	821043	353482	486817	140488	31189	15727
泰安市	Tai'an	503460	203070	495550	327480	23883	10126
威海市	Weihai	513158	354483	335944	272234	10341	7868
日照市	Rizhao	301781	201788	167022	142197	15725	10688
莱芜市	Laiwu	166107	166107			7159	7159
临沂市	Linyi	814282	384730	2306422	863344	27848	11505
德州市	Dezhou	484610	179238	277159	115246	19998	6179
聊城市	Liaocheng	439136	188777	265396	117450	25530	10901
滨州市	Binzhou	431454	153906	379100	230600	14502	7440
菏泽市	Heze	488533	193023	541672	230739	17831	4610
河南省	**Henan**						
郑州市	Zhengzhou	1879346	1504652	2085738	1357738	68277	39937
开封市	Kaifeng	390539	228008	572310	282504	24240	14568
洛阳市	Luoyang	683673	370861	1039732	465697	82357	61808
平顶山市	Pingdingshan	492206	281782	529425	141261	16912	7032
安阳市	Anyang	525677	246003	738931	356345	27529	18697
鹤壁市	Hebi	160822	102879	237880	123187	4647	735
新乡市	Xinxiang	519939	170667	1063277	262014	41566	19866
焦作市	Jiaozuo	354822	171616	402706	143252	20109	12828
濮阳市	Puyang	339025	207993	449957	234022	16661	10353
许昌市	Xuchang	434397	171094	527995	193997	29939	11162
漯河市	Luohe	361200	226970	234317	151975	6976	
三门峡市	Sanmenxia	213497	93192	276333	93373	8829	3928
南阳市	Nanyang	774000	176943	866388	293577	25523	13950
商丘市	Shangqiu	691667	186399	763745	214780	24589	11124
信阳市	Xinyang	526066	177662	643887	126451	7945	3509
周口市	Zhoukou	599291	124976	833260	97637	28758	4044
驻马店市	Zhumadian	650184	185903	756359	206335	16643	
湖北省	**Hubei**						
武汉市	Wuhan	2097735	2097735	2461100	2461100	81900	81900
黄石市	Huangshi	299759	158198	858646	569527	26554	12934
十堰市	Shiyan	688289	488745	587713	458851	36764	26911
宜昌市	Yichang	877219	352121	1094405	474713	29577	17004
襄阳市	Xiangyang	1045291	352668	493334	229488	36220	21352
鄂州市	Ezhou	225824	225824	127675	127675	7798	7798
荆门市	Jingmen	407070	183182	414444	207222	17987	9105
孝感市	Xiaogan	839471	287825	435558	74856	15007	865
荆州市	Jingzhou	377086	163847	1520500	523600	40700	21718
黄冈市	Huanggang	787320	119773	284675	54291	20641	1911
咸宁市	Xianning	205557	76263	313225	103223	14521	5966
随州市	Suizhou	128075	72225	658028	250935	5509	2254

2-22 续表 4 continued 4

单位：人 (person)

城 市	City	城镇单位从业人员期末人数 Persons Employed in Urban Units at Year-end		城镇私营和个体从业人员 Persons Employed in Private Enterprises and Self-Employed Individuals in Urban Areas		城镇登记失业人员数 Registered Unemployed Persons in Urban Areas	
		全 市 Total City	市辖区 Districts under City	全 市 Total City	市辖区 Districts under City	全 市 Total City	市辖区 Districts under City
湖南省	**Hunan**						
长沙市	Changsha	1194467	865132	2347700		36877	25560
株洲市	Zhuzhou	402904	245486	743265	420156	16000	10065
湘潭市	Xiangtan	342702	243264	208380	126414	13217	11523
衡阳市	Hengyang	462438	181116			40535	12700
邵阳市	Shaoyang	363788	117595	911807	206129	3652	
岳阳市	Yueyang	413162	172402	832650	309854	38165	12295
常德市	Changde	433291	202657	1295976	566305	25256	10743
张家界市	Zhangjiajie	84535	46316	103427	63128	4043	2723
益阳市	Yiyang	246783	124626	236657	102830	12242	7042
郴州市	Chenzhou	354672	154124	771322	329793	38087	13111
永州市	Yongzhou	321053	99897	693015	268355	16168	5768
怀化市	Huaihua	253410	65863	518583	97309	21809	3185
娄底市	Loudi	287041	112667			15100	6492
广东省	**Guangdong**						
广州市	Guangzhou	3486454	3486454			180883	180883
韶关市	Shaoguan	312733	177081	315037	163960	12938	1810
深圳市	Shenzhen	4864889	4864889	5618493	5618493	44551	44551
珠海市	Zhuhai	776015	776015	383837	383837	11301	11301
汕头市	Shantou	589514	584894			18875	18691
佛山市	Foshan	1633297	1633297	1565650	1565650	24566	24566
江门市	Jiangmen	643244	356152	1133522	693185	63083	32532
湛江市	Zhanjiang	535047	237801	853979	293233	21187	11073
茂名市	Maoming	463443	256215	507781	302529	28515	16199
肇庆市	Zhaoqing	386177	254997			11641	5819
惠州市	Huizhou	951290	723441	1267931	639872	22798	15941
梅州市	Meizhou	300518	118113	199354	121137	12983	5135
汕尾市	Shanwei	198311	93955	392185	217325	13358	3067
河源市	Heyuan	289010	142615	412179		9100	
阳江市	Yangjiang	200780	118647	319011	213318	12444	6924
清远市	Qingyuan	352825	223273	462683	265690	13938	7672
东莞市	Dongguan	2424150		4669220		13378	
中山市	Zhongshan	763362		1020299		10887	
潮州市	Chaozhou	179151	147734	221830	198067	6346	3174
揭阳市	Jieyang	304442	140705	429254	274911	10158	4130
云浮市	Yunfu	183572	57731	179849	76000	5602	1226
广西壮族自治区	**Guangxi**						
南宁市	Nanning	1010881	901701	1356962	745838	29104	24039
柳州市	Liuzhou	584169	505780	787124	553370	27074	21176
桂林市	Guilin	390363	248301	150443	74427	24100	12438
梧州市	Wuzhou	175533	95875	328023	133538	9512	4763
北海市	Beihai	135564	100529	468276	379990	5139	3667
防城港市	Fangchenggang	77679	55969	148665	71632	2746	2015
钦州市	Qinzhou	190924	119853	337491	197971	9383	5324
贵港市	Guigang	176301	84168	571265	260427	8455	2102

2-22 续表 5 continued 5

单位：人 (person)

城 市	City	城镇单位从业人员期末人数 Persons Employed in Urban Units at Year-end		城镇私营和个体从业人员 Persons Employed in Private Enterprises and Self-Employed Individuals in Urban Areas		城镇登记失业人员数 Registered Unemployed Persons in Urban Areas	
		全 市 Total City	市辖区 Districts under City	全 市 Total City	市辖区 Districts under City	全 市 Total City	市辖区 Districts under City
玉林市	Yulin	285848	105950	794989	228868	10351	4709
百色市	Baise	222105	71181	377999	116297	2336	936
贺州市	Hezhou	105651	59052	220115	124628	7347	4894
河池市	Hechi	188437	76614	284384	85044	9776	2572
来宾市	Laibin	125321	63289	383552	210522	8439	4307
崇左市	Chongzuo	133130	41455	202400	33965	7690	1768
海南省	**Hainan**						
海口市	Haikou	506099	506099	961774	961774	10111	10111
三亚市	Sanya	142407	142407	251810	251810	3579	3579
三沙市	Sansha						
儋州市	Danzhou	39509		81963		2351	
重庆市	**Chongqing**	**3912033**	**3459688**	**6597300**		**130906**	**101851**
四川省	**Sichuan**						
成都市	Chengdu	6135401		3054922		204718	
自贡市	Zigong	205479	135625	416058	282123	20344	13742
攀枝花市	Panzhihua	286972	536600			14506	8267
泸州市	Luzhou	369162	197775	510784	207447	15606	8568
德阳市	Deyang	309701	137031	407476		19573	12176
绵阳市	Mianyang	505541	243083			21999	12223
广元市	Guangyuan	171856	99758	276107	158055	14727	7602
遂宁市	Suining	204551	76282	284089	156908	31436	20105
内江市	Neijiang	314962	123777	99548	33861	17076	6205
乐山市	Leshan	240482	128408	315800	133642	22742	10207
南充市	Nanchong	438487	186270	756791	355794	27764	10891
眉山市	Meishan	185060	79784	276200	76295	13457	7330
宜宾市	Yibin	381893	243283	492142	235217	27382	17477
广安市	Guang'an	329238	62616	484431	254312	11581	
达州市	Dazhou	528072	232859	601253	99536	19154	4658
雅安市	Ya'an	115182	56289	31512	11847	5162	2176
巴中市	Bazhong	339218	139419	201743	90421	15809	6420
资阳市	Ziyang	187198	100838	187749	73510	14546	5011
贵州省	**Guizhou**						
贵阳市	Guiyang	1063285	955082	392358		34951	
六盘水市	Liupanshui	240374	87481	277325	140694	18968	8865
遵义市	Zunyi						
安顺市	Anshun	183571	123915	161108	101006	9185	6829
毕节市	Bijie	323670	83917	358439	91368	14297	2788
铜仁市	Tongren	211808	67650	211847	58047	16945	4432
云南省	**Yunnan**						
昆明市	Kunming	1336684	1112402	2296869	300498	62380	51958
曲靖市	Qujing	457016	196625	882921	355404	53393	14505
玉溪市	Yuxi	298360	171453	381473	173837	9364	4732
保山市	Baoshan	216633	101078	161446	61116	9797	2600
昭通市	Zhaotong	248527	75141	220690	69839	11917	1365
丽江市	Lijiang	98245	40208	176310	103641	8101	3729
普洱市	Pu'er	183333	65181	390998	90821	10973	2804
临沧市	Lincang	157498	40847	135517	32473	10136	1646

2-22 续表 6 continued 6

单位：人 (person)

城 市	City	城镇单位从业人员期末人数 Persons Employed in Urban Units at Year-end		城镇私营和个体从业人员 Persons Employed in Private Enterprises and Self-Employed Individuals in Urban Areas		城镇登记失业人员数 Registered Unemployed Persons in Urban Areas	
		全 市 Total City	市辖区 Districts under City	全 市 Total City	市辖区 Districts under City	全 市 Total City	市辖区 Districts under City
西藏自治区	**Tibet**						
拉萨市	Lasa	294830				4085	
日喀则市	Xigaze	53271		116860			
昌都市	Qamdo	47848	3839	47950	16535	957	79
林芝市	Linzhi						
山南市	Shannan	35276	11599	61550	12963	1166	80
那曲市	Naqu	34681		106588		1321	
陕西省	**Shaanxi**						
西安市	Xi'an	1962340	1921969	2020051	1982361	124803	123280
铜川市	Tongchuan	110316	104117			7816	7326
宝鸡市	Baoji	404321	235422	432550	113208	22575	6177
咸阳市	Xianyang	460133	154040	107353	32871	43533	4289
渭南市	Weinan	481562	149969	158691	42437	14352	2948
延安市	Yan'an	306899	92244	403480	234978	10254	2746
汉中市	Hanzhong	297599	132575	652610	200045	14019	5750
榆林市	Yulin	436392	104261	157079	48000	10935	2768
安康市	Ankang	201745	103175	307896	126705	8642	4055
商洛市	Shangluo	204401	62375	248608	62375	8702	2218
甘肃省	**Gansu**						
兰州市	Lanzhou	751190	654454	1142196	853242	17886	16329
嘉峪关市	Jiayuguan	61737		76368		2888	
金昌市	Jinchang	97823	78405	124280	64281	4759	3673
白银市	Baiyin	156072	98935	147266	56960	5363	1723
天水市	Tianshui	223900	139352	207320	98237	14959	8873
武威市	Wuwei	126550	85914	258266	149436	5994	3389
张掖市	Zhangye	103324	51764	95123	42623	28140	13686
平凉市	Pingliang	161500	52502	112043	82084	10442	3374
酒泉市	Jiuquan	117607	49605	147297	71407	5042	3139
庆阳市	Qingyang	162095	71313	148230	125600	17656	2761
定西市	Dingxi	131359	35661	79490	38890	6415	1337
陇南市	Longnan	163000	17128	35600	5203	5822	426
青海省	**Qinghai**						
西宁市	Xining	340161	274240	381552	289752	17469	
海东市	Haidong	70290	20681	138200	2253	5534	4368
宁夏回族自治区	**Ningxia**						
银川市	Yinchuan	352674	278777	518203	371182	30162	21975
石嘴山市	Shizuishan	76371	59051	138279	81821	23244	20939
吴忠市	Wuzhong	91218	36931	190837	95759	3138	821
固原市	Guyuan	70161	28813	87216	51009	3403	1361
中卫市	Zhongwei	62317	30587				
新疆维吾尔自治区	**Xinjiang**						
乌鲁木齐市	Urumqi	732005	725123	1226188	1226146	37608	37590
克拉玛依市	Karamay	177222	177222	104133	104133	775	775
吐鲁番市	Turpan	161997	62988	64076	25537	3566	1970
哈密市	Hami	146238	128930	124950	98630	3256	2832

2–23 按产业划分的年末城镇单位就业人员
Employed Persons in Urban Units by Three Strata of Industry at Year-end

单位：人 (person)

城　市	City	第一产业(农林牧渔业) Primary Industry		第二产业 Secondary Industry		第三产业 Tertiary Industry	
		全　市 Total City	市辖区 Districts under City	全　市 Total City	市辖区 Districts under City	全　市 Total City	市辖区 Districts under City
北京市	**Beijing**	**26639**	**26639**	**1355600**	**1355600**	**6810780**	**6810780**
天津市	**Tianjin**	**5002**	**5002**	**1011718**	**1011718**	**1583149**	**1583149**
河北省	**Hebei**						
石家庄市	Shijiazhuang	1706	212	275156	212817	682791	499590
唐山市	Tangshan	14758	14561	344368	269744	426892	278521
秦皇岛市	Qinhuangdao	491	297	92753	88572	190300	144658
邯郸市	Handan	596	268	235204	145629	389259	215310
邢台市	Xingtai	500	53	115762	58507	256838	93802
保定市	Baoding	1545	497	279726	159980	515755	218331
张家口市	Zhangjiakou	1643	317	71464	53592	252768	141188
承德市	Chengde	2488	50	65839	38829	198597	94767
沧州市	Cangzhou	26		129691	59201	325382	112904
廊坊市	Langfang	711	29	158709	114481	238511	95713
衡水市	Hengshui	963		55188	34428	176997	78468
山西省	**Shanxi**						
太原市	Taiyuan	1581	1111	456825	430806	581955	547904
大同市	Datong	1175	725	205759	192280	187678	141112
阳泉市	Yangquan	246	27	141030	108192	100765	72534
长治市	Changzhi	1087	67	221520	47737	208417	94521
晋城市	Jincheng	1036	48	219435	107433	132814	54426
朔州市	Shuozhou	776	213	79356	40054	104897	63036
晋中市	Jinzhong	1035	231	148164	32686	200271	77125
运城市	Yuncheng	1704	51	115274	29113	228612	83472
忻州市	Xinzhou	1957	426	64230	13550	167948	57899
临汾市	Linfen	2485	623	118292	19005	239749	68813
吕梁市	Lvliang	485	36	144539	11700	197250	47873
内蒙古自治区	**Inner Mongolia**						
呼和浩特市	Hohhot	4707	400	106514	59314	309445	259764
包头市	Baotou	2511	1622	160047	151780	184352	165148
乌海市	Wuhai	93	93	41940	41940	37847	37847
赤峰市	Chifeng	8955	473	76352	49847	211553	90586
通辽市	Tongliao	34778	7503	52927	21271	154080	54966
鄂尔多斯市	Erdos	2163	195	123027	26906	175132	68637
呼伦贝尔市	Hulunbuir	88421	2994	68167	19324	179338	46459
巴彦淖尔市	Bayannur	16898	5089	19413	9968	120814	62258
乌兰察布市	Ulanqab	1396	24	21843	9864	128458	50809
辽宁省	**Liaoning**						
沈阳市	Shenyang	2452	1455	436747	426727	743142	701602
大连市	Dalian	7955	991	367562	337066	610771	555326
鞍山市	Anshan	2132	416	173939	143712	196373	131735
抚顺市	Fushun	3487	1033	103779	61727	108317	85168
本溪市	Benxi	894	47	99742	88832	100138	79722
丹东市	Dandong	645	80	56500	37668	118537	62117
锦州市	Jinzhou	5750	1085	62322	53768	157641	104594
营口市	Yingkou	900	779	71828	60052	156789	119765
阜新市	Fuxin	361	7	42276	37521	113398	77086
辽阳市	Liaoyang	5841	5701	81004	65673	80923	55273

2–23 续表 1 continued 1

单位：人 (person)

城　市	City	第一产业(农林牧渔业) Primary Industry 全　市 Total City	市辖区 Districts under City	第二产业 Secondary Industry 全　市 Total City	市辖区 Districts under City	第三产业 Tertiary Industry 全　市 Total City	市辖区 Districts under City
盘锦市	Panjin	147431	100697	150483	148033	115462	104313
铁岭市	Tieling	14979	60	66405	10979	107777	33047
朝阳市	Chaoyang	740	21	49755	19931	167907	67301
葫芦岛市	Huludao	1085		69080	28738	116493	23487
吉林省	**Jilin**						
长春市	Changchun	8312	3015	499572	474991	676178	590676
吉林市	Jilin	9542	366	127944	103615	204329	127626
四平市	Siping	3618	843	28153	15629	131618	48107
辽源市	Liaoyuan	1991	119	32010	29555	55038	30289
通化市	Tonghua	3992	41	53148	22578	113881	44177
白山市	Baishan	17787	4573	37777	27732	89302	47024
松原市	Songyuan	15396		77733	57129	114884	40304
白城市	Baicheng	15643	8411	29876	14516	135807	68636
黑龙江省	**Heilongjiang**						
哈尔滨市	Harbin	24151	4647	351534	329510	834198	711462
齐齐哈尔市	Qiqihar	43204	3133	75180	57014	230903	138714
鸡西市	Jixi	48543	424	55139	47112	88726	49126
鹤岗市	Hegang	51942	914	54916	51540	57056	35881
双鸭山市	Shuangyashan	91311	7450	38595	32231	95448	43385
大庆市	Daqing	9769	2902	238800	230816	243139	198527
伊春市	Yichun	92619	60773	18775	17046	54629	41808
佳木斯市	Jiamusi	78157	3474	34547	18884	128022	53339
七台河市	Qitaihe	6714	5130	40545	37935	41485	32426
牡丹江市	Mudanjiang	36941	240	25694	18904	136072	73651
黑河市	Heihe	111063	5396	18556	5324	91060	23594
绥化市	Suihua	18725	689	43494	6856	187775	21187
上海市	**Shanghai**	**30995**	**30995**	**1962586**	**1962586**	**4413076**	**4413076**
江苏省	**Jiangsu**						
南京市	Nanjing	107	107	933723	933723	1257733	1257733
无锡市	Wuxi	124	116	709214	453757	413880	287300
徐州市	Xuzhou	12201	5091	443916	216217	417462	231919
常州市	Changzhou			401257	367340	281967	251218
苏州市	Suzhou	108	87	2073274	1041696	827871	491041
南通市	Nantong	2381	1210	1749946	555873	348071	183595
连云港市	Lianyungang	5948	4709	208911	143327	257932	180981
淮安市	Huai'an	2119		236784	177026	232475	166479
盐城市	Yancheng	13929	4877	476519	207425	314022	151978
扬州市	Yangzhou	119	104	738475	511102	232042	160243
镇江市	Zhenjiang	292	145	204590	93677	179438	101919
泰州市	Taizhou	1456	346	887729	491695	250429	124979
宿迁市	Suqian	82		290597	177506	150479	68623
浙江省	**Zhejiang**						
杭州市	Hangzhou	680	420	1327433	1273742	1463762	1390274
宁波市	Ningbo	308	206	872965	532407	634985	468596
温州市	Wenzhou	751		599330	162763	473474	232359
嘉兴市	Jiaxing	855	150	459104	131018	292622	114438
湖州市	Huzhou	158	85	298124	148283	175443	98701

2-23 续表 2 continued 2

单位：人 (person)

城市	City	第一产业(农林牧渔业) Primary Industry 全市 Total City	市辖区 Districts under City	第二产业 Secondary Industry 全市 Total City	市辖区 Districts under City	第三产业 Tertiary Industry 全市 Total City	市辖区 Districts under City
绍兴市	Shaoxing	106	12	897100	630851	253397	161397
金华市	Jinhua	249	90	558175	57352	311324	100694
衢州市	Quzhou			71389	40496	121867	70143
舟山市	Zhoushan	62	54	58511	44361	122805	99556
台州市	Taizhou	484	318	633518	235752	315536	152283
丽水市	Lishui	672	34	44226	11078	145221	57809
安徽省	**Anhui**						
合肥市	Hefei	697	165	1130308	894787	701886	555987
芜湖市	Wuhu	258	62	308978	193636	220098	160887
蚌埠市	Bengbu	338	242	125407	103323	150317	98076
淮南市	Huainan	5327	1235	133174	93121	140960	98704
马鞍山市	Maanshan	642	42	169973	122010	108349	68627
淮北市	Huaibei	20	20	116153	93979	85259	58453
铜陵市	Tongling	2171	2011	102410	88361	76428	61035
安庆市	Anqing	12387	7543	189159	81834	187001	68828
黄山市	Huangshan	419	134	42151	30014	78408	45355
滁州市	Chuzhou	3923	65	163181	74918	146308	51937
阜阳市	Fuyang	1559	289	135390	66066	258856	118124
宿州市	Suzhou	698	448	137968	72953	169959	81341
六安市	Lu'an	38500	12300	263000	120100	990500	375000
亳州市	Bozhou			95549	44463	169254	67508
池州市	Chizhou	717	143	44814	29558	67818	40220
宣城市	Xuancheng	1312	930	99756	11616	108073	39627
福建省	**Fujian**						
福州市	Fuzhou	1952	280	1025079	661573	715257	532200
厦门市	Xiamen	1797	1797	968193	968193	585924	585924
莆田市	Putian	480	242	396734	325640	166868	135608
三明市	Sanming	3419	433	93363	51403	153713	46201
泉州市	Quanzhou	3100	301	1073010	221829	370759	153233
漳州市	Zhangzhou	13030	56	347616	93945	245727	108897
南平市	Nanping	8489	718	88422	42623	148050	59083
龙岩市	Longyan	2429	1968	139316	38396	193237	108906
宁德市	Ningde	1087	53	106728	31604	162565	61025
江西省	**Jiangxi**						
南昌市	Nanchang	517	381	662627	547271	512115	435442
景德镇市	Jingdezhen	5002	940	72445	59658	87684	57886
萍乡市	Pingxiang	430		74581	60043	91665	63424
九江市	Jiujiang	5394	8	170509	56531	222724	93566
新余市	Xinyu	333	51	66047	57827	49106	39797
鹰潭市	Yingtan	9028	315	86068	20118	61973	32976
赣州市	Ganzhou	3034	198	178317	65123	362179	147999
吉安市	Ji'an	6109	371	168110	28607	186170	52205
宜春市	Yichun	3506	111	210327	24110	227555	71421
抚州市	Fuzhou	1352	109	165428	106231	159695	68346
上饶市	Shangrao	2833	74	150575	53205	242287	75659
山东省	**Shandong**						
济南市	Jinan	429	392	549956	509980	751338	719307

2-23 续表 3 continued 3

单位：人 (person)

城市	City	第一产业(农林牧渔业) Primary Industry		第二产业 Secondary Industry		第三产业 Tertiary Industry	
		全市 Total City	市辖区 Districts under City	全市 Total City	市辖区 Districts under City	全市 Total City	市辖区 Districts under City
青岛市	Qingdao	741	246	699927	524200	748797	635992
淄博市	Zibo	270	183	487723	276430	281681	228992
枣庄市	Zaozhuang	440	141	188988	99154	176909	120021
东营市	Dongying	162		210548	173676	162957	134632
烟台市	Yantai	408	64	520328	273983	433626	245900
潍坊市	Weifang	585		420496	172993	449359	168179
济宁市	Jining	609		460937	192251	359497	161231
泰安市	Tai'an	222	11	276372	77467	226866	125592
威海市	Weihai	622	151	317121	222566	195415	131766
日照市	Rizhao	227	218	139540	88715	162014	112855
莱芜市	Laiwu			103637	103637	62470	62470
临沂市	Linyi	556		375893	180578	437833	204152
德州市	Dezhou	343	167	214587	85641	269680	93430
聊城市	Liaocheng	355	75	153875	47866	284906	140836
滨州市	Binzhou	32	9	266434	80226	164988	73671
菏泽市	Heze	504	185	163420	70931	324609	121907
河南省	**Henan**						
郑州市	Zhengzhou	1609	183	930576	762424	947161	742045
开封市	Kaifeng	427	177	179691	110870	210421	116961
洛阳市	Luoyang	701	78	330062	168901	352910	201882
平顶山市	Pingdingshan	368		257160	178725	234678	103057
安阳市	Anyang	590	324	314170	140807	210917	104872
鹤壁市	Hebi	99		88048	58011	72675	44868
新乡市	Xinxiang	382		277908	90092	241649	80575
焦作市	Jiaozuo	253	2	173437	79269	181132	92345
濮阳市	Puyang	36	33	175796	134977	163193	72983
许昌市	Xuchang	19	19	246609	90525	187769	80550
漯河市	Luohe	33	9	228357	138795	132810	88166
三门峡市	Sanmenxia	363	49	100697	32592	112437	60551
南阳市	Nanyang	2923	58	288813	66917	482264	109968
商丘市	Shangqiu	1390	96	302405	74787	387872	111516
信阳市	Xinyang	722	192	205758	73225	319586	104245
周口市	Zhoukou	1388	100	259539	52285	338364	72591
驻马店市	Zhumadian	5590	791	260308	74088	384286	111024
湖北省	**Hubei**						
武汉市	Wuhan	3408	3408	901760	901760	1192567	1192567
黄石市	Huangshi	1054	8	176134	91817	122571	66373
十堰市	Shiyan	7616	4859	322073	240053	358600	243833
宜昌市	Yichang	3322	1641	464261	167740	409636	182740
襄阳市	Xiangyang	30530	2078	536566	186114	478195	164476
鄂州市	Ezhou	258	258	147629	147629	77937	77937
荆门市	Jingmen	5374	995	214835	84070	186861	98117
孝感市	Xiaogan	8143	721	451639	144313	379689	142791
荆州市	Jingzhou	12428	79	139448	74648	225210	89120
黄冈市	Huanggang	17603		468305	56023	301412	63750
咸宁市	Xianning	476	300	43925	19360	161156	56603
随州市	Suizhou	501		52809	39337	74765	32888

2-23 续表 4 continued 4

单位：人 (person)

城市	City	第一产业(农林牧渔业) Primary Industry		第二产业 Secondary Industry		第三产业 Tertiary Industry	
		全市 Total City	市辖区 Districts under City	全市 Total City	市辖区 Districts under City	全市 Total City	市辖区 Districts under City
湖南省	**Hunan**						
长沙市	Changsha	1090	964	503391	307531	689986	556637
株洲市	Zhuzhou	1154	154	214674	132180	187076	113152
湘潭市	Xiangtan	113	72	179270	127219	163319	115973
衡阳市	Hengyang	1065	327	200731	80886	260642	99903
邵阳市	Shaoyang	2994	27	133607	55440	227187	62128
岳阳市	Yueyang	4611	784	195372	91703	213179	79915
常德市	Changde	1446	955	174270	70848	257575	130854
张家界市	Zhangjiajie	491	300	18418	9628	65626	36388
益阳市	Yiyang	835	330	90235	49361	155713	74935
郴州市	Chenzhou	1650	110	123184	53412	229838	100602
永州市	Yongzhou	3282	306	104851	25234	212920	74357
怀化市	Huaihua	1360		55067	11425	196983	54438
娄底市	Loudi	1213	42	126680	42937	159148	69688
广东省	**Guangdong**						
广州市	Guangzhou	1363	1363	1057553	1057553	2427538	2427538
韶关市	Shaoguan	1168	217	136772	86270	174793	90594
深圳市	Shenzhen	257	257	2628278	2628278	2236354	2236354
珠海市	Zhuhai	6548	6548	430678	430678	338789	338789
汕头市	Shantou	376	376	339031	338655	250107	245863
佛山市	Foshan	138	138	1138653	1138653	494506	494506
江门市	Jiangmen	1000	393	353826	186637	288418	169122
湛江市	Zhanjiang	14001	2189	214369	76030	306677	159582
茂名市	Maoming	6953	1386	203391	120989	253099	133840
肇庆市	Zhaoqing	604	10	186565	145326	199008	109661
惠州市	Huizhou	836	207	643100	514008	307354	209226
梅州市	Meizhou	220	18	115925	46083	184373	72012
汕尾市	Shanwei	706	16	100041	58917	97564	35022
河源市	Heyuan	683	101	135664	83689	152663	58825
阳江市	Yangjiang	4116	2450	70993	43615	125671	72582
清远市	Qingyuan	253	165	165913	116436	186659	106672
东莞市	Dongguan	316		1938219		485615	
中山市	Zhongshan			552200		211162	
潮州市	Chaozhou	14		93434	85477	85703	62257
揭阳市	Jieyang	1356	8	137619	68174	165467	72523
云浮市	Yunfu	292		71037	20194	112243	37537
广西壮族自治区	**Guangxi**						
南宁市	Nanning	8213	4902	381184	359054	621484	537745
柳州市	Liuzhou	3912	2039	345462	328555	234795	175186
桂林市	Guilin	4165	1036	128077	102422	258121	144843
梧州市	Wuzhou	662	152	52657	31530	122214	64193
北海市	Beihai	5954	5209	43417	35198	86193	60122
防城港市	Fangchenggang	4923	4502	17131	11849	55625	39618
钦州市	Qinzhou	2139	1130	67140	51421	121645	67302
贵港市	Guigang	893	355	35885	19041	139523	64772

2-23 续表 5 continued 5

单位：人 (person)

城 市	City	第一产业(农林牧渔业) Primary Industry		第二产业 Secondary Industry		第三产业 Tertiary Industry	
		全 市 Total City	市辖区 Districts under City	全 市 Total City	市辖区 Districts under City	全 市 Total City	市辖区 Districts under City
玉林市	Yulin	4859	918	86212	26846	194777	78186
百色市	Baise	2054	299	57957	24973	162094	45909
贺州市	Hezhou	1246	719	15866	7992	88539	50341
河池市	Hechi	3015	540	34848	16267	150574	59807
来宾市	Laibin	8846	6489	30942	16258	85533	40542
崇左市	Chongzuo	8060	345	27684	10375	97386	30735
海南省	**Hainan**						
海口市	Haikou	24851	24851	92477	92477	388771	388771
三亚市	Sanya	3433	3433	10722	10722	128252	128252
三沙市	Sansha						
儋州市	Danzhou	1761		3217		34531	
重庆市	**Chongqing**	**8708**	**7793**	**1789338**	**1630750**	**2113987**	**1821145**
四川省	**Sichuan**						
成都市	Chengdu	54220		1973831		4107350	
自贡市	Zigong	614	406	85108	64437	119757	70782
攀枝花市	Panzhihua	3259	5796	154472	280187		
泸州市	Luzhou	454	35	188320	93440	180388	104300
德阳市	Deyang	53		151980	61089	157668	75942
绵阳市	Mianyang	680	103	229466	84256	275395	158724
广元市	Guangyuan	489	30	49440	33992	121927	65736
遂宁市	Suining			101410	33239	103141	43043
内江市	Neijiang	2592	584	157092	43244	155278	79949
乐山市	Leshan	1228	67	94792	56713	144462	71628
南充市	Nanchong	683	383	166626	56769	271178	129118
眉山市	Meishan	581		83710	29680	100769	50104
宜宾市	Yibin	1738	1480	188250	132454	191905	109349
广安市	Guang'an	2777		172445	15597	154016	47019
达州市	Dazhou	4198	124	248392	109831	275482	122904
雅安市	Ya'an	772	87	34265	16307	80145	39895
巴中市	Bazhong	2343	831	180573	66242	156302	72346
资阳市	Ziyang	57		85646	47518	101495	53320
贵州省	**Guizhou**						
贵阳市	Guiyang	1700	586	518579	475288	543006	479208
六盘水市	Liupanshui	428	20	101960	33063	137986	54398
遵义市	Zunyi						
安顺市	Anshun	1376	1041	47827	40070	134368	82804
毕节市	Bijie	829	229	45628	8909	277213	74779
铜仁市	Tongren	719	149	27256	11815	183833	55686
云南省	**Yunnan**						
昆明市	Kunming	3131	1723	530323	416692	803230	693987
曲靖市	Qujing	2720	319	227902	107599	226394	88707
玉溪市	Yuxi	690	209	149676	91047	147994	80197
保山市	Baoshan	2678	1163	100820	50445	113135	49470
昭通市	Zhaotong	797		51230	19534	196500	55607
丽江市	Lijiang	553	8	15250	4367	82442	35833
普洱市	Pu'er	2914	11	66566	24675	113853	40495
临沧市	Lincang	10006	414	45292	12672	102200	27761

2-23 续表 6 continued 6

单位：人 (person)

城 市	City	第一产业(农林牧渔业) Primary Industry 全 市 Total City	市辖区 Districts under City	第二产业 Secondary Industry 全 市 Total City	市辖区 Districts under City	第三产业 Tertiary Industry 全 市 Total City	市辖区 Districts under City
西藏自治区	**Tibet**						
拉萨市	Lasa	90093		53200		151537	
日喀则市	Xigaze	158		3711		49402	
昌都市	Qamdo	215	77	3475	92	44158	3670
林芝市	Linzhi						
山南市	Shannan	13	11	5199		30064	9552
那曲市	Naqu	1515		994		32172	
陕西省	**Shaanxi**						
西安市	Xi'an	1582	975	728303	723108	1232455	1197886
铜川市	Tongchuan	171	171	50123	49346	60022	54600
宝鸡市	Baoji	2797	316	204643	123557	196881	111549
咸阳市	Xianyang	1288	367	219349	69836	239496	83837
渭南市	Weinan	6282	1354	189528	48726	285752	99889
延安市	Yan'an	1429	36	133545	28093	171925	64115
汉中市	Hanzhong	1130	133	101823	41269	194646	91173
榆林市	Yulin	2085	152	178578	34180	255729	69929
安康市	Ankang	218	76	57925	33070	143602	70029
商洛市	Shangluo	1433	562	86771	20525	116197	41288
甘肃省	**Gansu**						
兰州市	Lanzhou	588	588	260489	216908	490113	436958
嘉峪关市	Jiayuguan	73		40315		21349	
金昌市	Jinchang	2541		65162	57564	30120	20841
白银市	Baiyin	1833		68004	57268	86235	41667
天水市	Tianshui	8845	872	69975	60851	145080	77629
武威市	Wuwei	2645	1929	38155	28543	85750	55442
张掖市	Zhangye	2624	823	24969	10154	75731	40787
平凉市	Pingliang	3623	130	57481	17696	100396	34676
酒泉市	Jiuquan	3881	843	39580	14726	74146	34036
庆阳市	Qingyang	417	9	49000	35965	112678	35339
定西市	Dingxi	942		28591	6170	101826	29491
陇南市	Longnan	8800		36200	945	118000	16183
青海省	**Qinghai**						
西宁市	Xining	959	319	119102	88932	220100	184989
海东市	Haidong	1937	703	12606	2806	55747	17172
宁夏回族自治区	**Ningxia**						
银川市	Yinchuan	3060	1658	140416	105337	209198	171782
石嘴山市	Shizuishan	408	355	28078	25254	47885	33442
吴忠市	Wuzhong	269		28286	9436	62663	27495
固原市	Guyuan	1044	797	10408	4441	58709	23575
中卫市	Zhongwei	3397	1472	9125	5976	49795	23139
新疆维吾尔自治区	**Xinjiang**						
乌鲁木齐市	Urumqi	1741	1565	213254	213178	517010	510380
克拉玛依市	Karamay	82	82	97096	97096	80044	80044
吐鲁番市	Turpan	516	222	46700	8410	114781	54356
哈密市	Hami	15444	14768	39251	33508	91543	80654

2-24 按产业划分的年末城镇单位就业人员构成
Composition of Employed Persons in Urban Units by Three Strata of Industry at Year-end

单位：% (%)

城 市	City	第一产业从业人员比重 Primary Industry		第二产业从业人员比重 Secondary Industry		第三产业从业人员比重 Tertiary Industry	
		全 市 Total City	市辖区 Districts under City	全 市 Total City	市辖区 Districts under City	全 市 Total City	市辖区 Districts under City
北京市	**Beijing**	**0.33**	**0.33**	**16.55**	**16.55**	**83.13**	**83.13**
天津市	**Tianjin**	**0.19**	**0.19**	**38.91**	**38.91**	**60.89**	**60.89**
河北省	**Hebei**						
石家庄市	Shijiazhuang	0.18	0.03	28.67	29.86	71.15	70.11
唐山市	Tangshan	1.88	2.59	43.81	47.93	54.31	49.49
秦皇岛市	Qinhuangdao	0.17	0.13	32.71	37.93	67.11	61.94
邯郸市	Handan	0.10	0.07	37.63	40.32	62.28	59.61
邢台市	Xingtai	0.13	0.03	31.03	38.40	68.84	61.57
保定市	Baoding	0.19	0.13	35.10	42.23	64.71	57.64
张家口市	Zhangjiakou	0.50	0.16	21.93	27.47	77.57	72.37
承德市	Chengde	0.93	0.04	24.67	29.05	74.40	70.91
沧州市	Cangzhou	0.01		28.50	34.40	71.50	65.60
廊坊市	Langfang	0.18	0.01	39.88	54.46	59.94	45.53
衡水市	Hengshui	0.41		23.67	30.50	75.92	69.50
山西省	**Shanxi**						
太原市	Taiyuan	0.15	0.11	43.91	43.97	55.94	55.92
大同市	Datong	0.30	0.22	52.14	57.55	47.56	42.23
阳泉市	Yangquan	0.10	0.01	58.27	59.86	41.63	40.13
长治市	Changzhi	0.25	0.05	51.39	33.54	48.35	66.41
晋城市	Jincheng	0.29	0.03	62.11	66.35	37.59	33.62
朔州市	Shuozhou	0.42	0.21	42.89	38.77	56.69	61.02
晋中市	Jinzhong	0.30	0.21	42.40	29.70	57.31	70.09
运城市	Yuncheng	0.49	0.05	33.36	25.85	66.15	74.11
忻州市	Xinzhou	0.84	0.59	27.43	18.85	71.73	80.56
临汾市	Linfen	0.69	0.70	32.81	21.49	66.50	77.81
吕梁市	Lvliang	0.14	0.06	42.23	19.63	57.63	80.31
内蒙古自治区	**Inner Mongolia**						
呼和浩特市	Hohhot	1.12	0.13	25.32	18.57	73.56	81.31
包头市	Baotou	0.72	0.51	46.14	47.65	53.14	51.84
乌海市	Wuhai	0.12	0.12	52.50	52.50	47.38	47.38
赤峰市	Chifeng	3.02	0.34	25.72	35.38	71.26	64.29
通辽市	Tongliao	14.38	8.96	21.89	25.40	63.73	65.64
鄂尔多斯市	Erdos	0.72	0.20	40.97	28.10	58.31	71.69
呼伦贝尔市	Hulunbuir	26.32	4.35	20.29	28.10	53.39	67.55
巴彦淖尔市	Bayannur	10.75	6.58	12.36	12.89	52.38	80.53
乌兰察布市	Ulanqab	0.92	0.04	14.40	16.25	84.68	83.71
辽宁省	**Liaoning**						
沈阳市	Shenyang	0.21	0.13	36.94	37.77	62.85	62.10
大连市	Dalian	0.81	0.11	37.27	37.73	61.93	62.16
鞍山市	Anshan	0.57	0.15	46.70	52.10	52.73	47.75
抚顺市	Fushun	1.62	0.70	48.14	41.73	50.24	57.57
本溪市	Benxi	0.45	0.03	49.68	52.69	49.88	47.28
丹东市	Dandong	0.37	0.08	32.16	37.72	67.47	62.20
锦州市	Jinzhou	2.55	0.68	27.61	33.72	69.84	65.60
营口市	Yingkou	0.39	0.43	31.30	33.25	68.31	66.32
阜新市	Fuxin	0.23	0.01	27.09	32.74	72.67	67.26
辽阳市	Liaoyang	3.48	4.50	48.28	51.86	48.24	43.64

2-24 续表 1 continued 1

单位：% (%)

城　　市	City	第一产业从业人员比重 Primary Industry		第二产业从业人员比重 Secondary Industry		第三产业从业人员比重 Tertiary Industry	
		全　市 Total City	市辖区 Districts under City	全　市 Total City	市辖区 Districts under City	全　市 Total City	市辖区 Districts under City
盘锦市	Panjin	35.67	28.52	36.40	41.93	27.93	29.55
铁岭市	Tieling	7.92	0.14	35.11	24.90	56.98	74.96
朝阳市	Chaoyang	0.34	0.02	22.78	22.84	76.88	77.13
葫芦岛市	Huludao	0.58	0.09	37.01	54.98	62.41	44.93
吉林省	**Jilin**						
长春市	Changchun	0.70	0.28	42.19	44.45	57.11	55.27
吉林市	Jilin	2.79	0.16	37.43	44.74	59.78	55.10
四平市	Siping	2.21	1.31	17.23	24.20	80.55	74.49
辽源市	Liaoyuan	2.24	0.20	35.95	49.29	61.81	50.51
通化市	Tonghua	2.33	0.06	31.08	33.80	66.59	66.14
白山市	Baishan	12.28	5.76	26.08	34.96	61.64	59.28
松原市	Songyuan	7.40	0.02	37.37	58.62	55.23	41.36
白城市	Baicheng	8.63	9.19	16.48	15.85	74.90	74.96
黑龙江省	**Heilongjiang**						
哈尔滨市	Harbin	2.00	0.44	29.06	31.51	68.95	68.04
齐齐哈尔市	Qiqihar	12.37	1.58	21.52	28.67	66.11	69.75
鸡西市	Jixi	25.23	0.44	28.66	48.74	46.11	50.82
鹤岗市	Hegang	31.69	1.03	33.50	58.35	34.81	40.62
双鸭山市	Shuangyashan	40.52	8.97	17.13	38.80	42.35	52.23
大庆市	Daqing	1.99	0.67	48.57	53.40	49.45	45.93
伊春市	Yichun	55.79	50.80	11.31	14.25	32.90	34.95
佳木斯市	Jiamusi	32.47	4.59	14.35	24.95	53.18	70.46
七台河市	Qitaihe	7.57	6.80	45.69	50.25	46.75	42.95
牡丹江市	Mudanjiang	18.59	0.26	12.93	20.37	68.48	79.37
黑河市	Heihe	50.33	15.73	8.41	15.52	41.26	68.76
绥化市	Suihua	7.49	2.40	17.40	23.86	75.11	73.74
上海市	**Shanghai**	**0.48**	**0.48**	**30.63**	**30.63**	**68.88**	**68.88**
江苏省	**Jiangsu**						
南京市	Nanjing			42.61	42.61	57.39	57.39
无锡市	Wuxi	0.01	0.02	63.14	61.22	36.85	38.76
徐州市	Xuzhou	1.40	1.12	50.82	47.71	47.79	51.17
常州市	Changzhou			58.73	59.39	41.27	40.61
苏州市	Suzhou		0.01	71.46	67.96	28.53	32.04
南通市	Nantong	0.11	0.16	83.31	75.05	16.57	24.79
连云港市	Lianyungang	1.26	1.43	44.19	43.56	54.56	55.01
淮安市	Huai'an	0.45	0.06	50.23	51.51	49.32	48.44
盐城市	Yancheng	1.73	1.34	59.23	56.94	39.03	41.72
扬州市	Yangzhou	0.01	0.02	76.08	76.12	23.91	23.87
镇江市	Zhenjiang	0.08	0.07	53.23	47.86	46.69	52.07
泰州市	Taizhou	0.13	0.06	77.90	79.69	21.97	20.26
宿迁市	Suqian	0.02		65.87	72.12	34.11	27.88
浙江省	**Zhejiang**						
杭州市	Hangzhou	0.02	0.02	47.55	47.81	52.43	52.18
宁波市	Ningbo	0.02	0.02	57.88	53.18	42.10	46.80
温州市	Wenzhou	0.07		55.83	41.19	44.10	58.81
嘉兴市	Jiaxing	0.11	0.06	61.00	53.34	38.88	46.59
湖州市	Huzhou	0.03	0.03	62.93	60.02	37.03	39.95

2–24 续表 2 continued 2

单位：% (%)

城 市	City	第一产业从业人员比重 Primary Industry		第二产业从业人员比重 Secondary Industry		第三产业从业人员比重 Tertiary Industry	
		全 市 Total City	市辖区 Districts under City	全 市 Total City	市辖区 Districts under City	全 市 Total City	市辖区 Districts under City
绍兴市	Shaoxing	0.01		77.97	79.63	22.02	20.37
金华市	Jinhua	0.03	0.06	64.18	36.27	35.79	63.68
衢州市	Quzhou			36.94	36.60	63.06	63.40
舟山市	Zhoushan	0.03	0.04	32.26	30.81	67.71	69.15
台州市	Taizhou	0.05	0.08	66.72	60.71	33.23	39.21
丽水市	Lishui	0.35	0.05	23.26	16.07	76.38	83.88
安徽省	**Anhui**						
合肥市	Hefei	0.04	0.01	61.67	61.67	38.29	38.32
芜湖市	Wuhu	0.05	0.02	58.37	54.61	41.58	45.37
蚌埠市	Bengbu	0.12	0.12	45.43	51.24	54.45	48.64
淮南市	Huainan	1.91	0.64	47.65	48.23	50.44	51.13
马鞍山市	Maanshan	0.23	0.02	60.93	63.99	38.84	35.99
淮北市	Huaibei	0.01	0.01	57.66	61.64	42.33	38.34
铜陵市	Tongling	1.20	1.33	56.58	58.36	42.22	40.31
安庆市	Anqing	3.19	4.77	48.68	51.73	48.13	43.51
黄山市	Huangshan	0.35	0.18	34.84	39.75	64.81	60.07
滁州市	Chuzhou	1.25	0.05	52.07	59.03	46.68	40.92
阜阳市	Fuyang	0.39	0.16	34.21	35.81	65.40	64.03
宿州市	Suzhou	0.23	0.29	44.70	47.14	55.07	52.57
六安市	Lu'an	2.98	2.42	20.36	23.67	76.66	73.91
亳州市	Bozhou			36.08	39.71	63.92	60.29
池州市	Chizhou	0.63	0.20	39.54	42.27	59.83	57.52
宣城市	Xuancheng	0.63	1.78	47.70	22.26	51.67	75.95
福建省	**Fujian**						
福州市	Fuzhou	0.11	0.02	58.84	55.41	41.05	44.57
厦门市	Xiamen	0.12	0.12	62.23	62.23	37.66	37.66
莆田市	Putian	0.09	0.05	70.33	70.56	29.58	29.38
三明市	Sanming	1.36	0.44	37.27	52.43	61.36	47.13
泉州市	Quanzhou	0.21	0.08	74.16	59.10	25.62	40.82
漳州市	Zhangzhou	2.15	0.03	57.33	46.30	40.52	53.67
南平市	Nanping	3.47	0.70	36.10	41.61	60.44	57.68
龙岩市	Longyan	0.73	1.32	41.59	25.72	57.69	72.96
宁德市	Ningde	0.40	0.06	39.47	34.10	60.12	65.84
江西省	**Jiangxi**						
南昌市	Nanchang	0.04	0.04	56.38	55.67	43.57	44.29
景德镇市	Jingdezhen	3.03	0.79	43.87	50.35	53.10	48.86
萍乡市	Pingxiang	0.26		44.75	48.63	55.00	51.37
九江市	Jiujiang	1.35	0.01	42.77	37.66	55.87	62.33
新余市	Xinyu	0.29	0.05	57.19	59.20	42.52	40.74
鹰潭市	Yingtan	5.75	0.59	54.80	37.67	39.46	61.74
赣州市	Ganzhou	0.56	0.09	32.81	30.53	66.63	69.38
吉安市	Ji'an	1.70	0.46	46.65	35.24	51.66	64.31
宜春市	Yichun	0.79	0.12	47.65	25.21	51.55	74.68
抚州市	Fuzhou	0.41	0.06	50.67	60.81	48.91	39.13
上饶市	Shangrao	0.72	0.06	38.05	41.26	61.23	58.68
山东省	**Shandong**						
济南市	Jinan	0.03	0.03	42.25	41.47	57.72	58.50

2-24 续表 3 continued 3

单位：% (%)

城　　市	City	第一产业从业人员比重 Primary Industry		第二产业从业人员比重 Secondary Industry		第三产业从业人员比重 Tertiary Industry	
		全　市 Total City	市辖区 Districts under City	全　市 Total City	市辖区 Districts under City	全　市 Total City	市辖区 Districts under City
青岛市	Qingdao	0.05	0.02	48.29	45.17	51.66	54.81
淄博市	Zibo	0.04	0.04	63.37	54.67	36.60	45.29
枣庄市	Zaozhuang	0.12	0.06	51.59	45.21	48.29	54.73
东营市	Dongying	0.04		56.35	56.33	43.61	43.67
烟台市	Yantai	0.04	0.01	54.52	52.69	45.44	47.29
潍坊市	Weifang	0.07		48.31	50.71	51.62	49.29
济宁市	Jining	0.07		56.14	54.39	43.79	45.61
泰安市	Tai'an	0.04	0.01	54.89	38.15	45.06	61.85
威海市	Weihai	0.12	0.04	61.80	62.79	38.08	37.17
日照市	Rizhao	0.08	0.11	46.24	43.96	53.69	55.93
莱芜市	Laiwu			62.39	62.39	37.61	37.61
临沂市	Linyi	0.07		46.16	46.94	53.77	53.06
德州市	Dezhou	0.07	0.09	44.28	47.78	55.65	52.13
聊城市	Liaocheng	0.08	0.04	35.04	25.36	64.88	74.60
滨州市	Binzhou	0.01	0.01	61.75	52.13	38.24	47.87
菏泽市	Heze	0.10	0.10	33.45	36.75	66.45	63.16
河南省	**Henan**						
郑州市	Zhengzhou	0.09	0.01	49.52	50.67	50.40	49.32
开封市	Kaifeng	0.11	0.08	46.01	48.63	53.88	51.30
洛阳市	Luoyang	0.10	0.02	48.28	45.54	51.62	54.44
平顶山市	Pingdingshan	0.07		52.25	63.43	47.68	36.57
安阳市	Anyang	0.11	0.13	59.76	57.24	40.12	42.63
鹤壁市	Hebi	0.06		54.75	56.39	45.19	43.61
新乡市	Xinxiang	0.07		53.45	52.79	46.48	47.21
焦作市	Jiaozuo	0.07		48.88	46.19	51.05	53.81
濮阳市	Puyang	0.01	0.02	51.85	64.89	48.14	35.09
许昌市	Xuchang		0.01	56.77	52.91	43.23	47.08
漯河市	Luohe	0.01		63.22	61.15	36.77	38.84
三门峡市	Sanmenxia	0.17	0.05	47.17	34.97	52.66	64.97
南阳市	Nanyang	0.38	0.03	37.31	37.82	62.31	62.15
商丘市	Shangqiu	0.20	0.05	43.72	40.12	56.08	59.83
信阳市	Xinyang	0.14	0.11	39.11	41.22	60.75	58.68
周口市	Zhoukou	0.23	0.08	43.31	41.84	56.46	58.08
驻马店市	Zhumadian	0.86	0.43	40.04	39.85	59.10	59.72
湖北省	**Hubei**						
武汉市	Wuhan	0.16	0.16	42.99	42.99	56.85	56.85
黄石市	Huangshi	0.35	0.01	58.76	58.04	40.89	41.96
十堰市	Shiyan	1.11	0.99	46.79	49.12	52.10	49.89
宜昌市	Yichang	0.38	0.47	52.92	47.64	46.70	51.90
襄阳市	Xiangyang	2.92	0.59	51.33	52.77	45.75	46.64
鄂州市	Ezhou	0.11	0.11	65.37	65.37	34.51	34.51
荆门市	Jingmen	1.32	0.54	52.78	45.89	45.90	53.56
孝感市	Xiaogan	0.97	0.25	53.80	50.14	45.23	49.61
荆州市	Jingzhou	3.30	0.05	36.98	45.56	59.72	54.39
黄冈市	Huanggang	2.24		59.48	46.77	38.28	53.23
咸宁市	Xianning	0.23	0.39	21.37	25.39	78.40	74.22
随州市	Suizhou	0.39		41.23	54.46	58.38	45.54

2-24 续表 4 continued 4

单位：% (%)

城 市	City	第一产业从业人员比重 Primary Industry		第二产业从业人员比重 Secondary Industry		第三产业从业人员比重 Tertiary Industry	
		全 市 Total City	市辖区 Districts under City	全 市 Total City	市辖区 Districts under City	全 市 Total City	市辖区 Districts under City
湖南省	**Hunan**						
长沙市	Changsha	0.09	0.11	42.14	35.55	57.77	64.34
株洲市	Zhuzhou	0.29	0.06	53.28	53.84	46.43	46.09
湘潭市	Xiangtan	0.03	0.03	52.31	52.30	47.66	47.67
衡阳市	Hengyang	0.23	0.18	43.41	44.66	56.36	55.16
邵阳市	Shaoyang	0.82	0.02	36.73	47.14	62.45	52.83
岳阳市	Yueyang	1.12	0.45	47.29	53.19	51.60	46.35
常德市	Changde	0.33	0.47	40.22	34.96	59.45	64.57
张家界市	Zhangjiajie	0.58	0.65	21.79	20.79	77.63	78.56
益阳市	Yiyang	0.34	0.26	36.56	39.61	63.10	60.13
郴州市	Chenzhou	0.47	0.07	34.73	34.66	64.80	65.27
永州市	Yongzhou	1.02	0.31	32.66	25.26	66.32	74.43
怀化市	Huaihua	0.54		21.73	17.35	77.73	82.65
娄底市	Loudi	0.42	0.04	44.13	38.11	55.44	61.85
广东省	**Guangdong**						
广州市	Guangzhou	0.04	0.04	30.33	30.33	69.63	69.63
韶关市	Shaoguan	0.37	0.12	43.73	48.72	55.89	51.16
深圳市	Shenzhen	0.01	0.01	54.03	54.03	45.97	45.97
珠海市	Zhuhai	0.84	0.84	55.50	55.50	43.66	43.66
汕头市	Shantou	0.06	0.06	57.51	57.90	42.43	42.04
佛山市	Foshan	0.01	0.01	69.71	69.71	30.28	30.28
江门市	Jiangmen	0.16	0.11	55.01	52.40	44.84	47.49
湛江市	Zhanjiang	2.62	0.92	40.07	31.97	57.32	67.11
茂名市	Maoming	1.50	0.54	43.89	47.22	54.61	52.24
肇庆市	Zhaoqing	0.16		48.31	56.99	51.53	43.00
惠州市	Huizhou	0.09	0.03	67.60	71.05	32.31	28.92
梅州市	Meizhou	0.07	0.02	38.58	39.02	61.35	60.97
汕尾市	Shanwei	0.36	0.02	50.45	62.71	49.20	37.28
河源市	Heyuan	0.24	0.07	46.94	58.68	52.82	41.25
阳江市	Yangjiang	2.05	2.06	35.36	36.76	62.59	61.17
清远市	Qingyuan	0.07	0.07	47.02	52.15	52.90	47.78
东莞市	Dongguan	0.01		79.95		20.03	
中山市	Zhongshan			72.34		27.66	
潮州市	Chaozhou	0.01		52.15	57.86	47.84	42.14
揭阳市	Jieyang	0.45	0.01	45.20	48.45	54.35	51.54
云浮市	Yunfu	0.16		38.70	34.98	61.14	65.02
广西壮族自治区	**Guangxi**						
南宁市	Nanning	0.81	0.54	37.71	39.82	61.48	59.64
柳州市	Liuzhou	0.67	0.40	59.14	64.96	40.19	34.64
桂林市	Guilin	1.07	0.42	32.81	41.25	66.12	58.33
梧州市	Wuzhou	0.38	0.16	30.00	32.89	69.62	66.95
北海市	Beihai	4.39	5.18	32.03	35.01	63.58	59.81
防城港市	Fangchenggang	6.34	8.04	22.05	21.17	71.61	70.79
钦州市	Qinzhou	1.12	0.94	35.17	42.90	63.71	56.15
贵港市	Guigang	0.51	0.42	20.35	22.62	79.14	76.96

2-24 续表 5 continued 5

单位：% (%)

城 市	City	第一产业从业人员比重 Primary Industry		第二产业从业人员比重 Secondary Industry		第三产业从业人员比重 Tertiary Industry	
		全 市 Total City	市辖区 Districts under City	全 市 Total City	市辖区 Districts under City	全 市 Total City	市辖区 Districts under City
玉林市	Yulin	1.70	0.87	30.16	25.34	68.14	73.80
百色市	Baise	0.92	0.42	26.09	35.08	72.98	64.50
贺州市	Hezhou	1.18	1.22	15.02	13.53	83.80	85.25
河池市	Hechi	1.60	0.70	18.49	21.23	79.91	78.06
来宾市	Laibin	7.06	10.25	24.69	25.69	68.25	64.06
崇左市	Chongzuo	6.05	0.83	20.79	25.03	73.15	74.14
海南省	**Hainan**						
海口市	Haikou	4.91	4.91	18.27	18.27	76.82	76.82
三亚市	Sanya	2.41	2.41	7.53	7.53	90.06	90.06
三沙市	Sansha						
儋州市	Danzhou	4.46		8.14		87.40	
重庆市	**Chongqing**	**0.22**	**0.23**	**45.74**	**47.14**	**54.04**	**52.64**
四川省	**Sichuan**						
成都市	Chengdu	0.88		32.17		66.95	
自贡市	Zigong	0.30	0.30	41.42	47.51	58.28	52.19
攀枝花市	Panzhihua	1.14	1.08	53.83	52.22		
泸州市	Luzhou	0.12	0.02	51.01	47.25	48.86	52.74
德阳市	Deyang	0.02		49.07	44.58	50.91	55.42
绵阳市	Mianyang	0.13	0.04	45.39	34.66	54.48	65.30
广元市	Guangyuan	0.28	0.03	28.77	34.07	70.95	65.90
遂宁市	Suining			49.58	43.57	50.42	56.43
内江市	Neijiang	0.82	0.47	49.88	34.94	49.30	64.59
乐山市	Leshan	0.51	0.05	39.42	44.17	60.07	55.78
南充市	Nanchong	0.16	0.21	38.00	30.48	61.84	69.32
眉山市	Meishan	0.31		45.23	37.20	54.45	62.80
宜宾市	Yibin	0.46	0.61	49.29	54.44	50.25	44.95
广安市	Guang'an	0.84		52.38	24.91	46.78	75.09
达州市	Dazhou	0.79	0.05	47.04	47.17	52.17	52.78
雅安市	Ya'an	0.67	0.15	29.75	28.97	69.58	70.88
巴中市	Bazhong	0.69	0.60	53.23	47.51	46.08	51.89
资阳市	Ziyang	0.03		45.75	47.12	54.22	52.88
贵州省	**Guizhou**						
贵阳市	Guiyang	0.16	0.06	48.77	49.76	51.07	50.17
六盘水市	Liupanshui	0.18	0.02	42.42	37.79	57.40	62.18
遵义市	Zunyi						
安顺市	Anshun	0.75	0.84	26.05	32.34	73.20	66.82
毕节市	Bijie	0.26	0.27	14.10	10.62	85.65	89.11
铜仁市	Tongren	0.34	0.22	12.87	17.46	86.79	82.31
云南省	**Yunnan**						
昆明市	Kunming	0.23	0.15	39.67	37.46	60.09	62.39
曲靖市	Qujing	0.60	0.16	49.87	54.72	49.54	45.11
玉溪市	Yuxi	0.23	0.12	50.17	53.10	49.60	46.77
保山市	Baoshan	1.24	1.15	46.54	49.91	52.22	48.94
昭通市	Zhaotong	0.32		20.61	26.00	79.07	74.00
丽江市	Lijiang	0.56	0.02	15.52	10.86	83.91	89.12
普洱市	Pu'er	1.59	0.02	36.31	37.86	62.10	62.13
临沧市	Lincang	6.35	1.01	28.76	31.02	64.89	67.96

2-24 续表 6 continued 6

单位：% (%)

城市	City	第一产业从业人员比重 Primary Industry		第二产业从业人员比重 Secondary Industry		第三产业从业人员比重 Tertiary Industry	
		全市 Total City	市辖区 Districts under City	全市 Total City	市辖区 Districts under City	全市 Total City	市辖区 Districts under City
西藏自治区	**Tibet**						
拉萨市	Lasa	30.56		18.04		51.40	
日喀则市	Xigaze	0.30		6.97		92.74	
昌都市	Qamdo	0.45	2.01	7.26	2.40	92.29	95.60
林芝市	Linzhi						
山南市	Shannan	0.04	0.09	14.74	17.55	85.23	82.35
那曲市	Naqu	4.37		2.87		92.77	
陕西省	**Shaanxi**						
西安市	Xi'an	0.08	0.05	37.11	37.62	62.81	62.33
铜川市	Tongchuan	0.16	0.16	45.44	47.39	54.41	52.44
宝鸡市	Baoji	0.69	0.13	50.61	52.48	48.69	47.38
咸阳市	Xianyang	0.28	0.24	47.67	45.34	52.05	54.43
渭南市	Weinan	1.30	0.90	39.36	32.49	59.34	66.61
延安市	Yan'an	0.47	0.04	43.51	30.46	56.02	69.51
汉中市	Hanzhong	0.38	0.10	34.21	31.13	65.41	68.77
榆林市	Yulin	0.48	0.15	40.92	32.78	58.60	67.07
安康市	Ankang	0.11	0.07	28.71	32.05	71.18	67.87
商洛市	Shangluo	0.70	0.90	42.45	32.91	56.85	66.19
甘肃省	**Gansu**						
兰州市	Lanzhou	0.08	0.09	34.68	33.14	65.24	66.77
嘉峪关市	Jiayuguan	0.12		65.30		34.58	
金昌市	Jinchang	2.60		66.61	73.42	30.79	26.58
白银市	Baiyin	1.17		43.57	57.88	55.25	42.12
天水市	Tianshui	3.95	0.63	31.25	43.67	64.80	55.71
武威市	Wuwei	2.09	2.25	30.15	33.22	67.76	64.53
张掖市	Zhangye	2.54	1.59	24.17	19.62	73.29	78.79
平凉市	Pingliang	2.24	0.25	35.59	33.71	62.16	66.05
酒泉市	Jiuquan	3.30	1.70	33.65	29.69	63.05	68.61
庆阳市	Qingyang	0.26	0.01	30.23	50.43	69.51	49.55
定西市	Dingxi	0.72		21.77	17.30	77.52	82.70
陇南市	Longnan	5.40		22.21	5.52	72.39	94.48
青海省	**Qinghai**						
西宁市	Xining	0.28	0.12	35.01	32.43	64.70	67.46
海东市	Haidong	2.76	3.40	17.93	13.57	79.31	83.03
宁夏回族自治区	**Ningxia**						
银川市	Yinchuan	0.87	0.59	39.81	37.79	59.32	61.62
石嘴山市	Shizuishan	0.53	0.60	36.77	42.77	62.70	56.63
吴忠市	Wuzhong	0.29		31.01	25.55	68.70	74.45
固原市	Guyuan	1.49	2.77	14.83	15.41	83.68	81.82
中卫市	Zhongwei	5.45	4.81	14.64	19.54	79.90	76.65
新疆维吾尔自治区	**Xinjiang**						
乌鲁木齐市	Urumqi	0.24	0.22	29.13	29.40	70.63	70.39
克拉玛依市	Karamay	0.05	0.05	54.79	54.79	45.17	45.17
吐鲁番市	Turpan	0.32	0.35	28.83	13.35	70.85	86.30
哈密市	Hami	10.56	11.45	26.84	25.99	62.60	62.56

2–25 按行业分组的年末城镇单位就业人员(一)
Persons Employed in Urban Units by Sector in Detail at Year-end(Ⅰ)

单位：人 (person)

城 市	City	第一产业(农、林、牧、渔业) Primary Industry		第二产业(1)采矿业 Secondary Industry: Mining		(2)制造业 Manufacturing	
		全 市 Total City	市辖区 Districts under City	全 市 Total City	市辖区 Districts under City	全 市 Total City	市辖区 Districts under City
北京市	**Beijing**	**26639**	**26639**	**35957**	**35957**	**744135**	**744135**
天津市	**Tianjin**	**5002**	**5002**	**60011**	**60011**	**689562**	**689562**
河北省	**Hebei**						
石家庄市	Shijiazhuang	1706	212			187606	142741
唐山市	Tangshan	14758	14561	81154	78940	199485	138903
秦皇岛市	Qinhuangdao	491	297	239		59388	58133
邯郸市	Handan	596	268	45615	22359	86774	45391
邢台市	Xingtai	500	53	20318	20202	55708	17084
保定市	Baoding	1545	497	514		155555	97214
张家口市	Zhangjiakou	1643	317	6280		38124	33492
承德市	Chengde	2488	50	4956	1589	31093	20187
沧州市	Cangzhou			21432		55318	30916
廊坊市	Langfang	711				88150	55358
衡水市	Hengshui	963				26533	15136
山西省	**Shanxi**						
太原市	Taiyuan	1581	1111	84417	78473	194620	179052
大同市	Datong	1175	725	136169	129257	40915	37164
阳泉市	Yangquan	246	27	92425	70316	21068	14017
长治市	Changzhi	1087	67	123034	2738	69437	24792
晋城市	Jincheng	1036	48	142482	55521	57114	38267
朔州市	Shuozhou	776	213	45736	21725	10983	4342
晋中市	Jinzhong	1035	231	82574	4239	38991	12785
运城市	Yuncheng	1704	51	4779		78669	21817
忻州市	Xinzhou	1957	426	29810	272	10476	5772
临汾市	Linfen	2485	623	61832	4957	32846	2566
吕梁市	Lvliang	485	36	80473	6173	48232	662
内蒙古自治区	**Inner Mongolia**						
呼和浩特市	Hohhot	4707	400	215	144	56135	16497
包头市	Baotou	2511	1622	14631	11582	101900	98817
乌海市	Wuhai	93	93	2826	2826	27066	27066
赤峰市	Chifeng	8955	473	19126	16882	26763	17515
通辽市	Tongliao	34778	7503	5559	382	27349	10458
鄂尔多斯市	Erdos	2163	195	57224	5147	43228	7807
呼伦贝尔市	Hulunbuir	88421	2994	24425	9709	10100	2631
巴彦淖尔市	Bayannur	16898	5089	1369		6397	1374
乌兰察布市	Ulanqab	1396	24	275		8496	1607
辽宁省	**Liaoning**						
沈阳市	Shenyang	2452	1455	19323	19281	269895	265239
大连市	Dalian	7955	991	1444	1354	305318	282891
鞍山市	Anshan	2132	416	3393	1438	119825	99010
抚顺市	Fushun	3487	1033	24599	219	53839	37680
本溪市	Benxi	894	47	11415	9435	62297	56625
丹东市	Dandong	645	80	1194	182	37245	27062
锦州市	Jinzhou	5750	1085	14		34239	31187
营口市	Yingkou	900	779	127	32	54782	45965
阜新市	Fuxin	361	7	14144	14005	10271	8011
辽阳市	Liaoyang	5841	5701	6240	6240	60190	47482

2-25 续表 1 continued 1

单位：人 (person)

城 市	City	第一产业(农、林、牧、渔业) Primary Industry		第二产业(1)采矿业 Secondary Industry: Mining		(2)制造业 Manufacturing	
		全 市 Total City	市辖区 Districts under City	全 市 Total City	市辖区 Districts under City	全 市 Total City	市辖区 Districts under City
盘锦市	Panjin	147431	100697	90092	90092	31387	29666
铁岭市	Tieling	14979	60	35542		12625	3825
朝阳市	Chaoyang	740	21	2562		25321	7915
葫芦岛市	Huludao	1085	45	6223	20	43796	19458
吉林省	**Jilin**						
长春市	Changchun	8312	3015	1125	1125	334134	316967
吉林市	Jilin	9542	366	7125		88778	77834
四平市	Siping	3618	843	696	696	16997	8063
辽源市	Liaoyuan	1991	119	15922	15922	10091	7963
通化市	Tonghua	3992	41	445		34568	14690
白山市	Baishan	17787	4573	15547	14986	11615	5890
松原市	Songyuan	15396	16	43167	42128	19818	7622
白城市	Baicheng	15643	8411	44	44	16094	7996
黑龙江省	**Heilongjiang**						
哈尔滨市	Harbin	24151	4647	505	199	196931	186006
齐齐哈尔市	Qiqihar	43204	3133	463	24	52906	42616
鸡西市	Jixi	48543	424	33618	33618	7080	3406
鹤岗市	Hegang	51942	914	37634	37454	6588	5809
双鸭山市	Shuangyashan	91311	7450	25354	24065	2072	1305
大庆市	Daqing	9769	2902	132647	132375	57108	53969
伊春市	Yichun	92619	60773	424	141	9764	8992
佳木斯市	Jiamusi	78157	3474	313		11368	8309
七台河市	Qitaihe	6714	5130	32184	31334	4507	3567
牡丹江市	Mudanjiang	36941	240			11775	9373
黑河市	Heihe	111063	5396	3777	1501	4659	123
绥化市	Suihua	18725	689	424		20554	6484
上海市	**Shanghai**	**30995**	**30995**	**662**	**662**	**1617230**	**1617230**
江苏省	**Jiangsu**						
南京市	Nanjing	107	107	2136	2136	444778	444778
无锡市	Wuxi	124	116	228	228	606509	406200
徐州市	Xuzhou	12201	5091	50602	27339	166890	114107
常州市	Changzhou					304762	288387
苏州市	Suzhou	108	87	416	416	1932744	960242
南通市	Nantong	2381	1210			393688	153645
连云港市	Lianyungang	5948	4709	438		90137	67155
淮安市	Huai'an	2119	199	2020	2020	143871	95863
盐城市	Yancheng	13929	4877	655		168998	79748
扬州市	Yangzhou	119	104	6499	6499	217631	134195
镇江市	Zhenjiang	292	145	1828	1828	141962	55811
泰州市	Taizhou	1456	346			221222	128154
宿迁市	Suqian	82	6			142655	91418
浙江省	**Zhejiang**						
杭州市	Hangzhou	680	420	707	504	618609	574750
宁波市	Ningbo	308	206			642136	418609
温州市	Wenzhou	751		76		246838	60550
嘉兴市	Jiaxing	855	150			414824	121111
湖州市	Huzhou	158	85	796	661	170605	55291

2-25 续表 2 continued 2

单位：人 (person)

城市	City	第一产业(农、林、牧、渔业) Primary Industry 全市 Total City	第一产业 市辖区 Districts under City	第二产业(1)采矿业 Secondary Industry: Mining 全市 Total City	采矿业 市辖区 Districts under City	(2)制造业 Manufacturing 全市 Total City	制造业 市辖区 Districts under City
绍兴市	Shaoxing	106	12	1457	1277	255897	166230
金华市	Jinhua	249	90	85		130655	31969
衢州市	Quzhou			273		46667	24718
舟山市	Zhoushan	62	54	274	23	30565	21173
台州市	Taizhou	484	318	115		307556	138029
丽水市	Lishui	672	34	411		30697	6295
安徽省	**Anhui**						
合肥市	Hefei	697	165	787		361224	241853
芜湖市	Wuhu	258	62	291	32	205525	152354
蚌埠市	Bengbu	338	242			58086	45820
淮南市	Huainan	5327	1235	74237	55289	21960	17557
马鞍山市	Maanshan	642	42	19617	19485	88392	66186
淮北市	Huaibei	20	20	64055	61151	28828	11592
铜陵市	Tongling	2171	2011	2895	2568	60057	53402
安庆市	Anqing	12387	7543	547		111757	40452
黄山市	Huangshan	419	134			18442	12816
滁州市	Chuzhou	3923	65	1039	974	107314	51558
阜阳市	Fuyang	1559	289	8124	2495	72572	29219
宿州市	Suzhou	698	448	8113	8049	48380	25039
六安市	Lu'an	38500	12300	6900	800	198700	89100
亳州市	Bozhou			5665		63857	35786
池州市	Chizhou	717	143	1391	1088	25623	18139
宣城市	Xuancheng	1312	930	82		71316	3382
福建省	**Fujian**						
福州市	Fuzhou	1952	280	831	781	347275	198457
厦门市	Xiamen	1797	1797	15	15	455171	455171
莆田市	Putian	480	242	794	794	234071	186153
三明市	Sanming	3419	433	5912	88	42357	19686
泉州市	Quanzhou	3100	301	1452	1105	660623	109521
漳州市	Zhangzhou	13030	56	233		235495	61825
南平市	Nanping	8489	718	1243		49217	16364
龙岩市	Longyan	2429	1968	3385	2654	59446	22934
宁德市	Ningde	1087	53			58862	4020
江西省	**Jiangxi**						
南昌市	Nanchang	517	381	35	5	243278	211937
景德镇市	Jingdezhen	5002	940	1523	1523	58048	49147
萍乡市	Pingxiang	430		7270	6762	40703	34773
九江市	Jiujiang	5394	8	2097	135	108366	25000
新余市	Xinyu	333	51	913	795	41736	36432
鹰潭市	Yingtan	9028	315	420		54941	12476
赣州市	Ganzhou	3034	198	5956	519	137913	47288
吉安市	Ji'an	6109	371	898		128947	17545
宜春市	Yichun	3506	111	8718	1107	141979	16420
抚州市	Fuzhou	1352	109	872	606	44091	8539
上饶市	Shangrao	2833	74	2808	195	64735	5614
山东省	**Shandong**						
济南市	Jinan	429	392	1200	822	251033	224609

2-25 续表 3 continued 3

单位：人 (person)

城市	City	第一产业(农、林、牧、渔业) Primary Industry		第二产业(1)采矿业 Secondary Industry: Mining		(2)制造业 Manufacturing	
		全市 Total City	市辖区 Districts under City	全市 Total City	市辖区 Districts under City	全市 Total City	市辖区 Districts under City
青岛市	Qingdao	741	246	428	152	520944	396072
淄博市	Zibo	270	183	6656	4560	242583	179684
枣庄市	Zaozhuang	440	141	35857	29094	65147	32751
东营市	Dongying	162		97846	97494	70294	43502
烟台市	Yantai	408	64	35578	346	402872	239965
潍坊市	Weifang	585		1273	750	321263	129190
济宁市	Jining	609		157082	24370	187690	121137
泰安市	Tai'an	222	11	32697		115051	47572
威海市	Weihai	622	151			279879	197707
日照市	Rizhao	227	218	110	86	90760	53664
莱芜市	Laiwu			13070	13070	69230	69230
临沂市	Linyi	556		4272		242280	120978
德州市	Dezhou	343	167	2895		154933	53225
聊城市	Liaocheng	355	75			106362	26046
滨州市	Binzhou	32	9	1453	218	221646	66234
菏泽市	Heze	504	185	12516		71080	24480
河南省	**Henan**						
郑州市	Zhengzhou	1609	183	41217	25821	483048	403538
开封市	Kaifeng	427	177			99868	51421
洛阳市	Luoyang	701	78	10801	10	226343	104844
平顶山市	Pingdingshan	368		103224	94664	81859	30219
安阳市	Anyang	590	324	6019	6019	109241	90802
鹤壁市	Hebi	99		23010	23010	47328	19410
新乡市	Xinxiang	382		551	22	99943	45539
焦作市	Jiaozuo	253	2	24924	24475	120001	38314
濮阳市	Puyang	36	33	35822	35822	35612	14372
许昌市	Xuchang	19	19	17235	36	191114	65088
漯河市	Luohe	33	9	26		199227	117401
三门峡市	Sanmenxia	363	49	43953	1320	30848	10993
南阳市	Nanyang	2923	58	12037	95	146804	25235
商丘市	Shangqiu	1390	96	18496		158485	27344
信阳市	Xinyang	722	192	679	576	87048	37103
周口市	Zhoukou	1388	100			158904	19258
驻马店市	Zhumadian	5590	791	103	103	129924	25204
湖北省	**Hubei**						
武汉市	Wuhan	3408	3408	1509	1509	437442	437442
黄石市	Huangshi	1054		9903	3269	95843	58320
十堰市	Shiyan	7616	4859	4638	647	236129	185115
宜昌市	Yichang	3322	1641	27518	2752	291055	52390
襄阳市	Xiangyang	30530	2078	7301		357516	132231
鄂州市	Ezhou	258	258	6589	6589	79195	79195
荆门市	Jingmen	5374	995	12074	4687	147020	58887
孝感市	Xiaogan	8143	721	4103		271228	43759
荆州市	Jingzhou	12428	79	81		84536	53265
黄冈市	Huanggang	17603		8210	190	213112	12896
咸宁市	Xianning	476	300	387	12	29621	13831
随州市	Suizhou	501				31330	23304

2-25 续表 4 continued 4

单位：人 (person)

城 市	City	第一产业(农、林、牧、渔业) Primary Industry		第二产业(1)采矿业 Secondary Industry: Mining		(2)制造业 Manufacturing	
		全 市 Total City	市辖区 Districts under City	全 市 Total City	市辖区 Districts under City	全 市 Total City	市辖区 Districts under City
湖南省	**Hunan**						
长沙市	Changsha	1090	964	264	57	268864	102852
株洲市	Zhuzhou	1154	154	4323	312	115116	80941
湘潭市	Xiangtan	113	72	346	88	62524	49645
衡阳市	Hengyang	1065	327	10273	971	65439	26927
邵阳市	Shaoyang	2994	27	3526	108	42923	14805
岳阳市	Yueyang	4611	784	2362	144	99558	45568
常德市	Changde	1446	955	943		72688	31363
张家界市	Zhangjiajie	491	300	38	38	4891	2394
益阳市	Yiyang	835	330	454	62	36482	17075
郴州市	Chenzhou	1650	110	18327	4647	47495	18712
永州市	Yongzhou	3282	306	1419	16	46315	11123
怀化市	Huaihua	1360		1875		16896	1648
娄底市	Loudi	1213	42	9210	1630	58117	24091
广东省	**Guangdong**						
广州市	Guangzhou	1363	1363			743799	743799
韶关市	Shaoguan	1168	217	4154	1570	71766	44392
深圳市	Shenzhen	257	257	3689	3689	2218756	2218756
珠海市	Zhuhai	6548	6548	260	260	369398	369398
汕头市	Shantou	376	376	140	140	189073	189059
佛山市	Foshan	138	138	90	90	1070486	1070486
江门市	Jiangmen	1000	393	85	60	285722	174069
湛江市	Zhanjiang	14001	2189	6367	5593	63816	33921
茂名市	Maoming	6953	1386	1357	510	53643	25626
肇庆市	Zhaoqing	604	10	1267	630	155320	125675
惠州市	Huizhou	836	207	18		613887	494946
梅州市	Meizhou	220	18	887	756	56636	27173
汕尾市	Shanwei	706	16	306	306	88683	55654
河源市	Heyuan	683	101	428	29	114159	75227
阳江市	Yangjiang	4116	2450	115		23325	15995
清远市	Qingyuan	253	165	331	167	119039	79620
东莞市	Dongguan	316		32		1854191	
中山市	Zhongshan					514708	
潮州市	Chaozhou	14		23	23	72058	65812
揭阳市	Jieyang	1356				94693	53857
云浮市	Yunfu	292		2241	2128	46566	12205
广西壮族自治区	**Guangxi**						
南宁市	Nanning	8213	4902	139	55	98458	83616
柳州市	Liuzhou	3912	2039	81	81	134904	123013
桂林市	Guilin	4165	1036	2425	390	46296	37932
梧州市	Wuzhou	662	152	1332		40826	27462
北海市	Beihai	5954	5209	1112	863	28126	27054
防城港市	Fangchenggang	4923	4502	182	182	6749	4778
钦州市	Qinzhou	2139	1130	431	431	19264	11495
贵港市	Guigang	893	355			26174	15319

2−25 续表 5 continued 5

单位：人 (person)

城 市	City	第一产业(农、林、牧、渔业) Primary Industry 全 市 Total City	市辖区 Districts under City	第二产业(1)采矿业 Secondary Industry: Mining 全 市 Total City	市辖区 Districts under City	(2)制造业 Manufacturing 全 市 Total City	市辖区 Districts under City
玉林市	Yulin	4859	918	30	30	43527	16349
百色市	Baise	2054	299	13156	10118	24505	5249
贺州市	Hezhou	1246	719	914	161	8993	5082
河池市	Hechi	3015	540	5477	4095	16071	7239
来宾市	Laibin	8846	6489	263		16502	11464
崇左市	Chongzuo	8060	345	4155	4117	16200	4215
海南省	**Hainan**						
海口市	Haikou	24851	24851	80	80	41777	41777
三亚市	Sanya	3433	3433	25	25	2581	2581
三沙市	Sansha						
儋州市	Danzhou	1761				1646	
重庆市	**Chongqing**	**8708**	**7793**	**41270**	**37247**	**798603**	**763943**
四川省	**Sichuan**						
成都市	Chengdu	54220		22470		1057504	
自贡市	Zigong	614	406	1037	992	28427	14924
攀枝花市	Panzhihua	3259	5796	34907	57283	75327	138882
泸州市	Luzhou	454	35	2090	182	23384	17246
德阳市	Deyang	53		3102	1216	103123	43846
绵阳市	Mianyang	680	103	308		105772	27480
广元市	Guangyuan	489	30	5513	4706	9917	8374
遂宁市	Suining			455		33955	15011
内江市	Neijiang	2592	584	8825	172	56196	15444
乐山市	Leshan	1228	67	5296	1834	37228	17868
南充市	Nanchong	683	383	375	310	56733	27859
眉山市	Meishan	581		718		34910	12085
宜宾市	Yibin	1738	1480	7962		99503	85737
广安市	Guang'an	2777		9897	78	67294	2576
达州市	Dazhou	4198	124	46594	20513	68003	31526
雅安市	Ya'an	772	87	431		12467	9157
巴中市	Bazhong	2343	831	4641	240	38192	15321
资阳市	Ziyang	57				31250	27956
贵州省	**Guizhou**						
贵阳市	Guiyang	1700	586	6766	4495	119467	89443
六盘水市	Liupanshui	428	20	67283	16669	20927	10879
遵义市	Zunyi						
安顺市	Anshun	1376	1041	4045	3514	34361	30517
毕节市	Bijie	829	229	16471	35	12130	2955
铜仁市	Tongren	719	149	2116	915	11070	2971
云南省	**Yunnan**						
昆明市	Kunming	3131	1723	16114	12615	162235	109326
曲靖市	Qujing	2720	319	49225	7400	88490	49147
玉溪市	Yuxi	690	209	6094	128	76238	44773
保山市	Baoshan	2678	1163	2055	464	39996	10058
昭通市	Zhaotong	797		11701		12107	4251
丽江市	Lijiang	553	8	598		4999	975
普洱市	Pu'er	2914	11	2657	454	31798	11767
临沧市	Lincang	10006	414	2178	41	21573	2307

2-25 续表 6 continued 6

单位：人 (person)

城 市	City	第一产业(农、林、牧、渔业) Primary Industry		第二产业(1)采矿业 Secondary Industry: Mining		(2)制造业 Manufacturing	
		全 市 Total City	市辖区 Districts under City	全 市 Total City	市辖区 Districts under City	全 市 Total City	市辖区 Districts under City
西藏自治区	**Tibet**						
拉萨市	Lasa	90093		3059		11923	
日喀则市	Xigaze	158		630		753	
昌都市	Qamdo	215	77	640		764	
林芝市	Linzhi						
山南市	Shannan	13	11	721	311	619	147
那曲市	Naqu	1515		237		240	
陕西省	**Shaanxi**						
西安市	Xi'an	1582	975	12837	12837	439950	438003
铜川市	Tongchuan	171	171	25242	25235	15128	14679
宝鸡市	Baoji	2797	316	9428	112	141009	88859
咸阳市	Xianyang	1288	367	28540		91584	32535
渭南市	Weinan	6282	1354	46180		82114	20598
延安市	Yan'an	1429	36	70352	390	28025	2599
汉中市	Hanzhong	1130	133	9453		51597	14537
榆林市	Yulin	2085	152	74095	10782	60805	8118
安康市	Ankang	218	76	3597	254	19369	8195
商洛市	Shangluo	1433	562	7210	135	23158	8255
甘肃省	**Gansu**						
兰州市	Lanzhou	588	588	9685	9640	87594	56271
嘉峪关市	Jiayuguan	73				34861	
金昌市	Jinchang	2541				39378	33894
白银市	Baiyin	1833		17111	16455	21888	20749
天水市	Tianshui	8845	872	474	353	33288	30774
武威市	Wuwei	2645	1929	1903	100	11409	7462
张掖市	Zhangye	2624	823	3324		7713	3100
平凉市	Pingliang	3623	130	26016		4196	3558
酒泉市	Jiuquan	3881	843	1764	58	19085	4932
庆阳市	Qingyang	417	9	19121	18245	2827	1596
定西市	Dingxi	942		448		9342	2330
陇南市	Longnan	8800		9300		12800	
青海省	**Qinghai**						
西宁市	Xining	959	319	1419	1419	51154	26672
海东市	Haidong	1937	703	81	54	7887	1274
宁夏回族自治区	**Ningxia**						
银川市	Yinchuan	3060	1658	43025	43025	56631	31488
石嘴山市	Shizuishan	408	355	547	547	19500	17668
吴忠市	Wuzhong	269		756	30	16284	5771
固原市	Guyuan	1044	797	3273	262	1708	1214
中卫市	Zhongwei	3397	1472				
新疆维吾尔自治区	**Xinjiang**						
乌鲁木齐市	Urumqi	1741	1565	11906	11881	62303	62265
克拉玛依市	Karamay	82	82	63171	63171	25192	25192
吐鲁番市	Turpan	516	222	16346	462	22783	4928
哈密市	Hami	15444	14768	14478	12819	15192	11977

2-26 按行业分组的年末城镇单位就业人员(二)
Persons Employed in Urban Units by Sector in Detail at Year-end(Ⅱ)

单位：人 (person)

城 市	City	(3)电力、热力、燃气及水生产和供应业 Production and Distribution of Electricity, Gas and Water		(4)建筑业 Construction		第三产业(1)批发和零售业 Wholesale and Retail Trades	
		全 市 Total City	市辖区 Districts under City	全 市 Total City	市辖区 Districts under City	全 市 Total City	市辖区 Districts under City
北京市	**Beijing**	**97386**	**97386**	**478122**	**478122**	**736426**	**736426**
天津市	**Tianjin**	**40350**	**40350**	**266291**	**266291**	**192004**	**192004**
河北省	**Hebei**						
石家庄市	Shijiazhuang	22877	17982	64673	52094	52717	45422
唐山市	Tangshan	24435	21942	39294	29959	29024	17728
秦皇岛市	Qinhuangdao	10195	9526	22931	20913	5399	5081
邯郸市	Handan	24638	22207	78177	55672	16941	14119
邢台市	Xingtai	18100	9425	21636	11796	9078	6757
保定市	Baoding	19023	16282	104634	46484	24957	17508
张家口市	Zhangjiakou	12578	9738	14482	9525	10618	9057
承德市	Chengde	7355	5179	22435	11874	5344	3926
沧州市	Cangzhou	13580	10207	39361	18078	13888	9394
廊坊市	Langfang	13525	10368	57034	48755	8722	5919
衡水市	Hengshui	12077	11246	16578	8046	13040	9143
山西省	**Shanxi**						
太原市	Taiyuan	34440	32270	143348	141011	48792	45735
大同市	Datong	10157	8614	18518	17245	21505	20292
阳泉市	Yangquan	9049	5413	18488	18446	8251	6110
长治市	Changzhi	13386	7185	15663	13022	8512	4365
晋城市	Jincheng	8971	4306	10868	9339	14239	6367
朔州市	Shuozhou	10058	8090	12579	5897	7491	3622
晋中市	Jinzhong	8873	4990	17726	10672	9058	4962
运城市	Yuncheng	8781	4224	23045	3072	10377	6161
忻州市	Xinzhou	7239	777	16705	6729	11145	6176
临汾市	Linfen	12147	5813	11467	5669	8067	3710
吕梁市	Lvliang	7116	991	8718	3874	9727	3068
内蒙古自治区	**Inner Mongolia**						
呼和浩特市	Hohhot	23714	18268	26450	24405	24530	23247
包头市	Baotou	14788	13666	28728	27715	9424	9055
乌海市	Wuhai	6186	6186	5862	5862	1721	1721
赤峰市	Chifeng	13138	9452	17325	5998	7649	5455
通辽市	Tongliao	13895	7016	6124	3415	5734	3001
鄂尔多斯市	Erdos	12092	6589	10483	7363	7011	3484
呼伦贝尔市	Hulunbuir	17163	5263	16479	1721	7141	4361
巴彦淖尔市	Bayannur			9045	8150	4594	3348
乌兰察布市	Ulanqab	10189	6912	2883	1345	3278	2545
辽宁省	**Liaoning**						
沈阳市	Shenyang	25238	22903	122291	119304	73274	71582
大连市	Dalian	16089	14445	44711	38376	47970	46319
鞍山市	Anshan	7735	4515	42986	38749	18327	16297
抚顺市	Fushun	10511	9828	14830	14000	5811	5409
本溪市	Benxi	6746	5966	19284	16806	6298	5911
丹东市	Dandong	5535	3327	12526	7097	6187	5245
锦州市	Jinzhou	7137	5604	20932	16977	6660	6143
营口市	Yingkou	6318	5536	10601	8519	7234	6230
阜新市	Fuxin	7971	6821	9890	8684	3791	3321
辽阳市	Liaoyang	1666	1079	12908	10872	2584	2374

2-26 续表 1 continued 1

单位：人 (person)

城市	City	(3)电力、热力、燃气及水生产和供应业 Production and Distribution of Electricity, Gas and Water 全市 Total City	市辖区 Districts under City	(4)建筑业 Construction 全市 Total City	市辖区 Districts under City	第三产业(1)批发和零售业 Wholesale and Retail Trades 全市 Total City	市辖区 Districts under City
盘锦市	Panjin	5007	4723	23997	23552	9832	9375
铁岭市	Tieling	5049	3598	13189	3556	3416	2491
朝阳市	Chaoyang	8980	7399	12892	4616	6384	5312
葫芦岛市	Huludao	5744	481	13317	8779	4134	533
吉林省	**Jilin**						
长春市	Changchun	56602	53281	107711	103618	66589	62774
吉林市	Jilin	10417	7820	21624	17961	8138	6481
四平市	Siping	5532	3484	4928	3386	5347	2645
辽源市	Liaoyuan	2722	2523	3275	3147	2027	1357
通化市	Tonghua	5622	3063	12513	4819	4857	2260
白山市	Baishan	4817	2500	5798	4356	2409	1844
松原市	Songyuan	4479	1584	10269	5795	6772	3706
白城市	Baicheng	4402	2153	9336	4323	5520	3858
黑龙江省	**Heilongjiang**						
哈尔滨市	Harbin	54599	48159	99499	95146	81881	77295
齐齐哈尔市	Qiqihar	12561	8139	9250	6235	9383	6770
鸡西市	Jixi	6679	3749	7762	6339	5439	3759
鹤岗市	Hegang	5759	4181	4935	4096	4860	3544
双鸭山市	Shuangyashan	6902	3636	4267	3225	4129	1920
大庆市	Daqing	9477	7472	39568	37000	14016	9572
伊春市	Yichun	3953	3790	4634	4123	1572	1490
佳木斯市	Jiamusi	8370	3976	14496	6599	9973	3957
七台河市	Qitaihe	2312	2019	1542	1015	1243	1073
牡丹江市	Mudanjiang	9049	5778	4869	3753	5874	3142
黑河市	Heihe	7256	2741	2864	959	4602	626
绥化市	Suihua	8695	92	13821	277	13360	4492
上海市	**Shanghai**	**39946**	**39946**	**304748**	**304748**	**844687**	**844687**
江苏省	**Jiangsu**						
南京市	Nanjing	15924	15924	470885	470885	159581	159581
无锡市	Wuxi	12726	6730	89751	40599	56271	42855
徐州市	Xuzhou	8192	5599	218232	69172	31640	20370
常州市	Changzhou	6031	5441	90464	73512	21901	20158
苏州市	Suzhou	13898	5792	126216	75246	120487	56418
南通市	Nantong	9182	4466	1347076	397762	35858	22960
连云港市	Lianyungang	6685	5375	111651	70797	24385	22331
淮安市	Huai'an	4507	3567	86386	75576	15740	11664
盐城市	Yancheng	8967	4467	297899	123210	19537	10520
扬州市	Yangzhou	6530	5665	507815	364743	16748	12540
镇江市	Zhenjiang	5467	3608	55333	32430	15241	9196
泰州市	Taizhou	6113	2094	660394	361447	25126	16834
宿迁市	Suqian	2250	966	145692	85122	12678	9740
浙江省	**Zhejiang**						
杭州市	Hangzhou	18132	15422	689985	683066	169961	164773
宁波市	Ningbo	16521	9288	214308	104510	69666	59741
温州市	Wenzhou	16984	6247	335432	95966	19670	10719
嘉兴市	Jiaxing	11400	3113	32880	6794	20980	10606
湖州市	Huzhou	9044	2820	117679	89511	14045	8622

2–26 续表 2 continued 2

单位：人 (person)

城 市	City	(3)电力、热力、燃气及水生产和供应业 Production and Distribution of Electricity, Gas and Water		(4)建筑业 Construction		第三产业(1)批发和零售业 Wholesale and Retail Trades	
		全 市 Total City	市辖区 Districts under City	全 市 Total City	市辖区 Districts under City	全 市 Total City	市辖区 Districts under City
绍兴市	Shaoxing	10978	8562	628768	454782	20023	14140
金华市	Jinhua	9462	2639	417973	22744	17985	9770
衢州市	Quzhou	6225	3710	18224	12068	4712	3556
舟山市	Zhoushan	4195	3762	23477	19403	6014	5504
台州市	Taizhou	12965	4778	312882	92945	21936	10889
丽水市	Lishui	5483	1643	7635	3140	3382	2015
安徽省	**Anhui**						
合肥市	Hefei	42060	38242	726237	614692	83860	73869
芜湖市	Wuhu	4129	3231	99033	38019	28355	25769
蚌埠市	Bengbu	3743	1959	63578	55544	11346	9440
淮南市	Huainan	17670	7339	19307	12936	8672	6988
马鞍山市	Maanshan	3331	2637	58633	33702	4424	3180
淮北市	Huaibei	3364	2829	19906	18407	2938	2416
铜陵市	Tongling	1903	1783	37555	30608	3678	3403
安庆市	Anqing	5260	1905	71595	39477	13194	8698
黄山市	Huangshan	1307	987	22402	16211	3176	2622
滁州市	Chuzhou	3100	842	51728	21544	9351	5631
阜阳市	Fuyang	8150	2938	46544	31414	19352	11821
宿州市	Suzhou	2832	1920	78643	37945	9916	5539
六安市	Lu'an	12800	5600	44600	24600	269400	107000
亳州市	Bozhou	1035	316	24992	8361	14027	7819
池州市	Chizhou	909	750	16891	9581	4388	3406
宣城市	Xuancheng	1266	447	27092	7787	6207	1982
福建省	**Fujian**						
福州市	Fuzhou	76815	72301	600158	390034	74850	63306
厦门市	Xiamen	5278	5278	507729	507729	82460	82460
莆田市	Putian	2874	1984	158995	136709	28633	25589
三明市	Sanming	5914	898	39180	30731	6372	4179
泉州市	Quanzhou	7083	2052	403852	109151	45095	21425
漳州市	Zhangzhou	4679	1247	107209	30873	18756	11018
南平市	Nanping	3446	1095	34516	25164	7238	4411
龙岩市	Longyan	2341	1111	74144	11697	19464	11778
宁德市	Ningde	6477	2167	41389	25417	9574	4734
江西省	**Jiangxi**						
南昌市	Nanchang	9529	7784	409785	327545	68228	58091
景德镇市	Jingdezhen	1867	1526	11007	7462	5983	4296
萍乡市	Pingxiang	2124	834	24484	17674	4025	3825
九江市	Jiujiang	5050	2643	54996	28753	10781	5928
新余市	Xinyu	1935	1222	21463	19378	2011	1790
鹰潭市	Yingtan	1795	244	28912	7398	3485	1389
赣州市	Ganzhou	3442	1502	31006	15814	11943	9389
吉安市	Ji'an	4559	1460	33706	9602	9609	6218
宜春市	Yichun	4363	628	55267	5955	18594	3392
抚州市	Fuzhou	1552	532	118913	96554	5511	2875
上饶市	Shangrao	2986	744	80046	46652	11232	3574
山东省	**Shandong**						
济南市	Jinan	11515	10739	286208	273810	92796	90896

2-26 续表 3 continued 3

单位：人 (person)

城市	City	(3)电力、热力、燃气及水生产和供应业 Production and Distribution of Electricity, Gas and Water		(4)建筑业 Construction		第三产业(1)批发和零售业 Wholesale and Retail Trades	
		全市 Total City	市辖区 Districts under City	全市 Total City	市辖区 Districts under City	全市 Total City	市辖区 Districts under City
青岛市	Qingdao	18495	15016	160060	112960	86591	79583
淄博市	Zibo	15529	13074	222955	79112	25422	22574
枣庄市	Zaozhuang	5358	2933	82626	34376	10738	6645
东营市	Dongying	2505	1980	39903	30700	10538	10024
烟台市	Yantai	12901	4753	68977	28919	41333	30254
潍坊市	Weifang	10218	3837	87742	39216	39402	28457
济宁市	Jining	12228	5906	103937	40838	20531	13966
泰安市	Tai'an	7710	3185	120914	26710	22969	10351
威海市	Weihai	8614	6744	28628	18115	19050	16299
日照市	Rizhao	3728	2060	44942	32905	15345	9550
莱芜市	Laiwu	1941	1941	19396	19396	5908	5908
临沂市	Linyi	8252	5466	121089	54134	48222	32770
德州市	Dezhou	6534	3421	50225	28995	19382	9727
聊城市	Liaocheng	5139	1519	42374	20301	14344	10567
滨州市	Binzhou	7498	2587	35837	11187	14047	7284
菏泽市	Heze	4732	2275	75092	44176	12179	9386
河南省	**Henan**						
郑州市	Zhengzhou	31547	13091	374764	319974	82547	74468
开封市	Kaifeng	8078	5485	71745	53964	19437	12071
洛阳市	Luoyang	15898	8895	77020	55152	26046	21678
平顶山市	Pingdingshan	29740	25973	42337	27869	11116	6582
安阳市	Anyang	9765	6091	189145	37895	14183	6885
鹤壁市	Hebi	1686	1345	16024	14246	4259	2973
新乡市	Xinxiang	7651	3401	169763	41130	13898	6528
焦作市	Jiaozuo	6646	2588	21866	13892	15326	11934
濮阳市	Puyang	16484	11550	87878	73233	10935	8752
许昌市	Xuchang	7548	2972	30712	22429	14058	10602
漯河市	Luohe	3816	2830	25288	18564	16820	11387
三门峡市	Sanmenxia	5407	3433	20489	16846	5497	3652
南阳市	Nanyang	14811	4003	115161	37584	23988	6241
商丘市	Shangqiu	8099	2738	117325	44705	39053	10351
信阳市	Xinyang	13918	3929	104113	31617	23836	15699
周口市	Zhoukou	6815	4821	93820	28206	25349	7316
驻马店市	Zhumadian	10479	4024	119802	44757	47567	12439
湖北省	**Hubei**						
武汉市	Wuhan	15737	15737	447072	447072	186583	186583
黄石市	Huangshi	4313	2083	66075	28145	11118	8226
十堰市	Shiyan	16350	5153	64956	49138	114701	92906
宜昌市	Yichang	14083	7314	131605	105284	101859	44364
襄阳市	Xiangyang	8124	3459	163625	50424	130008	12281
鄂州市	Ezhou	1733	1733	60112	60112	13320	13320
荆门市	Jingmen	6539	4464	49202	16032	38536	16341
孝感市	Xiaogan	7661	1149	168647	99405	79399	32964
荆州市	Jingzhou	5936	2661	48895	18722	12105	7929
黄冈市	Huanggang	9010	586	237973	42351	37387	6855
咸宁市	Xianning	1678	882	12239	4635	13109	3626
随州市	Suizhou	867	387	20612	15646	7719	1749

2-26 续表 4 continued 4

单位：人 (person)

城市	City	(3)电力、热力、燃气及水生产和供应业 Production and Distribution of Electricity, Gas and Water		(4)建筑业 Construction		第三产业(1)批发和零售业 Wholesale and Retail Trades	
		全市 Total City	市辖区 Districts under City	全市 Total City	市辖区 Districts under City	全市 Total City	市辖区 Districts under City
湖南省	**Hunan**						
长沙市	Changsha	8018	6123	226245	198499	72043	64958
株洲市	Zhuzhou	4878	2400	90357	48527	10033	8123
湘潭市	Xiangtan	3505	2698	112895	74788	29506	29089
衡阳市	Hengyang	7523	1165	117496	51823	10590	8029
邵阳市	Shaoyang	6557	1405	80601	39122	9234	3520
岳阳市	Yueyang	5719	2879	87733	43112	11878	8001
常德市	Changde	5475	1579	95164	37906	16543	14069
张家界市	Zhangjiajie	967	462	12522	6734	2540	1808
益阳市	Yiyang	2810	1358	50489	30866	6183	4388
郴州市	Chenzhou	10216	4373	47146	25680	12237	8789
永州市	Yongzhou	8250	1487	48867	12608	8281	5365
怀化市	Huaihua	6941	728	29355	9049	4816	3103
娄底市	Loudi	3417	506	55936	16710	4625	1838
广东省	**Guangdong**						
广州市	Guangzhou	34596	34596	279157	279157	312008	312008
韶关市	Shaoguan	7407	3017	53445	37291	12841	10286
深圳市	Shenzhen	21624	21624	384209	384209	300320	300320
珠海市	Zhuhai	4525	4525	56495	56495	34515	34515
汕头市	Shantou	4586	4334	145232	145122	29624	29348
佛山市	Foshan	12725	12725	55352	55352	76041	76041
江门市	Jiangmen	4980	2019	63039	10489	34520	25074
湛江市	Zhanjiang	7504	4976	136682	31540	24526	16782
茂名市	Maoming	7613	5319	140778	89534	21840	15528
肇庆市	Zhaoqing	10188	7198	19790	11823	18288	15417
惠州市	Huizhou	9724	6233	19471	12829	24138	19283
梅州市	Meizhou	10432	3685	47970	14469	10979	6621
汕尾市	Shanwei	2172	289	8880	2668	6255	3480
河源市	Heyuan	3163	1137	17914	7296	7429	4244
阳江市	Yangjiang	4782	3405	42771	24215	9522	5934
清远市	Qingyuan	6188	2405	40355	34244	10864	8540
东莞市	Dongguan	9905		74091		76508	
中山市	Zhongshan	4150		33342		31971	
潮州市	Chaozhou	5080	4381	16273	15261	4975	3773
揭阳市	Jieyang	6015	2950	36911	11367	16512	7228
云浮市	Yunfu	4103	1855	18127	4006	14483	4310
广西壮族自治区	**Guangxi**						
南宁市	Nanning	46121	44598	236466	230785	46468	45564
柳州市	Liuzhou	3815	1649	206662	203812	17217	16771
桂林市	Guilin	8054	2938	71302	61162	13412	9892
梧州市	Wuzhou	5378	2273	5121	1787	4931	3838
北海市	Beihai	1957	1824	12222	5457	4562	4070
防城港市	Fangchenggang	2634	1828	7566	5061	1739	1195
钦州市	Qinzhou	2586	2309	44859	37186	4886	3435
贵港市	Guigang	961	456	8750	3266	3829	3137

2-26 续表 5 continued 5

单位：人 (person)

城市	City	(3)电力、热力、燃气及水生产和供应业 Production and Distribution of Electricity, Gas and Water		(4)建筑业 Construction		第三产业(1)批发和零售业 Wholesale and Retail Trades	
		全市 Total City	市辖区 Districts under City	全市 Total City	市辖区 Districts under City	全市 Total City	市辖区 Districts under City
玉林市	Yulin	5301	2116	37354	8351	7226	5269
百色市	Baise	7359	1887	12937	7719	6193	3484
贺州市	Hezhou	4646	2539	1313	210	2045	1583
河池市	Hechi	5833	2080	7467	2853	6897	4017
来宾市	Laibin	3214	1797	10963	2997	2087	1293
崇左市	Chongzuo	3782	712	3547	1331	2741	1335
海南省	**Hainan**						
海口市	Haikou	10748	10748	39872	39872	37145	37145
三亚市	Sanya	2203	2203	5913	5913	5634	5634
三沙市	Sansha						
儋州市	Danzhou	1174		397		768	
重庆市	**Chongqing**	**60683**	**53791**	**888782**	**775769**	**194456**	**180156**
四川省	**Sichuan**						
成都市	Chengdu	60311		833546		892419	
自贡市	Zigong	2774	2224	52870	46297	4397	2783
攀枝花市	Panzhihua	6064	10542	38174	73480	129241	250617
泸州市	Luzhou	2781	2021	160065	73991	13737	11577
德阳市	Deyang	1771	953	43984	15074	8739	4584
绵阳市	Mianyang	14213	9266	109173	47510	12996	4179
广元市	Guangyuan	3808	1821	30202	19091	3476	2578
遂宁市	Suining	5174	2519	61826	15709	6856	3340
内江市	Neijiang	9783	8446	82288	19182	10212	8272
乐山市	Leshan	7945	3316	44323	33695	7401	5613
南充市	Nanchong	8608	2289	100910	26311	10062	7760
眉山市	Meishan	6751	5010	41331	12585	4402	2801
宜宾市	Yibin	9651	3844	71134	42873	7170	4765
广安市	Guang'an	6209	3789	89045	9154	13694	1951
达州市	Dazhou	14755	4244	119040	53548	30749	17196
雅安市	Ya'an	6265	4008	15102	3142	1954	1480
巴中市	Bazhong	2715	742	135025	49939	11620	5286
资阳市	Ziyang	1441	371	52955	19191	4106	1847
贵州省	**Guizhou**						
贵阳市	Guiyang	56876	54169	335470	327181	55040	51402
六盘水市	Liupanshui	5675	1385	8075	4130	6914	4105
遵义市	Zunyi						
安顺市	Anshun	1679	533	7742	5506	5746	5167
毕节市	Bijie	7500	1471	9527	4448	10391	6731
铜仁市	Tongren	2007	441	12063	7488	5234	3958
云南省	**Yunnan**						
昆明市	Kunming	19974	15961	332000	278790	96594	87864
曲靖市	Qujing	13434	9418	76753	41634	25781	11921
玉溪市	Yuxi	6698	4956	60646	41190	26665	19709
保山市	Baoshan	3754	3165	55015	36758	8116	5099
昭通市	Zhaotong	8482	5393	18940	9890	7450	5271
丽江市	Lijiang	2282	914	7371	2478	4303	3354
普洱市	Pu'er	5290	4406	26821	8048	6488	3426
临沧市	Lincang	4090	2721	17451	7603	6208	2402

2-26 续表 6 continued 6

单位：人 (person)

城　市	City	(3)电力、热力、燃气及水生产和供应业 Production and Distribution of Electricity, Gas and Water		(4)建筑业 Construction		第三产业(1)批发和零售业 Wholesale and Retail Trades	
		全　市 Total City	市辖区 Districts under City	全　市 Total City	市辖区 Districts under City	全　市 Total City	市辖区 Districts under City
西藏自治区	**Tibet**						
拉萨市	Lasa	10327		27891		12168	
日喀则市	Xigaze	662		1666		334	
昌都市	Qamdo	588	75	1483	17	390	30
林芝市	Linzhi						
山南市	Shannan	333	10	3526	1568	533	42
那曲市	Naqu	410		107		784	
陕西省	**Shaanxi**						
西安市	Xi'an	49077	48826	226439	223442	111344	110853
铜川市	Tongchuan	2324	2207	7429	7225	5137	5115
宝鸡市	Baoji	5841	2924	48365	31662	25802	17767
咸阳市	Xianyang	7919	3534	91306	33767	14192	8151
渭南市	Weinan	11842	838	49392	27290	19850	10013
延安市	Yan'an	8250	3492	26918	21612	11422	7883
汉中市	Hanzhong	2751	816	38022	25916	9784	6345
榆林市	Yulin	15903	1747	27775	13533	15410	6829
安康市	Ankang	2604	360	32355	24261	9009	6394
商洛市	Shangluo	1548	421	54855	11714	5680	2814
甘肃省	**Gansu**						
兰州市	Lanzhou	21692	19644	141518	131353	31892	26785
嘉峪关市	Jiayuguan	3109		2345		1067	
金昌市	Jinchang	2397	723	23387	22947	1250	1067
白银市	Baiyin	7999	6602	21006	13462	2329	1733
天水市	Tianshui	6156	5244	30057	24480	9421	7402
武威市	Wuwei	5054	3434	19789	17547	2887	2411
张掖市	Zhangye	4536	2390	9396	4664	2903	2433
平凉市	Pingliang	6168	4416	21101	9722	2733	2094
酒泉市	Jiuquan	4567	525	14164	9211	3943	2523
庆阳市	Qingyang	6007	4540	21045	11584	4021	3660
定西市	Dingxi	3729	642	15072	3198	2231	1157
陇南市	Longnan	5900	846	8200	99	13500	
青海省	**Qinghai**						
西宁市	Xining	18358	16714	48171	44127	15730	15261
海东市	Haidong	592	200	4046	1278	1143	150
宁夏回族自治区	**Ningxia**						
银川市	Yinchuan	20733	16730	20027	14094	17389	15963
石嘴山市	Shizuishan	4371	3718	3660	3321	1575	1537
吴忠市	Wuzhong	6483	1699	4763	1936	2363	2034
固原市	Guyuan	719	319	4708	2646	1456	1051
中卫市	Zhongwei						
新疆维吾尔自治区	**Xinjiang**						
乌鲁木齐市	Urumqi	40324	40311	98721	98721	34272	34167
克拉玛依市	Karamay	782	782	7951	7951	1748	1748
吐鲁番市	Turpan	3796	1970	3775	1050	29055	13113
哈密市	Hami	5543	4948	4038	3764	12002	11857

2-27 按行业分组的年末城镇单位就业人员(三)
Persons Employed in Urban Units by Sector in Detail at Year-end(Ⅲ)

单位：人 (person)

城市	City	(2)交通运输、仓储和邮政业 Traffic,Transport, Storage and Post		(3)住宿和餐饮业 Hotels and Catering Services		(4)信息传输、计算机服务和软件业 Information Transmission, Computer Services and Software	
		全市 Total City	市辖区 Districts under City	全市 Total City	市辖区 Districts under City	全市 Total City	市辖区 Districts under City
北京市	**Beijing**	**601978**	**601978**	**312119**	**312119**	**840300**	**840300**
天津市	**Tianjin**	**132342**	**132342**	**55546**	**55546**	**64241**	**64241**
河北省	**Hebei**						
石家庄市	Shijiazhuang	72029	59731	14539	11143	36902	35874
唐山市	Tangshan	45574	42728	3162	2194	6806	5544
秦皇岛市	Qinhuangdao	18908	17776	3226	3097	4751	4751
邯郸市	Handan	26175	21101	3482	1941	4846	4414
邢台市	Xingtai	7438	5480	1952	1076	3321	2990
保定市	Baoding	18907	14202	3834	2391	4922	4205
张家口市	Zhangjiakou	12401	9140	3587	1928	3782	2934
承德市	Chengde	9006	7056	2063	1424	6045	5527
沧州市	Cangzhou	14695	9296	2017	557	3933	3716
廊坊市	Langfang	11249	7666	1799	902	4758	3615
衡水市	Hengshui	9420	7340	1388	965	3692	2719
山西省	**Shanxi**						
太原市	Taiyuan	125941	125201	15854	15752	20434	20429
大同市	Datong	11117	10856	3957	3656	2814	2757
阳泉市	Yangquan	7835	6660	1289	730	1677	1647
长治市	Changzhi	10423	7463	2357	1265	2935	2550
晋城市	Jincheng	9346	6708	2169	849	2234	1719
朔州市	Shuozhou	3927	2622	318	278	2056	1956
晋中市	Jinzhong	9462	6723	1341	318	2550	2411
运城市	Yuncheng	8826	6950	1328	588	4081	3393
忻州市	Xinzhou	10376	7967	3153	1515	2719	2515
临汾市	Linfen	29665	5220	1019	589	3472	2945
吕梁市	Lvliang	7251	1605	2064	1046	3762	3233
内蒙古自治区	**Inner Mongolia**						
呼和浩特市	Hohhot	31054	28050	8949	8185	14756	13497
包头市	Baotou	15607	14908	6247	6039	4098	4007
乌海市	Wuhai	3021	3021	285	285	1579	1579
赤峰市	Chifeng	9243	5604	2471	1343	5272	3988
通辽市	Tongliao	7419	3693	1313	405	4010	2773
鄂尔多斯市	Erdos	11560	4763	2160	560	3605	3335
呼伦贝尔市	Hulunbuir	21691	3361	2888	1425	4883	4214
巴彦淖尔市	Bayannur	3444	2467	796	598	2095	1982
乌兰察布市	Ulanqab	7548	6458	1227	566	3074	2499
辽宁省	**Liaoning**						
沈阳市	Shenyang	111626	109308	26361	26189	23905	23356
大连市	Dalian	55659	52751	14676	14159	69292	69201
鞍山市	Anshan	14337	12064	1821	1291	4156	4039
抚顺市	Fushun	8718	6514	652	534	2199	2032
本溪市	Benxi	8595	7967	1274	1084	2531	1894
丹东市	Dandong	9108	6898	2163	1901	3287	2463
锦州市	Jinzhou	13813	11912	734	537	2885	2337
营口市	Yingkou	34497	31751	3005	2800	3532	3078
阜新市	Fuxin	2582	1944	795	697	3523	3431
辽阳市	Liaoyang	3048	2760	293	233	1898	1898

2-27 续表 1 continued 1

单位：人 (person)

城市	City	(2)交通运输、仓储和邮政业 Traffic,Transport, Storage and Post		(3)住宿和餐饮业 Hotels and Catering Services		(4)信息传输、计算机服务和软件业 Information Transmission, Computer Services and Software	
		全市 Total City	市辖区 Districts under City	全市 Total City	市辖区 Districts under City	全市 Total City	市辖区 Districts under City
盘锦市	Panjin	4429	4316	1579	1579	2639	2639
铁岭市	Tieling	4563	2090	445	187	2375	1896
朝阳市	Chaoyang	5809	1502	609	405	3388	309
葫芦岛市	Huludao	6439	2961	742	129	2441	
吉林省	**Jilin**						
长春市	Changchun	49202	45622	13731	13412	34599	33281
吉林市	Jilin	9826	6793	2380	2189	4859	4480
四平市	Siping	6157	3368	716	440	3082	2205
辽源市	Liaoyuan	2730	1991	199	150	1516	1211
通化市	Tonghua	5727	3165	1085	561	3402	2224
白山市	Baishan	3650	2545	602	360	2137	1765
松原市	Songyuan	5419	1681	1624	334	2277	2216
白城市	Baicheng	3685	1147	902	615	1936	1581
黑龙江省	**Heilongjiang**						
哈尔滨市	Harbin	87422	79630	23414	23181	44965	43342
齐齐哈尔市	Qiqihar	41277	36490	452	306	5139	4265
鸡西市	Jixi	6444	3427	385	160	2432	2188
鹤岗市	Hegang	3168	1924	622	306	1316	1136
双鸭山市	Shuangyashan	6748	2010	407	80	1977	1642
大庆市	Daqing	13954	12567	1274	669	6565	6446
伊春市	Yichun	3693	2707	661	595	2400	2378
佳木斯市	Jiamusi	9902	4229	981	362	2907	2535
七台河市	Qitaihe	3459	2674	103	93	1030	1030
牡丹江市	Mudanjiang	7546	4368	763	613	4269	3560
黑河市	Heihe	7487	3157	810	466	2361	1842
绥化市	Suihua	10149	934	588	381	3948	24
上海市	**Shanghai**	**505838**	**505838**	**304811**	**304811**	**355812**	**355812**
江苏省	**Jiangsu**						
南京市	Nanjing	126779	126779	54147	54147	186841	186841
无锡市	Wuxi	30442	21463	24499	21579	27660	26576
徐州市	Xuzhou	35899	26958	4814	3897	7589	6148
常州市	Changzhou	19137	18029	15988	14683	7902	7624
苏州市	Suzhou	86347	39458	42624	35504	41084	32122
南通市	Nantong	25122	17200	5436	2011	7538	5336
连云港市	Lianyungang	28025	24979	2891	2247	3753	2985
淮安市	Huai'an	20688	16058	4422	3247	5135	3788
盐城市	Yancheng	24481	11264	6047	2685	9249	6926
扬州市	Yangzhou	18039	13334	8379	7425	9520	9150
镇江市	Zhenjiang	12826	9615	4239	3164	3358	2335
泰州市	Taizhou	24884	13349	4657	3138	7228	5531
宿迁市	Suqian	8955	6451	2171	1479	3169	2939
浙江省	**Zhejiang**						
杭州市	Hangzhou	97451	90024	74365	70646	160400	159581
宁波市	Ningbo	68091	57761	15637	11086	13574	12404
温州市	Wenzhou	34714	23890	8142	5358	7125	5316
嘉兴市	Jiaxing	15972	7396	6085	2914	6320	4309
湖州市	Huzhou	9114	5271	9269	6537	4263	2866

2-27 续表 2 continued 2

单位：人 (person)

城 市	City	(2)交通运输、仓储和邮政业 Traffic,Transport, Storage and Post		(3)住宿和餐饮业 Hotels and Catering Services		(4)信息传输、计算机服务和软件业 Information Transmission, Computer Services and Software	
		全 市 Total City	市辖区 Districts under City	全 市 Total City	市辖区 Districts under City	全 市 Total City	市辖区 Districts under City
绍兴市	Shaoxing	13120	10041	5926	5037	4410	3960
金华市	Jinhua	19958	6752	6273	924	7710	4531
衢州市	Quzhou	4605	3670	1718	1050	2842	2361
舟山市	Zhoushan	20721	17244	3584	3459	2413	2318
台州市	Taizhou	11648	6292	5065	2056	5298	4326
丽水市	Lishui	5697	2223	1879	959	3130	2502
安徽省	**Anhui**						
合肥市	Hefei	89532	78369	32412	30309	48843	46277
芜湖市	Wuhu	29590	24922	4778	4181	5532	5198
蚌埠市	Bengbu	14319	11918	1592	1402	2160	1838
淮南市	Huainan	8591	7057	1199	832	1822	1662
马鞍山市	Maanshan	8253	5159	506	506	4111	3959
淮北市	Huaibei	5537	4520	681	681	1989	1893
铜陵市	Tongling	7027	6646	1561	1517	1319	1131
安庆市	Anqing	11007	7171	3631	2171	5565	3809
黄山市	Huangshan	3952	3204	3594	2770	1869	1594
滁州市	Chuzhou	9710	6006	1259	694	2367	2087
阜阳市	Fuyang	19243	12072	2081	1010	3270	2731
宿州市	Suzhou	10622	5603	2227	1542	4677	3804
六安市	Lu'an	149800	48600	96800	38900	14900	6400
亳州市	Bozhou	14569	3798	3212	1645	3045	2215
池州市	Chizhou	4166	2927	1059	552	1467	1192
宣城市	Xuancheng	4130	1526	1505	676	2632	756
福建省	**Fujian**						
福州市	Fuzhou	37700	31230	30473	25237	53695	51935
厦门市	Xiamen	73962	73962	40506	40506	39166	39166
莆田市	Putian	6508	5942	4417	3877	3646	3510
三明市	Sanming	8592	3273	997	249	3492	2780
泉州市	Quanzhou	26378	16267	17566	5747	8768	6829
漳州市	Zhangzhou	9015	5686	5597	2321	5575	2321
南平市	Nanping	9733	6148	3342	295	2791	2328
龙岩市	Longyan	9299	7416	5865	3259	2041	1896
宁德市	Ningde	9661	4549	2815	1423	3104	2332
江西省	**Jiangxi**						
南昌市	Nanchang	47039	42607	9761	9288	26402	25910
景德镇市	Jingdezhen	5414	3029	2401	2313	1443	1365
萍乡市	Pingxiang	4042	3679	868	760	2104	2104
九江市	Jiujiang	10956	6940	4386	1320	3686	3127
新余市	Xinyu	3482	2617	664	631	905	905
鹰潭市	Yingtan	6253	4096	1924	1424	1236	1208
赣州市	Ganzhou	14369	9630	3773	2348	5080	4801
吉安市	Ji'an	11847	5618	2624	739	3170	2777
宜春市	Yichun	11501	5586	2611	1191	3462	2606
抚州市	Fuzhou	8932	3916	719	200	2300	2147
上饶市	Shangrao	6998	4174	3232	544	3738	2840
山东省	**Shandong**						
济南市	Jinan	36200	35545	25723	25329	85039	85039

2-27 续表 3 continued 3

单位：人 (person)

城 市	City	(2)交通运输、仓储和邮政业 Traffic,Transport, Storage and Post		(3)住宿和餐饮业 Hotels and Catering Services		(4)信息传输、计算机服务和软件业 Information Transmission, Computer Services and Software	
		全 市 Total City	市辖区 Districts under City	全 市 Total City	市辖区 Districts under City	全 市 Total City	市辖区 Districts under City
青岛市	Qingdao	97509	92624	25396	24271	19602	18964
淄博市	Zibo	13051	10668	6118	4746	6352	5812
枣庄市	Zaozhuang	9687	5927	2056	1541	1802	1802
东营市	Dongying	8992	8451	5638	4845	4379	4379
烟台市	Yantai	35583	21832	10511	6365	10937	9306
潍坊市	Weifang	20903	13779	7594	3853	11599	10294
济宁市	Jining	21030	12467	7156	3765	4738	3840
泰安市	Tai'an	12556	9115	4948	3723	4937	4604
威海市	Weihai	14254	11536	6535	4489	3694	3584
日照市	Rizhao	28516	26857	2242	2032	2032	1959
莱芜市	Laiwu	9652	9652	1289	1289	1042	1042
临沂市	Linyi	22984	8526	5355	4124	9109	8280
德州市	Dezhou	11693	6451	4993	3277	4059	3186
聊城市	Liaocheng	16241	8457	3781	2336	3382	2616
滨州市	Binzhou	12208	5488	1804	1038	3615	2739
菏泽市	Heze	12643	9476	2277	1715	3789	3388
河南省	**Henan**						
郑州市	Zhengzhou	70949	66249	26939	24348	52964	52117
开封市	Kaifeng	9008	6006	4865	4065	3818	2943
洛阳市	Luoyang	18072	13574	6513	5086	12208	12153
平顶山市	Pingdingshan	9397	5339	3284	1902	2580	2062
安阳市	Anyang	12960	8211	3004	1388	4623	3911
鹤壁市	Hebi	2944	1999	1022	921	1498	1424
新乡市	Xinxiang	10568	5751	2815	1353	4980	4240
焦作市	Jiaozuo	16817	9834	2123	1523	4015	3531
濮阳市	Puyang	8763	5282	1382	1184	3173	2328
许昌市	Xuchang	7063	2823	2902	2221	3047	2591
漯河市	Luohe	11691	8960	1987	1206	1384	1298
三门峡市	Sanmenxia	5769	3818	2661	1836	2800	2800
南阳市	Nanyang	23409	3990	5059	1553	4393	138
商丘市	Shangqiu	25479	12295	2492	826	7386	3738
信阳市	Xinyang	16604	8244	4477	2543	8586	5254
周口市	Zhoukou	21914	9011	2281	985	5561	4273
驻马店市	Zhumadian	21201	10095	10003	1620	6704	3825
湖北省	**Hubei**						
武汉市	Wuhan	119909	119909	51582	51582	95381	95381
黄石市	Huangshi	8406	5762	2911	2059	1859	1508
十堰市	Shiyan	14781	11036	10553	4834	8335	7329
宜昌市	Yichang	50712	14199	23798	14279	6999	6229
襄阳市	Xiangyang	37389	12649	17979	2801	10808	3827
鄂州市	Ezhou	5768	5768	4674	4674	1887	1887
荆门市	Jingmen	16147	8279	7833	4143	6492	2846
孝感市	Xiaogan	21324	5082	34780	25693	6652	3346
荆州市	Jingzhou	14633	9537	1586	800	3892	2852
黄冈市	Huanggang	11600	2905	10609	1068	6366	2962
咸宁市	Xianning	5267	2319	4958	3324	5745	1561
随州市	Suizhou	2956	2256	1012	956	1148	206

2–27 续表 4 continued 4

单位：人 (person)

城 市	City	(2)交通运输、仓储和邮政业 Traffic,Transport, Storage and Post		(3)住宿和餐饮业 Hotels and Catering Services		(4)信息传输、计算机服务和软件业 Information Transmission, Computer Services and Software	
		全 市 Total City	市辖区 Districts under City	全 市 Total City	市辖区 Districts under City	全 市 Total City	市辖区 Districts under City
湖南省	**Hunan**						
长沙市	Changsha	42423	29385	28155	26271	22319	21550
株洲市	Zhuzhou	10864	9632	4350	3329	4010	3364
湘潭市	Xiangtan	5956	5780	2184	972	1793	1599
衡阳市	Hengyang	12905	8465	3758	3138	4506	3608
邵阳市	Shaoyang	9607	5939	1672	223	3398	2230
岳阳市	Yueyang	9315	7124	4121	2799	5129	4188
常德市	Changde	9312	5782	4031	1831	5094	3880
张家界市	Zhangjiajie	3347	2959	3803	3278	1845	1731
益阳市	Yiyang	4081	3399	883	805	3021	2419
郴州市	Chenzhou	9261	6497	3827	2622	3810	2822
永州市	Yongzhou	9524	5351	1394	436	4325	2819
怀化市	Huaihua	11333	7269	1086	308	3682	2797
娄底市	Loudi	6682	3847	1316	808	2531	2240
广东省	**Guangdong**						
广州市	Guangzhou	326077	326077	129380	129380	218077	218077
韶关市	Shaoguan	8172	5659	3759	2117	2473	2385
深圳市	Shenzhen	266631	266631	121435	121435	265239	265239
珠海市	Zhuhai	26415	26415	27150	27150	25591	25591
汕头市	Shantou	14939	14707	6721	6582	5509	5459
佛山市	Foshan	44320	44320	18534	18534	15413	15413
江门市	Jiangmen	16992	13177	10016	6175	5951	4797
湛江市	Zhanjiang	21204	15213	8827	5810	7257	4033
茂名市	Maoming	14571	8881	4385	3226	4697	2796
肇庆市	Zhaoqing	9952	7776	4513	3013	3783	3234
惠州市	Huizhou	19912	15850	8684	5666	7597	6650
梅州市	Meizhou	7300	4257	2180	923	4452	3362
汕尾市	Shanwei	4983	2903	1394	1163	3876	2515
河源市	Heyuan	7082	3982	3225	1836	3389	3075
阳江市	Yangjiang	6869	4830	2620	1391	3145	2506
清远市	Qingyuan	8324	6252	6188	4230	4159	3268
东莞市	Dongguan	33046		28322		11574	
中山市	Zhongshan	14101		12881		5582	
潮州市	Chaozhou	3391	2661	1347	1068	2946	2798
揭阳市	Jieyang	6626	4996	2788	1374	4932	3720
云浮市	Yunfu	3186	1613	2217	982	2189	1774
广西壮族自治区	**Guangxi**						
南宁市	Nanning	49316	48024	20906	20873	24354	24313
柳州市	Liuzhou	13683	12629	4175	3604	2401	2345
桂林市	Guilin	10248	7504	6836	5438	3492	3393
梧州市	Wuzhou	5808	4372	820	793	1691	1460
北海市	Beihai	3930	3386	2197	2142	1959	1707
防城港市	Fangchenggang	6836	6563	743	646	831	827
钦州市	Qinzhou	5903	4705	995	705	1512	1456
贵港市	Guigang	4299	2741	597	348	1778	1302

2-27 续表 5 continued 5

单位：人 (person)

城市	City	(2)交通运输、仓储和邮政业 Traffic,Transport, Storage and Post		(3)住宿和餐饮业 Hotels and Catering Services		(4)信息传输、计算机服务和软件业 Information Transmission, Computer Services and Software	
		全市 Total City	市辖区 Districts under City	全市 Total City	市辖区 Districts under City	全市 Total City	市辖区 Districts under City
玉林市	Yulin	6608	4318	1786	1021	3204	3197
百色市	Baise	8210	6316	1363	327	1411	1411
贺州市	Hezhou	1935	1483	252	62	1699	1580
河池市	Hechi	7527	6356	1648	659	1645	1631
来宾市	Laibin	2484	1333	255	195	1568	1205
崇左市	Chongzuo	3365	2153	877	315	1750	1740
海南省	**Hainan**						
海口市	Haikou	55550	55550	17473	17473	15226	15226
三亚市	Sanya	6728	6728	32682	32682	1332	1332
三沙市	Sansha						
儋州市	Danzhou	1121		328		429	
重庆市	**Chongqing**	**225476**	**215738**	**59833**	**54018**	**48845**	**47902**
四川省	**Sichuan**						
成都市	Chengdu	457311		460151		331444	
自贡市	Zigong	12034	7757	2341	559	2858	1340
攀枝花市	Panzhihua	25451	50501	9615	23710	6167	16001
泸州市	Luzhou	9922	7705	1664	1388	3185	2920
德阳市	Deyang	7338	4020	2907	1361	3470	3137
绵阳市	Mianyang	11026	7295	4202	2192	8953	5246
广元市	Guangyuan	6518	4057	800	374	3601	3333
遂宁市	Suining	3903	2689	926	645	2371	2033
内江市	Neijiang	12386	8153	3595	2485	2933	2489
乐山市	Leshan	7603	4144	2517	1304	2525	2449
南充市	Nanchong	14285	8680	2513	1168	5862	3237
眉山市	Meishan	5328	3349	1624	858	1752	1649
宜宾市	Yibin	8242	6506	1573	1260	2512	2390
广安市	Guang'an	9069	1137	5108	711	2592	1527
达州市	Dazhou	21224	13455	15819	8118	7875	4726
雅安市	Ya'an	2984	2198	541	361	1816	1461
巴中市	Bazhong	8310	5337	9489	4482	4624	2900
资阳市	Ziyang	6315	4293	819	228	2521	2380
贵州省	**Guizhou**						
贵阳市	Guiyang	78797	77631	11119	10213	19141	18743
六盘水市	Liupanshui	3922	2609	1418	711	1630	1525
遵义市	Zunyi						
安顺市	Anshun	3648	2973	1926	1347	1634	1634
毕节市	Bijie	5382	3252	1202	605	2135	1928
铜仁市	Tongren	2926	1654	1050		1933	1882
云南省	**Yunnan**						
昆明市	Kunming	114443	111850	37425	33074	25305	24807
曲靖市	Qujing	6835	4428	7329	3089	869	745
玉溪市	Yuxi	3855	2745	3156	1530	2025	1863
保山市	Baoshan	3286	2382	4261	1621	984	919
昭通市	Zhaotong	4053	3257	3209	1954	1967	1923
丽江市	Lijiang	3539	2515	5445	5061	1220	894
普洱市	Pu'er	4917	3179	822	296	1678	1423
临沧市	Lincang	3851	3133	1607	740	1532	1276

2–27 续表 6 continued 6

单位：人 (person)

城 市	City	(2)交通运输、仓储和邮政业 Traffic,Transport, Storage and Post		(3)住宿和餐饮业 Hotels and Catering Services		(4)信息传输、计算机服务和软件业 Information Transmission, Computer Services and Software	
		全 市 Total City	市辖区 Districts under City	全 市 Total City	市辖区 Districts under City	全 市 Total City	市辖区 Districts under City
西藏自治区	**Tibet**						
拉萨市	Lasa	19629		10762		2572	
日喀则市	Xigaze	1138		513		444	
昌都市	Qamdo	510	62	89	9	337	27
林芝市	Linzhi						
山南市	Shannan	138	58	317	284	414	182
那曲市	Naqu	374		138		338	
陕西省	**Shaanxi**						
西安市	Xi'an	162481	160976	53231	52950	101678	101678
铜川市	Tongchuan	2913	2852	1397	1266	1144	1144
宝鸡市	Baoji	10183	7090	8270	4796	3514	2998
咸阳市	Xianyang	9742	6201	4761	2629	3663	3435
渭南市	Weinan	12911	5989	7938	2087	3374	3130
延安市	Yan'an	10378	6843	5694	3669	2527	2428
汉中市	Hanzhong	8837	6791	2408	1541	2719	2602
榆林市	Yulin	20351	4534	5580	2963	3713	3348
安康市	Ankang	4235	2782	4075	3224	2549	2404
商洛市	Shangluo	7191	3456	2816	1004	2218	1905
甘肃省	**Gansu**						
兰州市	Lanzhou	111730	107242	10935	8767	12086	12002
嘉峪关市	Jiayuguan	856		906		427	
金昌市	Jinchang	1340	1233	390	312	1037	981
白银市	Baiyin	3118	1993	310	110	939	939
天水市	Tianshui	4434	3061	2829	2238	2830	2509
武威市	Wuwei	2112	1646	713	532	1164	1126
张掖市	Zhangye	2662	2051	1155	810	1186	962
平凉市	Pingliang	3591	2874	2041	1378	1634	1306
酒泉市	Jiuquan	3403	1834	2573	487	1236	849
庆阳市	Qingyang	5812	4172	1744	764	1894	1412
定西市	Dingxi	2797	1293	1006	370	1180	1180
陇南市	Longnan	5200	156	8800		400	
青海省	**Qinghai**						
西宁市	Xining	40265	39087	2753	2731	8066	8032
海东市	Haidong	1308	356	267	79	284	156
宁夏回族自治区	**Ningxia**						
银川市	Yinchuan	12238	8599	3216	3168	4035	4035
石嘴山市	Shizuishan	1936	1785	361	97	863	808
吴忠市	Wuzhong	2359	1795	642	164	951	920
固原市	Guyuan	3073	2411	678	100	870	767
中卫市	Zhongwei						
新疆维吾尔自治区	**Xinjiang**						
乌鲁木齐市	Urumqi	123824	123824	9543	9333	12823	12823
克拉玛依市	Karamay	2867	2867	307	307	1436	1436
吐鲁番市	Turpan	4652	2573	11284	4614	1141	866
哈密市	Hami	7143	6816	4096	3939	961	839

2-28 按行业分组的年末城镇单位就业人员(四)
Persons Employed in Urban Units by Sector in Detail at Year-end (Ⅳ)

单位：人 (person)

城市	City	(5)金融业 Financial Intermediation		(6)房地产业 Real Estate		(7)租赁和商务服务业 Leasing and Business Services	
		全市 Total City	市辖区 Districts under City	全市 Total City	市辖区 Districts under City	全市 Total City	市辖区 Districts under City
北京市	**Beijing**	**546870**	**546870**	**472509**	**472509**	**812969**	**812969**
天津市	**Tianjin**	**170514**	**170514**	**103910**	**103910**	**132164**	**132164**
河北省	**Hebei**						
石家庄市	Shijiazhuang	59273	54822	22184	20379	34968	32936
唐山市	Tangshan	50760	47306	8671	7832	16008	11024
秦皇岛市	Qinhuangdao	23675	22887	3980	3711	3500	3212
邯郸市	Handan	41021	36618	4199	3669	9588	7351
邢台市	Xingtai	22775	17836	3738	2792	2691	2461
保定市	Baoding	51144	45317	6034	3466	10000	8067
张家口市	Zhangjiakou	17297	14938	7524	4325	6294	4962
承德市	Chengde	28813	26149	4265	2668	3700	2693
沧州市	Cangzhou	35766	31773	5207	2754	11536	5066
廊坊市	Langfang	14241	12823	16300	12254	7424	4306
衡水市	Hengshui	16669	13747	1111	945	1662	1285
山西省	**Shanxi**						
太原市	Taiyuan	51485	51485	14705	14466	26227	24331
大同市	Datong	9912	9834	4070	4017	7299	6814
阳泉市	Yangquan	7307	5581	2745	2371	8091	7166
长治市	Changzhi	22410	17474	3453	2149	9082	6333
晋城市	Jincheng	14577	9100	2418	2054	5029	2713
朔州市	Shuozhou	9982	9882	2354	1252	5331	5003
晋中市	Jinzhong	24928	18353	1831	1095	9499	6129
运城市	Yuncheng	24092	21845	1149	635	4743	920
忻州市	Xinzhou	9815	5712	870	537	4792	3117
临汾市	Linfen	20906	11300	1952	867	2976	1645
吕梁市	Lvliang	12751	5795	947	211	3213	971
内蒙古自治区	**Inner Mongolia**						
呼和浩特市	Hohhot	26218	24520	14635	12981	5577	3702
包头市	Baotou	22144	21322	10731	10370	8340	8319
乌海市	Wuhai	3721	3721	1487	1487	865	865
赤峰市	Chifeng	12152	6925	3624	2434	1171	825
通辽市	Tongliao	8490	4961	4234	2277	6937	2992
鄂尔多斯市	Erdos	13513	9481	5326	2115	9189	1741
呼伦贝尔市	Hulunbuir	10494	3047	5927	1653	3219	1532
巴彦淖尔市	Bayannur	21091	18363	2420	1827	4054	1262
乌兰察布市	Ulanqab	7009	4292	1180	683	3310	1361
辽宁省	**Liaoning**						
沈阳市	Shenyang	72852	72818	24554	24200	30357	29389
大连市	Dalian	70869	70731	39448	38337	34414	31369
鞍山市	Anshan	11581	11000	5501	3738	7793	6589
抚顺市	Fushun	11174	9845	3535	3149	3283	3003
本溪市	Benxi	10811	10527	3845	3645	4412	4381
丹东市	Dandong	6112	4293	7942	6884	1594	906
锦州市	Jinzhou	14049	13084	3152	2859	7186	5405
营口市	Yingkou	14935	14935	2081	1839	4579	4448
阜新市	Fuxin	12164	10974	3337	3233	2385	2187
辽阳市	Liaoyang	6052	4935	1439	1300	3888	3440

2-28 续表 1 continued 1

单位：人 (person)

城　市	City	(5)金融业 Financial Intermediation 全 市 Total City	市辖区 Districts under City	(6)房地产业 Real Estate 全 市 Total City	市辖区 Districts under City	(7)租赁和商务服务业 Leasing and Business Services 全 市 Total City	市辖区 Districts under City
盘锦市	Panjin	12271	12271	4648	4353	8596	8500
铁岭市	Tieling	9715	4756	2128	185	3790	392
朝阳市	Chaoyang	20211	16776	1654	544	2031	1729
葫芦岛市	Huludao	11933	5018	1470	389	4862	1882
吉林省	**Jilin**						
长春市	Changchun	56351	51550	40656	39184	40045	38705
吉林市	Jilin	11790	8940	5371	4136	2505	2012
四平市	Siping	7393	3421	2351	1422	699	539
辽源市	Liaoyuan	4555	3256	1515	1202	586	570
通化市	Tonghua	7948	4609	3163	1656	2484	1515
白山市	Baishan	7475	5710	1334	937	11924	6200
松原市	Songyuan	6756	4038	1775	638	1545	316
白城市	Baicheng	8701	8242	1817	1025	3853	944
黑龙江省	**Heilongjiang**						
哈尔滨市	Harbin	70623	67006	40214	38937	87430	72350
齐齐哈尔市	Qiqihar	25453	22186	3938	3233	4756	4371
鸡西市	Jixi	11726	10755	1075	643	243	186
鹤岗市	Hegang	4023	3300	834	775	1070	620
双鸭山市	Shuangyashan	5275	3698	910	451	1660	864
大庆市	Daqing	26740	25345	10436	9852	1108	897
伊春市	Yichun	3372	3331	1257	1163	1113	1041
佳木斯市	Jiamusi	8167	5571	1580	367	882	643
七台河市	Qitaihe	5969	5385	491	382	769	755
牡丹江市	Mudanjiang	26525	23488	1885	1239	6569	1832
黑河市	Heihe	5817	2705	753	62	573	96
绥化市	Suihua	21467	1208	3107		958	38
上海市	**Shanghai**	**333912**	**333912**	**265978**	**265978**	**578744**	**578744**
江苏省	**Jiangsu**						
南京市	Nanjing	70504	70504	80318	80318	101428	101428
无锡市	Wuxi	38817	29946	21094	16658	19182	13228
徐州市	Xuzhou	23399	15857	10017	6994	24242	16699
常州市	Changzhou	17258	17163	8351	7596	19392	18724
苏州市	Suzhou	67051	46690	62476	47021	45570	30744
南通市	Nantong	34753	32815	14240	6875	30534	14628
连云港市	Lianyungang	29943	21673	5230	3882	20077	16993
淮安市	Huai'an	25992	23747	6470	4744	8729	4954
盐城市	Yancheng	22940	17012	9040	5395	16398	6967
扬州市	Yangzhou	15536	9982	10262	7463	16736	11358
镇江市	Zhenjiang	19604	12504	9285	6056	12269	7418
泰州市	Taizhou	23957	10281	9315	6005	11381	3946
宿迁市	Suqian	4409	4393	5389	2961	8363	3442
浙江省	**Zhejiang**						
杭州市	Hangzhou	110452	108661	118085	116527	125871	122102
宁波市	Ningbo	83970	79863	31854	27458	41500	33415
温州市	Wenzhou	60196	54640	20424	13341	29327	18634
嘉兴市	Jiaxing	20589	17531	17086	8682	31714	6733
湖州市	Huzhou	23084	21165	6539	4137	6318	4438

2–28 续表 2 continued 2

单位：人 (person)

城市	City	(5)金融业 Financial Intermediation 全市 Total City	市辖区 Districts under City	(6)房地产业 Real Estate 全市 Total City	市辖区 Districts under City	(7)租赁和商务服务业 Leasing and Business Services 全市 Total City	市辖区 Districts under City
绍兴市	Shaoxing	22515	20140	6113	4303	8822	5424
金华市	Jinhua	23368	16737	8115	3456	16818	6637
衢州市	Quzhou	20268	19820	839	469	2311	1085
舟山市	Zhoushan	9802	9395	5162	4397	9139	6611
台州市	Taizhou	54673	49169	9039	4846	13887	5724
丽水市	Lishui	20773	18650	996	279	4475	1773
安徽省	**Anhui**						
合肥市	Hefei	42330	36721	42747	36483	36150	32451
芜湖市	Wuhu	18061	15180	14646	11403	9009	8483
蚌埠市	Bengbu	14481	10466	9453	7441	5673	4160
淮南市	Huainan	16827	14940	5031	3874	5470	2100
马鞍山市	Maanshan	13585	11734	5133	2794	3832	3601
淮北市	Huaibei	7554	7128	4877	4440	1548	1319
铜陵市	Tongling	5661	5208	5287	4842	4915	4670
安庆市	Anqing	11481	4162	10266	5449	3272	1815
黄山市	Huangshan	8163	5500	3282	2192	1521	1023
滁州市	Chuzhou	12553	8660	9095	4086	2412	1580
阜阳市	Fuyang	32163	23803	9145	4244	2070	1618
宿州市	Suzhou	14650	10895	8066	4689	2927	2372
六安市	Lu'an	16800	8400	15100	5200	40800	9500
亳州市	Bozhou	15393	10108	7118	3378	2711	1582
池州市	Chizhou	9492	7499	2447	1456	1080	854
宣城市	Xuancheng	11811	7930	4966	786	3646	2654
福建省	**Fujian**						
福州市	Fuzhou	36021	31104	50161	42851	71097	60684
厦门市	Xiamen	35443	35443	55851	55851	46816	46816
莆田市	Putian	12245	11472	5679	4590	14437	13375
三明市	Sanming	17839	12273	3994	947	3448	1050
泉州市	Quanzhou	22253	17361	20021	10001	15980	6356
漳州市	Zhangzhou	21904	19278	19292	11390	15191	10343
南平市	Nanping	10609	6671	5341	2419	5657	2729
龙岩市	Longyan	25257	24234	6041	4156	10479	6291
宁德市	Ningde	20323	18361	4021	1790	4585	1064
江西省	**Jiangxi**						
南昌市	Nanchang	37467	36053	30396	25404	26424	23225
景德镇市	Jingdezhen	6021	6021	2596	2360	621	523
萍乡市	Pingxiang	9085	9068	2262	1873	2245	2245
九江市	Jiujiang	9980	8208	8766	3930	7884	5199
新余市	Xinyu	3970	3970	1970	1687	575	457
鹰潭市	Yingtan	5418	5418	1885	903	1278	753
赣州市	Ganzhou	18209	15724	11387	7185	4913	2862
吉安市	Ji'an	8313	8117	3379	1638	3957	1017
宜春市	Yichun	19285	16364	4733	1600	1600	612
抚州市	Fuzhou	9281	7352	6012	1818	1064	459
上饶市	Shangrao	16735	14080	6557	2227	7241	3092
山东省	**Shandong**						
济南市	Jinan	94818	94356	43871	42799	26457	26008

2-28 续表 3 continued 3

单位：人 (person)

城 市	City	(5)金融业 Financial Intermediation		(6)房地产业 Real Estate		(7)租赁和商务服务业 Leasing and Business Services	
		全 市 Total City	市辖区 Districts under City	全 市 Total City	市辖区 Districts under City	全 市 Total City	市辖区 Districts under City
青岛市	Qingdao	58148	58012	43862	38527	31476	28435
淄博市	Zibo	21850	20739	13786	11512	11960	11120
枣庄市	Zaozhuang	7264	7243	6464	3330	1498	1216
东营市	Dongying	10473	9582	4858	3667	32246	31589
烟台市	Yantai	34922	30913	30138	21906	10889	7342
潍坊市	Weifang	18041	12374	17566	10407	9918	7636
济宁市	Jining	40796	36673	8793	4528	6886	2133
泰安市	Tai'an	34120	32143	9087	3676	5435	4537
威海市	Weihai	10109	9496	17414	11843	3232	2259
日照市	Rizhao	10914	9808	5919	4287	5157	3842
莱芜市	Laiwu	3358	3358	3652	3652	6029	6029
临沂市	Linyi	25729	20884	16526	9900	14368	11135
德州市	Dezhou	19401	14806	10261	4790	3798	1451
聊城市	Liaocheng	50667	46712	6456	3806	2037	1447
滨州市	Binzhou	6766	6323	6788	4452	1297	903
菏泽市	Heze	17244	13071	7829	4032	3778	2636
河南省	**Henan**						
郑州市	Zhengzhou	81420	77641	57839	47197	48458	42000
开封市	Kaifeng	8287	6451	10157	6375	5784	4615
洛阳市	Luoyang	16158	13257	17763	15289	7218	3214
平顶山市	Pingdingshan	19507	16451	9306	5635	4989	3241
安阳市	Anyang	14514	11762	7619	4860	11076	9975
鹤壁市	Hebi	5219	4155	2796	1932	2385	1905
新乡市	Xinxiang	9521	5977	9949	4083	7701	2358
焦作市	Jiaozuo	10112	9948	6121	4354	4065	1805
濮阳市	Puyang	5461	3223	4735	2901	18043	17033
许昌市	Xuchang	8541	5093	10166	6164	4926	2698
漯河市	Luohe	5716	4759	4474	3818	6280	5336
三门峡市	Sanmenxia	12605	10895	2678	1659	1368	1214
南阳市	Nanyang	40570	11541	9347	2600	13307	3057
商丘市	Shangqiu	4270	1937	34615	8993	12545	4967
信阳市	Xinyang	12747	9783	12634	4762	6234	2680
周口市	Zhoukou	15717	11325	11844	3871	3099	1836
驻马店市	Zhumadian	13078	7539	22383	9175	12535	6824
湖北省	**Hubei**						
武汉市	Wuhan	44631	44631	97615	97615	71816	71816
黄石市	Huangshi	5455	4665	4144	2606	3916	2231
十堰市	Shiyan	21388	18021	19349	10389	9681	7569
宜昌市	Yichang	10632	6047	23069	14772	36290	23226
襄阳市	Xiangyang	12638	11180	28272	9758	22864	3191
鄂州市	Ezhou	2946	2946	4553	4553	2782	2782
荆门市	Jingmen	8172	6302	5155	2374	4578	2056
孝感市	Xiaogan	11612	8694	18114	6668	26013	15719
荆州市	Jingzhou	16925	14699	3909	2306	2511	1639
黄冈市	Huanggang	24975	23610	14094	1173	11227	1054
咸宁市	Xianning	11079	9702	17719	2620	1491	1006
随州市	Suizhou	4064	3225	1360	1125	1359	1106

2-28 续表 4 continued 4

单位：人 (person)

城市	City	(5)金融业 Financial Intermediation 全市 Total City	市辖区 Districts under City	(6)房地产业 Real Estate 全市 Total City	市辖区 Districts under City	(7)租赁和商务服务业 Leasing and Business Services 全市 Total City	市辖区 Districts under City
湖南省	**Hunan**						
长沙市	Changsha	71587	68686	50012	43488	33370	29844
株洲市	Zhuzhou	14612	12691	13370	11325	6845	5263
湘潭市	Xiangtan	18632	17782	5279	4334	4990	4000
衡阳市	Hengyang	8170	4499	10149	6322	6917	4618
邵阳市	Shaoyang	20995	17086	3994	1841	2261	184
岳阳市	Yueyang	10161	9113	8155	4879	5451	2554
常德市	Changde	33897	31409	6980	5058	10628	9110
张家界市	Zhangjiajie	3587	2889	1354	928	1617	1470
益阳市	Yiyang	21410	19320	2102	1585	1322	1012
郴州市	Chenzhou	24036	21578	10765	5723	5808	2990
永州市	Yongzhou	9687	7096	3704	1519	7472	3845
怀化市	Huaihua	8610	5809	4690	1386	3370	1951
娄底市	Loudi	20429	20429	2340	1117	4949	4138
广东省	**Guangdong**						
广州市	Guangzhou	102631	102631	221591	221591	239653	239653
韶关市	Shaoguan	16544	11834	7085	4466	4409	2453
深圳市	Shenzhen	178671	178671	264042	264042	290000	290000
珠海市	Zhuhai	18208	18208	44386	44386	52385	52385
汕头市	Shantou	19695	19422	12697	12470	18286	18145
佛山市	Foshan	24716	24716	44472	44472	34832	34832
江门市	Jiangmen	37780	25806	17586	10228	18964	13755
湛江市	Zhanjiang	23949	19160	12506	8355	10997	5696
茂名市	Maoming	21132	16255	10233	6957	5684	4162
肇庆市	Zhaoqing	11308	6887	10889	6100	3157	2515
惠州市	Huizhou	38739	34491	26862	20367	7199	5392
梅州市	Meizhou	11445	7191	3526	1207	2822	2036
汕尾市	Shanwei	5121	1844	2662	2022	2997	1771
河源市	Heyuan	10661	8553	8382	5280	6221	3694
阳江市	Yangjiang	6422	4657	4692	2749	2734	1044
清远市	Qingyuan	20583	19050	10977	8770	3605	2855
东莞市	Dongguan	29798		34319		66259	
中山市	Zhongshan	17074		23679		11863	
潮州市	Chaozhou	5381	4445	2966	2297	2240	2042
揭阳市	Jieyang	8458	5225	3840	2287	2212	992
云浮市	Yunfu	4677	1990	3289	1246	1440	412
广西壮族自治区	**Guangxi**						
南宁市	Nanning	61979	58905	32449	31446	44415	41934
柳州市	Liuzhou	11771	10371	9792	8940	17860	16094
桂林市	Guilin	16421	13241	9329	7382	17508	13755
梧州市	Wuzhou	7855	5533	2931	1802	1613	1015
北海市	Beihai	6131	5361	3231	2916	4089	3122
防城港市	Fangchenggang	2186	2186	1699	1273	1168	1074
钦州市	Qinzhou	4366	2459	2527	1844	1828	1171
贵港市	Guigang	7302	5671	2061	1181	6655	587

2-28 续表 5 continued 5

单位：人 (person)

城　市	City	(5)金融业 Financial Intermediation 全 市 Total City	市辖区 Districts under City	(6)房地产业 Real Estate 全 市 Total City	市辖区 Districts under City	(7)租赁和商务服务业 Leasing and Business Services 全 市 Total City	市辖区 Districts under City
玉林市	Yulin	8878	5788	5429	3922	5352	2566
百色市	Baise	5048	2948	2314	791	4543	971
贺州市	Hezhou	5618	4382	1547	1233	3238	2403
河池市	Hechi	7301	5285	1577	1072	3230	1749
来宾市	Laibin	4535	2577	1520	1108	1989	1366
崇左市	Chongzuo	6393	5483	1731	605	3816	1301
海南省	**Hainan**						
海口市	Haikou	33477	33477	50331	50331	14135	14135
三亚市	Sanya	12646	12646	11513	11513	2696	2696
三沙市	Sansha						
儋州市	Danzhou	494		1713		796	
重庆市	**Chongqing**	**140797**	**121459**	**145905**	**139245**	**143484**	**131362**
四川省	**Sichuan**						
成都市	Chengdu	124739		220178		333161	
自贡市	Zigong	9511	8506	4226	1337	4755	603
攀枝花市	Panzhihua	3589	11756	9189	17602	7358	14273
泸州市	Luzhou	10222	7842	10114	8383	6652	4495
德阳市	Deyang	15671	10221	4231	2293	3100	1885
绵阳市	Mianyang	23813	17409	12588	7032	8794	4560
广元市	Guangyuan	10750	8071	2278	1784	2266	902
遂宁市	Suining	6592	4289	7468	2705	2086	1681
内江市	Neijiang	11122	7941	4382	2486	5685	4421
乐山市	Leshan	8811	7388	7078	4488	3573	2161
南充市	Nanchong	20438	15295	8169	2677	19070	12971
眉山市	Meishan	2449	1866	3994	1024	3260	2903
宜宾市	Yibin	20853	18308	6475	4662	4215	2988
广安市	Guang'an	11148	7329	9012	1682	4061	1366
达州市	Dazhou	12991	7500	13458	5240	9309	5347
雅安市	Ya'an	4816	3643	2498	1836	3313	2164
巴中市	Bazhong	6117	4836	6758	3691	3822	1874
资阳市	Ziyang	12126	10304	4103	3190	1997	1833
贵州省	**Guizhou**						
贵阳市	Guiyang	25967	23500	40166	38284	37044	35124
六盘水市	Liupanshui	6787	4508	5304	2385	2554	1365
遵义市	Zunyi						
安顺市	Anshun	5493	4595	5315	4136	3774	2752
毕节市	Bijie	9017	5781	7337	1276	4593	1265
铜仁市	Tongren	9239	6950	1647	542	5634	3648
云南省	**Yunnan**						
昆明市	Kunming	35657	33561	52395	48902	64793	58670
曲靖市	Qujing	5596	3689	12401	6999	7363	4549
玉溪市	Yuxi	6968	5091	10451	7929	7423	4865
保山市	Baoshan	3644	2658	7992	3683	1978	1662
昭通市	Zhaotong	4557	2441	5635	2927	4236	2075
丽江市	Lijiang	5674	4204	1945	971	1366	1320
普洱市	Pu'er	3741	2481	2165	1470	5868	4775
临沧市	Lincang	2682	1267	8682	1609	657	105

2-28 续表 6 continued 6

单位：人 (person)

城 市	City	(5)金融业 Financial Intermediation 全 市 Total City	市辖区 Districts under City	(6)房地产业 Real Estate 全 市 Total City	市辖区 Districts under City	(7)租赁和商务服务业 Leasing and Business Services 全 市 Total City	市辖区 Districts under City
西藏自治区	**Tibet**						
拉萨市	Lasa	10197		1719		6493	
日喀则市	Xigaze			220		23	
昌都市	Qamdo						
林芝市	Linzhi						
山南市	Shannan			55	55	445	182
那曲市	Naqu	12					
陕西省	**Shaanxi**						
西安市	Xi'an	100430	100154	78113	77815	53205	53035
铜川市	Tongchuan	4928	4782	2513	2448	3424	3408
宝鸡市	Baoji	11485	9277	6504	5384	3561	2381
咸阳市	Xianyang	19261	16763	4752	2238	1762	768
渭南市	Weinan	24260	22716	6519	3265	5020	1195
延安市	Yan'an	3928	2240	5569	4883	6578	716
汉中市	Hanzhong	22308	19393	3956	2600	1955	442
榆林市	Yulin	6511	3434	4093	2682	4739	2257
安康市	Ankang	11784	9763	3784	2301	1672	1159
商洛市	Shangluo	7069	4939	2023	637	2230	1484
甘肃省	**Gansu**						
兰州市	Lanzhou	24689	23034	27459	24800	24363	23557
嘉峪关市	Jiayuguan	1924				1151	
金昌市	Jinchang	1882	1861	566	460	164	149
白银市	Baiyin	5152	4366	1927	1523	538	230
天水市	Tianshui	5522	3301	3701	2813	647	253
武威市	Wuwei	4706	4706	1717	1548	1700	1519
张掖市	Zhangye	3052	1945	1952	1391	995	715
平凉市	Pingliang	4085	1987	2318	2021	388	294
酒泉市	Jiuquan	8059	6174	972	408	1808	1249
庆阳市	Qingyang	5004	1931	783	412	325	238
定西市	Dingxi	3794	2587	1650	423	897	65
陇南市	Longnan	2600	1260	4100	24	400	
青海省	**Qinghai**						
西宁市	Xining	14662	13488	8037	7813	4891	4046
海东市	Haidong	2407	677	717	217	998	998
宁夏回族自治区	**Ningxia**						
银川市	Yinchuan	27692	24272	10361	9010	9019	7651
石嘴山市	Shizuishan	3511	2544	624	384	2961	1900
吴忠市	Wuzhong	4093	1780	704	585	3365	1029
固原市	Guyuan	2326	1059	274	38	2026	1965
中卫市	Zhongwei						
新疆维吾尔自治区	**Xinjiang**						
乌鲁木齐市	Urumqi	21928	21690	19503	19204	17665	17665
克拉玛依市	Karamay	3629	3629	9096	9096	25958	25958
吐鲁番市	Turpan	2340	2284	2335	1086	8741	5533
哈密市	Hami	6879	6782	968	960	3005	3005

2-29 按行业分组的年末城镇单位就业人员(五)
Persons Employed in Urban Units by Sector in Detail at Year-end(Ⅴ)

单位：人 (person)

城 市	City	(8)科学研究、技术服务和地质勘查业 Scientific Research and Technical Service		(9)水利、环境和公共设施管理业 Management of Water Conservancy, Environment		(10)居民服务、修理和其他服务业 Services to Households and Other Services	
		全 市 Total City	市辖区 Districts under City	全 市 Total City	市辖区 Districts under City	全 市 Total City	市辖区 Districts under City
北京市	**Beijing**	**717149**	**717149**	**122423**	**122423**	**113572**	**113572**
天津市	**Tianjin**	**108000**	**108000**	**33259**	**33259**	**46721**	**46721**
河北省	**Hebei**						
石家庄市	Shijiazhuang	39290	37452	23545	14293	2099	426
唐山市	Tangshan	5178	4170	15365	10697	652	327
秦皇岛市	Qinhuangdao	4923	4351	8506	7858	978	958
邯郸市	Handan	8973	8092	15784	8840	1105	278
邢台市	Xingtai	4423	3709	11324	6141	288	156
保定市	Baoding	57018	7412	7325	5256	8875	8081
张家口市	Zhangjiakou	6421	5435	12605	8344	3447	3171
承德市	Chengde	4858	2695	6443	3161	118	48
沧州市	Cangzhou	17984	1633	7930	4497	988	675
廊坊市	Langfang	8526	4392	5628	2653	390	93
衡水市	Hengshui	1700	1384	7673	2775	706	49
山西省	**Shanxi**						
太原市	Taiyuan	42650	42146	20520	18418	3997	3933
大同市	Datong	3943	2866	5082	3696	1463	1455
阳泉市	Yangquan	2339	1953	3487	2893	112	102
长治市	Changzhi	4938	3190	11276	4053	221	196
晋城市	Jincheng	2238	1576	4488	1365	697	405
朔州市	Shuozhou	1377	845	4894	2454	362	228
晋中市	Jinzhong	4717	3263	7292	1725	112	49
运城市	Yuncheng	3278	1844	5812	1735	1144	205
忻州市	Xinzhou	2441	1522	8590	3436	572	154
临汾市	Linfen	3416	1644	10930	3865	61	40
吕梁市	Lvliang	1939	663	7929	1331	482	325
内蒙古自治区	**Inner Mongolia**						
呼和浩特市	Hohhot	19045	17496	20855	16343	1700	374
包头市	Baotou	5475	5075	8370	7126	1192	1024
乌海市	Wuhai	1382	1382	1752	1752	67	67
赤峰市	Chifeng	4166	3560	6140	4040	379	202
通辽市	Tongliao	3723	2069	7244	2949	340	106
鄂尔多斯市	Erdos	3996	3383	10063	5270	152	63
呼伦贝尔市	Hulunbuir	5684	2091	5755	667	1888	172
巴彦淖尔市	Bayannur	3285	1920	7134	2984	67	57
乌兰察布市	Ulanqab	2500	1709	6088	2347	259	115
辽宁省	**Liaoning**						
沈阳市	Shenyang	42147	40811	25688	22732	7253	6057
大连市	Dalian	18251	17064	11074	9912	4004	3784
鞍山市	Anshan	9202	6745	7608	5044	1105	794
抚顺市	Fushun	2833	2459	6790	5527	399	302
本溪市	Benxi	1898	1526	4107	2191	374	263
丹东市	Dandong	5623	1982	3794	1639	384	260
锦州市	Jinzhou	4555	2558	2548	510	871	374
营口市	Yingkou	2621	1716	6371	4390	248	67
阜新市	Fuxin	2428	1636	1478	1172	707	413
辽阳市	Liaoyang	1937	1386	4205	1477	1626	1466

2–29 续表 1 continued 1

单位：人 (person)

城 市	City	(8)科学研究、技术服务和地质勘查业 Scientific Research and Technical Service		(9)水利、环境和公共设施管理业 Management of Water Conservancy, Environment		(10)居民服务、修理和其他服务业 Services to Households and Other Services	
		全 市 Total City	市辖区 Districts under City	全 市 Total City	市辖区 Districts under City	全 市 Total City	市辖区 Districts under City
盘锦市	Panjin	4199	4094	8910	8910	939	846
铁岭市	Tieling	2754	957	4682	1789	970	100
朝阳市	Chaoyang	2272	948	8623	4822	12276	4916
葫芦岛市	Huludao	3254	145	4577	220	714	75
吉林省	**Jilin**						
长春市	Changchun	43525	41418	30263	25267	10887	10717
吉林市	Jilin	5622	3598	6406	1991	370	152
四平市	Siping	3914	1692	6542	3651	577	145
辽源市	Liaoyuan	1459	937	2581	1289	169	85
通化市	Tonghua	3594	1436	4593	1538	811	511
白山市	Baishan	2251	1394	3848	1758	195	166
松原市	Songyuan	2349	677	3329	885	233	40
白城市	Baicheng	6212	4572	6371	3430	4436	4302
黑龙江省	**Heilongjiang**						
哈尔滨市	Harbin	26901	26425	25113	18138	13144	12736
齐齐哈尔市	Qiqihar	5167	3043	12638	6819	839	251
鸡西市	Jixi	1000	565	8825	3136	293	180
鹤岗市	Hegang	686	216	4060	2638	288	119
双鸭山市	Shuangyashan	1163	650	12263	3320	340	92
大庆市	Daqing	42655	42144	5484	4664	19650	19520
伊春市	Yichun	1542	1429	2624	1793	138	101
佳木斯市	Jiamusi	2996	1467	9236	1034	648	46
七台河市	Qitaihe	979	809	2042	1832	203	139
牡丹江市	Mudanjiang	2435	1508	4902	1219	401	234
黑河市	Heihe	1525	682	7800	669	280	114
绥化市	Suihua	2844	186	7684	474	652	
上海市	**Shanghai**	**268938**	**268938**	**92639**	**92639**	**71308**	**71308**
江苏省	**Jiangsu**						
南京市	Nanjing	78945	78945	19464	19464	7672	7672
无锡市	Wuxi	15502	13262	6445	3656	3401	2628
徐州市	Xuzhou	11265	7267	10011	5737	1311	903
常州市	Changzhou	17674	16664	7294	4924	989	810
苏州市	Suzhou	31575	24630	18485	9096	9671	5977
南通市	Nantong	12034	5699	9714	4178	2389	1512
连云港市	Lianyungang	9917	6621	10596	7801	1667	539
淮安市	Huai'an	5422	4299	5545	4434	4877	4480
盐城市	Yancheng	9977	4855	9522	3833	1962	991
扬州市	Yangzhou	10369	9317	6084	4551	1140	397
镇江市	Zhenjiang	5879	4531	5187	2739	422	241
泰州市	Taizhou	7781	4412	5913	2309	1350	948
宿迁市	Suqian	2458	1270	7800	3184	291	144
浙江省	**Zhejiang**						
杭州市	Hangzhou	88552	87472	30201	26725	14320	14200
宁波市	Ningbo	24649	14939	14656	7315	2767	2377
温州市	Wenzhou	8540	5805	6836	2784	1072	214
嘉兴市	Jiaxing	14204	7017	8378	946	1186	838
湖州市	Huzhou	4626	3171	3948	1135	334	162

2-29 续表 2 continued 2

单位：人 (person)

城 市	City	(8)科学研究、技术服务和地质勘查业 Scientific Research and Technical Service		(9)水利、环境和公共设施管理业 Management of Water Conservancy, Environment		(10)居民服务、修理和其他服务业 Services to Households and Other Services	
		全 市 Total City	市辖区 Districts under City	全 市 Total City	市辖区 Districts under City	全 市 Total City	市辖区 Districts under City
绍兴市	Shaoxing	6544	5134	9159	4485	1404	728
金华市	Jinhua	5455	2255	11872	2535	1205	761
衢州市	Quzhou	2282	1767	1199	668	305	176
舟山市	Zhoushan	2222	2022	4314	3004	406	351
台州市	Taizhou	6186	3310	6379	2818	698	232
丽水市	Lishui	3082	1751	4156	1424	284	53
安徽省	**Anhui**						
合肥市	Hefei	45980	43614	8786	6276	2315	1920
芜湖市	Wuhu	5642	5073	2592	1425	685	502
蚌埠市	Bengbu	5307	4607	4710	3630	765	697
淮南市	Huainan	4058	3557	6048	4737	319	262
马鞍山市	Maanshan	3749	3377	3261	829	797	561
淮北市	Huaibei	3529	3309	455	264	108	87
铜陵市	Tongling	1650	1421	824	650	176	136
安庆市	Anqing	4045	2070	4360	1916	1748	414
黄山市	Huangshan	1333	1181	2763	2013	72	69
滁州市	Chuzhou	4334	1416	5738	856	492	25
阜阳市	Fuyang	2335	1578	5825	1175	339	71
宿州市	Suzhou	3784	2546	1869	829	655	230
六安市	Lu'an	13200	6800	18000	9400		
亳州市	Bozhou	2397	831	4190	1537	3311	288
池州市	Chizhou	1932	1195	1147	526	1035	1035
宣城市	Xuancheng	682	104	2191	1430	104	18
福建省	**Fujian**						
福州市	Fuzhou	34494	32741	13633	9846	7573	6293
厦门市	Xiamen	21572	21572	16786	16786	15844	15844
莆田市	Putian	2123	1693	3007	2227	2568	2444
三明市	Sanming	2528	1070	4124	652	328	108
泉州市	Quanzhou	4596	3288	4867	1780	1029	456
漳州市	Zhangzhou	3630	1753	4953	722	1553	278
南平市	Nanping	2738	613	3424	129	379	146
龙岩市	Longyan	3504	2768	3052	1025	1220	191
宁德市	Ningde	1868	1067	2650	520	562	24
江西省	**Jiangxi**						
南昌市	Nanchang	27608	24774	8553	6771	2393	2255
景德镇市	Jingdezhen	4347	4184	1660	1353	63	63
萍乡市	Pingxiang	1522	1499	1172	749	105	105
九江市	Jiujiang	7913	4754	6573	2003	953	251
新余市	Xinyu	905	257	623	431	191	121
鹰潭市	Yingtan	2206	1955	1660	1214	69	38
赣州市	Ganzhou	6732	5044	11556	4930	1998	1804
吉安市	Ji'an	3916	1396	9731	1084	212	54
宜春市	Yichun	2271	988	7858	1644	270	43
抚州市	Fuzhou	1733	1036	4703	1574	379	111
上饶市	Shangrao	2248	1213	3921	1218	457	17
山东省	**Shandong**						
济南市	Jinan	42985	42898	14205	13433	4379	4309

2-29 续表 3 continued 3

单位：人 (person)

城 市	City	(8)科学研究、技术服务和地质勘查业 Scientific Research and Technical Service		(9)水利、环境和公共设施管理业 Management of Water Conservancy, Environment		(10)居民服务、修理和其他服务业 Services to Households and Other Services	
		全 市 Total City	市辖区 Districts under City	全 市 Total City	市辖区 Districts under City	全 市 Total City	市辖区 Districts under City
青岛市	Qingdao	34854	33542	20255	17193	3529	3229
淄博市	Zibo	7543	5696	12702	9628	612	562
枣庄市	Zaozhuang	2270	1528	5819	4459	346	191
东营市	Dongying	8140	7710	4314	4029	95	95
烟台市	Yantai	17692	13049	16084	7211	1464	956
潍坊市	Weifang	7880	4272	57788	1406	403	118
济宁市	Jining	5627	3996	9724	1725	1045	542
泰安市	Tai'an	3849	2582	2791	1158	634	138
威海市	Weihai	10442	4019	6958	1818	1132	971
日照市	Rizhao	1582	1090	4737	3230	5153	5102
莱芜市	Laiwu	554	554	651	651	4165	4165
临沂市	Linyi	7197	4058	21454	11684	2168	1257
德州市	Dezhou	4972	1095	7999	1565	907	417
聊城市	Liaocheng	3404	2918	6112	3819	984	271
滨州市	Binzhou	3014	1482	1946	618	1405	1290
菏泽市	Heze	4022	1877	10876	3540	632	164
河南省	**Henan**						
郑州市	Zhengzhou	55377	53773	30748	21565	2932	2704
开封市	Kaifeng	3814	2595	8920	3334	1505	544
洛阳市	Luoyang	21821	19794	8314	1736	540	300
平顶山市	Pingdingshan	4105	2720	6537	2203	1288	174
安阳市	Anyang	2810	2079	5493	4397	581	293
鹤壁市	Hebi	1218	791	3357	2682	50	19
新乡市	Xinxiang	3229	2003	6241	1557	632	422
焦作市	Jiaozuo	2318	1785	4119	1427	1877	1820
濮阳市	Puyang	2417	1823	4295	1192	1702	476
许昌市	Xuchang	4151	2004	5692	1993	1291	531
漯河市	Luohe	1397	1112	3191	2827	251	75
三门峡市	Sanmenxia	2607	1464	2069	1475	655	580
南阳市	Nanyang	13010	4431	13616	3051	1622	642
商丘市	Shangqiu	2517	448	8864	5246	2046	144
信阳市	Xinyang	7257	1244	6896	2541	1237	550
周口市	Zhoukou	3213	1070	8231	579	1043	270
驻马店市	Zhumadian	7615	2712	6024	1475	3240	1233
湖北省	**Hubei**						
武汉市	Wuhan	91961	91961	35629	35629	7537	7537
黄石市	Huangshi	4535	2896	2252	838	661	427
十堰市	Shiyan	5371	2794	6113	3186	11306	9973
宜昌市	Yichang	16735	7349	8752	3938	7819	2902
襄阳市	Xiangyang	24363	15633	14119	6543	8887	936
鄂州市	Ezhou	1767	1767	3151	3151	1843	1843
荆门市	Jingmen	2987	1836	4364	1753	999	832
孝感市	Xiaogan	7359	3934	9270	1746	12438	3062
荆州市	Jingzhou	5360	2401	7522	2454	630	191
黄冈市	Huanggang	4335	538	7045	372	2474	
咸宁市	Xianning	2764	1350	3275	537	127	32
随州市	Suizhou	1683	707	4133	2362	46	35

2-29 续表 4 continued 4

单位：人 (person)

城 市	City	(8)科学研究、技术服务和地质勘查业 Scientific Research and Technical Service		(9)水利、环境和公共设施管理业 Management of Water Conservancy, Environment		(10)居民服务、修理和其他服务业 Services to Households and Other Services	
		全 市 Total City	市辖区 Districts under City	全 市 Total City	市辖区 Districts under City	全 市 Total City	市辖区 Districts under City
湖南省	**Hunan**						
长沙市	Changsha	51353	49622	11316	8286	5410	4751
株洲市	Zhuzhou	5579	5003	5377	1931	658	537
湘潭市	Xiangtan	3563	3235	5224	3955	159	138
衡阳市	Hengyang	4755	2126	8114	2832	881	767
邵阳市	Shaoyang	2230	567	4146	875	838	69
岳阳市	Yueyang	11517	2118	7071	1023	1029	77
常德市	Changde	9447	4174	6787	2437	1279	213
张家界市	Zhangjiajie	437	348	2761	2346	20	20
益阳市	Yiyang	1903	1603	3677	1312	232	138
郴州市	Chenzhou	10155	3923	6184	2239	1275	191
永州市	Yongzhou	3548	1571	5452	1697	521	416
怀化市	Huaihua	2907	1727	5530	1038	331	113
娄底市	Loudi	1961	1315	7127	3577	1513	449
广东省	**Guangdong**						
广州市	Guangzhou	144193	144193	71200	71200	29219	29219
韶关市	Shaoguan	3394	2459	4985	2990	2901	222
深圳市	Shenzhen	129920	129920	15050	15050	25504	25504
珠海市	Zhuhai	13338	13338	7035	7035	3534	3534
汕头市	Shantou	3880	3814	3671	3605	1066	1036
佛山市	Foshan	19804	19804	14399	14399	5912	5912
江门市	Jiangmen	6060	3333	7744	4400	2471	1037
湛江市	Zhanjiang	5882	4306	8900	3571	6843	1509
茂名市	Maoming	3915	2858	4448	2032	385	337
肇庆市	Zhaoqing	3184	2533	5159	3244	2936	1106
惠州市	Huizhou	6701	5037	7245	4058	1622	1144
梅州市	Meizhou	3495	2727	6810	1943	226	72
汕尾市	Shanwei	720	425	1959	663	2028	1934
河源市	Heyuan	1771	1135	2442	320	3357	1159
阳江市	Yangjiang	1904	956	4162	2779	356	113
清远市	Qingyuan	3039	2542	2814	1027	1753	1377
东莞市	Dongguan	18293		7019		12650	
中山市	Zhongshan	5063		3627		2755	
潮州市	Chaozhou	1556	1316	2747	2282	272	272
揭阳市	Jieyang	1265	856	2568	783	471	305
云浮市	Yunfu	933	253	2351	108	517	23
广西壮族自治区	**Guangxi**						
南宁市	Nanning	32098	31048	16101	14373	2026	1822
柳州市	Liuzhou	6983	6348	11466	9879	558	447
桂林市	Guilin	7238	5689	10571	5012	990	520
梧州市	Wuzhou	2436	2039	2217	1667	159	
北海市	Beihai	2599	1709	3579	2309	186	156
防城港市	Fangchenggang	1081	866	2333	1810	179	94
钦州市	Qinzhou	2148	1621	2929	1984	140	93
贵港市	Guigang	1660	1123	1951	622	706	441

2-29 续表 5 continued 5

单位：人 (person)

城 市	City	(8)科学研究、技术服务和地质勘查业 Scientific Research and Technical Service		(9)水利、环境和公共设施管理业 Management of Water Conservancy, Environment		(10)居民服务、修理和其他服务业 Services to Households and Other Services	
		全 市 Total City	市辖区 Districts under City	全 市 Total City	市辖区 Districts under City	全 市 Total City	市辖区 Districts under City
玉林市	Yulin	4611	2264	5801	2805	240	179
百色市	Baise	1633	695	5685	2443	468	364
贺州市	Hezhou	1278	833	1221	510	74	71
河池市	Hechi	1206	944	3136	1517	71	60
来宾市	Laibin	1421	723	1839	689	57	54
崇左市	Chongzuo	3925	440	1752	291	358	27
海南省	**Hainan**						
海口市	Haikou	13152	13152	16422	16422	2365	2365
三亚市	Sanya	1634	1634	9710	9710	913	913
三沙市	Sansha						
儋州市	Danzhou	1101		3536		34	
重庆市	**Chongqing**	**82143**	**79751**	**58273**	**50649**	**14865**	**13503**
四川省	**Sichuan**						
成都市	Chengdu	187831		55957		290701	
自贡市	Zigong	3983	2258	2846	1896	689	240
攀枝花市	Panzhihua	5876	9612	5978	10427	2616	5213
泸州市	Luzhou	1953	1727	4112	2939	266	143
德阳市	Deyang	5593	4461	5298	3407	635	427
绵阳市	Mianyang	38609	37472	7202	1734	2465	281
广元市	Guangyuan	1618	629	7247	5708	257	210
遂宁市	Suining	860	224	1362	189	180	15
内江市	Neijiang	2920	1430	1984	855	851	304
乐山市	Leshan	1863	770	5896	386	1020	767
南充市	Nanchong	5207	1858	10979	6258	701	277
眉山市	Meishan	2053	1793	5473	3959	132	74
宜宾市	Yibin	2176	1449	2110	1218	452	309
广安市	Guang'an	1474	387	1127	495	626	52
达州市	Dazhou	6077	3114	5642	2392	7065	3828
雅安市	Ya'an	780	713	2413	953	212	91
巴中市	Bazhong	1695	621	1821	174	1874	1083
资阳市	Ziyang	2441	1444	2365	1765	135	72
贵州省	**Guizhou**						
贵阳市	Guiyang	30397	28553	12360	9911	7886	6558
六盘水市	Liupanshui	1932	1021	7357	4569	1457	280
遵义市	Zunyi						
安顺市	Anshun	2258	1785	4667	1842	1174	878
毕节市	Bijie	15459	5027	6801	2530	1321	247
铜仁市	Tongren	2892	1143	4106	2788	356	142
云南省	**Yunnan**						
昆明市	Kunming	51514	49605	16893	12347	14175	13396
曲靖市	Qujing	3398	2346	5133	3606	2274	477
玉溪市	Yuxi	4022	2178	2839	740	1325	483
保山市	Baoshan	2607	1294	3867	1308	220	119
昭通市	Zhaotong	2852	1413	3208	1127	199	112
丽江市	Lijiang	3015	446	4930	1690	200	
普洱市	Pu'er	6572	1577	3516	1688	412	313
临沧市	Lincang	1508	376	1164	138	1128	396

2-29 续表 6 continued 6

单位：人 (person)

城市	City	(8)科学研究、技术服务和地质勘查业 Scientific Research and Technical Service		(9)水利、环境和公共设施管理业 Management of Water Conservancy, Environment		(10)居民服务、修理和其他服务业 Services to Households and Other Services	
		全市 Total City	市辖区 Districts under City	全市 Total City	市辖区 Districts under City	全市 Total City	市辖区 Districts under City
西藏自治区	**Tibet**						
拉萨市	Lasa	5946		4496		74	
日喀则市	Xigaze	1258		169		161	
昌都市	Qamdo	445	110			64	
林芝市	Linzhi						
山南市	Shannan	352	56	132	85	19	19
那曲市	Naqu	914		370		7950	
陕西省	**Shaanxi**						
西安市	Xi'an	127739	126795	28745	26154	12883	12596
铜川市	Tongchuan	1843	1775	1318	1053	34	34
宝鸡市	Baoji	5432	3651	8109	4525	406	303
咸阳市	Xianyang	6778	4028	13025	3400	355	11
渭南市	Weinan	8732	3062	16541	3424	6450	5230
延安市	Yan'an	4210	2389	5425	1335	749	434
汉中市	Hanzhong	4948	3075	7839	2952	498	299
榆林市	Yulin	6042	2952	19004	7835	803	361
安康市	Ankang	2119	1600	2249	1151	1198	1113
商洛市	Shangluo	3268	984	3813	1524	389	19
甘肃省	**Gansu**						
兰州市	Lanzhou	38551	37701	22177	18310	960	960
嘉峪关市	Jiayuguan	982		2019		43	
金昌市	Jinchang	639	377	1387	855	99	99
白银市	Baiyin	1279	1052	2895	702	50	20
天水市	Tianshui	5677	5187	2708	924	323	280
武威市	Wuwei	2143	1552	8404	6168	90	90
张掖市	Zhangye	3331	2982	4767	1399	23	23
平凉市	Pingliang	2832	1510	3390	1324	120	45
酒泉市	Jiuquan	2385	1746	4322	1216	480	244
庆阳市	Qingyang	2077	1110	2563	1048	22	22
定西市	Dingxi	1482	805	2743	317	103	103
陇南市	Longnan	800	183	1700	466	2100	10
青海省	**Qinghai**						
西宁市	Xining	15922	12814	5172	3517	373	373
海东市	Haidong	2219	743	2616	958	422	422
宁夏回族自治区	**Ningxia**						
银川市	Yinchuan	8671	7993	7639	7216	237	223
石嘴山市	Shizuishan	736	516	2820	2684		
吴忠市	Wuzhong	1219	389	3237	1480		
固原市	Guyuan	1577	615	2360	1390	19	18
中卫市	Zhongwei						
新疆维吾尔自治区	**Xinjiang**						
乌鲁木齐市	Urumqi	27544	27524	7242	7203	1801	1801
克拉玛依市	Karamay	4585	4585	1682	1682	1067	1067
吐鲁番市	Turpan	1903	799	1080	693	6456	2009
哈密市	Hami	3004	2587	5639	5274	2590	2571

2–30 按行业分组的年末城镇单位就业人员(六)
Persons Employed in Urban Units by Sector in Detail at Year-end(Ⅵ)

单位：人 (person)

城　市	City	(11)教育 Education		(12)卫生和社会工作 Health and Social Work		(13)文化、体育和娱乐业 Culture, Sports and Entertainment		(14)公共管理、社会保障和社会组织 Public Management, Social Security and Social Organization	
		全　市 Total City	市辖区 Districts under City	全　市 Total City	市辖区 Districts under City	全　市 Total City	市辖区 Districts under City	全　市 Total City	市辖区 Districts under City
北京市	**Beijing**	**557763**	**557763**	**304521**	**304521**	**190281**	**190281**	**481900**	**481900**
天津市	**Tianjin**	**184332**	**184332**	**108223**	**108223**	**22640**	**22640**	**184450**	**184450**
河北省	**Hebei**								
石家庄市	Shijiazhuang	131540	69106	63243	41946	16404	13864	114058	62196
唐山市	Tangshan	93753	47986	46420	25339	4503	2670	101016	52976
秦皇岛市	Qinhuangdao	41555	25296	21626	14761	3430	2838	45843	28081
邯郸市	Handan	107008	40991	45575	24337	4675	2574	99887	40985
邢台市	Xingtai	75753	16837	33613	9563	2103	1063	78341	16941
保定市	Baoding	134630	38662	53273	21463	4936	2292	129900	40009
张家口市	Zhangjiakou	55117	24640	27142	15211	3153	2315	83380	34788
承德市	Chengde	45767	10391	22629	8904	3590	2863	55956	17262
沧州市	Cangzhou	86425	11966	36427	13768	4412	1991	84174	15818
廊坊市	Langfang	59167	14170	25512	7427	2029	701	72766	18792
衡水市	Hengshui	48685	14076	20637	8850	2114	1398	48500	13792
山西省	**Shanxi**								
太原市	Taiyuan	82833	72070	46866	43146	14026	13735	67625	57057
大同市	Datong	43069	26401	16363	11613	5253	4152	51831	32703
阳泉市	Yangquan	17085	9648	10878	8067	2234	1530	27435	18076
长治市	Changzhi	48257	15996	22016	10817	3825	1818	58712	16852
晋城市	Jincheng	25988	7277	13268	4351	2692	1137	33431	8805
朔州市	Shuozhou	22942	12401	8155	3702	1881	1041	33827	17750
晋中市	Jinzhong	46193	11028	20934	5925	3506	875	58848	14269
运城市	Yuncheng	59542	12125	27520	8831	4757	1655	71963	16585
忻州市	Xinzhou	43012	9667	15783	4801	1975	788	52705	9992
临汾市	Linfen	52334	13148	21606	8336	3430	996	79915	14508
吕梁市	Lvliang	55834	7541	13719	3068	3041	1261	74591	17755
内蒙古自治区	**Inner Mongolia**								
呼和浩特市	Hohhot	48398	37598	24761	21916	10070	9711	58897	42144
包头市	Baotou	30710	25746	20364	18245	2850	2439	38800	31473
乌海市	Wuhai	6781	6781	3866	3866	524	524	10796	10796
赤峰市	Chifeng	63444	19919	29468	13661	2268	1363	64106	21267
通辽市	Tongliao	41610	10209	18820	8289	2385	1087	41821	10155
鄂尔多斯市	Erdos	28025	6372	11504	5277	2046	1467	66982	21326
呼伦贝尔市	Hulunbuir	33486	7657	22151	5926	3847	1280	50284	9073
巴彦淖尔市	Bayannur	19205	8211	12604	6417	1511	854	33510	11968
乌兰察布市	Ulanqab	25866	7797	11197	4116	2188	1244	53734	15077
辽宁省	**Liaoning**								
沈阳市	Shenyang	111834	101661	76303	70315	13946	13350	103042	89834
大连市	Dalian	90658	74654	59056	50042	8264	7747	87136	69256
鞍山市	Anshan	37235	19860	19360	12458	2858	1926	55489	29890
抚顺市	Fushun	22104	16165	13790	10956	2012	1782	25017	17491
本溪市	Benxi	16063	11069	14105	10882	1173	795	24652	17587
丹东市	Dandong	25244	8610	15860	8459	1308	1111	29931	11466
锦州市	Jinzhou	33658	17617	18796	11681	2364	1603	46370	27974
营口市	Yingkou	21108	11388	12531	7725	2041	1438	42006	27960
阜新市	Fuxin	22359	10784	13674	8618	1128	811	43047	27865
辽阳市	Liaoyang	15855	8710	12583	9495	1172	947	24343	14852

2-30 续表 1 continued 1

单位：人 (person)

城市	City	(11)教育 Education		(12)卫生和社会工作 Health and Social Work		(13)文化、体育和娱乐业 Culture, Sports and Entertainment		(14)公共管理、社会保障和社会组织 Public Management, Social Security and Social Organization	
		全市 Total City	市辖区 Districts under City	全市 Total City	市辖区 Districts under City	全市 Total City	市辖区 Districts under City	全市 Total City	市辖区 Districts under City
盘锦市	Panjin	18300	15282	7971	7213	1398	1362	29751	23573
铁岭市	Tieling	23973	4585	13890	4294	829	458	34247	8867
朝阳市	Chaoyang	26759	7319	20371	5754	1425	852	56095	16113
葫芦岛市	Huludao	25134	4004	13053	4200	687	71	37053	3855
吉林省	**Jilin**								
长春市	Changchun	126907	94618	64477	54586	16951	15616	81995	63926
吉林市	Jilin	53134	28914	32834	20533	3146	2185	57948	35222
四平市	Siping	37149	10152	23472	8941	2265	920	31954	8566
辽源市	Liaoyuan	13588	5326	7588	3969	1075	605	15450	8341
通化市	Tonghua	23591	7119	15343	5060	2171	1035	35112	11488
白山市	Baishan	15792	6582	9210	4722	2730	704	25745	12337
松原市	Songyuan	27807	6801	15060	4798	2075	760	37863	13414
白城市	Baicheng	30177	13528	14499	7400	2309	1606	45389	16386
黑龙江省	**Heilongjiang**								
哈尔滨市	Harbin	133692	103427	75381	62612	14179	13363	109839	73020
齐齐哈尔市	Qiqihar	44745	15964	28150	16263	3830	2622	45136	16131
鸡西市	Jixi	17598	7676	9461	4224	939	450	22866	11777
鹤岗市	Hegang	10484	5466	10067	6726	1175	772	14403	8339
双鸭山市	Shuangyashan	15665	5148	9679	3868	1181	612	34051	19030
大庆市	Daqing	40448	25709	21046	16124	2825	2277	36938	22741
伊春市	Yichun	12201	9080	7395	5837	1163	993	15498	9870
佳木斯市	Jiamusi	28726	11139	15894	7839	1831	1097	34299	13053
七台河市	Qitaihe	7252	5281	5132	3759	705	522	12108	8692
牡丹江市	Mudanjiang	26302	11802	18229	10860	2722	1206	27650	8580
黑河市	Heihe	17765	3691	10885	1837	1392	888	29010	6759
绥化市	Suihua	49787	7876	19491	1577	2146	291	51594	3696
上海市	**Shanghai**	**318756**	**318756**	**193579**	**193579**	**58636**	**58636**	**219438**	**219438**
江苏省	**Jiangsu**								
南京市	Nanjing	162621	162621	79299	79299	27086	27086	103048	103048
无锡市	Wuxi	68630	36647	44247	26378	5645	3587	52045	28837
徐州市	Xuzhou	102496	44224	58357	28741	5567	4199	90855	43925
常州市	Changzhou	58397	50850	35592	31126	6206	5457	45886	37410
苏州市	Suzhou	113251	65126	72591	38444	8948	5586	107711	54225
南通市	Nantong	75047	25575	33755	19454	5240	2750	56411	22602
连云港市	Lianyungang	50331	28952	24654	15289	1937	1539	44526	25150
淮安市	Huai'an	48048	29580	31449	25440	3204	2706	46754	27338
盐城市	Yancheng	71061	26995	38878	18239	4809	3401	70121	32895
扬州市	Yangzhou	45857	31474	16581	12744	3397	2523	53394	27985
镇江市	Zhenjiang	34861	18338	17560	6596	3192	2294	35515	16892
泰州市	Taizhou	49513	21075	31340	13815	2246	1402	45738	21934
宿迁市	Suqian	41138	10851	16280	5543	1456	630	35922	15596
浙江省	**Zhejiang**								
杭州市	Hangzhou	189592	174346	120405	109449	23320	22596	140787	123172
宁波市	Ningbo	91993	53198	68997	44989	9993	5710	97638	58340
温州市	Wenzhou	105779	30213	59197	27955	6334	2443	106118	31047
嘉兴市	Jiaxing	58789	17839	35609	13397	3854	1485	51856	14745
湖州市	Huzhou	33270	13961	21549	10554	1987	925	37097	15757

2-30 续表 2 continued 2

单位：人 (person)

城 市	City	(11)教育 Education		(12)卫生和社会工作 Health and Social Work		(13)文化、体育和娱乐业 Culture, Sports and Entertainment		(14)公共管理、社会保障和社会组织 Public Management, Social Security and Social Organization	
		全 市 Total City	市辖区 Districts under City	全 市 Total City	市辖区 Districts under City	全 市 Total City	市辖区 Districts under City	全 市 Total City	市辖区 Districts under City
绍兴市	Shaoxing	63908	35034	36518	20935	3718	2254	51217	29782
金华市	Jinhua	68440	16736	44979	12396		1738	67296	15466
衢州市	Quzhou	25965	11323	16199	7575	1588	892	37034	15731
舟山市	Zhoushan	15469	12545	10609	8469	1850	1392	31100	22845
台州市	Taizhou	66308	21601	40359	13553	4139	1994	69921	25473
丽水市	Lishui	33038	7834	19619	7817	2527	1077	42183	9452
安徽省	**Anhui**								
合肥市	Hefei	115932	70840	60910	45216	11546	10642	80543	43000
芜湖市	Wuhu	40897	22273	22812	15116	3213	2621	34286	18741
蚌埠市	Bengbu	36370	17269	18617	10942	1377	1250	24147	13016
淮南市	Huainan	34831	21216	18501	12977	1415	954	28176	17548
马鞍山市	Maanshan	23720	12421	10708	6408	921	680	25349	13418
淮北市	Huaibei	23369	11706	14015	8295	454	416	18205	11979
铜陵市	Tongling	15413	9505	8538	6260	1038	870	19341	14776
安庆市	Anqing	48532	9384	22369	8076	2516	1003	45015	12690
黄山市	Huangshan	14131	5916	9550	5308	2012	1104	22990	10859
滁州市	Chuzhou	36063	7695	19036	4720	1103	529	32795	7952
阜阳市	Fuyang	74261	22845	35224	13707	1432	715	52116	20734
宿州市	Suzhou	50637	16059	23623	12051	1322	624	34984	14558
六安市	Lu'an	83900	38500	49800	15700	17200	6800	74000	25400
亳州市	Bozhou	49335	15096	18989	6110	1677	841	29280	12260
池州市	Chizhou	14301	7158	7048	3464	767	568	17489	8388
宣城市	Xuancheng	20740	6685	13292	3710	1193	421	34974	10949
福建省	**Fujian**								
福州市	Fuzhou	125477	53167	58221	44061	15067	12356	106795	67389
厦门市	Xiamen	72472	72472	31194	31194	10361	10361	43491	43491
莆田市	Putian	41048	29359	14290	10789	2279	2078	25988	18663
三明市	Sanming	38917	6018	17834	4270	1561	626	43687	8706
泉州市	Quanzhou	97451	25571	32332	12795	4361	2625	70062	22732
漳州市	Zhangzhou	58201	14261	26306	11346	2426	1093	53328	14877
南平市	Nanping	33781	9825	18233	6621	2796	688	41988	16060
龙岩市	Longyan	39693	15026	20393	10363	2555	1515	43958	18029
宁德市	Ningde	39611	7843	18824	4390	1780	689	43187	12239
江西省	**Jiangxi**								
南昌市	Nanchang	86918	67487	39391	32552	10640	9888	90895	71137
景德镇市	Jingdezhen	12022	3175	10972	7826	1139	833	33002	20545
萍乡市	Pingxiang	21426	11786	11446	7783	1001	843	30362	17105
九江市	Jiujiang	54766	17025	30677	12232	3248	1563	62155	21086
新余市	Xinyu	12713	10566	5611	4418	890	687	14596	11260
鹰潭市	Yingtan	13816	3719	4842	2093	572	457	17329	8309
赣州市	Ganzhou	117891	32969	52732	23095	3394	1526	98202	26692
吉安市	Ji'an	51112	8894	24358	4502	2347	743	51595	9408
宜春市	Yichun	61236	12644	30427	8103	1784	675	61923	15973
抚州市	Fuzhou	50526	21933	18677	8769	1424	557	48434	15599
上饶市	Shangrao	73994	13873	32232	10071	2797	804	70905	17932
山东省	**Shandong**								
济南市	Jinan	101918	93024	70791	66095	14641	14494	97515	85082

2-30 续表 3 continued 3

单位：人 (person)

城市	City	(11)教育 Education 全市 Total City	(11)教育 Education 市辖区 Districts under City	(12)卫生和社会工作 Health and Social Work 全市 Total City	(12)卫生和社会工作 Health and Social Work 市辖区 Districts under City	(13)文化、体育和娱乐业 Culture, Sports and Entertainment 全市 Total City	(13)文化、体育和娱乐业 Culture, Sports and Entertainment 市辖区 Districts under City	(14)公共管理、社会保障和社会组织 Public Management, Social Security and Social Organization 全市 Total City	(14)公共管理、社会保障和社会组织 Public Management, Social Security and Social Organization 市辖区 Districts under City
青岛市	Qingdao	134954	100616	67115	51972	12351	11407	113155	77617
淄博市	Zibo	62336	46583	37101	30077	7178	6890	55670	42385
枣庄市	Zaozhuang	43913	25225	26880	17669	1204	929	56968	42316
东营市	Dongying	25483	16444	13194	9518	1229	905	33378	23394
烟台市	Yantai	89153	42141	48335	19856	6095	3038	80490	31731
潍坊市	Weifang	105642	24236	61281	17983	2962	1109	88380	32255
济宁市	Jining	81540	22598	52355	24005	3858	1766	95418	29227
泰安市	Tai'an	46894	16099	29508	11937	2855	2383	46283	23146
威海市	Weihai	37814	24582	25288	16603	3447	2324	36046	21943
日照市	Rizhao	29900	15995	17638	9301	1363	1079	31516	18723
莱芜市	Laiwu	5565	5565	7844	7844	307	307	12454	12454
临沂市	Linyi	106789	34884	57616	22754	5623	2040	94693	31856
德州市	Dezhou	62550	15816	30747	9561	2787	1483	86131	19805
聊城市	Liaocheng	68541	22796	38643	15896	1634	685	68680	18510
滨州市	Binzhou	32668	8312	23343	9929	1064	732	55023	23081
菏泽市	Heze	93935	25156	49610	15010	2265	1370	103530	31086
河南省	**Henan**								
郑州市	Zhengzhou	150929	90104	109562	81093	23176	20658	153321	88128
开封市	Kaifeng	45432	23087	29543	14553	2934	2316	56917	28006
洛阳市	Luoyang	73138	29569	46437	23023	5804	3818	92878	39391
平顶山市	Pingdingshan	54647	17487	32247	11644	3442	1595	72233	26022
安阳市	Anyang	52131	18240	28022	12333	3026	1789	50875	18749
鹤壁市	Hebi	16193	8161	9547	4705	768	428	21419	12773
新乡市	Xinxiang	66907	17254	35372	11629	1805	1011	68031	16409
焦作市	Jiaozuo	38763	13341	20089	6581	1878	1128	53509	23334
濮阳市	Puyang	37914	7477	19734	8179	1590	578	43049	12555
许昌市	Xuchang	42427	14102	25966	10322	2841	1245	54698	18161
漯河市	Luohe	31907	18269	14086	9175	2132	1298	31494	18646
三门峡市	Sanmenxia	26114	10027	15798	7075	1614	818	30202	13238
南阳市	Nanyang	153457	28173	72334	21546	5375	2199	102777	20806
商丘市	Shangqiu	90107	18266	46437	10792	2662	1202	109399	32311
信阳市	Xinyang	102622	18992	34980	9579	3887	739	77589	21635
周口市	Zhoukou	105744	10094	39328	6137	3166	1221	91874	14603
驻马店市	Zhumadian	100911	17819	41327	10255	6079	2217	85619	23796
湖北省	**Hubei**								
武汉市	Wuhan	159382	159382	97240	97240	31034	31034	102267	102267
黄石市	Huangshi	28019	10414	19352	11481	2480	1793	27463	11467
十堰市	Shiyan	47818	25379	36428	23562	4594	2742	48182	24113
宜昌市	Yichang	40636	16254	28715	10627	11634	5119	41986	13435
襄阳市	Xiangyang	58163	24991	36321	17755	7250	2693	69134	40238
鄂州市	Ezhou	13411	13411	8222	8222	1516	1516	12097	12097
荆门市	Jingmen	31778	18506	20134	9255	3437	3009	36249	20585
孝感市	Xiaogan	57632	13667	33500	8549	8734	814	52862	12853
荆州市	Jingzhou	52093	15771	30715	11248	2660	1555	70669	15738
黄冈市	Huanggang	64654	6918	35910	4721	5207	715	65529	10859
咸宁市	Xianning	35045	12353	19313	6725	1496	416	39768	11032
随州市	Suizhou	19379	6677	11486	4812	800	459	17620	7213

2-30 续表 4 continued 4

单位：人 (person)

城市	City	(11)教育 Education 全市 Total City	市辖区 Districts under City	(12)卫生和社会工作 Health and Social Work 全市 Total City	市辖区 Districts under City	(13)文化、体育和娱乐业 Culture, Sports and Entertainment 全市 Total City	市辖区 Districts under City	(14)公共管理、社会保障和社会组织 Public Management, Social Security and Social Organization 全市 Total City	市辖区 Districts under City
湖南省	**Hunan**								
长沙市	Changsha	112492	74490	76191	55851	22004	20622	91311	58833
株洲市	Zhuzhou	32584	16195	23455	11956	2982	2065	52357	21738
湘潭市	Xiangtan	31305	17253	19984	11605	2407	1435	32337	14796
衡阳市	Hengyang	64795	18365	39241	14277	3818	1755	82043	21102
邵阳市	Shaoyang	63001	8053	35944	10348	1388	186	68479	11007
岳阳市	Yueyang	44556	13887	24895	6821	2821	287	67080	17044
常德市	Changde	52838	15413	33378	11007	4050	1821	63311	24650
张家界市	Zhangjiajie	10566	3488	7557	2535	1333	875	24859	11713
益阳市	Yiyang	40221	12704	23878	9198	2251	1529	44549	15523
郴州市	Chenzhou	50714	12976	28366	10592	2610	1434	60790	18226
永州市	Yongzhou	56608	13016	29476	10518	2445	742	70483	19966
怀化市	Huaihua	48332	7225	31441	7768	2867	1072	67988	12872
娄底市	Loudi	36509	8509	20647	7481	2347	1066	46172	12874
广东省	**Guangdong**								
广州市	Guangzhou	271888	271888	132960	132960	32704	32704	195957	195957
韶关市	Shaoguan	34190	12949	23983	10319	1949	1062	48108	21393
深圳市	Shenzhen	125710	125710	71802	71802	26555	26555	155475	155475
珠海市	Zhuhai	28560	28560	17735	17735	3315	3315	36622	36622
汕头市	Shantou	63905	63145	26157	25767	3343	3334	40614	39029
佛山市	Foshan	75820	75820	48020	48020	6280	6280	65943	65943
江门市	Jiangmen	46163	20752	30749	16203	2158	989	51264	23396
湛江市	Zhanjiang	84327	31563	37527	18183	2724	1969	51208	23432
茂名市	Maoming	78420	27331	30467	13607	1931	1330	50991	28540
肇庆市	Zhaoqing	48891	21034	27061	13044	1877	1302	48010	22456
惠州市	Huizhou	53939	28593	31340	20022	3736	2688	69640	39985
梅州市	Meizhou	54664	13949	25123	11487	1937	1143	49414	15094
汕尾市	Shanwei	28076	4512	10887	3203	987	186	25619	8401
河源市	Heyuan	38457	7477	14999	4828	1591	641	43657	12601
阳江市	Yangjiang	32454	16846	15527	7763	1292	591	33972	20423
清远市	Qingyuan	39445	15681	19926	8101	1518	902	53464	24077
东莞市	Dongguan	45194		50958		5873		65802	
中山市	Zhongshan	33056		21255		2255		26000	
潮州市	Chaozhou	27248	17532	11651	8641	1364	1257	17619	11873
揭阳市	Jieyang	63257	21448	16069	6142	1058	406	35411	16761
云浮市	Yunfu	27776	4412	14584	4055	885	227	33716	16132
广西壮族自治区	**Guangxi**								
南宁市	Nanning	117183	84811	63614	48066	13461	12939	97114	73627
柳州市	Liuzhou	50217	31972	34891	24207	3345	2557	50436	29022
桂林市	Guilin	59609	28273	35018	16915	4275	2986	63174	24843
梧州市	Wuzhou	36227	11136	21226	11342	1297	1025	33003	18171
北海市	Beihai	22187	12024	10957	6142	1062	819	19524	14259
防城港市	Fangchenggang	11978	6663	6346	4321	423	373	18083	11727
钦州市	Qinzhou	42779	18479	21669	10744	612	380	29351	18226
贵港市	Guigang	52099	18658	20982	9514	676	498	34928	18949

2–30 续表 5 continued 5

单位：人 (person)

城 市	City	(11)教育 Education		(12)卫生和社会工作 Health and Social Work		(13)文化、体育和娱乐业 Culture, Sports and Entertainment		(14)公共管理、社会保障和社会组织 Public Management, Social Security and Social Organization	
		全 市 Total City	市辖区 Districts under City	全 市 Total City	市辖区 Districts under City	全 市 Total City	市辖区 Districts under City	全 市 Total City	市辖区 Districts under City
玉林市	Yulin	72361	19517	32274	13131	1820	960	39187	13249
百色市	Baise	44623	8361	25614	7019	1018	499	53971	10280
贺州市	Hezhou	27481	13988	10919	6432	1055	627	30177	15154
河池市	Hechi	43406	11852	24037	10340	913	448	47980	13877
来宾市	Laibin	24946	11533	13815	6532	739	312	28278	11622
崇左市	Chongzuo	26346	6271	13250	2731	836	302	30246	7741
海南省	**Hainan**								
海口市	Haikou	46097	46097	31287	31287	8131	8131	47980	47980
三亚市	Sanya	11647	11647	6872	6872	2266	2266	21979	21979
三沙市	Sansha								
儋州市	Danzhou	10420		4967		392		8432	
重庆市	**Chongqing**	**419888**	**321782**	**203456**	**168593**	**28488**	**25988**	**348078**	**270999**
四川省	**Sichuan**								
成都市	Chengdu	266082		200592		78511		208273	
自贡市	Zigong	27110	15158	17748	11612	1726	1319	25533	15414
攀枝花市	Panzhihua		12652	14893	25503	10298	17432	1740	3737
泸州市	Luzhou	49163	18168	24436	14019	1854	1332	43108	21662
德阳市	Deyang	39181	15221	22176	8687	1494	531	37835	15707
绵阳市	Mianyang	59670	29867	29652	14661	2863	2084	52562	24712
广元市	Guangyuan	24983	8046	18263	9486	1119	786	38751	19772
遂宁市	Suining	27037	7583	14963	6334	1600	1117	26937	10199
内江市	Neijiang	36439	12634	20290	10149	2354	1466	40125	16864
乐山市	Leshan	31025	11640	18325	8202	908	558	45917	21758
南充市	Nanchong	71763	25827	30971	13091	3403	1641	67755	28378
眉山市	Meishan	23731	9459	12408	6906	662	503	33501	12960
宜宾市	Yibin	54666	24613	25478	14615	2062	1180	53921	25086
广安市	Guang'an	39388	10454	18477	4797	1865	880	36375	14251
达州市	Dazhou	61729	19465	29314	10707	2678	1491	51552	20325
雅安市	Ya'an	18618	8691	12170	6190	588	340	27442	9774
巴中市	Bazhong	40169	15246	17700	6693	3520	1878	38783	18245
资阳市	Ziyang	24744	7702	15146	6787	1340	772	23337	10703
贵州省	**Guizhou**								
贵阳市	Guiyang	78526	60180	45653	38229	9754	8752	91156	72128
六盘水市	Liupanshui	42551	11699	14209	5353	1663	661	40288	13607
遵义市	Zunyi								
安顺市	Anshun	39755	20663	13323	8273	1054	887	44601	25872
毕节市	Bijie	101129	20980	30229	6499	1799	729	80418	17929
铜仁市	Tongren	64704	11302	19920	4657	1339	646	62853	16367
云南省	**Yunnan**								
昆明市	Kunming	120081	89668	69827	57938	13896	12232	90232	60073
曲靖市	Qujing	71555	19770	17654	7717	2388	1382	57818	17989
玉溪市	Yuxi	28464	11062	16127	7696	1580	898	33094	13408
保山市	Baoshan	29419	10093	16091	6924	961	434	29709	11274
昭通市	Zhaotong	68699	12996	22599	5927	1460	679	66376	13505
丽江市	Lijiang	18479	4499	6821	1949	2567	801	22938	8129
普洱市	Pu'er	27995	5761	15610	5198	1629	642	32440	8266
临沧市	Lincang	26916	5074	13374	3320	697	296	32194	7629

2-30 续表 6 continued 6

单位：人 (person)

城　市	City	(11)教育 Education		(12)卫生和社会工作 Health and Social Work		(13)文化、体育和娱乐业 Culture, Sports and Entertainment		(14)公共管理、社会保障和社会组织 Public Management, Social Security and Social Organization	
		全　市 Total City	市辖区 Districts under City	全　市 Total City	市辖区 Districts under City	全　市 Total City	市辖区 Districts under City	全　市 Total City	市辖区 Districts under City
西藏自治区	**Tibet**								
拉萨市	Lasa	24263		5525		7295		40398	
日喀则市	Xigaze	12016		3800		4004		25322	
昌都市	Qamdo	5956	510	2095	155	328	38	33925	2703
林芝市	Linzhi								
山南市	Shannan	5719	2235	2040	1170	575	267	19325	4917
那曲市	Naqu	2212		489		2600		15991	
陕西省	**Shaanxi**								
西安市	Xi'an	165520	153542	79874	75197	25606	24781	131606	121360
铜川市	Tongchuan	9088	7872	6236	5656	853	716	19194	16479
宝鸡市	Baoji	40828	18868	28817	15161	3432	1455	40538	17893
咸阳市	Xianyang	64351	11422	28686	11704	4397	950	63771	12137
渭南市	Weinan	68631	18492	27693	7124	5060	1209	72773	12953
延安市	Yan'an	35198	13327	19608	8943	5502	3629	55137	5396
汉中市	Hanzhong	44584	14810	27110	11999	2969	1447	54731	16877
榆林市	Yulin	50657	9086	22889	5934	3599	1400	92338	16314
安康市	Ankang	34208	13001	19576	8152	1631	1153	45513	15832
商洛市	Shangluo	31588	9379	15414	5016	2042	527	30456	7600
甘肃省	**Gansu**								
兰州市	Lanzhou	66418	52498	37013	32485	11075	10730	70765	58087
嘉峪关市	Jiayuguan	2694		2094		1032		5736	
金昌市	Jinchang	5705	3069	3422	2220	365	349	11874	7809
白银市	Baiyin	24397	4283	9381	4469	487	287	33433	19960
天水市	Tianshui	41577	16237	16614	8901	1653	899	47144	23624
武威市	Wuwei	23949	13156	12346	7905	520	236	23299	12847
张掖市	Zhangye	16707	7816	7526	3074	1570	983	27902	14203
平凉市	Pingliang	21874	7710	22866	3433	1146	438	31378	8263
酒泉市	Jiuquan	13394	5034	7534	3761	2323	363	21714	8148
庆阳市	Qingyang	35109	7501	10408	3487	1588	506	41328	9076
定西市	Dingxi	34355	7832	12041	3407	1400	374	36147	9578
陇南市	Longnan	30400	5582	11300	1011	2200	116	34500	7335
青海省	**Qinghai**								
西宁市	Xining	29019	17143	28846	24813	4767	4149	41597	31722
海东市	Haidong	17455	5045	5843	1561	810	321	19258	5489
宁夏回族自治区	**Ningxia**								
银川市	Yinchuan	33379	24543	22740	19390	5498	5227	47084	34492
石嘴山市	Shizuishan	9892	6076	5790	4760	621	574	16189	9771
吴忠市	Wuzhong	11625	1031	6044	2234	793	438	25268	13616
固原市	Guyuan	19801	6483	6859	3442	572	378	16818	3858
中卫市	Zhongwei								
新疆维吾尔自治区	**Xinjiang**								
乌鲁木齐市	Urumqi	57230	55904	41678	39956	10829	10826	131128	128460
克拉玛依市	Karamay	7173	7173	4274	4274	292	292	15930	15930
吐鲁番市	Turpan	12312	6845	5414	2848	1220	675	26848	10418
哈密市	Hami	12353	9540	6970	5959	1997	1910	23936	18615

2-31 在岗职工人数及工资状况
Number and Wages of Staff and Workers

城市	City	在岗职工平均人数(万人) Average Number of Employed Staff and Workers (10 000 persons)		在岗职工工资总额(万元) Total Wage Bill of Employed Staff and Workers (10 000 yuan)		职工平均工资(元) Average Wage of Employed Staff and Workers (yuan)	
		全市 Total City	市辖区 Districts under City	全市 Total City	市辖区 Districts under City	全市 Total City	市辖区 Districts under City
北京市	**Beijing**	**772**	**772**	**115628115**	**115628115**	**149843**	**149843**
天津市	**Tianjin**	**243**	**243**	**25273271**	**25273271**	**103931**	**103931**
河北省	**Hebei**						
石家庄市	Shijiazhuang	91	68	6870827	5506316	75114	81075
唐山市	Tangshan	69	49	5261385	3913982	74569	78263
秦皇岛市	Qinhuangdao	26	21	1978220	1700319	75131	79758
邯郸市	Handan	56	32	3514731	2125362	62696	66715
邢台市	Xingtai	33	13	2167747	1009442	65235	78312
保定市	Baoding	76	29	4980716	2089569	66548	73310
张家口市	Zhangjiakou	29	19	1984637	1239966	69520	73179
承德市	Chengde	24	11	1586455	849985	65558	75378
沧州市	Cangzhou	42	15	3064229	1131836	73826	77958
廊坊市	Langfang	39	21	3363791	1946039	86177	92546
衡水市	Hengshui	22	10	1363380	726954	62877	71283
山西省	**Shanxi**						
太原市	Taiyuan	100	94	8042900	7714140	80825	82381
大同市	Datong	38	32	2437407	2068372	63582	64036
阳泉市	Yangquan	23	16	1438563	1072727	61813	65528
长治市	Changzhi	41	13	2530253	783353	61575	61796
晋城市	Jincheng	33	15	2216216	1070994	67052	60870
朔州市	Shuozhou	16	9	1081605	645171	66523	73109
晋中市	Jinzhong	31	9	2089105	648298	67380	73586
运城市	Yuncheng	31	8	1916662	534828	62232	69237
忻州市	Xinzhou	22	7	1276708	354227	57132	51368
临汾市	Linfen	32	8	2015215	576571	63695	71869
吕梁市	Lvliang	31	5	2134284	308011	68271	61773
内蒙古自治区	**Inner Mongolia**						
呼和浩特市	Hohhot	43	32	2996605	2343563	71387	73504
包头市	Baotou	33	30	2463781	2259469	75318	75586
乌海市	Wuhai	8	8	604218	604218	75504	75504
赤峰市	Chifeng	29	14	2073118	1031260	72254	75484
通辽市	Tongliao	24	8	1594040	540279	66727	64641
鄂尔多斯市	Erdos	27	9	2525777	823911	95287	94934
呼伦贝尔市	Hulunbuir	31	7	2213923	514421	70832	46467
巴彦淖尔市	Bayannur	13	6	912624	443229	65471	69863
乌兰察布市	Ulanqab	15	6	1025961	385075	70553	63455
辽宁省	**Liaoning**						
沈阳市	Shenyang	108	103	8892956	8607366	82067	83463
大连市	Dalian	92	83	8051552	7444057	87592	89557
鞍山市	Anshan	36	26	1959126	1515615	54947	57649
抚顺市	Fushun	21	14	1348346	878170	63156	61498
本溪市	Benxi	19	16	1022849	879803	55841	50947
丹东市	Dandong	18	10	722066	393002	44077	41664
锦州市	Jinzhou	22	16	1355361	1048984	60583	66312
营口市	Yingkou	24	19	1280324	1028350	54361	55253
阜新市	Fuxin	14	10	807445	598877	56271	58077
辽阳市	Liaoyang	16	12	1074150	881801	67941	73361

2–31 续表 1 continued 1

城 市	City	在岗职工平均人数(万人) Average Number of Employed Staff and Workers (10 000 persons)		在岗职工工资总额(万元) Total Wage Bill of Employed Staff and Workers (10 000 yuan)		职工平均工资(元) Average Wage of Employed Staff and Workers (yuan)	
		全 市 Total City	市辖区 Districts under City	全 市 Total City	市辖区 Districts under City	全 市 Total City	市辖区 Districts under City
盘锦市	Panjin	39	33	2014779	1873427	51592	56537
铁岭市	Tieling	18	5	973185	253985	53457	56455
朝阳市	Chaoyang	20	9	1164929	469233	59534	54186
葫芦岛市	Huludao	17	4	1032343	284559	59891	65318
吉林省	**Jilin**						
长春市	Changchun	114	103	9145988	8525615	80425	82957
吉林市	Jilin	34	23	2256943	1630143	66592	70917
四平市	Siping	16	6	972073	405930	61008	65993
辽源市	Liaoyuan	8	6	487594	314444	57948	56157
通化市	Tonghua	16	6	945199	401946	58342	62717
白山市	Baishan	13	7	727568	400397	55846	54990
松原市	Songyuan	20	9	1272093	683710	63227	73351
白城市	Baicheng	17	9	875976	455206	52514	51523
黑龙江省	**Heilongjiang**						
哈尔滨市	Harbin	112	97	8017144	7179393	71771	74380
齐齐哈尔市	Qiqihar	31	18	1977301	1309728	63738	72879
鸡西市	Jixi						
鹤岗市	Hegang	13	8	709164	490398	53486	60635
双鸭山市	Shuangyashan	16	8	853782	463077	54264	55510
大庆市	Daqing	45	40	4015945	3728992	89756	94331
伊春市	Yichun	15	11	630141	474796	42938	43335
佳木斯市	Jiamusi	20	7	1053000	474000	53286	67462
七台河市	Qitaihe	8	7	474535	410431	58334	58877
牡丹江市	Mudanjiang	17	8	1048887	542619	62277	70011
黑河市	Heihe	17	3	797474	212939	46663	64169
绥化市	Suihua	22	6	1105625	132689	54303	62042
上海市	**Shanghai**	**592**	**592**	**84707990**	**84707990**	**142983**	**142983**
江苏省	**Jiangsu**						
南京市	Nanjing	197	197	21906990	21906990	111071	111071
无锡市	Wuxi	101	66	9930974	6653840	90284	101359
徐州市	Xuzhou	79	41	5617231	3350499	71457	81357
常州市	Changzhou	65	59	5957377	5433194	91268	91524
苏州市	Suzhou	281	149	26524190	14793285	94421	99169
南通市	Nantong	198	67	15575963	5630097	79218	82306
连云港市	Lianyungang	43	29	3283192	2409588	75808	82016
淮安市	Huai'an	42	34	3023343	2235439	71472	74271
盐城市	Yancheng	73	33	5203753	2519086	71406	75755
扬州市	Yangzhou	92	65	6957220	5044193	75996	78009
镇江市	Zhenjiang	37	18	2913533	1571074	79608	85513
泰州市	Taizhou	99	55	6997326	3967889	70851	71908
宿迁市	Suqian	42	7	2705368	444511	65088	66762
浙江省	**Zhejiang**						
杭州市	Hangzhou	260	248	27755171	26671703	106709	107431
宁波市	Ningbo	130	84	13256496	9071026	102325	
温州市	Wenzhou	89	33	7389994	3273632	82837	99604
嘉兴市	Jiaxing	73	23	6588599	2242742	90342	96508
湖州市	Huzhou	41	20	3306475	1653397	81617	82292

2-31 续表 2 continued 2

城市	City	在岗职工平均人数(万人) Average Number of Employed Staff and Workers (10 000 persons)		在岗职工工资总额(万元) Total Wage Bill of Employed Staff and Workers (10 000 yuan)		职工平均工资(元) Average Wage of Employed Staff and Workers (yuan)	
		全市 Total City	市辖区 Districts under City	全市 Total City	市辖区 Districts under City	全市 Total City	市辖区 Districts under City
绍兴市	Shaoxing	111	75	8379398	5617935	75375	74719
金华市	Jinhua	50	14	4468523	1353597	88664	96967
衢州市	Quzhou	16	8	1662729	918342	105793	110106
舟山市	Zhoushan	17	13	1635074	1320608	98394	
台州市	Taizhou	85	34	6614729	2689453	77675	79450
丽水市	Lishui	18	6	1815473	633004	103259	111460
安徽省	**Anhui**						
合肥市	Hefei	155	120	13815993	11059224	89022	91947
芜湖市	Wuhu	49	33	3467973	2516066	71364	75431
蚌埠市	Bengbu	22	14	1548789	1077476	70034	
淮南市	Huainan	25	17	2109101	1472110	84508	84653
马鞍山市	Maanshan	26	18	2148741	1455419	82120	82042
淮北市	Huaibei	19		1384058		72146	
铜陵市	Tongling	18	15	1319118	1110145	74690	75039
安庆市	Anqing	33	12	2331028	903550	68286	
黄山市	Huangshan	11	7	835377	510117	76269	74805
滁州市	Chuzhou	31	12	2266074	928744	73608	74511
阜阳市	Fuyang	36	16	2434132	1096746	66886	67155
宿州市	Suzhou	29		1839918		64089	
六安市	Lu'an	21	10	1659875	886021	77499	85313
亳州市	Bozhou	23	9	1476449	626683	64547	66909
池州市	Chizhou	10	6	726618	441729	70720	72090
宣城市	Xuancheng	19	4	1377523	312183	72357	73701
福建省	**Fujian**						
福州市	Fuzhou	151	102	12549728	8771468	83175	85696
厦门市	Xiamen	146	146	12140997	12140997	85166	85166
莆田市	Putian	52	43	3362659	2837133	65050	66271
三明市	Sanming	21	8	1699118	677851	79202	87614
泉州市	Quanzhou	138	35	9089776	2622310	65915	74715
漳州市	Zhangzhou	49	16	3759285	1248871	76377	80030
南平市	Nanping	22	9	1531646	660018	69984	73976
龙岩市	Longyan	29	13	2042816	981453	70094	77810
宁德市	Ningde	23	6	1697840	525423	72971	81572
江西省	**Jiangxi**						
南昌市	Nanchang	100	82	8267766	7104936	82672	86533
景德镇市	Jingdezhen	15	5	946525	339086	63686	67013
萍乡市	Pingxiang	15	11	1109533	841857	71636	74193
九江市	Jiujiang	37	15	2629201	1141933	71921	78579
新余市	Xinyu	11	9	776417	672376	70453	71835
鹰潭市	Yingtan	15	5	1078829	361477	71481	72643
赣州市	Ganzhou	52	20	3452155	1517954	66875	77130
吉安市	Ji'an	32	7	1953974	526877	60643	70831
宜春市	Yichun	41	8	2505518	600304	60751	72152
抚州市	Fuzhou	30	16	1877633	1094555	62885	67781
上饶市	Shangrao	36	12	2322414	794851	64315	68305
山东省	**Shandong**						
济南市	Jinan	118	112	10852432	10439739	91651	93573

2–31 续表 3 continued 3

城 市	City	在岗职工平均人数(万人) Average Number of Employed Staff and Workers (10 000 persons)		在岗职工工资总额(万元) Total Wage Bill of Employed Staff and Workers (10 000 yuan)		职工平均工资(元) Average Wage of Employed Staff and Workers (yuan)	
		全 市 Total City	市辖区 Districts under City	全 市 Total City	市辖区 Districts under City	全 市 Total City	市辖区 Districts under City
青岛市	Qingdao	139	111	12642910	10612778	90840	95525
淄博市	Zibo	73	48	5186705	3638323	71432	75599
枣庄市	Zaozhuang	36	22	2260278	1434497	63410	66411
东营市	Dongying	35	29	3142445	2690488	89503	93818
烟台市	Yantai	93	51	6928333	4173660	74653	82046
潍坊市	Weifang	87	34	5487736	2486946	70054	72888
济宁市	Jining	71	35	4756652	2116624	66160	60453
泰安市	Tai'an	46	18	2826229	1264563	61508	71256
威海市	Weihai	51	35	3380369	2412979	66733	68956
日照市	Rizhao	27	18	1961391	1367766	71548	75608
莱芜市	Laiwu	14	14	956915	956915	68637	68637
临沂市	Linyi	69	34	5003649	2327243	67679	69187
德州市	Dezhou	47	17	2961750	1114591	62690	64464
聊城市	Liaocheng	45	15	2607947	1158013	65436	77353
滨州市	Binzhou	42	12	2967484	1091352	70047	74084
菏泽市	Heze	47	19	2871918	1150612	60527	61328
河南省	**Henan**						
郑州市	Zhengzhou	171	135	13803470	11449320	80963	62193
开封市	Kaifeng	35	19	1984900	1147828	57390	59374
洛阳市	Luoyang	59	30	3993741	2451820	65974	80433
平顶山市	Pingdingshan	47	27	2837825	1800225	60797	66952
安阳市	Anyang	42	17	2548291	1190523	61079	68754
鹤壁市	Hebi	15	9	834802	553202	54967	56610
新乡市	Xinxiang	44	15	2591793	1007920	57828	66039
焦作市	Jiaozuo	33	16	1975346	1003449	59234	63827
濮阳市	Puyang	26	17	1437863	1097228	55800	63312
许昌市	Xuchang	41	16	2438076	1050037	59223	65684
漯河市	Luohe	34	21	1727566	1136928	50681	53213
三门峡市	Sanmenxia	20	9	1320636	627021	64578	73685
南阳市	Nanyang	71	17	4082965	1166115	57453	68566
商丘市	Shangqiu	63	16	3633974	1003548	57679	64216
信阳市	Xinyang	58	19	2883456	971428	50013	50396
周口市	Zhoukou	58	12	3210156	840607	55539	71264
驻马店市	Zhumadian	53	17	2965575	1009976	55723	60145
湖北省	**Hubei**						
武汉市	Wuhan	193	193	17044922	17044922	88327	88327
黄石市	Huangshi	46	19	2522946	1271169	54437	65570
十堰市	Shiyan	63	44	3395189	2471803	53608	55576
宜昌市	Yichang	85	33	4648987	1887004	54870	56350
襄阳市	Xiangyang	51	31	3454106	2246765	67488	72828
鄂州市	Ezhou	21	21	1096931	1096931	51741	51741
荆门市	Jingmen	37	17	1949682	930598	52376	54059
孝感市	Xiaogan	80	27	3870851	1428093	48481	53587
荆州市	Jingzhou	32	14	2042437	918261	63569	67668
黄冈市	Huanggang	75	11	3525156	529224	47091	47635
咸宁市	Xianning	34	11	1716690	640099	50157	56990
随州市	Suizhou	13	7	744521	420311	52680	53268

2-31 续表 4 continued 4

城　市	City	在岗职工平均人数(万人) Average Number of Employed Staff and Workers (10 000 persons)		在岗职工工资总额(万元) Total Wage Bill of Employed Staff and Workers (10 000 yuan)		职工平均工资(元) Average Wage of Employed Staff and Workers (yuan)	
		全　市 Total City	市辖区 Districts under City	全　市 Total City	市辖区 Districts under City	全　市 Total City	市辖区 Districts under City
湖南省	**Hunan**						
长沙市	Changsha	111	78	10330331	7860487	93293	100146
株洲市	Zhuzhou	37	22	2817538	1934013	76936	86876
湘潭市	Xiangtan	28	19	1897409	1340861	66887	69724
衡阳市	Hengyang	43	17	2656893	1167170	62328	69580
邵阳市	Shaoyang	33	10	2078387	690277	63871	69244
岳阳市	Yueyang	36	15	2149929	1012594	59177	67671
常德市	Changde	38	16	2502930	1200866	66335	73595
张家界市	Zhangjiajie	8	4	541640	297652	70633	70794
益阳市	Yiyang	21	10	1402659	681404	67477	68372
郴州市	Chenzhou	32	13	2066528	969908	65367	73637
永州市	Yongzhou	30	9	1876186	661049	63149	70852
怀化市	Huaihua	22	5	1492315	391386	66300	70305
娄底市	Loudi	25	9	1605649	667973	63427	73268
广东省	**Guangdong**						
广州市	Guangzhou	331	331	37005944	37005944	111839	111839
韶关市	Shaoguan	30	17	2233434	1315223	75531	78793
深圳市	Shenzhen	469	469	52364784	52364784	111709	111709
珠海市	Zhuhai	70	70	6193324	6193324	87032	87032
汕头市	Shantou	56	55	3824494	3791372	38899	68847
佛山市	Foshan	161	161	12940715	12940715	80288	80288
江门市	Jiangmen	59	33	4177211	2463321	71371	75347
湛江市	Zhanjiang	48	21	3360596	1751741	70118	82453
茂名市	Maoming	42	23	2879046	1649781	67843	72115
肇庆市	Zhaoqing	37	24	2657937	1803108	71451	74451
惠州市	Huizhou	93	70	7191835	5625259	77634	80085
梅州市	Meizhou	28	11	2031231	951248	72469	84201
汕尾市	Shanwei	19	9	1199083	587257	63110	63214
河源市	Heyuan	28	14	1943208	975857	68940	71186
阳江市	Yangjiang	19	11	1251403	765811	66999	69752
清远市	Qingyuan	33	20	2555476	1548252	77341	76351
东莞市	Dongguan	245		17152468		69937	
中山市	Zhongshan	74		5508724		74484	
潮州市	Chaozhou	17	14	1134930	961294	67431	69611
揭阳市	Jieyang	30	14	1630119	836408	54855	61570
云浮市	Yunfu	17	5	1221212	437721	72525	85119
广西壮族自治区	**Guangxi**						
南宁市	Nanning	91	81	7594948	6911432	83452	84858
柳州市	Liuzhou	54	47	3890078	3372870	72014	71656
桂林市	Guilin	34	21	2500265	1616281	73226	75979
梧州市	Wuzhou	16	9	1022422	583356	65438	68058
北海市	Beihai	12	9	807502	635276	69625	70308
防城港市	Fangchenggang	7	5	490659	374332	71658	76360
钦州市	Qinzhou	18	12	1128155	734012	61666	63475
贵港市	Guigang	16	7	1063937	536159	67934	71617

2−31 续表 5 continued 5

城 市	City	在岗职工平均人数(万人) Average Number of Employed Staff and Workers (10 000 persons)		在岗职工工资总额(万元) Total Wage Bill of Employed Staff and Workers (10 000 yuan)		职工平均工资(元) Average Wage of Employed Staff and Workers (yuan)	
		全 市 Total City	市辖区 Districts under City	全 市 Total City	市辖区 Districts under City	全 市 Total City	市辖区 Districts under City
玉林市	Yulin	26	10	1740540	768327	65810	75628
百色市	Baise	22	7	1463544	488326	67866	70746
贺州市	Hezhou	9	5	662396	390038	71144	73127
河池市	Hechi	17	7	1210692	511574	71345	70605
来宾市	Laibin	11	5	754541	388503	69610	70847
崇左市	Chongzuo	12	4	788255	267891	65824	72194
海南省	**Hainan**						
海口市	Haikou	49	49	3795246	3795246	77632	77632
三亚市	Sanya	14	14	1089813	1089813	79661	79661
三沙市	Sansha						
儋州市	Danzhou	4		286534		79476	
重庆市	**Chongqing**	**355**	**315**	**29037895**	**25968910**	**81764**	**82409**
四川省	**Sichuan**						
成都市	Chengdu	248		21830225		88011	
自贡市	Zigong	16	10	1258383	784985	78652	81451
攀枝花市	Panzhihua	15	13	2436256	1114604	86749	83648
泸州市	Luzhou	31	15	2274754	1287053	72722	83553
德阳市	Deyang	27	13	2298562	1115474	83862	88790
绵阳市	Mianyang	46	21	3600890	1989378	78266	92315
广元市	Guangyuan	14	8	1068719	621029	74338	78117
遂宁市	Suining	17	5	1206886	464758	71498	100597
内江市	Neijiang	31	12	1757424	789599	56574	63991
乐山市	Leshan	21	11	1603841	792644	76092	73717
南充市	Nanchong	40	18	2827996	1341455	71344	76049
眉山市	Meishan	17	7	1237676	650973	71054	80468
宜宾市	Yibin	34	22	2728088	1882358	79865	79929
广安市	Guang'an	14	5	1109542	431009	77434	77764
达州市	Dazhou	53	23	3084228	1366719	57940	59760
雅安市	Ya'an	10	5	623324	330117	60598	69527
巴中市	Bazhong	19	8	1155669	472950	59637	61066
资阳市	Ziyang	15	8	984669	558720	66560	68836
贵州省	**Guizhou**						
贵阳市	Guiyang	93	83	7694559	6916753	82685	83172
六盘水市	Liupanshui	20	7	1672488	584419	84143	82177
遵义市	Zunyi						
安顺市	Anshun	17	11	1305915	853601	78328	76173
毕节市	Bijie	29	7	2184344	624896	74543	90530
铜仁市	Tongren	17	5	1476123	450409	88569	88999
云南省	**Yunnan**						
昆明市	Kunming	117	96	9355361	7838733	80253	81859
曲靖市	Qujing	39	18	2835672	1255148	72248	69740
玉溪市	Yuxi	24	14	1827600	1111490	76141	75392
保山市	Baoshan	20	9	1391078	656358	68469	70145
昭通市	Zhaotong	22	6	1850816	557789	84707	89939
丽江市	Lijiang	8	3	720555	266534	85816	81005
普洱市	Pu'er	16	5	1313171	459298	83510	85829
临沧市	Lincang	14	4	1079665	304591	79804	77342

2-31 续表 6 continued 6

城　市	City	在岗职工平均人数(万人) Average Number of Employed Staff and Workers (10 000 persons)		在岗职工工资总额(万元) Total Wage Bill of Employed Staff and Workers (10 000 yuan)		职工平均工资(元) Average Wage of Employed Staff and Workers (yuan)	
		全　市 Total City	市辖区 Districts under City	全　市 Total City	市辖区 Districts under City	全　市 Total City	市辖区 Districts under City
西藏自治区	**Tibet**						
拉萨市	Lasa	13		1670421		126936	
日喀则市	Xigaze	5		521107		110959	
昌都市	Qamdo	5		512124	40245	108013	10188
林芝市	Linzhi						
山南市	Shannan	3	1	327705	111415	118964	133287
那曲市	Naqu	3		4139825		129329	
陕西省	**Shaanxi**						
西安市	Xi'an	186	182	16227249	15985277	87125	87725
铜川市	Tongchuan	9	8	576992	543833	67493	65907
宝鸡市	Baoji	37	22	2301558	1417494	62261	64080
咸阳市	Xianyang	42	13	2358558	803584	57542	62293
渭南市	Weinan	41	10	2240393	573733	60579	62471
延安市	Yan'an	24	8	1800255	483946	74066	64247
汉中市	Hanzhong	26	11	1697487	733914	65916	67580
榆林市	Yulin	36	8	2720114	617917	75264	76831
安康市	Ankang	17	8	1076828	507419	62653	61412
商洛市	Shangluo	17	5	908305	294965	53468	57216
甘肃省	**Gansu**						
兰州市	Lanzhou	64	56	5743437	5726531	85575	84173
嘉峪关市	Jiayuguan	6		451330		78073	
金昌市	Jinchang	8	6	552483	451617	69519	73622
白银市	Baiyin	14	8	917815	588129	66477	69112
天水市	Tianshui	18	11	1164691	671371	63194	60583
武威市	Wuwei	11	8	747322	473973	64998	60909
张掖市	Zhangye	9	4	643278	297907	75492	72817
平凉市	Pingliang	15	5	1075261	294495	70029	61696
酒泉市	Jiuquan	11	5	731779	276339	67160	59737
庆阳市	Qingyang	15	6	1094169	516653	73919	80097
定西市	Dingxi	13	4	842138	263442	66545	67821
陇南市	Longnan	13	2	761282	112392	58781	65892
青海省	**Qinghai**						
西宁市	Xining	31	25	2621114	2163059	84071	85631
海东市	Haidong		4	5711309		81005	78581
宁夏回族自治区	**Ningxia**						
银川市	Yinchuan	36	29	2957646	2427213	87291	90042
石嘴山市	Shizuishan	7	5	469380	368766	67057	68214
吴忠市	Wuzhong	8	3	637208	243256	77722	76184
固原市	Guyuan	6	3	510641	219803	86891	85603
中卫市	Zhongwei	5	3	415297	199641	79047	77470
新疆维吾尔自治区	**Xinjiang**						
乌鲁木齐市	Urumqi	80	79	6848900	6848556	85990	86417
克拉玛依市	Karamay	16	16	1817729	1817729	108091	108091
吐鲁番市	Turpan	9	3	743459	259513	81163	82127
哈密市	Hami	8	6	615724	492923	78509	78744

(六)公共服务
Public Service

2-32 学校数(一)
Number of Schools (Ⅰ)

单位：所 (unit)

城市	City	普通高等学校 Regular Institutions of Higher Education	中等职业教育学校 Vocational Secondary Schools	
		全市 Total City	全市 Total City	市辖区 Districts under City
北京市	**Beijing**	**92**	**113**	**113**
天津市	**Tianjin**	**56**	**74**	**74**
河北省	**Hebei**			
石家庄市	Shijiazhuang	49	144	97
唐山市	Tangshan	11	64	44
秦皇岛市	Qinhuangdao	13	42	33
邯郸市	Handan	5	63	40
邢台市	Xingtai	4	61	19
保定市	Baoding	16	75	27
张家口市	Zhangjiakou	5	45	24
承德市	Chengde	6	24	10
沧州市	Cangzhou	8	42	8
廊坊市	Langfang	13	31	11
衡水市	Hengshui	2	34	13
山西省	**Shanxi**			
太原市	Taiyuan	46	78	74
大同市	Datong	1	33	
阳泉市	Yangquan	3	16	12
长治市	Changzhi	6	37	22
晋城市	Jincheng	1	14	7
朔州市	Shuozhou	3	25	5
晋中市	Jinzhong	17	22	7
运城市	Yuncheng	7	45	24
忻州市	Xinzhou	2	33	15
临汾市	Linfen	5	39	19
吕梁市	Lvliang	1	30	9
内蒙古自治区	**Inner Mongolia**			
呼和浩特市	Hohhot	24	59	49
包头市	Baotou	5	20	18
乌海市	Wuhai	1	1	1
赤峰市	Chifeng	4	39	18
通辽市	Tongliao		22	8
鄂尔多斯市	Erdos	4	11	3
呼伦贝尔市	Hulunbuir	4	27	3
巴彦淖尔市	Bayannur	2	12	6
乌兰察布市	Ulanqab	3	25	
辽宁省	**Liaoning**			
沈阳市	Shenyang	47	93	
大连市	Dalian	30	75	67
鞍山市	Anshan	2	18	10
抚顺市	Fushun	5	13	10
本溪市	Benxi	7	13	11
丹东市	Dandong	3	12	9
锦州市	Jinzhou	9	9	5
营口市	Yingkou	3	16	14
阜新市	Fuxin	2	13	11
辽阳市	Liaoyang	2	8	6

2-32 续表 1 continued 1

单位：所 (unit)

城 市	City	普通高等学校 Regular Institutions of Higher Education	中等职业教育学校 Vocational Secondary Schools	
		全 市 Total City	全 市 Total City	市辖区 Districts under City
盘锦市	Panjin	2	7	2
铁岭市	Tieling	4	17	11
朝阳市	Chaoyang	1	13	8
葫芦岛市	Huludao	1	10	5
吉林省	**Jilin**			
长春市	Changchun	40	94	83
吉林市	Jilin	8	34	21
四平市	Siping	4	25	8
辽源市	Liaoyuan	1	10	6
通化市	Tonghua	1	24	9
白山市	Baishan	1	16	10
松原市	Songyuan	1	16	10
白城市	Baicheng	3	14	6
黑龙江省	**Heilongjiang**			
哈尔滨市	Harbin	51	89	78
齐齐哈尔市	Qiqihar	6	20	11
鸡西市	Jixi	1	7	3
鹤岗市	Hegang	1	6	3
双鸭山市	Shuangyashan	1	6	3
大庆市	Daqing	6	13	11
伊春市	Yichun	1	8	6
佳木斯市	Jiamusi	5	14	8
七台河市	Qitaihe	1	2	1
牡丹江市	Mudanjiang	7	13	5
黑河市	Heihe	1	15	5
绥化市	Suihua	1	17	1
上海市	**Shanghai**	**64**	**80**	**80**
江苏省	**Jiangsu**			
南京市	Nanjing	53	46	46
无锡市	Wuxi	12	33	24
徐州市	Xuzhou	12	24	16
常州市	Changzhou	10	19	17
苏州市	Suzhou	26	25	13
南通市	Nantong	9	28	14
连云港市	Lianyungang	5	14	10
淮安市	Huai'an	7	15	10
盐城市	Yancheng	6	18	10
扬州市	Yangzhou	9	7	7
镇江市	Zhenjiang	8	11	7
泰州市	Taizhou	7	14	11
宿迁市	Suqian	3	17	10
浙江省	**Zhejiang**			
杭州市	Hangzhou	40	41	36
宁波市	Ningbo	13	38	20
温州市	Wenzhou	11	37	13
嘉兴市	Jiaxing	6	21	5
湖州市	Huzhou	3	12	4

2-32 续表 2 continued 2

单位：所 (unit)

城 市	City	普通高等学校 Regular Institutions of Higher Education	中等职业教育学校 Vocational Secondary Schools	
		全 市 Total City	全 市 Total City	市辖区 Districts under City
绍兴市	Shaoxing	11	19	11
金华市	Jinhua	8	32	12
衢州市	Quzhou	2	14	7
舟山市	Zhoushan	4	4	4
台州市	Taizhou	4	30	9
丽水市	Lishui	2	15	4
安徽省	**Anhui**			
合肥市	Hefei	50	54	31
芜湖市	Wuhu	9	23	13
蚌埠市	Bengbu	5	18	12
淮南市	Huainan	6	21	11
马鞍山市	Maanshan	6	9	5
淮北市	Huaibei	3	8	6
铜陵市	Tongling	3	9	5
安庆市	Anqing	5	33	16
黄山市	Huangshan	2	16	5
滁州市	Chuzhou	4	17	5
阜阳市	Fuyang	5	39	19
宿州市	Suzhou	3	22	5
六安市	Lu'an	4	31	18
亳州市	Bozhou	2	24	7
池州市	Chizhou	3	7	4
宣城市	Xuancheng	1	13	5
福建省	**Fujian**			
福州市	Fuzhou	34	47	33
厦门市	Xiamen	16	20	20
莆田市	Putian	2	16	10
三明市	Sanming	3	14	4
泉州市	Quanzhou	18	32	13
漳州市	Zhangzhou	7	16	5
南平市	Nanping	4	20	11
龙岩市	Longyan	2	18	10
宁德市	Ningde	2	11	2
江西省	**Jiangxi**			
南昌市	Nanchang	53	43	35
景德镇市	Jingdezhen	4	9	6
萍乡市	Pingxiang	3	20	13
九江市	Jiujiang	7	23	10
新余市	Xinyu	5	12	10
鹰潭市	Yingtan	2	13	4
赣州市	Ganzhou	10	44	20
吉安市	Ji'an	2	42	10
宜春市	Yichun	5	29	8
抚州市	Fuzhou	5	30	9
上饶市	Shangrao	4	41	13
山东省	**Shandong**			
济南市	Jinan	43	53	47

2-32 续表 3 continued 3

单位：所 (unit)

城 市	City	普通高等学校 Regular Institutions of Higher Education	中等职业教育学校 Vocational Secondary Schools	
		全 市 Total City	全 市 Total City	市辖区 Districts under City
青岛市	Qingdao	25	50	45
淄博市	Zibo	7	17	14
枣庄市	Zaozhuang	3	19	14
东营市	Dongying	4	8	6
烟台市	Yantai	12	52	17
潍坊市	Weifang	15	33	15
济宁市	Jining	7	20	6
泰安市	Tai'an	9	14	8
威海市	Weihai	11	18	15
日照市	Rizhao	3	13	9
莱芜市	Laiwu	3	8	8
临沂市	Linyi	4	32	17
德州市	Dezhou	4	30	12
聊城市	Liaocheng	3	30	16
滨州市	Binzhou	3	17	8
菏泽市	Heze	4	36	23
河南省	**Henan**			
郑州市	Zhengzhou	61	151	82
开封市	Kaifeng	5	27	14
洛阳市	Luoyang	7	76	44
平顶山市	Pingdingshan	6	30	12
安阳市	Anyang	6	20	5
鹤壁市	Hebi	3	5	3
新乡市	Xinxiang	10	33	11
焦作市	Jiaozuo	6	24	7
濮阳市	Puyang	2	22	10
许昌市	Xuchang		25	13
漯河市	Luohe	3	29	14
三门峡市	Sanmenxia	2	19	10
南阳市	Nanyang	6	80	34
商丘市	Shangqiu	6	37	11
信阳市	Xinyang	6	31	9
周口市	Zhoukou	3	28	8
驻马店市	Zhumadian	3	25	9
湖北省	**Hubei**			
武汉市	Wuhan	84	124	124
黄石市	Huangshi	4	10	6
十堰市	Shiyan	6	15	6
宜昌市	Yichang	5	15	7
襄阳市	Xiangyang	5	31	20
鄂州市	Ezhou	1	10	10
荆门市	Jingmen	2	12	6
孝感市	Xiaogan	3	17	9
荆州市	Jingzhou	8	18	6
黄冈市	Huanggang	4	26	14
咸宁市	Xianning	2	15	8
随州市	Suizhou	1	7	4

2–32 续表 4 continued 4

单位：所 (unit)

城 市	City	普通高等学校 Regular Institutions of Higher Education	中等职业教育学校 Vocational Secondary Schools	
		全 市 Total City	全 市 Total City	市辖区 Districts under City
湖南省	**Hunan**			
长沙市	Changsha	51	74	45
株洲市	Zhuzhou	9	21	13
湘潭市	Xiangtan	10	23	14
衡阳市	Hengyang	8	46	21
邵阳市	Shaoyang	3	64	29
岳阳市	Yueyang	4	33	16
常德市	Changde	5	42	18
张家界市	Zhangjiajie	3	12	6
益阳市	Yiyang	4	20	11
郴州市	Chenzhou	3	25	9
永州市	Yongzhou	3	37	9
怀化市	Huaihua	3	43	15
娄底市	Loudi	3	22	6
广东省	**Guangdong**			
广州市	Guangzhou	82	82	82
韶关市	Shaoguan	2	14	7
深圳市	Shenzhen	13	15	15
珠海市	Zhuhai	10	9	9
汕头市	Shantou	2	24	23
佛山市	Foshan	13	45	45
江门市	Jiangmen	4	20	11
湛江市	Zhanjiang	6	53	38
茂名市	Maoming	4	18	7
肇庆市	Zhaoqing	5	20	15
惠州市	Huizhou	5	36	
梅州市	Meizhou	1	21	12
汕尾市	Shanwei	1	15	5
河源市	Heyuan	1	16	8
阳江市	Yangjiang	1	5	3
清远市	Qingyuan	1	14	5
东莞市	Dongguan	9	28	
中山市	Zhongshan	5	11	
潮州市	Chaozhou	1	9	5
揭阳市	Jieyang	2	16	8
云浮市	Yunfu	1	14	4
广西壮族自治区	**Guangxi**			
南宁市	Nanning	34	69	65
柳州市	Liuzhou	6	26	20
桂林市	Guilin	11	28	14
梧州市	Wuzhou	2	12	8
北海市	Beihai	4	6	4
防城港市	Fangchenggang	1	3	1
钦州市	Qinzhou	2	9	6
贵港市	Guigang		8	5

2-32 续表 5 continued 5

单位：所 (unit)

城　市	City	普通高等学校 Regular Institutions of Higher Education	中等职业教育学校 Vocational Secondary Schools	
		全　市 Total City	全　市 Total City	市辖区 Districts under City
玉林市	Yulin	1	22	14
百色市	Baise	5	17	11
贺州市	Hezhou	1	13	10
河池市	Hechi	2	15	5
来宾市	Laibin	2	11	6
崇左市	Chongzuo	7	15	5
海南省	**Hainan**			
海口市	Haikou	12	49	49
三亚市	Sanya	6	3	3
三沙市	Sansha			
儋州市	Danzhou		2	
重庆市	**Chongqing**	**65**	**183**	**104**
四川省	**Sichuan**			
成都市	Chengdu	57	86	
自贡市	Zigong	2	19	15
攀枝花市	Panzhihua	2	4	3
泸州市	Luzhou	6	17	8
德阳市	Deyang	10	18	13
绵阳市	Mianyang		23	15
广元市	Guangyuan	2	12	5
遂宁市	Suining	1	14	5
内江市	Neijiang	3	20	12
乐山市	Leshan	3	19	8
南充市	Nanchong	4	37	21
眉山市	Meishan	2	17	9
宜宾市	Yibin	2	21	13
广安市	Guang'an	1	23	6
达州市	Dazhou	2	34	17
雅安市	Ya'an	2	8	4
巴中市	Bazhong	1	18	7
资阳市	Ziyang	1	7	3
贵州省	**Guizhou**			
贵阳市	Guiyang	34	56	49
六盘水市	Liupanshui	3	13	4
遵义市	Zunyi			
安顺市	Anshun	2	9	4
毕节市	Bijie	5	15	1
铜仁市	Tongren	5	17	7
云南省	**Yunnan**			
昆明市	Kunming	51	81	60
曲靖市	Qujing	3	32	17
玉溪市	Yuxi	2	12	5
保山市	Baoshan	3	12	4
昭通市	Zhaotong	2	30	10
丽江市	Lijiang	2	10	4
普洱市	Pu'er	1	26	8
临沧市	Lincang	1	19	5

2-32 续表 6 continued 6

单位：所 (unit)

城 市	City	普通高等学校 Regular Institutions of Higher Education	中等职业教育学校 Vocational Secondary Schools	
		全 市 Total City	全 市 Total City	市辖区 Districts under City
西藏自治区	**Tibet**			
拉萨市	Lasa	5	3	3
日喀则市	Xigaze		2	
昌都市	Qamdo		1	
林芝市	Linzhi	1	1	1
山南市	Shannan		2	2
那曲市	Naqu		1	
陕西省	**Shaanxi**			
西安市	Xi'an	63	147	143
铜川市	Tongchuan	1	5	4
宝鸡市	Baoji	3	3	3
咸阳市	Xianyang	11	29	15
渭南市	Weinan	1	36	16
延安市	Yan'an	2	14	3
汉中市	Hanzhong	3	12	4
榆林市	Yulin	2	25	14
安康市	Ankang	2	11	4
商洛市	Shangluo	2	7	1
甘肃省	**Gansu**			
兰州市	Lanzhou	23	59	52
嘉峪关市	Jiayuguan	1	3	
金昌市	Jinchang	1	2	1
白银市	Baiyin	1	14	6
天水市	Tianshui	4	19	11
武威市	Wuwei	2	12	8
张掖市	Zhangye	1	10	4
平凉市	Pingliang	2	11	5
酒泉市	Jiuquan	1	9	5
庆阳市	Qingyang	3	13	6
定西市	Dingxi		19	4
陇南市	Longnan	1	12	2
青海省	**Qinghai**			
西宁市	Xining	10	19	11
海东市	Haidong		5	1
宁夏回族自治区	**Ningxia**			
银川市	Yinchuan	17	14	10
石嘴山市	Shizuishan	1	2	1
吴忠市	Wuzhong	1	5	
固原市	Guyuan	1	5	1
中卫市	Zhongwei		3	1
新疆维吾尔自治区	**Xinjiang**			
乌鲁木齐市	Urumqi	22	29	29
克拉玛依市	Karamay	3	1	1
吐鲁番市	Turpan	1	2	
哈密市	Hami	1	5	4

2–33 学校数(二)
Number of Schools (Ⅱ)

单位：所 (unit)

城市	City	普通中学 Regular Secondary Schools		普通小学 Regular Primary Schools	
		全市 Total City	市辖区 Districts under City	全市 Total City	市辖区 Districts under City
北京市	**Beijing**	**644**	**644**	**970**	**970**
天津市	**Tianjin**	**536**	**536**	**879**	**879**
河北省	**Hebei**				
石家庄市	Shijiazhuang	414	160	1434	507
唐山市	Tangshan	332	136	1131	412
秦皇岛市	Qinhuangdao	158	88	419	171
邯郸市	Handan	405	145	1692	521
邢台市	Xingtai	283	46	1042	121
保定市	Baoding	469	117	2131	410
张家口市	Zhangjiakou	154	63	508	206
承德市	Chengde	125	25	451	58
沧州市	Cangzhou	323	19	1335	54
廊坊市	Langfang	189	25	802	134
衡水市	Hengshui	170	52	600	91
山西省	**Shanxi**				
太原市	Taiyuan	227	177	441	268
大同市	Datong	201		357	
阳泉市	Yangquan	82	38	261	77
长治市	Changzhi	204	49	507	89
晋城市	Jincheng	157	32	448	62
朔州市	Shuozhou	86	35	169	50
晋中市	Jinzhong	234	33	658	100
运城市	Yuncheng	318	55	814	80
忻州市	Xinzhou	235	14	433	7
临汾市	Linfen	269	60	788	126
吕梁市	Lvliang	286	24	569	49
内蒙古自治区	**Inner Mongolia**				
呼和浩特市	Hohhot	109	72	203	110
包头市	Baotou	96	83	138	106
乌海市	Wuhai	21	21	24	24
赤峰市	Chifeng	143	52	384	104
通辽市	Tongliao	140	35	220	44
鄂尔多斯市	Erdos	70	22	136	38
呼伦贝尔市	Hulunbuir	134	24	140	22
巴彦淖尔市	Bayannur	48	17	88	30
乌兰察布市	Ulanqab	70	22	121	26
辽宁省	**Liaoning**				
沈阳市	Shenyang	299	242	275	238
大连市	Dalian	295	211	447	290
鞍山市	Anshan	156	62	434	63
抚顺市	Fushun	105	61	109	56
本溪市	Benxi	59	38	62	33
丹东市	Dandong	125	39	391	74
锦州市	Jinzhou	129	42	302	49
营口市	Yingkou	99	39	126	55
阜新市	Fuxin	94	40	69	36
辽阳市	Liaoyang	77	37	112	34

2-33 续表 1 continued 1

单位：所 (unit)

城 市	City	普通中学 Regular Secondary Schools		普通小学 Regular Primary Schools	
		全 市 Total City	市辖区 Districts under City	全 市 Total City	市辖区 Districts under City
盘锦市	Panjin	72	55	35	33
铁岭市	Tieling	126	24	182	28
朝阳市	Chaoyang	165	31	438	83
葫芦岛市	Huludao	130	24	384	75
吉林省	**Jilin**				
长春市	Changchun	342	196	1063	379
吉林市	Jilin	185	75	553	131
四平市	Siping	186	28	828	75
辽源市	Liaoyuan	61	17	175	36
通化市	Tonghua	131	19	199	33
白山市	Baishan	106	36	134	38
松原市	Songyuan	149	27	706	88
白城市	Baicheng	120	30	100	22
黑龙江省	**Heilongjiang**				
哈尔滨市	Harbin	444	243	574	298
齐齐哈尔市	Qiqihar	238	69	186	64
鸡西市	Jixi	84	30	65	22
鹤岗市	Hegang	36	24	35	21
双鸭山市	Shuangyashan	63	21	60	8
大庆市	Daqing	142	75	166	87
伊春市	Yichun	48	38	48	33
佳木斯市	Jiamusi	106	35	116	33
七台河市	Qitaihe	45	28	32	17
牡丹江市	Mudanjiang	114	35	115	39
黑河市	Heihe	62	11	63	10
绥化市	Suihua	255	32	168	36
上海市	**Shanghai**	**833**	**833**	**721**	**721**
江苏省	**Jiangsu**				
南京市	Nanjing	240	240	360	360
无锡市	Wuxi	188	98	203	106
徐州市	Xuzhou	353	129	924	269
常州市	Changzhou	164	131	216	172
苏州市	Suzhou	304	155	420	216
南通市	Nantong	206	62	324	91
连云港市	Lianyungang	180	79	451	176
淮安市	Huai'an	196	116	245	134
盐城市	Yancheng	286	98	333	98
扬州市	Yangzhou	168	87	208	102
镇江市	Zhenjiang	111	44	113	48
泰州市	Taizhou	181	62	138	49
宿迁市	Suqian	188	52	168	47
浙江省	**Zhejiang**				
杭州市	Hangzhou	351	290	478	382
宁波市	Ningbo	304	156	433	195
温州市	Wenzhou	443	98	562	133
嘉兴市	Jiaxing	170	58	147	26
湖州市	Huzhou	120	51	128	48

2-33 续表 2 continued 2

单位：所 (unit)

城　市	City	普通中学 Regular Secondary Schools		普通小学 Regular Primary Schools	
		全　市 Total City	市辖区 Districts under City	全　市 Total City	市辖区 Districts under City
绍兴市	Shaoxing	187	84	330	156
金华市	Jinhua	246	63	395	73
衢州市	Quzhou	95	36	200	53
舟山市	Zhoushan	41	32	57	38
台州市	Taizhou	281	87	360	82
丽水市	Lishui	95	21	211	19
安徽省	**Anhui**				
合肥市	Hefei	350	125	515	153
芜湖市	Wuhu	215	80	288	129
蚌埠市	Bengbu	181	56	641	129
淮南市	Huainan	189	95	449	189
马鞍山市	Maanshan	105	33	224	59
淮北市	Huaibei	121	72	303	129
铜陵市	Tongling	84	43	212	73
安庆市	Anqing	310	43	723	88
黄山市	Huangshan	115	34	132	36
滁州市	Chuzhou	268	32	226	33
阜阳市	Fuyang	429	113	1345	341
宿州市	Suzhou	251	75	780	252
六安市	Lu'an	334	131	595	237
亳州市	Bozhou	294	62	1115	271
池州市	Chizhou	98	41	201	85
宣城市	Xuancheng	150	46	159	52
福建省	**Fujian**				
福州市	Fuzhou	320	122	895	293
厦门市	Xiamen	97	97	301	301
莆田市	Putian	142	89	567	371
三明市	Sanming	157	15	233	17
泉州市	Quanzhou	330	51	1338	159
漳州市	Zhangzhou	207	31	848	85
南平市	Nanping	165	41	299	77
龙岩市	Longyan	171	59	400	138
宁德市	Ningde	187	28	277	30
江西省	**Jiangxi**				
南昌市	Nanchang	288	193	487	208
景德镇市	Jingdezhen	100	31	331	54
萍乡市	Pingxiang	109	41	359	134
九江市	Jiujiang	281	51	589	89
新余市	Xinyu	39	33	90	72
鹰潭市	Yingtan	87	19	250	44
赣州市	Ganzhou	477	102	1620	349
吉安市	Ji'an	315	27	688	88
宜春市	Yichun	253	51	840	192
抚州市	Fuzhou	228	76	683	319
上饶市	Shangrao	463	78	1641	235
山东省	**Shandong**				
济南市	Jinan	251	199	575	463

2-33 续表 3 continued 3

单位：所 (unit)

城 市	City	普通中学 Regular Secondary Schools		普通小学 Regular Primary Schools	
		全 市 Total City	市辖区 Districts under City	全 市 Total City	市辖区 Districts under City
青岛市	Qingdao	319	204	713	469
淄博市	Zibo	186	129	300	195
枣庄市	Zaozhuang	130	82	500	292
东营市	Dongying	100	69	110	75
烟台市	Yantai	260	77	290	117
潍坊市	Weifang	345	83	747	174
济宁市	Jining	304	74	1056	156
泰安市	Tai'an	196	73	520	171
威海市	Weihai	106	55	92	66
日照市	Rizhao	95	41	285	101
莱芜市	Laiwu	51	51	116	116
临沂市	Linyi	340	57	1305	98
德州市	Dezhou	197	31	706	141
聊城市	Liaocheng	231	52	670	159
滨州市	Binzhou	170	51	305	71
菏泽市	Heze	392	77	1384	345
河南省	**Henan**				
郑州市	Zhengzhou	468	245	940	430
开封市	Kaifeng	265	82	914	334
洛阳市	Luoyang	399	102	845	170
平顶山市	Pingdingshan	263	56	1186	132
安阳市	Anyang	315	95	1238	271
鹤壁市	Hebi	83	38	325	86
新乡市	Xinxiang	391	62	1265	141
焦作市	Jiaozuo	213	54	522	79
濮阳市	Puyang	205	71	939	110
许昌市	Xuchang	228	58	835	155
漯河市	Luohe	118	56	498	189
三门峡市	Sanmenxia	128	42	239	79
南阳市	Nanyang	531	99	1791	245
商丘市	Shangqiu	453	84	2039	359
信阳市	Xinyang	386	67	1100	149
周口市	Zhoukou	533	35	1914	81
驻马店市	Zhumadian	354	41	1941	160
湖北省	**Hubei**				
武汉市	Wuhan	374	374	621	621
黄石市	Huangshi	130	36	443	89
十堰市	Shiyan	180	68	424	147
宜昌市	Yichang	176	62	255	78
襄阳市	Xiangyang	243	98	462	159
鄂州市	Ezhou	47	47	249	249
荆门市	Jingmen	126	35	218	53
孝感市	Xiaogan	227	47	456	71
荆州市	Jingzhou	238	53	394	62
黄冈市	Huanggang	299	25	680	34
咸宁市	Xianning	148	33	361	63
随州市	Suizhou	100	34	191	42

2-33 续表 4 continued 4

单位：所 (unit)

城　市	City	普通中学 Regular Secondary Schools		普通小学 Regular Primary Schools	
		全　市 Total City	市辖区 Districts under City	全　市 Total City	市辖区 Districts under City
湖南省	**Hunan**				
长沙市	Changsha	330	136	937	377
株洲市	Zhuzhou	194	68	358	110
湘潭市	Xiangtan	166	32	372	69
衡阳市	Hengyang	448	52	1060	140
邵阳市	Shaoyang	467	42	1036	86
岳阳市	Yueyang	299	55	643	130
常德市	Changde	277	68	432	81
张家界市	Zhangjiajie	98	28	98	47
益阳市	Yiyang	217	56	397	115
郴州市	Chenzhou	299	51	378	56
永州市	Yongzhou	330	66	460	95
怀化市	Huaihua	367	40	240	31
娄底市	Loudi	285	33	738	75
广东省	**Guangdong**				
广州市	Guangzhou	527	527	965	965
韶关市	Shaoguan	148	41	196	64
深圳市	Shenzhen	390	390	344	344
珠海市	Zhuhai	75	75	124	124
汕头市	Shantou	305	300	745	741
佛山市	Foshan	203	203	413	413
江门市	Jiangmen	194	84	324	131
湛江市	Zhanjiang	308	90	807	81
茂名市	Maoming	262	89	1383	305
肇庆市	Zhaoqing	184	69	228	81
惠州市	Huizhou	271	137	468	244
梅州市	Meizhou	230	46	450	66
汕尾市	Shanwei	164	24	452	61
河源市	Heyuan	193	35	364	51
阳江市	Yangjiang	113	68	150	73
清远市	Qingyuan	181	66	337	123
东莞市	Dongguan	240		328	
中山市	Zhongshan	103		208	
潮州市	Chaozhou	139	98	608	373
揭阳市	Jieyang	294	113	1241	262
云浮市	Yunfu	103	26	173	50
广西壮族自治区	**Guangxi**				
南宁市	Nanning	347	217	1098	533
柳州市	Liuzhou	155	86	335	189
桂林市	Guilin	210	60	533	161
梧州市	Wuzhou	135	35	519	138
北海市	Beihai	96	54	328	102
防城港市	Fangchenggang	44	29	518	194
钦州市	Qinzhou	130	59	1003	336
贵港市	Guigang	216	84	846	352

2-33 续表 5 continued 5

单位：所 (unit)

城 市	City	普通中学 Regular Secondary Schools		普通小学 Regular Primary Schools	
		全 市 Total City	市辖区 Districts under City	全 市 Total City	市辖区 Districts under City
玉林市	Yulin	271	56	1281	223
百色市	Baise	162	19	472	51
贺州市	Hezhou	100	52	317	158
河池市	Hechi	185	42	692	185
来宾市	Laibin	79	40	221	114
崇左市	Chongzuo	93	13	264	17
海南省	**Hainan**				
海口市	Haikou	113	113	159	159
三亚市	Sanya	47	47	117	117
三沙市	Sansha			1	
儋州市	Danzhou	51		222	
重庆市	**Chongqing**	**1122**	**806**	**2893**	**1956**
四川省	**Sichuan**				
成都市	Chengdu	609		590	
自贡市	Zigong	139	53	121	62
攀枝花市	Panzhihua	52	39	60	31
泸州市	Luzhou	221	62	223	50
德阳市	Deyang	146	35	339	59
绵阳市	Mianyang	219	77	409	95
广元市	Guangyuan	154	50	264	84
遂宁市	Suining	158	58	196	78
内江市	Neijiang	176	57	273	83
乐山市	Leshan	192	71	227	62
南充市	Nanchong	488	113	265	97
眉山市	Meishan	191	62	172	68
宜宾市	Yibin	280	111	306	105
广安市	Guang'an	276	76	192	39
达州市	Dazhou	393	110	1480	359
雅安市	Ya'an	88	38	158	37
巴中市	Bazhong	217	88	203	50
资阳市	Ziyang	195	63	180	81
贵州省	**Guizhou**				
贵阳市	Guiyang	322	248	538	357
六盘水市	Liupanshui	212	51	465	76
遵义市	Zunyi				
安顺市	Anshun	146	70	441	187
毕节市	Bijie	464	99	1660	302
铜仁市	Tongren	258	38	760	86
云南省	**Yunnan**				
昆明市	Kunming	319	216	755	364
曲靖市	Qujing	253	75	1676	284
玉溪市	Yuxi	107	38	510	126
保山市	Baoshan	122	38	835	275
昭通市	Zhaotong	246	38	1520	145
丽江市	Lijiang	71	11	405	40
普洱市	Pu'er	127	13	505	38
临沧市	Lincang	121	23	837	78

2–33 续表 6 continued 6

单位：所 (unit)

城 市	City	普通中学 Regular Secondary Schools		普通小学 Regular Primary Schools	
		全 市 Total City	市辖区 Districts under City	全 市 Total City	市辖区 Districts under City
西藏自治区	**Tibet**				
拉萨市	Lasa	23	15	71	30
日喀则市	Xigaze	31	3	224	17
昌都市	Qamdo	19	1	191	23
林芝市	Linzhi	11	5	61	7
山南市	Shannan	18	4	90	7
那曲市	Naqu	19	1	137	14
陕西省	**Shaanxi**				
西安市	Xi'an	456	376	1130	923
铜川市	Tongchuan	44	37	82	69
宝鸡市	Baoji	201	81	495	140
咸阳市	Xianyang	269	50	670	35
渭南市	Weinan	332	60	755	130
延安市	Yan'an	112	38	251	80
汉中市	Hanzhong	209	57	473	121
榆林市	Yulin	192	44	333	74
安康市	Ankang	181	61	406	120
商洛市	Shangluo	161	38	399	90
甘肃省	**Gansu**				
兰州市	Lanzhou	205	122	519	222
嘉峪关市	Jiayuguan	11		19	
金昌市	Jinchang	20	11	25	13
白银市	Baiyin	142	38	637	85
天水市	Tianshui	253	80	598	204
武威市	Wuwei	131	75	526	240
张掖市	Zhangye	66	38	203	81
平凉市	Pingliang	163	35	779	154
酒泉市	Jiuquan	56	22	127	34
庆阳市	Qingyang	163	25	744	99
定西市	Dingxi	160	30	643	65
陇南市	Longnan	231	16	1556	262
青海省	**Qinghai**				
西宁市	Xining	138	49	141	66
海东市	Haidong	103	16	234	169
宁夏回族自治区	**Ningxia**				
银川市	Yinchuan	79	52	200	114
石嘴山市	Shizuishan	35	23	66	41
吴忠市	Wuzhong	60	19	293	60
固原市	Guyuan	69	18	442	157
中卫市	Zhongwei	64	24	245	59
新疆维吾尔自治区	**Xinjiang**				
乌鲁木齐市	Urumqi	153	143	128	119
克拉玛依市	Karamay	19	19	28	28
吐鲁番市	Turpan	51	22	102	40
哈密市	Hami	38	28	54	39

2-34 专任教师数(一)
Number of Full-time Teachers (I)

单位：人 (person)

城　市	City	普通高等学校 Regular Institutions of Higher Education	中等职业教育学校 Vocational Secondary Schools	
		全　市 Total City	全　市 Total City	市辖区 Districts under City
北京市	**Beijing**	**70491**	**7764**	**7764**
天津市	**Tianjin**	**31362**	**7585**	**7585**
河北省	**Hebei**			
石家庄市	Shijiazhuang		8882	5679
唐山市	Tangshan	6863	6818	4175
秦皇岛市	Qinhuangdao	6297	3914	2616
邯郸市	Handan	3706	5698	2797
邢台市	Xingtai	2593	4479	1471
保定市	Baoding	10111	6746	2455
张家口市	Zhangjiakou	2998	3353	1778
承德市	Chengde	2827	2152	753
沧州市	Cangzhou	3562	3598	684
廊坊市	Langfang	7790	2020	488
衡水市	Hengshui	1036	2698	1213
山西省	**Shanxi**			
太原市	Taiyuan	24008	6510	6305
大同市	Datong	1608	1950	
阳泉市	Yangquan	803	947	742
长治市	Changzhi	2060	2481	1499
晋城市	Jincheng	372	1433	775
朔州市	Shuozhou	561	1300	125
晋中市	Jinzhong	9276	2711	648
运城市	Yuncheng	2529	2650	1189
忻州市	Xinzhou	1373	1548	309
临汾市	Linfen	3014	2166	750
吕梁市	Lvliang	886	1938	1185
内蒙古自治区	**Inner Mongolia**			
呼和浩特市	Hohhot	12595	2017	1593
包头市	Baotou	4563	1363	
乌海市	Wuhai	247	131	131
赤峰市	Chifeng	1913	2441	911
通辽市	Tongliao		1194	489
鄂尔多斯市	Erdos	998	1304	431
呼伦贝尔市	Hulunbuir	1658	1435	380
巴彦淖尔市	Bayannur	619	1089	603
乌兰察布市	Ulanqab	1155	1319	
辽宁省	**Liaoning**			
沈阳市	Shenyang	26564	6200	
大连市	Dalian	17972	4208	3699
鞍山市	Anshan	1920	1576	1106
抚顺市	Fushun	1963	1066	909
本溪市	Benxi	3254	1788	1559
丹东市	Dandong	1493	968	537
锦州市	Jinzhou	4750	1179	785
营口市	Yingkou	1026	1309	1051
阜新市	Fuxin	1885	1039	845
辽阳市	Liaoyang	881	907	726

2-34 续表 1 continued 1

单位：人 (person)

城 市	City	普通高等学校 Regular Institutions of Higher Education	中等职业教育学校 Vocational Secondary Schools	
		全 市 Total City	全 市 Total City	市辖区 Districts under City
盘锦市	Panjin	523	512	409
铁岭市	Tieling	1384	796	387
朝阳市	Chaoyang	477	1503	741
葫芦岛市	Huludao	453	823	499
吉林省	**Jilin**			
长春市	Changchun	27488	3601	2762
吉林市	Jilin	5682	2686	1949
四平市	Siping	2461	1295	366
辽源市	Liaoyuan	325	455	273
通化市	Tonghua	753	1390	631
白山市	Baishan	247	568	310
松原市	Songyuan	355	955	452
白城市	Baicheng	1069	966	339
黑龙江省	**Heilongjiang**			
哈尔滨市	Harbin	31874	6011	4702
齐齐哈尔市	Qiqihar	3378	1069	506
鸡西市	Jixi	338	314	139
鹤岗市	Hegang	202	479	301
双鸭山市	Shuangyashan		352	80
大庆市	Daqing	3373	787	499
伊春市	Yichun	205	454	366
佳木斯市	Jiamusi	1651	601	222
七台河市	Qitaihe	127	30	4
牡丹江市	Mudanjiang	2686	706	114
黑河市	Heihe	550	706	246
绥化市	Suihua	522	1027	164
上海市	**Shanghai**	**44585**	**8083**	**8083**
江苏省	**Jiangsu**			
南京市	Nanjing	51765	6252	6252
无锡市	Wuxi	6283	6590	4134
徐州市	Xuzhou	8569	3885	2347
常州市	Changzhou	5989	3729	3253
苏州市	Suzhou	12775	5246	2398
南通市	Nantong	5064	4795	1725
连云港市	Lianyungang	2329	2661	1923
淮安市	Huai'an	4133	2821	1896
盐城市	Yancheng	3653	3974	2163
扬州市	Yangzhou	5473	1494	1180
镇江市	Zhenjiang	5967	1590	761
泰州市	Taizhou	3279	1739	809
宿迁市	Suqian	1071	3069	1943
浙江省	**Zhejiang**			
杭州市	Hangzhou	30247	4957	4447
宁波市	Ningbo	8409	5283	2704
温州市	Wenzhou	5719	4687	1638
嘉兴市	Jiaxing	3134	3568	1138
湖州市	Huzhou	1653	2077	717

2-34 续表 2 continued 2

单位：人 (person)

城 市	City	普通高等学校 Regular Institutions of Higher Education	中等职业教育学校 Vocational Secondary Schools	
		全 市 Total City	全 市 Total City	市辖区 Districts under City
绍兴市	Shaoxing	4782	3148	1830
金华市	Jinhua	4651	4302	1722
衢州市	Quzhou	702	1631	745
舟山市	Zhoushan	1348	590	490
台州市	Taizhou	1786	4753	1550
丽水市	Lishui	1164	1982	392
安徽省	**Anhui**			
合肥市	Hefei	27073	3619	1740
芜湖市	Wuhu	6947	1681	840
蚌埠市	Bengbu	3179	1808	832
淮南市	Huainan	3252	1184	683
马鞍山市	Maanshan	3216	1131	817
淮北市	Huaibei	2187	788	649
铜陵市	Tongling	1509	497	288
安庆市	Anqing	2081	1985	134
黄山市	Huangshan	1068	516	149
滁州市	Chuzhou	2814	1816	357
阜阳市	Fuyang	2161	3410	1773
宿州市	Suzhou	1368	1863	579
六安市	Lu'an	1941	2255	1196
亳州市	Bozhou	816	2705	905
池州市	Chizhou	1178	570	313
宣城市	Xuancheng	281	1495	602
福建省	**Fujian**			
福州市	Fuzhou	20523	4354	3148
厦门市	Xiamen	9324	2342	2342
莆田市	Putian	907	1147	798
三明市	Sanming	1301	1294	230
泉州市	Quanzhou	7222	2995	1011
漳州市	Zhangzhou	4046	1247	577
南平市	Nanping	1276	1210	689
龙岩市	Longyan	977	1238	584
宁德市	Ningde	629	1188	202
江西省	**Jiangxi**			
南昌市	Nanchang	32150	2284	1965
景德镇市	Jingdezhen		425	306
萍乡市	Pingxiang	1053	1024	752
九江市	Jiujiang	5045	1041	358
新余市	Xinyu	1866	894	865
鹰潭市	Yingtan	384	288	126
赣州市	Ganzhou	5984	2676	1159
吉安市	Ji'an	1493	1096	177
宜春市	Yichun	2608	1058	154
抚州市	Fuzhou	2058	688	318
上饶市	Shangrao	1792	1170	395
山东省	**Shandong**			
济南市	Jinan	33453	6291	5590

2-34 续表 3 continued 3

单位：人 (person)

城市	City	普通高等学校 Regular Institutions of Higher Education 全市 Total City	中等职业教育学校 Vocational Secondary Schools 全市 Total City	中等职业教育学校 Vocational Secondary Schools 市辖区 Districts under City
青岛市	Qingdao	21576	6692	5058
淄博市	Zibo	5724	2000	1555
枣庄市	Zaozhuang	2413	1735	1082
东营市	Dongying	1854	1223	839
烟台市	Yantai	11338	7405	2625
潍坊市	Weifang	10067	4666	817
济宁市	Jining	5950	3022	1016
泰安市	Tai'an	6688	2196	1003
威海市	Weihai	4394	1958	1492
日照市	Rizhao	1411	1580	898
莱芜市	Laiwu	535	515	515
临沂市	Linyi	3628	3879	1729
德州市	Dezhou	3238	2765	1146
聊城市	Liaocheng	2348	4371	2269
滨州市	Binzhou	3008	2035	834
菏泽市	Heze	2262	2974	1153
河南省	**Henan**			
郑州市	Zhengzhou	51083	11346	7583
开封市	Kaifeng	5999	1807	1078
洛阳市	Luoyang	7123	3899	1818
平顶山市	Pingdingshan	4064	2509	1493
安阳市	Anyang	4705	2502	1113
鹤壁市	Hebi	1237	724	344
新乡市	Xinxiang	8963	4076	1888
焦作市	Jiaozuo	5000	1752	547
濮阳市	Puyang	1072	1717	562
许昌市	Xuchang		1962	621
漯河市	Luohe	2177	1624	1233
三门峡市	Sanmenxia	977	1103	628
南阳市	Nanyang	5091	4287	1309
商丘市	Shangqiu	5647	2517	816
信阳市	Xinyang	4807	3340	691
周口市	Zhoukou	2294	3309	937
驻马店市	Zhumadian	1979	2833	981
湖北省	**Hubei**			
武汉市	Wuhan	58586	6296	6296
黄石市	Huangshi	2469	687	442
十堰市	Shiyan	2575	1590	761
宜昌市	Yichang	3101	1713	646
襄阳市	Xiangyang	2123	1872	1040
鄂州市	Ezhou	726	234	234
荆门市	Jingmen	821	1139	619
孝感市	Xiaogan	1850	1089	474
荆州市	Jingzhou	4361	1720	932
黄冈市	Huanggang	1987	2372	477
咸宁市	Xianning	1797	725	160
随州市	Suizhou	382	342	102

2–34 续表 4 continued 4

单位：人 (person)

城 市	City	普通高等学校 Regular Institutions of Higher Education	中等职业教育学校 Vocational Secondary Schools	
		全 市 Total City	全 市 Total City	市辖区 Districts under City
湖南省	**Hunan**			
长沙市	Changsha	35441	4829	2854
株洲市	Zhuzhou	4584	1461	891
湘潭市	Xiangtan	7420	1232	708
衡阳市	Hengyang	7114	3174	1478
邵阳市	Shaoyang	2053	2744	686
岳阳市	Yueyang	2439	2175	765
常德市	Changde	2832	2342	672
张家界市	Zhangjiajie	771	651	244
益阳市	Yiyang	1931	1645	613
郴州市	Chenzhou	1633	1700	519
永州市	Yongzhou	1768	3137	612
怀化市	Huaihua	1782	2223	715
娄底市	Loudi	2090	1427	207
广东省	**Guangdong**			
广州市	Guangzhou	62732	7866	7866
韶关市	Shaoguan	1668	1504	788
深圳市	Shenzhen	6644	2694	2694
珠海市	Zhuhai	6596	932	932
汕头市	Shantou	958	1935	1923
佛山市	Foshan	3528	4700	4700
江门市	Jiangmen	2171	2632	1556
湛江市	Zhanjiang	6245	2453	1760
茂名市	Maoming	1716	2828	992
肇庆市	Zhaoqing	3771	2662	1985
惠州市	Huizhou	2111	2971	
梅州市	Meizhou	1269	1478	832
汕尾市	Shanwei	372	998	369
河源市	Heyuan	540	1540	1003
阳江市	Yangjiang	484	575	346
清远市	Qingyuan	468	1616	748
东莞市	Dongguan	5454	3863	
中山市	Zhongshan	1944	1834	
潮州市	Chaozhou	880	712	499
揭阳市	Jieyang	591	1578	799
云浮市	Yunfu	455	995	358
广西壮族自治区	**Guangxi**			
南宁市	Nanning	20373	7903	7582
柳州市	Liuzhou	4245	2962	2962
桂林市	Guilin	9411	1568	857
梧州市	Wuzhou	693	996	394
北海市	Beihai	2200	736	601
防城港市	Fangchenggang	127	119	67
钦州市	Qinzhou	1173	1109	599
贵港市	Guigang		1009	427

2-34 续表 5 continued 5

单位：人 (person)

城　市	City	普通高等学校 Regular Institutions of Higher Education	中等职业教育学校 Vocational Secondary Schools	
		全　市 Total City	全　市 Total City	市辖区 Districts under City
玉林市	Yulin	955	1999	1381
百色市	Baise	2524	1006	435
贺州市	Hezhou	748	791	485
河池市	Hechi	894	1058	583
来宾市	Laibin	710	675	389
崇左市	Chongzuo	3005	574	194
海南省	**Hainan**			
海口市	Haikou	7016	2654	2654
三亚市	Sanya	2445	353	353
三沙市	Sansha			
儋州市	Danzhou		152	
重庆市	**Chongqing**	**42946**	**19120**	**11759**
四川省	**Sichuan**			
成都市	Chengdu	49448	9453	
自贡市	Zigong	2000	1189	776
攀枝花市	Panzhihua	1221		
泸州市	Luzhou	2664	2226	715
德阳市	Deyang	5339	1238	672
绵阳市	Mianyang		1716	865
广元市	Guangyuan	642	1141	427
遂宁市	Suining	608	1397	562
内江市	Neijiang	1669	994	363
乐山市	Leshan	2626	1444	692
南充市	Nanchong	3617	2737	1338
眉山市	Meishan		1269	553
宜宾市	Yibin	1414	2977	1816
广安市	Guang'an	512	1486	264
达州市	Dazhou	1330	3285	1394
雅安市	Ya'an	3199	409	215
巴中市	Bazhong	393	1314	396
资阳市	Ziyang	218	857	414
贵州省	**Guizhou**			
贵阳市	Guiyang	20492	5199	4698
六盘水市	Liupanshui	914	734	83
遵义市	Zunyi			
安顺市	Anshun	1089	734	378
毕节市	Bijie	2351	2799	133
铜仁市	Tongren	2181	1607	690
云南省	**Yunnan**			
昆明市	Kunming	29496	4830	3184
曲靖市	Qujing	1630	2640	1732
玉溪市	Yuxi	848	1449	946
保山市	Baoshan	716	1150	378
昭通市	Zhaotong	627	1481	702
丽江市	Lijiang	1307	559	282
普洱市	Pu'er	387	1320	599
临沧市	Lincang	398	712	283

2-34 续表 6 continued 6

单位：人 (person)

城 市	City	普通高等学校 Regular Institutions of Higher Education	中等职业教育学校 Vocational Secondary Schools	
		全 市 Total City	全 市 Total City	市辖区 Districts under City
西藏自治区	**Tibet**			
拉萨市	Lasa	1585	668	631
日喀则市	Xigaze		256	
昌都市	Qamdo		217	
林芝市	Linzhi	302	135	135
山南市	Shannan		329	329
那曲市	Naqu		123	
陕西省	**Shaanxi**			
西安市	Xi'an	49018	4907	4715
铜川市	Tongchuan	256	147	126
宝鸡市	Baoji	1972	128	128
咸阳市	Xianyang	5715	1457	291
渭南市	Weinan	1602	2025	684
延安市	Yan'an	1313	814	201
汉中市	Hanzhong	2496	965	285
榆林市	Yulin	829	2142	785
安康市	Ankang	959	656	225
商洛市	Shangluo	1330	945	126
甘肃省	**Gansu**			
兰州市	Lanzhou	17838	1986	1384
嘉峪关市	Jiayuguan	121	193	
金昌市	Jinchang	148	233	88
白银市	Baiyin	184	1340	586
天水市	Tianshui	1801	1647	803
武威市	Wuwei	825	888	419
张掖市	Zhangye	941	756	344
平凉市	Pingliang	887	1545	490
酒泉市	Jiuquan	440	611	303
庆阳市	Qingyang	1099	1201	435
定西市	Dingxi		1754	377
陇南市	Longnan	384	999	225
青海省	**Qinghai**			
西宁市	Xining	4464	1363	919
海东市	Haidong		313	88
宁夏回族自治区	**Ningxia**			
银川市	Yinchuan	6978	1122	849
石嘴山市	Shizuishan	485	419	254
吴忠市	Wuzhong	395	267	
固原市	Guyuan	402	690	219
中卫市	Zhongwei		402	187
新疆维吾尔自治区	**Xinjiang**			
乌鲁木齐市	Urumqi	11808	2173	2173
克拉玛依市	Karamay	505	248	248
吐鲁番市	Turpan	246	94	
哈密市	Hami	240	257	257

2–35 专任教师数(二)
Number of Full-time Teachers (Ⅱ)

单位：人 (person)

城 市	City	普通中学 Regular Secondary Schools 全 市 Total City	普通中学 Regular Secondary Schools 市辖区 Districts under City	普通小学 Regular Primary Schools 全 市 Total City	普通小学 Regular Primary Schools 市辖区 Districts under City
北京市	**Beijing**	**68898**	**68898**	**54531**	**54531**
天津市	**Tianjin**	**44075**	**44075**	**44785**	**44785**
河北省	**Hebei**				
石家庄市	Shijiazhuang	39742	18661	48346	19402
唐山市	Tangshan	31937	13485	33056	14058
秦皇岛市	Qinhuangdao	15212	8323	15567	7891
邯郸市	Handan	42447	16893	58597	20052
邢台市	Xingtai	28878	5872	41800	5551
保定市	Baoding	45595	11570	55438	13224
张家口市	Zhangjiakou	16807	7712	20448	7318
承德市	Chengde	12972	2674	18514	3005
沧州市	Cangzhou	27321	3006	40165	3456
廊坊市	Langfang	17771	3354	26137	4644
衡水市	Hengshui	23533	10953	22174	5298
山西省	**Shanxi**				
太原市	Taiyuan	19689	15660	19014	14860
大同市	Datong	15277		16729	
阳泉市	Yangquan	5700	2581	5259	2588
长治市	Changzhi	15128	5630	14132	4042
晋城市	Jincheng	10875	3024	8631	1903
朔州市	Shuozhou	11215	4621	7819	3040
晋中市	Jinzhong	16859	2977	13929	2592
运城市	Yuncheng	28119	5192	22128	3274
忻州市	Xinzhou	14104	2318	15123	1025
临汾市	Linfen	20942	6000	21741	4275
吕梁市	Lvliang	20547	2024	17304	1679
内蒙古自治区	**Inner Mongolia**				
呼和浩特市	Hohhot	11674	7914	8897	5784
包头市	Baotou	10333	8926	9242	7408
乌海市	Wuhai	2221	2221	2064	2064
赤峰市	Chifeng	18136	6359	17736	5231
通辽市	Tongliao	12591	1809	14150	2935
鄂尔多斯市	Erdos	8216	2836	10141	3186
呼伦贝尔市	Hulunbuir	10357	1999	10601	1215
巴彦淖尔市	Bayannur	4835	1902	5362	1875
乌兰察布市	Ulanqab	6633	2752	6924	1656
辽宁省	**Liaoning**				
沈阳市	Shenyang	25362	20802	22944	18033
大连市	Dalian	21939	15887	19630	14643
鞍山市	Anshan	12145	5872	10480	3451
抚顺市	Fushun	6896	4673	6045	3703
本溪市	Benxi	6147	3846	5357	3140
丹东市	Dandong	8480	2629	7926	1939
锦州市	Jinzhou	9145	3311	9281	2987
营口市	Yingkou	8184	3863	6756	2887
阜新市	Fuxin	6556	2632	6139	2041
辽阳市	Liaoyang	6056	3084	5155	2486

2-35 续表 1 continued 1

单位：人 (person)

城　市	City	普通中学 Regular Secondary Schools		普通小学 Regular Primary Schools	
		全　市 Total City	市辖区 Districts under City	全　市 Total City	市辖区 Districts under City
盘锦市	Panjin	6409	4785	5134	3003
铁岭市	Tieling	10255	2368	9651	1466
朝阳市	Chaoyang	14054	3067	13288	2588
葫芦岛市	Huludao	10337	3657	10251	3424
吉林省	**Jilin**				
长春市	Changchun	33353	22211	25284	12901
吉林市	Jilin	15239	6327	13549	5121
四平市	Siping	12193	2432	13090	2455
辽源市	Liaoyuan	4510	1655	5134	1452
通化市	Tonghua	10009	1730	6116	1271
白山市	Baishan	6902	2510	3639	1202
松原市	Songyuan	10862	2860	11477	2286
白城市	Baicheng	9361	2187	7268	1442
黑龙江省	**Heilongjiang**				
哈尔滨市	Harbin	35344	23439	28891	15989
齐齐哈尔市	Qiqihar	18297	5218	9827	3109
鸡西市	Jixi	7013	2525	3722	2484
鹤岗市	Hegang	2924	2096	2576	1737
双鸭山市	Shuangyashan	4700	1950	3702	1524
大庆市	Daqing	14554	9141	8152	3933
伊春市	Yichun	3861	3029	3184	2470
佳木斯市	Jiamusi	8219	3098	6653	2234
七台河市	Qitaihe	2998	2116	2149	1369
牡丹江市	Mudanjiang	9441	2890	8010	2651
黑河市	Heihe	4886	879	4130	759
绥化市	Suihua	21953	3461	12398	2129
上海市	**Shanghai**	**59346**	**59346**	**56803**	**56803**
江苏省	**Jiangsu**				
南京市	Nanjing	24468	24468	27542	27542
无锡市	Wuxi	20905	11084	21652	13177
徐州市	Xuzhou	36253	12663	47692	15941
常州市	Changzhou	14982	12222	15985	13544
苏州市	Suzhou	31301	17352	41868	22453
南通市	Nantong	24484	7042	20793	7042
连云港市	Lianyungang	21911	10118	26490	11729
淮安市	Huai'an	21193	12633	22563	12212
盐城市	Yancheng	27870	9084	27431	7985
扬州市	Yangzhou	16215	8758	13369	7747
镇江市	Zhenjiang	10115	3669	9885	3697
泰州市	Taizhou	18769	6778	13867	4944
宿迁市	Suqian	17920	5199	26926	7809
浙江省	**Zhejiang**				
杭州市	Hangzhou	31625	26774	35793	31422
宁波市	Ningbo	24603	12728	27880	14716
温州市	Wenzhou	33031	8924	36215	10097
嘉兴市	Jiaxing	14488	4127	15043	4314
湖州市	Huzhou	10133	4246	9248	4176

2-35 续表 2 continued 2

单位：人 (person)

城市	City	普通中学 Regular Secondary Schools 全市 Total City	普通中学 Regular Secondary Schools 市辖区 Districts under City	普通小学 Regular Primary Schools 全市 Total City	普通小学 Regular Primary Schools 市辖区 Districts under City
绍兴市	Shaoxing	19565	9507	16043	7914
金华市	Jinhua	20130	4661	22590	4718
衢州市	Quzhou	9189	3390	8922	3132
舟山市	Zhoushan	3833	3015	3075	2367
台州市	Taizhou	23253	7288	24698	7738
丽水市	Lishui	8603	1980	10300	2164
安徽省	**Anhui**				
合肥市	Hefei	30578	13059	28260	13412
芜湖市	Wuhu	13087	4933	11757	5240
蚌埠市	Bengbu	13084	4501	15288	5485
淮南市	Huainan	12570	6470	13750	6725
马鞍山市	Maanshan	8300	2450	7398	2833
淮北市	Huaibei	8611	4508	8286	4255
铜陵市	Tongling	6486	3148	5155	2687
安庆市	Anqing	20290	3353	16895	2236
黄山市	Huangshan	4938	1770	5029	1700
滁州市	Chuzhou	15815	2443	13831	2245
阜阳市	Fuyang	31345	8792	38246	9224
宿州市	Suzhou	18005	6037	24338	7556
六安市	Lu'an	19780	9132	19530	7992
亳州市	Bozhou	19968	6208	27271	7536
池州市	Chizhou	5897	2411	5414	2279
宣城市	Xuancheng	8729	2969	8875	2922
福建省	**Fujian**				
福州市	Fuzhou	24737	11235	29337	13929
厦门市	Xiamen	12178	12178	17211	17211
莆田市	Putian	14449	9943	14480	10181
三明市	Sanming	11507	1607	12166	1457
泉州市	Quanzhou	31565	6882	33695	6669
漳州市	Zhangzhou	20813	3890	21149	3381
南平市	Nanping	11657	3246	12938	3762
龙岩市	Longyan	13078	5081	12643	5060
宁德市	Ningde	13213	2400	13739	2243
江西省	**Jiangxi**				
南昌市	Nanchang	26791	18395	17838	10333
景德镇市	Jingdezhen	7714	2856	7294	1827
萍乡市	Pingxiang	7757	3566	7680	3952
九江市	Jiujiang	18368	4318	22715	4335
新余市	Xinyu	4333	3365	5486	4042
鹰潭市	Yingtan	4932	1356	6545	1677
赣州市	Ganzhou	39740	10165	48976	12926
吉安市	Ji'an	19939	2216	24406	3093
宜春市	Yichun	21391	4340	27198	5502
抚州市	Fuzhou	15693	6521	20762	7715
上饶市	Shangrao	32277	6307	32838	5776
山东省	**Shandong**				
济南市	Jinan	26588	20799	30605	22458

2-35 续表 3 continued 3

单位：人 (person)

城 市	City	普通中学 Regular Secondary Schools 全 市 Total City	普通中学 Regular Secondary Schools 市辖区 Districts under City	普通小学 Regular Primary Schools 全 市 Total City	普通小学 Regular Primary Schools 市辖区 Districts under City
青岛市	Qingdao	38321	24636	34576	23350
淄博市	Zibo	22455	15062	15690	10807
枣庄市	Zaozhuang	15248	9606	36249	23261
东营市	Dongying	12179	7746	8458	5790
烟台市	Yantai	34034	9802	14549	6050
潍坊市	Weifang	43045	9859	39656	9749
济宁市	Jining	33349	9262	38183	9080
泰安市	Tai'an	25215	8500	19474	5467
威海市	Weihai	12083	6976	7729	4946
日照市	Rizhao	12373	6193	11719	5395
莱芜市	Laiwu	6234	6234	4099	4099
临沂市	Linyi	47066	11836	51697	9035
德州市	Dezhou	23692	5354	27248	6335
聊城市	Liaocheng	24508	6655	32689	9013
滨州市	Binzhou	17188	4871	16430	5092
菏泽市	Heze	37262	8590	50563	11954
河南省	**Henan**				
郑州市	Zhengzhou	46865	25560	41143	23432
开封市	Kaifeng	20318	7306	27294	9179
洛阳市	Luoyang	35485	10450	28631	7512
平顶山市	Pingdingshan	22536	5214	25285	5472
安阳市	Anyang	24531	7303	25893	7856
鹤壁市	Hebi	6897	3340	7654	3284
新乡市	Xinxiang	30507	5519	27709	4592
焦作市	Jiaozuo	17638	5543	14447	5369
濮阳市	Puyang	18671	7059	23092	4494
许昌市	Xuchang	19172	5618	24912	6085
漯河市	Luohe	10868	5481	10007	5441
三门峡市	Sanmenxia	10741	3333	10176	3120
南阳市	Nanyang	52923	9920	57067	8744
商丘市	Shangqiu	36565	8596	45497	8931
信阳市	Xinyang	38936	6951	38330	6286
周口市	Zhoukou	50055	3756	54894	2979
驻马店市	Zhumadian	37644	5286	50281	5499
湖北省	**Hubei**				
武汉市	Wuhan	31711	31711	30576	30576
黄石市	Huangshi	9746	2789	10705	2848
十堰市	Shiyan	14252	7249	11961	4600
宜昌市	Yichang	12101	5070	11003	4283
襄阳市	Xiangyang	22233	10627	17837	6911
鄂州市	Ezhou	3937	3937	4764	4764
荆门市	Jingmen	9660	2880	8227	2261
孝感市	Xiaogan	17762	3500	14524	2993
荆州市	Jingzhou	19649	4179	14167	2270
黄冈市	Huanggang	22314	1913	23133	1118
咸宁市	Xianning	9099	2538	12162	1959
随州市	Suizhou	7250	2759	7385	2319

2-35 续表 4 continued 4

单位：人 (person)

城市	City	普通中学 Regular Secondary Schools 全市 Total City	普通中学 Regular Secondary Schools 市辖区 Districts under City	普通小学 Regular Primary Schools 全市 Total City	普通小学 Regular Primary Schools 市辖区 Districts under City
湖南省	**Hunan**				
长沙市	Changsha	29504	16384	31605	18964
株洲市	Zhuzhou	13596	6289	14068	5664
湘潭市	Xiangtan	9167	2483	8504	2779
衡阳市	Hengyang	28236	4289	30015	5445
邵阳市	Shaoyang	26394	2903	28920	3091
岳阳市	Yueyang	19636	5014	19059	4866
常德市	Changde	19004	4874	17679	4362
张家界市	Zhangjiajie	5810	2012	5799	2240
益阳市	Yiyang	14716	4604	14337	4500
郴州市	Chenzhou	20735	4594	24888	5571
永州市	Yongzhou	22478	5052	28062	5908
怀化市	Huaihua	18159	3062	20950	2765
娄底市	Loudi	16378	3498	17432	3075
广东省	**Guangdong**				
广州市	Guangzhou	43519	43519	57160	57160
韶关市	Shaoguan	12478	4056	14024	4424
深圳市	Shenzhen	35544	35544	55160	55160
珠海市	Zhuhai	8699	8699	7334	7334
汕头市	Shantou	33103	32746	22331	22013
佛山市	Foshan	25244	25244	30233	30233
江门市	Jiangmen	16962	7414	15802	6776
湛江市	Zhanjiang	32611	23365	37471	9723
茂名市	Maoming	34407	11683	35863	14060
肇庆市	Zhaoqing	19154	7232	17763	5947
惠州市	Huizhou	21801	11433	28903	15399
梅州市	Meizhou	22346	4955	19971	4263
汕尾市	Shanwei	13817	2606	15843	2419
河源市	Heyuan	19274	4439	16566	3077
阳江市	Yangjiang	10915	5425	15010	7768
清远市	Qingyuan	15539	6485	17768	6816
东莞市	Dongguan	21602		37894	
中山市	Zhongshan	11391		15941	
潮州市	Chaozhou	11486	7300	10363	7049
揭阳市	Jieyang	28545	9462	30452	8953
云浮市	Yunfu	12348	3584	13890	3586
广西壮族自治区	**Guangxi**				
南宁市	Nanning	28680	17198	37836	23695
柳州市	Liuzhou	14159	8440	17330	9440
桂林市	Guilin	16655	5623	22630	7239
梧州市	Wuzhou	13097	3109	16602	3957
北海市	Beihai	8650	4407	8529	3586
防城港市	Fangchenggang	3759	2277	5584	2981
钦州市	Qinzhou	13457	5839	20120	8355
贵港市	Guigang	21681	9284	23970	8975

2-35 续表 5 continued 5

单位：人 (person)

城市	City	普通中学 Regular Secondary Schools 全市 Total City	市辖区 Districts under City	普通小学 Regular Primary Schools 全市 Total City	市辖区 Districts under City
玉林市	Yulin	25941	5172	32456	5231
百色市	Baise	14798	1906	18700	2092
贺州市	Hezhou	8107	4352	11963	5938
河池市	Hechi	12940	3543	20571	4479
来宾市	Laibin	8654	1702	10273	4617
崇左市	Chongzuo	7452	1423	9702	1117
海南省	**Hainan**				
海口市	Haikou	9599	9599	8578	8578
三亚市	Sanya	3251	3251	3790	3790
三沙市	Sansha	8		8	
儋州市	Danzhou	4981		5074	
重庆市	**Chongqing**	**117159**	**84512**	**126513**	**88352**
四川省	**Sichuan**				
成都市	Chengdu	51776		53673	
自贡市	Zigong	8780	3675	9635	4468
攀枝花市	Panzhihua	5151	3515	4891	2768
泸州市	Luzhou	21046	7285	15986	3965
德阳市	Deyang	10962	3351	11137	3111
绵阳市	Mianyang	21114	10696	13613	4651
广元市	Guangyuan	10442	4052	11555	3983
遂宁市	Suining	11314	5037	11537	5043
内江市	Neijiang	14170	4867	10494	3719
乐山市	Leshan	11017	3973	9816	3026
南充市	Nanchong	31820	9116	15182	5143
眉山市	Meishan	10110	3842	9969	3337
宜宾市	Yibin	19479	9440	21349	9169
广安市	Guang'an	16425	5207	14848	3640
达州市	Dazhou	22124	6349	25688	6842
雅安市	Ya'an	5305	2149	6059	2012
巴中市	Bazhong	14975	5891	15620	5246
资阳市	Ziyang	11809	4144	7401	2684
贵州省	**Guizhou**				
贵阳市	Guiyang	18890	16112	21016	12381
六盘水市	Liupanshui	15286	4190	15737	3785
遵义市	Zunyi				
安顺市	Anshun	11132	5318	13604	5744
毕节市	Bijie	39479	8393	42041	7024
铜仁市	Tongren	22979	3796	22638	3025
云南省	**Yunnan**				
昆明市	Kunming	26500	16027	29296	18353
曲靖市	Qujing	27283	7409	31648	6847
玉溪市	Yuxi	9498	3512	10466	2958
保山市	Baoshan	10770	3844	11248	3850
昭通市	Zhaotong	24313	4162	28191	4649
丽江市	Lijiang	5491	1107	6828	1043
普洱市	Pu'er	8724	1310	11584	1238
临沧市	Lincang	8878	2181	12206	1736

2-35 续表 6 continued 6

单位：人 (person)

城市	City	普通中学 Regular Secondary Schools 全市 Total City	普通中学 Regular Secondary Schools 市辖区 Districts under City	普通小学 Regular Primary Schools 全市 Total City	普通小学 Regular Primary Schools 市辖区 Districts under City
西藏自治区	**Tibet**				
拉萨市	Lasa	3487		3957	
日喀则市	Xigaze	3933	428	5168	585
昌都市	Qamdo	2729	120	4356	404
林芝市	Linzhi	1206	699	1977	197
山南市	Shannan	1933	767	2176	529
那曲市	Naqu	2459	257	3573	514
陕西省	**Shaanxi**				
西安市	Xi'an	37539	32733	36878	32369
铜川市	Tongchuan	3406	2828	2833	2429
宝鸡市	Baoji	15188	6546	13098	5292
咸阳市	Xianyang	23266	5496	16738	1373
渭南市	Weinan	26022	5621	19957	3310
延安市	Yan'an	10535	4047	12214	4155
汉中市	Hanzhong	14451	4694	13758	3777
榆林市	Yulin	17721	4584	16851	4480
安康市	Ankang	11493	5542	12480	4118
商洛市	Shangluo	8900	2764	8662	1905
甘肃省	**Gansu**				
兰州市	Lanzhou	14272	9418	15056	9315
嘉峪关市	Jiayuguan	1117		881	
金昌市	Jinchang	2291	1175	1637	837
白银市	Baiyin	11420	3750	10515	2520
天水市	Tianshui	18596	6371	16995	5565
武威市	Wuwei	8413	4531	9096	5163
张掖市	Zhangye	5103	2118	6050	2307
平凉市	Pingliang	12543	2801	11943	2336
酒泉市	Jiuquan	4860	2071	4793	1859
庆阳市	Qingyang	11476	2711	15223	2855
定西市	Dingxi	16879	2796	12667	1818
陇南市	Longnan	11234	1734	14501	3082
青海省	**Qinghai**				
西宁市	Xining	9688	4826	8233	4052
海东市	Haidong	6943	1078	7310	1886
宁夏回族自治区	**Ningxia**				
银川市	Yinchuan	9714	6364	8570	5145
石嘴山市	Shizuishan	3541	2271	3055	1931
吴忠市	Wuzhong	6500	2063	7611	2241
固原市	Guyuan	7306	2616	8269	2648
中卫市	Zhongwei	5952	1994	5488	1613
新疆维吾尔自治区	**Xinjiang**				
乌鲁木齐市	Urumqi	12612	12416	11473	11125
克拉玛依市	Karamay	2391	2391	1735	1735
吐鲁番市	Turpan	6446	3542	3730	1446
哈密市	Hami	3477	2869	4639	3581

2–36 在校学生数(一)
Number of Students Enrollment (I)

单位：人 (person)

城市	City	普通本专科 Undergraduate in Regular HEIs	中等职业教育学校 Vocational Secondary Schools	
		全市 Total City	全市 Total City	市辖区 Districts under City
北京市	**Beijing**	**581133**	**90985**	**90985**
天津市	**Tianjin**	**523349**	**107504**	**107504**
河北省	**Hebei**			
石家庄市	Shijiazhuang		197412	165066
唐山市	Tangshan	133291	74997	48877
秦皇岛市	Qinhuangdao	151259	32937	22209
邯郸市	Handan	65427	86323	53154
邢台市	Xingtai	51685	52182	15640
保定市	Baoding	178167	80486	28611
张家口市	Zhangjiakou	58316	43577	26129
承德市	Chengde	47571	36664	13358
沧州市	Cangzhou	68440	80078	14821
廊坊市	Langfang	127149	28821	10536
衡水市	Hengshui	18971	31951	21332
山西省	**Shanxi**			
太原市	Taiyuan	444121	107145	104051
大同市	Datong	27512	19152	
阳泉市	Yangquan	16632	5631	4408
长治市	Changzhi	35424	30426	20756
晋城市	Jincheng	5165	21489	15604
朔州市	Shuozhou	10614	21716	5070
晋中市	Jinzhong	192443	39956	10718
运城市	Yuncheng	53351	44059	23814
忻州市	Xinzhou	22525	18363	5147
临汾市	Linfen	42607	23675	11574
吕梁市	Lvliang	19195	22500	7254
内蒙古自治区	**Inner Mongolia**			
呼和浩特市	Hohhot	240266	36964	32092
包头市	Baotou	76417	23081	21594
乌海市	Wuhai	5191	1898	1898
赤峰市	Chifeng	23088	29903	13926
通辽市	Tongliao		11140	6198
鄂尔多斯市	Erdos	11182	14414	6858
呼伦贝尔市	Hulunbuir	7615	13114	2905
巴彦淖尔市	Bayannur	5380	14832	9637
乌兰察布市	Ulanqab	22799	8036	
辽宁省	**Liaoning**			
沈阳市	Shenyang	391152	95241	
大连市	Dalian	279945	60729	55471
鞍山市	Anshan	30867	15379	11156
抚顺市	Fushun	41331	9203	7110
本溪市	Benxi	31847	6757	6110
丹东市	Dandong	25775	15868	11848
锦州市	Jinzhou	75042	18846	13773
营口市	Yingkou	20348	17306	15102
阜新市	Fuxin	36105	9555	8123
辽阳市	Liaoyang	16216	13952	11737

2-36 续表 1 continued 1

单位：人 (person)

城市	City	普通本专科 Undergraduate in Regular HEIs	中等职业教育学校 Vocational Secondary Schools	
		全市 Total City	全市 Total City	市辖区 Districts under City
盘锦市	Panjin	7003	11363	9362
铁岭市	Tieling	17472	11711	7174
朝阳市	Chaoyang	5635	20293	6362
葫芦岛市	Huludao	7669	13446	5631
吉林省	**Jilin**			
长春市	Changchun	447156	44442	40973
吉林市	Jilin	104764	25741	19746
四平市	Siping	38092	15358	8096
辽源市	Liaoyuan	5749	2675	1335
通化市	Tonghua	12801	6329	2330
白山市	Baishan	1214	3914	1801
松原市	Songyuan	3278	6409	1884
白城市	Baicheng	20613	7507	4096
黑龙江省	**Heilongjiang**			
哈尔滨市	Harbin	504194	91675	71515
齐齐哈尔市	Qiqihar	53741	11499	4537
鸡西市	Jixi	8849	2184	853
鹤岗市	Hegang	2360	3705	2616
双鸭山市	Shuangyashan		2520	148
大庆市	Daqing	62551	5140	4463
伊春市	Yichun	3588	2979	2562
佳木斯市	Jiamusi	38807	4001	800
七台河市	Qitaihe	3193	206	96
牡丹江市	Mudanjiang	49249	5973	1153
黑河市	Heihe	10233	5234	2554
绥化市	Suihua	11609	12230	449
上海市	**Shanghai**	**517796**	**102575**	**102575**
江苏省	**Jiangsu**			
南京市	Nanjing	726728	90727	90727
无锡市	Wuxi	106027	66680	47996
徐州市	Xuzhou	130699	81794	40069
常州市	Changzhou	105017	60636	55659
苏州市	Suzhou	217950	58880	31471
南通市	Nantong	95306	74797	40167
连云港市	Lianyungang	41610	50488	27933
淮安市	Huai'an	71834	55618	31796
盐城市	Yancheng	64053	52480	34593
扬州市	Yangzhou	78957	23494	20614
镇江市	Zhenjiang	83840	18874	9668
泰州市	Taizhou	63413	27481	14999
宿迁市	Suqian	20843	47765	29100
浙江省	**Zhejiang**			
杭州市	Hangzhou	431965	75934	69197
宁波市	Ningbo	149804	66000	34993
温州市	Wenzhou	88810	80762	25018
嘉兴市	Jiaxing	70711	48904	14762
湖州市	Huzhou	26941	28306	10201

2–36 续表 2 continued 2

单位：人 (person)

城 市	City	普通本专科 Undergraduate in Regular HEIs	中等职业教育学校 Vocational Secondary Schools	
		全 市 Total City	全 市 Total City	市辖区 Districts under City
绍兴市	Shaoxing	99270	47581	27519
金华市	Jinhua	77480	74333	30618
衢州市	Quzhou	14413	26338	12140
舟山市	Zhoushan	23032	6884	6311
台州市	Taizhou	35216	86024	27443
丽水市	Lishui	21008	28060	5999
安徽省	**Anhui**			
合肥市	Hefei	497131	107444	60832
芜湖市	Wuhu	133672	54605	20567
蚌埠市	Bengbu	61614	52921	18666
淮南市	Huainan	59775	38415	22041
马鞍山市	Maanshan	56125	28222	15095
淮北市	Huaibei	38717	21783	19766
铜陵市	Tongling	34062	10552	8267
安庆市	Anqing	37413	32409	5323
黄山市	Huangshan	22630	15753	5590
滁州市	Chuzhou	53418	44162	10951
阜阳市	Fuyang	36823	118876	44935
宿州市	Suzhou	25102	58159	22984
六安市	Lu'an	36300	66989	36528
亳州市	Bozhou	13035	61861	22897
池州市	Chizhou	26115	11476	6233
宣城市	Xuancheng	7180	29183	9529
福建省	**Fujian**			
福州市	Fuzhou	319943	86149	62496
厦门市	Xiamen	162459	41097	41097
莆田市	Putian	25434	24248	14596
三明市	Sanming	27309	25850	8243
泉州市	Quanzhou	130296	80090	31317
漳州市	Zhangzhou	74723	25512	10339
南平市	Nanping	26786	21866	12332
龙岩市	Longyan	18486	21471	21471
宁德市	Ningde	11490	20400	2795
江西省	**Jiangxi**			
南昌市	Nanchang	610624	81448	65556
景德镇市	Jingdezhen	18223	7731	5333
萍乡市	Pingxiang	28147	22623	17193
九江市	Jiujiang	92709	26988	12143
新余市	Xinyu	35554	15299	14550
鹰潭市	Yingtan	9207	10618	6846
赣州市	Ganzhou	97425	80744	45559
吉安市	Ji'an	40921	27745	8130
宜春市	Yichun	47867	27424	9757
抚州市	Fuzhou	32349	13472	9345
上饶市	Shangrao	32500	43430	22659
山东省	**Shandong**			
济南市	Jinan	568372	112940	109114

2–36 续表 3 continued 3

单位：人 (person)

城 市	City	普通本专科 Undergraduate in Regular HEIs	中等职业教育学校 Vocational Secondary Schools	
		全 市 Total City	全 市 Total City	市辖区 Districts under City
青岛市	Qingdao	397982	84293	65546
淄博市	Zibo	107846	30872	19001
枣庄市	Zaozhuang	38866	42495	30883
东营市	Dongying	31177	22761	15575
烟台市	Yantai	234714	60831	30268
潍坊市	Weifang	184721	75200	23173
济宁市	Jining	114928	46037	15598
泰安市	Tai'an	124739	38485	18874
威海市	Weihai	88791	19416	15852
日照市	Rizhao	22514	26372	17195
莱芜市	Laiwu	10024	7455	7455
临沂市	Linyi	89237	77711	33729
德州市	Dezhou	63606	45644	24469
聊城市	Liaocheng	47454	49863	9101
滨州市	Binzhou	53880	30822	12865
菏泽市	Heze	47722	63571	28833
河南省	**Henan**			
郑州市	Zhengzhou	993479	324536	228976
开封市	Kaifeng	99813	37886	25221
洛阳市	Luoyang	126250	102455	58124
平顶山市	Pingdingshan	72370	44200	15739
安阳市	Anyang	90587	42074	22017
鹤壁市	Hebi	17328	22357	17017
新乡市	Xinxiang	163506	85438	35898
焦作市	Jiaozuo	89341	34133	16198
濮阳市	Puyang	17739	41483	20884
许昌市	Xuchang		29562	13800
漯河市	Luohe	30763	27823	25194
三门峡市	Sanmenxia	17540	13757	8138
南阳市	Nanyang	90554	87265	42202
商丘市	Shangqiu	104459	46218	22093
信阳市	Xinyang	84213	77274	18133
周口市	Zhoukou	44470	55477	28838
驻马店市	Zhumadian	30163	42499	20658
湖北省	**Hubei**			
武汉市	Wuhan	969323	100155	100155
黄石市	Huangshi	45773	14027	8966
十堰市	Shiyan	51104	23295	12991
宜昌市	Yichang	57661	26565	11774
襄阳市	Xiangyang	40808	25647	16539
鄂州市	Ezhou	14995	6150	6150
荆门市	Jingmen	15519	14368	7066
孝感市	Xiaogan	35624	21003	9154
荆州市	Jingzhou	82335	27543	18321
黄冈市	Huanggang	41921	45319	10916
咸宁市	Xianning	30554	16111	5285
随州市	Suizhou	6794	10602	4230

2-36 续表 4 continued 4

单位：人 (person)

城市	City	普通本专科 Undergraduate in Regular HEIs	中等职业教育学校 Vocational Secondary Schools	
		全市 Total City	全市 Total City	市辖区 Districts under City
湖南省	**Hunan**			
长沙市	Changsha	703519	124806	77702
株洲市	Zhuzhou	93298	24219	15309
湘潭市	Xiangtan	136049	21096	13151
衡阳市	Hengyang	166644	73152	39512
邵阳市	Shaoyang	33634	75034	28108
岳阳市	Yueyang	50008	53344	17021
常德市	Changde	52994	45623	18440
张家界市	Zhangjiajie	14905	12465	5912
益阳市	Yiyang	39941	29653	15218
郴州市	Chenzhou	29809	43151	16992
永州市	Yongzhou	29931	63448	17136
怀化市	Huaihua	31233	45023	16696
娄底市	Loudi	34000	34318	13375
广东省	**Guangdong**			
广州市	Guangzhou	1086407	184094	184094
韶关市	Shaoguan	36264	25979	15834
深圳市	Shenzhen		38922	38922
珠海市	Zhuhai	138957	18962	18962
汕头市	Shantou	21610	51168	51136
佛山市	Foshan	123575	76373	76373
江门市	Jiangmen	42120	45922	31829
湛江市	Zhanjiang	134466	59927	50719
茂名市	Maoming	43471	56347	23444
肇庆市	Zhaoqing	97195	53771	44953
惠州市	Huizhou	44018	80619	
梅州市	Meizhou	25018	27308	18335
汕尾市	Shanwei	6562	15363	6890
河源市	Heyuan	12347	28746	22801
阳江市	Yangjiang	10719	13722	7413
清远市	Qingyuan	11363	29015	15791
东莞市	Dongguan	121408	82311	
中山市	Zhongshan	56996	23243	
潮州市	Chaozhou	16970	8761	7223
揭阳市	Jieyang	11393	27277	11938
云浮市	Yunfu	9493	18547	9329
广西壮族自治区	**Guangxi**			
南宁市	Nanning	448999	234099	223739
柳州市	Liuzhou	87586	76202	72192
桂林市	Guilin	216776	34702	18959
梧州市	Wuzhou	15936	45197	16330
北海市	Beihai	48809	25179	19770
防城港市	Fangchenggang	4880	8924	6477
钦州市	Qinzhou	21168	29848	13051
贵港市	Guigang		45705	26081

2-36 续表 5 continued 5

单位：人 (person)

城 市	City	普通本专科 Undergraduate in Regular HEIs	中等职业教育学校 Vocational Secondary Schools	
		全 市 Total City	全 市 Total City	市辖区 Districts under City
玉林市	Yulin	17481	49690	39067
百色市	Baise	47976	39948	21042
贺州市	Hezhou	16612	24850	17975
河池市	Hechi	22439	34115	17049
来宾市	Laibin	17044	23502	13065
崇左市	Chongzuo	63101	9822	3552
海南省	**Hainan**			
海口市	Haikou	151485	74867	74867
三亚市	Sanya	50492	8401	8401
三沙市	Sansha			
儋州市	Danzhou		2850	
重庆市	**Chongqing**	**762811**	**396909**	**251487**
四川省	**Sichuan**			
成都市	Chengdu	840297	199494	
自贡市	Zigong	39868	24241	15863
攀枝花市	Panzhihua	26617	10337	
泸州市	Luzhou	47978	60550	28169
德阳市	Deyang	112999	25827	13105
绵阳市	Mianyang		42194	24545
广元市	Guangyuan	14939	18843	7344
遂宁市	Suining	13389	21364	10755
内江市	Neijiang	34192	24681	12884
乐山市	Leshan	51669	31399	17627
南充市	Nanchong	76212	57632	35422
眉山市	Meishan		24683	10719
宜宾市	Yibin	28200	70178	38319
广安市	Guang'an	13593	40515	6851
达州市	Dazhou	26167	64806	14681
雅安市	Ya'an	51388	12561	8580
巴中市	Bazhong	5455	27239	7127
资阳市	Ziyang	4787	19855	7380
贵州省	**Guizhou**			
贵阳市	Guiyang	378986	126589	113744
六盘水市	Liupanshui	19723	18283	455
遵义市	Zunyi			
安顺市	Anshun	19250	22960	11880
毕节市	Bijie	35298	52422	2589
铜仁市	Tongren	43457	37827	15330
云南省	**Yunnan**			
昆明市	Kunming	547277	187232	134315
曲靖市	Qujing	32238	71772	59531
玉溪市	Yuxi	16799	27950	22199
保山市	Baoshan	15135	27098	12076
昭通市	Zhaotong	14990	25741	13607
丽江市	Lijiang	21892	8799	6950
普洱市	Pu'er	12115	21468	11618
临沧市	Lincang	10671	15258	9875

2-36 续表 6 continued 6

单位：人 (person)

城 市	City	普通本专科 Undergraduate in Regular HEIs	中等职业教育学校 Vocational Secondary Schools	
		全 市 Total City	全 市 Total City	市辖区 Districts under City
西藏自治区	**Tibet**			
拉萨市	Lasa	31149	7906	7311
日喀则市	Xigaze		3250	
昌都市	Qamdo		3270	
林芝市	Linzhi		1776	1776
山南市	Shannan		3583	3583
那曲市	Naqu		1574	
陕西省	**Shaanxi**			
西安市	Xi'an	712810	181220	178506
铜川市	Tongchuan	7265	144	144
宝鸡市	Baoji	34597	4801	4801
咸阳市	Xianyang	127304	30091	11200
渭南市	Weinan	16500	23590	10750
延安市	Yan'an	24540	17381	4531
汉中市	Hanzhong	40098	13674	2527
榆林市	Yulin	16484	20940	8036
安康市	Ankang	22992	12024	5968
商洛市	Shangluo	16312	11782	1009
甘肃省	**Gansu**			
兰州市	Lanzhou	336867	37933	33134
嘉峪关市	Jiayuguan	2774	1577	
金昌市	Jinchang	3058	2627	1042
白银市	Baiyin	4113	11771	3974
天水市	Tianshui	38820	21884	9279
武威市	Wuwei		13112	6948
张掖市	Zhangye	18947	9972	5039
平凉市	Pingliang	10949	22797	4569
酒泉市	Jiuquan	9152	15343	9907
庆阳市	Qingyang	22029	13693	6005
定西市	Dingxi		14360	3838
陇南市	Longnan	6869	18019	5056
青海省	**Qinghai**			
西宁市	Xining	64434	22319	15025
海东市	Haidong		18846	4613
宁夏回族自治区	**Ningxia**			
银川市	Yinchuan	103989	34428	27904
石嘴山市	Shizuishan	9898	8918	5604
吴忠市	Wuzhong	4236	8923	3099
固原市	Guyuan	7868	10722	3747
中卫市	Zhongwei		9829	4733
新疆维吾尔自治区	**Xinjiang**			
乌鲁木齐市	Urumqi	213306	54876	54876
克拉玛依市	Karamay	12734	297	297
吐鲁番市	Turpan	1620	5886	4005
哈密市	Hami	2325	2948	2948

2–37 在校学生数(二)
Number of Students Enrollment (II)

单位：万人 (10 000 persons)

城　市	City	普通中学 Regular Secondary Schools		普通小学 Regular Primary Schools	
		全　市 Total City	市辖区 Districts under City	全　市 Total City	市辖区 Districts under City
北京市	**Beijing**	**43**	**43**	**91**	**91**
天津市	**Tianjin**	**44**	**44**	**67**	**67**
河北省	**Hebei**				
石家庄市	Shijiazhuang	54	29	89	39
唐山市	Tangshan	37	15	52	22
秦皇岛市	Qinhuangdao	14	7	21	11
邯郸市	Handan	64	23	107	36
邢台市	Xingtai	41	8	71	10
保定市	Baoding	67	16	100	24
张家口市	Zhangjiakou	22	9	30	11
承德市	Chengde	19	3	28	5
沧州市	Cangzhou	40	5	76	6
廊坊市	Langfang	24	5	49	9
衡水市	Hengshui	35	15	36	9
山西省	**Shanxi**				
太原市	Taiyuan	20	17	31	26
大同市	Datong	15		20	
阳泉市	Yangquan	7	3	8	4
长治市	Changzhi	17	6	21	6
晋城市	Jincheng	11	2	11	4
朔州市	Shuozhou	13	4	13	5
晋中市	Jinzhong	18	3	23	5
运城市	Yuncheng	25	6	30	7
忻州市	Xinzhou	15	3	18	2
临汾市	Linfen	22	6	27	6
吕梁市	Lvliang	20	3	27	5
内蒙古自治区	**Inner Mongolia**				
呼和浩特市	Hohhot	14	10	18	13
包头市	Baotou	10	9	14	12
乌海市	Wuhai	2	2	3	3
赤峰市	Chifeng	21	7	25	8
通辽市	Tongliao	16	6	17	5
鄂尔多斯市	Erdos	8	3	16	5
呼伦贝尔市	Hulunbuir	6	2	10	2
巴彦淖尔市	Bayannur	6	2	7	3
乌兰察布市	Ulanqab	7	3	8	2
辽宁省	**Liaoning**				
沈阳市	Shenyang	28	23	39	34
大连市	Dalian	23	17	33	26
鞍山市	Anshan	12	5	16	6
抚顺市	Fushun	6	4	7	5
本溪市	Benxi	5	3	5	3
丹东市	Dandong	9	3	9	3
锦州市	Jinzhou	11	4	11	4
营口市	Yingkou	8	4	11	6
阜新市	Fuxin	7	3	7	3
辽阳市	Liaoyang	6	3	7	4

2–37 续表 1 continued 1

单位：万人 (10 000 persons)

城 市	City	普通中学 Regular Secondary Schools		普通小学 Regular Primary Schools	
		全 市 Total City	市辖区 Districts under City	全 市 Total City	市辖区 Districts under City
盘锦市	Panjin	7	6	7	6
铁岭市	Tieling	11	2	11	2
朝阳市	Chaoyang	16	4	18	4
葫芦岛市	Huludao	12	4	14	5
吉林省	**Jilin**				
长春市	Changchun	32	18	40	25
吉林市	Jilin	15	6	17	8
四平市	Siping	15	3	16	3
辽源市	Liaoyuan	5	2	4	2
通化市	Tonghua	8	2	9	2
白山市	Baishan	4	2	4	2
松原市	Songyuan	14	4	14	4
白城市	Baicheng	8	2	8	2
黑龙江省	**Heilongjiang**				
哈尔滨市	Harbin	40	26	40	25
齐齐哈尔市	Qiqihar	18	5	19	5
鸡西市	Jixi	7	3	4	2
鹤岗市	Hegang	3	2	3	2
双鸭山市	Shuangyashan	5	2	4	1
大庆市	Daqing	16	9	12	7
伊春市	Yichun	3	2	3	2
佳木斯市	Jiamusi	8	3	9	3
七台河市	Qitaihe	4	3	3	2
牡丹江市	Mudanjiang	10	3	10	3
黑河市	Heihe	5	1	5	1
绥化市	Suihua	23	4	15	3
上海市	**Shanghai**	**59**	**59**	**80**	**80**
江苏省	**Jiangsu**				
南京市	Nanjing	25	25	42	42
无锡市	Wuxi	23	13	40	24
徐州市	Xuzhou	46	15	96	32
常州市	Changzhou	18	15	30	27
苏州市	Suzhou	36	18	78	41
南通市	Nantong	24	8	35	13
连云港市	Lianyungang	26	11	45	19
淮安市	Huai'an	24	15	35	21
盐城市	Yancheng	31	9	45	14
扬州市	Yangzhou	18	10	21	13
镇江市	Zhenjiang	10	4	15	6
泰州市	Taizhou	17	7	23	8
宿迁市	Suqian	26	7	54	15
浙江省	**Zhejiang**				
杭州市	Hangzhou	35	30	59	53
宁波市	Ningbo	30	15	49	26
温州市	Wenzhou	39	10	63	17
嘉兴市	Jiaxing	16	5	26	8
湖州市	Huzhou	11	5	17	7

2-37 续表 2 continued 2

单位：万人 (10 000 persons)

城　市	City	普通中学 Regular Secondary Schools		普通小学 Regular Primary Schools	
		全　市 Total City	市辖区 Districts under City	全　市 Total City	市辖区 Districts under City
绍兴市	Shaoxing	23	11	26	14
金华市	Jinhua	27	6	42	8
衢州市	Quzhou	11	4	13	5
舟山市	Zhoushan	3	3	5	4
台州市	Taizhou	31	9	45	14
丽水市	Lishui	12	3	16	4
安徽省	**Anhui**				
合肥市	Hefei	39	18	53	29
芜湖市	Wuhu	16	6	19	9
蚌埠市	Bengbu	17	5	30	10
淮南市	Huainan	16	7	25	12
马鞍山市	Maanshan	10	4	12	5
淮北市	Huaibei	11	5	16	7
铜陵市	Tongling	7	3	7	4
安庆市	Anqing	22	4	26	4
黄山市	Huangshan	5	2	7	3
滁州市	Chuzhou	19	3	24	4
阜阳市	Fuyang	52	14	80	19
宿州市	Suzhou	27	8	50	16
六安市	Lu'an	26	13	33	14
亳州市	Bozhou	32	8	53	14
池州市	Chizhou	8	3	8	4
宣城市	Xuancheng	10	3	13	4
福建省	**Fujian**				
福州市	Fuzhou	33	17	57	29
厦门市	Xiamen	17	17	33	33
莆田市	Putian	18	13	27	19
三明市	Sanming	13	2	20	3
泉州市	Quanzhou	42	9	77	14
漳州市	Zhangzhou	25	6	37	7
南平市	Nanping	14	4	21	6
龙岩市	Longyan	13	5	21	10
宁德市	Ningde	15	2	25	5
江西省	**Jiangxi**				
南昌市	Nanchang	31	19	43	27
景德镇市	Jingdezhen	11	4	16	5
萍乡市	Pingxiang	11	5	15	6
九江市	Jiujiang	31	7	40	8
新余市	Xinyu	8	6	11	8
鹰潭市	Yingtan	8	2	11	3
赣州市	Ganzhou	68	17	88	23
吉安市	Ji'an	31	3	48	6
宜春市	Yichun	36	8	50	11
抚州市	Fuzhou	26	11	35	14
上饶市	Shangrao	49	9	64	12
山东省	**Shandong**				
济南市	Jinan	31	24	47	37

2–37 续表 3 continued 3

单位：万人 (10 000 persons)

城 市	City	普通中学 Regular Secondary Schools		普通小学 Regular Primary Schools	
		全 市 Total City	市辖区 Districts under City	全 市 Total City	市辖区 Districts under City
青岛市	Qingdao	39	24	57	41
淄博市	Zibo	26	18	20	15
枣庄市	Zaozhuang	21	13	37	24
东营市	Dongying	13	9	11	8
烟台市	Yantai	29	10	26	11
潍坊市	Weifang	46	10	58	15
济宁市	Jining	44	12	66	15
泰安市	Tai'an	32	11	30	9
威海市	Weihai	12	7	12	8
日照市	Rizhao	15	7	20	9
莱芜市	Laiwu	8	8	6	6
临沂市	Linyi	58	14	106	26
德州市	Dezhou	31	7	42	10
聊城市	Liaocheng	32	9	61	15
滨州市	Binzhou	20	6	25	7
菏泽市	Heze	54	12	103	24
河南省	**Henan**				
郑州市	Zhengzhou	60	30	92	48
开封市	Kaifeng	33	12	49	15
洛阳市	Luoyang	42	12	60	18
平顶山市	Pingdingshan	34	7	55	10
安阳市	Anyang	37	11	63	18
鹤壁市	Hebi	11	5	15	6
新乡市	Xinxiang	41	7	63	11
焦作市	Jiaozuo	19	5	27	7
濮阳市	Puyang	27	11	42	10
许昌市	Xuchang	27	8	42	12
漯河市	Luohe	15	8	21	11
三门峡市	Sanmenxia	11	3	16	5
南阳市	Nanyang	76	16	124	25
商丘市	Shangqiu	49	11	81	17
信阳市	Xinyang	54	9	67	14
周口市	Zhoukou	68	4	94	6
驻马店市	Zhumadian	53	8	80	9
湖北省	**Hubei**				
武汉市	Wuhan	33	33	58	58
黄石市	Huangshi	13	4	22	6
十堰市	Shiyan	16	7	24	10
宜昌市	Yichang	12	6	17	7
襄阳市	Xiangyang	25	12	37	16
鄂州市	Ezhou	5	5	7	7
荆门市	Jingmen	10	3	14	4
孝感市	Xiaogan	18	6	27	6
荆州市	Jingzhou	22	5	31	6
黄冈市	Huanggang	30	2	44	2
咸宁市	Xianning	14	4	24	6
随州市	Suizhou	9	4	14	5

2-37 续表 4 continued 4

单位：万人 (10 000 persons)

城市	City	普通中学 Regular Secondary Schools		普通小学 Regular Primary Schools	
		全市 Total City	市辖区 Districts under City	全市 Total City	市辖区 Districts under City
湖南省	**Hunan**				
长沙市	Changsha	40	22	62	35
株洲市	Zhuzhou	18	7	29	11
湘潭市	Xiangtan	12	2	15	6
衡阳市	Hengyang	42	7	58	10
邵阳市	Shaoyang	45	5	60	6
岳阳市	Yueyang	25	6	36	9
常德市	Changde	21	5	30	8
张家界市	Zhangjiajie	8	3	11	4
益阳市	Yiyang	18	6	26	8
郴州市	Chenzhou	33	7	48	10
永州市	Yongzhou	34	7	51	10
怀化市	Huaihua	24	5	38	6
娄底市	Loudi	23	5	35	7
广东省	**Guangdong**				
广州市	Guangzhou	51	51	106	106
韶关市	Shaoguan	16	5	25	8
深圳市	Shenzhen	45	45	103	103
珠海市	Zhuhai	10	10	17	17
汕头市	Shantou	36	36	55	54
佛山市	Foshan	34	34	58	58
江门市	Jiangmen	21	9	34	16
湛江市	Zhanjiang	40	12	67	18
茂名市	Maoming	44	15	65	24
肇庆市	Zhaoqing	23	8	39	14
惠州市	Huizhou	31	17	58	32
梅州市	Meizhou	23	6	35	8
汕尾市	Shanwei	17	3	26	4
河源市	Heyuan	19	4	31	8
阳江市	Yangjiang	14	7	25	12
清远市	Qingyuan	20	9	37	16
东莞市	Dongguan	33		80	
中山市	Zhongshan	16		31	
潮州市	Chaozhou	13	9	20	14
揭阳市	Jieyang	36	11	52	16
云浮市	Yunfu	14	3	25	6
广西壮族自治区	**Guangxi**				
南宁市	Nanning	41	25	68	42
柳州市	Liuzhou	22	12	31	17
桂林市	Guilin	25	8	39	12
梧州市	Wuzhou	20	5	30	7
北海市	Beihai	11	6	16	8
防城港市	Fangchenggang	6	4	10	6
钦州市	Qinzhou	23	9	38	16
贵港市	Guigang	36	15	47	18

2-37 续表 5 continued 5

单位：万人 (10 000 persons)

城 市	City	普通中学 Regular Secondary Schools		普通小学 Regular Primary Schools	
		全 市 Total City	市辖区 Districts under City	全 市 Total City	市辖区 Districts under City
玉林市	Yulin	43	8	67	13
百色市	Baise	25	4	34	4
贺州市	Hezhou	12	6	22	12
河池市	Hechi	25	6	37	8
来宾市	Laibin	13	7	20	9
崇左市	Chongzuo	12	2	17	2
海南省	**Hainan**				
海口市	Haikou	13	13	21	21
三亚市	Sanya	4	4	7	7
三沙市	Sansha			4	
儋州市	Danzhou	6		9	
重庆市	**Chongqing**	**165**	**116**	**210**	**153**
四川省	**Sichuan**				
成都市	Chengdu	60		99	
自贡市	Zigong	13	6	17	8
攀枝花市	Panzhihua	6	4	7	4
泸州市	Luzhou	30	9	36	10
德阳市	Deyang	13	4	19	5
绵阳市	Mianyang	24	14	28	13
广元市	Guangyuan	12	5	15	5
遂宁市	Suining	13	6	18	8
内江市	Neijiang	18	6	21	8
乐山市	Leshan	12	4	18	6
南充市	Nanchong	30	10	36	11
眉山市	Meishan	11	4	16	6
宜宾市	Yibin	27	12	38	16
广安市	Guang'an	20	6	24	6
达州市	Dazhou	33	10	40	11
雅安市	Ya'an	7	3	9	3
巴中市	Bazhong	19	8	20	7
资阳市	Ziyang	14	5	18	6
贵州省	**Guizhou**				
贵阳市	Guiyang	24	16	40	28
六盘水市	Liupanshui	22	6	30	7
遵义市	Zunyi				
安顺市	Anshun	17	8	25	10
毕节市	Bijie	64	12	82	15
铜仁市	Tongren	32	5	33	5
云南省	**Yunnan**				
昆明市	Kunming	34	20	50	33
曲靖市	Qujing	43	10	52	11
玉溪市	Yuxi	12	4	14	5
保山市	Baoshan	15	5	19	6
昭通市	Zhaotong	41	7	53	8
丽江市	Lijiang	7	1	9	2
普洱市	Pu'er	12	2	19	3
临沧市	Lincang	13	3	19	3

2−37 续表 6 continued 6

单位：万人 (10 000 persons)

城市	City	普通中学 Regular Secondary Schools 全市 Total City	普通中学 Regular Secondary Schools 市辖区 Districts under City	普通小学 Regular Primary Schools 全市 Total City	普通小学 Regular Primary Schools 市辖区 Districts under City
西藏自治区	**Tibet**				
拉萨市	Lasa	4		6	
日喀则市	Xigaze	5		7	1
昌都市	Qamdo	4		7	1
林芝市	Linzhi	1	1	2	
山南市	Shannan	2	1	2	
那曲市	Naqu	3		6	1
陕西省	**Shaanxi**				
西安市	Xi'an	42	37	73	67
铜川市	Tongchuan	3	3	4	3
宝鸡市	Baoji	17	7	21	9
咸阳市	Xianyang	21	4	28	6
渭南市	Weinan	27	6	29	6
延安市	Yan'an	13	6	22	9
汉中市	Hanzhong	18	6	20	6
榆林市	Yulin	17	5	31	8
安康市	Ankang	15	6	19	7
商洛市	Shangluo	11	3	16	3
甘肃省	**Gansu**				
兰州市	Lanzhou	17	12	23	16
嘉峪关市	Jiayuguan	1		2	
金昌市	Jinchang	3	1	3	1
白银市	Baiyin	9	3	11	4
天水市	Tianshui	21	7	25	9
武威市	Wuwei	9	5	10	6
张掖市	Zhangye	6	2	8	3
平凉市	Pingliang	12	3	15	4
酒泉市	Jiuquan	6	3	6	3
庆阳市	Qingyang	13	3	20	4
定西市	Dingxi	15	2	19	2
陇南市	Longnan	15	2	21	5
青海省	**Qinghai**				
西宁市	Xining	13	6	15	8
海东市	Haidong	11	1	12	3
宁夏回族自治区	**Ningxia**				
银川市	Yinchuan	13	9	18	12
石嘴山市	Shizuishan	4	2	5	3
吴忠市	Wuzhong	9	3	13	4
固原市	Guyuan	9	4	12	5
中卫市	Zhongwei	7	2	10	3
新疆维吾尔自治区	**Xinjiang**				
乌鲁木齐市	Urumqi	17	16	22	22
克拉玛依市	Karamay	2	2	3	3
吐鲁番市	Turpan	4	2	7	3
哈密市	Hami	4	3	4	4

2-38 文化体育设施
Cultural and Sports Facilities

城　市	City	公共图书馆图书藏量（万册）Collections of Public Libraries (10 000 copies)		博物馆数（个）Number of Museums (unit)		体育场馆数（个）Number of Stadiums and Gymnasiums (unit)	
		全　市 Total City	市辖区 Districts under City	全　市 Total City	市辖区 Districts under City	全　市 Total City	市辖区 Districts under City
北京市	**Beijing**	**6777**	**6777**	**179**	**179**		
天津市	**Tianjin**	**1867**	**1867**	**65**	**65**		
河北省	**Hebei**						
石家庄市	Shijiazhuang	384	252	9	6	42	22
唐山市	Tangshan	310	185	18	10	51	22
秦皇岛市	Qinhuangdao	164	126	5	5	18	15
邯郸市	Handan	209	79	13	4	22	22
邢台市	Xingtai	185	58	6	3	25	10
保定市	Baoding	250	16	23	2		
张家口市	Zhangjiakou	157	101	9	3	10	6
承德市	Chengde	101	42	13	3		
沧州市	Cangzhou	225	112	10	1	30	12
廊坊市	Langfang	303	188	4	1	16	6
衡水市	Hengshui	84	31	4	2	9	6
山西省	**Shanxi**						
太原市	Taiyuan	732	678	15	14	46	42
大同市	Datong			12		9	5
阳泉市	Yangquan	70	50	2	2	2	1
长治市	Changzhi	209	76	18	1	7	1
晋城市	Jincheng	124	80	4	1	21	8
朔州市	Shuozhou	73	12	4	2	12	5
晋中市	Jinzhong	221	31	10			
运城市	Yuncheng	151	23	23	1	11	2
忻州市	Xinzhou	98	19	15	1	25	3
临汾市	Linfen	151	16	14	2	37	11
吕梁市	Lvliang	132	12	9	2	13	3
内蒙古自治区	**Inner Mongolia**						
呼和浩特市	Hohhot	198	126	5	4	36	
包头市	Baotou			3	1	37	27
乌海市	Wuhai	71	71	3	3	6	6
赤峰市	Chifeng	178	52	18	2	13	3
通辽市	Tongliao	121	23	7	1	35	16
鄂尔多斯市	Erdos	264	170	10	3		
呼伦贝尔市	Hulunbuir	173	8	42	6	29	11
巴彦淖尔市	Bayannur	77	33	14	4	50	1
乌兰察布市	Ulanqab	89	2	9	1	75	2
辽宁省	**Liaoning**						
沈阳市	Shenyang	1471	1435	13	13	19	17
大连市	Dalian	2522	2396	10	8	50	43
鞍山市	Anshan			5	2	7	4
抚顺市	Fushun	118	106	6	4	16	13
本溪市	Benxi	148	127	10	3	12	9
丹东市	Dandong	144	117	3	2	11	6
锦州市	Jinzhou	154	104	7	3	23	18
营口市	Yingkou	151	127	4	2	19	10
阜新市	Fuxin	53	39	2	1		
辽阳市	Liaoyang	114	103	3	3	8	5

2-38 续表 1 continued 1

城 市	City	公共图书馆图书藏量（万册）Collections of Public Libraries (10 000 copies)		博物馆数（个）Number of Museums (unit)		体育场馆数（个）Number of Stadiums and Gymnasiums (unit)	
		全 市 Total City	市辖区 Districts under City	全 市 Total City	市辖区 Districts under City	全 市 Total City	市辖区 Districts under City
盘锦市	Panjin	73	51			8	5
铁岭市	Tieling	97	2	2		11	3
朝阳市	Chaoyang	96	58	12	6	7	2
葫芦岛市	Huludao	102	25	1		5	
吉林省	**Jilin**						
长春市	Changchun	549	509	27	22	79	67
吉林市	Jilin	328	29	16	10		
四平市	Siping	68	45	6	2	16	8
辽源市	Liaoyuan	45	29	7	3	2	
通化市	Tonghua	99	47	10	4	28	12
白山市	Baishan	100	30	14	7	19	8
松原市	Songyuan	90	33	7	1	6	2
白城市	Baicheng	58	32	6	2	17	4
黑龙江省	**Heilongjiang**						
哈尔滨市	Harbin	1008	938	51	43	86	75
齐齐哈尔市	Qiqihar	244	149	15		14	
鸡西市	Jixi	41	18	4	2	13	9
鹤岗市	Hegang	54	36	2	1	7	3
双鸭山市	Shuangyashan	53	33	6	1	7	5
大庆市	Daqing	152	109	9	5	66	59
伊春市	Yichun	105	89	10	3	19	15
佳木斯市	Jiamusi	87	36	7	2	12	7
七台河市	Qitaihe	33	20	1	1	5	4
牡丹江市	Mudanjiang	116	62	17	2	19	5
黑河市	Heihe	44	13	25	8	12	4
绥化市	Suihua	161	19	17	3		
上海市	**Shanghai**	**7894**	**7894**	**131**	**131**	**43**	**43**
江苏省	**Jiangsu**						
南京市	Nanjing	753	753	63	63	100	100
无锡市	Wuxi	853	497	62	42	72	16
徐州市	Xuzhou	386	173	21	15	92	65
常州市	Changzhou	533	487	28	26	67	58
苏州市	Suzhou			46	29	134	74
南通市	Nantong	680	213	22	14	84	52
连云港市	Lianyungang	317	175	11	6	21	12
淮安市	Huai'an	384	150	6	2	33	26
盐城市	Yancheng	462	303	11	6	70	37
扬州市	Yangzhou	467	329	16	10	24	18
镇江市	Zhenjiang	391	222	14	6	135	76
泰州市	Taizhou	341	196	19	10	9	3
宿迁市	Suqian	171	71	6	3	12	3
浙江省	**Zhejiang**						
杭州市	Hangzhou	2447	2249	76	71	25	17
宁波市	Ningbo	986	651	61	35	21	16
温州市	Wenzhou	1244	723	47	16	36	12
嘉兴市	Jiaxing	877	264	39	13	65	15
湖州市	Huzhou	275	94	29	8	42	17

2-38 续表 2 continued 2

城 市	City	公共图书馆图书藏量（万册）Collections of Public Libraries (10 000 copies)		博物馆数（个）Number of Museums (unit)		体育场馆数（个）Number of Stadiums and Gymnasiums (unit)	
		全 市 Total City	市辖区 Districts under City	全 市 Total City	市辖区 Districts under City	全 市 Total City	市辖区 Districts under City
绍兴市	Shaoxing	485	306	12	8	25	17
金华市	Jinhua	475	129	32	11	12	3
衢州市	Quzhou	301	183	4	2	49	22
舟山市	Zhoushan	205	159	18	12	8	6
台州市	Taizhou	888	363	52	15	16	3
丽水市	Lishui	224	54	20	5	18	4
安徽省	**Anhui**						
合肥市	Hefei	646	540	26	10		
芜湖市	Wuhu	249	117	13	6	46	24
蚌埠市	Bengbu	139	106	3	1	59	21
淮南市	Huainan	70	50	6	3	39	18
马鞍山市	Maanshan	211	142	11	6	46	26
淮北市	Huaibei	94	85	5	3	11	8
铜陵市	Tongling	221	137	3	2	23	21
安庆市	Anqing	289	114	18	8	37	15
黄山市	Huangshan	122	69	54	26	10	5
滁州市	Chuzhou	187	75	11	4	40	7
阜阳市	Fuyang	155	44	11	6	39	12
宿州市	Suzhou	133	72	6	2	21	11
六安市	Lu'an	92	21	10	6	22	8
亳州市	Bozhou	112	77	4	2	36	15
池州市	Chizhou	61	29	5	3	14	5
宣城市	Xuancheng	128	31	12	1	38	18
福建省	**Fujian**						
福州市	Fuzhou	1081	596	37	29	34	17
厦门市	Xiamen	652	652	4	4	65	65
莆田市	Putian	99	85	7	3	67	51
三明市	Sanming	272	56	13	2	21	3
泉州市	Quanzhou	506	186	12	4	92	30
漳州市	Zhangzhou	174	42	14	4	19	7
南平市	Nanping	218	71	10	2	38	7
龙岩市	Longyan	226	111	15	6	36	25
宁德市	Ningde	132	45	10	2	20	5
江西省	**Jiangxi**						
南昌市	Nanchang	224	178	17	14		
景德镇市	Jingdezhen	109	12	20	15	36	22
萍乡市	Pingxiang	145	104	4	3	13	10
九江市	Jiujiang	351	127	18	5	40	18
新余市	Xinyu	104	82	4	3	19	15
鹰潭市	Yingtan	42	9	5	2	26	15
赣州市	Ganzhou	492	97	20	6	85	27
吉安市	Ji'an	305	126	15	3	32	10
宜春市	Yichun	48	26	11	1	42	15
抚州市	Fuzhou	151	61	11	3	35	10
上饶市	Shangrao	164	67	19	3	50	8
山东省	**Shandong**						
济南市	Jinan	1492	1438	40	38	97	86

2-38 续表 3 continued 3

城　市	City	公共图书馆图书藏量（万册）Collections of Public Libraries (10 000 copies)		博物馆数（个）Number of Museums (unit)		体育场馆数（个）Number of Stadiums and Gymnasiums (unit)	
		全　市 Total City	市辖区 Districts under City	全　市 Total City	市辖区 Districts under City	全　市 Total City	市辖区 Districts under City
青岛市	Qingdao	748	654	12	9	11	6
淄博市	Zibo	290	217	61	47	14	10
枣庄市	Zaozhuang	158	124	21	15	20	15
东营市	Dongying	294	225	5	3	68	54
烟台市	Yantai	833	457	34	13	65	34
潍坊市	Weifang	453	151	50	4	7	1
济宁市	Jining	477	192	44	10	24	12
泰安市	Tai'an	995	220	39	22	27	19
威海市	Weihai	298	211	8	3	6	4
日照市	Rizhao	119	79	3	1	38	23
莱芜市	Laiwu	32	32	17	17	2	2
临沂市	Linyi	365	133	48	16	11	5
德州市	Dezhou	190	48	15	4	19	12
聊城市	Liaocheng	390	40	17	7	14	7
滨州市	Binzhou	129	19	19	2		
菏泽市	Heze	163	87	18	6	7	3
河南省	**Henan**						
郑州市	Zhengzhou	980	848	38	27	34	20
开封市	Kaifeng	196	73	32	30	41	30
洛阳市	Luoyang	381	241	68	54	15	11
平顶山市	Pingdingshan	186	97	14	1	20	5
安阳市	Anyang	253	158	15	15	7	3
鹤壁市	Hebi	69	56	2	2	3	3
新乡市	Xinxiang	151	92	12	4	13	4
焦作市	Jiaozuo	184	72	13	4	10	6
濮阳市	Puyang	233	200	11	3	6	3
许昌市	Xuchang	130	83	17	7	8	5
漯河市	Luohe	66	54	12	6	3	3
三门峡市	Sanmenxia	158	110	7	3	8	4
南阳市	Nanyang	196	135	20	4	64	31
商丘市	Shangqiu	103	34	14	5	4	1
信阳市	Xinyang	113	48	37	3	11	4
周口市	Zhoukou	121	49	15	3	3	2
驻马店市	Zhumadian	84	18	11	3	5	1
湖北省	**Hubei**						
武汉市	Wuhan	838	838	71	71		
黄石市	Huangshi	176	128	10	3	14	8
十堰市	Shiyan	157	96	12	3	39	11
宜昌市	Yichang	341	82	18	5	22	8
襄阳市	Xiangyang	237	119	11	1	52	28
鄂州市	Ezhou	105	105	1	1	4	4
荆门市	Jingmen	108	61	4	1	11	6
孝感市	Xiaogan	132	22	12	1	8	
荆州市	Jingzhou	128	72	9	3	7	3
黄冈市	Huanggang	270	12	23	4	5	2
咸宁市	Xianning	115	17	8	1	6	4
随州市	Suizhou	40	22	4	2	2	1

2–38 续表 4 continued 4

城 市	City	公共图书馆图书藏量(万册) Collections of Public Libraries (10 000 copies)		博物馆数(个) Number of Museums (unit)		体育场馆数(个) Number of Stadiums and Gymnasiums (unit)	
		全 市 Total City	市辖区 Districts under City	全 市 Total City	市辖区 Districts under City	全 市 Total City	市辖区 Districts under City
湖南省	**Hunan**						
长沙市	Changsha	1085	959	17	8		
株洲市	Zhuzhou	327	151	8	2	23	17
湘潭市	Xiangtan	156	131	5	5	13	11
衡阳市	Hengyang	205	85	18	4	65	37
邵阳市	Shaoyang	264	142	2	2	38	3
岳阳市	Yueyang	142	34	8	1		
常德市	Changde	179	75	13	5	56	21
张家界市	Zhangjiajie	40	19	7	3		
益阳市	Yiyang	127	60	9	5		
郴州市	Chenzhou	154	66	10	2	37	13
永州市	Yongzhou	186	94	3	3	29	3
怀化市	Huaihua	191	36	8	1	8	2
娄底市	Loudi	107		4			
广东省	**Guangdong**						
广州市	Guangzhou	2922	2922				
韶关市	Shaoguan	209	114	9	2	43	23
深圳市	Shenzhen						
珠海市	Zhuhai	184	184	2	2		
汕头市	Shantou	443	443	11	10	7	6
佛山市	Foshan	1029	1029	22	22	10	10
江门市	Jiangmen	374	220	6	2	25	10
湛江市	Zhanjiang	510	121	8	1	33	14
茂名市	Maoming	177	102	6	3	4	2
肇庆市	Zhaoqing	288	141	14	2	24	12
惠州市	Huizhou	241	150	6	3	35	8
梅州市	Meizhou	307	161	8	1	46	17
汕尾市	Shanwei	77	26	6	1	13	5
河源市	Heyuan	196	119	8	8	8	2
阳江市	Yangjiang	112	83	3	2	3	2
清远市	Qingyuan	224	105	8	2	23	6
东莞市	Dongguan	1096		48			
中山市	Zhongshan	258		7		70	
潮州市	Chaozhou	136		6		9	
揭阳市	Jieyang	201	98	6	3	2	1
云浮市	Yunfu	124	50	5	2	8	3
广西壮族自治区	**Guangxi**						
南宁市	Nanning	1021	907	8	7	46	41
柳州市	Liuzhou	205	146	59	47	16	6
桂林市	Guilin	465	333	19	9	41	19
梧州市	Wuzhou	113	62	1	1	6	2
北海市	Beihai	72	51	1		6	2
防城港市	Fangchenggang	92	66	2	1	5	1
钦州市	Qinzhou	317	281	4	2	16	11
贵港市	Guigang	108	55	3	1	4	3

2-38 续表 5 continued 5

城 市	City	公共图书馆图书藏量(万册) Collections of Public Libraries (10 000 copies)		博物馆数(个) Number of Museums (unit)		体育场馆数(个) Number of Stadiums and Gymnasiums (unit)	
		全 市 Total City	市辖区 Districts under City	全 市 Total City	市辖区 Districts under City	全 市 Total City	市辖区 Districts under City
玉林市	Yulin	193	80	4	1		
百色市	Baise	187	61	15	3	14	2
贺州市	Hezhou	77	28	9	4	9	4
河池市	Hechi	130	41	13	2	15	3
来宾市	Laibin	87	51	6	1	20	7
崇左市	Chongzuo	84	19	5	1	21	12
海南省	**Hainan**						
海口市	Haikou	31	31	8	8	4	4
三亚市	Sanya	97	97	1	1	4	4
三沙市	Sansha	2		1		4	
儋州市	Danzhou	25		1			
重庆市	**Chongqing**	**1808**	**1634**	**100**	**82**	**110**	**82**
四川省	**Sichuan**						
成都市	Chengdu	2293		35			
自贡市	Zigong	57	45	4	3	15	11
攀枝花市	Panzhihua	99	73	3	3	21	9
泸州市	Luzhou	122	78	12	8	16	9
德阳市	Deyang	119	42	10	3	10	3
绵阳市	Mianyang	213	89	14	3	16	6
广元市	Guangyuan	152	54	8	5	23	12
遂宁市	Suining	96	22	3	1	7	4
内江市	Neijiang	76	33	4	2		
乐山市	Leshan	100	49	4	2	12	4
南充市	Nanchong	194	135	8	2	16	9
眉山市	Meishan	55	11	6	3	7	2
宜宾市	Yibin	134	78	9	3	16	8
广安市	Guang'an	215	151	4	3	7	2
达州市	Dazhou	144	22	4	1	9	2
雅安市	Ya'an	97	53	12	4	16	5
巴中市	Bazhong	139	20	11	1	3	2
资阳市	Ziyang	111	74	1		7	4
贵州省	**Guizhou**						
贵阳市	Guiyang	597	364	9	5	14	9
六盘水市	Liupanshui	120	28	12	1	5	2
遵义市	Zunyi						
安顺市	Anshun	58	41	3	2	6	3
毕节市	Bijie	128	61	3	1	3	2
铜仁市	Tongren	289	64	12	3	17	3
云南省	**Yunnan**						
昆明市	Kunming	317	262	36	29	17	9
曲靖市	Qujing	179	92	13	4	9	5
玉溪市	Yuxi	146	30	5	2	13	4
保山市	Baoshan	85	12	17	4	19	4
昭通市	Zhaotong	93	10	4	1	8	
丽江市	Lijiang	63	8	1		9	2
普洱市	Pu'er	104	30	8		8	3
临沧市	Lincang	80	14	3	2	5	1

2–38 续表 6 continued 6

城 市	City	公共图书馆图书藏量（万册）Collections of Public Libraries (10 000 copies)		博物馆数（个）Number of Museums (unit)		体育场馆数（个）Number of Stadiums and Gymnasiums (unit)	
		全 市 Total City	市辖区 Districts under City	全 市 Total City	市辖区 Districts under City	全 市 Total City	市辖区 Districts under City
西藏自治区	**Tibet**						
拉萨市	Lasa	40	40	6	6		
日喀则市	Xigaze	5		1		1	
昌都市	Qamdo	20	2	2	1	6	1
林芝市	Linzhi	2		2		8	1
山南市	Shannan	40	16	1	1	1	1
那曲市	Naqu	14				38	7
陕西省	**Shaanxi**						
西安市	Xi'an	1407	1334	101	92		
铜川市	Tongchuan	66	39			8	4
宝鸡市	Baoji	176	107	30	6	10	7
咸阳市	Xianyang	182	60	10	5	17	3
渭南市	Weinan	136	13	5	1	25	3
延安市	Yan'an	102	12	47	8	24	2
汉中市	Hanzhong	90	31	22	1	55	8
榆林市	Yulin	156	24	27	9	15	3
安康市	Ankang	81	12	10	1	12	1
商洛市	Shangluo	71	21	8	1	12	2
甘肃省	**Gansu**						
兰州市	Lanzhou	139	115	29	20	9	5
嘉峪关市	Jiayuguan	36		7		31	
金昌市	Jinchang	74	53	5	2	2	1
白银市	Baiyin	214	51	6	3	12	6
天水市	Tianshui	99	62	10	5	8	4
武威市	Wuwei	53	36	10	3	5	1
张掖市	Zhangye	76	28	7	1	16	3
平凉市	Pingliang	82	26	8	2	11	2
酒泉市	Jiuquan	84	12	43	6	7	3
庆阳市	Qingyang	79	11	15	2	6	3
定西市	Dingxi	83	15	8	1	18	4
陇南市	Longnan	83	17	18	1	12	1
青海省	**Qinghai**						
西宁市	Xining	181	65	13	10	14	5
海东市	Haidong	53	24	5	2	10	2
宁夏回族自治区	**Ningxia**						
银川市	Yinchuan	373	361	9	1		
石嘴山市	Shizuishan	74	60	3	2	7	5
吴忠市	Wuzhong			4	1	9	5
固原市	Guyuan	66	26	7	2	6	2
中卫市	Zhongwei	58	26	8	4		
新疆维吾尔自治区	**Xinjiang**						
乌鲁木齐市	Urumqi	326	326	6	6	6	5
克拉玛依市	Karamay	271	271	2	2	9	9
吐鲁番市	Turpan	34	10	2	1	1	1
哈密市	Hami	40	32	4	2	4	4

2-39 医院、床位和医生数
Number of Hospitals, Beds and Doctors

城市	City	医院数（个）Number of Hospitals (unit)		医院床位数（张）Number of Beds of Hospitals (bed)		执业(助理)医师数（人）Number of Licensed (Assistant) Doctors (person)	
		全市 Total City	市辖区 Districts under City	全市 Total City	市辖区 Districts under City	全市 Total City	市辖区 Districts under City
北京市	**Beijing**	**736**	**736**	**116279**	**116279**	**109376**	**109376**
天津市	**Tianjin**	**420**	**420**	**60337**	**60337**	**43020**	**43020**
河北省	**Hebei**						
石家庄市	Shijiazhuang	256	141	48927	32815	37438	24330
唐山市	Tangshan	203	102	35979	21160	22677	12610
秦皇岛市	Qinhuangdao	67	48	14207	10384	9695	6791
邯郸市	Handan	265	127	37986	19776	23482	12263
邢台市	Xingtai	204	52	29574	9281	19902	5583
保定市	Baoding	370	117	46703	19004	30808	11756
张家口市	Zhangjiakou	125	65	20837	11809	10301	5965
承德市	Chengde	86	34	17325	6637	10614	3605
沧州市	Cangzhou	197	22	33884	11574	20909	5650
廊坊市	Langfang	188	47	18730	5158	13556	3810
衡水市	Hengshui	144	38	16527	6795	11656	4979
山西省	**Shanxi**						
太原市	Taiyuan	163	123	37296	34466	23018	20747
大同市	Datong	122		17008		9511	
阳泉市	Yangquan	49	41	6194	5364	4059	2935
长治市	Changzhi	137	37	14843	7911	8696	4491
晋城市	Jincheng	85	40	9080	4706	5875	2603
朔州市	Shuozhou	69	41	6822	3342	3129	1781
晋中市	Jinzhong	111	33	12885	4458	7427	2497
运城市	Yuncheng	267	106	21117	8451	12486	4117
忻州市	Xinzhou	110	37	9536	3615	6067	1332
临汾市	Linfen	186	61	17482	7680	11602	4114
吕梁市	Lvliang	103	22	9140	1826	7469	1281
内蒙古自治区	**Inner Mongolia**						
呼和浩特市	Hohhot	108	97	17957	16156	10908	9616
包头市	Baotou	105	88	17530	16302	8809	7903
乌海市	Wuhai	28	28	3080	3080	1544	1544
赤峰市	Chifeng	107		22402		12384	5859
通辽市	Tongliao	85	47	12167	9799	7533	3273
鄂尔多斯市	Erdos	96	42	10300	5044	6074	2461
呼伦贝尔市	Hulunbuir	201	21	12548	3700	8000	1972
巴彦淖尔市	Bayannur	56	38	7710	3502	5051	2984
乌兰察布市	Ulanqab	53	30	7212	1053	4155	778
辽宁省	**Liaoning**						
沈阳市	Shenyang	274	254	64835	61378	30126	27491
大连市	Dalian	178	138	45129	33210	21721	17694
鞍山市	Anshan	102		18745		6684	
抚顺市	Fushun	56	44	11886	9976	5512	4391
本溪市	Benxi	43	30	10716	8529	3898	2921
丹东市	Dandong	48	31	11356	6194	5908	2776
锦州市	Jinzhou	79	41	15623	9377	6349	4038
营口市	Yingkou	139	102	14491	8682	6510	4098
阜新市	Fuxin	56	46	10371	8293	4446	2678
辽阳市	Liaoyang	62	49	12056	9852	4908	3563

2-39 续表 1 continued 1

城 市	City	医院数（个） Number of Hospitals (unit)		医院床位数（张） Number of Beds of Hospitals (bed)		执业(助理)医师数（人） Number of Licensed (Assistant) Doctors (person)	
		全 市 Total City	市辖区 Districts under City	全 市 Total City	市辖区 Districts under City	全 市 Total City	市辖区 Districts under City
盘锦市	Panjin	61	57	8961	8225	3987	3682
铁岭市	Tieling	68	42	11994	8667	5548	1777
朝阳市	Chaoyang	96	37	15540	5180	7933	2602
葫芦岛市	Huludao	107	30	11928	4622	5250	2456
吉林省	**Jilin**						
长春市	Changchun	186	142	48228	39076	24470	19450
吉林市	Jilin	172	107	26193	16983	13368	8817
四平市	Siping	78	38	15932	6913	7564	2721
辽源市	Liaoyuan	33	24	5330	3521	3036	1664
通化市	Tonghua	72	25	10895	4738	6035	1630
白山市	Baishan	40	19	7912	4361	3715	1831
松原市	Songyuan	77	32	9085	3665	6700	2662
白城市	Baicheng	43	24	6562	2919	4977	1925
黑龙江省	**Heilongjiang**						
哈尔滨市	Harbin	326	262	75343	66257	26563	21449
齐齐哈尔市	Qiqihar	114	62	26749		10333	
鸡西市	Jixi	67	34	11248	3694	4625	2254
鹤岗市	Hegang	49	32	8455	6364	3090	1988
双鸭山市	Shuangyashan	51	26	8867	4873	2011	926
大庆市	Daqing	116	93	16728	13845	9913	6904
伊春市	Yichun	39	27	6463	4914	2681	1965
佳木斯市	Jiamusi	95	53	15359	10127	6094	3345
七台河市	Qitaihe	27	23	4131	3519	1761	1388
牡丹江市	Mudanjiang	80	39	15850	10742	7988	4261
黑河市	Heihe	60	6	7974	1015	4032	634
绥化市	Suihua	40	28	18122	1022	10654	1125
上海市	**Shanghai**	**364**	**364**	**129007**	**129007**	**74948**	**74948**
江苏省	**Jiangsu**						
南京市	Nanjing	222	222	49448	49448	31560	31560
无锡市	Wuxi	185	126	39743	26545	21004	13324
徐州市	Xuzhou	161	96	41553	26943	25776	13256
常州市	Changzhou	78	64	20927	18771	14087	12034
苏州市	Suzhou	206	107	58022	35250	32852	17762
南通市	Nantong	246	60	35425	16283	19852	8444
连云港市	Lianyungang	89	49	18215	10530	12102	6623
淮安市	Huai'an	64	44	18597	12089	13435	8980
盐城市	Yancheng	164	61	29155	11740	18753	7102
扬州市	Yangzhou	80	53	17119	11339	11209	6869
镇江市	Zhenjiang	50	28	11416	6896	8200	4148
泰州市	Taizhou	79	38	20253	10491	12251	5123
宿迁市	Suqian	229	75	28108	9964	12169	4094
浙江省	**Zhejiang**						
杭州市	Hangzhou	316	282	75186	68765	44896	41105
宁波市	Ningbo	170	112	35591	25022	25850	16251
温州市	Wenzhou	145	59	37414	18782	28387	11351
嘉兴市	Jiaxing						
湖州市	Huzhou	62	30	13598	7189	8847	4409

2-39 续表 2 continued 2

城　市	City	医院数(个) Number of Hospitals (unit) 全　市 Total City	市辖区 Districts under City	医院床位数(张) Number of Beds of Hospitals (bed) 全　市 Total City	市辖区 Districts under City	执业(助理)医师数(人) Number of Licensed (Assistant) Doctors (person) 全　市 Total City	市辖区 Districts under City
绍兴市	Shaoxing	81	43	21651	12534	15662	8523
金华市	Jinhua	137	36	29290	9311	17286	4526
衢州市	Quzhou	84	33	12571	6136	7294	3408
舟山市	Zhoushan	33	26	5698	4882	4105	3383
台州市	Taizhou	122	48	26879	8526	18103	6242
丽水市	Lishui	56	15	12340	5000	8032	2824
安徽省	**Anhui**						
合肥市	Hefei	171	114	48042	37575	22320	15958
芜湖市	Wuhu	81	52	18133	13243	8885	5637
蚌埠市	Bengbu	81	44	17101	10390	7219	4157
淮南市	Huainan	78	59	14470	10548	6229	4330
马鞍山市	Maanshan	63	36	7922	4827	5045	3032
淮北市	Huaibei	70	52	9252	6676	4603	2969
铜陵市	Tongling	30	22	7815	6086	3546	2539
安庆市	Anqing	73	30	16773	7714	8880	2914
黄山市	Huangshan	32	19	6735	4032	3440	1761
滁州市	Chuzhou	70	9	14419	3738	6840	1670
阜阳市	Fuyang	120	59	32749	14518	15403	5836
宿州市	Suzhou	81	26	16323	7938	9406	3934
六安市	Lu'an	32	22	12874	7820	9261	4917
亳州市	Bozhou	78	37	14250	4965	7198	2195
池州市	Chizhou	33	14	5913	3017	3001	1404
宣城市	Xuancheng	47	13	10824	3954	5506	1590
福建省	**Fujian**						
福州市	Fuzhou	128	77	32569	24247	22413	16498
厦门市	Xiamen	54	54	15342	15342	13830	13830
莆田市	Putian	49	41	11299	9167	5801	4580
三明市	Sanming	53	10	11014	2808	5945	1591
泉州市	Quanzhou	131	58	26596	14260	17114	6723
漳州市	Zhangzhou	82	29	18571	7850	11241	4568
南平市	Nanping	53	18	11965	4460	5715	2019
龙岩市	Longyan	46	24	17381	9321	6364	3482
宁德市	Ningde	46	10	11027	2931	5786	1465
江西省	**Jiangxi**						
南昌市	Nanchang	122	103	28222	24439	14797	12502
景德镇市	Jingdezhen	31	15	7590	4431	6043	1812
萍乡市	Pingxiang	33	23	8037	6022	4467	2909
九江市	Jiujiang	62	19	17367	8003	10493	3763
新余市	Xinyu	16	10	4902	3426	2611	2469
鹰潭市	Yingtan	33	14	5697	2210	2683	886
赣州市	Ganzhou	98	25	30499	12438	15049	6055
吉安市	Ji'an	74	17	17522	4709	8405	1882
宜春市	Yichun	50	11	16100	5320	8599	2021
抚州市	Fuzhou	49	30	11028	6741	5854	2743
上饶市	Shangrao	148	46	25879	8327	11032	2826
山东省	**Shandong**						
济南市	Jinan	246	237	48843	45776	32131	30372

2-29 续表 3 continued 3

城 市	City	医院数(个) Number of Hospitals (unit)		医院床位数(张) Number of Beds of Hospitals (bed)		执业(助理)医师数(人) Number of Licensed (Assistant) Doctors (person)	
		全 市 Total City	市辖区 Districts under City	全 市 Total City	市辖区 Districts under City	全 市 Total City	市辖区 Districts under City
青岛市	Qingdao	421	286	45136	40088	34578	27699
淄博市	Zibo	160	128	24226	19536	16099	12763
枣庄市	Zaozhuang	82	53	17480	11012	10337	6378
东营市	Dongying	74	59	11624	8706	7386	5578
烟台市	Yantai	193	111	31861	14102	19486	8756
潍坊市	Weifang	210	92	42564	17730	27158	9578
济宁市	Jining	215	81	38226	17892	22731	9619
泰安市	Tai'an	105	45	25251	11404	14612	6824
威海市	Weihai	58	36	15189	10598	9191	6245
日照市	Rizhao	57	34	10641	5899	7148	4400
莱芜市	Laiwu	33	33	5598	5598	3509	3509
临沂市	Linyi	202	93	43728	17546	24308	10364
德州市	Dezhou	110	51	18047	7334	14537	5062
聊城市	Liaocheng	159	65	25329	11246	13720	5525
滨州市	Binzhou	107	54	16031	9082	10724	4917
菏泽市	Heze	250	95	37414	13484	22377	7891
河南省	**Henan**						
郑州市	Zhengzhou	246	171	86152	66103	42051	30893
开封市	Kaifeng	89	41	22232	10911	12354	6000
洛阳市	Luoyang	154	86	38026	22432	19481	10142
平顶山市	Pingdingshan	87	46	24484	10304	11820	4177
安阳市	Anyang	95	38	21943	10946	13807	6178
鹤壁市	Hebi	43	22	7907	4808	3923	2227
新乡市	Xinxiang	118	49	27724	10388	14987	5127
焦作市	Jiaozuo	83	45	17869	9508	8918	3660
濮阳市	Puyang	66	28	16575	8578	8669	3991
许昌市	Xuchang	103	56	18739	7542	9951	3973
漯河市	Luohe	45	37	10854	7598	5402	3754
三门峡市	Sanmenxia	51	19	12168	6303	5715	2419
南阳市	Nanyang	126	40	38292	15820	18907	7115
商丘市	Shangqiu	82	23	26079	7133	15046	3918
信阳市	Xinyang	314	73	31228	9358	12025	4176
周口市	Zhoukou	198	28	33280	5300	17602	2769
驻马店市	Zhumadian	112	14	30163	6612	13200	2545
湖北省	**Hubei**						
武汉市	Wuhan	398	398	81765	81765	42271	42271
黄石市	Huangshi	42	29	12535	8335	5973	3428
十堰市	Shiyan	60	28	19827	11721	10358	5993
宜昌市	Yichang	95	54	22232	12422	11308	6025
襄阳市	Xiangyang	81	48	24938	12870	14048	7396
鄂州市	Ezhou	20	20	4205	4205	2219	2219
荆门市	Jingmen	56	18	13165	6229	7374	2775
孝感市	Xiaogan	60	20	16312	5189	9263	2226
荆州市	Jingzhou	67	31	20827	9581	12526	4222
黄冈市	Huanggang	68	15	22108	3749	12776	1492
咸宁市	Xianning	35	10	9787	3197	6917	1838
随州市	Suizhou	42	30	6962	4520	5075	2252

2-39 续表 4 continued 4

城 市	City	医院数(个) Number of Hospitals (unit)		医院床位数(张) Number of Beds of Hospitals (bed)		执业(助理)医师数(人) Number of Licensed (Assistant) Doctors (person)	
		全 市 Total City	市辖区 Districts under City	全 市 Total City	市辖区 Districts under City	全 市 Total City	市辖区 Districts under City
湖南省	**Hunan**						
长沙市	Changsha	232	179	62042	49104	30793	22076
株洲市	Zhuzhou	185	56	26522	16525	10534	5442
湘潭市	Xiangtan	68	27	15435	13390	7530	3884
衡阳市	Hengyang	149	66	31912	14745	17936	5184
邵阳市	Shaoyang	129	39	32588	9742	14478	3377
岳阳市	Yueyang	239	39	22406	10375	15187	4594
常德市	Changde	109	56	24242	10248	17387	5173
张家界市	Zhangjiajie	32	12	5918	2906	3303	1504
益阳市	Yiyang	92	49	18916	8909	11167	4135
郴州市	Chenzhou	109	42	24303	10357	11693	4163
永州市	Yongzhou	145	45	28582	9111	13656	3846
怀化市	Huaihua	411	30	25338	6437	12005	3171
娄底市	Loudi	112	36	20138	7228	9484	2548
广东省	**Guangdong**						
广州市	Guangzhou	255	255	86011	86011	54134	54134
韶关市	Shaoguan	54	30	13500	7389	7385	3250
深圳市	Shenzhen	140	140	43569	43569	36321	36321
珠海市	Zhuhai	45	45	8849	8849	7090	7090
汕头市	Shantou	48	47	16283	16183	10469	10342
佛山市	Foshan	120	120	34508	34508	20001	20001
江门市	Jiangmen	48	25	17079	10757	10298	5344
湛江市	Zhanjiang	108	44	26850	12837	13651	6035
茂名市	Maoming	73	33	21502	10658	13993	6396
肇庆市	Zhaoqing	56	34	13426	7347	8140	4207
惠州市	Huizhou	76	51	15916	11087	13339	8821
梅州市	Meizhou	46	19	12616	7059	9546	3449
汕尾市	Shanwei	35	12	7010	1987	5316	1527
河源市	Heyuan	56	29	8927	4286	5992	2049
阳江市	Yangjiang	57	37	10929	6266	5631	3332
清远市	Qingyuan	58	33	11775	6238	7858	3940
东莞市	Dongguan	102		30239		19516	
中山市	Zhongshan	62		15685		8800	
潮州市	Chaozhou	32	27	4919	4074	4597	3780
揭阳市	Jieyang	62	31	14165	6608	10373	4214
云浮市	Yunfu	23	8	6606	2086	4625	1557
广西壮族自治区	**Guangxi**						
南宁市	Nanning	120	86	38532	30979	24582	19774
柳州市	Liuzhou	64	46	18545	14157	10946	8069
桂林市	Guilin	68	28	16474	8288	11997	5646
梧州市	Wuzhou	44	24	11154	5718	6322	3115
北海市	Beihai	27	16	6056	2881	3618	2229
防城港市	Fangchenggang	16	8	2730	1775	2100	1366
钦州市	Qinzhou	26	15	9762	5302	5653	3218
贵港市	Guigang	56	26	11493	5600	6870	2998

2-39 续表 5 continued 5

城 市	City	医院数（个） Number of Hospitals (unit)		医院床位数（张） Number of Beds of Hospitals (bed)		执业(助理)医师数（人） Number of Licensed (Assistant) Doctors (person)	
		全 市 Total City	市辖区 Districts under City	全 市 Total City	市辖区 Districts under City	全 市 Total City	市辖区 Districts under City
玉林市	Yulin	51	17	17121	7758	9636	3948
百色市	Baise	36	7	11519	4027	6647	1910
贺州市	Hezhou	31	17	5554	3816	3760	2478
河池市	Hechi	36	14	12359	6900	6594	3049
来宾市	Laibin	25	11	6848	3156	3898	1852
崇左市	Chongzuo	29	8	5060	1064	3451	773
海南省	**Hainan**						
海口市	Haikou	47	47	14470	14470	9030	9030
三亚市	Sanya	21	21	3957	3957	2514	2514
三沙市	Sansha	1		30		4	
儋州市	Danzhou	19		3076		1772	
重庆市	**Chongqing**	**800**	**643**	**162147**	**127024**	**76361**	**59449**
四川省	**Sichuan**						
成都市	Chengdu	892		135812		61548	
自贡市	Zigong	72	45	16868	11635	4857	3097
攀枝花市	Panzhihua	31	19	9404	8014	2663	2069
泸州市	Luzhou	147	73	22407	13299	9806	5462
德阳市	Deyang	90	33	16496	6068	9213	3454
绵阳市	Mianyang	117	47	25937	12594	12838	6300
广元市	Guangyuan	80	46	15895	9589	6343	3150
遂宁市	Suining	43	22	13822	8692	6962	3424
内江市	Neijiang	76	35	17520	8944	5711	2774
乐山市	Leshan	102	49	17644	9131	7807	3745
南充市	Nanchong	165	82	31167	12918	13805	5642
眉山市	Meishan	88	38	12978	6568	6175	3048
宜宾市	Yibin	135	72	25106	15219	9684	5644
广安市	Guang'an	73	23	13982	4299	5555	1633
达州市	Dazhou	412	117	31822	11956	7356	3013
雅安市	Ya'an	43	18	10415	6012	4157	2022
巴中市	Bazhong	78	34	14253	6146	6543	3038
资阳市	Ziyang	47	24	12145	6537	5402	2355
贵州省	**Guizhou**						
贵阳市	Guiyang	192	152	32707	27711	17794	15081
六盘水市	Liupanshui	114	41	13370	5319	5670	2432
遵义市	Zunyi						
安顺市	Anshun	74	47	10713	6991	4174	2762
毕节市	Bijie	514	87	36989	4854	10321	2042
铜仁市	Tongren	107	29	16576	4924	6843	1965
云南省	**Yunnan**						
昆明市	Kunming	322	237	55755	43706	28606	23481
曲靖市	Qujing	114	48	25655	8718	9835	4005
玉溪市	Yuxi	71	33	11126	5655	6074	2899
保山市	Baoshan	48	21	9690	4194	5133	2122
昭通市	Zhaotong	167	143	21739	3200	7422	1234
丽江市	Lijiang	30	14	4703	1871	2067	688
普洱市	Pu'er	47	12	10032	3808	4434	1550
临沧市	Lincang	52	12	8829	3329	3398	1073

2-39 续表 6 continued 6

城市	City	医院数(个) Number of Hospitals (unit)		医院床位数(张) Number of Beds of Hospitals (bed)		执业(助理)医师数(人) Number of Licensed (Assistant) Doctors (person)	
		全市 Total City	市辖区 Districts under City	全市 Total City	市辖区 Districts under City	全市 Total City	市辖区 Districts under City
西藏自治区	**Tibet**						
拉萨市	Lasa	29		3644		2878	
日喀则市	Xigaze	29	1	2219	120	1454	43
昌都市	Qamdo	29	1	1798	62	934	29
林芝市	Linzhi	17		803		451	
山南市	Shannan	18	1	785	30	1899	140
那曲市	Naqu	28	8	1498	618	878	373
陕西省	**Shaanxi**						
西安市	Xi'an	343	323	63365	60565	33776	32177
铜川市	Tongchuan	45	43	5474	5240	2534	2374
宝鸡市	Baoji	105	57	20508	11272	10212	5867
咸阳市	Xianyang	154	60	24172	11380	10982	5230
渭南市	Weinan	163	40	20622	6328	9680	4677
延安市	Yan'an	61	23	10480	5338	5400	2607
汉中市	Hanzhong	84	49	18881	8716	7194	3073
榆林市	Yulin	104	27	16286	4966	7622	2603
安康市	Ankang	50	17	11433	5687	5523	2410
商洛市	Shangluo	180	42	10283	4131	4581	1450
甘肃省	**Gansu**						
兰州市	Lanzhou	125	97	26886	23001	13954	12074
嘉峪关市	Jiayuguan	9		1663		993	
金昌市	Jinchang	15	13	2727	2069	1375	1109
白银市	Baiyin	99	27	8067	3943	3603	1817
天水市	Tianshui	77	46	12438	7887	5484	2986
武威市	Wuwei	13	7	8310	5154	4038	2473
张掖市	Zhangye	45	29	6109	2645	3528	1800
平凉市	Pingliang	149	31	12490	4530	4594	2249
酒泉市	Jiuquan	36	18	5410	3075	3629	1285
庆阳市	Qingyang	44	13	9619	3901	4773	1662
定西市	Dingxi	48	12	12185	3421	5133	1383
陇南市	Longnan	61	2	7977	1210	3749	488
青海省	**Qinghai**						
西宁市	Xining	78	59	18594	15804	8322	7413
海东市	Haidong	57	12	4713	583	2001	661
宁夏回族自治区	**Ningxia**						
银川市	Yinchuan	86	63	16361	13178	9684	8246
石嘴山市	Shizuishan	36	25	4137	3271	2240	1637
吴忠市	Wuzhong	50	26	5637	2500	2836	1271
固原市	Guyuan	13	6	5572	2768	2670	1216
中卫市	Zhongwei	32	13	4159	2071	1985	884
新疆维吾尔自治区	**Xinjiang**						
乌鲁木齐市	Urumqi	130	130	28471	28396	15187	15099
克拉玛依市	Karamay	13	13	1941	1941	1723	1723
吐鲁番市	Turpan	19	12	2832	1519	1593	724
哈密市	Hami	35	30	3375	3118	2240	1957

2-40 社会保障主要指标
Main Indicators of Social Security

单位：人 (person)

城市	City	城镇职工基本养老保险参保人数 Number of Employees Joining Urban Basic Pension Insurance		城镇职工基本医疗保险参保人数 Number of Employees Joining Urban Basic Medical Care System		失业保险参保人数 Persons Covered of Unemployment Insurance	
		全市 Total City	市辖区 Districts under City	全市 Total City	市辖区 Districts under City	全市 Total City	市辖区 Districts under City
北京市	**Beijing**	**15914979**	**15914979**	**16288778**	**16288778**	**12407013**	**12407013**
天津市	**Tianjin**	**6831600**	**6831600**	**5752609**	**5752609**	**3234400**	**3234400**
河北省	**Hebei**						
石家庄市	Shijiazhuang	2501069	2027599	1555128	1252199	955252	812736
唐山市	Tangshan	2368678	1624812	1682807	1232876	926500	671565
秦皇岛市	Qinhuangdao	893688	727289	678221	581653	375428	325377
邯郸市	Handan	1532251	965870	942277	671627	709758	492714
邢台市	Xingtai	953094	394208	704864	397804	365430	184852
保定市	Baoding	1479991	731164			547083	360775
张家口市	Zhangjiakou	1065760	700050			399139	298290
承德市	Chengde	760336	358543			230504	126398
沧州市	Cangzhou	1116806	419788	730679	77754	381052	185398
廊坊市	Langfang	1017003	529616	679858	341976	319049	204041
衡水市	Hengshui	558621	262644	371854	190735	191104	100839
山西省	**Shanxi**						
太原市	Taiyuan	1504247	364558	1599468		976166	187823
大同市	Datong			828000		456000	
阳泉市	Yangquan	333348	257838	386341	320500	256504	212900
长治市	Changzhi	617644	325996	607406	372005	426245	225881
晋城市	Jincheng	468641	243481	433936	247940	316221	206890
朔州市	Shuozhou	282156	84884	201190	48905	184881	43223
晋中市	Jinzhong	573024	152500	574214	92553	326839	76150
运城市	Yuncheng	610600	45459	493500	25377	345500	23350
忻州市	Xinzhou	440869	89738	410000	30200	213700	16940
临汾市	Linfen	607889	251755	573203	216886	358703	208507
吕梁市	Lvliang	437900	37000	349900	23000	323800	35200
内蒙古自治区	**Inner Mongolia**						
呼和浩特市	Hohhot	834733	667163	704564	589298	595191	68429
包头市	Baotou	1024409	925753	795593	735828	423063	401530
乌海市	Wuhai	185235	185235	195861	195861	84000	84000
赤峰市	Chifeng	762514	374099	613220	177960	262931	120384
通辽市	Tongliao	540130	136300	334400	44300	183000	34000
鄂尔多斯市	Erdos	462241	193487	416276	202792	241655	108589
呼伦贝尔市	Hulunbuir	736920	118512	585140	109226	265001	31568
巴彦淖尔市	Bayannur	255308	85680	228600	46063	98002	19770
乌兰察布市	Ulanqab	459800	65562	303700	38710	127100	19350
辽宁省	**Liaoning**						
沈阳市	Shenyang	4253014	4032087	33712821	3222401	1432098	1364937
大连市	Dalian	2104436	1884730	3824274	3268678	1555867	1401059
鞍山市	Anshan	1348915	721157	949710	741510	551044	496741
抚顺市	Fushun	942262		857632		487509	
本溪市	Benxi	797766	632679	747213	616206	358121	311298
丹东市	Dandong	978323	502452	754111	501681	230010	165794
锦州市	Jinzhou	805642	497889			332060	255952
营口市	Yingkou	835494	523306	806905	547912	240096	173688
阜新市	Fuxin	330165	235849	562469		190442	149752
辽阳市	Liaoyang	673734	233669	600849	503399	230194	77493

2-40 续表 1 continued 1

单位：人 (person)

城市	City	城镇职工基本养老保险参保人数 Number of Employees Joining Urban Basic Pension Insurance		城镇职工基本医疗保险参保人数 Number of Employees Joining Urban Basic Medical Care System		失业保险参保人数 Persons Covered of Unemployment Insurance	
		全市 Total City	市辖区 Districts under City	全市 Total City	市辖区 Districts under City	全市 Total City	市辖区 Districts under City
盘锦市	Panjin	578884	460137	567743	498517	354167	333283
铁岭市	Tieling	585045	53234	561585	19820	260090	
朝阳市	Chaoyang	417344	163000	441042	197466	235342	103261
葫芦岛市	Huludao	625180	165443	584836	106527	241173	34144
吉林省	**Jilin**						
长春市	Changchun	2412833	1986803	1615777	1356169	995212	833549
吉林市	Jilin	1315392	836098	946391	610216	426083	305663
四平市	Siping	759644	327930	563108	242278	238906	115346
辽源市	Liaoyuan	331998	218661	264006	185905	74170	45155
通化市	Tonghua	688003	277250	483378	193114	180388	94477
白山市	Baishan	490011	143854	429762	137096	129324	36633
松原市	Songyuan	471446	219068	404043	222891	174792	106929
白城市	Baicheng	450237	161950	213459	91060	140210	72646
黑龙江省	**Heilongjiang**						
哈尔滨市	Harbin	2544876	1972555	2282461	1975268	992100	
齐齐哈尔市	Qiqihar	573463	312470	733789	519992	198938	167136
鸡西市	Jixi	296280	223403	391484	318931	159200	127300
鹤岗市	Hegang	192957	121193	230029	200882	79810	74014
双鸭山市	Shuangyashan	185700	85900	255000	196767	127400	82200
大庆市	Daqing	692075	496645	510282	413655	179121	163949
伊春市	Yichun	307711		335484		126425	99825
佳木斯市	Jiamusi	477000	267000	335718	228522	141200	113943
七台河市	Qitaihe	192625	160690	167472	137222	100268	88268
牡丹江市	Mudanjiang	347645	201630	505583	341055	156600	124084
黑河市	Heihe	128258	40658	193499	41726	45103	17012
绥化市	Suihua	570041	39801	375099	88512	61966	9020
上海市	**Shanghai**	**15733700**	**15733700**	**15248200**	**15248200**	**9772000**	**9772000**
江苏省	**Jiangsu**						
南京市	Nanjing	3173600	3173600	4320599	4320599	2891189	2891189
无锡市	Wuxi	2724200	1706500	2134666	1058200	2210012	1471200
徐州市	Xuzhou	1940875	1261817	1596233	1013878	906094	582005
常州市	Changzhou	1535806	1362308	2112581	1884860	1215852	1105135
苏州市	Suzhou	5758290	2932407	7370769	3697628	4244995	2667173
南通市	Nantong	2283571	1079505	2106317	942854	1119064	537116
连云港市	Lianyungang	996318	666257	792262	584732	423026	314399
淮安市	Huai'an	1004125	714012	869870	617719	668017	474383
盐城市	Yancheng	1191400	548800	1362301	611829	785640	376200
扬州市	Yangzhou	1509112	955521	1365445	870960	670328	442302
镇江市	Zhenjiang	896795	410155	963664	528183	539510	267103
泰州市	Taizhou	1310023	575546	1390128	654827	687958	319090
宿迁市	Suqian	642300	261600	569900	113600	351021	146100
浙江省	**Zhejiang**						
杭州市	Hangzhou	6710707	6197207	6326611	5905579	4593673	4365241
宁波市	Ningbo	4530343	2532572	4050007	2518380	2818183	1875017
温州市	Wenzhou	2949827	1077425	1935609	869746	1240558	562427
嘉兴市	Jiaxing	1810866	552161	2295771	718099	1440474	462589
湖州市	Huzhou	1518181	566889	1351800	538000	771668	321744

2-40 续表 2 continued 2

单位：人 (person)

城 市	City	城镇职工基本养老保险参保人数 Number of Employees Joining Urban Basic Pension Insurance		城镇职工基本医疗保险参保人数 Number of Employees Joining Urban Basic Medical Care System		失业保险参保人数 Persons Covered of Unemployment Insurance	
		全 市 Total City	市辖区 Districts under City	全 市 Total City	市辖区 Districts under City	全 市 Total City	市辖区 Districts under City
绍兴市	Shaoxing	2367257	1440536	1927824	1190783	1206968	789418
金华市	Jinhua	2299451	585483	1594596	432307	916094	278137
衢州市	Quzhou	831394	380303	674349	358183	321541	169579
舟山市	Zhoushan	707128	552613	427879	341235	237224	199583
台州市	Taizhou	2288528	865697	1496184	618396	985931	392784
丽水市	Lishui	746229	198845	443944	163950	251259	98291
安徽省	**Anhui**						
合肥市	Hefei	1877561	1615576	2026800	1658068	1606630	1403378
芜湖市	Wuhu	986900	662607	778616	598965	448700	373473
蚌埠市	Bengbu	681700	440801	513283	396309	237100	176525
淮南市	Huainan	646000	454979	583631	483900	316635	258481
马鞍山市	Maanshan	684173	492109	510756	398227	270535	203035
淮北市	Huaibei	511100	299689	427902	381011	260800	221208
铜陵市	Tongling	359848	320093	347503	313198	196204	174989
安庆市	Anqing	746300		450990	249534	270300	139804
黄山市	Huangshan	271380	150013	212577	127512	113762	72664
滁州市	Chuzhou	608700	156800	452790	187675	236000	91300
阜阳市	Fuyang	559400	270280	445173	230982	261800	124196
宿州市	Suzhou	438300	144751	334054	157762	206800	98800
六安市	Lu'an	458100		352224	189601	197394	107526
亳州市	Bozhou	375700	140481	250396	116643	161100	58734
池州市	Chizhou	214800	88661	150546	81997	87831	51956
宣城市	Xuancheng	576978	116588	343357	62205	183714	25189
福建省	**Fujian**						
福州市	Fuzhou	2146221	1635950	1695338	1308806	1238601	1024018
厦门市	Xiamen	2680600	2680600	2574000	2574000	2245000	2245000
莆田市	Putian	439901	350428	322209	275840	222629	193244
三明市	Sanming	435924	128433	410546	158902	220725	81709
泉州市	Quanzhou	1331293	489358	1144629	496470	680296	300604
漳州市	Zhangzhou	790508	204771	743154	314423	413686	189949
南平市	Nanping	675759	277930	424851	186751	193722	93992
龙岩市	Longyan	457391	207996	427643	267563	394634	198009
宁德市	Ningde	441073	137482	371824	134691	206368	106082
江西省	**Jiangxi**						
南昌市	Nanchang	1996844	1633841	1186702	1047746	630947	569947
景德镇市	Jingdezhen	440655	83105	336245	49681	130059	82700
萍乡市	Pingxiang	534090	374779	333518	51353	160144	126132
九江市	Jiujiang	786516	325337	705281	289845	352882	173874
新余市	Xinyu	332491	277508	197007	169319	115221	101719
鹰潭市	Yingtan	246099	89067	137438	65137	95002	49000
赣州市	Ganzhou	1254599	485805	668545	115983	375100	117500
吉安市	Ji'an	795991	203342	418914	115775	235106	49718
宜春市	Yichun	939617	141140	476117	46576	270113	26100
抚州市	Fuzhou	523292	288637	379818	163028	215138	88576
上饶市	Shangrao	1153843	292167	512306	143437	300097	90117
山东省	**Shandong**						
济南市	Jinan	3316580	3175583	2415388	2302891	1582877	1522867

2-40 续表 3 continued 3

单位：人 (person)

城市	City	城镇职工基本养老保险参保人数 Number of Employees Joining Urban Basic Pension Insurance		城镇职工基本医疗保险参保人数 Number of Employees Joining Urban Basic Medical Care System		失业保险参保人数 Persons Covered of Unemployment Insurance	
		全市 Total City	市辖区 Districts under City	全市 Total City	市辖区 Districts under City	全市 Total City	市辖区 Districts under City
青岛市	Qingdao	4460697	3288225	3666251	3118908	2236931	1692802
淄博市	Zibo	1229638	983193	1313003	1099942	839563	663282
枣庄市	Zaozhuang	865627	552242	607178	430573	444256	313156
东营市	Dongying	594974	438824	735894	625594	301362	218214
烟台市	Yantai	2553260	1390002	2245528	1187692	1147951	687330
潍坊市	Weifang	1998199	775692	1751308	733047	1011792	389833
济宁市	Jining	1576440	716031	1162082	660914	853213	345368
泰安市	Tai'an	1385477	452438	1055322	546768	634149	319289
威海市	Weihai	1235047	795765	939032	610766	590662	408444
日照市	Rizhao	741998	511709	422602	279085	287671	198521
莱芜市	Laiwu	458512	458512	279270	198938	218625	218625
临沂市	Linyi	1542281	578736	1135613	264760	648322	270567
德州市	Dezhou	889687	185749	732822	131410	404635	72536
聊城市	Liaocheng	829047	256606	635538	250259	366852	123079
滨州市	Binzhou	794218	282642	616710	255502	412475	162702
菏泽市	Heze	1120075	377554	740534	259636	401000	152090
河南省	**Henan**						
郑州市	Zhengzhou	4156124	3663476	1677630	1297154	1902901	1659216
开封市	Kaifeng	705433	490345	602340	471825	261299	171463
洛阳市	Luoyang	861278	620916	1178296	847216	640109	421654
平顶山市	Pingdingshan	931327	569296	917323	479981	466716	330004
安阳市	Anyang	985933	599732	596929	403854	431631	279142
鹤壁市	Hebi	241202	161479	234312	176491	148104	103104
新乡市	Xinxiang	1242007	696494	794926	473683	464107	220266
焦作市	Jiaozuo	705795	383349	586597	366542	366733	205839
濮阳市	Puyang	416912	135075	272000	134829	314405	156065
许昌市	Xuchang	746290	355578	441735	250726	285000	137120
漯河市	Luohe	412400	315400	450749	364320	182020	125020
三门峡市	Sanmenxia	441188	226004	381934	258334	246939	99289
南阳市	Nanyang	809781	356722	849743	327826	647271	236985
商丘市	Shangqiu	576812	243365	538773	223694	370038	150800
信阳市	Xinyang	378327	100072	566700	282725	342311	135290
周口市	Zhoukou	632761	107407	549631	96012	371012	60080
驻马店市	Zhumadian	448942	92793	492000	158265	407886	53953
湖北省	**Hubei**						
武汉市	Wuhan	4542400	4542400	4573700	4573700	2302100	2302100
黄石市	Huangshi	750709	488001	510134	364212	274063	215445
十堰市	Shiyan	543657	316371	479923	343181	260051	173703
宜昌市	Yichang	1242183	550261	1003494	588212	554723	332454
襄阳市	Xiangyang	1154417	635472	831480	584020	421621	283855
鄂州市	Ezhou	307374	307374	176469	176469	87471	87471
荆门市	Jingmen	606000	254400	424300	171000	200135	96591
孝感市	Xiaogan	743752	188585	372980	134668	242122	65470
荆州市	Jingzhou	1286121	506789	669518	382923	320379	144119
黄冈市	Huanggang	909075	167438	480174	93219	232925	11460
咸宁市	Xianning	409303	111347	262478	103621	159931	68530
随州市	Suizhou	258834	89686	162173	48562	72040	20510

2-40 续表 4 continued 4

单位：人 (person)

城市	City	城镇职工基本养老保险参保人数 Number of Employees Joining Urban Basic Pension Insurance		城镇职工基本医疗保险参保人数 Number of Employees Joining Urban Basic Medical Care System		失业保险参保人数 Persons Covered of Unemployment Insurance	
		全市 Total City	市辖区 Districts under City	全市 Total City	市辖区 Districts under City	全市 Total City	市辖区 Districts under City
湖南省	**Hunan**						
长沙市	Changsha	2531981	1918738	2359123	1911151	1544478	1219850
株洲市	Zhuzhou	1055598	700522	1055500	656820	398177	306875
湘潭市	Xiangtan	658198	440859	489018	368980	335015	270007
衡阳市	Hengyang	1165550	501281	741595	383842	615157	333020
邵阳市	Shaoyang	542000	290000	548400	211500	314300	116835
岳阳市	Yueyang	1063595	183546	624000	362014	396300	222017
常德市	Changde	1158208	549353	570158	256201	317727	162138
张家界市	Zhangjiajie	202545	66031	135893	73502	105237	28923
益阳市	Yiyang	599030	246505	365585	195123	220200	91740
郴州市	Chenzhou	327220	169367	524220	267781	308188	190446
永州市	Yongzhou	575677	223149	401706	142050	311893	132125
怀化市	Huaihua	459894	85489	408145	101279	309482	102347
娄底市	Loudi	724411	207688	374601	154142	335122	196715
广东省	**Guangdong**						
广州市	Guangzhou	7835244	7835244	7519504	7519504	6087077	6087077
韶关市	Shaoguan	784726	414017	603038	374562	319198	201445
深圳市	Shenzhen	11569970	11569970	11952451	11952451	11273563	11273563
珠海市	Zhuhai	1111196	1111196	1900661	1900661	1046865	1046865
汕头市	Shantou	1069651	1057899	569921	563932	858995	850714
佛山市	Foshan	4254980	4254980	3246530	3246530	2639945	2639945
江门市	Jiangmen	1678236	911654	1378735	854776	865596	526245
湛江市	Zhanjiang	755397	454348	761843	445566	443176	276267
茂名市	Maoming	1026408	442297	490876	302742	289046	171437
肇庆市	Zhaoqing	893674	520794	701739	480677	519519	360672
惠州市	Huizhou	1945151		1565756		1276225	
梅州市	Meizhou	804217	357964	480084	232568	333599	173406
汕尾市	Shanwei	620143	182225	326329	125417	225015	83609
河源市	Heyuan	772890	392318	348904	111200	302580	109001
阳江市	Yangjiang	413141	265705	293128	186979	175931	121453
清远市	Qingyuan	843750	471084	623941	369048	430326	277022
东莞市	Dongguan	5809857		5832967		4186677	
中山市	Zhongshan	1763430		2782258		1540294	
潮州市	Chaozhou	435883	340263	350319	283784	359507	298182
揭阳市	Jieyang	602985	290047	322080	135430	260059	128859
云浮市	Yunfu	346450	115976	259065	95402	184282	69049
广西壮族自治区	**Guangxi**						
南宁市	Nanning	1491009	1223965	1109002	943398	580117	497843
柳州市	Liuzhou	1105266	873187	881277	737836	452184	378915
桂林市	Guilin	968114	565910	729430	465400	419195	279600
梧州市	Wuzhou	440694	267451	318514	202826	151565	85133
北海市	Beihai	298804	211114	234247	168671	129272	101750
防城港市	Fangchenggang	126932	92150	114966	81770	73238	52671
钦州市	Qinzhou	190300	106200	220000	138900	100700	54000
贵港市	Guigang	212212	158184	235472	122920	106138	49529

2-40 续表 5 continued 5

单位：人 (person)

城 市	City	城镇职工基本养老保险参保人数 Number of Employees Joining Urban Basic Pension Insurance		城镇职工基本医疗保险参保人数 Number of Employees Joining Urban Basic Medical Care System		失业保险参保人数 Persons Covered of Unemployment Insurance	
		全 市 Total City	市辖区 Districts under City	全 市 Total City	市辖区 Districts under City	全 市 Total City	市辖区 Districts under City
玉林市	Yulin	568715	191023	384247	154790	173268	67765
百色市	Baise	272302	31298	342449	33905	145907	11428
贺州市	Hezhou	181036	121503	172809	107300	89293	53528
河池市	Hechi	262900	65852	307417	62837	138153	33596
来宾市	Laibin	241851	97557	188532	91124	102829	25603
崇左市	Chongzuo	248356	62290	170627	48530	85569	24177
海南省	**Hainan**						
海口市	Haikou	723135	723135	532777	532777	489772	489772
三亚市	Sanya	272379	272379	278175	278175	201946	201946
三沙市	Sansha	358		368		174	
儋州市	Danzhou	143373		124372		51983	
重庆市	**Chongqing**	**9458118**	**8449725**	**6783064**	**6161780**	**4897825**	**4556776**
四川省	**Sichuan**						
成都市	Chengdu	8179100		8507800		4897400	
自贡市	Zigong	445654	307294	398700	312232	150775	113890
攀枝花市	Panzhihua	308012	36076	427466	374097	172258	32213
泸州市	Luzhou	1103778	642933	495661	315245	274837	169193
德阳市	Deyang	684632	293736	752182	376819	344805	177093
绵阳市	Mianyang	1263075	646412	714281	448724	380423	265827
广元市	Guangyuan	506692	266950	316955	173179	162903	105125
遂宁市	Suining	740215	356430	288281	157193	120325	66324
内江市	Neijiang	707579	252174	417271	218105	120074	41195
乐山市	Leshan	652694	330964	576529	359834	232693	147891
南充市	Nanchong	1217898	538847	569734	160383	197895	98445
眉山市	Meishan	421547	224953	300775	109094	176670	67235
宜宾市	Yibin	1004673	600249	531738	374783	253948	186330
广安市	Guang'an	711663	172351	235405	56616	148984	25585
达州市	Dazhou	480734	137568	401668	75853	139322	33235
雅安市	Ya'an	415373	130067	250111	58787	103024	21949
巴中市	Bazhong	324711	155823	202015	22411	128514	30712
资阳市	Ziyang	491033	235603	229306	130181	103192	61086
贵州省	**Guizhou**						
贵阳市	Guiyang	2238658	1010357	1466481	806888	808085	376983
六盘水市	Liupanshui	367459	44423	321618	33220	185153	22608
遵义市	Zunyi						
安顺市	Anshun	285554	193484	229822	164141	122595	75257
毕节市	Bijie	508175	88464	343558	54137	247988	35876
铜仁市	Tongren	279005	84691	198899	57537	116399	31510
云南省	**Yunnan**						
昆明市	Kunming	1654152	1427268	1609823	1280476	1058000	840676
曲靖市	Qujing	466617	138584	448000	216004	250103	121806
玉溪市	Yuxi	332260	98652	269783	72306	165650	78503
保山市	Baoshan	226580	67976	161779	39410	95120	20111
昭通市	Zhaotong	304119	46834	235486	33411	134764	16935
丽江市	Lijiang	142871	29710	125854	27157	52230	17292
普洱市	Pu'er	274922	75321	214439	26136	118997	41820
临沧市	Lincang	188463	38496	156792	48650	98955	30466

2-40 续表 6 continued 6

单位：人 (person)

城 市	City	城镇职工基本养老保险参保人数 Number of Employees Joining Urban Basic Pension Insurance		城镇职工基本医疗保险参保人数 Number of Employees Joining Urban Basic Medical Care System		失业保险参保人数 Persons Covered of Unemployment Insurance	
		全 市 Total City	市辖区 Districts under City	全 市 Total City	市辖区 Districts under City	全 市 Total City	市辖区 Districts under City
西藏自治区	**Tibet**						
拉萨市	Lasa	97235		76166		41581	
日喀则市	Xigaze	11899		49998		27640	
昌都市	Qamdo	43904	3652	41854	3341	20360	1836
林芝市	Linzhi	12341	2376	29022	2693	14389	1009
山南市	Shannan	32921	2414	37522	1455	11281	318
那曲市	Naqu						
陕西省	**Shaanxi**						
西安市	Xi'an	3892700	3851600	3080000	3026700	1675400	1668700
铜川市	Tongchuan	197240	88113	192960	186278	96933	78855
宝鸡市	Baoji	728704	311053	552379	416185	299987	196342
咸阳市	Xianyang	814221	358523	665195	379218	396851	195741
渭南市	Weinan	618789	198719	654720	201564	326907	101077
延安市	Yan'an	261901	48582	316176	29197	208528	35748
汉中市	Hanzhong	558400	292414	387000	217767	233000	157795
榆林市	Yulin	372600	286000	423013		276176	110391
安康市	Ankang	199489	88597	203544	96651	106763	48780
商洛市	Shangluo	238673	35326	148353	21508	117100	39694
甘肃省	**Gansu**						
兰州市	Lanzhou	837353	771082	987073	911130	567764	499265
嘉峪关市	Jiayuguan	126612		97130		64469	
金昌市	Jinchang	71424	53119	121922	99158	70451	63020
白银市	Baiyin	88461	56570	237102	175673	126529	93282
天水市	Tianshui	235613	186558	257884	175847	137358	103599
武威市	Wuwei	139287	66847	139576	53005	87400	37837
张掖市	Zhangye	183210	58273	130146	29087	82520	19340
平凉市	Pingliang	201169	23273	130700	24871	88309	11614
酒泉市	Jiuquan	89377	50992	126816	28681	82819	17887
庆阳市	Qingyang	73575	18279	143025	52464	82813	5614
定西市	Dingxi	109302	18800	162668	25495	91307	14071
陇南市	Longnan	80152	7910	147397	19100	54000	7447
青海省	**Qinghai**						
西宁市	Xining	275785	275785	149742	149742	181000	181000
海东市	Haidong	116306	38615	77038	21314	46817	17877
宁夏回族自治区	**Ningxia**						
银川市	Yinchuan	886895	728716	774174	654552	526856	424356
石嘴山市	Shizuishan	170793	123080	198081	166856	129363	109500
吴忠市	Wuzhong	251670	121502	142599	62753	96683	34879
固原市	Guyuan	93467	53878	88344	49267	66189	40094
中卫市	Zhongwei	185555	108377	115032	55463	64174	36448
新疆维吾尔自治区	**Xinjiang**						
乌鲁木齐市	Urumqi	1335571	1335571	1317572	1317572	890432	890432
克拉玛依市	Karamay	59236	59236	223463	223463	154362	154362
吐鲁番市	Turpan	115391	32440	104421	28212	63332	16802
哈密市	Hami	177873	126815	202965	178734	113556	98606

(七)基础设施
Infrastructure

2-41 市政公用事业(市辖区)
Municipal Public Utilities(Districts under City)

城 市	City	城市市政公用设施建设固定资产投资(万元) Investment in Municipal Public Infrastructure Construction (10 000 yuan)	年末实有城市道路面积(万平方米) Area of City Paved Roads at Year-end (10 000 sq.m)	排水管道长度(公里) Length of City Sewage Pipes (km)
北京市	**Beijing**	**10258935**	**10328**	**21878**
天津市	**Tianjin**	**2649621**	**14742**	**21369**
河北省	**Hebei**			
石家庄市	Shijiazhuang	1402686	5688	3146
唐山市	Tangshan	159844	3679	2803
秦皇岛市	Qinhuangdao	234050	2375	720
邯郸市	Handan	151526	4167	555
邢台市	Xingtai	253620	1623	1200
保定市	Baoding	123784	3488	1455
张家口市	Zhangjiakou	27303	1993	981
承德市	Chengde	116187	1099	598
沧州市	Cangzhou	74710	1175	649
廊坊市	Langfang	308644	1147	847
衡水市	Hengshui	89956	1005	610
山西省	**Shanxi**			
太原市	Taiyuan		6172	1431
大同市	Datong			
阳泉市	Yangquan	117000	843	219
长治市	Changzhi	169300	804	555
晋城市	Jincheng		616	376
朔州市	Shuozhou	87858	785	555
晋中市	Jinzhong	232980	1451	1037
运城市	Yuncheng			423
忻州市	Xinzhou	83735	772	723
临汾市	Linfen	114900	723	245
吕梁市	Lvliang	105692	433	352
内蒙古自治区	**Inner Mongolia**			
呼和浩特市	Hohhot		2956	2081
包头市	Baotou	397428	3035	3031
乌海市	Wuhai	199531	1509	289
赤峰市	Chifeng	524313	5396	777
通辽市	Tongliao	83842	1226	650
鄂尔多斯市	Erdos	6214	2859	2195
呼伦贝尔市	Hulunbuir	65927	796	340
巴彦淖尔市	Bayannur		1108	1209
乌兰察布市	Ulanqab	50464	1088	685
辽宁省	**Liaoning**			
沈阳市	Shenyang		8295	6626
大连市	Dalian	1001584	5909	3472
鞍山市	Anshan		3211	1095
抚顺市	Fushun	94404	1433	964
本溪市	Benxi	62017	1088	497
丹东市	Dandong		840	463
锦州市	Jinzhou		1223	426
营口市	Yingkou		1969	1575
阜新市	Fuxin	5684	943	619
辽阳市	Liaoyang	51051	1401	979

2-41 续表 1 continued 1

城　市	City	城市市政公用设施建设固定资产投资(万元) Investment in Municipal Public Infrastructure Construction (10 000 yuan)	年末实有城市道路面积(万平方米) Area of City Paved Roads at Year-end (10 000 sq.m)	排水管道长度(公里) Length of City Sewage Pipes (km)
盘锦市	Panjin	605000	1329	1070
铁岭市	Tieling			453
朝阳市	Chaoyang	8981	574	506
葫芦岛市	Huludao	5073	598	702
吉林省	**Jilin**			
长春市	Changchun	1307528	7478	5682
吉林市	Jilin	149789	1657	1094
四平市	Siping	67855	701	289
辽源市	Liaoyuan	27504	441	258
通化市	Tonghua	8103	426	279
白山市	Baishan	41776	425	199
松原市	Songyuan	47538	678	375
白城市	Baicheng	47008	351	349
黑龙江省	**Heilongjiang**			
哈尔滨市	Harbin	1145114	6588	3383
齐齐哈尔市	Qiqihar			
鸡西市	Jixi			
鹤岗市	Hegang	71506	485	322
双鸭山市	Shuangyashan	38106	535	339
大庆市	Daqing	44594	3674	2542
伊春市	Yichun		978	606
佳木斯市	Jiamusi		637	566
七台河市	Qitaihe		487	210
牡丹江市	Mudanjiang	55998	1068	559
黑河市	Heihe	14220	180	107
绥化市	Suihua			
上海市	**Shanghai**	**4579981**	**11821**	**27483**
江苏省	**Jiangsu**			
南京市	Nanjing	1346168	15904	9896
无锡市	Wuxi	1012873	7145	13419
徐州市	Xuzhou	2037884	4644	2073
常州市	Changzhou	1355090	4881	6435
苏州市	Suzhou	1991830	11250	11105
南通市	Nantong	1753628	5074	4868
连云港市	Lianyungang	125784	2524	2030
淮安市	Huai'an	43856	3752	3360
盐城市	Yancheng	794143	3420	1518
扬州市	Yangzhou	626013	2794	2797
镇江市	Zhenjiang	1189254	2496	2087
泰州市	Taizhou	395129	2796	1966
宿迁市	Suqian	123377	2060	1795
浙江省	**Zhejiang**			
杭州市	Hangzhou	4752369	8840	8924
宁波市	Ningbo	2497498	3813	5165
温州市	Wenzhou	1324817		3436
嘉兴市	Jiaxing	223224	1493	1896
湖州市	Huzhou	298224	2686	2355

2-41 续表 2 continued 2

城 市	City	城市市政公用设施建设固定资产投资（万元）Investment in Municipal Public Infrastructure Construction (10 000 yuan)	年末实有城市道路面积（万平方米）Area of City Paved Roads at Year-end (10 000 sq.m)	排水管道长度（公里）Length of City Sewage Pipes (km)
绍兴市	Shaoxing	732219	3226	4144
金华市	Jinhua	1052746	2106	1992
衢州市	Quzhou	176808	1266	1464
舟山市	Zhoushan	157479		1042
台州市	Taizhou	402773	2857	3071
丽水市	Lishui	198250	652	775
安徽省	**Anhui**			
合肥市	Hefei	1685889	8069	8055
芜湖市	Wuhu	387617	3655	2951
蚌埠市	Bengbu	344420	2129	2176
淮南市	Huainan	198111	1981	871
马鞍山市	Maanshan	238190	1539	1578
淮北市	Huaibei	267446	1400	990
铜陵市	Tongling	36667	727	1588
安庆市	Anqing	294755	1393	1305
黄山市	Huangshan	123227	1036	822
滁州市	Chuzhou	227792	2161	2169
阜阳市	Fuyang	848395	2192	1154
宿州市	Suzhou	169796	1849	945
六安市	Lu'an	92617	1608	847
亳州市	Bozhou	176915	1355	1288
池州市	Chizhou	131993	793	791
宣城市	Xuancheng	396974	1220	885
福建省	**Fujian**			
福州市	Fuzhou	3280000	4043	3388
厦门市	Xiamen	7776440	5450	3534
莆田市	Putian	614499	1392	1927
三明市	Sanming	132187	365	254
泉州市	Quanzhou	499491	3748	1644
漳州市	Zhangzhou	162214	1385	900
南平市	Nanping	39578	457	289
龙岩市	Longyan	384595	890	558
宁德市	Ningde	81624	487	303
江西省	**Jiangxi**			
南昌市	Nanchang	82854798	3708	3759
景德镇市	Jingdezhen	369620		815
萍乡市	Pingxiang	10903	1164	58
九江市	Jiujiang	420222	1686	1455
新余市	Xinyu	85740	1180	1050
鹰潭市	Yingtan	11000	382	284
赣州市	Ganzhou	2426083	3115	2635
吉安市	Ji'an	205996	1057	734
宜春市	Yichun	1150036	1745	1137
抚州市	Fuzhou	835287	1830	1270
上饶市	Shangrao	179433	1693	1290
山东省	**Shandong**			
济南市	Jinan	2999682	10113	6764

2–41 续表 3 continued 3

城 市	City	城市市政公用设施建设固定资产投资(万元) Investment in Municipal Public Infrastructure Construction (10 000 yuan)	年末实有城市道路面积(万平方米) Area of City Paved Roads at Year-end (10 000 sq.m)	排水管道长度(公里) Length of City Sewage Pipes (km)
青岛市	Qingdao		9862	8854
淄博市	Zibo	788339	5210	3451
枣庄市	Zaozhuang	230744	2786	1386
东营市	Dongying	457563	2815	1691
烟台市	Yantai	283130	6240	3898
潍坊市	Weifang	251171	4274	2507
济宁市	Jining		5378	2096
泰安市	Tai'an	409734	3041	1589
威海市	Weihai	384943	3342	3646
日照市	Rizhao	578425	1926	1817
莱芜市	Laiwu	40456	1875	1150
临沂市	Linyi	360748	4477	3613
德州市	Dezhou	161625	2932	2182
聊城市	Liaocheng	211248	2424	1529
滨州市	Binzhou			2007
菏泽市	Heze	269116	2356	1321
河南省	**Henan**			
郑州市	Zhengzhou	5032424	6118	4676
开封市	Kaifeng	60623	1986	1118
洛阳市	Luoyang	914995	3017	1935
平顶山市	Pingdingshan	120702	1373	598
安阳市	Anyang	202924	1300	1175
鹤壁市	Hebi	81196	902	561
新乡市	Xinxiang	37427	1192	921
焦作市	Jiaozuo	170111	1373	1090
濮阳市	Puyang	73024	925	697
许昌市	Xuchang		1791	166
漯河市	Luohe		1025	784
三门峡市	Sanmenxia		652	291
南阳市	Nanyang	384958	2166	1487
商丘市	Shangqiu	498559	1489	520
信阳市	Xinyang	4235	933	352
周口市	Zhoukou	222917	905	710
驻马店市	Zhumadian	208835	1206	754
湖北省	**Hubei**			
武汉市	Wuhan	11060046	12084	10245
黄石市	Huangshi	266217	1834	1744
十堰市	Shiyan	259123	1614	1140
宜昌市	Yichang	619931	2532	1426
襄阳市	Xiangyang	159855	2316	2117
鄂州市	Ezhou	220828	531	756
荆门市	Jingmen	310800	1201	977
孝感市	Xiaogan	312718	1339	994
荆州市	Jingzhou	53457	1079	678
黄冈市	Huanggang	45120	463	415
咸宁市	Xianning	16719	1262	298
随州市	Suizhou	291064	685	431

2-41 续表 4 continued 4

城　市	City	城市市政公用设施建设固定资产投资(万元) Investment in Municipal Public Infrastructure Construction (10 000 yuan)	年末实有城市道路面积(万平方米) Area of City Paved Roads at Year-end (10 000 sq.m)	排水管道长度(公里) Length of City Sewage Pipes (km)
湖南省	**Hunan**			
长沙市	Changsha		4808	3420
株洲市	Zhuzhou	661678	2256	1512
湘潭市	Xiangtan	20615	2342	1212
衡阳市	Hengyang	17618	1344	1115
邵阳市	Shaoyang	103130	1369	620
岳阳市	Yueyang	60000	1425	1373
常德市	Changde	442374	1449	1703
张家界市	Zhangjiajie	363737	472	276
益阳市	Yiyang	155699	1009	1009
郴州市	Chenzhou	5011	533	2220
永州市	Yongzhou	44920	1185	626
怀化市	Huaihua	12850	803	495
娄底市	Loudi			306
广东省	**Guangdong**			
广州市	Guangzhou	6485652	18743	24239
韶关市	Shaoguan	348330	829	639
深圳市	Shenzhen		11849	15992
珠海市	Zhuhai		3630	5374
汕头市	Shantou	170354	2730	2915
佛山市	Foshan	971723		12266
江门市	Jiangmen		2710	1560
湛江市	Zhanjiang	39842		746
茂名市	Maoming	9164	652	206
肇庆市	Zhaoqing	124777	1606	1075
惠州市	Huizhou	353290	3114	3568
梅州市	Meizhou		374	407
汕尾市	Shanwei	116968	518	309
河源市	Heyuan		536	461
阳江市	Yangjiang	46482	1088	630
清远市	Qingyuan	6934	1154	898
东莞市	Dongguan			
中山市	Zhongshan			
潮州市	Chaozhou		530	
揭阳市	Jieyang		1493	947
云浮市	Yunfu	11469		466
广西壮族自治区	**Guangxi**			
南宁市	Nanning	2379286	5014	1886
柳州市	Liuzhou	1666656	2958	1756
桂林市	Guilin	144833	1782	871
梧州市	Wuzhou	41397	712	479
北海市	Beihai	133724	1306	916
防城港市	Fangchenggang	135033	857	599
钦州市	Qinzhou	254475	1421	1003
贵港市	Guigang	282546	1334	523

2−41 续表 5 continued 5

城 市	City	城市市政公用设施建设固定资产投资(万元) Investment in Municipal Public Infrastructure Construction (10 000 yuan)	年末实有城市道路面积(万平方米) Area of City Paved Roads at Year-end (10 000 sq.m)	排水管道长度(公里) Length of City Sewage Pipes (km)
玉林市	Yulin	122818	1233	837
百色市	Baise	63208	693	566
贺州市	Hezhou	183751	618	355
河池市	Hechi	45822	831	833
来宾市	Laibin	135847	733	615
崇左市	Chongzuo	107630	355	362
海南省	**Hainan**			
海口市	Haikou	450505	1842	1761
三亚市	Sanya	220085	858	1623
三沙市	Sansha			
儋州市	Danzhou			
重庆市	**Chongqing**		**20378**	**18911**
四川省	**Sichuan**			
成都市	Chengdu	9206995	11899	11647
自贡市	Zigong	285064	1728	59
攀枝花市	Panzhihua	1984		91
泸州市	Luzhou	528393	1703	1429
德阳市	Deyang	220387	1038	1495
绵阳市	Mianyang	640431	2545	2827
广元市	Guangyuan	265165	752	731
遂宁市	Suining		1434	961
内江市	Neijiang	201167	641	542
乐山市	Leshan	107718	1106	806
南充市	Nanchong	419350	2075	1744
眉山市	Meishan	144065		666
宜宾市	Yibin	274942	1664	836
广安市	Guang'an	30261	910	718
达州市	Dazhou	289514	449	468
雅安市	Ya'an	200063	431	389
巴中市	Bazhong		425	883
资阳市	Ziyang	575542	688	760
贵州省	**Guizhou**			
贵阳市	Guiyang	2300119	2924	3659
六盘水市	Liupanshui	526208	662	102
遵义市	Zunyi			
安顺市	Anshun		940	721
毕节市	Bijie		442	328
铜仁市	Tongren	137685	466	460
云南省	**Yunnan**			
昆明市	Kunming	2155557		4677
曲靖市	Qujing	343483	1595	1080
玉溪市	Yuxi	62897	889	879
保山市	Baoshan	395965	635	313
昭通市	Zhaotong	203948	503	285
丽江市	Lijiang		208	603
普洱市	Pu'er	32449	447	570
临沧市	Lincang		267	282

2-41 续表 6 continued 6

城 市	City	城市市政公用设施建设固定资产投资（万元）Investment in Municipal Public Infrastructure Construction (10 000 yuan)	年末实有城市道路面积（万平方米）Area of City Paved Roads at Year-end (10 000 sq.m)	排水管道长度（公里）Length of City Sewage Pipes (km)
西藏自治区	**Tibet**			
拉萨市	Lasa		966	994
日喀则市	Xigaze			
昌都市	Qamdo	9140	400	28
林芝市	Linzhi		174	100
山南市	Shannan	15871	52	25
那曲市	Naqu		91	46
陕西省	**Shaanxi**			
西安市	Xi'an		10601	5973
铜川市	Tongchuan	34468	547	491
宝鸡市	Baoji		1360	612
咸阳市	Xianyang	96000	1065	305
渭南市	Weinan	728990	1659	760
延安市	Yan'an	142290	599	164
汉中市	Hanzhong	157110	528	335
榆林市	Yulin		1513	767
安康市	Ankang	170348	573	242
商洛市	Shangluo		210	111
甘肃省	**Gansu**			
兰州市	Lanzhou		2752	1209
嘉峪关市	Jiayuguan			677
金昌市	Jinchang	7312	487	114
白银市	Baiyin	60453	632	250
天水市	Tianshui	285742	653	359
武威市	Wuwei	53172	542	215
张掖市	Zhangye	12345	358	315
平凉市	Pingliang	45243	702	404
酒泉市	Jiuquan	25123	611	320
庆阳市	Qingyang	8353	350	250
定西市	Dingxi		285	152
陇南市	Longnan		73	51
青海省	**Qinghai**			
西宁市	Xining		1230	878
海东市	Haidong	383094	306	177
宁夏回族自治区	**Ningxia**			
银川市	Yinchuan	84700	2660	1256
石嘴山市	Shizuishan		1581	123
吴忠市	Wuzhong	55640	554	189
固原市	Guyuan	4181	1058	380
中卫市	Zhongwei	32424	576	116
新疆维吾尔自治区	**Xinjiang**			
乌鲁木齐市	Urumqi	1547376	3368	2256
克拉玛依市	Karamay	131086	1239	532
吐鲁番市	Turpan			151
哈密市	Hami	38951	588	407

2-42 公共汽车、出租车拥有情况(市辖区)
Number of Public Transportation Vehicles and Taxis (Districts under City)

城　市	City	年末实有公共汽(电)车营运车辆数(辆) Number of Buses and Trolley Buses under Operation at Year-end (unit)	全年公共汽(电)车客运总量(万人次) Total Annual Volume of Passengers Transported by Buses and Trolley Buses (10 000 person-times)	年末实有出租汽车营运车数(辆) Number of Taxis under Operation at Year-end (unit)
北京市	**Beijing**	**24076**	**318975**	**70035**
天津市	**Tianjin**	**13813**	**109725**	**31940**
河北省	**Hebei**			
石家庄市	Shijiazhuang	5730	41841	7815
唐山市	Tangshan	2130	20700	3507
秦皇岛市	Qinhuangdao	1286	11147	3815
邯郸市	Handan	2830	15025	5994
邢台市	Xingtai	1195	10720	2863
保定市	Baoding	4172	12534	3728
张家口市	Zhangjiakou	1267	13296	4204
承德市	Chengde	785	10146	2470
沧州市	Cangzhou	1085	12550	2451
廊坊市	Langfang	739	5920	2237
衡水市	Hengshui	895	6782	1461
山西省	**Shanxi**			
太原市	Taiyuan	2521	36775	8292
大同市	Datong	1116	22000	4705
阳泉市	Yangquan	1034	16402	1885
长治市	Changzhi	528	10900	1901
晋城市	Jincheng	534	5300	1453
朔州市	Shuozhou	270	2100	1274
晋中市	Jinzhong	592	4633	1330
运城市	Yuncheng	642	7400	4659
忻州市	Xinzhou	230	2109	712
临汾市	Linfen	425	5580	1862
吕梁市	Lvliang	268		453
内蒙古自治区	**Inner Mongolia**			
呼和浩特市	Hohhot	2656	36590	6568
包头市	Baotou	1822	25702	6327
乌海市	Wuhai	366	4599	1117
赤峰市	Chifeng	616	9275	3231
通辽市	Tongliao	457	5086	3059
鄂尔多斯市	Erdos	535	5072	2610
呼伦贝尔市	Hulunbuir	559	4480	3027
巴彦淖尔市	Bayannur	136	470	1238
乌兰察布市	Ulanqab	442	5303	2177
辽宁省	**Liaoning**			
沈阳市	Shenyang	5912	110200	17544
大连市	Dalian	5795	92707	11645
鞍山市	Anshan			
抚顺市	Fushun	1096	22000	4197
本溪市	Benxi	691	18034	2744
丹东市	Dandong	665	15000	1932
锦州市	Jinzhou	697	12812	4018
营口市	Yingkou	890	10184	3261
阜新市	Fuxin			2771
辽阳市	Liaoyang	695	8661	2611

2-42 续表 1 continued 1

城市	City	年末实有公共汽(电)车营运车辆数(辆) Number of Buses and Trolley Buses under Operation at Year-end (unit)	全年公共汽(电)车客运总量(万人次) Total Annual Volume of Passengers Transported by Buses and Trolley Buses (10 000 person-times)	年末实有出租汽车营运车数(辆) Number of Taxis under Operation at Year-end (unit)
盘锦市	Panjin	687	9631	3281
铁岭市	Tieling	350	4120	2307
朝阳市	Chaoyang	311	5356	1968
葫芦岛市	Huludao	1018	12692	2926
吉林省	**Jilin**			
长春市	Changchun	4872	66855	18534
吉林市	Jilin	1552	25036	5259
四平市	Siping	376	5025	2976
辽源市	Liaoyuan	407	4802	1201
通化市	Tonghua	323	7700	1502
白山市	Baishan	436	4861	1402
松原市	Songyuan	386	7600	2177
白城市	Baicheng	276	1004	1815
黑龙江省	**Heilongjiang**			
哈尔滨市	Harbin	7031	127083	17852
齐齐哈尔市	Qiqihar	905	9823	2569
鸡西市	Jixi	688	9148	2915
鹤岗市	Hegang	439	8817	2037
双鸭山市	Shuangyashan	420	5049	1100
大庆市	Daqing	1932	13910	3350
伊春市	Yichun	389	3736	4739
佳木斯市	Jiamusi	584	10000	2559
七台河市	Qitaihe	434	8679	1000
牡丹江市	Mudanjiang	810	13388	2919
黑河市	Heihe	114	1248	957
绥化市	Suihua	396	231	2344
上海市	**Shanghai**	**17513**	**210103**	**41881**
江苏省	**Jiangsu**			
南京市	Nanjing	9012	88750	13354
无锡市	Wuxi	3179	39860	4040
徐州市	Xuzhou	2614	35122	4317
常州市	Changzhou	2518	27968	3321
苏州市	Suzhou	5838	55576	5638
南通市	Nantong	2020	16884	1468
连云港市	Lianyungang	1325	15813	1861
淮安市	Huai'an	1860	31815	1373
盐城市	Yancheng	1367	16574	1450
扬州市	Yangzhou	2214	19359	2461
镇江市	Zhenjiang	1769	17039	1623
泰州市	Taizhou	1092	12625	1033
宿迁市	Suqian	1091	14155	1091
浙江省	**Zhejiang**			
杭州市	Hangzhou	10840	153729	13714
宁波市	Ningbo	6342	43166	4797
温州市	Wenzhou	2535	26423	3985
嘉兴市	Jiaxing	1218	7655	1073
湖州市	Huzhou	1340	5727	883

2-42 续表 2 continued 2

城　市	City	年末实有公共汽(电)车营运车辆数(辆) Number of Buses and Trolley Buses under Operation at Year-end (unit)	全年公共汽(电)车客运总量(万人次) Total Annual Volume of Passengers Transported by Buses and Trolley Buses (10 000 person-times)	年末实有出租汽车营运车数(辆) Number of Taxis under Operation at Year-end (unit)
绍兴市	Shaoxing	2330	18546	1746
金华市	Jinhua	1037	9220	919
衢州市	Quzhou	392	4382	521
舟山市	Zhoushan	777	7364	309
台州市	Taizhou	1408	7825	1756
丽水市	Lishui	565	4087	409
安徽省	**Anhui**			
合肥市	Hefei	5448	55449	9402
芜湖市	Wuhu	1359	13963	3700
蚌埠市	Bengbu	1645	16870	2408
淮南市	Huainan	1063	11318	2860
马鞍山市	Maanshan	719	6388	2348
淮北市	Huaibei	399	5558	1637
铜陵市	Tongling	643	8411	1584
安庆市	Anqing	554	4932	1782
黄山市	Huangshan	326	1596	625
滁州市	Chuzhou	611	5173	1357
阜阳市	Fuyang	646	7956	1708
宿州市	Suzhou	596	3746	1678
六安市	Lu'an	661	5618	1850
亳州市	Bozhou	388	2177	1151
池州市	Chizhou	163	1851	600
宣城市	Xuancheng	283	2396	999
福建省	**Fujian**			
福州市	Fuzhou	4384	41589	6340
厦门市	Xiamen	4632	80139	5482
莆田市	Putian	1145	7174	828
三明市	Sanming	421	8580	404
泉州市	Quanzhou	2058	8863	1918
漳州市	Zhangzhou	714	4700	928
南平市	Nanping	510	7437	604
龙岩市	Longyan	477	7540	485
宁德市	Ningde	375	4646	816
江西省	**Jiangxi**			
南昌市	Nanchang	4112	37811	5453
景德镇市	Jingdezhen	314	4291	762
萍乡市	Pingxiang	457	4676	700
九江市	Jiujiang	619	9703	1539
新余市	Xinyu	651	5032	636
鹰潭市	Yingtan	297	2774	271
赣州市	Ganzhou	927	8697	1222
吉安市	Ji'an	485	6496	393
宜春市	Yichun	407	6018	502
抚州市	Fuzhou	683	9586	531
上饶市	Shangrao	350	5412	511
山东省	**Shandong**			
济南市	Jinan	6951	77000	9693

2-42 续表 3 continued 3

城　　市	City	年末实有公共汽(电)车营运车辆数(辆) Number of Buses and Trolley Buses under Operation at Year-end (unit)	全年公共汽(电)车客运总量(万人次) Total Annual Volume of Passengers Transported by Buses and Trolley Buses (10 000 person-times)	年末实有出租汽车营运车数(辆) Number of Taxis under Operation at Year-end (unit)
青岛市	Qingdao	8476	108325	10867
淄博市	Zibo	2393	16227	6110
枣庄市	Zaozhuang	1658	7078	834
东营市	Dongying	796	5724	2628
烟台市	Yantai	2199	32000	2183
潍坊市	Weifang	1702	11627	2292
济宁市	Jining	2331		2060
泰安市	Tai'an	2359	8641	1292
威海市	Weihai	2238	21450	2487
日照市	Rizhao	906	7229	968
莱芜市	Laiwu	1542	6000	1600
临沂市	Linyi	2268	10200	2750
德州市	Dezhou	652	3200	2405
聊城市	Liaocheng	1389	5219	1416
滨州市	Binzhou	1518	4474	797
菏泽市	Heze	1868	4979	1668
河南省	**Henan**			
郑州市	Zhengzhou	6373	94000	10908
开封市	Kaifeng	1067	9174	2636
洛阳市	Luoyang	1569	23200	4268
平顶山市	Pingdingshan	1030	8111	2080
安阳市	Anyang	1196	8850	1359
鹤壁市	Hebi	442	2994	673
新乡市	Xinxiang	1287	11166	1767
焦作市	Jiaozuo	824	9000	1398
濮阳市	Puyang	870	3500	1745
许昌市	Xuchang	1348	7170	1396
漯河市	Luohe	1120	15120	1100
三门峡市	Sanmenxia	297	5934	798
南阳市	Nanyang	998	6795	1800
商丘市	Shangqiu	2316	8500	2854
信阳市	Xinyang	323	3463	1905
周口市	Zhoukou	729	3300	928
驻马店市	Zhumadian	959	4394	1548
湖北省	**Hubei**			
武汉市	Wuhan	9710	145246	17885
黄石市	Huangshi	944	13880	1022
十堰市	Shiyan	1169	24690	891
宜昌市	Yichang	797	15819	1857
襄阳市	Xiangyang	1505	22400	2200
鄂州市	Ezhou	425	4246	520
荆门市	Jingmen	566	10500	800
孝感市	Xiaogan	452	4600	900
荆州市	Jingzhou	893	14872	1988
黄冈市	Huanggang	363	1971	693
咸宁市	Xianning	262	2200	656
随州市	Suizhou	349	5120	547

2-42 续表 4 continued 4

城　市	City	年末实有公共汽(电)车营运车辆数(辆) Number of Buses and Trolley Buses under Operation at Year-end (unit)	全年公共汽(电)车客运总量(万人次) Total Annual Volume of Passengers Transported by Buses and Trolley Buses (10 000 person-times)	年末实有出租汽车营运车数(辆) Number of Taxis under Operation at Year-end (unit)
湖南省	**Hunan**			
长沙市	Changsha	8806	68457	7840
株洲市	Zhuzhou	1473	23654	3008
湘潭市	Xiangtan	1266	12815	1744
衡阳市	Hengyang	1982	14076	1224
邵阳市	Shaoyang	559	7851	984
岳阳市	Yueyang	1319	21313	2730
常德市	Changde	1283	17514	2402
张家界市	Zhangjiajie	348	5775	863
益阳市	Yiyang	1146	6421	867
郴州市	Chenzhou	1394	15934	1128
永州市	Yongzhou	666	12812	699
怀化市	Huaihua	1287	13674	2051
娄底市	Loudi			
广东省	**Guangdong**			
广州市	Guangzhou	15103	229120	22457
韶关市	Shaoguan	623	7624	472
深圳市	Shenzhen	38728	201668	
珠海市	Zhuhai	2498	32316	3687
汕头市	Shantou	2165	10671	616
佛山市	Foshan	6989	56994	3753
江门市	Jiangmen	1105	8811	223
湛江市	Zhanjiang	979	5566	762
茂名市	Maoming	531	2762	474
肇庆市	Zhaoqing	1390	7235	486
惠州市	Huizhou	3200	34083	1866
梅州市	Meizhou	1753	4860	413
汕尾市	Shanwei	652	1497	260
河源市	Heyuan	281	3867	483
阳江市	Yangjiang	334	4100	124
清远市	Qingyuan	665	3721	267
东莞市	Dongguan			
中山市	Zhongshan			
潮州市	Chaozhou	368	1198	721
揭阳市	Jieyang	610	3598	70
云浮市	Yunfu	107	727	123
广西壮族自治区	**Guangxi**			
南宁市	Nanning	3561	33977	6566
柳州市	Liuzhou	1274	17541	2398
桂林市	Guilin	937	18653	1824
梧州市	Wuzhou	561	6452	761
北海市	Beihai	539	2210	555
防城港市	Fangchenggang	299	1404	337
钦州市	Qinzhou	264	1568	322
贵港市	Guigang	426	1253	380

2-42 续表 5 continued 5

城 市	City	年末实有公共汽(电)车营运车辆数(辆) Number of Buses and Trolley Buses under Operation at Year-end (unit)	全年公共汽(电)车客运总量(万人次) Total Annual Volume of Passengers Transported by Buses and Trolley Buses (10 000 person-times)	年末实有出租汽车营运车数(辆) Number of Taxis under Operation at Year-end (unit)
玉林市	Yulin	260	2625	699
百色市	Baise	264	2385	492
贺州市	Hezhou	250	1229	240
河池市	Hechi	347	3134	475
来宾市	Laibin	399	2037	530
崇左市	Chongzuo	72	370	65
海南省	**Hainan**			
海口市	Haikou	2305	14257	2956
三亚市	Sanya	1095	6092	2550
三沙市	Sansha			
儋州市	Danzhou			
重庆市	**Chongqing**	**9216**	**180264**	**15235**
四川省	**Sichuan**			
成都市	Chengdu	15903	161946	14964
自贡市	Zigong	880	17128	1108
攀枝花市	Panzhihua	637	10496	1416
泸州市	Luzhou	1504	22861	1574
德阳市	Deyang	569	5540	892
绵阳市	Mianyang	1284	25122	2561
广元市	Guangyuan	392	5591	632
遂宁市	Suining	271	9056	753
内江市	Neijiang			
乐山市	Leshan	564	9613	1015
南充市	Nanchong	788	11000	1207
眉山市	Meishan	480		518
宜宾市	Yibin	1108	15783	1450
广安市	Guang'an	211	6179	479
达州市	Dazhou	766	14981	1879
雅安市	Ya'an	149		398
巴中市	Bazhong	253	3850	792
资阳市	Ziyang	242	1683	438
贵州省	**Guizhou**			
贵阳市	Guiyang	2989	56568	9539
六盘水市	Liupanshui	583	13466	1347
遵义市	Zunyi			
安顺市	Anshun	571	29479	1036
毕节市	Bijie	246	4680	881
铜仁市	Tongren	200	3714	860
云南省	**Yunnan**			
昆明市	Kunming	6164	77240	8037
曲靖市	Qujing	545	11229	1719
玉溪市	Yuxi	511	4612	732
保山市	Baoshan	293	1817	450
昭通市	Zhaotong	1165	6735	581
丽江市	Lijiang	358	4558	776
普洱市	Pu'er	148	1614	399
临沧市	Lincang	81	989	480

2–42 续表 6 continued 6

城　市	City	年末实有公共汽(电)车营运车辆数(辆) Number of Buses and Trolley Buses under Operation at Year-end (unit)	全年公共汽(电)车客运总量(万人次) Total Annual Volume of Passengers Transported by Buses and Trolley Buses (10 000 person-times)	年末实有出租汽车营运车数(辆) Number of Taxis under Operation at Year-end (unit)
西藏自治区	**Tibet**			
拉萨市	Lasa	522	8424	1670
日喀则市	Xigaze			
昌都市	Qamdo	7		140
林芝市	Linzhi	18	63	140
山南市	Shannan	40	56	84
那曲市	Naqu			
陕西省	**Shaanxi**			
西安市	Xi'an	8743	135919	14212
铜川市	Tongchuan	867		1034
宝鸡市	Baoji	1067	22900	1630
咸阳市	Xianyang	650	11449	1719
渭南市	Weinan	377	194	916
延安市	Yan'an	501	13483	1100
汉中市	Hanzhong	456	5621	935
榆林市	Yulin	920	17424	3765
安康市	Ankang	251	3969	726
商洛市	Shangluo	101	1622	319
甘肃省	**Gansu**			
兰州市	Lanzhou	3319	79734	10309
嘉峪关市	Jiayuguan	140	2242	790
金昌市	Jinchang	159	2000	510
白银市	Baiyin	306	5481	2069
天水市	Tianshui	818	15213	2521
武威市	Wuwei	458	7149	2155
张掖市	Zhangye	220	1701	1230
平凉市	Pingliang	383	6756	1004
酒泉市	Jiuquan	215	2796	860
庆阳市	Qingyang	150	1760	1079
定西市	Dingxi	108	1016	588
陇南市	Longnan	94	134	675
青海省	**Qinghai**			
西宁市	Xining	1803	34500	5668
海东市	Haidong	259	3546	675
宁夏回族自治区	**Ningxia**			
银川市	Yinchuan	2074	27861	5442
石嘴山市	Shizuishan	1111	1787	2268
吴忠市	Wuzhong	318	2767	1042
固原市	Guyuan	410	2743	3285
中卫市	Zhongwei	277	1245	1138
新疆维吾尔自治区	**Xinjiang**			
乌鲁木齐市	Urumqi	4382	106121	13133
克拉玛依市	Karamay	523	4003	1505
吐鲁番市	Turpan	30	446	723
哈密市	Hami	271	2863	1002

2–43 按运输方式分类的客运量(全市)
Passenger Traffic by Mode of Transport (Total City)

单位：万人 (10 000 persons)

城　　市	City	公路客运量 Highway Passenger Traffic	水运客运量 Waterway Passenger Traffic	民用航空客运量 Civil Aviation Passenger Traffic
北京市	**Beijing**	**44175**		**9123**
天津市	**Tianjin**	**12259**		**1915**
河北省	**Hebei**			
石家庄市	Shijiazhuang	3609		1133
唐山市	Tangshan	2863		57
秦皇岛市	Qinhuangdao	1478	3	41
邯郸市	Handan	4652		76
邢台市	Xingtai	2023	5	
保定市	Baoding	10126		
张家口市	Zhangjiakou	1510		39
承德市	Chengde	1031		44
沧州市	Cangzhou	4467		
廊坊市	Langfang	2005		
衡水市	Hengshui	1369		
山西省	**Shanxi**			
太原市	Taiyuan			1359
大同市	Datong			
阳泉市	Yangquan			
长治市	Changzhi			69
晋城市	Jincheng			
朔州市	Shuozhou			
晋中市	Jinzhong		3	
运城市	Yuncheng	2668		205
忻州市	Xinzhou			33
临汾市	Linfen			39
吕梁市	Lvliang		64	37
内蒙古自治区	**Inner Mongolia**			
呼和浩特市	Hohhot	355		1216
包头市	Baotou	498		203
乌海市	Wuhai	77		48
赤峰市	Chifeng	2008		157
通辽市	Tongliao	1285		98
鄂尔多斯市	Erdos	625		248
呼伦贝尔市	Hulunbuir	1460		257
巴彦淖尔市	Bayannur	841		35
乌兰察布市	Ulanqab	282		40
辽宁省	**Liaoning**			
沈阳市	Shenyang	14449		714
大连市	Dalian	7469	444	927
鞍山市	Anshan	5446		26
抚顺市	Fushun	1996		
本溪市	Benxi	2201		
丹东市	Dandong	3708	82	7
锦州市	Jinzhou	4362	67	
营口市	Yingkou	2594		30
阜新市	Fuxin	1106		
辽阳市	Liaoyang	2898		

2-43 续表 1 continued 1

单位：万人 (10 000 persons)

城　市	City	公路客运量 Highway Passenger Traffic	水运客运量 Waterway Passenger Traffic	民用航空客运量 Civil Aviation Passenger Traffic
盘锦市	Panjin	2133		
铁岭市	Tieling	3447		
朝阳市	Chaoyang	2043		
葫芦岛市	Huludao	2503	40	
吉林省	**Jilin**			
长春市	Changchun	6115	25	653
吉林市	Jilin	3301	54	
四平市	Siping	2858	1	
辽源市	Liaoyuan	811		
通化市	Tonghua	2151	33	6
白山市	Baishan	1506	7	27
松原市	Songyuan	2433	17	16
白城市	Baicheng	1288		6
黑龙江省	**Heilongjiang**			
哈尔滨市	Harbin	5942		1028
齐齐哈尔市	Qiqihar	3099	5	41
鸡西市	Jixi	2994		22
鹤岗市	Hegang	421	23	
双鸭山市	Shuangyashan	1134		
大庆市	Daqing	1102	36	83
伊春市	Yichun	598		16
佳木斯市	Jiamusi	1094	103	87
七台河市	Qitaihe	486		
牡丹江市	Mudanjiang	971		93
黑河市	Heihe	381	30	18
绥化市	Suihua	2180		
上海市	**Shanghai**	**3151**	**158**	**5921**
江苏省	**Jiangsu**			
南京市	Nanjing	8278	23	1273
无锡市	Wuxi	5179	500	372
徐州市	Xuzhou	9960		252
常州市	Changzhou	4087	379	333
苏州市	Suzhou	29123	639	
南通市	Nantong	6807	478	277
连云港市	Lianyungang	4290	17	152
淮安市	Huai'an	5995	17	152
盐城市	Yancheng	6428		182
扬州市	Yangzhou	3094	6	238
镇江市	Zhenjiang	2965		
泰州市	Taizhou	6057	324	
宿迁市	Suqian	4762		
浙江省	**Zhejiang**			
杭州市	Hangzhou	10027	603	1956
宁波市	Ningbo	3858	190	1172
温州市	Wenzhou	20831	26	589
嘉兴市	Jiaxing	2971	247	
湖州市	Huzhou	5242	98	

2-43 续表 2 continued 2

单位：万人 (10 000 persons)

城　市	City	公路客运量 Highway Passenger Traffic	水运客运量 Waterway Passenger Traffic	民用航空客运量 Civil Aviation Passenger Traffic
绍兴市	Shaoxing	2798	107	
金华市	Jinhua	10773	2	164
衢州市	Quzhou	3966	2	25
舟山市	Zhoushan	2584	2922	121
台州市	Taizhou	6992	173	58
丽水市	Lishui	2074	126	
安徽省	**Anhui**			
合肥市	Hefei	7434	30	607
芜湖市	Wuhu	2456	3	
蚌埠市	Bengbu	2049		
淮南市	Huainan	2919		
马鞍山市	Maanshan	1781		
淮北市	Huaibei	1348		
铜陵市	Tongling	1359		
安庆市	Anqing	4222	33	48
黄山市	Huangshan	2868	125	76
滁州市	Chuzhou	3806		
阜阳市	Fuyang	6021		80
宿州市	Suzhou	3270		
六安市	Lu'an	4281	41	
亳州市	Bozhou	3496		
池州市	Chizhou	1197	6	45
宣城市	Xuancheng	2262	8	
福建省	**Fujian**			
福州市	Fuzhou	9484	187	1439
厦门市	Xiamen	3951	742	2655
莆田市	Putian	2346	288	
三明市	Sanming	2065	37	20
泉州市	Quanzhou	4898	16	744
漳州市	Zhangzhou	1833	204	
南平市	Nanping	1822		64
龙岩市	Longyan	1849	52	21
宁德市	Ningde	5832	403	
江西省	**Jiangxi**			
南昌市	Nanchang	2772		1352
景德镇市	Jingdezhen	1663		
萍乡市	Pingxiang	5839		
九江市	Jiujiang	8147	60	
新余市	Xinyu	1154	45	
鹰潭市	Yingtan	1808		
赣州市	Ganzhou	8129	109	163
吉安市	Ji'an	4382	5	66
宜春市	Yichun	6286	2	64
抚州市	Fuzhou	4351		
上饶市	Shangrao	7534	33	38
山东省	**Shandong**			
济南市	Jinan	3149	38	894

2-43 续表 3 continued 3

单位：万人 (10 000 persons)

城　市	City	公路客运量 Highway Passenger Traffic	水运客运量 Waterway Passenger Traffic	民用航空客运量 Civil Aviation Passenger Traffic
青岛市	Qingdao	4602	161	2454
淄博市	Zibo	605		
枣庄市	Zaozhuang	2464	104	
东营市	Dongying	640	28	69
烟台市	Yantai	5174	738	387
潍坊市	Weifang	6089		73
济宁市	Jining	3764	304	122
泰安市	Tai'an	2978	6	
威海市	Weihai	2860	525	251
日照市	Rizhao	2487	48	90
莱芜市	Laiwu	149		
临沂市	Linyi	5128	33	201
德州市	Dezhou	1894	14	
聊城市	Liaocheng	2023		
滨州市	Binzhou	1066		
菏泽市	Heze	4972		
河南省	**Henan**			
郑州市	Zhengzhou	8236		813
开封市	Kaifeng	2907	20	
洛阳市	Luoyang	10663	26	131
平顶山市	Pingdingshan	7135	2	
安阳市	Anyang	3437		
鹤壁市	Hebi	890		
新乡市	Xinxiang	5521		
焦作市	Jiaozuo	1545	41	
濮阳市	Puyang	3093	43	
许昌市	Xuchang	4592		
漯河市	Luohe	2437	4	
三门峡市	Sanmenxia	2279	30	
南阳市	Nanyang	10212	66	91
商丘市	Shangqiu	7528	4	
信阳市	Xinyang	4495	31	3
周口市	Zhoukou	4671	66	
驻马店市	Zhumadian	12662	6	
湖北省	**Hubei**			
武汉市	Wuhan	8867		1552
黄石市	Huangshi	3070		
十堰市	Shiyan	3358	17	118
宜昌市	Yichang	10566	398	295
襄阳市	Xiangyang	10639	26	141
鄂州市	Ezhou	1855	39	
荆门市	Jingmen	2218	13	
孝感市	Xiaogan	6527		
荆州市	Jingzhou	6254	23	
黄冈市	Huanggang	9408	227	
咸宁市	Xianning	5720	78	
随州市	Suizhou	2334	22	

2-43 续表 4 continued 4

单位：万人 (10 000 persons)

城 市	City	公路客运量 Highway Passenger Traffic	水运客运量 Waterway Passenger Traffic	民用航空客运量 Civil Aviation Passenger Traffic
湖南省	**Hunan**			
长沙市	Changsha	5889	10	1196
株洲市	Zhuzhou	5420	8	
湘潭市	Xiangtan	1340	9	
衡阳市	Hengyang	7831		82
邵阳市	Shaoyang	10720	27	47
岳阳市	Yueyang	8431	9	
常德市	Changde	7425		73
张家界市	Zhangjiajie	6226	187	221
益阳市	Yiyang	5229	77	
郴州市	Chenzhou	3910	274	
永州市	Yongzhou	7657	257	25
怀化市	Huaihua	11405	717	50
娄底市	Loudi	4816	27	
广东省	**Guangdong**			
广州市	Guangzhou	25725	55	8913
韶关市	Shaoguan	5558		
深圳市	Shenzhen	6136	518	4935
珠海市	Zhuhai	2541	650	220
汕头市	Shantou	1635		
佛山市	Foshan	4989	68	11
江门市	Jiangmen			
湛江市	Zhanjiang	8423	764	256
茂名市	Maoming	6634	24	
肇庆市	Zhaoqing	2893		
惠州市	Huizhou	6616		
梅州市	Meizhou	3016	11	51
汕尾市	Shanwei	1348		
河源市	Heyuan	3617	37	
阳江市	Yangjiang	1574	8	
清远市	Qingyuan	2822	238	
东莞市	Dongguan	3360	24	
中山市	Zhongshan	1401	134	
潮州市	Chaozhou	2323	1116	
揭阳市	Jieyang	2363		649
云浮市	Yunfu	3225		
广西壮族自治区	**Guangxi**			
南宁市	Nanning	5196		771
柳州市	Liuzhou	2073	22	135
桂林市	Guilin	6996	282	873
梧州市	Wuzhou	1537		
北海市	Beihai	1858	365	228
防城港市	Fangchenggang	781	9	
钦州市	Qinzhou	1447		
贵港市	Guigang	2572	2	

2–43 续表 5 continued 5

单位：万人 (10 000 persons)

城　市	City	公路客运量 Highway Passenger Traffic	水运客运量 Waterway Passenger Traffic	民用航空客运量 Civil Aviation Passenger Traffic
玉林市	Yulin	2843		
百色市	Baise	3692	1	18
贺州市	Hezhou	1086	2	
河池市	Hechi	3340	12	2
来宾市	Laibin	1523		
崇左市	Chongzuo	1190	2	
海南省	**Hainan**			
海口市	Haikou	2548	930	3645
三亚市	Sanya	889	554	569
三沙市	Sansha		3	
儋州市	Danzhou			
重庆市	**Chongqing**	**52150**	**731**	**3047**
四川省	**Sichuan**			
成都市	Chengdu	9434	40	5295
自贡市	Zigong	3642	48	
攀枝花市	Panzhihua	2079	38	39
泸州市	Luzhou	6201	4	24
德阳市	Deyang	3484		
绵阳市	Mianyang	3594	15	394
广元市	Guangyuan		735	26
遂宁市	Suining	2303	31	
内江市	Neijiang	8657	157	
乐山市	Leshan	3468	240	
南充市	Nanchong	4963	713	94
眉山市	Meishan	3236		
宜宾市	Yibin	4060	109	97
广安市	Guang'an	4604	74	
达州市	Dazhou	4484	203	51
雅安市	Ya'an	1772		
巴中市	Bazhong	2318	98	
资阳市	Ziyang	2653		
贵州省	**Guizhou**			
贵阳市	Guiyang	76415	148	2009
六盘水市	Liupanshui	4596	24	43
遵义市	Zunyi			
安顺市	Anshun	8829	142	45
毕节市	Bijie			122
铜仁市	Tongren	9422	426	128
云南省	**Yunnan**			
昆明市	Kunming	4446	157	4709
曲靖市	Qujing	3985	26	
玉溪市	Yuxi	1680		
保山市	Baoshan	2358		219
昭通市	Zhaotong	1422	19	35
丽江市	Lijiang	2429	29	753
普洱市	Pu'er	1491	103	88
临沧市	Lincang	1051	98	61

2-43 续表 6 continued 6

单位：万人 (10 000 persons)

城　市	City	公路客运量 Highway Passenger Traffic	水运客运量 Waterway Passenger Traffic	民用航空客运量 Civil Aviation Passenger Traffic
西藏自治区	**Tibet**			
拉萨市	Lasa	382		
日喀则市	Xigaze	332		8
昌都市	Qamdo			33
林芝市	Linzhi	151		48
山南市	Shannan	275		
那曲市	Naqu			
陕西省	**Shaanxi**			
西安市	Xi'an	15555		4465
铜川市	Tongchuan	1343		
宝鸡市	Baoji	9363		
咸阳市	Xianyang	8471		
渭南市	Weinan	9390	14	
延安市	Yan'an	3054		39
汉中市	Hanzhong	2247		50
榆林市	Yulin	2704	150	209
安康市	Ankang	3393	320	
商洛市	Shangluo	3293	38	
甘肃省	**Gansu**			
兰州市	Lanzhou	4392	31	1386
嘉峪关市	Jiayuguan	9255		56
金昌市	Jinchang	167		17
白银市	Baiyin	1856	68	
天水市	Tianshui	3568		18
武威市	Wuwei	4166		
张掖市	Zhangye	1587		18
平凉市	Pingliang	3375		
酒泉市	Jiuquan	9346		76
庆阳市	Qingyang	3516		42
定西市	Dingxi	2120		
陇南市	Longnan	3298		15
青海省	**Qinghai**			
西宁市	Xining	2156		715
海东市	Haidong	1938		
宁夏回族自治区	**Ningxia**			
银川市	Yinchuan	2378		443
石嘴山市	Shizuishan	624	102	
吴忠市	Wuzhong			
固原市	Guyuan	811		23
中卫市	Zhongwei	718	58	24
新疆维吾尔自治区	**Xinjiang**			
乌鲁木齐市	Urumqi	1183		1183
克拉玛依市	Karamay	56		59
吐鲁番市	Turpan	704		
哈密市	Hami	431		40

2-44 按运输方式分类的货运量(全市)
Freight Traffic by Mode of Transport (Total City)

城　市	City	公路货运量 (万吨) Highway Freight Traffic (10 000 tons)	水运货运量 (万吨) Waterway Freight Traffic (10 000 tons)	民用航空货邮运量 (吨) Civil Aviation Freight Traffic (ton)
北京市	**Beijing**	**20278**		**1765757**
天津市	**Tianjin**	**34711**	**8261**	**80800**
河北省	**Hebei**			
石家庄市	Shijiazhuang	52911		46146
唐山市	Tangshan	44150	1780	1192
秦皇岛市	Qinhuangdao	6934	573	513
邯郸市	Handan	23321		1005
邢台市	Xingtai	23731		
保定市	Baoding	12841		
张家口市	Zhangjiakou	14773		88
承德市	Chengde	4618		94
沧州市	Cangzhou	25907	999	
廊坊市	Langfang	11508		
衡水市	Hengshui	5638		
山西省	**Shanxi**			
太原市	Taiyuan			53400
大同市	Datong			
阳泉市	Yangquan			
长治市	Changzhi			776
晋城市	Jincheng			
朔州市	Shuozhou			
晋中市	Jinzhong			
运城市	Yuncheng	16076		5000
忻州市	Xinzhou			54
临汾市	Linfen			500
吕梁市	Lvliang			103
内蒙古自治区	**Inner Mongolia**			
呼和浩特市	Hohhot	20668		40210
包头市	Baotou	36579		7145
乌海市	Wuhai	7224		700
赤峰市	Chifeng	16615		4400
通辽市	Tongliao	11377		1800
鄂尔多斯市	Erdos	21337		9984
呼伦贝尔市	Hulunbuir	12082		18650
巴彦淖尔市	Bayannur	10864		714
乌兰察布市	Ulanqab	7817		151
辽宁省	**Liaoning**			
沈阳市	Shenyang	23034		59905
大连市	Dalian	29753	13242	75487
鞍山市	Anshan	20581		
抚顺市	Fushun	9495		
本溪市	Benxi	8334		
丹东市	Dandong	7244	253	400
锦州市	Jinzhou	16747	67	
营口市	Yingkou	16371	254	1105
阜新市	Fuxin	4942		
辽阳市	Liaoyang	14510		

2-44 续表 1 continued 1

城　市	City	公路货运量 (万吨) Highway Freight Traffic (10 000 tons)	水运货运量 (万吨) Waterway Freight Traffic (10 000 tons)	民用航空货邮运量 (吨) Civil Aviation Freight Traffic (ton)
盘锦市	Panjin	13676	52	
铁岭市	Tieling	7561		
朝阳市	Chaoyang	5277		
葫芦岛市	Huludao	12212	50	
吉林省	**Jilin**			
长春市	Changchun	12423		65446
吉林市	Jilin	6216		
四平市	Siping	9139		
辽源市	Liaoyuan	2007		
通化市	Tonghua	2498		350
白山市	Baishan	1211	4	1959
松原市	Songyuan	6980		55
白城市	Baicheng	1743	17	98
黑龙江省	**Heilongjiang**			
哈尔滨市	Harbin	6968	406	45000
齐齐哈尔市	Qiqihar	12128	4	3420
鸡西市	Jixi	3471		149
鹤岗市	Hegang	1140	70	
双鸭山市	Shuangyashan	1276		
大庆市	Daqing	3408	32	
伊春市	Yichun	590		40
佳木斯市	Jiamusi	4392	259	1152
七台河市	Qitaihe	1109		
牡丹江市	Mudanjiang	2699		1237
黑河市	Heihe	760	34	49
绥化市	Suihua	2683		
上海市	**Shanghai**	**39595**	**66906**	**4175700**
江苏省	**Jiangsu**			
南京市	Nanjing	14995	14805	76352
无锡市	Wuxi	15761	2791	7300
徐州市	Xuzhou	21164	6456	10066
常州市	Changzhou	13068	2463	28170
苏州市	Suzhou	14787	1372	
南通市	Nantong	13746	9385	56356
连云港市	Lianyungang	9965	2024	8188
淮安市	Huai'an	6671	7251	6286
盐城市	Yancheng	5885	11967	6587
扬州市	Yangzhou	7634	6493	11137
镇江市	Zhenjiang	8058	1583	
泰州市	Taizhou	3041	18715	
宿迁市	Suqian	4476	2430	
浙江省	**Zhejiang**			
杭州市	Hangzhou	30593	4244	640896
宁波市	Ningbo	32424	26325	105673
温州市	Wenzhou	11700	4271	47825
嘉兴市	Jiaxing	13864	2269	
湖州市	Huzhou	11504	7279	

2-44 续表 2 continued 2

城 市	City	公路货运量 (万吨) Highway Freight Traffic (10 000 tons)	水运货运量 (万吨) Waterway Freight Traffic (10 000 tons)	民用航空货邮运量 (吨) Civil Aviation Freight Traffic (ton)
绍兴市	Shaoxing	12596	1565	
金华市	Jinhua	9911	26	19811
衢州市	Quzhou	13162	4	750
舟山市	Zhoushan	10374	27756	112
台州市	Taizhou	15392	13759	3779
丽水市	Lishui	4950	254	
安徽省	**Anhui**			
合肥市	Hefei	34143	5258	
芜湖市	Wuhu	7998	21009	
蚌埠市	Bengbu	23826		
淮南市	Huainan	12756	7319	
马鞍山市	Maanshan	7397	6955	
淮北市	Huaibei	14294		
铜陵市	Tongling	3789	5760	
安庆市	Anqing	14268	3624	1728
黄山市	Huangshan	5525	64	2251
滁州市	Chuzhou	17207	1803	
阜阳市	Fuyang	49516	17705	384
宿州市	Suzhou	25497	1006	
六安市	Lu'an	23801	9515	
亳州市	Bozhou	30105		
池州市	Chizhou	4110	6553	836
宣城市	Xuancheng	9586	9263	
福建省	**Fujian**			
福州市	Fuzhou	18018	12076	133189
厦门市	Xiamen	20900	9904	345500
莆田市	Putian	5569	413	
三明市	Sanming	10867		294
泉州市	Quanzhou	17427	12737	63800
漳州市	Zhangzhou	7790	529	
南平市	Nanping	3483	115	976
龙岩市	Longyan	8801	43	1305269
宁德市	Ningde	3721	1081	
江西省	**Jiangxi**			
南昌市	Nanchang	14198	1123	82600
景德镇市	Jingdezhen	4036	212	647
萍乡市	Pingxiang	4190		
九江市	Jiujiang	13817	1112	
新余市	Xinyu	21310	41	
鹰潭市	Yingtan	4867	258	
赣州市	Ganzhou	11935	2913	5063
吉安市	Ji'an	13225	2004	2535
宜春市	Yichun	24073	2647	410
抚州市	Fuzhou	14183	238	
上饶市	Shangrao	27795	854	121
山东省	**Shandong**			
济南市	Jinan	25571	70	55874

2-44 续表 3 continued 3

城 市	City	公路货运量(万吨) Highway Freight Traffic (10 000 tons)	水运货运量(万吨) Waterway Freight Traffic (10 000 tons)	民用航空货邮运量(吨) Civil Aviation Freight Traffic (ton)
青岛市	Qingdao	27453	2502	
淄博市	Zibo	20159		
枣庄市	Zaozhuang	6928	849	
东营市	Dongying	6683		2774
烟台市	Yantai	21389	4386	29100
潍坊市	Weifang	29334	564	24101
济宁市	Jining	32215	4430	2660
泰安市	Tai'an	8246	13	
威海市	Weihai	8411	1838	6765
日照市	Rizhao	9403	757	1449
莱芜市	Laiwu	7929		
临沂市	Linyi	38689		8036
德州市	Dezhou	16519	52	
聊城市	Liaocheng	22572		
滨州市	Binzhou	14330	305	
菏泽市	Heze	17029	129	
河南省	**Henan**			
郑州市	Zhengzhou	25679		315100
开封市	Kaifeng	4003	3	
洛阳市	Luoyang	26250	74	1326
平顶山市	Pingdingshan	13532		
安阳市	Anyang	14629		
鹤壁市	Hebi	8817		
新乡市	Xinxiang	18014		
焦作市	Jiaozuo	13915		
濮阳市	Puyang	5918	40	
许昌市	Xuchang	10482		
漯河市	Luohe	6124	890	
三门峡市	Sanmenxia	6948		
南阳市	Nanyang	21281	1046	114
商丘市	Shangqiu	18570	460	
信阳市	Xinyang	5386	3518	
周口市	Zhoukou	15080	2600	
驻马店市	Zhumadian	12462	4223	
湖北省	**Hubei**			
武汉市	Wuhan	38634	16491	198474
黄石市	Huangshi	7780	825	
十堰市	Shiyan	7259	480	502
宜昌市	Yichang	11655	4346	4441
襄阳市	Xiangyang	33700	629	2632
鄂州市	Ezhou	2021	579	
荆门市	Jingmen	3316	67	
孝感市	Xiaogan	4372	349	
荆州市	Jingzhou	9666	9213	
黄冈市	Huanggang	10511	3562	
咸宁市	Xianning	10864	13	
随州市	Suizhou	8822	57	

2-44 续表 4 continued 4

城 市	City	公路货运量 (万吨) Highway Freight Traffic (10 000 tons)	水运货运量 (万吨) Waterway Freight Traffic (10 000 tons)	民用航空货邮运量 (吨) Civil Aviation Freight Traffic (ton)
湖南省	**Hunan**			
长沙市	Changsha	41265	2330	79932
株洲市	Zhuzhou	17090	858	
湘潭市	Xiangtan	7901	708	
衡阳市	Hengyang	17228	1586	760
邵阳市	Shaoyang	22071	259	
岳阳市	Yueyang	25853	8874	
常德市	Changde	13086	3008	369
张家界市	Zhangjiajie	2170	67	1176
益阳市	Yiyang	11934	1865	
郴州市	Chenzhou	19299	145	
永州市	Yongzhou	6467	423	12
怀化市	Huaihua	6006	387	4
娄底市	Loudi	11404	546	
广东省	**Guangdong**			
广州市	Guangzhou	82032	42608	1370800
韶关市	Shaoguan	15816	5062	
深圳市	Shenzhen	24610	7976	1218400
珠海市	Zhuhai	9760	2817	
汕头市	Shantou	6087	841	19200
佛山市	Foshan	27487	4678	459
江门市	Jiangmen		43	
湛江市	Zhanjiang	14712	4298	5945
茂名市	Maoming	10658	682	
肇庆市	Zhaoqing	6012	1835	
惠州市	Huizhou	12070	14010	
梅州市	Meizhou	8812	12	199
汕尾市	Shanwei	2870	10	
河源市	Heyuan	6842	19	
阳江市	Yangjiang	10186	46	
清远市	Qingyuan	13525	3793	
东莞市	Dongguan	10975	6298	
中山市	Zhongshan	15327	1313	
潮州市	Chaozhou	4860	12	
揭阳市	Jieyang	4417	31	60091
云浮市	Yunfu	5389	1349	
广西壮族自治区	**Guangxi**			
南宁市	Nanning	34299	3854	65079
柳州市	Liuzhou	15195	794	5848
桂林市	Guilin	10272	51	27100
梧州市	Wuzhou	5972	3001	
北海市	Beihai	6674	1065	6446
防城港市	Fangchenggang	4441	1724	
钦州市	Qinzhou	12510	2409	
贵港市	Guigang	10244	15945	

2-44 续表 5 continued 5

城　　市	City	公路货运量 (万吨) Highway Freight Traffic (10 000 tons)	水运货运量 (万吨) Waterway Freight Traffic (10 000 tons)	民用航空货邮运量 (吨) Civil Aviation Freight Traffic (ton)
玉林市	Yulin	24150	141	
百色市	Baise	10363	350	
贺州市	Hezhou	4889	105	
河池市	Hechi	7389	20	
来宾市	Laibin	2118	634	
崇左市	Chongzuo	4874	31	
海南省	**Hainan**			
海口市	Haikou	4678	6141	403719
三亚市	Sanya	1531		29500
三沙市	Sansha		3	
儋州市	Danzhou			
重庆市	**Chongqing**	**107064**	**19452**	**131624**
四川省	**Sichuan**			
成都市	Chengdu	28207	16	665000
自贡市	Zigong	5772	126	
攀枝花市	Panzhihua	10740	20	1331
泸州市	Luzhou	10229	1809	609
德阳市	Deyang	10273		
绵阳市	Mianyang	7521		23829
广元市	Guangyuan		2063	350
遂宁市	Suining	4669	85	
内江市	Neijiang	4282	254	
乐山市	Leshan	14499	245	
南充市	Nanchong	8704	1612	3720
眉山市	Meishan	9081		
宜宾市	Yibin	6574	624	3225
广安市	Guang'an	3832	776	
达州市	Dazhou	11985	289	1300
雅安市	Ya'an	5652		
巴中市	Bazhong	3863		
资阳市	Ziyang	4406	239	
贵州省	**Guizhou**			
贵阳市	Guiyang	52451	13	112396
六盘水市	Liupanshui	12143		63
遵义市	Zunyi			
安顺市	Anshun	6727		724
毕节市	Bijie			1270
铜仁市	Tongren	6972	8	174
云南省	**Yunnan**			
昆明市	Kunming	30660	24	428300
曲靖市	Qujing	21528	557	
玉溪市	Yuxi	12669		
保山市	Baoshan	5078		3629
昭通市	Zhaotong	4694	280	479
丽江市	Lijiang	3593	29	11330
普洱市	Pu'er	3839	115	1203
临沧市	Lincang	4188	78	699

2-44 续表 6 continued 6

城　　市	City	公路货运量(万吨) Highway Freight Traffic (10 000 tons)	水运货运量(万吨) Waterway Freight Traffic (10 000 tons)	民用航空货邮运量(吨) Civil Aviation Freight Traffic (ton)
西藏自治区	**Tibet**			
拉萨市	Lasa	990		
日喀则市	Xigaze	455		270
昌都市	Qamdo	236		1000
林芝市	Linzhi	171		2231
山南市	Shannan			36000
那曲市	Naqu	142		
陕西省	**Shaanxi**			
西安市	Xi'an	25691		312639
铜川市	Tongchuan	10118		
宝鸡市	Baoji	13700		
咸阳市	Xianyang	13697		
渭南市	Weinan	18366	75	
延安市	Yan'an	4766		582
汉中市	Hanzhong	4436		1156
榆林市	Yulin	28799		5527
安康市	Ankang	4296	162	
商洛市	Shangluo	3628		
甘肃省	**Gansu**			
兰州市	Lanzhou	12642		61450
嘉峪关市	Jiayuguan	12842		1398
金昌市	Jinchang	1311		113
白银市	Baiyin	8744	32	
天水市	Tianshui	4379		97
武威市	Wuwei	6263		
张掖市	Zhangye	2572		160
平凉市	Pingliang	4952		
酒泉市	Jiuquan	4005		422
庆阳市	Qingyang	4360		67
定西市	Dingxi	4384		
陇南市	Longnan	2400		17
青海省	**Qinghai**			
西宁市	Xining	7225		4
海东市	Haidong	3884		
宁夏回族自治区	**Ningxia**			
银川市	Yinchuan	7006		25100
石嘴山市	Shizuishan	4188		
吴忠市	Wuzhong	646		
固原市	Guyuan	5569		21
中卫市	Zhongwei	6428	29	178
新疆维吾尔自治区	**Xinjiang**			
乌鲁木齐市	Urumqi	19500		73300
克拉玛依市	Karamay	4490		419
吐鲁番市	Turpan	1871		
哈密市	Hami	4251		804

2-45 邮政、电信业发展情况(全市)
Development of Postal and Telecommunications Industry (Total City)

城　　市	City	邮政业务收入(万元) Revenue from Postal Services (10 000 yuan)	电信业务收入(万元) Revenue from Telecommunication Services (10 000 yuan)	移动电话年末用户数(万户) Number of Subscribers of Mobile Telephones at Year-end (10 000 households)	互联网宽带接入用户数(万户) Number of Subscribers of Internet Services (10 000 households)
北京市	**Beijing**	**3835505**	**6193326**	**4009**	**635**
天津市	**Tianjin**	**1047098**	**1534626**	**1680**	**491**
河北省	**Hebei**				
石家庄市	Shijiazhuang	693936	873512	1376	374
唐山市	Tangshan	195342	532489	1002	220
秦皇岛市	Qinhuangdao	85860	233104	413	110
邯郸市	Handan	135840	441285	958	174
邢台市	Xingtai	169156	376423	668	185
保定市	Baoding	435780	766036	1176	312
张家口市	Zhangjiakou	75418	269490	454	124
承德市	Chengde	52967	227246	372	96
沧州市	Cangzhou	217726	403513	780	214
廊坊市	Langfang	294787	466382	642	193
衡水市	Hengshui	111682	188129	462	127
山西省	**Shanxi**				
太原市	Taiyuan	243300	536883	737	197
大同市	Datong	37000		417	78
阳泉市	Yangquan	10254	400282	159	46
长治市	Changzhi	23399	239259	341	90
晋城市	Jincheng	13709	674724	268	55
朔州市	Shuozhou	12040	100970	217	37
晋中市	Jinzhong	51800	221324	380	77
运城市	Yuncheng	90600	261478	475	25
忻州市	Xinzhou	38362	210000	178	64
临汾市	Linfen	35450	679832	446	101
吕梁市	Lvliang	28564	1216000	341	76
内蒙古自治区	**Inner Mongolia**				
呼和浩特市	Hohhot	27627	988350	483	240
包头市	Baotou	21843	232928	404	69
乌海市	Wuhai	14184	59615	84	20
赤峰市	Chifeng	68000	273944	439	81
通辽市	Tongliao	38600	210991	384	62
鄂尔多斯市	Erdos	36000	199000	252	47
呼伦贝尔市	Hulunbuir	19069	232963	325	44
巴彦淖尔市	Bayannur	16640	132000	224	44
乌兰察布市	Ulanqab	24134	111663	223	40
辽宁省	**Liaoning**				
沈阳市	Shenyang	460439	990255	1318	238
大连市	Dalian	355286	843574	894	181
鞍山市	Anshan	118978	281366	366	98
抚顺市	Fushun	35675	153106	207	62
本溪市	Benxi	34306	120595	157	43
丹东市	Dandong	49243	191835	231	68
锦州市	Jinzhou	47765	199025	287	79
营口市	Yingkou	48660	212294	236	69
阜新市	Fuxin	21795	116396	166	53
辽阳市	Liaoyang	43790	132823	183	50

2-45 续表 1 continued 1

城市	City	邮政业务收入（万元）Revenue from Postal Services (10 000 yuan)	电信业务收入（万元）Revenue from Telecommunication Services (10 000 yuan)	移动电话年末用户数（万户）Number of Subscribers of Mobile Telephones at Year-end (10 000 households)	互联网宽带接入用户数（万户）Number of Subscribers of Internet Services (10 000 households)
盘锦市	Panjin	55803	135590	161	41
铁岭市	Tieling	49513	166251	229	61
朝阳市	Chaoyang	52360	174765	248	68
葫芦岛市	Huludao	28444	166138	242	67
吉林省	**Jilin**				
长春市	Changchun	317327	741443	1040	197
吉林市	Jilin	95498	276440	466	101
四平市	Siping	56295	164178	321	59
辽源市	Liaoyuan	24823	64617	120	23
通化市	Tonghua	52077	123940	211	49
白山市	Baishan	35352	72036	125	28
松原市	Songyuan	35800	133908	311	44
白城市	Baicheng	30217	106121	204	36
黑龙江省	**Heilongjiang**				
哈尔滨市	Harbin	147825	880273	1204	257
齐齐哈尔市	Qiqihar	58700	230100	413	94
鸡西市	Jixi			188	118
鹤岗市	Hegang	18361	62974	121	29
双鸭山市	Shuangyashan	28796	84625	154	30
大庆市	Daqing	51228	287039	434	75
伊春市	Yichun	14470	123187	104	29
佳木斯市	Jiamusi	36752	470801	87	39
七台河市	Qitaihe	7418	51038	93	20
牡丹江市	Mudanjiang	76898	224138	283	67
黑河市	Heihe	31200	80583	146	30
绥化市	Suihua	47701	20061	515	356
上海市	**Shanghai**	**742405**	**5786900**	**3722**	**875**
江苏省	**Jiangsu**				
南京市	Nanjing	1102825	1442515	1284	452
无锡市	Wuxi	740709	1055166	964	333
徐州市	Xuzhou	340254	675499	904	290
常州市	Changzhou	476847	703604	654	237
苏州市	Suzhou	1815710	2153584	1783	588
南通市	Nantong	551659	730930	813	292
连云港市	Lianyungang	173587	347822	448	151
淮安市	Huai'an	217948	351865	459	152
盐城市	Yancheng	211950	553825	686	229
扬州市	Yangzhou	276063	458482	508	181
镇江市	Zhenjiang	172337	330268	356	133
泰州市	Taizhou	199201	428378	471	166
宿迁市	Suqian	190988	374002	465	148
浙江省	**Zhejiang**				
杭州市	Hangzhou	3646724	1968500	1801	509
宁波市	Ningbo	1018293	1222765	1259	420
温州市	Wenzhou	779497	1190897	1239	410
嘉兴市	Jiaxing	64199	559827	720	192
湖州市	Huzhou	52509	364639	503	193

2-45 续表 2 continued 2

城　　市	City	邮政业务收入(万元) Revenue from Postal Services (10 000 yuan)	电信业务收入(万元) Revenue from Telecommunication Services (10 000 yuan)	移动电话年末用户数(万户) Number of Subscribers of Mobile Telephones at Year-end (10 000 households)	互联网宽带接入用户数(万户) Number of Subscribers of Internet Services (10 000 households)
绍兴市	Shaoxing	73034	561948	730	219
金华市	Jinhua	263188	782664	1373	287
衢州市	Quzhou	73785	175824	253	90
舟山市	Zhoushan	15400	140672	171	55
台州市	Taizhou	84647	711268	958	245
丽水市	Lishui	119300	189079	263	88
安徽省	**Anhui**				
合肥市	Hefei	577497	932475	1007	315
芜湖市	Wuhu	181561	295282	371	124
蚌埠市	Bengbu	97363	235307	289	84
淮南市	Huainan	63810	208990	267	80
马鞍山市	Maanshan	51136	170519	228	70
淮北市	Huaibei	36897	132140	184	61
铜陵市	Tongling	23618	95636	124	41
安庆市	Anqing	133872	264711	375	113
黄山市	Huangshan	17613	104202	139	45
滁州市	Chuzhou	68018	1220369	349	106
阜阳市	Fuyang	153136	440832	620	171
宿州市	Suzhou	107135	302345	452	123
六安市	Lu'an	94238	275049	363	101
亳州市	Bozhou	111116	269857	395	108
池州市	Chizhou	37799	97553	134	42
宣城市	Xuancheng	68540	198682	249	77
福建省	**Fujian**				
福州市	Fuzhou	536371	1141163	996	350
厦门市	Xiamen	703600	3287200	631	238
莆田市	Putian	203852	398528	317	104
三明市	Sanming	76727	202544	252	92
泉州市	Quanzhou	879918	985349	1008	351
漳州市	Zhangzhou	155238	418339	499	171
南平市	Nanping	46173	212072	272	95
龙岩市	Longyan	69235	425033	283	102
宁德市	Ningde	103405	264900	302	109
江西省	**Jiangxi**				
南昌市	Nanchang	378400	638000	697	238
景德镇市	Jingdezhen	30000	38563	157	25
萍乡市	Pingxiang	35700	127836	175	53
九江市	Jiujiang	38126	312056	445	120
新余市	Xinyu	25691	502000	129	33
鹰潭市	Yingtan	26718	74409	91	36
赣州市	Ganzhou	189626	554200	823	213
吉安市	Ji'an	21200	223786	378	106
宜春市	Yichun	76040	289566	482	130
抚州市	Fuzhou	62803	199377	289	81
上饶市	Shangrao	104900	345065	557	149
山东省	**Shandong**				
济南市	Jinan	616100	830500	1014	345

2-45 续表 3 continued 3

城 市	City	邮政业务收入（万元）Revenue from Postal Services (10 000 yuan)	电信业务收入（万元）Revenue from Telecommunication Services (10 000 yuan)	移动电话年末用户数（万户）Number of Subscribers of Mobile Telephones at Year-end (10 000 households)	互联网宽带接入用户数（万户）Number of Subscribers of Internet Services (10 000 households)
青岛市	Qingdao	628129	1132576	1259	398
淄博市	Zibo	140479	336153	521	140
枣庄市	Zaozhuang	83379	209690	366	110
东营市	Dongying	49971	195490	300	76
烟台市	Yantai	78155	526933	838	209
潍坊市	Weifang	84439	599592	998	250
济宁市	Jining	180300	455404	772	208
泰安市	Tai'an	129300	274576	523	146
威海市	Weihai	123981	243148	367	102
日照市	Rizhao	54500	177437	294	81
莱芜市	Laiwu	27540	132794	223	76
临沂市	Linyi	327180	643095	1012	255
德州市	Dezhou	138500	275905	508	145
聊城市	Liaocheng	78116	287413	542	143
滨州市	Binzhou	88300	230203	401	140
菏泽市	Heze	181600	392710	748	180
河南省	**Henan**				
郑州市	Zhengzhou	7585788	1391500	1592	430
开封市	Kaifeng	6271	275081	411	99
洛阳市	Luoyang	188300	499260	743	274
平顶山市	Pingdingshan	50872	283949	453	58
安阳市	Anyang	108892	318384	518	151
鹤壁市	Hebi	12500	92361	159	43
新乡市	Xinxiang	174646	379019	669	208
焦作市	Jiaozuo	41712	212983	384	98
濮阳市	Puyang	44093	220058	351	89
许昌市	Xuchang	91505	264962	422	108
漯河市	Luohe	69041	35450	64	29
三门峡市	Sanmenxia	46825	138629	224	61
南阳市	Nanyang	260010	3153000	913	179
商丘市	Shangqiu	110607	416156	674	164
信阳市	Xinyang	74577	360850	387	127
周口市	Zhoukou	98119	415704	677	169
驻马店市	Zhumadian	87485	367244	594	191
湖北省	**Hubei**				
武汉市	Wuhan	1158500	1528000	1684	493
黄石市	Huangshi	79617	359900	237	67
十堰市	Shiyan	43300	207517	315	106
宜昌市	Yichang	46405	340700	420	121
襄阳市	Xiangyang	70530	347835	540	156
鄂州市	Ezhou	43771	84390	93	33
荆门市	Jingmen	72074	198400	251	76
孝感市	Xiaogan	128728	238415	362	82
荆州市	Jingzhou	112476	327186	475	134
黄冈市	Huanggang	126600	302200	467	113
咸宁市	Xianning	58918	205251	228	67
随州市	Suizhou	49000	119800	186	48

2-45 续表 4 continued 4

城　市	City	邮政业务收入(万元) Revenue from Postal Services (10 000 yuan)	电信业务收入(万元) Revenue from Telecommunication Services (10 000 yuan)	移动电话年末用户数(万户) Number of Subscribers of Mobile Telephones at Year-end (10 000 households)	互联网宽带接入用户数(万户) Number of Subscribers of Internet Services (10 000 households)
湖南省	**Hunan**				
长沙市	Changsha	580336	1184780	1251	328
株洲市	Zhuzhou	114429	304871	404	117
湘潭市	Xiangtan	50280	213744	294	88
衡阳市	Hengyang	138700	792008	587	134
邵阳市	Shaoyang	116929	327428	500	122
岳阳市	Yueyang	90645	342053	494	128
常德市	Changde	88167	346810	504	134
张家界市	Zhangjiajie	24435	115778	149	45
益阳市	Yiyang	89388	238321	370	89
郴州市	Chenzhou	95854	279142	452	124
永州市	Yongzhou	52595	247274	402	100
怀化市	Huaihua	76476	298420	409	99
娄底市	Loudi	61988	231498	331	89
广东省	**Guangdong**				
广州市	Guangzhou	5181081	3597872	4008	544
韶关市	Shaoguan	67089	209151	325	221
深圳市	Shenzhen	4757000	3959000	2978	506
珠海市	Zhuhai	225457	1760325	368	107
汕头市	Shantou	409873	490000	603	152
佛山市	Foshan	769584	1408512	1300	297
江门市	Jiangmen	58060	488400	607	172
湛江市	Zhanjiang	89069	487000	637	163
茂名市	Maoming	117542	355334	505	139
肇庆市	Zhaoqing	124123	299036	510	456
惠州市	Huizhou	334939	664942	722	199
梅州市	Meizhou	100129	1267800	442	105
汕尾市	Shanwei	62897	183839	239	61
河源市	Heyuan	20741	195041	249	71
阳江市	Yangjiang	91480	193658	279	72
清远市	Qingyuan	71719	285667	344	91
东莞市	Dongguan	1891786	1758353	1893	182
中山市	Zhongshan	443774	673774	685	180
潮州市	Chaozhou	129553	195952	278	78
揭阳市	Jieyang	1839039	1929011	793	122
云浮市	Yunfu	52840	816259	210	60
广西壮族自治区	**Guangxi**				
南宁市	Nanning	107738	914377	1043	266
柳州市	Liuzhou	79428	343096	477	129
桂林市	Guilin	84013	342372	536	135
梧州市	Wuzhou	27208	149135	286	65
北海市	Beihai	32530	156658	214	58
防城港市	Fangchenggang	8306	84395	121	19
钦州市	Qinzhou	47013	176386	283	66
贵港市	Guigang	70251	205214	356	81

2-45 续表 5 continued 5

城 市	City	邮政业务收入(万元) Revenue from Postal Services (10 000 yuan)	电信业务收入(万元) Revenue from Telecommunication Services (10 000 yuan)	移动电话年末用户数(万户) Number of Subscribers of Mobile Telephones at Year-end (10 000 households)	互联网宽带接入用户数(万户) Number of Subscribers of Internet Services (10 000 households)
玉林市	Yulin	96386	310037	497	365
百色市	Baise	43207	235072	341	74
贺州市	Hezhou	26252	107050	183	41
河池市	Hechi	43483	203331	344	75
来宾市	Laibin	24932	119200	203	47
崇左市	Chongzuo	25410	135735	203	47
海南省	**Hainan**				
海口市	Haikou	138542	395606	375	98
三亚市	Sanya	10587	154828	137	41
三沙市	Sansha		125		
儋州市	Danzhou	9676	68950	84	18
重庆市	**Chongqing**	**1115000**	**2572892**	**3651**	**1274**
四川省	**Sichuan**				
成都市	Chengdu	1289200	2266342	2867	679
自贡市	Zigong	55367	192752	265	60
攀枝花市	Panzhihua			157	45
泸州市	Luzhou	89104	305026	505	121
德阳市	Deyang	71529	241929	400	125
绵阳市	Mianyang	55372	364905	596	168
广元市	Guangyuan	40951	170481	243	73
遂宁市	Suining	29446	514028	275	68
内江市	Neijiang	37175	186900	298	298
乐山市	Leshan	53585	255180	391	108
南充市	Nanchong	70506	329773	566	135
眉山市	Meishan	87894	671400	324	98
宜宾市	Yibin	75439	291359	463	123
广安市	Guang'an	60559	53255	324	69
达州市	Dazhou	78655	262908	446	96
雅安市	Ya'an	13418	496437	168	48
巴中市	Bazhong	55583	177215	295	70
资阳市	Ziyang	38325	128825	224	57
贵州省	**Guizhou**				
贵阳市	Guiyang	237278	683391	805	191
六盘水市	Liupanshui	32596	210900	341	53
遵义市	Zunyi				
安顺市	Anshun	30711	173700	259	44
毕节市	Bijie	55000	377100	567	69
铜仁市	Tongren	44641	236200	342	57
云南省	**Yunnan**				
昆明市	Kunming	380986	1026457	1229	249
曲靖市	Qujing	40285	316500	486	105
玉溪市	Yuxi	21663	153694	246	53
保山市	Baoshan	23470	160637	243	49
昭通市	Zhaotong	35537	262134	392	61
丽江市	Lijiang	20181	74571	124	27
普洱市	Pu'er	22893	1017300	269	53
临沧市	Lincang	17141	165372	234	57

2-45 续表 6 continued 6

城　市	City	邮政业务收入(万元) Revenue from Postal Services (10 000 yuan)	电信业务收入(万元) Revenue from Telecommunication Services (10 000 yuan)	移动电话年末用户数(万户) Number of Subscribers of Mobile Telephones at Year-end (10 000 households)	互联网宽带接入用户数(万户) Number of Subscribers of Internet Services (10 000 households)
西藏自治区	**Tibet**				
拉萨市	Lasa	6745	511082	111	
日喀则市	Xigaze	3437	52725	66	10
昌都市	Qamdo	3663	20326	39	8
林芝市	Linzhi	6221	29476	25	6
山南市	Shannan	3463	12300	15	2
那曲市	Naqu	2985	40165	33	6
陕西省	**Shaanxi**				
西安市	Xi'an	616823	1495207	1858	393
铜川市	Tongchuan	8766	57000	79	20
宝鸡市	Baoji	68800	248600	370	93
咸阳市	Xianyang	45810	307024	502	123
渭南市	Weinan	44728	313171	524	89
延安市	Yan'an	34300	252059	268	183
汉中市	Hanzhong	61425	213642	371	75
榆林市	Yulin	49700	310222	474	83
安康市	Ankang	31361	171865	271	58
商洛市	Shangluo	29600	778200	176	34
甘肃省	**Gansu**				
兰州市	Lanzhou	34040	510716	664	169
嘉峪关市	Jiayuguan	7906	31489	52	13
金昌市	Jinchang	6474	36163	68	18
白银市	Baiyin	12023	515500	169	45
天水市	Tianshui	41915	160434	345	80
武威市	Wuwei	5734	103100	173	45
张掖市	Zhangye	7787	73508	153	48
平凉市	Pingliang	301700	287700	186	121
酒泉市	Jiuquan	14616	95901	138	45
庆阳市	Qingyang	19222	149716	234	52
定西市	Dingxi	19300	134507	244	60
陇南市	Longnan	14952	14000	32	1
青海省	**Qinghai**				
西宁市	Xining	46906	1256748	323	92
海东市	Haidong	6689		143	22
宁夏回族自治区	**Ningxia**				
银川市	Yinchuan	22263	311911	385	99
石嘴山市	Shizuishan	5506	63095	97	29
吴忠市	Wuzhong	1350	95086	156	34
固原市	Guyuan	11617	27899	123	27
中卫市	Zhongwei	4965	86093	117	
新疆维吾尔自治区	**Xinjiang**				
乌鲁木齐市	Urumqi	51106	623478	677	170
克拉玛依市	Karamay	14389	63882	78	22
吐鲁番市	Turpan	13192	56832	89	19
哈密市	Hami	13998	73569	77	26

2-46 售水、用水及用电情况
Water Sale, Water Consumption and Electricity Consumption

城　市	City	售水量(万吨) Water Supply (10 000 tons)	居民家庭用水量 Consumption for Residential use	全社会用电量(万千瓦时) Annual Electricity Consumption (10 000 kwh)	工业用电 Electricity Consumption for Industrial	城镇居民生活用电 Household Electricity Consumption for Urban and Rural Residential
		市辖区 Districts under City	市辖区 Districts under City	全　市 Total City	全　市 Total City	全　市 Total City
北京市	**Beijing**	**115852**	**58725**	**11423809**	**3073165**	**2106181**
天津市	**Tianjin**	**73468**	**29586**	**8614388**	**5542514**	**816954**
河北省	**Hebei**					
石家庄市	Shijiazhuang	19111	10420	4975000	2955000	303853
唐山市	Tangshan	13020	6111	7955282	6577123	236105
秦皇岛市	Qinhuangdao	8752	4056	1545332	983172	102086
邯郸市	Handan	9574	6576	4070411	2923230	179115
邢台市	Xingtai	5449	1841	2763152	1798194	146710
保定市	Baoding	9142	1820	3817159	1950754	321425
张家口市	Zhangjiakou	4926	2780	1654839	965797	129713
承德市	Chengde	4130	1888	1697976	1276239	74296
沧州市	Cangzhou	4147	2068	3385062	2259408	160059
廊坊市	Langfang	5153	2088	2865949	1690495	282432
衡水市	Hengshui	3013	1785	1527562	896241	102112
山西省	**Shanxi**					
太原市	Taiyuan			2915041	1860678	354052
大同市	Datong			1149191	736182	133504
阳泉市	Yangquan	3753	1639	832467	643639	47320
长治市	Changzhi	5150	3663	1672048	1337568	72856
晋城市	Jincheng	3141	1629	1999300	1756500	42300
朔州市	Shuozhou	1530	893	846686	673519	36123
晋中市	Jinzhong	2995	1991	1917153	1454139	99382
运城市	Yuncheng	4473	2045	3111527	2407536	140185
忻州市	Xinzhou	1282	785	1459742	725067	75022
临汾市	Linfen	2322	1733	1952304	1366086	120087
吕梁市	Lvliang	1297	848	1968428	1555305	106176
内蒙古自治区	**Inner Mongolia**					
呼和浩特市	Hohhot	12005	4754	2574350	1861691	185387
包头市	Baotou	15018	4091	6117401	5672022	172643
乌海市	Wuhai	6123	1548	2015720	1862709	34078
赤峰市	Chifeng	5635	2827	1622536	1140369	120425
通辽市	Tongliao		1328	4176800	3770125	74898
鄂尔多斯市	Erdos	2922	1338	6574996	6049818	98069
呼伦贝尔市	Hulunbuir	1797	1427	1089180	773760	94948
巴彦淖尔市	Bayannur	1894	1189	1582809	1074547	67359
乌兰察布市	Ulanqab	1646	1082	4375204	4038529	84276
辽宁省	**Liaoning**					
沈阳市	Shenyang	53522	28185	3574457	1722891	510217
大连市	Dalian	42884	12966	3693036	2327906	362269
鞍山市	Anshan	11016	4092			
抚顺市	Fushun	9045	3030	1114361	874005	99583
本溪市	Benxi	5624	2095	1391911	1207476	76573
丹东市	Dandong	4093	1846	994037	690180	90648
锦州市	Jinzhou			908158	513821	69616
营口市	Yingkou	7488		2693116	2311948	85079
阜新市	Fuxin	6000	1070	537632	339469	60948
辽阳市	Liaoyang	4926	2933	1183233	955597	58401

2-46 续表 1 continued 1

城 市	City	售水量(万吨) Water Supply (10 000 tons)	居民家庭用水量 Consumption for Residential use	全社会用电量(万千瓦时) Annual Electricity Consumption (10 000 kwh)	工业用电 Electricity Consumption for Industrial	城镇居民生活用电 Household Electricity Consumption for Urban and Rural Residential
		市辖区 Districts under City	市辖区 Districts under City	全 市 Total City	全 市 Total City	全 市 Total City
盘锦市	Panjin	5149	1942	965772	740702	47751
铁岭市	Tieling	2555	1538			
朝阳市	Chaoyang	2166	1111	1004138	727560	65893
葫芦岛市	Huludao	3659	2566	1012974	682570	57083
吉林省	**Jilin**					
长春市	Changchun	25603	10798	2431044	1271096	283478
吉林市	Jilin	8179	4979	1538218	1132385	127998
四平市	Siping	1891	830	649565	352736	63955
辽源市	Liaoyuan	3341	964	324735	232532	33420
通化市	Tonghua	2031	1339	561751	370563	63899
白山市	Baishan	1596	898	317211	185019	52472
松原市	Songyuan	3087	1445	575695	329595	46014
白城市	Baicheng	1011	639	475436	252503	52196
黑龙江省	**Heilongjiang**					
哈尔滨市	Harbin	29329	11851	2386562	998083	384160
齐齐哈尔市	Qiqihar			892496	451300	145347
鸡西市	Jixi			479178	271153	38724
鹤岗市	Hegang	2252	1182	446828	303608	31474
双鸭山市	Shuangyashan	2075	1119	492834	368539	18012
大庆市	Daqing	23356	3930	2198766	1765435	170067
伊春市	Yichun	2579	1478	334492	232649	43461
佳木斯市	Jiamusi	2840	1781	441121	129283	751112
七台河市	Qitaihe	2298	930	265343	202931	14159
牡丹江市	Mudanjiang	3476	2060	503491	242315	72663
黑河市	Heihe	600	344	325965	188566	42762
绥化市	Suihua			624654	250012	101655
上海市	**Shanghai**	**243514**	**105941**	**15666595**	**7802115**	**2399841**
江苏省	**Jiangsu**					
南京市	Nanjing	92176	43818	6064005	3312687	734300
无锡市	Wuxi	34495	17027	7328121	5514903	307748
徐州市	Xuzhou	18242	9932	3520461	2199125	268893
常州市	Changzhou	27210	15149	4897229	3730514	231879
苏州市	Suzhou	59731	23815	15624897	12277696	781504
南通市	Nantong	20973	8929	4333129	2958565	263200
连云港市	Lianyungang	10585	4551	1785091	1065201	149072
淮安市	Huai'an	13138	7625	1865883	1159667	170522
盐城市	Yancheng	9069	5839	3209276	2125411	213127
扬州市	Yangzhou	15528	7043	2489850	1656353	235271
镇江市	Zhenjiang	12798	5108	2552352	1834182	155736
泰州市	Taizhou	9210	5021	2861359	2057352	159096
宿迁市	Suqian	6373	2921	1920504	1238351	138412
浙江省	**Zhejiang**					
杭州市	Hangzhou	76667	35778	7969558	4460889	825248
宁波市	Ningbo	53210	22504	7752759	5717293	450944
温州市	Wenzhou	24865	13310	4233012	2501850	519364
嘉兴市	Jiaxing	7733	3319	5220618	4155611	261724
湖州市	Huzhou	9225	5048	2748017	2034719	170313

2-46 续表 2 continued 2

城 市	City	售水量（万吨）Water Supply (10 000 tons)	居民家庭用水量 Consumption for Residential use	全社会用电量（万千瓦时）Annual Electricity Consumption (10 000 kwh)	工业用电 Electricity Consumption for Industrial	城镇居民生活用电 Household Electricity Consumption for Urban and Rural Residential
		市辖区 Districts under City	市辖区 Districts under City	全 市 Total City	全 市 Total City	全 市 Total City
绍兴市	Shaoxing	35004	9234	4377184	3381429	248835
金华市	Jinhua	8765	4861	3705731	2441262	
衢州市	Quzhou	5158	2066	1717558	1318494	77716
舟山市	Zhoushan	4860	2227	239318	101247	
台州市	Taizhou	15967	8563	3295674	2146201	242465
丽水市	Lishui	4175	2123	1034544	651511	115867
安徽省	**Anhui**					
合肥市	Hefei	46358	27148	3448296	1720280	460570
芜湖市	Wuhu	15190	7747	1928581	1385704	104070
蚌埠市	Bengbu	8512	4793	863161	460723	87159
淮南市	Huainan	6780	4426	879515	519092	92958
马鞍山市	Maanshan	8363	4441	2057085	1730715	80274
淮北市	Huaibei	3580	2361	637691	426209	54942
铜陵市	Tongling	6559	3855	896923	715479	41106
安庆市	Anqing	7505	3313	1079200	657393	80685
黄山市	Huangshan	3947	2214	368373	170703	44850
滁州市	Chuzhou	5817	2486	1714739	1176795	97781
阜阳市	Fuyang	5435	3523	1433477	667753	115877
宿州市	Suzhou	2548	1626	877367	383526	96553
六安市	Lu'an	5281	3130	891788	416795	74824
亳州市	Bozhou	2597	1679	675947	214002	87751
池州市	Chizhou	2794	1665	667046	507469	32532
宣城市	Xuancheng	3398	2127	1247308	887480	77123
福建省	**Fujian**					
福州市	Fuzhou	31436	17031	4988890	2937533	559028
厦门市	Xiamen	42248	18078	2695890	1356545	419728
莆田市	Putian	6664	3255	1443751	916762	101150
三明市	Sanming	3312	2122	1519964	1105098	132857
泉州市	Quanzhou	14872	7576	5007371	3396524	359553
漳州市	Zhangzhou	5853	2903	2481094	1486554	212362
南平市	Nanping	3259	1821	1230831	760722	141574
龙岩市	Longyan	4974	2447	1327500	858400	134000
宁德市	Ningde	2024	1793	1892000	1395500	162000
江西省	**Jiangxi**					
南昌市	Nanchang	35733	16083	2300011	1168520	347674
景德镇市	Jingdezhen	4092	3553	577026	373546	70614
萍乡市	Pingxiang	3384	1989	686017	467590	56036
九江市	Jiujiang	7943	4745	1976097	1422916	172144
新余市	Xinyu	5500	3011	935470	790485	46643
鹰潭市	Yingtan	2304	1115	479310	336833	30512
赣州市	Ganzhou	13879	7530	1864740	995486	226054
吉安市	Ji'an	3911	1839	1101926	676147	100877
宜春市	Yichun	4927	3120	1937509	1392014	116238
抚州市	Fuzhou	5401	3350	850342	446964	99253
上饶市	Shangrao	6420	3292	1579232	956415	148099
山东省	**Shandong**					
济南市	Jinan	29128	16453	2843630	1215034	383487

2-46 续表 3 continued 3

城 市	City	售水量（万吨） Water Supply (10 000 tons)	居民家庭用水量 Consumption for Residential use	全社会用电量（万千瓦时） Annual Electricity Consumption (10 000 kwh)	工业用电 Electricity Consumption for Industrial	城镇居民生活用电 Household Electricity Consumption for Urban and Rural Residential
		市辖区 Districts under City	市辖区 Districts under City	全 市 Total City	全 市 Total City	全 市 Total City
青岛市	Qingdao	43298	18473	4318172	2377894	484712
淄博市	Zibo	18546	6787	3384953	2730183	200012
枣庄市	Zaozhuang	4534	4430	1538696	1052406	125519
东营市	Dongying	14610	3603	2945296	2599227	68972
烟台市	Yantai	16663	6334	5292471	4201137	263915
潍坊市	Weifang	12715	4829	5362400	3976500	343800
济宁市	Jining	6436	3286	3145738	2107018	258935
泰安市	Tai'an	6663	2708	1983766	1350296	176597
威海市	Weihai	7543	3078	1264283	761826	138849
日照市	Rizhao	6759	2885	2275527	1855932	99251
莱芜市	Laiwu	2860	1804	1184160	1044171	25864
临沂市	Linyi	14281	6028	4844029	3557299	288534
德州市	Dezhou	4185	2602	2167721	1489563	157053
聊城市	Liaocheng	4417	437	3017122	2328488	147017
滨州市	Binzhou	9685	3815	12675211	12171304	128756
菏泽市	Heze	4491	2411	2362367	1433460	204866
河南省	**Henan**					
郑州市	Zhengzhou	34923	21982	5603221	2974956	756889
开封市	Kaifeng	7403	3286	1149334	689671	108596
洛阳市	Luoyang	10765	6358	4354348	3421372	259582
平顶山市	Pingdingshan	10128	4030	1938670	1368361	142085
安阳市	Anyang	5686	4045	2228780	1576224	128347
鹤壁市	Hebi	3620	1957	559918	342491	36319
新乡市	Xinxiang	7058	4299	2508130	1623933	189907
焦作市	Jiaozuo	4516	3076	2387292	1892679	96522
濮阳市	Puyang	6846	2401	1022799	611070	87453
许昌市	Xuchang	3772	2501	1374274	818902	137290
漯河市	Luohe	2570	1346	593724	353543	80572
三门峡市	Sanmenxia	2075	1576	1193219	874388	68587
南阳市	Nanyang	5568	3073	2314663	1230601	258264
商丘市	Shangqiu	7100	4500	1937560	1126291	184324
信阳市	Xinyang	3869	2832	1204658	498041	169500
周口市	Zhoukou	2431	1673	1143339	457285	131439
驻马店市	Zhumadian	4751	2250	1401023	695836	249505
湖北省	**Hubei**					
武汉市	Wuhan	115958	56722	5803372	2796653	996309
黄石市	Huangshi	7058	3952	1374055	1060222	110312
十堰市	Shiyan	10395	6715	973936	617064	131246
宜昌市	Yichang	13578	5020	2277791	1759607	165178
襄阳市	Xiangyang	10326	5657	1559469	951365	192244
鄂州市	Ezhou	6225	3759	671500	525200	51000
荆门市	Jingmen	4358	2363	1035028	730440	99732
孝感市	Xiaogan	4087	2863	1320633	839264	143747
荆州市	Jingzhou	7299	4189	1334297	717102	176241
黄冈市	Huanggang	3306	1907	1225956	656591	167613
咸宁市	Xianning	3507	2199	887256	544652	116528
随州市	Suizhou	3864	2451	422498	220083	70809

2-46 续表 4 continued 4

城市	City	售水量(万吨) Water Supply (10 000 tons) 市辖区 Districts under City	居民家庭用水量 Consumption for Residential use 市辖区 Districts under City	全社会用电量(万千瓦时) Annual Electricity Consumption (10 000 kwh) 全市 Total City	工业用电 Electricity Consumption for Industrial 全市 Total City	城镇居民生活用电 Household Electricity Consumption for Urban and Rural Residential 全市 Total City
湖南省	**Hunan**					
长沙市	Changsha	65054	47120	3636932	1488684	677938
株洲市	Zhuzhou	15233	9414	1191239	645489	159710
湘潭市	Xiangtan	7772	4570	1201821	807258	96132
衡阳市	Hengyang	11584	6899	1506885	826361	176116
邵阳市	Shaoyang	6101	3384	909180	351675	128246
岳阳市	Yueyang	6294	4363	1490077	857612	140852
常德市	Changde	7470	4477	1139420	548830	112647
张家界市	Zhangjiajie	2417	1458	267532	72527	46550
益阳市	Yiyang	5259	3663	814561	422172	86374
郴州市	Chenzhou	6136	3879	1271268	894779	107013
永州市	Yongzhou	7780	3947	921233	465161	146424
怀化市	Huaihua	4554	3139	961591	453687	152620
娄底市	Loudi	4775	3578	1425955	1015723	106324
广东省	**Guangdong**					
广州市	Guangzhou	202559	166500	9369013	4351567	1218993
韶关市	Shaoguan	7861	5204	1333393	897219	95593
深圳市	Shenzhen	160429	65668	9172307	4907709	1383914
珠海市	Zhuhai	36614	12877	1759926	1042201	133444
汕头市	Shantou	23697	14354	2093623	1313895	197642
佛山市	Foshan	122131		6908450	4488564	496069
江门市	Jiangmen	21092	7290	2817757	1969073	217463
湛江市	Zhanjiang	11661	7246	1964299	1197457	183464
茂名市	Maoming	7677	5017	1151803	631954	116998
肇庆市	Zhaoqing	13564	5800	1718075	1177324	138068
惠州市	Huizhou	25934	13751	4083826	2864193	373461
梅州市	Meizhou	5451	3248	991057	524147	137979
汕尾市	Shanwei	3527	1675	568315	209801	120638
河源市	Heyuan	5220	2516	898403	531189	99257
阳江市	Yangjiang	7301	4312	1198466	852965	103713
清远市	Qingyuan	12121	4856	1988313	1379610	179272
东莞市	Dongguan			8066430	5803832	483904
中山市	Zhongshan			2930124	1876591	106691
潮州市	Chaozhou			911048	574126	81072
揭阳市	Jieyang	6930	4488	1558842	967351	173969
云浮市	Yunfu	3507	1829	685785	441172	54811
广西壮族自治区	**Guangxi**					
南宁市	Nanning	47916	31460	2226441	786754	425906
柳州市	Liuzhou	17545	9996	1877710	1271271	233383
桂林市	Guilin	12780	7927	1267552	629087	197068
梧州市	Wuzhou	6376	3479	754021	487144	87958
北海市	Beihai	7211	4033	813169	506795	134575
防城港市	Fangchenggang	4204	1966	823489	632385	67396
钦州市	Qinzhou	5731	3115	900968	600760	92266
贵港市	Guigang	4616	2823	943155	566043	124484

2–46 续表 5 continued 5

城　市	City	售水量 (万吨) Water Supply (10 000 tons)	居民家庭用水量 Consumption for Residential use	全社会用电量 (万千瓦时) Annual Electricity Consumption (10 000 kwh)	工业用电 Electricity Consumption for Industrial	城镇居民生活用电 Household Electricity Consumption for Urban and Rural Residential
		市辖区 Districts under City	市辖区 Districts under City	全　市 Total City	全　市 Total City	全　市 Total City
玉林市	Yulin	6755	3843	897515	405350	130524
百色市	Baise	3279	2165	3183021	2794453	119281
贺州市	Hezhou	2037	1334	691329	481097	40234
河池市	Hechi	3599	2652	757873	425839	94393
来宾市	Laibin	2854	2020	1249107	1045681	58716
崇左市	Chongzuo	1937	1199	742073	538400	64330
海南省	**Hainan**					
海口市	Haikou	19149	12726	774798	136710	92219
三亚市	Sanya	11267	4332	427160	50606	94730
三沙市	Sansha					
儋州市	Danzhou			132140	35247	13402
重庆市	**Chongqing**	**124504**	**69091**	**11144706**	**6536703**	**1334949**
四川省	**Sichuan**					
成都市	Chengdu	94611	64080	6374116	2896822	1003850
自贡市	Zigong	5544	3669	408469	174669	100044
攀枝花市	Panzhihua			1229825	1081432	46011
泸州市	Luzhou	8062	5721	887783	493273	103013
德阳市	Deyang	4327	3025	1208071	810390	132226
绵阳市	Mianyang	10111	6792	1181301	601780	169752
广元市	Guangyuan	3928	3037	632600	379687	64804
遂宁市	Suining	4310	3011	476803	216248	78504
内江市	Neijiang	3969	2900	777231	502597	78714
乐山市	Leshan	5119	3845	1945383	1539449	108379
南充市	Nanchong	9310	5310	749135	281075	129060
眉山市	Meishan	4169	2918	1142464	815094	80805
宜宾市	Yibin	6320	3892	1124125	766006	112995
广安市	Guang'an	2679	1579	593889	400296	36291
达州市	Dazhou	5312	3875	902939	612178	57229
雅安市	Ya'an	1981	1484	1047480	862510	40182
巴中市	Bazhong	4662	3041	339950	102064	54852
资阳市	Ziyang	2097	1324	262215	85672	44194
贵州省	**Guizhou**					
贵阳市	Guiyang	29480	18423	2577732	1392272	533420
六盘水市	Liupanshui	2941	1899	922025	574517	96476
遵义市	Zunyi					
安顺市	Anshun	3436	1829	656997	355689	73300
毕节市	Bijie	3785		910400	411100	
铜仁市	Tongren	2968	2214	818545	351334	149576
云南省	**Yunnan**					
昆明市	Kunming	32010	13541	3374433	2056461	368226
曲靖市	Qujing	5014	3427	2851785	2359441	88865
玉溪市	Yuxi	3019	1691	1338262	1069832	43911
保山市	Baoshan	1802	1039	649795	453981	74356
昭通市	Zhaotong	2091	1929	831691	422149	83153
丽江市	Lijiang	2188	766	249329	128871	22881
普洱市	Pu'er	1757	900	364449	177854	31513
临沧市	Lincang	1162		264237	125477	24561

2-46 续表 6 continued 6

城市	City	售水量(万吨) Water Supply (10 000 tons)	居民家庭用水量 Consumption for Residential use	全社会用电量(万千瓦时) Annual Electricity Consumption (10 000 kwh)	工业用电 Electricity Consumption for Industrial	城镇居民生活用电 Household Electricity Consumption for Urban and Rural Residential
		市辖区 Districts under City	市辖区 Districts under City	全市 Total City	全市 Total City	全市 Total City
西藏自治区	**Tibet**					
拉萨市	Lasa	7403	2547	348428	177934	40748
日喀则市	Xigaze			77713	39360	13613
昌都市	Qamdo			82324	49100	19500
林芝市	Linzhi			29000	13000	
山南市	Shannan			75742	20706	957
那曲市	Naqu			36688	10215	7519
陕西省	**Shaanxi**					
西安市	Xi'an	87516	38436	3967465	1326060	824501
铜川市	Tongchuan	1647	1024	420300	331515	26032
宝鸡市	Baoji	4948	3235	921839	521619	109809
咸阳市	Xianyang	6469	1625	1301900	750100	181500
渭南市	Weinan	2178	1762	1501943	909993	68383
延安市	Yan'an	2360	1225	969387	682947	67670
汉中市	Hanzhong	3333	2092	897242	546099	85431
榆林市	Yulin			3135084	2585213	90644
安康市	Ankang	1634	1186	516056	131760	86597
商洛市	Shangluo	1030	645	424922	228811	47299
甘肃省	**Gansu**					
兰州市	Lanzhou	22592	10183	3023977	2299917	215719
嘉峪关市	Jiayuguan	1557		2832711	2699523	21870
金昌市	Jinchang	1842	451	698005	611828	16698
白银市	Baiyin	2354	1655	1126385	838911	32540
天水市	Tianshui	3050	2000	365527	110565	49687
武威市	Wuwei	2598	900	599727	378991	29610
张掖市	Zhangye	2364	1398	459497	230102	23514
平凉市	Pingliang	999	643	330879	173917	37513
酒泉市	Jiuquan	2405	1099	368661	207995	30451
庆阳市	Qingyang	747	480	399783	231163	22251
定西市	Dingxi	683	300	459267	258107	24092
陇南市	Longnan	600	353	444635	262619	23398
青海省	**Qinghai**					
西宁市	Xining	8950	6150	4591614	4197090	134450
海东市	Haidong	793	515	1538135	1422986	26920
宁夏回族自治区	**Ningxia**					
银川市	Yinchuan	11690		3701726	3349697	50000
石嘴山市	Shizuishan	4212	1082	2707073	2609890	6900
吴忠市	Wuzhong	2408	830	1626052	1252505	21144
固原市	Guyuan	1265	780	322424	221200	19378
中卫市	Zhongwei	869	561	2273672	2115600	11655
新疆维吾尔自治区	**Xinjiang**					
乌鲁木齐市	Urumqi	27462	16267	3663958	2956709	186197
克拉玛依市	Karamay	13651	1770	722461	623557	34598
吐鲁番市	Turpan	955	220	1743744	1571844	14538
哈密市	Hami	3666	975	837722	638066	23249

2-47 煤气及液化石油气供应及利用情况(市辖区)

Supply and Consumption of Coal Gas and Liquefied Petroleum Gas (Districts under City)

城　市	City	供气总量(人工、天然气)(万立方米) Total Gas Supply (Coal Gas,Natural Gas) (10 000 cubic meters)	居民家庭用量 Consumption of Gas for Residential Use	液化石油气供气总量(吨) Liquefied Petroleum Gas Supply (ton)	家庭用量 Consumption of Liquefied Petroleum Gas for Residential Use
北京市	**Beijing**	**1915978**	**141076**	**481775**	**140480**
天津市	**Tianjin**	**501030**	**61050**	**57326**	**38990**
河北省	**Hebei**				
石家庄市	Shijiazhuang	10960	8703	29211	18123
唐山市	Tangshan	85316	8469	18327	16947
秦皇岛市	Qinhuangdao	60995	6430	1182	989
邯郸市	Handan	53766	21023	358	353
邢台市	Xingtai	26203	13016	923	923
保定市	Baoding	53986	24691	5602	5348
张家口市	Zhangjiakou	13743	7983	24249	5759
承德市	Chengde	5295	1822	4986	4721
沧州市	Cangzhou	14752	5762	3321	3321
廊坊市	Langfang	37416	11099	4159	2450
衡水市	Hengshui	12213	4961	3635	3631
山西省	**Shanxi**				
太原市	Taiyuan	115641	36352	42230	5670
大同市	Datong				
阳泉市	Yangquan	153434	9689	740	110
长治市	Changzhi	12987	7180	4195	4085
晋城市	Jincheng	12536	4367	3709	1188
朔州市	Shuozhou	5397	1941	1180	665
晋中市	Jinzhong	11296	4828	1450	640
运城市	Yuncheng	10721	4704		
忻州市	Xinzhou	30375	3612	2931	2891
临汾市	Linfen	10423	1990	1978	510
吕梁市	Lvliang	1480	980		
内蒙古自治区	**Inner Mongolia**				
呼和浩特市	Hohhot	72898	8312		
包头市	Baotou	79851	50499	8052	2614
乌海市	Wuhai	28962	3468		
赤峰市	Chifeng	3224	2148	16920	14933
通辽市	Tongliao	2459	1033	473	355
鄂尔多斯市	Erdos	11213	2831	2470	2150
呼伦贝尔市	Hulunbuir	661	566	4530	4510
巴彦淖尔市	Bayannur	3651	591		
乌兰察布市	Ulanqab	3285	544	3400	3215
辽宁省	**Liaoning**				
沈阳市	Shenyang	107195	27977	64608	45992
大连市	Dalian	66994	21743	453503	25469
鞍山市	Anshan	18919	8793	8978	3726
抚顺市	Fushun	49226	6287	37967	23478
本溪市	Benxi	9075	2380	4618	2042
丹东市	Dandong	6429	3975	8600	2770
锦州市	Jinzhou	13463	6199	152	145
营口市	Yingkou	19278	2327	6810	6110
阜新市	Fuxin	5685	525	5130	4790
辽阳市	Liaoyang	15455	1411	7294	5512

2-47 续表 1 continued 1

城　　市	City	供气总量（人工、天然气）（万立方米） Total Gas Supply (Coal Gas,Natural Gas) (10 000 cubic meters)	居民家庭用量 Consumption of Gas for Residential Use	液化石油气供气总量（吨） Liquefied Petroleum Gas Supply (ton)	家庭用量 Consumption of Liquefied Petroleum Gas for Residential Use
盘锦市	Panjin	10098	8403	14660	6017
铁岭市	Tieling	8110	914	1815	1623
朝阳市	Chaoyang	2084	813	2273	1600
葫芦岛市	Huludao	17955	2480	33985	9232
吉林省	**Jilin**				
长春市	Changchun	69986	19166	46594	6618
吉林市	Jilin	57838	4838	42515	903
四平市	Siping	5616	2778	890	760
辽源市	Liaoyuan	2985	121	750	320
通化市	Tonghua	5426	158280	2100	1500
白山市	Baishan	1826	381	2600	2239
松原市	Songyuan	10180	2912	4100	2300
白城市	Baicheng	1951	80	2701	2680
黑龙江省	**Heilongjiang**				
哈尔滨市	Harbin	80045	18983	69000	12700
齐齐哈尔市	Qiqihar				
鸡西市	Jixi				
鹤岗市	Hegang	1248	714	4705	4238
双鸭山市	Shuangyashan	1117	648		
大庆市	Daqing	29600	8981	6415	4298
伊春市	Yichun	19	13	14606	11824
佳木斯市	Jiamusi	5300	2100	22432	403
七台河市	Qitaihe	2701	1653	1325	1230
牡丹江市	Mudanjiang	3249	1135	8749	4490
黑河市	Heihe	77		2100	1820
绥化市	Suihua				
上海市	**Shanghai**	**892863**		**313578**	
江苏省	**Jiangsu**				
南京市	Nanjing	138361	50328	74924	29257
无锡市	Wuxi	135471	21839	33881	15925
徐州市	Xuzhou	32755	11808	18474	17961
常州市	Changzhou	119390	19264	19191	3781
苏州市	Suzhou	103299	20473	85125	53173
南通市	Nantong	53079	15691	19133	7877
连云港市	Lianyungang	35584	8159	16702	12918
淮安市	Huai'an	21366	9058	26669	17210
盐城市	Yancheng	19574	9608	31589	26192
扬州市	Yangzhou	25286	8723	15622	12834
镇江市	Zhenjiang	47341	6601	18201	9761
泰州市	Taizhou	40916	5641	11421	9028
宿迁市	Suqian	20737	3014	5866	5816
浙江省	**Zhejiang**				
杭州市	Hangzhou	132056	26506	132825	58131
宁波市	Ningbo	97860	14864	106994	85695
温州市	Wenzhou	22598	2623	61599	33209
嘉兴市	Jiaxing	35491	4532	31850	13426
湖州市	Huzhou	27419	3674	5228	3166

2-47 续表 2 continued 2

城　市	City	供气总量（人工、天然气）（万立方米） Total Gas Supply (Coal Gas,Natural Gas) (10 000 cubic meters)	居民家庭用量 Consumption of Gas for Residential Use	液化石油气供气总量（吨） Liquefied Petroleum Gas Supply (ton)	家庭用量 Consumption of Liquefied Petroleum Gas for Residential Use
绍兴市	Shaoxing	112340	13907	69653	43551
金华市	Jinhua	18822	1440	14440	11205
衢州市	Quzhou	14797	1499	2961	2660
舟山市	Zhoushan	5749	1979	28318	28177
台州市	Taizhou	18863	1631	71355	48257
丽水市	Lishui	5066	356	10948	10016
安徽省	**Anhui**				
合肥市	Hefei	108091	42633	46268	13800
芜湖市	Wuhu	36617	8691	30000	25600
蚌埠市	Bengbu	27786	8658	1909	1909
淮南市	Huainan	12516	5101	7280	7130
马鞍山市	Maanshan	27100	5100		
淮北市	Huaibei	12516	3075	2225	2225
铜陵市	Tongling	18126	3232	1020	210
安庆市	Anqing	10275	2606	4660	
黄山市	Huangshan	1443	247	7098	6898
滁州市	Chuzhou	22091	2963	2800	2320
阜阳市	Fuyang	10790	3647	19260	13356
宿州市	Suzhou	6828	3210	4805	4320
六安市	Lu'an	10473	3334	2040	2040
亳州市	Bozhou	8009	2538	4560	1862
池州市	Chizhou	3102	1165	2650	1420
宣城市	Xuancheng	7496	1396	4200	2680
福建省	**Fujian**				
福州市	Fuzhou	27535	6476	44586	16856
厦门市	Xiamen	33701	4446	119072	40317
莆田市	Putian	11408	1216	13750	11505
三明市	Sanming	2642	1692	867	568
泉州市	Quanzhou	22769	1240	37318	18827
漳州市	Zhangzhou	7079	852	14451	11557
南平市	Nanping	742	185	6859	4690
龙岩市	Longyan	2665	856	9541	6596
宁德市	Ningde	8242	438	5410	4066
江西省	**Jiangxi**				
南昌市	Nanchang	42523	12077	20265	20242
景德镇市	Jingdezhen	25867	1280	3501	2650
萍乡市	Pingxiang	21602	10200	24630	10862
九江市	Jiujiang	14433	3828	10520	4030
新余市	Xinyu	6966	3485	810	800
鹰潭市	Yingtan	4117	655	2752	2067
赣州市	Ganzhou	13267	5135	18226	17134
吉安市	Ji'an	2726	1449	12000	8000
宜春市	Yichun	11748	1847	16873	10098
抚州市	Fuzhou	4975	1123	25136	25110
上饶市	Shangrao	4019	1122	20420	13808
山东省	**Shandong**				
济南市	Jinan	102996	24156	40126	19660

2-47 续表 3 continued 3

城　市	City	供气总量（人工、天然气）（万立方米）Total Gas Supply (Coal Gas,Natural Gas) (10 000 cubic meters)	居民家庭用量 Consumption of Gas for Residential Use	液化石油气供气总量（吨）Liquefied Petroleum Gas Supply (ton)	家庭用量 Consumption of Liquefied Petroleum Gas for Residential Use
青岛市	Qingdao	120089	28343	30427	17199
淄博市	Zibo	106812	20894	8829	5519
枣庄市	Zaozhuang	13945	4999	8063	6062
东营市	Dongying	48789	14254	6338	6013
烟台市	Yantai	38412	7411	35963	13885
潍坊市	Weifang	37020	8385	10200	10200
济宁市	Jining	36658	5533	4800	4770
泰安市	Tai'an	39105	4724	1500	1200
威海市	Weihai	18800	4530	15643	5699
日照市	Rizhao	28496	6760	15536	8915
莱芜市	Laiwu	16096	3495	9667	8114
临沂市	Linyi	57948	7986	22526	21539
德州市	Dezhou	32088	11115	7810	7751
聊城市	Liaocheng	38426	5548	1960	1941
滨州市	Binzhou	18602	4320	7951	7936
菏泽市	Heze	4246	1404	20290	7394
河南省	**Henan**				
郑州市	Zhengzhou	136187	35573		
开封市	Kaifeng	17873	5380	14540	13260
洛阳市	Luoyang	45000	9000	16818	12674
平顶山市	Pingdingshan	13453	4089		
安阳市	Anyang	72618	12161	6080	2812
鹤壁市	Hebi	7095	5259	919	895
新乡市	Xinxiang	23229	9304	1360	1300
焦作市	Jiaozuo	27168	6825		
濮阳市	Puyang	7354	5027		
许昌市	Xuchang	12847	6470	5893	576
漯河市	Luohe	9233	4859	15400	9100
三门峡市	Sanmenxia	12789	974	3660	3347
南阳市	Nanyang	13780	3383	14507	14479
商丘市	Shangqiu	12175	2524	17650	16200
信阳市	Xinyang	15377	6046	8800	5416
周口市	Zhoukou	9052	2807	4700	4700
驻马店市	Zhumadian	8020	4210	3560	3560
湖北省	**Hubei**				
武汉市	Wuhan	219038	64191	172726	
黄石市	Huangshi	27926	2310	26240	9256
十堰市	Shiyan	13112	3703	9061	8513
宜昌市	Yichang	21604	6356	4845	4840
襄阳市	Xiangyang	28299	6500	13964	11068
鄂州市	Ezhou	5191	4016	7068	7000
荆门市	Jingmen	9502	2620	6411	6369
孝感市	Xiaogan	10050	1900	4800	4800
荆州市	Jingzhou	17937	4719	9906	9897
黄冈市	Huanggang	5177	1618	2685	2100
咸宁市	Xianning	15699	2588	4510	4030
随州市	Suizhou	6664	2098	2790	2193

2-47 续表 4 continued 4

城　　市	City	供气总量(人工、天然气)(万立方米) Total Gas Supply (Coal Gas,Natural Gas) (10 000 cubic meters)	居民家庭用量 Consumption of Gas for Residential Use	液化石油气供气总量(吨) Liquefied Petroleum Gas Supply (ton)	家庭用量 Consumption of Liquefied Petroleum Gas for Residential Use
湖南省	**Hunan**				
长沙市	Changsha	91676	35712	68222	54885
株洲市	Zhuzhou	25499	9261	5240	4535
湘潭市	Xiangtan	16140	4830	17100	17100
衡阳市	Hengyang	23311	7475	3750	2580
邵阳市	Shaoyang	4859	3152	4300	3700
岳阳市	Yueyang	21591	5530	9800	5800
常德市	Changde	14900	5118	10322	10269
张家界市	Zhangjiajie	2645	1568	9266	8740
益阳市	Yiyang	6608	3082	6437	6077
郴州市	Chenzhou	4407	4402	24000	24000
永州市	Yongzhou	2437	1990	9822	8474
怀化市	Huaihua	1483	518	17428	14985
娄底市	Loudi	4580	4100	8950	8100
广东省	**Guangdong**				
广州市	Guangzhou	210419	36991	656206	346088
韶关市	Shaoguan	5241	1958	14501	10240
深圳市	Shenzhen	353113	40972	354338	244998
珠海市	Zhuhai	16668	3385	157188	76650
汕头市	Shantou	6108	922	199762	155837
佛山市	Foshan	167788	13915	460511	156710
江门市	Jiangmen	26983	1986	64920	31499
湛江市	Zhanjiang	11403	2143	504000	30690
茂名市	Maoming	2842	2416	38226	32272
肇庆市	Zhaoqing	27309	1645	18308	13533
惠州市	Huizhou	17091	10351	47559	36026
梅州市	Meizhou	2990		4900	4900
汕尾市	Shanwei	661	218	2697	2697
河源市	Heyuan	2999	1070	29007	29001
阳江市	Yangjiang	2950	1589	280080	276953
清远市	Qingyuan	32625	11856	45310	36921
东莞市	Dongguan				
中山市	Zhongshan				
潮州市	Chaozhou	62327		374589	148043
揭阳市	Jieyang	6526	383	21096	18395
云浮市	Yunfu	2893	625	9337	7946
广西壮族自治区	**Guangxi**				
南宁市	Nanning	25780	11200	108983	62184
柳州市	Liuzhou	14335	6724	32902	21505
桂林市	Guilin	7894	3847	18999	18558
梧州市	Wuzhou	8118	1244	9006	8621
北海市	Beihai	3904	3070	21502	16500
防城港市	Fangchenggang	1381	579	11160	10655
钦州市	Qinzhou	2679	1096	11591	11269
贵港市	Guigang	1630	959	15168	15163

2-47 续表 5 continued 5

城市	City	供气总量(人工、天然气)(万立方米) Total Gas Supply (Coal Gas,Natural Gas) (10 000 cubic meters)	居民家庭用量 Consumption of Gas for Residential Use	液化石油气供气总量(吨) Liquefied Petroleum Gas Supply (ton)	家庭用量 Consumption of Liquefied Petroleum Gas for Residential Use
玉林市	Yulin	3687	1758	20800	18800
百色市	Baise	975	277	7274	7250
贺州市	Hezhou	1794	13	9018	6367
河池市	Hechi	413	322	7587	6909
来宾市	Laibin	1275	733	2876	2564
崇左市	Chongzuo	271	271	3412	3412
海南省	**Hainan**				
海口市	Haikou	15961	6781	47261	47255
三亚市	Sanya	9043	1539	13100	2100
三沙市	Sansha				
儋州市	Danzhou				
重庆市	**Chongqing**	**492502**	**203411**	**64503**	**39218**
四川省	**Sichuan**				
成都市	Chengdu	358046	160178	126674	51727
自贡市	Zigong	24212	10995		
攀枝花市	Panzhihua	115	48	845	639
泸州市	Luzhou	80215	13294	2147	1587
德阳市	Deyang	57285	7112	3882	2337
绵阳市	Mianyang	52041	17033	2957	2809
广元市	Guangyuan	14223	7102	1183	913
遂宁市	Suining	21143	7033		
内江市	Neijiang	15421	5780	14815	6625
乐山市	Leshan	37921	8828	140	15
南充市	Nanchong	21785	9552	5877	4810
眉山市	Meishan	12421	6679	545	138
宜宾市	Yibin	24509	19284	1011	927
广安市	Guang'an	7635	4822	234	191
达州市	Dazhou	70950	17265	2189	718
雅安市	Ya'an	6141	4099		
巴中市	Bazhong	11800	9423	3975	2804
资阳市	Ziyang	5028	3220	3000	2340
贵州省	**Guizhou**				
贵阳市	Guiyang	34285	14493	42304	42304
六盘水市	Liupanshui	4934	2043	1225	82
遵义市	Zunyi				
安顺市	Anshun	2740	913	16495	8179
毕节市	Bijie	1586	486	2653	2520
铜仁市	Tongren	1111	429	6049	3764
云南省	**Yunnan**				
昆明市	Kunming	24987	9744	92652	16410
曲靖市	Qujing	2579	105	6511	4005
玉溪市	Yuxi	1279	110	10368	6600
保山市	Baoshan	1065	454	4509	3411
昭通市	Zhaotong	992	236	349	332
丽江市	Lijiang	949	856	2396	2395
普洱市	Pu'er	182	37	2037	1977
临沧市	Lincang			2110	1602

2–47 续表 6 continued 6

城　　市	City	供气总量（人工、天然气）（万立方米） Total Gas Supply (Coal Gas,Natural Gas) (10 000 cubic meters)	居民家庭用量 Consumption of Gas for Residential Use	液化石油气供气总量（吨） Liquefied Petroleum Gas Supply (ton)	家庭用量 Consumption of Liquefied Petroleum Gas for Residential Use
西藏自治区	**Tibet**				
拉萨市	Lasa				
日喀则市	Xigaze				
昌都市	Qamdo			1800	1080
林芝市	Linzhi			3500	3500
山南市	Shannan			670	580
那曲市	Naqu				
陕西省	**Shaanxi**				
西安市	Xi'an	280615	99007	28726	6697
铜川市	Tongchuan	16077	5689	729	
宝鸡市	Baoji	26587	7992	103	98
咸阳市	Xianyang	27529	12663	1617	1589
渭南市	Weinan	6980	3255	7866	6830
延安市	Yan'an	26882	12846	6270	4217
汉中市	Hanzhong	8603	5289	3688	3576
榆林市	Yulin	30581	3576	1200	980
安康市	Ankang	1317	681	2413	2275
商洛市	Shangluo	5434	1100	1988	1809
甘肃省	**Gansu**				
兰州市	Lanzhou	165739	27327	17538	7141
嘉峪关市	Jiayuguan	13256	2658	997	980
金昌市	Jinchang	4212	374	601	213
白银市	Baiyin	9648	1483	1001	988
天水市	Tianshui	8018	1388	2165	2154
武威市	Wuwei	4215	778	760	739
张掖市	Zhangye	3347	1451	3200	2901
平凉市	Pingliang	1818	474	156	150
酒泉市	Jiuquan	2075	350	1861	1860
庆阳市	Qingyang	3840		2174	1522
定西市	Dingxi			1265	1150
陇南市	Longnan	462	343	1300	850
青海省	**Qinghai**				
西宁市	Xining	117555	18566	3778	3680
海东市	Haidong	12801	7544		
宁夏回族自治区	**Ningxia**				
银川市	Yinchuan	151376	16784	4355	4121
石嘴山市	Shizuishan	16764	7353	54	53
吴忠市	Wuzhong	11673	4484	1450	952
固原市	Guyuan	3090	875	820	811
中卫市	Zhongwei	23504	1965	1516	773
新疆维吾尔自治区	**Xinjiang**				
乌鲁木齐市	Urumqi	314661	61152	50800	38534
克拉玛依市	Karamay	41827	6952	2473	
吐鲁番市	Turpan	3732	745	593	580
哈密市	Hami	9110	2654	1100	900

三、县级城市统计资料

Statistical Data of County-level Cities

3-1 人口状况
Population

单位：人 (person)

城　市	City	年末户籍人口 Household Registered Population at Year-end
河北省	**Hebei**	
辛集市	Xinji	635000
晋州市	Jinzhou	575092
新乐市	Xinle	517278
遵化市	Zunhua	758356
迁安市	Qian'an	776711
滦州市	Luanzhou	573876
武安市	Wu'an	845819
南宫市	Nangong	506263
沙河市	Shahe	457510
涿州市	Zhuozhou	701490
定州市	Dingzhou	1237831
安国市	Anguo	410953
高碑店市	Gaobeidian	566698
平泉市	Pingquan	479226
泊头市	Botou	631330
任丘市	Renqiu	809952
黄骅市	Huanghua	482526
河间市	Hejian	902506
霸州市	Bazhou	656313
三河市	Sanhe	731252
深州市	Shenzhou	567695
山西省	**Shanxi**	
古交市	Gujiao	216967
高平市	Gaoping	486700
怀仁市	Huairen	292131
介休市	Jiexiu	438769
永济市	Yongji	442456
河津市	Hejin	399650
原平市	Yuanping	517082
侯马市	Houma	240531
霍州市	Huozhou	308888
孝义市	Xiaoyi	490816
汾阳市	Fenyang	433065
内蒙古自治区	**Inner Mongolia**	
霍林郭勒市	Huolinguole	83374
满洲里市	Manzhouli	172371
牙克石市	Yakeshi	325815
扎兰屯市	Zhalantun	406596
额尔古纳市	Eerguna	79942
根河市	Genhe	133711
丰镇市	Fengzhen	312643
乌兰浩特市	Wulanhaote	320106
阿尔山市	Aershan	45269
二连浩特市	Erlianhaote	34182
锡林浩特市	Xilinhaote	192164
辽宁省	**Liaoning**	
新民市	Xinmin	665647
瓦房店市	Wafangdian	988588
庄河市	Zhuanghe	888519
海城市	Haicheng	1071200
东港市	Donggang	597876
凤城市	Fengcheng	564686
凌海市	Linghai	502330
北镇市	Beizhen	504989
盖州市	Gaizhou	687300
大石桥市	Dashiqiao	690337
灯塔市	Dengta	436065
调兵山市	Diaobingshan	239000
开原市	Kaiyuan	560378
北票市	Beipiao	558144
凌源市	Lingyuan	637000
兴城市	Xingcheng	532568
吉林省	**Jilin**	
榆树市	Yushu	1229647
德惠市	Dehui	925600
蛟河市	Jiaohe	421830
桦甸市	Huadian	421509
舒兰市	Shulan	607753
磐石市	Panshi	506427
公主岭市	Gongzhuling	1031000
双辽市	Shuangliao	392536
梅河口市	Meihekou	591494
集安市	Ji'an	211690
临江市	Linjiang	154241
扶余市	Fuyu	710467
洮南市	Taonan	410118
大安市	Daan	382016
延吉市	Yanji	552786
图们市	Tumen	110436
敦化市	Dunhua	456708
珲春市	Hunchun	228455
龙井市	Longjing	154043
和龙市	Helong	158625
黑龙江省	**Heilongjiang**	
尚志市	Shangzhi	560448
五常市	Wuchang	897705
讷河市	Nehe	681250
虎林市	Hulin	151486
密山市	Mishan	396504
铁力市	Tieli	346000
同江市	Tongjiang	106620
富锦市	Fujin	373438
抚远市	Fuyuan	83434
绥芬河市	Suifenhe	69607
海林市	Hailin	365797
宁安市	Ning'an	411182
穆棱市	Muling	271383
东宁市	Dongning	202973
北安市	Bei'an	420494

3-1 续表 1 continued 1

单位：人 (person)

城　市	City	年末户籍人口 Household Registered Population at Year-end	城　市	City	年末户籍人口 Household Registered Population at Year-end
五大连池市	Wudalianchi	259704	潜山市	Qianshan	583969
安达市	Anda	450922	天长市	Tianchang	632828
肇东市	Zhaodong	859001	明光市	Mingguang	644383
海伦市	Hailun	756616	界首市	Jieshou	829496
漠河市	Mohe	70535	宁国市	Ningguo	384018
江苏省	**Jiangsu**		**福建省**	**Fujian**	
江阴市	Jiangyin	1259500	福清市	Fuqing	1381000
宜兴市	Yixing	1081300	永安市	Yong'an	331277
新沂市	Xinyi	1132100	石狮市	Shishi	346094
邳州市	Pizhou	1943600	晋江市	Jinjiang	1176303
溧阳市	Liyang	790400	南安市	Nan'an	1710899
常熟市	Changshu	1068000	龙海市	Longhai	897905
张家港市	Zhangjiagang	929400	邵武市	Shaowu	305837
昆山市	Kunshan	903200	武夷山市	Wuyishan	245939
太仓市	Taicang	494000	建瓯市	Jian'ou	552806
启东市	Qidong	1110400	漳平市	Zhangping	297297
如皋市	Rugao	1419700	福安市	Fu'an	673870
海门市	Haimen	995900	福鼎市	Fuding	601223
海安市	Haian	927300	**江西省**	**Jiangxi**	
东台市	Dongtai	1098100	乐平市	Leping	945178
仪征市	Yizheng	560300	瑞昌市	Ruichang	462733
高邮市	Gaoyou	808200	共青城市	Gongqingcheng	122832
丹阳市	Danyang	806300	庐山市	Lushan	277555
扬中市	Yangzhong	282500	贵溪市	Guixi	647240
句容市	Jurong	589000	瑞金市	Ruijin	710096
兴化市	Xinghua	1556700	井冈山市	Jinggangshan	170915
靖江市	Jingjiang	658800	丰城市	Fengcheng	1507402
泰兴市	Taixing	1178800	樟树市	Zhangshu	610424
浙江省	**Zhejiang**		高安市	Gaoan	878300
建德市	Jiande	511184	德兴市	Dexing	336375
余姚市	Yuyao	836306	**山东省**	**Shandong**	
慈溪市	Cixi	1055702	胶州市	Jiaozhou	858952
瑞安市	Rui'an	1253384	平度市	Pingdu	1391015
乐清市	Yueqing	1308933	莱西市	Laixi	744442
海宁市	Haining	697717	滕州市	Tengzhou	1752006
平湖市	Pinghu	499923	龙口市	Longkou	635839
桐乡市	Tongxiang	701305	莱阳市	Laiyang	856900
诸暨市	Zhuji	1085367	莱州市	Laizhou	843617
嵊州市	Shengzhou	726304	蓬莱市	Penglai	402643
兰溪市	Lanxi	660489	招远市	Zhaoyuan	562820
义乌市	Yiwu	818362	栖霞市	Qixia	593738
东阳市	Dongyang	847814	海阳市	Haiyang	642643
永康市	Yongkang	615227	青州市	Qingzhou	954835
江山市	Jiangshan	616388	诸城市	Zhucheng	1118684
温岭市	Wenling	1221381	寿光市	Shouguang	1103110
临海市	Linhai	1204900	安丘市	Anqiu	975816
玉环市	Yuhuan	435295	高密市	Gaomi	896444
龙泉市	Longquan	290836	昌邑市	Changyi	586788
安徽省	**Anhui**		曲阜市	Qufu	655721
巢湖市	Chaohu	859161	邹城市	Zoucheng	1215566
桐城市	Tongcheng	753768	新泰市	Xintai	1369704

3-1 续表 2 continued 2

单位：人 (person)

城　市	City	年末户籍人口 Household Registered Population at Year-end	城　市	City	年末户籍人口 Household Registered Population at Year-end
肥城市	Feicheng	988900	利川市	Lichuan	917097
荣成市	Rongcheng	659395	仙桃市	Xiantao	1542975
乳山市	Rushan	547486	潜江市	Qianjiang	1008470
乐陵市	Laoling	724015	天门市	Tianmen	1609212
禹城市	Yucheng	540994	**湖南省**	**Hunan**	
临清市	Linqing	839083	浏阳市	Liuyang	1493770
邹平市	Zouping	744253	宁乡市	Ningxiang	1430937
河南省	**Henan**		醴陵市	Liling	1053080
巩义市	Gongyi	846662	湘乡市	Xiangxiang	928302
荥阳市	Xingyang	708108	韶山市	Shaoshan	119843
新密市	Xinmi	895178	耒阳市	Leiyang	1421656
新郑市	Xinzheng	632411	常宁市	Changning	962140
登封市	Dengfeng	728786	武冈市	Wugang	839678
偃师市	Yanshi	633069	汨罗市	Miluo	761324
舞钢市	Wugang	341762	临湘市	Linxiang	542359
汝州市	Ruzhou	1175602	津市市	Jinshi	233414
林州市	Linzhou	1138833	沅江市	Yuanjiang	735647
卫辉市	Weihui	542824	资兴市	Zixing	377258
辉县市	Huixian	907808	洪江市	Hongjiang	498563
沁阳市	Qinyang	493165	冷水江市	Lengshuijiang	368497
孟州市	Mengzhou	383344	涟源市	Lianyuan	1145884
禹州市	Yuzhou	1333368	吉首市	Jishou	311601
长葛市	Changge	780747	**广东省**	**Guangdong**	
义马市	Yima	169366	乐昌市	Lechang	529931
灵宝市	Lingbao	746740	南雄市	Nanxiong	492227
邓州市	Dengzhou	1855604	台山市	Taishan	970660
永城市	Yongcheng	1674051	开平市	Kaiping	688893
项城市	Xiangcheng	1265000	鹤山市	Heshan	379099
济源市	Jiyuan	725500	恩平市	Enping	500004
湖北省	**Hubei**		廉江市	Lianjiang	1845402
大冶市	Daye	995248	雷州市	Leizhou	1840539
丹江口市	Danjiangkou	463605	吴川市	Wuchuan	1219623
宜都市	Yidu	388332	高州市	Gaozhou	1832727
当阳市	Dangyang	466615	化州市	Huazhou	1767052
枝江市	Zhijiang	486139	信宜市	Xinyi	1493026
老河口市	Laohekou	515492	四会市	Sihui	471485
枣阳市	Zaoyang	1132400	兴宁市	Xingning	1183154
宜城市	Yicheng	559819	陆丰市	Lufeng	1905103
钟祥市	Zhongxiang	1049176	阳春市	Yangchun	1220075
京山市	Jingshan	775520	英德市	Yingde	1184555
应城市	Yingcheng	651920	连州市	Lianzhou	546483
安陆市	Anlu	629140	普宁市	Puning	2474422
汉川市	Hanchuan	1078115	罗定市	Luoding	1292822
石首市	Shishou	623405	**广西壮族自治区**	**Guangxi**	
洪湖市	Honghu	918206	荔浦市	Lipu	384345
松滋市	Songzi	829590	岑溪市	Cenxi	967921
麻城市	Macheng	1159300	东兴市	Dongxing	153811
武穴市	Wuxue	823436	桂平市	Guiping	2034209
赤壁市	Chibi	533057	北流市	Beiliu	1536386
广水市	Guangshui	920722	靖西市	Jingxi	662877
恩施市	Enshi	808967	合山市	Heshan	135032

3–1 续表 3 continued 3

单位：人 (person)

城 市	City	年末户籍人口 Household Registered Population at Year-end	城 市	City	年末户籍人口 Household Registered Population at Year-end
凭祥市	Pingxiang	116084	大理市	Dali	635667
海南省	**Hainan**		瑞丽市	Ruili	139225
五指山市	Wuzhishan	105919	芒市	Mangshi	400458
琼海市	Qionghai	519291	泸水市	Lushui	185879
文昌市	Wenchang	600644	香格里拉市	Shangri-la	150988
万宁市	Wanning	632716	**陕西省**	**Shaanxi**	
东方市	Dongfang	456295	兴平市	Xingping	556088
四川省	**Sichuan**		彬州市	Binzhou	364039
都江堰市	Dujiangyan	622233	韩城市	Hancheng	397020
彭州市	Pengzhou	802446	华阴市	Huayin	242959
邛崃市	Qionglai	654661	神木市	Shenmu	451545
崇州市	Chongzhou	662809	**甘肃省**	**Gansu**	
简阳市	Jianyang	2148434	华亭市	Huating	190706
广汉市	Guanghan	603823	玉门市	Yumen	148426
什邡市	Shifang	428199	敦煌市	Dunhuang	144124
绵竹市	Mianzhu	499535	临夏市	Linxia	274008
江油市	Jiangyou	864903	合作市	Hezuo	93361
隆昌市	Longchang	770024	**青海省**	**Qinghai**	
峨眉山市	Emeishan	429044	玉树市	Yushu	114000
阆中市	Langzhong	829992	格尔木市	Golmud	137711
华蓥市	Huaying	356691	德令哈市	Delingha	73707
万源市	Wanyuan	573569	茫崖市	Mangya	51494
马尔康市	Maerkang	54162	**宁夏回族自治区**	**Ningxia**	
康定市	Kangding	107563	灵武市	Lingwu	248360
西昌市	Xichang	678738	青铜峡市	Qingtongxia	283447
贵州省	**Guizhou**		**新疆维吾尔自治区**	**Xinjiang**	
清镇市	Qingzhen	538282	昌吉市	Changji	387977
盘州市	Panzhou	1286625	阜康市	Fukang	163961
赤水市	Chishui	318320	博乐市	Bole	260314
仁怀市	Renhuai	725000	阿拉山口市	A la shan kou	1878
兴义市	Xingyi	893648	库尔勒市	Korla	472645
兴仁市	Xingren	568674	阿克苏市	Akesu	551112
凯里市	Kaili	573711	阿图什市	Atus	285507
都匀市	Duyun	504370	喀什市	Kashi	651500
福泉市	Fuquan	337908	和田市	Hetian	408894
云南省	**Yunnan**		伊宁市	Yining	571122
安宁市	Anning	279729	奎屯市	Kuitun	154700
宣威市	Xuanwei	1548585	霍尔果斯市	Horgos	64821
腾冲市	Tengchong	686197	塔城市	Tacheng	147977
水富市	Shuifu	107486	乌苏市	Wusu	216381
楚雄市	Chuxiong	535986	阿勒泰市	Aletai	197056
个旧市	Gejiu	381794	石河子市	Shihezi	451219
开远市	Kaiyuan	286386	阿拉尔市	Alar	265000
蒙自市	Mengzi	424670	图木舒克市	Tumushuke	173701
弥勒市	Mile	547800	五家渠市	Wujiaqu	96788
文山市	Wenshan	507557	北屯市	Beitun	53053
景洪市	Jinghong	429848	铁门关市	Tie men guan	38436

3–2 劳动力就业状况
Labour Force and Employment

单位：人 (person)

城　市	City	第二产业 Secondary Industry	第三产业 Tertiary Industry	城　市	City	第二产业 Secondary Industry	第三产业 Tertiary Industry
河北省	**Hebei**			海城市	Haicheng	232832	256663
辛集市	Xinji	197380	118021	东港市	Donggang	77976	144561
晋州市	Jinzhou	142540	70006	凤城市	Fengcheng	63020	97522
新乐市	Xinle	118037	75622	凌海市	Linghai	46084	46767
遵化市	Zunhua	178023	149202	北镇市	Beizhen	22591	42334
迁安市	Qian'an	179349	210978	盖州市	Gaizhou	64465	82410
滦州市	Luanzhou	123963	161049	大石桥市	Dashiqiao	87481	84907
武安市	Wu'an	218020	194568	灯塔市	Dengta	44534	60017
南宫市	Nangong	93125	83162	调兵山市	Diaobingshan	57295	44589
沙河市	Shahe	99022	123702	开原市	Kaiyuan	33317	79200
涿州市	Zhuozhou	107425	129240	北票市	Beipiao	37150	56163
定州市	Dingzhou	400362	206631	凌源市	Lingyuan	51514	59874
安国市	Anguo	91800	47069	兴城市	Xingcheng	42533	36320
高碑店市	Gaobeidian	100477	70457	**吉林省**	**Jilin**		
平泉市	Pingquan	84973	68830	榆树市	Yushu	163852	151698
泊头市	Botou	174969	115026	德惠市	Dehui	79471	114560
任丘市	Renqiu	177506	123455	蛟河市	Jiaohe	39681	78494
黄骅市	Huanghua	118814	87715	桦甸市	Huadian	23013	59496
河间市	Hejian	218293	128985	舒兰市	Shulan	31249	82604
霸州市	Bazhou	150986	135621	磐石市	Panshi	54078	89273
三河市	Sanhe	81181	244662	公主岭市	Gongzhuling	74315	109133
深州市	Shenzhou	96600	117263	双辽市	Shuangliao	22781	89523
山西省	**Shanxi**			梅河口市	Meihekou	78573	64675
古交市	Gujiao			集安市	Ji'an	26388	27037
高平市	Gaoping	111485	71523	临江市	Linjiang	23056	36377
怀仁市	Huairen			扶余市	Fuyu	60275	103158
介休市	Jiexiu	72504	101527	洮南市	Taonan	24182	67025
永济市	Yongji	32235	81201	大安市	Daan	35842	31857
河津市	Hejin	37230	32504	延吉市	Yanji	31110	177912
原平市	Yuanping	52943	72995	图们市	Tumen	10132	16748
侯马市	Houma	25560	73208	敦化市	Dunhua	39630	98866
霍州市	Huozhou	36001	70933	珲春市	Hunchun	15544	37025
孝义市	Xiaoyi	88609	82703	龙井市	Longjing	6894	23753
汾阳市	Fenyang	53058	61503	和龙市	Helong	10252	29975
内蒙古自治区	**Inner Mongolia**			**黑龙江省**	**Heilongjiang**		
霍林郭勒市	Huolinguole	27310	29401	尚志市	Shangzhi	53664	118522
满洲里市	Manzhouli	17251	104281	五常市	Wuchang	112369	120205
牙克石市	Yakeshi	59930	85442	讷河市	Nehe	54644	58657
扎兰屯市	Zhalantun	25430	68742	虎林市	Hulin	3160	8917
额尔古纳市	Eerguna	6630	23903	密山市	Mishan	13533	54572
根河市	Genhe	4758	17916	铁力市	Tieli	1505	8124
丰镇市	Fengzhen	42057	37013	同江市	Tongjiang	5998	19656
乌兰浩特市	Wulanhaote	15986	110650	富锦市	Fujin	8409	35738
阿尔山市	Aershan	1546	14995	抚远市	Fuyuan	5109	33072
二连浩特市	Erlianhaote	4851	34143	绥芬河市	Suifenhe	813	7495
锡林浩特市	Xilinhaote	27211	88167	海林市	Hailin	50227	62750
辽宁省	**Liaoning**			宁安市	Ning'an	35076	63552
新民市	Xinmin	39096	68143	穆棱市	Muling	44833	54927
瓦房店市	Wafangdian			东宁市	Dongning	8504	45771
庄河市	Zhuanghe			北安市	Bei'an	29000	99000

3-2 续表 1 continued 1

单位：人 (person)

城 市	City	第二产业 Secondary Industry	第三产业 Tertiary Industry
五大连池市	Wudalianchi	13593	24895
安达市	Anda	8555	18252
肇东市	Zhaodong	11001	22428
海伦市	Hailun	48273	50328
漠河市	Mohe	3065	6420
江苏省	**Jiangsu**		
江阴市	Jiangyin	606800	339600
宜兴市	Yixing	401700	260100
新沂市	Xinyi	200900	200900
邳州市	Pizhou	316900	311000
溧阳市	Liyang	243100	140300
常熟市	Changshu	630600	377200
张家港市	Zhangjiagang	457000	273800
昆山市	Kunshan	734200	418900
太仓市	Taicang	264100	169700
启东市	Qidong	290600	220000
如皋市	Rugao	343000	220000
海门市	Haimen	309900	190000
海安市	Haian	284000	150000
东台市	Dongtai	232600	262900
仪征市	Yizheng	184100	130000
高邮市	Gaoyou	214900	150000
丹阳市	Danyang	329500	250900
扬中市	Yangzhong	114000	90500
句容市	Jurong	152200	147600
兴化市	Xinghua	257000	265000
靖江市	Jingjiang	206000	139000
泰兴市	Taixing	259000	229000
浙江省	**Zhejiang**		
建德市	Jiande	83900	95800
余姚市	Yuyao	374400	318300
慈溪市	Cixi	459000	263000
瑞安市	Rui'an	388961	297673
乐清市	Yueqing	287200	317700
海宁市	Haining	363091	253005
平湖市	Pinghu	247197	150321
桐乡市	Tongxiang	366514	243472
诸暨市	Zhuji	437200	262200
嵊州市	Shengzhou	241100	133100
兰溪市	Lanxi	155400	118300
义乌市	Yiwu	368046	518893
东阳市	Dongyang	261500	178000
永康市	Yongkang	310738	148405
江山市	Jiangshan	105600	66800
温岭市	Wenling	495000	273300
临海市	Linhai	378800	86000
玉环市	Yuhuan	263700	112100
龙泉市	Longquan	45200	56500
安徽省	**Anhui**		
巢湖市	Chaohu	194836	163361
桐城市	Tongcheng	64279	19909
潜山市	Qianshan	128474	114023
天长市	Tianchang	201200	149800
明光市	Mingguang	86578	117212
界首市	Jieshou		
宁国市	Ningguo	94785	88560
福建省	**Fujian**		
福清市	Fuqing	167159	231989
永安市	Yong'an	49238	48309
石狮市	Shishi	195394	133702
晋江市	Jinjiang	675745	270583
南安市	Nan'an	571268	308543
龙海市	Longhai	239386	221279
邵武市	Shaowu	20017	69854
武夷山市	Wuyishan	24349	52238
建瓯市	Jian'ou	54072	73128
漳平市	Zhangping	32861	50795
福安市	Fu'an	101258	86102
福鼎市	Fuding	105106	96135
江西省	**Jiangxi**		
乐平市	Leping	173812	205132
瑞昌市	Ruichang	71326	75169
共青城市	Gongqingcheng	32368	3512
庐山市	Lushan	52078	26543
贵溪市	Guixi	107500	141000
瑞金市	Ruijin	62261	97819
井冈山市	Jinggangshan	30089	33816
丰城市	Fengcheng	184041	324886
樟树市	Zhangshu	91901	152574
高安市	Gaoan	143383	178852
德兴市	Dexing	14425	14368
山东省	**Shandong**		
胶州市	Jiaozhou	263548	182520
平度市	Pingdu	255385	253694
莱西市	Laixi	158633	98408
滕州市	Tengzhou	356262	382173
龙口市	Longkou	197759	106184
莱阳市	Laiyang	163081	58058
莱州市	Laizhou	168914	169928
蓬莱市	Penglai	82412	85664
招远市	Zhaoyuan	136807	91539
栖霞市	Qixia	41964	138492
海阳市	Haiyang	153897	125426
青州市	Qingzhou	198771	143884
诸城市	Zhucheng	288908	237707
寿光市	Shouguang	209875	266339
安丘市	Anqiu	134588	98566
高密市	Gaomi	253826	157165
昌邑市	Changyi	156500	159800
曲阜市	Qufu	160312	126945
邹城市	Zoucheng	309000	316000
新泰市	Xintai	339063	349588

3-2 续表 2 continued 2

单位：人 (person)

城市	City	第二产业 Secondary Industry	第三产业 Tertiary Industry
肥城市	Feicheng	127733	129765
荣成市	Rongcheng		
乳山市	Rushan		
乐陵市	Laoling		
禹城市	Yucheng		
临清市	Linqing		
邹平市	Zouping	198113	137205
河南省	**Henan**		
巩义市	Gongyi	216895	180877
荥阳市	Xingyang	151146	161892
新密市	Xinmi	158651	258813
新郑市	Xinzheng	155202	211749
登封市	Dengfeng	42389	29715
偃师市	Yanshi	204401	111367
舞钢市	Wugang	27827	16015
汝州市	Ruzhou	171765	205611
林州市	Linzhou	112793	23239
卫辉市	Weihui	63869	63287
辉县市	Huixian	161631	126345
沁阳市	Qinyang	32389	29468
孟州市	Mengzhou	99098	48553
禹州市	Yuzhou		
长葛市	Changge	239497	204015
义马市	Yima	56625	36009
灵宝市	Lingbao	71383	57989
邓州市	Dengzhou	186403	273279
永城市	Yongcheng	307618	378621
项城市	Xiangcheng	257496	201099
济源市	Jiyuan	175213	207391
湖北省	**Hubei**		
大冶市	Daye	209465	298870
丹江口市	Danjiangkou	92480	94152
宜都市	Yidu	101508	119777
当阳市	Dangyang	97999	79505
枝江市	Zhijiang	109769	108366
老河口市	Laohekou	120801	128532
枣阳市	Zaoyang	240721	264076
宜城市	Yicheng	102071	144803
钟祥市	Zhongxiang	155900	251918
京山市	Jingshan	164044	136088
应城市	Yingcheng	169177	177824
安陆市	Anlu	227895	124057
汉川市	Hanchuan	276124	265588
石首市	Shishou	123718	140568
洪湖市	Honghu	175906	136971
松滋市	Songzi	148990	258990
麻城市	Macheng	174149	301938
武穴市	Wuxue	192826	149818
赤壁市	Chibi	69800	150700
广水市	Guangshui	172285	331045
恩施市	Enshi	98759	142173
利川市	Lichuan	163813	156916
仙桃市	Xiantao	354000	389600
潜江市	Qianjiang	213900	252100
天门市	Tianmen	284201	336867
湖南省	**Hunan**		
浏阳市	Liuyang	393569	275347
宁乡市	Ningxiang	281436	328553
醴陵市	Liling	270020	186631
湘乡市	Xiangxiang	169968	133681
韶山市	Shaoshan	15800	11755
耒阳市	Leiyang	191845	328031
常宁市	Changning	77811	205972
武冈市	Wugang	105341	176425
汨罗市	Miluo	168251	194406
临湘市	Linxiang	50600	66400
津市市	Jinshi	36299	30225
沅江市	Yuanjiang	88551	168961
资兴市	Zixing	97484	102233
洪江市	Hongjiang	42487	71029
冷水江市	Lengshuijiang	79798	51421
涟源市	Lianyuan	127300	121400
吉首市	Jishou	33430	119230
广东省	**Guangdong**		
乐昌市	Lechang	25564	56509
南雄市	Nanxiong	32779	58358
台山市	Taishan	106316	133029
开平市	Kaiping	132863	103379
鹤山市	Heshan	149745	59006
恩平市	Enping	40592	62191
廉江市	Lianjiang	229736	278315
雷州市	Leizhou	48413	144641
吴川市	Wuchuan	95788	88528
高州市	Gaozhou	135818	154755
化州市	Huazhou	119896	141782
信宜市	Xinyi	98459	121211
四会市	Sihui	178106	104044
兴宁市	Xingning	134566	181108
陆丰市	Lufeng	156218	207751
阳春市	Yangchun	144916	116820
英德市	Yingde	78955	165415
连州市	Lianzhou	64247	60024
普宁市	Puning	248481	306392
罗定市	Luoding	253481	147089
广西壮族自治区	**Guangxi**		
荔浦市	Lipu	69822	35330
岑溪市	Cenxi	182568	86728
东兴市	Dongxing	14028	20299
桂平市	Guiping	229538	348104
北流市	Beiliu	228830	140874
靖西市	Jingxi	63330	67138
合山市	Heshan	6925	9495

3-2 续表 3 continued 3

单位：人 (person)

城 市	City	第二产业 Secondary Industry	第三产业 Tertiary Industry	城 市	City	第二产业 Secondary Industry	第三产业 Tertiary Industry
凭祥市	Pingxiang	19831	22222	大理市	Dali	100236	116693
海南省	**Hainan**			瑞丽市	Ruili	17214	100295
五指山市	Wuzhishan	1243	3601	芒市	Mangshi	42643	125013
琼海市	Qionghai	32099	119623	泸水市	Lushui	17492	16918
文昌市	Wenchang	24752	60309	香格里拉市	Shangri-la	16302	23678
万宁市	Wanning	49100	116800	**陕西省**	**Shaanxi**		
东方市	Dongfang	16174	75215	兴平市	Xingping	78015	84923
四川省	**Sichuan**			彬州市	Binzhou	30243	27514
都江堰市	Dujiangyan	114271	188237	韩城市	Hancheng	97115	125612
彭州市	Pengzhou	116840	159568	华阴市	Huayin	33190	74770
邛崃市	Qionglai	126066	174756	神木市	Shenmu	87535	178611
崇州市	Chongzhou	284098	150486	**甘肃省**	**Gansu**		
简阳市	Jianyang	353439	705263	华亭市	Huating	27043	20662
广汉市	Guanghan	118000	132000	玉门市	Yumen	22709	49421
什邡市	Shifang	92896	77497	敦煌市	Dunhuang	7204	47741
绵竹市	Mianzhu	73042	115174	临夏市	Linxia	25132	132190
江油市	Jiangyou	181751	178697	合作市	Hezuo	1121	10833
隆昌市	Longchang	189310	214652	**青海省**	**Qinghai**		
峨眉山市	Emeishan	61400	144700	玉树市	Yushu	356	3765
阆中市	Langzhong	115857	190275	格尔木市	Golmud	17560	45900
华蓥市	Huaying	51998	61038	德令哈市	Delingha	5671	10051
万源市	Wanyuan	35100	135130	茫崖市	Mangya	5804	2841
马尔康市	Maerkang	3100	27400	**宁夏回族自治区**	**Ningxia**		
康定市	Kangding	4026	28654	灵武市	Lingwu	60676	76716
西昌市	Xichang	84675	224354	青铜峡市	Qingtongxia	35187	53908
贵州省	**Guizhou**			**新疆维吾尔自治区**	**Xinjiang**		
清镇市	Qingzhen	73400	118300	昌吉市	Changji	32470	78015
盘州市	Panzhou	238360	250746	阜康市	Fukang	33242	38912
赤水市	Chishui	38061	75625	博乐市	Bole	1986	27885
仁怀市	Renhuai	138240	131640	阿拉山口市	A la shan kou	9816	980
兴义市	Xingyi	138725	123392	库尔勒市	Korla	33190	55495
兴仁市	Xingren	45596	82262	阿克苏市	Akesu	16858	52618
凯里市	Kaili	59466	156832	阿图什市	Atus	15742	22548
都匀市	Duyun	39300	97400	喀什市	Kashi	51779	152693
福泉市	Fuquan	37975	52050	和田市	Hetian	19555	58538
云南省	**Yunnan**			伊宁市	Yining	33823	118179
安宁市	Anning	56558	80438	奎屯市	Kuitun	8796	27680
宣威市	Xuanwei	146829	122884	霍尔果斯市	Horgos	997	10868
腾冲市	Tengchong	40984	71504	塔城市	Tacheng	2657	19645
水富市	Shuifu	11092	3774	乌苏市	Wusu	6127	25129
楚雄市	Chuxiong	79733	210597	阿勒泰市	Aletai	1451	22382
个旧市	Gejiu	59265	67928	石河子市	Shihezi	57847	38874
开远市	Kaiyuan	41100	94900	阿拉尔市	Alar	47240	84353
蒙自市	Mengzi	37548	73794	图木舒克市	Tumushuke	14611	31296
弥勒市	Mile	10974	18763	五家渠市	Wujiaqu	20511	37321
文山市	Wenshan	20915	57188	北屯市	Beitun	6697	18657
景洪市	Jinghong	16870	127000	铁门关市	Tie men guan	4471	8146

3-3 行政区域土地面积
Total Land Area of Administrative Region

单位：平方公里 (sq.km)

城　　市	city	行政区域土地面积 Total Land Area of Administrative region	城　　市	city	行政区域土地面积 Total Land Area of Administrative region
河北省	**Hebei**		海城市	Haicheng	2566
辛集市	Xinji	951	东港市	Donggang	2399
晋州市	Jinzhou	619	凤城市	Fengcheng	5515
新乐市	Xinle	525	凌海市	Linghai	2586
遵化市	Zunhua	1514	北镇市	Beizhen	1694
迁安市	Qian'an	1227	盖州市	Gaizhou	2946
滦州市	Luanzhou	1027	大石桥市	Dashiqiao	1610
武安市	Wu'an	1806	灯塔市	Dengta	1170
南宫市	Nangong	861	调兵山市	Diaobingshan	262
沙河市	Shahe	859	开原市	Kaiyuan	2838
涿州市	Zhuozhou	751	北票市	Beipiao	4419
定州市	Dingzhou	1284	凌源市	Lingyuan	3282
安国市	Anguo	486	兴城市	Xingcheng	2102
高碑店市	Gaobeidian	620	**吉林省**	**Jilin**	
平泉市	Pingquan	3294	榆树市	Yushu	4712
泊头市	Botou	1009	德惠市	Dehui	3461
任丘市	Renqiu	872	蛟河市	Jiaohe	6370
黄骅市	Huanghua	1545	桦甸市	Huadian	6625
河间市	Hejian	1322	舒兰市	Shulan	4559
霸州市	Bazhou	802	磐石市	Panshi	3861
三河市	Sanhe	643	公主岭市	Gongzhuling	4111
深州市	Shenzhou	1245	双辽市	Shuangliao	3121
山西省	**Shanxi**		梅河口市	Meihekou	2179
古交市	Gujiao	1584	集安市	Ji'an	3341
高平市	Gaoping	980	临江市	Linjiang	3009
怀仁市	Huairen	1234	扶余市	Fuyu	4654
介休市	Jiexiu	741	洮南市	Taonan	5017
永济市	Yongji	1208	大安市	Daan	4879
河津市	Hejin	593	延吉市	Yanji	1748
原平市	Yuanping	2571	图们市	Tumen	1147
侯马市	Houma	220	敦化市	Dunhua	11957
霍州市	Huozhou	765	珲春市	Hunchun	5184
孝义市	Xiaoyi	938	龙井市	Longjing	2209
汾阳市	Fenyang	1179	和龙市	Helong	5069
内蒙古自治区	**Inner Mongolia**		**黑龙江省**	**Heilongjiang**	
霍林郭勒市	Huolinguole	585	尚志市	Shangzhi	8891
满洲里市	Manzhouli	465	五常市	Wuchang	7512
牙克石市	Yakeshi	27803	讷河市	Nehe	6660
扎兰屯市	Zhalantun	16785	虎林市	Hulin	9334
额尔古纳市	Eerguna	28958	密山市	Mishan	7731
根河市	Genhe	20010	铁力市	Tieli	6443
丰镇市	Fengzhen	2722	同江市	Tongjiang	6229
乌兰浩特市	Wulanhaote	2728	富锦市	Fujin	8224
阿尔山市	Aershan	7409	抚远市	Fuyuan	6047
二连浩特市	Erlianhaote	4015	绥芬河市	Suifenhe	422
锡林浩特市	Xilinhaote	14780	海林市	Hailin	8712
辽宁省	**Liaoning**		宁安市	Ning'an	7227
新民市	Xinmin	3318	穆棱市	Muling	6040
瓦房店市	Wafangdian	3643	东宁市	Dongning	7117
庄河市	Zhuanghe	4114	北安市	Bei'an	7194

3-3 续表 1 continued 1

单位：平方公里 (sq.km)

城　市	city	行政区域土地面积 Total Land Area of Administrative region	城　市	city	行政区域土地面积 Total Land Area of Administrative region
五大连池市	Wudalianchi	8745	潜山市	Qianshan	1686
安达市	Anda	3586	天长市	Tianchang	1754
肇东市	Zhaodong	4323	明光市	Mingguang	2350
海伦市	Hailun	4667	界首市	Jieshou	667
漠河市	Mohe	18428	宁国市	Ningguo	2487
江苏省	**Jiangsu**		**福建省**	**Fujian**	
江阴市	Jiangyin	987	福清市	Fuqing	1701
宜兴市	Yixing	1997	永安市	Yong'an	2931
新沂市	Xinyi	1592	石狮市	Shishi	178
邳州市	Pizhou	2085	晋江市	Jinjiang	744
溧阳市	Liyang	1535	南安市	Nan'an	2024
常熟市	Changshu	1276	龙海市	Longhai	1337
张家港市	Zhangjiagang	987	邵武市	Shaowu	2831
昆山市	Kunshan	932	武夷山市	Wuyishan	2803
太仓市	Taicang	810	建瓯市	Jian'ou	4233
启东市	Qidong	1715	漳平市	Zhangping	2976
如皋市	Rugao	1576	福安市	Fu'an	1810
海门市	Haimen	1144	福鼎市	Fuding	1526
海安市	Haian	1184	**江西省**	**Jiangxi**	
东台市	Dongtai	3176	乐平市	Leping	1980
仪征市	Yizheng	902	瑞昌市	Ruichang	1419
高邮市	Gaoyou	1922	共青城市	Gongqingcheng	310
丹阳市	Danyang	1047	庐山市	Lushan	641
扬中市	Yangzhong	332	贵溪市	Guixi	2493
句容市	Jurong	1378	瑞金市	Ruijin	2441
兴化市	Xinghua	2395	井冈山市	Jinggangshan	1298
靖江市	Jingjiang	656	丰城市	Fengcheng	2845
泰兴市	Taixing	1170	樟树市	Zhangshu	1289
浙江省	**Zhejiang**		高安市	Gaoan	2439
建德市	Jiande	2314	德兴市	Dexing	2082
余姚市	Yuyao	1501	**山东省**	**Shandong**	
慈溪市	Cixi	1361	胶州市	Jiaozhou	1324
瑞安市	Rui'an	1350	平度市	Pingdu	3176
乐清市	Yueqing	1391	莱西市	Laixi	1568
海宁市	Haining	863	滕州市	Tengzhou	1495
平湖市	Pinghu	554	龙口市	Longkou	901
桐乡市	Tongxiang	727	莱阳市	Laiyang	1731
诸暨市	Zhuji	2311	莱州市	Laizhou	1931
嵊州市	Shengzhou	1789	蓬莱市	Penglai	1009
兰溪市	Lanxi	1312	招远市	Zhaoyuan	1432
义乌市	Yiwu	1105	栖霞市	Qixia	2016
东阳市	Dongyang	1747	海阳市	Haiyang	1910
永康市	Yongkang	1047	青州市	Qingzhou	1569
江山市	Jiangshan	2019	诸城市	Zhucheng	2151
温岭市	Wenling	1074	寿光市	Shouguang	1990
临海市	Linhai	2251	安丘市	Anqiu	1712
玉环市	Yuhuan	510	高密市	Gaomi	1527
龙泉市	Longquan	3046	昌邑市	Changyi	1628
安徽省	**Anhui**		曲阜市	Qufu	815
巢湖市	Chaohu	2046	邹城市	Zoucheng	1617
桐城市	Tongcheng	1546	新泰市	Xintai	1934

3-3 续表 2 continued 2

单位：平方公里 (sq.km)

城　　市	city	行政区域土地面积 Total Land Area of Administrative region	城　　市	city	行政区域土地面积 Total Land Area of Administrative region
肥城市	Feicheng	1277	利川市	Lichuan	4607
荣成市	Rongcheng	1528	仙桃市	Xiantao	2538
乳山市	Rushan	1665	潜江市	Qianjiang	2004
乐陵市	Laoling	1173	天门市	Tianmen	2622
禹城市	Yucheng	992	**湖南省**	**Hunan**	
临清市	Linqing	951	浏阳市	Liuyang	4997
邹平市	Zouping	1250	宁乡市	Ningxiang	2912
河南省	**Henan**		醴陵市	Liling	2157
巩义市	Gongyi	1043	湘乡市	Xiangxiang	1967
荥阳市	Xingyang	943	韶山市	Shaoshan	247
新密市	Xinmi	1001	耒阳市	Leiyang	2648
新郑市	Xinzheng	707	常宁市	Changning	2048
登封市	Dengfeng	1217	武冈市	Wugang	1539
偃师市	Yanshi	669	汨罗市	Miluo	1670
舞钢市	Wugang	641	临湘市	Linxiang	1719
汝州市	Ruzhou	1573	津市市	Jinshi	556
林州市	Linzhou	2062	沅江市	Yuanjiang	2129
卫辉市	Weihui	859	资兴市	Zixing	2730
辉县市	Huixian	2007	洪江市	Hongjiang	2283
沁阳市	Qinyang	595	冷水江市	Lengshuijiang	438
孟州市	Mengzhou	542	涟源市	Lianyuan	1912
禹州市	Yuzhou	1469	吉首市	Jishou	1078
长葛市	Changge	650	**广东省**	**Guangdong**	
义马市	Yima	112	乐昌市	Lechang	2419
灵宝市	Lingbao	3011	南雄市	Nanxiong	2326
邓州市	Dengzhou	2360	台山市	Taishan	3288
永城市	Yongcheng	2012	开平市	Kaiping	1657
项城市	Xiangcheng	1086	鹤山市	Heshan	1083
济源市	Jiyuan	1899	恩平市	Enping	1694
湖北省	**Hubei**		廉江市	Lianjiang	2867
大冶市	Daye	1566	雷州市	Leizhou	3709
丹江口市	Danjiangkou	3121	吴川市	Wuchuan	870
宜都市	Yidu	1357	高州市	Gaozhou	3270
当阳市	Dangyang	2159	化州市	Huazhou	2357
枝江市	Zhijiang	1375	信宜市	Xinyi	3102
老河口市	Laohekou	1052	四会市	Sihui	1263
枣阳市	Zaoyang	3276	兴宁市	Xingning	2075
宜城市	Yicheng	2115	陆丰市	Lufeng	1542
钟祥市	Zhongxiang	4488	阳春市	Yangchun	4054
京山市	Jingshan	3663	英德市	Yingde	5634
应城市	Yingcheng	1103	连州市	Lianzhou	2668
安陆市	Anlu	1353	普宁市	Puning	1620
汉川市	Hanchuan	1659	罗定市	Luoding	2328
石首市	Shishou	1406	**广西壮族自治区**	**Guangxi**	
洪湖市	Honghu	2444	荔浦市	Lipu	1760
松滋市	Songzi	2177	岑溪市	Cenxi	2828
麻城市	Macheng	3747	东兴市	Dongxing	589
武穴市	Wuxue	1246	桂平市	Guiping	4071
赤壁市	Chibi	1723	北流市	Beiliu	2472
广水市	Guangshui	2646	靖西市	Jingxi	3326
恩施市	Enshi	4003	合山市	Heshan	366

3-3 续表 3 continued 3

单位：平方公里 (sq.km)

城　市	city	行政区域土地面积 Total Land Area of Administrative region	城　市	city	行政区域土地面积 Total Land Area of Administrative region
凭祥市	Pingxiang	645	大理市	Dali	1815
海南省	**Hainan**		瑞丽市	Ruili	945
五指山市	Wuzhishan	1144	芒市	Mangshi	2901
琼海市	Qionghai	1710	泸水市	Lushui	2938
文昌市	Wenchang	2485	香格里拉市	Shangri-la	11419
万宁市	Wanning	4444	**陕西省**	**Shaanxi**	
东方市	Dongfang	2272	兴平市	Xingping	453
四川省	**Sichuan**		彬州市	Binzhou	1184
都江堰市	Dujiangyan	1208	韩城市	Hancheng	1621
彭州市	Pengzhou	1421	华阴市	Huayin	817
邛崃市	Qionglai	1377	神木市	Shenmu	7635
崇州市	Chongzhou	1090	**甘肃省**	**Gansu**	
简阳市	Jianyang	2353	华亭市	Huating	1182
广汉市	Guanghan	549	玉门市	Yumen	13496
什邡市	Shifang	820	敦煌市	Dunhuang	31200
绵竹市	Mianzhu	1246	临夏市	Linxia	89
江油市	Jiangyou	2720	合作市	Hezuo	2091
隆昌市	Longchang	794	**青海省**	**Qinghai**	
峨眉山市	Emeishan	1181	玉树市	Yushu	15411
阆中市	Langzhong	1875	格尔木市	Golmud	119263
华蓥市	Huaying	464	德令哈市	Delingha	27700
万源市	Wanyuan	4053	茫崖市	Mangya	49859
马尔康市	Maerkang	6626	**宁夏回族自治区**	**Ningxia**	
康定市	Kangding	11486	灵武市	Lingwu	3846
西昌市	Xichang	2657	青铜峡市	Qingtongxia	2325
贵州省	**Guizhou**		**新疆维吾尔自治区**	**Xinjiang**	
清镇市	Qingzhen	1387	昌吉市	Changji	8215
盘州市	Panzhou	4056	阜康市	Fukang	8529
赤水市	Chishui	1852	博乐市	Bole	7990
仁怀市	Renhuai	1788	阿拉山口市	A la shan kou	1204
兴义市	Xingyi	2908	库尔勒市	Korla	7267
兴仁市	Xingren	1778	阿克苏市	Akesu	15033
凯里市	Kaili	1570	阿图什市	Atus	16151
都匀市	Duyun	2285	喀什市	Kashi	1059
福泉市	Fuquan	1692	和田市	Hetian	585
云南省	**Yunnan**		伊宁市	Yining	761
安宁市	Anning	1301	奎屯市	Kuitun	1171
宣威市	Xuanwei	6053	霍尔果斯市	Horgos	1909
腾冲市	Tengchong	5845	塔城市	Tacheng	4356
水富市	Shuifu	440	乌苏市	Wusu	14394
楚雄市	Chuxiong	4433	阿勒泰市	Aletai	10826
个旧市	Gejiu	1587	石河子市	Shihezi	460
开远市	Kaiyuan	1957	阿拉尔市	Alar	6937
蒙自市	Mengzi	2228	图木舒克市	Tumushuke	2003
弥勒市	Mile	4004	五家渠市	Wujiaqu	740
文山市	Wenshan	2959	北屯市	Beitun	911
景洪市	Jinghong	6959	铁门关市	Tie men guan	563

3-4 地区生产总值
Gross Regional Product

单位：万元 (10 000 yuan)

城　市	City	地区生产总值 Gross Regional Product	第一产业增加值 Value-added of the Primary Industry	第二产业增加值 Value-added of the Secondary Industry
河北省	**Hebei**			
辛集市	Xinji	4960442	472513	2849503
晋州市	Jinzhou	2651809	359373	1027207
新乐市	Xinle	2145089	308861	976832
遵化市	Zunhua	5027348	449789	2016482
迁安市	Qian'an	9653637	322598	5589828
滦州市	Luanzhou	5032896	425791	2967133
武安市	Wu'an	6755913	257499	3951320
南宫市	Nangong	1209720	181213	456228
沙河市	Shahe	2229923	66862	868080
涿州市	Zhuozhou	3791924	218453	1401563
定州市	Dingzhou	3328437	624921	1583600
安国市	Anguo	1031243	184940	311815
高碑店市	Gaobeidian	1914726	142423	922811
平泉市	Pingquan	1745559	367769	607539
泊头市	Botou	2092727	164795	962757
任丘市	Renqiu	6042175	121034	3238232
黄骅市	Huanghua	2786430	325598	953463
河间市	Hejian	2801329	154516	1130780
霸州市	Bazhou	3862679	126844	1732196
三河市	Sanhe	4877050	166055	2074985
深州市	Shenzhou	1677970	357001	542162
山西省	**Shanxi**			
古交市	Gujiao	366075	25422	157986
高平市	Gaoping	2400463	140371	1421584
怀仁市	Huairen	2323830	109798	1128651
介休市	Jiexiu	2323238	53142	1484647
永济市	Yongji	1437432	235047	624950
河津市	Hejin	2371171	85807	1492197
原平市	Yuanping	1581665	137836	795567
侯马市	Houma	1151168	34172	251386
霍州市	Huozhou	832392	36664	507913
孝义市	Xiaoyi	3769021	76352	2226404
汾阳市	Fenyang	1597801	65608	915721
内蒙古自治区	**Inner Mongolia**			
霍林郭勒市	Huolinguole	1662145	32833	893389
满洲里市	Manzhouli	1735099	35297	357100
牙克石市	Yakeshi	1253437	269066	206871
扎兰屯市	Zhalantun	1593815	459775	586525
额尔古纳市	Eerguna	451903	190236	50211
根河市	Genhe	324247	55199	54344
丰镇市	Fengzhen	1076687	82096	560076
乌兰浩特市	Wulanhaote	1670792	125490	767098
阿尔山市	Aershan	170920	34028	31511
二连浩特市	Erlianhaote	752500	7300	60300
锡林浩特市	Xilinhaote	2101646	164369	928627
辽宁省	**Liaoning**			
新民市	Xinmin	2346660	677619	764846
瓦房店市	Wafangdian	9753030	1019378	5201280
庄河市	Zhuanghe	6537927	1133486	3244677

3-4 续表 1 continued

单位：万元 (10 000 yuan)

城市	City	地区生产总值 Gross Regional Product	第一产业增加值 Value-added of the Primary Industry	第二产业增加值 Value-added of the Secondary Industry
海城市	Haicheng	5582393	367654	1674995
东港市	Donggang	2403548	708344	730393
凤城市	Fengcheng	1906942	265353	584108
凌海市	Linghai	1426492	475115	426205
北镇市	Beizhen	1129146	403219	169020
盖州市	Gaizhou	1814279	451512	583416
大石桥市	Dashiqiao	3150066	334627	1718259
灯塔市	Dengta	1502260	300204	566637
调兵山市	Diaobingshan	1034445	29084	710883
开原市	Kaiyuan	1028697	341833	206389
北票市	Beipiao	1238458	315602	288965
凌源市	Lingyuan	1527938	391245	416819
兴城市	Xingcheng	1242950	279171	168987
吉林省	**Jilin**			
榆树市	Yushu	4563436	790075	1276019
德惠市	Dehui	5122969	652263	1958041
蛟河市	Jiaohe	1585915	215539	549433
桦甸市	Huadian	1753905	277725	631215
舒兰市	Shulan	1762715	383948	432385
磐石市	Panshi	2206915	278822	748923
公主岭市	Gongzhuling	4015255	694639	1501705
双辽市	Shuangliao	978009	316173	246892
梅河口市	Meihekou	3723200	190400	1604700
集安市	Ji'an	774698	59054	97741
临江市	Linjiang	867859	69491	426922
扶余市	Fuyu	2959187	492195	645497
洮南市	Taonan	1078331	251441	288107
大安市	Daan	1197260	201779	513989
延吉市	Yanji	3184913	38916	1036047
图们市	Tumen	232226	10839	68330
敦化市	Dunhua	1239904	173505	305848
珲春市	Hunchun	937005	52899	453837
龙井市	Longjing	278716	32815	40584
和龙市	Helong	489814	35623	285649
黑龙江省	**Heilongjiang**			
尚志市	Shangzhi	2137363	554357	432956
五常市	Wuchang	4132765	959002	1124188
讷河市	Nehe	1147753	447244	206582
虎林市	Hulin	729571	281486	101015
密山市	Mishan	1016494	325726	177066
铁力市	Tieli	810118	407877	122413
同江市	Tongjiang	473341	170393	73535
富锦市	Fujin	1413652	437313	360332
抚远市	Fuyuan	377830	232370	27005
绥芬河市	Suifenhe	1479239	14548	155620
海林市	Hailin	1910116	264687	895070
宁安市	Ning'an	1944532	489664	699911
穆棱市	Muling	1757737	215590	886467
东宁市	Dongning	1473018	245005	353906
北安市	Bei'an	1014187	223138	234513

3-4 续表 2 continued 2

单位：万元 (10 000 yuan)

城　市	City	地区生产总值 Gross Regional Product	第一产业增加值 Value-added of the Primary Industry	第二产业增加值 Value-added of the Secondary Industry
五大连池市	Wudalianchi	681659	385375	59128
安达市	Anda	2635579	356066	946948
肇东市	Zhaodong	3633360	822083	1364269
海伦市	Hailun	1481810	815542	311025
漠河市	Mohe	292852	100928	48718
江苏省	**Jiangsu**			
江阴市	Jiangyin	38061800	369800	20719100
宜兴市	Yixing	17132800	506100	8903100
新沂市	Xinyi	6533200	738200	2619100
邳州市	Pizhou	9206600	1323200	3644400
溧阳市	Liyang	9355100	510600	4539700
常熟市	Changshu	23999100	399000	12300100
张家港市	Zhangjiagang	27203100	306300	14236800
昆山市	Kunshan	38321500	316200	20745300
太仓市	Taicang	13304500	349800	6754700
启东市	Qidong	10633300	720400	5053400
如皋市	Rugao	11204800	693900	5343600
海门市	Haimen	12490000	588000	6095100
海安市	Haian	9930000	614100	4674000
东台市	Dongtai	8786800	990300	3561200
仪征市	Yizheng	6743300	238400	3474900
高邮市	Gaoyou	6690400	777100	2913300
丹阳市	Danyang	12510000	490000	6310000
扬中市	Yangzhong	5410000	180000	2730000
句容市	Jurong	5710000	460000	2640000
兴化市	Xinghua	9051300	1248500	3399200
靖江市	Jingjiang	10020500	244400	4925100
泰兴市	Taixing	10503400	604200	4906300
浙江省	**Zhejiang**			
建德市	Jiande	3679000	336500	1655000
余姚市	Yuyao	11050788	440840	6424287
慈溪市	Cixi	17370315	522413	10525944
瑞安市	Rui'an	9480210	236413	3853664
乐清市	Yueqing	10785204	200004	4566244
海宁市	Haining	9487327	176313	5380163
平湖市	Pinghu	6939188	119082	4172281
桐乡市	Tongxiang	8935121	217641	4669386
诸暨市	Zhuji	12252458	451806	6058975
嵊州市	Shengzhou	5606539	366243	2721634
兰溪市	Lanxi	3751273	228682	1969358
义乌市	Yiwu	12481108	210466	4095293
东阳市	Dongyang	5850037	167913	2764830
永康市	Yongkang	5577057	79285	3103326
江山市	Jiangshan	3004725	208521	1402515
温岭市	Wenling	10910665	751060	4547930
临海市	Linhai	6709217	445821	3103050
玉环市	Yuhuan	5807680	343698	3145111
龙泉市	Longquan	1335200	145400	476100
安徽省	**Anhui**			
巢湖市	Chaohu	3484033	353770	1762789

3-4 续表 3 continued 3

单位：万元 (10 000 yuan)

城　　市	City	地区生产总值 Gross Regional Product	第一产业增加值 Value-added of the Primary Industry	第二产业增加值 Value-added of the Secondary Industry
桐城市	Tongcheng	3004075	263559	1936964
潜山市	Qianshan	1695760	227085	882877
天长市	Tianchang	4000455	322818	2473901
明光市	Mingguang	1526056	344810	463185
界首市	Jieshou	2160444	262043	1353575
宁国市	Ningguo	3230337	217470	1961523
福建省	**Fujian**			
福清市	Fuqing	11021385	951498	5436994
永安市	Yong'an	4277570	325953	2534124
石狮市	Shishi	8360273	254995	4125569
晋江市	Jinjiang	22289980	202988	13336858
南安市	Nan'an	10678207	274956	6128094
龙海市	Longhai	9083476	732557	4890665
邵武市	Shaowu	2577204	274976	1246502
武夷山市	Wuyishan	1866792	256023	728184
建瓯市	Jian'ou	2667027	484282	1084117
漳平市	Zhangping	2557366	318822	1051727
福安市	Fu'an	4692264	482146	2909072
福鼎市	Fuding	3664350	551713	2047944
江西省	**Jiangxi**			
乐平市	Leping	3081097	337437	1578209
瑞昌市	Ruichang	2114833	174767	1394331
共青城市	Gongqingcheng	1310976	64619	847734
庐山市	Lushan	1323272	84083	394377
贵溪市	Guixi	4381725	304595	2725144
瑞金市	Ruijin	1600791	233042	541028
井冈山市	Jinggangshan	764503	53755	192656
丰城市	Fengcheng	5060666	659264	2359676
樟树市	Zhangshu	4085867	371963	1985762
高安市	Gaoan	2845799	383832	1250097
德兴市	Dexing	1570706	179115	625711
山东省	**Shandong**			
胶州市	Jiaozhou	12113800	532700	6039500
平度市	Pingdu	8958600	1013600	4614900
莱西市	Laixi	6201100	618800	2995000
滕州市	Tengzhou	11963300	749900	5908300
龙口市	Longkou	12388000	305000	6949000
莱阳市	Laiyang	3983454	460749	1844710
莱州市	Laizhou	8056357	770483	3991338
蓬莱市	Penglai	5362455	474680	2637462
招远市	Zhaoyuan	7808980	448497	3967951
栖霞市	Qixia	2874150	527347	1145347
海阳市	Haiyang	3416723	770780	1252598
青州市	Qingzhou	7040500	592400	3010400
诸城市	Zhucheng	8777334	683534	4161700
寿光市	Shouguang	9026600	994400	3556100
安丘市	Anqiu	3526800	517900	1345300
高密市	Gaomi	6737900	479300	3202600
昌邑市	Changyi	4703700	478100	2277100
曲阜市	Qufu	4071991	253121	1412235

3-4 续表 4 continued 4

单位：万元 (10 000 yuan)

城 市	City	地区生产总值 Gross Regional Product	第一产业增加值 Value-added of the Primary Industry	第二产业增加值 Value-added of the Secondary Industry
邹城市	Zoucheng	10081800	552400	5224700
新泰市	Xintai	8434400	575100	3915800
肥城市	Feicheng	8235400	543800	3882700
荣成市	Rongcheng	12112427	1224391	5140238
乳山市	Rushan	5655196	471028	2554386
乐陵市	Laoling	2796200	423300	1279600
禹城市	Yucheng	3084200	438100	1437100
临清市	Linqing	4559200	304800	2477500
邹平市	Zouping	8621701	310794	4789227
河南省	**Henan**			
巩义市	Gongyi	8155726	120701	4680548
荥阳市	Xingyang	7010169	293036	3867567
新密市	Xinmi	7918332	195011	3723287
新郑市	Xinzheng	12253684	265192	6812441
登封市	Dengfeng	7030342	190005	3760564
偃师市	Yanshi	5432761	211661	2785707
舞钢市	Wugang	1375173	106095	620300
汝州市	Ruzhou	4680219	345469	1870770
林州市	Linzhou	5909120	178576	2883406
卫辉市	Weihui	1286153	206936	323983
辉县市	Huixian	3787444	397415	2084626
沁阳市	Qinyang	4273505	195515	2665115
孟州市	Mengzhou	3314118	210861	2217772
禹州市	Yuzhou	6978252	257406	4012361
长葛市	Changge	6301964	229537	4587072
义马市	Yima	1426668	11955	960160
灵宝市	Lingbao	5343326	540833	3254468
邓州市	Dengzhou	4299100	887900	1551300
永城市	Yongcheng	5323200	606270	2386360
项城市	Xiangcheng	3399117	445702	1527268
济源市	Jiyuan	6418400	188700	4160300
湖北省	**Hubei**			
大冶市	Daye	6236400	421600	4217000
丹江口市	Danjiangkou	2423318	283522	1243214
宜都市	Yidu	6067402	450505	3589595
当阳市	Dangyang	5011475	769907	2539273
枝江市	Zhijiang	5179998	767190	2586040
老河口市	Laohekou	3648854	437030	2001912
枣阳市	Zaoyang	6560138	924155	3175761
宜城市	Yicheng	3601072	508534	2140110
钟祥市	Zhongxiang	5194100	733500	2822300
京山市	Jingshan	3677610	474110	2093300
应城市	Yingcheng	3157863	483902	1797673
安陆市	Anlu	2293195	344261	1009736
汉川市	Hanchuan	5513009	641809	3238500
石首市	Shishou	1862500	379100	772100
洪湖市	Honghu	2651340	784740	895000
松滋市	Songzi	2850492	414192	1433100
麻城市	Macheng	3051900	557600	1186900
武穴市	Wuxue	3005828	498652	1398536

3-4 续表 5 continued 5

单位：万元 (10 000 yuan)

城　　市	City	地区生产总值 Gross Regional Product	第一产业增加值 Value-added of the Primary Industry	第二产业增加值 Value-added of the Secondary Industry
赤壁市	Chibi	4244100	473600	1760100
广水市	Guangshui	3142425	524425	1547700
恩施市	Enshi	2331709	294196	908056
利川市	Lichuan	1295642	354888	355239
仙桃市	Xiantao	8001300	869200	4132500
潜江市	Qianjiang	7557800	752900	3980900
天门市	Tianmen	5911500	804400	3028500
湖南省	**Hunan**			
浏阳市	Liuyang	13420795	954068	8645057
宁乡市	Ningxiang	11137422	1009282	6595974
醴陵市	Liling	6112136	508745	3347817
湘乡市	Xiangxiang	4431739	499053	2354938
韶山市	Shaoshan	941801	51917	464623
耒阳市	Leiyang	4325046	479127	1152352
常宁市	Changning	3319279	469922	1072929
武冈市	Wugang	1498401	421519	297767
汨罗市	Miluo	4641922	463680	2421685
临湘市	Linxiang	2665783	279821	1269051
津市市	Jinshi	1581589	184764	722392
沅江市	Yuanjiang	3098733	518076	1088889
资兴市	Zixing	3467413	243283	2020749
洪江市	Hongjiang	1578769	231664	572980
冷水江市	Lengshuijiang	2679065	89462	1411926
涟源市	Lianyuan	2905910	362827	1268953
吉首市	Jishou	1676245	71566	484108
广东省	**Guangdong**			
乐昌市	Lechang	1246195	227228	223708
南雄市	Nanxiong	1202219	279315	238145
台山市	Taishan	4325866	661704	2363014
开平市	Kaiping	3737910	337388	1848525
鹤山市	Heshan	3555185	222774	1839719
恩平市	Enping	1983271	205353	592933
廉江市	Lianjiang	5625401	1095806	2682292
雷州市	Leizhou	3096724	1216685	299046
吴川市	Wuchuan	2820022	310462	1190053
高州市	Gaozhou	6027878	1337041	1880468
化州市	Huazhou	5170456	1072427	1596063
信宜市	Xinyi	4768201	994141	1402304
四会市	Sihui	5723679	538249	2757487
兴宁市	Xingning	1719416	435769	336821
陆丰市	Lufeng	2970300	598000	1273800
阳春市	Yangchun	3914086	613605	1138681
英德市	Yingde	2947644	542131	971686
连州市	Lianzhou	1568920	375530	342254
普宁市	Puning	7061326	325740	4458093
罗定市	Luoding	2230700	483000	813200
广西壮族自治区	**Guangxi**			
荔浦市	Lipu	1587873	337276	607361
岑溪市	Cenxi	1960637	380788	858565
东兴市	Dongxing	982922	198381	361138

3-4 续表 6 continued 6

单位：万元 (10 000 yuan)

城　　市	City	地区生产总值 Gross Regional Product	第一产业增加值 Value-added of the Primary Industry	第二产业增加值 Value-added of the Secondary Industry
桂平市	Guiping	3728099	693405	1721323
北流市	Beiliu	3097630	479095	1229416
靖西市	Jingxi	1285320	157558	690910
合山市	Heshan	376684	47624	133406
凭祥市	Pingxiang	900982	58825	261529
海南省	**Hainan**			
五指山市	Wuzhishan	289900	63600	64900
琼海市	Qionghai	2640980	823319	383343
文昌市	Wenchang	2311391	813325	559935
万宁市	Wanning	2243268	652683	494365
东方市	Dongfang	1779072	449445	789145
四川省	**Sichuan**			
都江堰市	Dujiangyan	3847951	284509	1394531
彭州市	Pengzhou	4116316	539218	2189394
邛崃市	Qionglai	2986779	400875	1448899
崇州市	Chongzhou	3399909	377993	1671114
简阳市	Jianyang	23315854	823590	16362451
广汉市	Guanghan	4510631	373499	2305732
什邡市	Shifang	3237578	309380	1635367
绵竹市	Mianzhu	2917656	311272	1505075
江油市	Jiangyou	4280341	472522	1647409
隆昌市	Longchang	2849974	337959	1277525
峨眉山市	Emeishan	2732083	183710	1073833
阆中市	Langzhong	2350840	496657	794307
华蓥市	Huaying	1546937	122534	902498
万源市	Wanyuan	1413312	308324	435590
马尔康市	Maerkang	286896	24903	42873
康定市	Kangding	801100	54814	441468
西昌市	Xichang	5093777	461155	1912947
贵州省	**Guizhou**			
清镇市	Qingzhen	3359349	273981	1543228
盘州市	Panzhou	5964422	605969	3551793
赤水市	Chishui	1163607	187037	523658
仁怀市	Renhuai	7227377	293238	5109073
兴义市	Xingyi	4500726	412881	1564587
兴仁市	Xingren	1645337	293125	535419
凯里市	Kaili	2376047	169646	544706
都匀市	Duyun	2368325	181827	824289
福泉市	Fuquan	1761649	163359	791918
云南省	**Yunnan**			
安宁市	Anning	4302010	148212	2399620
宣威市	Xuanwei	2807645	611933	753741
腾冲市	Tengchong	1938135	386989	743273
水富市	Shuifu	575080	24027	404708
楚雄市	Chuxiong	3869650	280100	2032012
个旧市	Gejiu	2600016	149192	1421328
开远市	Kaiyuan	2027301	193404	775198
蒙自市	Mengzi	2082463	251520	1155594
弥勒市	Mile	3004596	306032	1815275

3-4 续表 7 continued 7

单位：万元 (10 000 yuan)

城 市	City	地区生产总值 Gross Regional Product	第一产业增加值 Value-added of the Primary Industry	第二产业增加值 Value-added of the Secondary Industry
文山市	Wenshan	2470845	193084	1116407
景洪市	Jinghong	2196388	383712	638191
大理市	Dali	3950813	197928	1806310
瑞丽市	Ruili	1074081	105399	202508
芒市	Mangshi	1119303	243125	236635
泸水市	Lushui	575076	78039	185978
香格里拉市	Shangri-la	1314720	46640	546687
陕西省	**Shaanxi**			
兴平市	Xingping	2483302	216675	1350781
彬州市	Binzhou	2171140	185600	1569800
韩城市	Hancheng	3689941	224921	2528274
华阴市	Huayin	911614	85258	307250
神木市	Shenmu	12980300	198700	9342100
甘肃省	**Gansu**			
华亭市	Huating	496841	49473	272605
玉门市	Yumen	1511938	110826	867613
敦煌市	Dunhuang	987830	89232	171973
临夏市	Linxia	752086	14536	113708
合作市	Hezuo	437210	27843	73823
青海省	**Qinghai**			
玉树市	Yushu	150867	59767	16388
格尔木市	Golmud	3685780	51184	2508002
德令哈市	Delingha	815100	63878	404437
茫崖市	Mangya	692604	1672	646723
宁夏回族自治区	**Ningxia**			
灵武市	Lingwu	3958669	112742	3326029
青铜峡市	Qingtongxia	1587700	199059	952624
新疆维吾尔自治区	**Xinjiang**			
昌吉市	Changji	4062468	283590	1963503
阜康市	Fukang	2061816	300197	1292236
博乐市	Bole	1602190	311789	466019
阿拉山口市	A la shan kou	626888		148334
库尔勒市	Korla	6169841	293215	4418094
阿克苏市	Akesu	2042905	223584	602854
阿图什市	Atus	507535	76530	128428
喀什市	Kashi	1701300	83500	429000
和田市	Hetian	870642	40502	170276
伊宁市	Yining	2466328	59098	603256
奎屯市	Kuitun	1415532	66723	580663
霍尔果斯市	Horgos	539019	72136	171401
塔城市	Tacheng	869000	223000	155000
乌苏市	Wusu	1517557	489556	597245
阿勒泰市	Aletai	817180	113316	143638
石河子市	Shihezi	3596055	110760	1963455
阿拉尔市	Alar	3085535	1220102	1139383
图木舒克市	Tumushuke	887177	259933	385812
五家渠市	Wujiaqu	1799631	80154	1280671
北屯市	Beitun	473815	68378	213192
铁门关市	Tie men guan	621000	111800	403600

3–5 公共财政收支
Public Finance Income and Expenditure

单位：万元 (10 000 yuan)

城　市	City	一般公共预算收入 General public budget revenue	一般公共预算支出 General public budget Expenditure
河北省	**Hebei**		
辛集市	Xinji	188001	533925
晋州市	Jinzhou	102700	339720
新乐市	Xinle	91600	275278
遵化市	Zunhua	148522	408336
迁安市	Qian'an	610183	822378
滦州市	Luanzhou	205000	358291
武安市	Wu'an	455062	658388
南宫市	Nangong	38787	230437
沙河市	Shahe	116199	288323
涿州市	Zhuozhou	293001	476694
定州市	Dingzhou	220422	619514
安国市	Anguo	72442	215578
高碑店市	Gaobeidian	152067	334277
平泉市	Pingquan	68128	345678
泊头市	Botou	95169	302751
任丘市	Renqiu	370826	490766
黄骅市	Huanghua	188008	492037
河间市	Hejian	118412	398092
霸州市	Bazhou	274281	712064
三河市	Sanhe	600503	922217
深州市	Shenzhou	89963	340473
山西省	**Shanxi**		
古交市	Gujiao	93226	176208
高平市	Gaoping	191858	342178
怀仁市	Huairen	120120	251869
介休市	Jiexiu	200019	265526
永济市	Yongji	45663	226999
河津市	Hejin	157018	265415
原平市	Yuanping	96854	262040
侯马市	Houma	48833	175485
霍州市	Huozhou	59325	170192
孝义市	Xiaoyi	282882	385798
汾阳市	Fenyang	133080	242190
内蒙古自治区	**Inner Mongolia**		
霍林郭勒市	Huolinguole	118232	198440
满洲里市	Manzhouli	72094	336254
牙克石市	Yakeshi	31128	356742
扎兰屯市	Zhalantun	60669	421888
额尔古纳市	Eerguna	15570	189839
根河市	Genhe	8777	157943
丰镇市	Fengzhen	46773	292084
乌兰浩特市	Wulanhaote	87060	323006
阿尔山市	Aershan	12216	150764
二连浩特市	Erlianhaote	38503	210088
锡林浩特市	Xilinhaote	177730	205850
辽宁省	**Liaoning**		
新民市	Xinmin	111423	420729
瓦房店市	Wafangdian	633311	891962
庄河市	Zhuanghe	358078	689444
海城市	Haicheng	322710	440509
东港市	Donggang	144011	459905
凤城市	Fengcheng	120748	365955
凌海市	Linghai	107899	331979
北镇市	Beizhen	54142	290235
盖州市	Gaizhou	89760	379791
大石桥市	Dashiqiao	222307	421638
灯塔市	Dengta	148000	258704
调兵山市	Diaobingshan	107869	134085
开原市	Kaiyuan	70309	272797
北票市	Beipiao	62747	432978
凌源市	Lingyuan	100500	388300
兴城市	Xingcheng	127422	429780
吉林省	**Jilin**		
榆树市	Yushu	124339	776387
德惠市	Dehui	153279	591219
蛟河市	Jiaohe	89581	376656
桦甸市	Huadian	100397	378337
舒兰市	Shulan	71231	494422
磐石市	Panshi	165277	385530
公主岭市	Gongzhuling	237750	798199
双辽市	Shuangliao	67833	414035
梅河口市	Meihekou	372828	616469
集安市	Ji'an	37144	22361
临江市	Linjiang	23161	311400
扶余市	Fuyu	91209	530094
洮南市	Taonan	59595	535364
大安市	Daan	127067	433799
延吉市	Yanji	252120	627516
图们市	Tumen	14735	234070
敦化市	Dunhua	169835	585153
珲春市	Hunchun	165970	338280
龙井市	Longjing	19242	267778
和龙市	Helong	8140	7641
黑龙江省	**Heilongjiang**		
尚志市	Shangzhi	36000	340000
五常市	Wuchang	75677	335845
讷河市	Nehe	30588	433962
虎林市	Hulin	41377	272308
密山市	Mishan	36186	322595
铁力市	Tieli	29124	265157
同江市	Tongjiang	24052	238686
富锦市	Fujin	61399	539575
抚远市	Fuyuan	19089	213047
绥芬河市	Suifenhe	47927	204846
海林市	Hailin	47995	224738
宁安市	Ning'an	34674	310321
穆棱市	Muling	51396	305229
东宁市	Dongning	37744	217121
北安市	Bei'an	61840	410611

3-5 续表 1 continued 1

单位：万元 (10 000 yuan)

城 市	City	一般公共预算收入 General public budget revenue	一般公共预算支出 General public budget Expenditure	城 市	City	一般公共预算收入 General public budget revenue	一般公共预算支出 General public budget Expenditure
五大连池市	Wudalianchi	36089	345733	潜山市	Qianshan	130829	423187
安达市	Anda	83770	368720	天长市	Tianchang	363033	628426
肇东市	Zhaodong	87887	457567	明光市	Mingguang	184345	406390
海伦市	Hailun	51268	634645	界首市	Jieshou	221916	608427
漠河市	Mohe	56671	35706	宁国市	Ningguo	304057	438268
江苏省	**Jiangsu**			**福建省**	**Fujian**		
江阴市	Jiangyin	2540388	2304834	福清市	Fuqing	1310062	988390
宜兴市	Yixing	1200082	1406999	永安市	Yong'an	257698	305713
新沂市	Xinyi	523811	994996	石狮市	Shishi	418213	542909
邳州市	Pizhou	587812	1207673	晋江市	Jinjiang	1351988	1355106
溧阳市	Liyang	662918	871708	南安市	Nan'an	459874	681769
常熟市	Changshu	2110591	1831208	龙海市	Longhai	570710	732099
张家港市	Zhangjiagang	2334288	2119909	邵武市	Shaowu	124972	282422
昆山市	Kunshan	3878858	3184901	武夷山市	Wuyishan	120744	275872
太仓市	Taicang	1550558	1325917	建瓯市	Jian'ou	95498	343950
启东市	Qidong	723051	952257	漳平市	Zhangping	82537	224750
如皋市	Rugao	700066	1076881	福安市	Fu'an	42736	424242
海门市	Haimen	710074	1027114	福鼎市	Fuding	282517	388411
海安市	Haian	617149	1124934	**江西省**	**Jiangxi**		
东台市	Dongtai	567000	1153415	乐平市	Leping	263344	612869
仪征市	Yizheng	509152	660347	瑞昌市	Ruichang	362029	401299
高邮市	Gaoyou	368021	741886	共青城市	Gongqingcheng	127821	233970
丹阳市	Danyang	614039	916517	庐山市	Lushan	183637	251898
扬中市	Yangzhong	327667	420297	贵溪市	Guixi	350465	506482
句容市	Jurong	500015	697999	瑞金市	Ruijin	132011	551127
兴化市	Xinghua	394146	1055013	井冈山市	Jinggangshan	60639	223921
靖江市	Jingjiang	562235	811454	丰城市	Fengcheng	486133	951189
泰兴市	Taixing	745118	963370	樟树市	Zhangshu	331388	572628
浙江省	**Zhejiang**			高安市	Gaoan	284432	584231
建德市	Jiande	282707	477100	德兴市	Dexing	291721	465787
余姚市	Yuyao	1006321	1153702	**山东省**	**Shandong**		
慈溪市	Cixi	1800004	1885582	胶州市	Jiaozhou	1003788	1169575
瑞安市	Rui'an	710898	1091299	平度市	Pingdu	560180	995209
乐清市	Yueqing	943017	1159263	莱西市	Laixi	493777	767102
海宁市	Haining	889957	831452	滕州市	Tengzhou	706016	918527
平湖市	Pinghu	818818	867500	龙口市	Longkou	1044617	1038079
桐乡市	Tongxiang	724000	732908	莱阳市	Laiyang	220716	432279
诸暨市	Zhuji	873728	922137	莱州市	Laizhou	615007	665486
嵊州市	Shengzhou	454858	610104	蓬莱市	Penglai	351975	422471
兰溪市	Lanxi	266000	475567	招远市	Zhaoyuan	612500	611626
义乌市	Yiwu	952005	1070100	栖霞市	Qixia	147805	345162
东阳市	Dongyang	657548	925198	海阳市	Haiyang	323606	412265
永康市	Yongkang	563580	748683	青州市	Qingzhou	483902	585402
江山市	Jiangshan	192060	560261	诸城市	Zhucheng	728168	782913
温岭市	Wenling	772850	1078061	寿光市	Shouguang	934769	992904
临海市	Linhai	640650	946885	安丘市	Anqiu	249758	462541
玉环市	Yuhuan	533376	699759	高密市	Gaomi	506000	554357
龙泉市	Longquan	91018	483660	昌邑市	Changyi	317140	446908
安徽省	**Anhui**			曲阜市	Qufu	253916	474173
巢湖市	Chaohu	206164	506823	邹城市	Zoucheng	762618	830053
桐城市	Tongcheng	288355	460529	新泰市	Xintai	406776	628006

3-5 续表 2 continued 2

单位：万元 (10 000 yuan)

城　市	City	一般公共预算收入 General public budget revenue	一般公共预算支出 General public budget Expenditure
肥城市	Feicheng	404179	594350
荣成市	Rongcheng	748499	998279
乳山市	Rushan	330268	445043
乐陵市	Laoling	117638	318909
禹城市	Yucheng	200700	370700
临清市	Linqing	192572	362298
邹平市	Zouping	712307	643691
河南省	**Henan**		
巩义市	Gongyi	453969	756358
荥阳市	Xingyang	469011	704191
新密市	Xinmi	350496	633038
新郑市	Xinzheng	750396	1037254
登封市	Dengfeng	275071	625914
偃师市	Yanshi	228452	378756
舞钢市	Wugang	102401	223450
汝州市	Ruzhou	315860	620603
林州市	Linzhou	250209	567604
卫辉市	Weihui	110118	267978
辉县市	Huixian	258577	465356
沁阳市	Qinyang	165845	285625
孟州市	Mengzhou	148669	262313
禹州市	Yuzhou	208686	595392
长葛市	Changge	291388	455943
义马市	Yima	145501	194269
灵宝市	Lingbao	211013	497132
邓州市	Dengzhou	167263	750037
永城市	Yongcheng	407962	770112
项城市	Xiangcheng	121676	529783
济源市	Jiyuan	501410	690382
湖北省	**Hubei**		
大冶市	Daye	450100	776600
丹江口市	Danjiangkou	128386	486300
宜都市	Yidu	230001	459187
当阳市	Dangyang	178000	429701
枝江市	Zhijiang	187008	396242
老河口市	Laohekou	200102	485109
枣阳市	Zaoyang	262771	777437
宜城市	Yicheng	169135	594359
钟祥市	Zhongxiang	206207	717567
京山市	Jingshan	158736	495719
应城市	Yingcheng	163728	432538
安陆市	Anlu	111038	265307
汉川市	Hanchuan	244122	568425
石首市	Shishou	83943	387215
洪湖市	Honghu	98704	480698
松滋市	Songzi	178500	496868
麻城市	Macheng	202791	680382
武穴市	Wuxue	202966	499602
赤壁市	Chibi	195700	417171
广水市	Guangshui	127475	519180
恩施市	Enshi	230911	719658
利川市	Lichuan	110123	677837
仙桃市	Xiantao	333521	906688
潜江市	Qianjiang	258408	701011
天门市	Tianmen	204024	783769
湖南省	**Hunan**		
浏阳市	Liuyang	1133158	1245542
宁乡市	Ningxiang	806000	959796
醴陵市	Liling	417820	680055
湘乡市	Xiangxiang	233688	519800
韶山市	Shaoshan	73056	131738
耒阳市	Leiyang	219053	571133
常宁市	Changning	152492	559460
武冈市	Wugang	106139	505092
汨罗市	Miluo	223217	553146
临湘市	Linxiang	100168	422688
津市市	Jinshi	78616	239393
沅江市	Yuanjiang	116721	467645
资兴市	Zixing	246870	395816
洪江市	Hongjiang	120120	422625
冷水江市	Lengshuijiang	203651	295290
涟源市	Lianyuan	131454	583219
吉首市	Jishou	150937	386592
广东省	**Guangdong**		
乐昌市	Lechang	64458	363685
南雄市	Nanxiong	50962	373926
台山市	Taishan	292425	622878
开平市	Kaiping	262031	393978
鹤山市	Heshan	301193	415825
恩平市	Enping	114041	301876
廉江市	Lianjiang	120850	777929
雷州市	Leizhou	55187	714468
吴川市	Wuchuan	84482	485297
高州市	Gaozhou	175873	727305
化州市	Huazhou	120727	696610
信宜市	Xinyi	107259	631910
四会市	Sihui	236586	535473
兴宁市	Xingning	101012	620318
陆丰市	Lufeng	74253	810092
阳春市	Yangchun	122955	619427
英德市	Yingde	180859	713770
连州市	Lianzhou	67618	395514
普宁市	Puning	238529	818791
罗定市	Luoding	125215	606020
广西壮族自治区	**Guangxi**		
荔浦市	Lipu	101305	257755
岑溪市	Cenxi	148450	400593
东兴市	Dongxing	49432	208996
桂平市	Guiping	103824	738629
北流市	Beiliu	266115	543025
靖西市	Jingxi	139079	553923
合山市	Heshan	9767	116106

3–5 续表 3 continued 3

单位：万元 (10 000 yuan)

城市	City	一般公共预算收入 General public budget revenue	一般公共预算支出 General public budget Expenditure
凭祥市	Pingxiang	42363	185647
海南省	**Hainan**		
五指山市	Wuzhishan	41286	226643
琼海市	Qionghai	162041	570822
文昌市	Wenchang	137090	732457
万宁市	Wanning	148515	604010
东方市	Dongfang	139519	558431
四川省	**Sichuan**		
都江堰市	Dujiangyan	518969	440596
彭州市	Pengzhou	355612	467172
邛崃市	Qionglai	214343	456154
崇州市	Chongzhou	236731	399831
简阳市	Jianyang	2110037	2461039
广汉市	Guanghan	201000	385000
什邡市	Shifang	187813	318920
绵竹市	Mianzhu	190019	340615
江油市	Jiangyou	207990	508933
隆昌市	Longchang	92100	346400
峨眉山市	Emeishan	161027	277428
阆中市	Langzhong	117307	481899
华蓥市	Huaying	265999	264875
万源市	Wanyuan	44961	409286
马尔康市	Maerkang	139240	138600
康定市	Kangding	38301	217710
西昌市	Xichang	439304	993343
贵州省	**Guizhou**		
清镇市	Qingzhen	175157	356128
盘州市	Panzhou	518066	1148318
赤水市	Chishui	63500	304700
仁怀市	Renhuai	672809	780781
兴义市	Xingyi	363429	800782
兴仁市	Xingren	157800	440370
凯里市	Kaili	427769	424759
都匀市	Duyun	212233	444363
福泉市	Fuquan	124871	326307
云南省	**Yunnan**		
安宁市	Anning	370227	462258
宣威市	Xuanwei	141868	832095
腾冲市	Tengchong	175580	626253
水富市	Shuifu	34092	104189
楚雄市	Chuxiong	250425	515600
个旧市	Gejiu	128226	390623
开远市	Kaiyuan	148427	343088
蒙自市	Mengzi	182842	346269
弥勒市	Mile	182645	454360
文山市	Wenshan	213171	552058
景洪市	Jinghong	122074	411396
大理市	Dali	364167	635667
瑞丽市	Ruili	100409	273288
芒市	Mangshi	62401	336402
泸水市	Lushui	27828	370034
香格里拉市	Shangri-la	55596	459819
陕西省	**Shaanxi**		
兴平市	Xingping	46800	289400
彬州市	Binzhou	120648	264896
韩城市	Hancheng	403758	552655
华阴市	Huayin	24229	204380
神木市	Shenmu	875500	1057700
甘肃省	**Gansu**		
华亭市	Huating	73659	186066
玉门市	Yumen	41363	184538
敦煌市	Dunhuang	52505	169295
临夏市	Linxia	50087	257264
合作市	Hezuo	17110	181950
青海省	**Qinghai**		
玉树市	Yushu	12387	339362
格尔木市	Golmud	155896	412051
德令哈市	Delingha	37520	193132
茫崖市	Mangya	21301	78670
宁夏回族自治区	**Ningxia**		
灵武市	Lingwu	341749	718750
青铜峡市	Qingtongxia	72294	310556
新疆维吾尔自治区	**Xinjiang**		
昌吉市	Changji	419421	619747
阜康市	Fukang	220447	298279
博乐市	Bole	108200	338400
阿拉山口市	A la shan kou	54839	59082
库尔勒市	Korla	340268	564556
阿克苏市	Akesu	205000	626227
阿图什市	Atus	39407	466428
喀什市	Kashi	198600	812900
和田市	Hetian	75833	559655
伊宁市	Yining	218050	508609
奎屯市	Kuitun	109496	280607
霍尔果斯市	Horgos	253770	356701
塔城市	Tacheng	42600	219000
乌苏市	Wusu	148779	328138
阿勒泰市	Aletai	44537	267019
石河子市	Shihezi	448600	547377.8
阿拉尔市	Alar	91394	1108590
图木舒克市	Tumushuke	265320	54450
五家渠市	Wujiaqu	869238	647766
北屯市	Beitun	18864	437697
铁门关市	Tie men guan		

3-6 年末金融机构存贷款余额
Deposits and Loans of National Banking System at Year-end

单位：万元 (10 000 yuan)

城市	City	居民人民币储蓄存款余额 household saving deposits	年末金融机构各项贷款余额 Loans of ational Banking System at Year-end
河北省	**Hebei**		
辛集市	Xinji	3512147	2180645
晋州市	Jinzhou	2581885	1222360
新乐市	Xinle	1685351	971367
遵化市	Zunhua	4266736	2282168
迁安市	Qian'an	6182788	4131909
滦州市	Luanzhou	2774393	1495559
武安市	Wu'an	5146456	3270563
南宫市	Nangong	1726051	1128394
沙河市	Shahe	2428901	2320764
涿州市	Zhuozhou	3679192	4971792
定州市	Dingzhou	4396818	2926343
安国市	Anguo	1815278	915495
高碑店市	Gaobeidian	3380343	4757772
平泉市	Pingquan	1961633	1730776
泊头市	Botou	2819081	1095857
任丘市	Renqiu	4711178	2504564
黄骅市	Huanghua	2822439	2515311
河间市	Hejian	3545378	1368236
霸州市	Bazhou	4322186	4771220
三河市	Sanhe	5071163	17007183
深州市	Shenzhou	1891640	1365057
山西省	**Shanxi**		
古交市	Gujiao	1470397	1009724
高平市	Gaoping	2175415	1378123
怀仁市	Huairen	2031161	681710
介休市	Jiexiu	2555497	2446553
永济市	Yongji	1316894	683508
河津市	Hejin	1608786	1132793
原平市	Yuanping	2381954	819660
侯马市	Houma	1538911	1120992
霍州市	Huozhou	1238866	829942
孝义市	Xiaoyi	3663426	2089681
汾阳市	Fenyang	1935500	927600
内蒙古自治区	**Inner Mongolia**		
霍林郭勒市	Huolinguole	566304	1014929
满洲里市	Manzhouli	1477349	1208165
牙克石市	Yakeshi	1395900	893148
扎兰屯市	Zhalantun	878450	1626928
额尔古纳市	Eerguna	329845	315655
根河市	Genhe	578168	296374
丰镇市	Fengzhen	880373	601643
乌兰浩特市	Wulanhaote	1701787	3792282
阿尔山市	Aershan	170835	415704
二连浩特市	Erlianhaote	551978	672599
锡林浩特市	Xilinhaote	1861026	3353332
辽宁省	**Liaoning**		
新民市	Xinmin	2333764	1375554
瓦房店市	Wafangdian	5562928	5130838
庄河市	Zhuanghe	4825696	2895673
海城市	Haicheng	7217332	3370559
东港市	Donggang	4006573	2795517
凤城市	Fengcheng	2944744	1668207
凌海市	Linghai	2024605	1111427
北镇市	Beizhen	2323384	1187265
盖州市	Gaizhou	2476000	1375632
大石桥市	Dashiqiao	3875161	3147380
灯塔市	Dengta	1878708	1291025
调兵山市	Diaobingshan	1649079	1211108
开原市	Kaiyuan	1877387	1346362
北票市	Beipiao	1887380	1108956
凌源市	Lingyuan	2439548	1227399
兴城市	Xingcheng	2463035	2548149
吉林省	**Jilin**		
榆树市	Yushu	2340077	2553123
德惠市	Dehui	2577187	1409981
蛟河市	Jiaohe	1280060	932848
桦甸市	Huadian	1247097	1104066
舒兰市	Shulan	1539579	1959157
磐石市	Panshi	1079506	1478704
公主岭市	Gongzhuling	3290979	2677663
双辽市	Shuangliao	377394	1142799
梅河口市	Meihekou	2455671	1599765
集安市	Ji'an	1148233	885191
临江市	Linjiang	668616	422893
扶余市	Fuyu	1212881	1194421
洮南市	Taonan	831800	1203410
大安市	Daan	977718	1406790
延吉市	Yanji	5116593	4485974
图们市	Tumen	582607	208527
敦化市	Dunhua	1987380	1727448
珲春市	Hunchun	1304901	1514490
龙井市	Longjing	766223	287839
和龙市	Helong	547831	546540
黑龙江省	**Heilongjiang**		
尚志市	Shangzhi	1759522	1306641
五常市	Wuchang	1993789	1241847
讷河市	Nehe	1200157	1494405
虎林市	Hulin	1434101	2577737
密山市	Mishan	1616686	664353
铁力市	Tieli	1279174	366073
同江市	Tongjiang	412668	823187
富锦市	Fujin	1191947	866349
抚远市	Fuyuan	325026	310334
绥芬河市	Suifenhe	975768	582538
海林市	Hailin	1327920	366629
宁安市	Ning'an	1277794	406730
穆棱市	Muling	692500	269051
东宁市	Dongning	1140783	575802
北安市	Bei'an	1464046	2569066

3-6 续表 1 continued 1

单位：万元 (10 000 yuan)

城 市	City	居民人民币储蓄存款余额 household saving deposits	年末金融机构各项贷款余额 Loans of ational Banking System at Year-end
五大连池市	Wudalianchi	1013925	403548
安达市	Anda	1284068	619211
肇东市	Zhaodong	1431532	1685544
海伦市	Hailun	1399534	1263207
漠河市	Mohe	290877	202676
江苏省	**Jiangsu**		
江阴市	Jiangyin	12509000	30075600
宜兴市	Yixing	10855900	15869100
新沂市	Xinyi	2673487	3328841
邳州市	Pizhou	4172362	4881429
溧阳市	Liyang	5427215	8999247
常熟市	Changshu	13417989	25521430
张家港市	Zhangjiagang	11133659	23688491
昆山市	Kunshan	13560468	34413966
太仓市	Taicang	5933127	14993528
启东市	Qidong	8741889	9436768
如皋市	Rugao	8267601	8836759
海门市	Haimen	8832876	10669750
海安市	Haian	7855031	10591355
东台市	Dongtai	5941057	5092140
仪征市	Yizheng	3314576	4524352
高邮市	Gaoyou	3998268	4295140
丹阳市	Danyang	6590541	10690263
扬中市	Yangzhong	3036974	4899711
句容市	Jurong	3533814	9060401
兴化市	Xinghua	5899808	5599165
靖江市	Jingjiang	5368169	8764901
泰兴市	Taixing	5188111	8409344
浙江省	**Zhejiang**		
建德市	Jiande	2634300	3749000
余姚市	Yuyao	8844224	12660162
慈溪市	Cixi	12872578	20278684
瑞安市	Rui'an	10500156	12047466
乐清市	Yueqing	9401359	12472695
海宁市	Haining	7417072	12212869
平湖市	Pinghu	4224555	7489318
桐乡市	Tongxiang	7154663	11145267
诸暨市	Zhuji	8661548	12966503
嵊州市	Shengzhou	4687528	6355689
兰溪市	Lanxi	2807334	4352690
义乌市	Yiwu	15559122	24506035
东阳市	Dongyang	6958884	8389454
永康市	Yongkang	6799547	9195172
江山市	Jiangshan	2972695	3684487
温岭市	Wenling	9909558	13909757
临海市	Linhai	6124416	8889847
玉环市	Yuhuan	4072885	5502493
龙泉市	Longquan	1224423	1543895
安徽省	**Anhui**		
巢湖市	Chaohu	3208506	4313761
桐城市	Tongcheng	3210969	2728339
潜山市	Qianshan	1813419	1193016
天长市	Tianchang	2325259	2654796
明光市	Mingguang	1501645	1646746
界首市	Jieshou	2064377	1870618
宁国市	Ningguo	1601533	2177491
福建省	**Fujian**		
福清市	Fuqing	8471000	8998000
永安市	Yong'an	1366136	2024538
石狮市	Shishi	3636504	6644063
晋江市	Jinjiang	9063308	14253138
南安市	Nan'an	6064408	7861452
龙海市	Longhai	2989691	6431632
邵武市	Shaowu	1193207	1331079
武夷山市	Wuyishan	1073838	1247473
建瓯市	Jian'ou	1520947	1239111
漳平市	Zhangping	760534	1007529
福安市	Fu'an	1535475	2421454
福鼎市	Fuding	1697665	4380275
江西省	**Jiangxi**		
乐平市	Leping	2480231	1688817
瑞昌市	Ruichang	1281000	1503630
共青城市	Gongqingcheng	401171	1083020
庐山市	Lushan	685802	743507
贵溪市	Guixi	1668800	2041475
瑞金市	Ruijin	1859572	2395693
井冈山市	Jinggangshan	611622	870200
丰城市	Fengcheng	3869700	3602167
樟树市	Zhangshu	2315500	2697284
高安市	Gaoan	2872471	3377960
德兴市	Dexing	1207687	1277608
山东省	**Shandong**		
胶州市	Jiaozhou	4423328	7390598
平度市	Pingdu	4842213	4084477
莱西市	Laixi	2852075	3696187
滕州市	Tengzhou	5116886	4913942
龙口市	Longkou	5439561	5830673
莱阳市	Laiyang	3208292	2118190
莱州市	Laizhou	5467994	3034314
蓬莱市	Penglai	2925263	3435576
招远市	Zhaoyuan	3657896	2823886
栖霞市	Qixia	2222323	1255309
海阳市	Haiyang	3020911	3185633
青州市	Qingzhou	5710617	4980141
诸城市	Zhucheng	4841930	5384850
寿光市	Shouguang	6079346	7341698
安丘市	Anqiu	3285638	3799547
高密市	Gaomi	3866097	4747121
昌邑市	Changyi	3232263	2624145
曲阜市	Qufu	2473612	1795106
邹城市	Zoucheng	4104564	5823459
新泰市	Xintai	4979524	4100553

3-6 续表 2 continued 2

单位：万元 (10 000 yuan)

城 市	City	居民人民币储蓄存款余额 household saving deposits	年末金融机构各项贷款余额 Loans of ational Banking System at Year-end
肥城市	Feicheng	4112464	3168998
荣成市	Rongcheng	4893237	5519952
乳山市	Rushan	2971913	1854871
乐陵市	Laoling	1837345	1526305
禹城市	Yucheng	1671235	1913690
临清市	Linqing	3047275	2286080
邹平市	Zouping	3400863	7242530
河南省	**Henan**		
巩义市	Gongyi	2989210	2672022
荥阳市	Xingyang	2606793	2723693
新密市	Xinmi	3284824	2053343
新郑市	Xinzheng	3638311	5726100
登封市	Dengfeng	2593934	1784908
偃师市	Yanshi	2544435	1429783
舞钢市	Wugang	1305126	1087998
汝州市	Ruzhou	2469904	2375195
林州市	Linzhou	4271505	2058370
卫辉市	Weihui	1252035	778788
辉县市	Huixian	2703520	1668368
沁阳市	Qinyang	1417306	1051976
孟州市	Mengzhou	1111848	927980
禹州市	Yuzhou	3296368	2290461
长葛市	Changge	2402494	2192050
义马市	Yima	754636	776593
灵宝市	Lingbao	2492230	1613730
邓州市	Dengzhou	3028579	2113651
永城市	Yongcheng	3707966	2920098
项城市	Xiangcheng	2736070	930244
济源市	Jiyuan	2966127	2857972
湖北省	**Hubei**		
大冶市	Daye	2607900	3721100
丹江口市	Danjiangkou	1957939	1917547
宜都市	Yidu	1799565	1760070
当阳市	Dangyang	2143600	1635600
枝江市	Zhijiang	2191310	1913652
老河口市	Laohekou	1721500	1548400
枣阳市	Zaoyang	3308611	2367634
宜城市	Yicheng	1896917	1480203
钟祥市	Zhongxiang	4067151	2309013
京山市	Jingshan	2526633	1853877
应城市	Yingcheng	2108535	1454403
安陆市	Anlu	1795244	1314738
汉川市	Hanchuan	2825100	2360500
石首市	Shishou	2032823	1191088
洪湖市	Honghu	2069063	1385120
松滋市	Songzi	2833292	1564947
麻城市	Macheng	3052158	2487576
武穴市	Wuxue	2532100	1542400
赤壁市	Chibi	1659602	1611823
广水市	Guangshui	2952300	1253866
恩施市	Enshi	2502679	4678131
利川市	Lichuan	1817756	1645418
仙桃市	Xiantao	4855000	2939400
潜江市	Qianjiang	4311649	2648297
天门市	Tianmen	5122500	2304100
湖南省	**Hunan**		
浏阳市	Liuyang	4870432	6579847
宁乡市	Ningxiang	3904100	5662300
醴陵市	Liling	2655095	2243052
湘乡市	Xiangxiang	2789251	1944085
韶山市	Shaoshan	541770	555205
耒阳市	Leiyang	3124997	1926024
常宁市	Changning	2197082	1654816
武冈市	Wugang	1897600	1035200
汨罗市	Miluo	1719427	1194506
临湘市	Linxiang	1313902	1055100
津市市	Jinshi	905075	527735
沅江市	Yuanjiang	1746134	1139505
资兴市	Zixing	1442998	1018613
洪江市	Hongjiang	1413418	890352
冷水江市	Lengshuijiang	1483046	1343089
涟源市	Lianyuan	1999142	1452213
吉首市	Jishou	1931651	2523120
广东省	**Guangdong**		
乐昌市	Lechang	1340405	846604
南雄市	Nanxiong	1144366	587693
台山市	Taishan	4477996	4218473
开平市	Kaiping	4315644	3459620
鹤山市	Heshan	2360400	3397200
恩平市	Enping	1947693	1070061
廉江市	Lianjiang	3107092	1884003
雷州市	Leizhou	2302117	1382486
吴川市	Wuchuan	2010100	1022369
高州市	Gaozhou	4180286	2036982
化州市	Huazhou	2943267	1589962
信宜市	Xinyi	2942848	1605715
四会市	Sihui	2886768	4285268
兴宁市	Xingning	2451335	1730807
陆丰市	Lufeng	1394000	738700
阳春市	Yangchun	2514000	1911800
英德市	Yingde	2836417	2191694
连州市	Lianzhou	1432722	928814
普宁市	Puning	5842586	3745416
罗定市	Luoding	2464035	2247474
广西壮族自治区	**Guangxi**		
荔浦市	Lipu	1082255	1411555
岑溪市	Cenxi	1730289	1635458
东兴市	Dongxing	1173622	943739
桂平市	Guiping	3319440	2302407
北流市	Beiliu	2872048	2501665
靖西市	Jingxi	917964	934616
合山市	Heshan	291851	202960

3-6 续表 3 continued 3

单位：万元 (10 000 yuan)

城市	City	居民人民币储蓄存款余额 household saving deposits	年末金融机构各项贷款余额 Loans of ational Banking System at Year-end
凭祥市	Pingxiang	703921	392775
海南省	**Hainan**		
五指山市	Wuzhishan	405141	309964
琼海市	Qionghai	2489207	1716930
文昌市	Wenchang	2352279	1616116
万宁市	Wanning	1570885	1496589
东方市	Dongfang	897594	721613
四川省	**Sichuan**		
都江堰市	Dujiangyan	4293677	2856156
彭州市	Pengzhou	4225952	2959555
邛崃市	Qionglai	2932815	2162709
崇州市	Chongzhou	3756475	1782182
简阳市	Jianyang	17548647	37203864
广汉市	Guanghan	3516169	2982635
什邡市	Shifang	2081791	1510300
绵竹市	Mianzhu	1960154	1274029
江油市	Jiangyou	3824035	2632592
隆昌市	Longchang	2432400	1369500
峨眉山市	Emeishan	2594785	2095607
阆中市	Langzhong	2683229	1970463
华蓥市	Huaying	1364806	918439
万源市	Wanyuan	1342152	1098881
马尔康市	Maerkang	298249	807337
康定市	Kangding	650699	1911590
西昌市	Xichang	3098789	3987650
贵州省	**Guizhou**		
清镇市	Qingzhen	1192800	2575900
盘州市	Panzhou	2401752	3398389
赤水市	Chishui	1064600	1396300
仁怀市	Renhuai	1950023	2898686
兴义市	Xingyi	2969117	5447381
兴仁市	Xingren	772255	1411949
凯里市	Kaili	2463094	4237052
都匀市	Duyun	2097173	3775860
福泉市	Fuquan	758218	1876638
云南省	**Yunnan**		
安宁市	Anning	2176218	3590422
宣威市	Xuanwei	2522017	1892109
腾冲市	Tengchong	1987610	2254790
水富市	Shuifu	366044	616732
楚雄市	Chuxiong	2208748	3620120
个旧市	Gejiu	1874188	2299891
开远市	Kaiyuan	1252240	1386360
蒙自市	Mengzi	1822639	3812078
弥勒市	Mile	1372641	1725992
文山市	Wenshan	1979752	3656672
景洪市	Jinghong	2200600	2549800
大理市	Dali	3956920	7158189
瑞丽市	Ruili	1464796	1605433
芒市	Mangshi	1229150	1572216
泸水市	Lushui	415788	1979348
香格里拉市	Shangri-la	806552	1833012
陕西省	**Shaanxi**		
兴平市	Xingping	1949600	665100
彬州市	Binzhou	1241688	1080253
韩城市	Hancheng	2300448	2105873
华阴市	Huayin	876136	836394
神木市	Shenmu	6207100	5028300
甘肃省	**Gansu**		
华亭市	Huating	769400	709454
玉门市	Yumen	524997	843929
敦煌市	Dunhuang	1448148	1532570
临夏市	Linxia	1769600	1710100
合作市	Hezuo	258450	865212
青海省	**Qinghai**		
玉树市	Yushu	381009	380850
格尔木市	Golmud	1220511	3111273
德令哈市	Delingha	458526	1348938
茫崖市	Mangya	46082	1925
宁夏回族自治区	**Ningxia**		
灵武市	Lingwu	1178208	1877023
青铜峡市	Qingtongxia	959223	1535970
新疆维吾尔自治区	**Xinjiang**		
昌吉市	Changji	3178565	5268412
阜康市	Fukang	819717	1167630
博乐市	Bole	1067900	1588400
阿拉山口市	A la shan kou		52452
库尔勒市	Korla	4645110	4681915
阿克苏市	Akesu	3829556	3954481
阿图什市	Atus	543700	442300
喀什市	Kashi	2368600	2873500
和田市	Hetian	1282938	983448
伊宁市	Yining	2575921	5578941
奎屯市	Kuitun	2222143	2678162
霍尔果斯市	Horgos	94661	139641
塔城市	Tacheng		1015300
乌苏市	Wusu	961150	956951
阿勒泰市	Aletai	704866	1176838
石河子市	Shihezi	2995614.7	2826330
阿拉尔市	Alar	1159484	1990000
图木舒克市	Tumushuke	365000	374000
五家渠市	Wujiaqu	844945	1634842
北屯市	Beitun	622890	875807
铁门关市	Tie men guan	144987.6	550752.7

3—7 规模以上工业企业情况
Basic Conditions of Industrial Enterprises above Designated Size

单位：个 (unit)

城 市	City	规模以上工业企业单位数 Number of Industrial Enterprises above Designated Size	城 市	City	规模以上工业企业单位数 Number of Industrial Enterprises above Designated Size
河北省	**Hebei**		海城市	Haicheng	256
辛集市	Xinji	317	东港市	Donggang	112
晋州市	Jinzhou	272	凤城市	Fengcheng	77
新乐市	Xinle	186	凌海市	Linghai	43
遵化市	Zunhua	154	北镇市	Beizhen	35
迁安市	Qian'an	170	盖州市	Gaizhou	75
滦州市	Luanzhou	100	大石桥市	Dashiqiao	232
武安市	Wu'an	106	灯塔市	Dengta	35
南宫市	Nangong	73	调兵山市	Diaobingshan	16
沙河市	Shahe	84	开原市	Kaiyuan	40
涿州市	Zhuozhou	70	北票市	Beipiao	41
定州市	Dingzhou	244	凌源市	Lingyuan	39
安国市	Anguo	83	兴城市	Xingcheng	80
高碑店市	Gaobeidian	61	**吉林省**	**Jilin**	
平泉市	Pingquan	66	榆树市	Yushu	139
泊头市	Botou	262	德惠市	Dehui	203
任丘市	Renqiu	276	蛟河市	Jiaohe	26
黄骅市	Huanghua	114	桦甸市	Huadian	159
河间市	Hejian	299	舒兰市	Shulan	65
霸州市	Bazhou	185	磐石市	Panshi	126
三河市	Sanhe	125	公主岭市	Gongzhuling	172
深州市	Shenzhou	82	双辽市	Shuangliao	34
山西省	**Shanxi**		梅河口市	Meihekou	177
古交市	Gujiao	14	集安市	Ji'an	23
高平市	Gaoping	61	临江市	Linjiang	46
怀仁市	Huairen		扶余市	Fuyu	61
介休市	Jiexiu	106	洮南市	Taonan	49
永济市	Yongji	48	大安市	Daan	53
河津市	Hejin	72	延吉市	Yanji	71
原平市	Yuanping	42	图们市	Tumen	31
侯马市	Houma	30	敦化市	Dunhua	96
霍州市	Huozhou	17	珲春市	Hunchun	57
孝义市	Xiaoyi	153	龙井市	Longjing	14
汾阳市	Fenyang	31	和龙市	Helong	21
内蒙古自治区	**Inner Mongolia**		**黑龙江省**	**Heilongjiang**	
霍林郭勒市	Huolinguole	37	尚志市	Shangzhi	65
满洲里市	Manzhouli	31	五常市	Wuchang	189
牙克石市	Yakeshi	28	讷河市	Nehe	39
扎兰屯市	Zhalantun	11	虎林市	Hulin	27
额尔古纳市	Eerguna	6	密山市	Mishan	29
根河市	Genhe	4	铁力市	Tieli	14
丰镇市	Fengzhen	41	同江市	Tongjiang	15
乌兰浩特市	Wulanhaote	32	富锦市	Fujin	22
阿尔山市	Aershan	1	抚远市	Fuyuan	4
二连浩特市	Erlianhaote	13	绥芬河市	Suifenhe	37
锡林浩特市	Xilinhaote	66	海林市	Hailin	36
辽宁省	**Liaoning**		宁安市	Ning'an	35
新民市	Xinmin	69	穆棱市	Muling	37
瓦房店市	Wafangdian	168	东宁市	Dongning	31
庄河市	Zhuanghe	130	北安市	Bei'an	36

3-7 续表 1 continued 1

单位：个 (unit)

城 市	City	规模以上工业企业单位数 Number of Industrial Enterprises above Designated Size	城 市	City	规模以上工业企业单位数 Number of Industrial Enterprises above Designated Size
五大连池市	Wudalianchi	8	潜山市	Qianshan	179
安达市	Anda	47	天长市	Tianchang	453
肇东市	Zhaodong	45	明光市	Mingguang	92
海伦市	Hailun	33	界首市	Jieshou	309
漠河市	Mohe	6	宁国市	Ningguo	325
江苏省	**Jiangsu**		**福建省**	**Fujian**	
江阴市	Jiangyin	1730	福清市	Fuqing	379
宜兴市	Yixing	1024	永安市	Yong'an	265
新沂市	Xinyi	310	石狮市	Shishi	407
邳州市	Pizhou	451	晋江市	Jinjiang	1638
溧阳市	Liyang	385	南安市	Nan'an	787
常熟市	Changshu	1373	龙海市	Longhai	481
张家港市	Zhangjiagang	1197	邵武市	Shaowu	208
昆山市	Kunshan	2100	武夷山市	Wuyishan	63
太仓市	Taicang	1002	建瓯市	Jian'ou	177
启东市	Qidong	501	漳平市	Zhangping	141
如皋市	Rugao	870	福安市	Fu'an	225
海门市	Haimen	683	福鼎市	Fuding	302
海安市	Haian	983	**江西省**	**Jiangxi**	
东台市	Dongtai	523	乐平市	Leping	117
仪征市	Yizheng	437	瑞昌市	Ruichang	178
高邮市	Gaoyou	583	共青城市	Gongqingcheng	177
丹阳市	Danyang	703	庐山市	Lushan	72
扬中市	Yangzhong	343	贵溪市	Guixi	107
句容市	Jurong	246	瑞金市	Ruijin	68
兴化市	Xinghua	537	井冈山市	Jinggangshan	31
靖江市	Jingjiang	492	丰城市	Fengcheng	223
泰兴市	Taixing	638	樟树市	Zhangshu	226
浙江省	**Zhejiang**		高安市	Gaoan	219
建德市	Jiande	362	德兴市	Dexing	127
余姚市	Yuyao	1197	**山东省**	**Shandong**	
慈溪市	Cixi	1499	胶州市	Jiaozhou	835
瑞安市	Rui'an	906	平度市	Pingdu	381
乐清市	Yueqing	1185	莱西市	Laixi	279
海宁市	Haining	1389	滕州市	Tengzhou	390
平湖市	Pinghu	746	龙口市	Longkou	281
桐乡市	Tongxiang	1117	莱阳市	Laiyang	160
诸暨市	Zhuji	1025	莱州市	Laizhou	239
嵊州市	Shengzhou	604	蓬莱市	Penglai	158
兰溪市	Lanxi	378	招远市	Zhaoyuan	279
义乌市	Yiwu	623	栖霞市	Qixia	174
东阳市	Dongyang	526	海阳市	Haiyang	160
永康市	Yongkang	641	青州市	Qingzhou	427
江山市	Jiangshan	220	诸城市	Zhucheng	462
温岭市	Wenling	851	寿光市	Shouguang	349
临海市	Linhai	507	安丘市	Anqiu	341
玉环市	Yuhuan	821	高密市	Gaomi	436
龙泉市	Longquan	99	昌邑市	Changyi	325
安徽省	**Anhui**		曲阜市	Qufu	152
巢湖市	Chaohu	149	邹城市	Zoucheng	358
桐城市	Tongcheng	399	新泰市	Xintai	302

3-7 续表 2 continued 2

单位：个 (unit)

城　市	City	规模以上工业企业单位数 Number of Industrial Enterprises above Designated Size	城　市	City	规模以上工业企业单位数 Number of Industrial Enterprises above Designated Size
肥城市	Feicheng	265	利川市	Lichuan	55
荣成市	Rongcheng	530	仙桃市	Xiantao	397
乳山市	Rushan	355	潜江市	Qianjiang	287
乐陵市	Laoling	196	天门市	Tianmen	286
禹城市	Yucheng	271	**湖南省**	**Hunan**	
临清市	Linqing	335	浏阳市	Liuyang	906
邹平市	Zouping	235	宁乡市	Ningxiang	635
河南省	**Henan**		醴陵市	Liling	545
巩义市	Gongyi	541	湘乡市	Xiangxiang	207
荥阳市	Xingyang	453	韶山市	Shaoshan	72
新密市	Xinmi	406	耒阳市	Leiyang	138
新郑市	Xinzheng	284	常宁市	Changning	104
登封市	Dengfeng	354	武冈市	Wugang	81
偃师市	Yanshi	295	汨罗市	Miluo	236
舞钢市	Wugang	60	临湘市	Linxiang	145
汝州市	Ruzhou	196	津市市	Jinshi	119
林州市	Linzhou	163	沅江市	Yuanjiang	160
卫辉市	Weihui	63	资兴市	Zixing	135
辉县市	Huixian	170	洪江市	Hongjiang	92
沁阳市	Qinyang	202	冷水江市	Lengshuijiang	126
孟州市	Mengzhou	212	涟源市	Lianyuan	148
禹州市	Yuzhou	452	吉首市	Jishou	76
长葛市	Changge	529	**广东省**	**Guangdong**	
义马市	Yima	54	乐昌市	Lechang	36
灵宝市	Lingbao	200	南雄市	Nanxiong	43
邓州市	Dengzhou	166	台山市	Taishan	238
永城市	Yongcheng	178	开平市	Kaiping	291
项城市	Xiangcheng	178	鹤山市	Heshan	385
济源市	Jiyuan	238	恩平市	Enping	120
湖北省	**Hubei**		廉江市	Lianjiang	272
大冶市	Daye	447	雷州市	Leizhou	64
丹江口市	Danjiangkou	182	吴川市	Wuchuan	145
宜都市	Yidu	252	高州市	Gaozhou	281
当阳市	Dangyang	214	化州市	Huazhou	194
枝江市	Zhijiang	198	信宜市	Xinyi	148
老河口市	Laohekou	184	四会市	Sihui	441
枣阳市	Zaoyang	248	兴宁市	Xingning	54
宜城市	Yicheng	173	陆丰市	Lufeng	80
钟祥市	Zhongxiang	302	阳春市	Yangchun	64
京山市	Jingshan	340	英德市	Yingde	129
应城市	Yingcheng	173	连州市	Lianzhou	38
安陆市	Anlu	106	普宁市	Puning	535
汉川市	Hanchuan	405	罗定市	Luoding	75
石首市	Shishou	113	**广西壮族自治区**	**Guangxi**	
洪湖市	Honghu	121	荔浦市	Lipu	64
松滋市	Songzi	122	岑溪市	Cenxi	86
麻城市	Macheng	284	东兴市	Dongxing	29
武穴市	Wuxue	191	桂平市	Guiping	109
赤壁市	Chibi	223	北流市	Beiliu	125
广水市	Guangshui	203	靖西市	Jingxi	29
恩施市	Enshi	79	合山市	Heshan	8

3-7 续表 3 continued 3

单位：个 (unit)

城市	City	规模以上工业企业单位数 Number of Industrial Enterprises above Designated Size	城市	City	规模以上工业企业单位数 Number of Industrial Enterprises above Designated Size
凭祥市	Pingxiang	35	大理市	Dali	76
海南省	**Hainan**		瑞丽市	Ruili	27
五指山市	Wuzhishan	4	芒市	Mangshi	27
琼海市	Qionghai	10	泸水市	Lushui	12
文昌市	Wenchang	16	香格里拉市	Shangri-la	17
万宁市	Wanning	10	**陕西省**	**Shaanxi**	
东方市	Dongfang	12	兴平市	Xingping	130
四川省	**Sichuan**		彬州市	Binzhou	52
都江堰市	Dujiangyan	105	韩城市	Hancheng	112
彭州市	Pengzhou	163	华阴市	Huayin	35
邛崃市	Qionglai	148	神木市	Shenmu	242
崇州市	Chongzhou	175	**甘肃省**	**Gansu**	
简阳市	Jianyang	492	华亭市	Huating	14
广汉市	Guanghan	312	玉门市	Yumen	44
什邡市	Shifang	240	敦煌市	Dunhuang	23
绵竹市	Mianzhu	141	临夏市	Linxia	7
江油市	Jiangyou	240	合作市	Hezuo	6
隆昌市	Longchang	92	**青海省**	**Qinghai**	
峨眉山市	Emeishan	71	玉树市	Yushu	
阆中市	Langzhong	76	格尔木市	Golmud	68
华蓥市	Huaying	101	德令哈市	Delingha	32
万源市	Wanyuan	45	茫崖市	Mangya	12
马尔康市	Maerkang	5	**宁夏回族自治区**	**Ningxia**	
康定市	Kangding	16	灵武市	Lingwu	147
西昌市	Xichang	66	青铜峡市	Qingtongxia	111
贵州省	**Guizhou**		**新疆维吾尔自治区**	**Xinjiang**	
清镇市	Qingzhen	94	昌吉市	Changji	110
盘州市	Panzhou	190	阜康市	Fukang	50
赤水市	Chishui	78	博乐市	Bole	47
仁怀市	Renhuai	89	阿拉山口市	A la shan kou	29
兴义市	Xingyi	162	库尔勒市	Korla	61
兴仁市	Xingren	97	阿克苏市	Akesu	67
凯里市	Kaili	63	阿图什市	Atus	14
都匀市	Duyun	58	喀什市	Kashi	25
福泉市	Fuquan	141	和田市	Hetian	13
云南省	**Yunnan**		伊宁市	Yining	29
安宁市	Anning	105	奎屯市	Kuitun	34
宣威市	Xuanwei	115	霍尔果斯市	Horgos	7
腾冲市	Tengchong	52	塔城市	Tacheng	7
水富市	Shuifu	9	乌苏市	Wusu	31
楚雄市	Chuxiong	81	阿勒泰市	Aletai	9
个旧市	Gejiu	67	石河子市	Shihezi	109
开远市	Kaiyuan	73	阿拉尔市	Alar	172
蒙自市	Mengzi	32	图木舒克市	Tumushuke	48
弥勒市	Mile	50	五家渠市	Wujiaqu	45
文山市	Wenshan	30	北屯市	Beitun	28
景洪市	Jinghong	50	铁门关市	Tie men guan	26

3-8 在校学生数
Number of Strdents Enrollment

单位:人 (person)

城 市	City	普通中学在校学生数 Total Enrollment of Regular Secondary Schools	普通小学在校学生数 Total Enrollment of Primary Schools
河北省	**Hebei**		
辛集市	Xinji	31338	45190
晋州市	Jinzhou	23562	41482
新乐市	Xinle	29320	51074
遵化市	Zunhua	45398	62951
迁安市	Qian'an	39937	66873
滦州市	Luanzhou	27484	40400
武安市	Wu'an	45323	86200
南宫市	Nangong	31756	38182
沙河市	Shahe	29440	42153
涿州市	Zhuozhou	28536	43257
定州市	Dingzhou	76723	94234
安国市	Anguo	24046	27225
高碑店市	Gaobeidian	29432	41609
平泉市	Pingquan	26601	31507
泊头市	Botou	36663	62751
任丘市	Renqiu	44709	85586
黄骅市	Huanghua	27911	44934
河间市	Hejian	30349	87930
霸州市	Bazhou	35428	77882
三河市	Sanhe	41093	75401
深州市	Shenzhou	22644	34334
山西省	**Shanxi**		
古交市	Gujiao	11218	16662
高平市	Gaoping	23896	23122
怀仁市	Huairen	53367	40408
介休市	Jiexiu	22757	36600
永济市	Yongji	18770	22082
河津市	Hejin	23101	27613
原平市	Yuanping	18974	25502
侯马市	Houma	9283	14190
霍州市	Huozhou	13741	19946
孝义市	Xiaoyi	29755	39869
汾阳市	Fenyang	21559	28571
内蒙古自治区	**Inner Mongolia**		
霍林郭勒市	Huolinguole	6681	7974
满洲里市	Manzhouli	9423	9182
牙克石市	Yakeshi	10798	7097
扎兰屯市	Zhalantun	12434	17487
额尔古纳市	Eerguna	2557	2675
根河市	Genhe	2187	1827
丰镇市	Fengzhen	6058	10245
乌兰浩特市	Wulanhaote	21453	19616
阿尔山市	Aershan	559	995
二连浩特市	Erlianhaote	4459	5486
锡林浩特市	Xilinhaote	19276	18316
辽宁省	**Liaoning**		
新民市	Xinmin	16440	26720
瓦房店市	Wafangdian	29496	42882
庄河市	Zhuanghe	25240	26871
海城市	Haicheng	28338	57639
东港市	Donggang	17281	21828
凤城市	Fengcheng	13609	20501
凌海市	Linghai	16663	16364
北镇市	Beizhen	18530	19129
盖州市	Gaizhou	13723	25763
大石桥市	Dashiqiao	23446	32356
灯塔市	Dengta	9386	16286
调兵山市	Diaobingshan	4628	7853
开原市	Kaiyuan	12987	21659
北票市	Beipiao	20433	20870
凌源市	Lingyuan	32331	38155
兴城市	Xingcheng	22788	25246
吉林省	**Jilin**		
榆树市	Yushu	49613	49796
德惠市	Dehui	37059	40748
蛟河市	Jiaohe	16705	16009
桦甸市	Huadian	19928	19873
舒兰市	Shulan	20812	23216
磐石市	Panshi	17860	19105
公主岭市	Gongzhuling	53856	59238
双辽市	Shuangliao	16672	20103
梅河口市	Meihekou	23095	24668
集安市	Ji'an	4444	6971
临江市	Linjiang	5649	4976
扶余市	Fuyu	28902	29030
洮南市	Taonan	10334	16823
大安市	Daan	6431	12086
延吉市	Yanji	23655	30773
图们市	Tumen	1968	2428
敦化市	Dunhua	17325	18576
珲春市	Hunchun	8313	11121
龙井市	Longjing	2583	3491
和龙市	Helong	1715	4317
黑龙江省	**Heilongjiang**		
尚志市	Shangzhi	13340	22411
五常市	Wuchang	20773	32781
讷河市	Nehe	22353	22059
虎林市	Hulin	9798	6719
密山市	Mishan	15497	9712
铁力市	Tieli	10063	8505
同江市	Tongjiang	3889	6143
富锦市	Fujin	16917	16147
抚远市	Fuyuan	2757	3142
绥芬河市	Suifenhe	5787	7684
海林市	Hailin	7170	11733
宁安市	Ning'an	14630	15151
穆棱市	Muling	10077	10504
东宁市	Dongning	9194	9584
北安市	Bei'an	7473	10377

3-8 续表 1 continued 1

单位:人 (person)

城市	City	普通中学在校学生数 Total Enrollment of Regular Secondary Schools	普通小学在校学生数 Total Enrollment of Primary Schools
五大连池市	Wudalianchi	9344	8019
安达市	Anda	13297	13929
肇东市	Zhaodong	26420	27419
海伦市	Hailun	20395	19339
漠河市	Mohe	2405	610
江苏省	**Jiangsu**		
江阴市	Jiangyin	59387	97911
宜兴市	Yixing	41892	63691
新沂市	Xinyi	57333	120720
邳州市	Pizhou	99098	190783
溧阳市	Liyang	27481	39499
常熟市	Changshu	48249	82121
张家港市	Zhangjiagang	47422	88113
昆山市	Kunshan	57391	147975
太仓市	Taicang	23467	48872
启东市	Qidong	28350	38316
如皋市	Rugao	48756	63849
海门市	Haimen	35140	48600
海安市	Haian	26842	32515
东台市	Dongtai	29489	36105
仪征市	Yizheng	19008	23604
高邮市	Gaoyou	24469	27191
丹阳市	Danyang	35279	52165
扬中市	Yangzhong	10375	14850
句容市	Jurong	17601	26677
兴化市	Xinghua	40438	69250
靖江市	Jingjiang	24381	28179
泰兴市	Taixing	42368	48260
浙江省	**Zhejiang**		
建德市	Jiande	17523	21655
余姚市	Yuyao	39000	66800
慈溪市	Cixi	51320	81204
瑞安市	Rui'an	55969	88988
乐清市	Yueqing	61769	106862
海宁市	Haining	28481	44397
平湖市	Pinghu	19113	29915
桐乡市	Tongxiang	31515	46836
诸暨市	Zhuji	73514	67075
嵊州市	Shengzhou	28024	32334
兰溪市	Lanxi	26115	31948
义乌市	Yiwu	51244	109172
东阳市	Dongyang	46679	69349
永康市	Yongkang	35566	59301
江山市	Jiangshan	27746	31019
温岭市	Wenling	54559	87490
临海市	Linhai	60225	79168
玉环市	Yuhuan	23622	46172
龙泉市	Longquan	12783	15203
安徽省	**Anhui**		
巢湖市	Chaohu	37931	42623
桐城市	Tongcheng	30687	29806
潜山市	Qianshan	23927	25579
天长市	Tianchang	25187	30121
明光市	Mingguang	26681	35081
界首市	Jieshou	31348	58025
宁国市	Ningguo	13362	19584
福建省	**Fujian**		
福清市	Fuqing	72579	119876
永安市	Yong'an	17177	25631
石狮市	Shishi	35710	64629
晋江市	Jinjiang	92106	183711
南安市	Nan'an	65501	126988
龙海市	Longhai	41194	68515
邵武市	Shaowu	12816	18895
武夷山市	Wuyishan	11508	18965
建瓯市	Jian'ou	22445	37432
漳平市	Zhangping	11693	19763
福安市	Fu'an	34472	54748
福鼎市	Fuding	24235	43826
江西省	**Jiangxi**		
乐平市	Leping	56160	89626
瑞昌市	Ruichang	31305	38390
共青城市	Gongqingcheng	6930	14004
庐山市	Lushan	14014	24248
贵溪市	Guixi	21627	47955
瑞金市	Ruijin	48401	63033
井冈山市	Jinggangshan	9653	15916
丰城市	Fengcheng	78748	98228
樟树市	Zhangshu	31247	45410
高安市	Gaoan	53711	73112
德兴市	Dexing	19953	28853
山东省	**Shandong**		
胶州市	Jiaozhou	46772	62449
平度市	Pingdu	58057	69058
莱西市	Laixi	39558	32238
滕州市	Tengzhou	78868	125601
龙口市	Longkou	31464	28844
莱阳市	Laiyang	34836	30629
莱州市	Laizhou	36804	27452
蓬莱市	Penglai	17880	14681
招远市	Zhaoyuan	25050	18881
栖霞市	Qixia	19166	14317
海阳市	Haiyang	26470	18688
青州市	Qingzhou	39939	53117
诸城市	Zhucheng	63460	63039
寿光市	Shouguang	56933	69141
安丘市	Anqiu	46283	57124
高密市	Gaomi	48306	60870
昌邑市	Changyi	26911	30268
曲阜市	Qufu	28116	40671
邹城市	Zoucheng	51039	74250
新泰市	Xintai	79821	76801

3-8 续表 2 continued 2

单位:人 (person)

城市	City	普通中学在校学生数 Total Enrollment of Regular Secondary Schools	普通小学在校学生数 Total Enrollment of Primary Schools
肥城市	Feicheng	48649	53576
荣成市	Rongcheng	28325	25112
乳山市	Rushan	14939	12485
乐陵市	Laoling	33142	47571
禹城市	Yucheng	25822	33285
临清市	Linqing	40089	91694
邹平市	Zouping	40506	48124
河南省	**Henan**		
巩义市	Gongyi	38743	54102
荥阳市	Xingyang	34440	48417
新密市	Xinmi	48355	68740
新郑市	Xinzheng	48998	94971
登封市	Dengfeng	81217	89391
偃师市	Yanshi	28270	38543
舞钢市	Wugang	16592	30657
汝州市	Ruzhou	70506	122624
林州市	Linzhou	67198	109070
卫辉市	Weihui	33430	57767
辉县市	Huixian	56098	99834
沁阳市	Qinyang	31228	34730
孟州市	Mengzhou	13711	21096
禹州市	Yuzhou	66122	107525
长葛市	Changge	35836	67561
义马市	Yima	4537	9643
灵宝市	Lingbao	30528	46301
邓州市	Dengzhou	75497	178091
永城市	Yongcheng	82712	156762
项城市	Xiangcheng	76655	104264
济源市	Jiyuan	40300	54800
湖北省	**Hubei**		
大冶市	Daye	46920	74325
丹江口市	Danjiangkou	15992	32017
宜都市	Yidu	10123	15683
当阳市	Dangyang	13723	18062
枝江市	Zhijiang	10781	15719
老河口市	Laohekou	21747	34495
枣阳市	Zaoyang	45803	69830
宜城市	Yicheng	19711	31050
钟祥市	Zhongxiang	34519	47644
京山市	Jingshan	18632	28107
应城市	Yingcheng	17787	24582
安陆市	Anlu	20860	28859
汉川市	Hanchuan	33445	61371
石首市	Shishou	19586	25974
洪湖市	Honghu	29010	43649
松滋市	Songzi	24535	32563
麻城市	Macheng	43042	58755
武穴市	Wuxue	36796	67879
赤壁市	Chibi	22272	37133
广水市	Guangshui	32594	49265
恩施市	Enshi	46335	53077
利川市	Lichuan	47817	69967
仙桃市	Xiantao	55686	86032
潜江市	Qianjiang	38618	52099
天门市	Tianmen	58308	74463
湖南省	**Hunan**		
浏阳市	Liuyang	72373	106122
宁乡市	Ningxiang	63589	80550
醴陵市	Liling	38247	67759
湘乡市	Xiangxiang	36304	46109
韶山市	Shaoshan	2631	5599
耒阳市	Leiyang	81356	121821
常宁市	Changning	51745	71572
武冈市	Wugang	50534	60720
汨罗市	Miluo	30029	45487
临湘市	Linxiang	24561	34398
津市市	Jinshi	6061	9017
沅江市	Yuanjiang	21471	33019
资兴市	Zixing	15865	25072
洪江市	Hongjiang	16837	25615
冷水江市	Lengshuijiang	22812	35578
涟源市	Lianyuan	45665	62234
吉首市	Jishou	23501	33849
广东省	**Guangdong**		
乐昌市	Lechang	22661	38086
南雄市	Nanxiong	20522	30309
台山市	Taishan	35814	52466
开平市	Kaiping	39942	54820
鹤山市	Heshan	23082	38252
恩平市	Enping	20644	36536
廉江市	Lianjiang	77214	139420
雷州市	Leizhou	70926	128012
吴川市	Wuchuan	57006	84728
高州市	Gaozhou	103440	133597
化州市	Huazhou	102145	152451
信宜市	Xinyi	81087	116526
四会市	Sihui	32208	57338
兴宁市	Xingning	43159	71260
陆丰市	Lufeng	80115	117952
阳春市	Yangchun	47358	90452
英德市	Yingde	49662	88008
连州市	Lianzhou	17979	33579
普宁市	Puning	146307	203079
罗定市	Luoding	56806	107861
广西壮族自治区	**Guangxi**		
荔浦市	Lipu	15632	23937
岑溪市	Cenxi	63295	87086
东兴市	Dongxing	10971	23742
桂平市	Guiping	118570	166654
北流市	Beiliu	96107	171589
靖西市	Jingxi	30983	45909
合山市	Heshan	4333	8926

3-8 续表 3 continued 3

单位:人 (person)

城市	City	普通中学在校学生数 Total Enrollment of Regular Secondary Schools	普通小学在校学生数 Total Enrollment of Primary Schools
凭祥市	Pingxiang	5616	10874
海南省	**Hainan**		
五指山市	Wuzhishan	7984	9129
琼海市	Qionghai	31664	44515
文昌市	Wenchang	30789	43531
万宁市	Wanning	27476	46161
东方市	Dongfang	28642	37740
四川省	**Sichuan**		
都江堰市	Dujiangyan	23882	35213
彭州市	Pengzhou	23175	39683
邛崃市	Qionglai	22270	27378
崇州市	Chongzhou	20894	31330
简阳市	Jianyang	80822	128643
广汉市	Guanghan	17309	26640
什邡市	Shifang	12751	17539
绵竹市	Mianzhu	12308	19732
江油市	Jiangyou	26952	36713
隆昌市	Longchang	35189	43892
峨眉山市	Emeishan	14615	19231
阆中市	Langzhong	28731	35049
华蓥市	Huaying	15445	22868
万源市	Wanyuan	28026	36687
马尔康市	Maerkang	3714	3480
康定市	Kangding	8478	9816
西昌市	Xichang	54877	81768
贵州省	**Guizhou**		
清镇市	Qingzhen	28989	45295
盘州市	Panzhou	64879	85652
赤水市	Chishui	18395	22913
仁怀市	Renhuai	38835	53656
兴义市	Xingyi	93510	95147
兴仁市	Xingren	35347	51348
凯里市	Kaili	52352	58252
都匀市	Duyun	28399	33294
福泉市	Fuquan	13859	27146
云南省	**Yunnan**		
安宁市	Anning	18002	23168
宣威市	Xuanwei	101040	117188
腾冲市	Tengchong	45286	53378
水富市	Shuifu	11945	8468
楚雄市	Chuxiong	40568	35937
个旧市	Gejiu	19930	32342
开远市	Kaiyuan	16829	25648
蒙自市	Mengzi	24373	43646
弥勒市	Mile	29954	42048
文山市	Wenshan	37194	53163
景洪市	Jinghong	27055	44174
大理市	Dali	37419	44045
瑞丽市	Ruili	10716	18781
芒市	Mangshi	23227	37092
泸水市	Lushui	11505	17128
香格里拉市	Shangri-la	4966	12891
陕西省	**Shaanxi**		
兴平市	Xingping	24647	34002
彬州市	Binzhou	10637	28209
韩城市	Hancheng	18159	23317
华阴市	Huayin	8840	12785
神木市	Shenmu	25706	40863
甘肃省	**Gansu**		
华亭市	Huating	10579	16425
玉门市	Yumen	7026	9767
敦煌市	Dunhuang	8572	8908
临夏市	Linxia	21152	27643
合作市	Hezuo	8745	8503
青海省	**Qinghai**		
玉树市	Yushu	5906	17493
格尔木市	Golmud	12005	18868
德令哈市	Delingha	2874	6281
茫崖市	Mangya	469	652
宁夏回族自治区	**Ningxia**		
灵武市	Lingwu	14223	20172
青铜峡市	Qingtongxia	14530	17986
新疆维吾尔自治区	**Xinjiang**		
昌吉市	Changji	17386	27664
阜康市	Fukang	7988	8763
博乐市	Bole	10772	15957
阿拉山口市	A la shan kou	750	610
库尔勒市	Korla	28391	48855
阿克苏市	Akesu	33720	58532
阿图什市	Atus	22331	33213
喀什市	Kashi	44602	94281
和田市	Hetian	28341	61466
伊宁市	Yining	42353	58966
奎屯市	Kuitun	16098	11733
霍尔果斯市	Horgos	2064	2933
塔城市	Tacheng	10171	9840
乌苏市	Wusu	12751	15245
阿勒泰市	Aletai	9951	12352
石河子市	Shihezi	29416	22078
阿拉尔市	Alar	26377	21271
图木舒克市	Tumushuke	11077	22172
五家渠市	Wujiaqu	15560	3541
北屯市	Beitun	5345	4729
铁门关市	Tie men guan	1556	2050

附录　主要统计指标解释

Appendix
Explanatory Notes on Main Statistical Indicators

主要统计指标解释

行政区划

行政区划 指国家对行政区域的划分。根据有关法规规定，我国的行政区域划分如下：(1) 全国分为省、自治区、直辖市；(2) 省、自治区分为自治州、县、自治县、市；(3) 自治州分为县、自治县、市；(4) 县、自治县分为乡、民族乡、镇； (5) 直辖市和较大的市分为区、县；(6) 国家在必要时设立的特别行政区。

人口、资源和环境

年末户籍人口 指本市每年 12 月 31 日 24 时按户籍登记情况统计的人口数。

年平均人口 指一年内各个时点的人口的平均数。年平均人口数是综合反映年内的人口规模的主要指标，也是计算出生率、死亡率、自然增长率、人均国内生产总值等经济指标的必要指标。其计算方法可利用一年中 12 个月的月末人口相加除以 12 求得，在实际工作中，经常根据年初人口数加年末人口数除以 2 计算求得。

人口自然增长率 指在一定时期内（通常为一年）人口自然增加数（出生人数减死亡人数）与该时期内平均人数（或期中人数）之比，用千分率表示。

行政区域土地面积 指辖区内的全部陆地面积和水域面积。

建成区面积 指城市行政区内实际已成片开发建设、市政公用设施和公共设施基本具备的区域。

水资源总量 指当地降水形成的地表和地下产水总量，即地表径流量与降水入渗补给量之和。

城市建设用地面积 指城市内的居住用地、公共管理与公共服务设施用地、商业服务业设施用地、工业用地、物流仓储用地、道路交通设施用地、公用设施用地、绿地与广场用地等面积之和。

居住用地面积 指住宅和相应服务设施的用地。

绿地面积 指用作绿化的各种绿地面积。包括公园绿地、单位附属绿地、居住区绿地、生产绿地、防护绿地和风景林地的总面积。

公园绿地面积 指开放的各级各类公园绿地。

建成区绿化覆盖面积 根据《城市绿化条例》规定，建成区绿化覆盖面积包括公共绿地、居住区绿地、单位附属绿地、防护绿地、生产绿地、风景林地六类绿化面积之和。指城市中的乔木、灌木、草坪等所有植被的垂直投影面积。包括公园绿地、防护绿地、生产绿地、附属绿地、其他绿地的绿化种植覆盖面积、屋顶绿化覆盖面积以及零散树木的覆盖面积，不含各类绿地中的水域面积以及没有被植被覆盖的面积（硬化道路、无屋顶绿化的建筑物等）。乔木树冠下重迭的灌木和草本植物不能重复计算。

工业废水排放量 指经过工业企业厂区所有排放口排放到企业外部的全部废水总量。包括外排的生产废水和厂区生活污水，也包括外排的直接冷却水和矿区的超过排放标准的有毒有害的矿井地下水；不包括外排的间接冷却水。有些企业间接冷却水和直接冷却水混合排放分不开的，可以合并统计在内。

工业二氧化硫排放量 指工业企业在厂区内的生产工艺过程和燃料燃烧过程中排入大气的二氧化硫总量。

工业烟（粉）尘排放量 指报告期内企业在燃料燃烧和生产工艺过程中排入大气的烟尘及工业粉尘的

总质量之和。

一般工业固体废物综合利用率 指一般工业固体废物综合利用量占一般固体废物产生量与综合利用往年贮存量之和的百分率。

污水处理厂集中处理率 指报告期内通过污水处理厂处理的污水量与污水排放总量的比率。

生活垃圾无害化处理率 指报告期生活垃圾无害化处理量与生活垃圾产生量的比率。

经济发展

地区生产总值（GRP） 指按市场价格计算的一个地区所有常住单位在一定时期内生产活动的最终成果。

地方一般公共预算收入 指属于地方一般公共预算的收入，包括地方企业上交利润，城市维护建设税（不含铁道部门、各银行总行、各保险公司总公司集中缴纳的部分），房产税，城镇土地使用税，土地增值税，车船税，耕地占用税，契税，烟叶税，印花税，增值税 25%部分，纳入共享范围的企业所得税 40%部分，个人所得税 40%部分，证券交易印花税 3%部分，海洋石油资源税以外的其他资源税，地方非税收入等。

地方一般公共预算支出 指一般公共服务，公共安全支出，地方统筹的各项社会事业支出等。

科学技术支出 即公共财政预算支出中的科学技术支出项目。指用于科学技术方面的支出，包括科学技术管理事务、基础研究、应用研究、技术研究与开发、科技条件与服务、社会科学、科学技术普及、科技交流与合作等。

教育支出 即公共财政预算支出中的教育支出项目。指政府教育事务支出，包括教育行政管理、学前教育、小学教育、初中教育、普通高中教育、普通高等教育、初等职业教育、中专教育、技校教育、职业高中教育、高等职业教育、广播电视教育、留学生教育、特殊教育、干部继续教育、教育机关服务等。

年末金融机构人民币各项存款余额 指企业、机关、团体和居民根据可以收回的原则，把人民币存入银行或其他信用机构保管并取得一定利息的年末人民币总量。

住户存款余额 指城乡居民在某一时点上,在银行和其他金融机构的本（人民币）、外币储蓄存款总额。不包括居民的手存现金和工矿企业、部队、机关、团体等单位存款。

年末金融机构人民币各项贷款余额 指年终时银行或其他信用机构根据必须归还的原则，按一定利率，为企业、个人等提供人民币贷款的总额。

房地产开发投资完成额 指各种登记注册类型的房地产开发公司、商品房建设公司及其他房地产开发法人单位和附属于其他法人单位实际从事房地产开发或经营活动的单位统一开发的包括统代建、拆迁还建的住宅、厂房、仓库、饭店、宾馆、度假村、写字楼、办公楼等房屋建筑物和配套的服务设施，土地开发工程（如道路、给水、排水、供电、供热、通讯、平整土地等基础设施工程）的投资；不包括单纯的土地交易活动。

住宅 指专供居住的房屋，包括别墅、公寓、职工家属宿舍和集体宿舍（包括职工单身宿舍和学生宿舍）等，但不包括住宅楼中作为人防用、不住人的地下室等。住宅按照性质可以划分为普通住房、经济适用住房和别墅、高档公寓。

当年实际使用外资金额 指批准的合同外资金额的实际执行数，外国投资者根据批准外商投资企业的合同（章程）的规定实际缴付的出资额和企业投资总额内外国投资者以自己的境外自有资金实际直接向企业提供的贷款。

工业企业数 指年主营业务收入 2000 万元以上的工业法人企业个数。包括独立核算法人工业企业和附营工业生产单位。独立核算法人工业企业是指从事生产经营活动的单位，它同时具备以下条件：(1) 依法成立，有自己的名称、组织机构和场所，能够独立承担民事责任；(2) 独立拥有和使用资产，承担负债，有权与其他单位签订合同；(3) 会计上独立核算，能够编制资产负债表。

流动资产 资产满足以下条件之一应归为流动资产：(1) 预计在一个正常营业周期中变现、出售或耗用，主要包括存货、应收账款等；(2) 主要为交易目的而持有；(3) 预计在资产负债表日起一年内（含一年）变现；(4) 自资产负债日起一年内，交换其他资产或清偿负债的能力不受限制的现金或现金等价物。包括货币资金、应收票据、应收账款、存货等项目。根据会计“资产负债表”中“流动资产合计”项目的期末余额数填报。

固定资产 指企业为生产商品、提供劳务、出租或经营管理而持有的，使用寿命超过一个会计年度的有形资产。包括使用期限超过一年的房屋、建筑物、机器、机械、运输工具以及其他与生产、经营有关的设备、器具、工具等。固定资产合计是时点指标，表示固定资产经过扣减折旧、减值准备等后的期末余额。根据会计“资产负债表”中“固定资产”项目的期末余额数填报。

主营业务税金及附加 指企业经营主要业务应负担的营业税、消费税、城市维护建设税、教育费附加等。根据会计“主营业务税金及附加”科目的期末借方余额（结转前）填报。

利润总额 指企业在一定会计期间的经营成果，是生产经营过程中各种收入扣除各种耗费后的盈余，反映企业在报告期内实现的盈亏总额。来源于会计“利润表”中“利润总额”项目的本年累计数。

社会消费品零售总额 指企业（单位、个体户）通过交易直接售给个人、社会集团非生产、非经营用的实物商品金额，以及提供餐饮服务所取得的收入金额。个人包括城乡居民和入境人员，社会集团包括机关、社会团体、部队、学校、企事业单位、居委会或村委会等。

限额以上批发零售业商品销售总额 限额以上批发和零售业统计单位是指：批发业，年主营业务收入2000万元及以上；零售业，年主营业务收入500万元及以上。商品销售额指对本单位以外的单位和个人出售的商品金额（包括售给本单位消费用的商品，含增值税）。商品销售包括：(1) 售给城乡居民和社会集团消费用的商品；(2) 售给农业、工业、建筑业、服务业等国民经济各行业用于生产、经营用的商品，包括售予批发和零售业作为转卖或加工后转卖的商品；(3) 对国（境）外直接出口的商品。商品销售不包括：(1) 未通过买卖行为付出的商品，如随机构变动移交给其他企业单位的商品、借出的商品、归还受其他单位委托代保管的商品、付出的加工原料和赠送给其他单位的样品等；(2) 经本单位介绍，由买卖双方直接结算，本单位只收取手续费的业务；(3) 购货退回的商品；(4) 商品损耗和损失；(5) 出售本单位自用的废旧物资。

科技创新

R&D人员 指单位内部从事基础研究、应用研究和试验发展三类活动的人员。包括直接参加上述三类项目活动的人员以及这三类项目的管理人员和直接服务人员。为研发活动提供直接服务的人员包括直接为研发活动提供资料文献、材料供应、设备维护等服务的人员。

人民生活

城镇单位从业人员期末人数 指报告期末最后一日24时在本单位工作，并取得工资或其他形式劳动报酬的人员数。该指标为时点指标，不包括最后一日当天及以前已经与单位解除劳动合同关系的人员，是在岗职工、劳务派遣人员及其他从业人员之和。从业人员不包括：1.离开本单位仍保留劳动关系，并定期领取生活费的人员；2.利用课余时间打工的学生及在本单位实习的各类在校学生；3.本单位因劳务外包而使用的人员，如：建筑业整建制使用的人员。

城镇私营和个体就业人员 城镇私营就业人员指在工商管理部门注册登记，其经营地址设在县城关镇(含县城关镇)以上的私营企业就业人员，包括私营企业投资者和雇工。城镇个体就业人员指在工商管理部门注册登记，并持有城镇户口或在城镇长期居住，经批准从事个体工商经营的就业人员，包括个体经营者和在个体工商户劳动的家庭帮工和雇工。

城镇登记失业人员数 指有非农业户口，在一定的劳动年龄内（16周岁至退休年龄），有劳动能力，无业而要求就业，并在当地就业服务机构进行求职登记的人员数量。

在岗职工平均人数 指报告期内平均拥有的在岗职工数。在岗职工是指在本单位工作且与本单位签订劳动合同，并由单位支付各项工资和社会保险、住房公积金的人员，以及上述人员中由于学习、病伤、产假等原因暂未工作仍由单位支付工资的人员。在岗职工还包括：（1）应订立劳动合同而未订立劳动合同人员（如使用的农村户籍人员）；（2）处于试用期人员；（3）编制外招用的人员，如临时人员；（4）派往外单位工作，但工资仍由本单位发放的人员（如挂职锻炼、外派工作等情况）。在岗职工不包括：（1）本单位使用的且由本单位直接支付工资的劳务派遣人员，应统计在本单位"劳务派遣人员"指标中；（2）本单位因劳务外包而使用的人员，由承包劳务的单位统计为在岗职工。年平均人数是以 12 个月的平均人数相加之和除以 12 求得，或以 4 个季度的平均人数之和除以 4 求得。

在岗职工工资总额 指本单位在报告期内直接支付给本单位全部在岗职工的劳动报酬总额。在岗职工工资总额由基本工资、绩效工资、工资性津贴和补贴、其他工资四部分组成。工资总额不包括病假、事假等情况的扣款。各单位在填报在岗职工工资总额四项构成时，应根据实际情况调整对应项目；如不能确定调整项，可扣减基本工资项。

公共服务

普通高等学校 指通过国家普通高等教育招生考试、招收高级中等学校毕业生为主要培养对象，实施高等学历教育的全日制大学、独立设置的学院和高等专科学校、高等职业学校和其他机构。

中等职业教育学校 指按国家规定的设置标准和审批程序批准建立的，招收初中（或部分高中）毕业生或同等学历者，实施中等职业技术教育，培养中等职业技术人才的学校。招收初中毕业生的，修业年限一般为三至四年；招收高中毕业生的，修业年限一般为二年至三年。包括中等专业学校、技工学校、职业中学（高中）等。

普通中学 指经过县及县以上教育部门批准，以招收小学毕业生为主实施中学教学计划的学校数，包括初级中学和完全中学。

普通小学 指经过县及县以上教育部门批准，以招收适龄儿童为主，实施小学教学计划的学校。

专任教师 指具有教师资格、专门从事教学工作的人员。包括临时（一年以内）调去帮助做其他工作的教学人员。

在校学生数 指具有学籍并在本学年进行在校学习的学生数。

公共图书馆图书总藏量 指图书馆已编目的古籍、图书、期刊和报纸的合订本、小册子、手稿以及缩微制品、录像带、录音带、光盘等听视文献资料数量总和。

城镇职工基本养老保险参保人数 指报告期末按照法律、法规和有关政策规定参加城镇基本养老保险并在社保经办机构已建立缴费记录档案的职工人数（包括中断缴费但未终止养老保险关系的职工人数，不包括只登记未建立缴费记录档案的人数）和离休、退休和退职人员的人数。取自人力资源和社会保障部统计年报。

失业保险参保人数 指报告期末按照法律、法规和有关政策规定参加了失业保险的城镇企业、事业单位的职工及地方政府规定参加失业保险的其他人员的人数。取自人力资源和社会保障部统计年报。

基础设施

年末实有城市道路面积 指道路实际铺装面积和与道路相通的广场、桥梁、隧道的铺装面积（统计时，将人行道面积单独统计）。人行道面积按道路两侧面积相加计算，包括步行街和广场，不含人车混行的道路。

排水管道长度 指所有排水总管、干管、支管、检查井以及连接井进出口等长度之和。

年末实有公共汽（电）车营运车辆数 指城市公共交通企业可参加营运的全部车辆数。包括技术完好的、在修的、待修的、长期停驶的，以及拟报废尚未经上级主管部门批准报废的运营车辆数。不包括公交企业的油罐车、货车和其他专用车等非运营车，也不包括借入、租入的客运车辆。

全年公共汽（电）车客运总量 指运送乘客的总人数。包括普通票乘客人次，月票乘客人次和包车乘客人次。普通票乘客人次按上车付现金购票，一张票计算一个人次；月票日乘车次按 5 个人次计算；团体包车，一个乘客按一个人次计算，往返按二个人次计算。

年末实有出租汽车数 指经有关部门批准的专门从事出租业务的一切营业车辆。包括轿车、面包车、大客车。

货（客）运量 指在一定时期内，各种运输工具实际运送的货物重量（旅客数量）。该指标是反映运输业为国民经济和人民生活服务的数量指标，也是制定和检查运输生产计划、研究运输发展规模和速度的重要指标。货运按吨计算，客运按人计算。货物不论运输距离长短、货物类别，均按实际重量统计。旅客不论行程远近或票价多少，均按一人一次客运量统计；半价票、小孩票也按一人统计。

邮政、电信业务收入 指邮电、通信企业通过生产经营活动所取得的全部业务收入，包括邮政、长途电信、本地电话等各项主营业务收入和地方国有通信收入。统计范围改为全社会所有从事电信运营的企业（即中国电信、中国移动、中国联通三家基础电信企业），邮政企业和年业务收入 200 万元以上的快递企业。

移动电话用户 指在电信运营企业营业网点办理开户登记手续，通过移动电话交换机进入移动电话网，占用移动电话号码的各类电话用户。包括各类签约用户，智能网预付费用户、无线上网卡用户。

互联网宽带接入用户 指报告期末在电信企业登记注册，通过 XDSL、FTTX+LAN、WLAN 等方式接入中国互联网的用户，主要包括 XDSL 用户、LAN 专线用户、LAN 终端用户及无线接入用户。

居民家庭用水量 指城市范围内所有居民家庭的日常生活用水。包括城市居民、农民家庭、公共供水站用水。

全社会用电量 指各行业用电量和城乡居民生活用电量合计。

供气总量（人工、天然气） 指城市煤气企业向城市生产用户、家庭用户和其他用户供应的全部煤气量，包括外购及损失量。

Explanatory Notes on Main Statistical Indicators

Divisions of Administrative Areas of Cities in China

Divisions of Administrative Areas refer to the division of administrative areas by the State. The relative laws stipulate that (1) the whole country is divided into provinces, autonomous regions and municipalities directly under the Central Government; (2) provinces and autonomous regions are further divided into autonomous prefectures, counties, autonomous counties and cities; (3) autonomous prefectures are further divided into counties, autonomous counties and cities; (4) counties and autonomous counties are further divided into townships, ethnic townships and towns; (5) municipalities directly under the Central Government and large cities are divided into districts and counties; (6) the State shall, when necessary, establish special administrative regions.

Population, Resources and Environment

Total Registered Population at Year-end refer to the registered population at the 24 clock, December 31, of the reporting year. The data are register population from public security department.

Annual average population refer to the average number of the population at every time point. This index is the main index to illustrate synthetically the population of the reporting year, and it is the necessary index to calculate the birth rate, death rate, natural growth rate, per capita GDP and so on. The calculating method is the sum of the 12 months of population at month-end which is divided by 12. In the practical work, the index is the number population early and late which is divided by 2.

Natural Growth Rate of Population refer to the ratio of natural increase in population (number of births minus number of deaths) in a certain period of time (usually a year) to the average population (or mid-period population) of the same period, expressed in ‰.

Total Land Area of Administrative Region refer to the all land and water area under city.

Area of Land Used for Urban Construction refer to the total area of all kinds of lands such as the residential land, the land for public administration and public service facilities , the land for commercial service facilities, industrial land, the land for logistics and warehouse, the land for road traffic facilities, the land for public facilities, green space and square land.

Total Water Resources refer to total volume of surface water and groundwater and is measured as run-off for surface water and replenishment of groundwater with rainfall in local area.

Built-up Area refer to the total area that were actually developed and constructed, with the basic municipal public facilities.

Residential Land Area refer to the area of the residences and residential service facilities, roads, green spaces and so on.

Area of Urban Green Land refer to the total area occupied for green projects at the end of the reference period, including park green land, production green land, protection green land, green land attached to institutions, and other green areas.

Park Green Area refer to the green area of various open parks.

Green Coverage Area of built-up area refer to the vertical projection area of trees, shrubs, lawns and other vegetation in **construction land area**, including are public green area, residential area, green land attached to institutions, protection green land, production green land, and scenic forest land, according to the Urban Greening Regulations.

Volume of Industrial Waste Water Discharged refer to the aggregate of waste water discharged to outsides through all factory drains by industrial enterprises. Included are discharged waste water of production and factory sanitary drainage, direct cooling water, and the poisonous and harmful mine groundwater discharged by mining areas. Excluded are the indirect cooling water discharged to outsides.

Volume of Industrial Sulfur Dioxide Discharged refer to the aggregate of sulfur dioxide emission to the air during the production and fuels combustion at factory.

Volume of Industrial Soot(Dust) Emission refer to the aggregate of industrial soot(dust) emission to the air during the production and fuels combustion at factory.

Comprehensively Utilized Rate of General Industrial Solid Wastes refer to the percentage ratio of general industrial solid waste comprehensively utilized to the sum of production amount of general solid waste and the previous storage capacity.

Centralized Treatment Rate of Waste-water Treatment Plants refer to the ratio of waste treated by waste-water treatment plants to the quantity of wastewater effluent during the reporting period.

Domestic Garbage Harmless Treatment rate refer to the ratio of households garbage harmless treated to domestic garbage output.

Economic Development

Gross Regional Product(GRP) or Regional GDP refer to the final products at market prices produced by all resident units in a region during a certain period of time.

Local general public budget income refer to the income belonging to the local general public budget, including the profits by local enterprises, the tax for urban maintenance and construction (excluding the centralized payment by the railway departments, the head offices of banks and the insurance company's head offices), property tax, the tax for town land use, land value-added tax, vehicle and vessel tax, cultivated land occupation tax, deed tax, tobacco leaf tax, stamp duty, 25% of value-added tax, 40% of corporate income tax included in the shared scope, 40% of personal income tax, 3% of securities transaction stamp tax, other resource taxes other than offshore petroleum resources tax, local non-tax income, etc.

Local general public budget expenditure refer to general public services, public security expenditures, and local coordinated social expenditures.

Expenditure for Science and technology one item of expenditure of the local governments, refer to the spending on science and technology, including the science and technology management, basic research, applied research, technology research and development, science and technology condition and services, social science, science and technology popularization, technology exchanges and cooperation, etc.

Expenditure for Education one item of expenditure of the local governments, refer to the government spending on education affairs, including education administration, pre-school education, primary education, junior middle school education, ordinary senior high school education, ordinary higher education, elementary vocational education, secondary professional education, vocational education, vocational high school education, higher vocational education, broadcasting television education, foreign students education, special education, continuing education for cadre, education services, etc.

Deposits of National Banking System at Year-end refer to CNY aggregates at year-end that had been deposited banks or taken good care by other financial institutions at a certain interest by enterprise, state organs, public organizations and citizens, on the basis of the principle of can take back.

Household Saving Deposits at Year-end refer to CNY aggregates at year-end that had been deposited banks or other financial institutions by urban and rural residents, excluding the cash in hand of the residents and the units’ deposits of industrial and mining enterprises, troops, offices, groups, etc.

Loans of National Banking System at Year-end refer to the total amount of RMB at year-end loaned to enterprises or individuals provided by banks and other financial institution at a certain interest rate according to the principle of compulsory return at the end of the year.

Investment in Real Estate Development refer to investment by real estate development companies, commercialized buildings constructions and other estate development units of various types of ownership in the construction of buildings, such as residential buildings, factory buildings, warehouses, hotels, guesthouses, holiday villages, office buildings, the complementary service facilities and land development projects, such as roads, water supply, water drainage, power supply, heating supply, telecommunications, land leveling and other infrastructural projects. It does not include activities in pure land transactions.

Residential Buildings refer to the buildings specially for living, including houses, apartments, dormitory and staff dormitories, excluding the basements of residential buildings for civil air defense and without people living. residential buildings can be classified four types: ordinary apartments, affordable apartments and villas, and luxury apartments.

Amount of Foreign Capital Actually Utilized refer to the foreign capital actually utilized of approved contracts, which are the actual payment amount by foreign investors according to the regulations of approved contracts, and one part of the total amount of enterprise investment-loans from foreign investors' own funds overseas.

Number of Industrial Enterprises refer to all industrial enterprises with revenue from principal business above 20 million yuan, include independent accounting corporate industrial enterprises and affiliated industrial production units. Independent accounting corporate industrial enterprises refer to the units engaging in the production and business operation activities, which also meet the following conditions:1) Established in accordance with the law, with their own name, organization and location, can independently bear civil liability; (2) independently having and using the assets, bearing the liability, and having the right to sign a contract with other units; (3) independently accounting on accounting, can prepare Assets and Liability Table.

Total Current Assets refer to the assets that meet one of the following requirements:(1)expected to be cashed, sold or used in a normal operating cycle, mainly including inventory and accounts receivable; (2) be owned for trading purposes mainly; (3) expected to be cashed in one year(including one year) from the day of the Assets and Liability Table; (4) unlimited cash or cash equivalents that can be exchanged with other assets or being capable of setting debts during one year since the day of Assets and Liability Table. Monetary assets, notes receivable, accounts receivable and inventories are included. Data on this indicator can be abstained by the year-end figures of total liabilities from the Assets and Liability Table of the accounting records of enterprises.

Total Fixed Assets refer to the amount of the tangible assets which service life is over a fiscal year. Enterprise hold them for producing goods, providing labor services, renting or business management. Including some things which service life is more than a year, such as houses, buildings, machines, machinery, transportation facilities and other equipment, instruments, tools that related to production and management . The indicator of fixed assets is a point indicator, and is the ending balance after deducting the depreciation and impairment. Data on this indicator can be abstained by the year-end figures of total liabilities from the Assets and Liability Table of the accounting records of enterprises.

Tax and Extra Charges from Principal Business refer to the sales tax, consumption tax, urban maintenance and construction tax and education expenses shouldered by the enterprise from its principal business. Data are obtained from the year-end debit balance of "tax and extra charges from principal business" in the accounting record of enterprise.

Total Profits refer to the operation results in a certain accounting period, and it is the balance of various incomes minus various spending in the course of operation, reflecting the total profits and losses of enterprises in reference period. Data are obtained from the amount of "total profits" in the "profit table" of the accounting record of enterprise.

Total sales of Commodities of Enterprises above Designated Size in Wholesale and Retail Trades the criteria for wholesale and retail trades above designated size are as follows: wholesale trade with annual principal business sales over 20 million yuan; retail trade, with annual principal business sales over 5 million yuan. Total sales of commodities refer to value of commodities sold by the establishments to other establishments and individuals(including goods sold for self consumption, including the value-added tax). The commodities include: (1) commodities sold to urban and rural residents and social groups for their consumption; (2)commodities sold to establishments in all industries for their production, and catering services including commodities sold to wholesale and retail establishments for reselling, with or without further processing; and(3)commodities for direct export to abroad. Excluded are (1)extended commodities without trading, such as goods handed over to other enterprises and institutions because of the change of organizations, lent goods, returned goods preserved for others, extended processing materials and samples donated to others;(2) goods of direct settlement between buyer and seller with handing fees introduced by others;(3) goods returned after purchase;(4) damaged and spoiled goods;(5) waste and used goods of self use.

Total Retail Sales of Consumer Goods refer to the amount obtained by enterprises(units, self-employed individuals) through direct sales of non-production and non-business physical commodity to individuals, social institutions, and revenue from providing catering services. Individuals include rural and urban households, population from abroad, social institutions include government agencies, social organizations, military units, schools, institutions, and neighborhood (village) committees.

Scientific and Technological Innovation

R&D personnel refer to the personnel engaged in basic research, applied research and experimental development in units, including personnel who directly participate in the above three types of project activities, as well as managers and direct service personnel of these three types of projects. Personnel providing direct services to R&D activities include those who provide information, material supply, equipment maintenance and other services directly to R&D activities.

People's Livelihood

Persons Employed in Various Units at Year-end refer to the total number of employees who work at his unit and obtain wages or other forms of payment at the end of the reporting period. This indicator is a kind of time point index and it equals to the sum of the number of employed staff and workers, labor dispatch personnel and other employed persons. Employed persons do not include: (1)persons who have left their working units while keeping their labor contract (employment relation) unchanged and receiving regular alimony; (2)students who do part-time jobs in spare time and all kinds of enrolled students who do internship in various units; (3)persons employed due to labor outsourcing; (4)persons who dissolve labor contracts with their units on the last day of reporting or before.

Persons Employed in Private Enterprises and Self-Employed Individuals in Urban Areas refer to the persons employed in the private enterprises which have been registered at the departments of industrial and commercial administration for which the business operation are situated at a county town (i.e. a town where the county government is located), or at urban areas with administrative hierarchy higher than a county town. The self-employed individuals in urban areas refer to persons who hold the certificates of residence in urban areas or have resided in the urban areas for a long time and have been registered at the departments of industrial and commercial administration and approved to be engaged in individual industrial or commercial business, including self-employed persons as well as helpers and hired laborers who work in individual households.

Registered Unemployed Persons in Urban Areas refer to the persons with non-agricultural household registration at certain working ages (16 years old to retirement age), who are capable of working, unemployed and willing to work, and have been registered at local employment service agencies to apply for a job.

The Average Number of Employed Staff and Workers refer to the average number of employed staff and workers, employed staff and workers refer to persons who signed labor contracts with working units would pay wages, social insurance and housing funds for them. Persons who have their work posts but are temporarily absent from work for reasons of study or on sick, injury or maternal leave and still receive wages from their working units are also included. Employed staff and workers also include: (1)persons who should have signed the labor contracts but not (like people with rural household registration); (2)Employees on probation; (3) Employees beyond the staffing quota; (4)employees who are sent to other working units but still obtain wages from their original units (situations like on-the-job placement, expatriated assignment, etc.). Employed Staff and Workers do not include: (1)dispatched personnel who work and are paid directly by the working units; they should be counted into "labor dispatch personnel" of working units; (2)personnel through labor outsourcing, they shall be counted into "Employed Staff and Worker" of the units which contracted them. The annual average number is equal to the sum of 12 months divided by 12 or the sum of 4 quarters divided by 4.

Total Wage Bill of Employed Staff and Workers refer to the total remuneration payment to all employed staff and workers during the reporting year, including basic salary, performance salary, salary allowances and subsidies, and excluding the deductions for personal leave, sick leave and so on. Units should adjust the corresponding projects when calculating the compositions of total wage bill, and they can minus the basic salary if they can't identify the adjusting projects.

Public Service

Regular Institutions of Higher Education refer to educational establishments recruiting graduates from senior secondary schools as the main target through National Matriculation TEST. They include full-time universities, independently established colleges, colleges, and institutions of higher professional education, institutions of higher vocational education and others.

Vocational Secondary Schools refer to educational establishments founded according to the set standards of the state and approval procedures, recruiting graduates from junior high schools (partly senior high schools) or people at the same degree, with the secondary vocational education. The period of schooling for recruiters from junior high schools is 3-4years, and the period of schooling for recruiters from senior high schools is 2-3years. Included are secondary vocational schools, technical schools, vocational high school (high school).

Number of Regular Secondary Schools refer to educational establishments founded by the approval of education sector at the county level and above, recruiting graduates from primary schools, with middle school teaching plan. Included are junior high school and six-year high school.

Number of Regular Primary Schools refer to educational establishments founded by the approval of education sector at the county level and above, mainly recruiting children of school age, with primary school teaching plan.

Number of Full-time teachers refer to staff who have teaching certificate, mainly engaged in teaching work. The teaching staff sent to help to do other work temporarily(within a year) are included .

Number of Students Enrollment refer to the total number of various of students enrolled in kinds of school, including repeated students, not including the tutorial raw.

Total Collection of Public Libraries refer to the total number of material that have been cataloged by libraries, such as the ancient books, books, periodicals and newspapers volume, pamphlets, manuscripts and miniature products, video tapes, disks.

Number of Staff and Workers Covered by the Urban Basic Pension Insurance refer to staff and workers or retirees participating in the basic pension insurance for urban staff and workers programme according to national laws, regulations and related policies at the end of reference period, who have already had payment records in social security management agencies, including those who interrupt payment without terminating the insurance programme. Those who have registered in the programme but without payment records are not included.

Number of People Covered by Unemployment Insurance refer to staff and workers in urban enterprises or institutions who have participated in the unemployment insurance programme according to related policies and regulations and other people who have participated according to local government regulations at the end of reference period.

Infrastructure

Area of Urban Paved Roads at Year-end refer to the actual area of paved roads and square, bridges, and parking area with connected to the roads.

Length of Urban Sewage Pipes refer to the total length of general drainage, trunks, branch and inspection wells, connection wells, inlets and outlets, etc.

Number of Buses and Trolley buses under operation at year-end refer to the total number of vehicles under operation by public transport enterprises (units) at the end of year, on the basis of the records of operational vehicles by the enterprises(units). Included are the vehicles of technology intact, the vehicles in repair, the vehicles being repaired, the vehicles stopped for a long time, and the vehicles under operation that have not yet been approved scrap by the competent department. Excluded are the oil tank trucks, trucks and other special vehicles that are not under operation and owned by bus companies, and the borrowing, leasing, passenger vehicles.

Passenger Traffic by Public Buses and Trolley Buses refer to number of passengers transported by public buses and trolley buses. Included are ordinary tickets passengers, commuters and passenger chartered. Ordinary ticket passengers purchase tickets by cash when getting on buses, one ticket is calculated as one passenger; The passengers of commuters are calculated as five passengers daily; passengers chartered are calculated as one passenger when one way, and as two passengers when round trip.

Number of Taxis at Year-end refer to various vehicles specializing in rental services with the approval of related departments. Included are cars, vans, and buses.

Freight(Passenger) Traffic refer to the weight of freight(number of passenger) transported with various means within a specific period of time. This indicator reflects the service of transport industry towards the national economy and people' s living conditions, as well as an important indictor used in formulating and monitoring transport production plans and research into the scale and pace of transport development. Freight transport is calculated in tons and passenger traffic is calculated in terms of number of persons. Freight transport is calculated in terms of the actual weight of the goods and takes no account of the type of freight and distance of travel. Passenger traffic is calculated by the principal that one person can be counted only once in one trip and takes no account of the travelling distance and ticket price. The passengers who travel with a half price ticket or a child' s ticket is also calculated as one person.

Revenue from Postal Services and Telecommunication Services refer to all business income of post and communication enterprises by production and operation activities, including the revenue from the principal business such as the postal service, long-distance telecommunications, local telephone call, and the revenue from local state-owned telecommunication.

Number of Mobile Telephone Subscribers refer to persons at year-end who have gone through registration procedures in the operation points of enterprises engaged in telecommunications and are hence connected to the mobile telephone communications network through telephone switchboards and occupy mobile phone numbers. Included are various of types of subscriber, prepaid users for intelligent network and wireless network card users.

Subscribers of Internet Service refer to all subscribers at year-end who have gone through registration procedures in the operation points of enterprises engaged in telecommunications and are hence connected to Chinese internets。Included are XDSL subscribers, LAN individual line subscribers, LAN terminal subscribers and wireless subscribers.

Consumption of Water for Households Use refer to consumption of water for daily life of all households in cities, including households of urban residents and farmers, and public water supply stations.

Annual Electricity Consumption refer to combination of various industries electricity power consumption and living power of urban and rural residents.

Total Volume of Gas Supply refer to the total volume of gas provided to users by gas-producing enterprises(units) during the reporting period, including the volume sold and the volume lost.